NARUTO

MASSIV VOL. 09

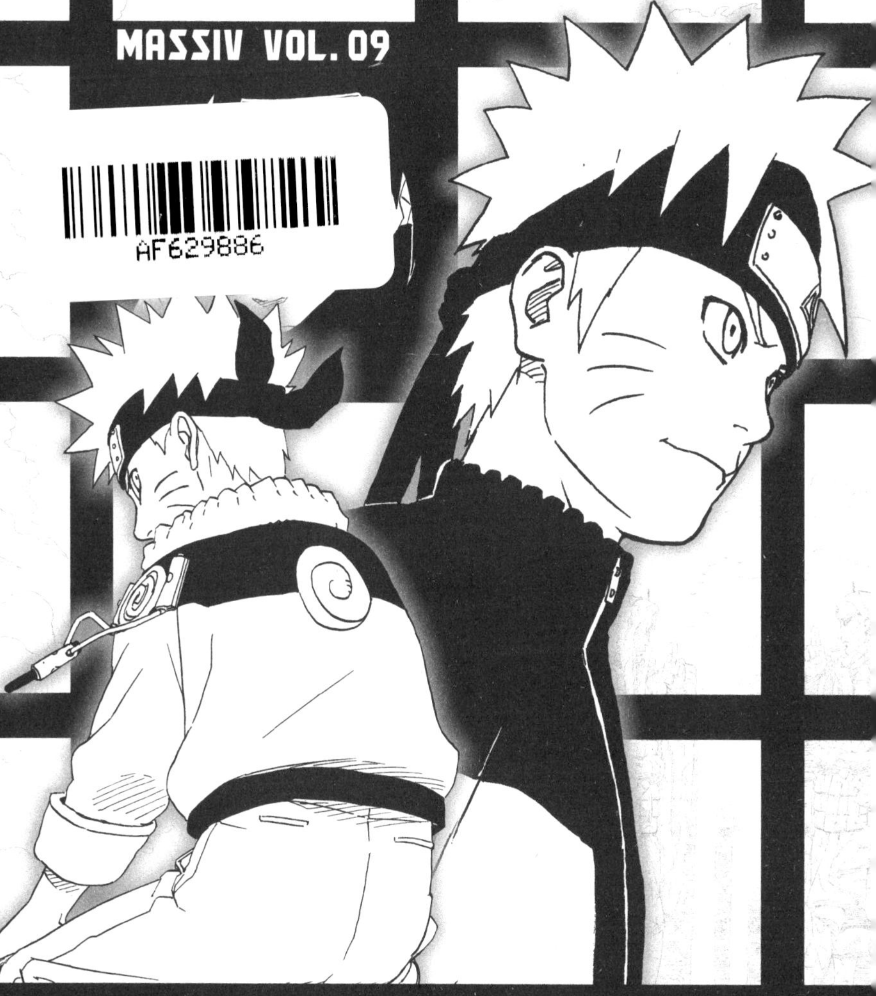

DAS DUELL IM TAL DES SCHICKSALS

MASASHI KISHIMOTO

CARLSEN MANGA!

NARUTO CHARACTERS

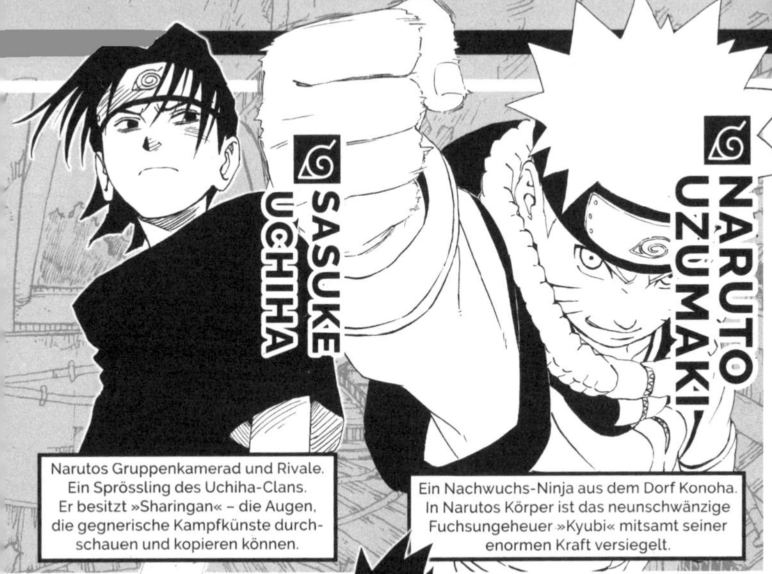

Naruto Uzumaki

Ein Nachwuchs-Ninja aus dem Dorf Konoha. In Narutos Körper ist das neunschwänzige Fuchsungeheuer »Kyubi« mitsamt seiner enormen Kraft versiegelt.

Sasuke Uchiha

Narutos Gruppenkamerad und Rivale. Ein Sprössling des Uchiha-Clans. Er besitzt »Sharingan« – die Augen, die gegnerische Kampfkünste durchschauen und kopieren können.

KONOHAGAKURE

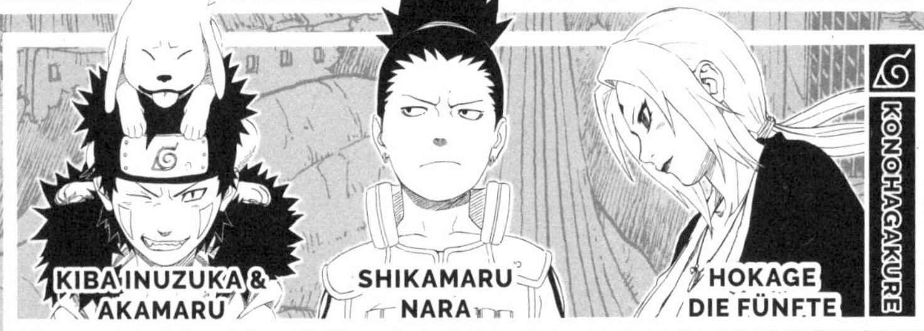

STORY

1

Die Ninja aus Suna, einem verbündeten Staat*, eilen zur Hilfe!! Kimimaro vs. Gaara!!

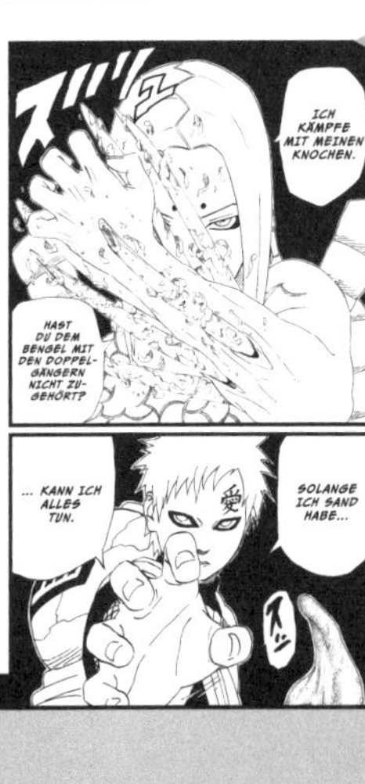

Naruto kommt seinem Traum, Konohas stärkster Ninja, Hokage, zu werden, durch viele Kämpfe immer näher. Unterdessen geht Sasuke zu Orochimaru, um stark zu werden. Naruto verfolgt Sasuke, wird aber von Kimimaro zu einem schweren Kampf herausgefordert. Da eilt Gaara zu Hilfe und schlägt den Gegner nieder.

2

Das Ende der Verfolgung und der Anfang des Kampfes!!

Naruto und Sasuke kämpfen gegeneinander!!

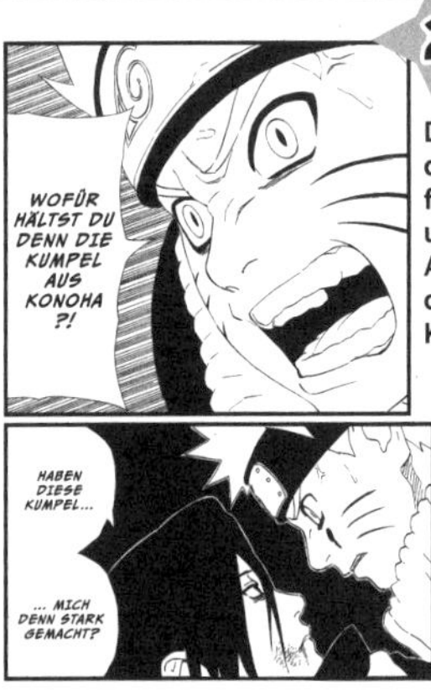

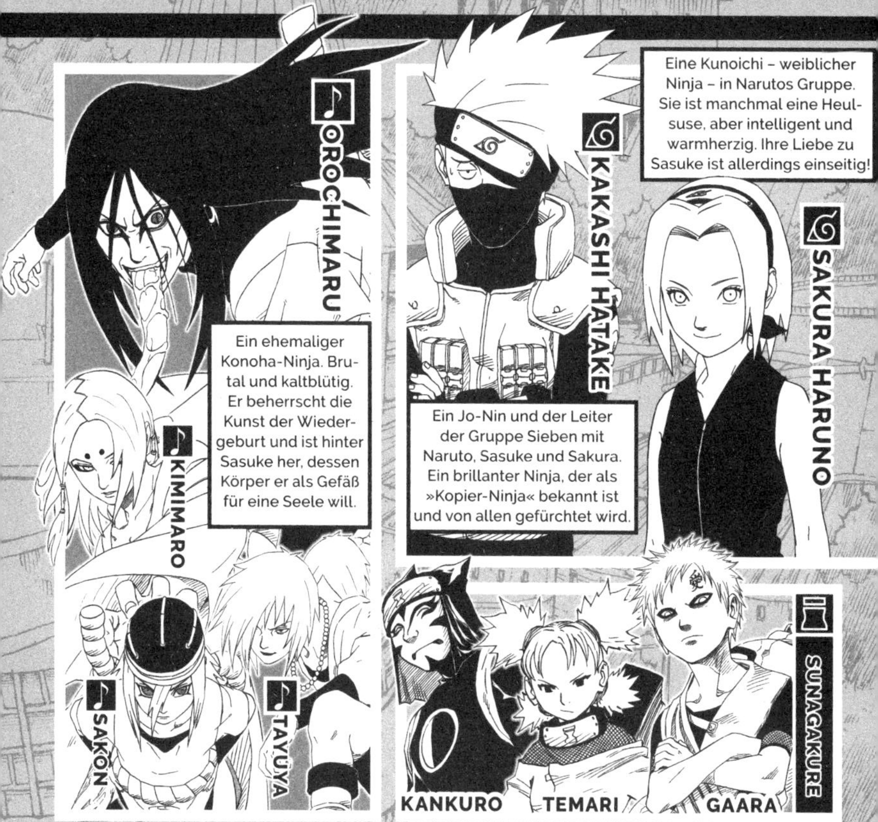

Die Bedingung, um noch größere Kraft zu erlangen, lautet »seinen besten Freund umbringen«! Narutos Ninja-Weg und Sasukes Entschluss kreuzen sich im Tal des Schicksals!!

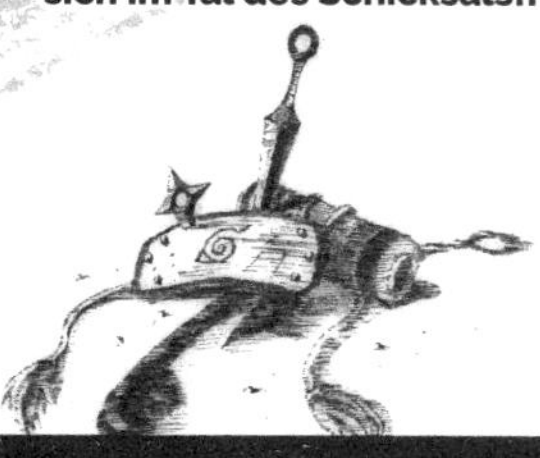

Die größere Macht, nach der Sasuke strebt, ist »Mangekyo-Sharingan«; die stärkste Augenkunst, von der sein großer Bruder, der Mörder seiner Familie, zum Abschied redete. Um sie zu erlangen, muss man allerdings seinen besten Freund umbringen. Und Sasukes bester Freund steht ihm jetzt Auge in Auge gegenüber…

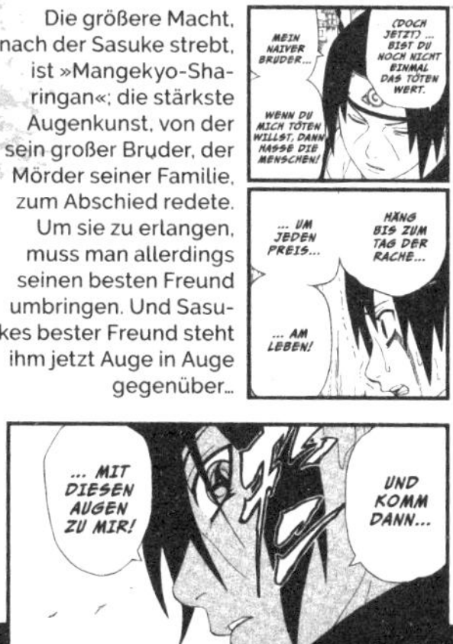

3

Am Tag der Vernichtung des Uchiha-Clans…

Sasukes großer Bruder hinterlässt seinem kleinen Bruder einen Fluch!!

Von den Suna-Ninja aus der Klemme befreit, kann Naruto endlich Sasuke einholen. Aber Sasuke, der gerade durch Orochimarus Bann-Mal – »Juin« – seine Kraft wachsen spürt, will sein Dorf und seine Kameraden endgültig hinter sich lassen. Naruto kämpft, um Sasuke mit Gewalt zurückzuholen!!

NARUTO

512 SEITEN MASSIV 100% NARUTO

INHALT

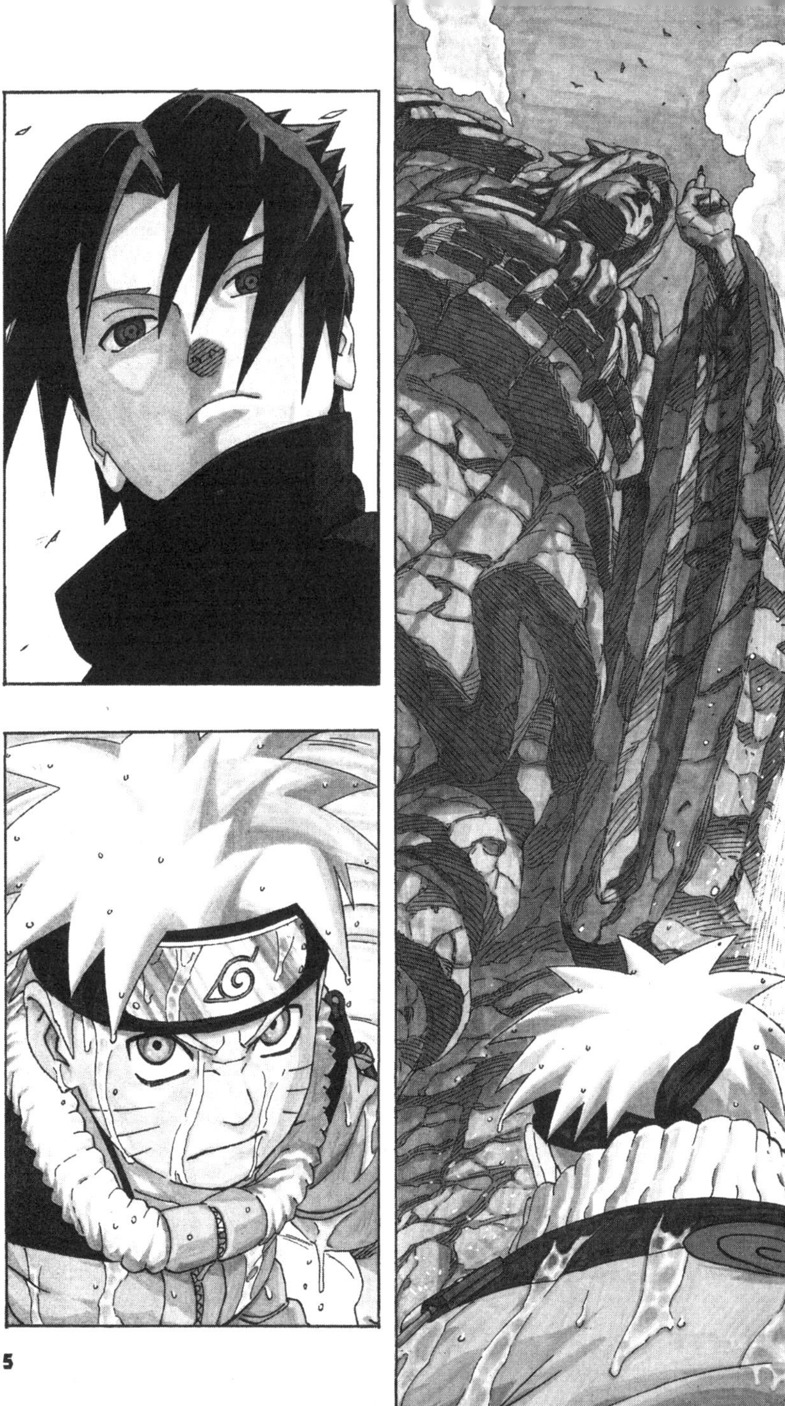

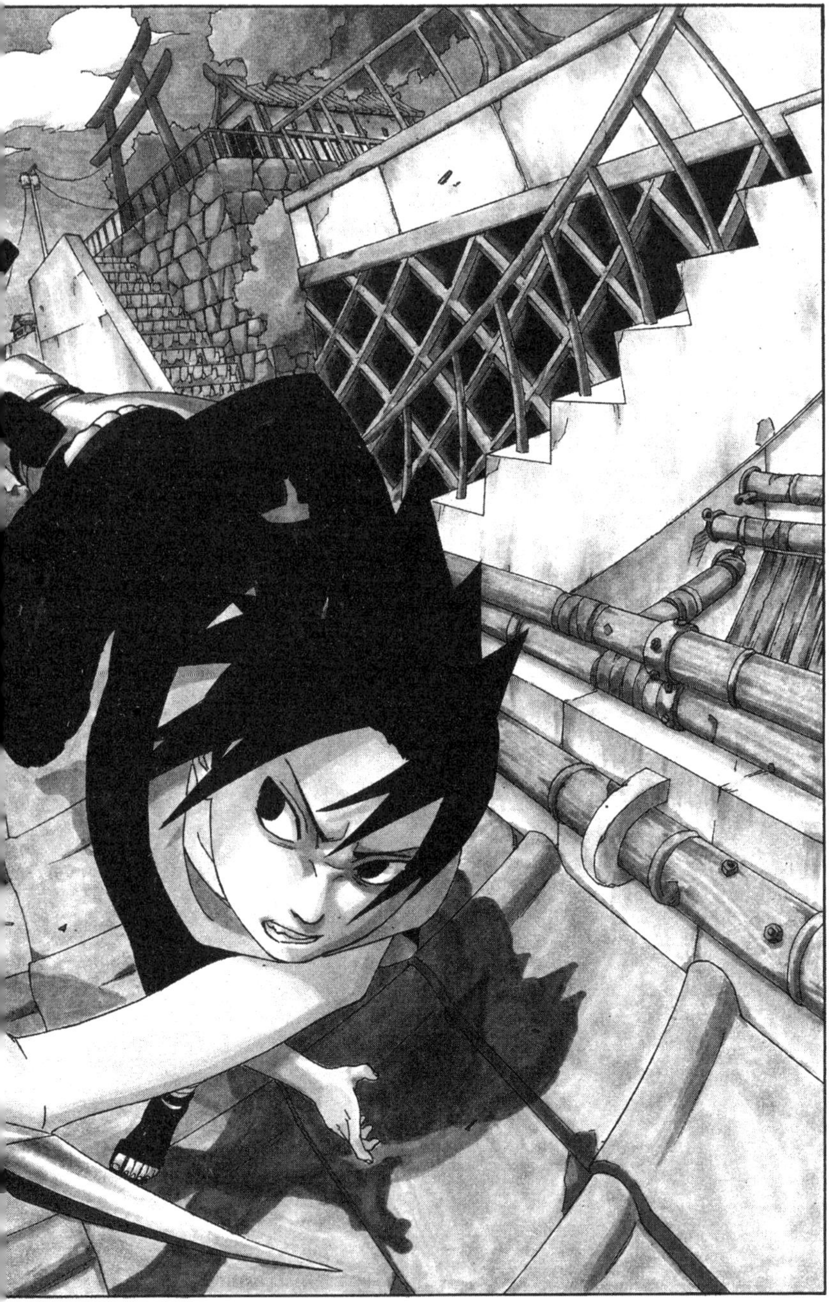

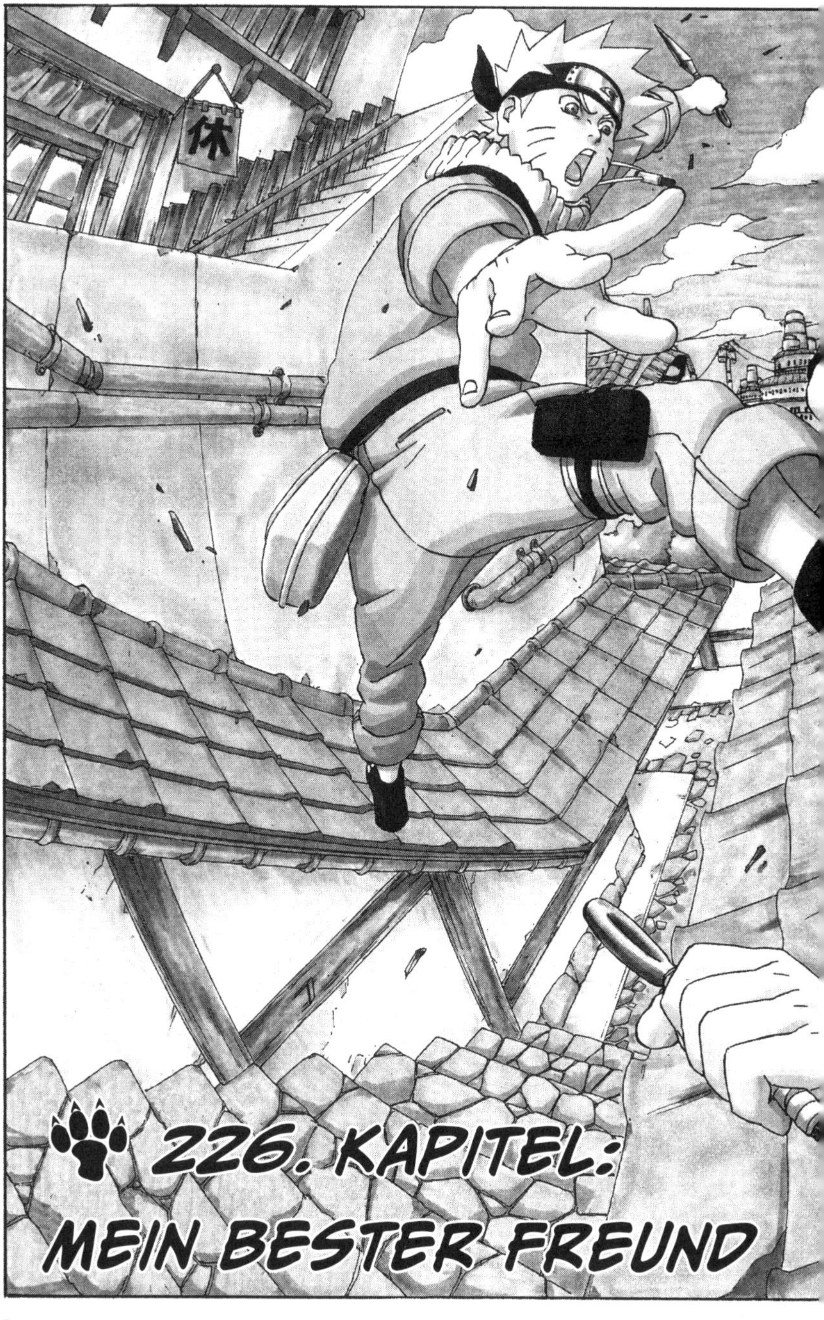

休
226. KAPITEL:
MEIN BESTER FREUND

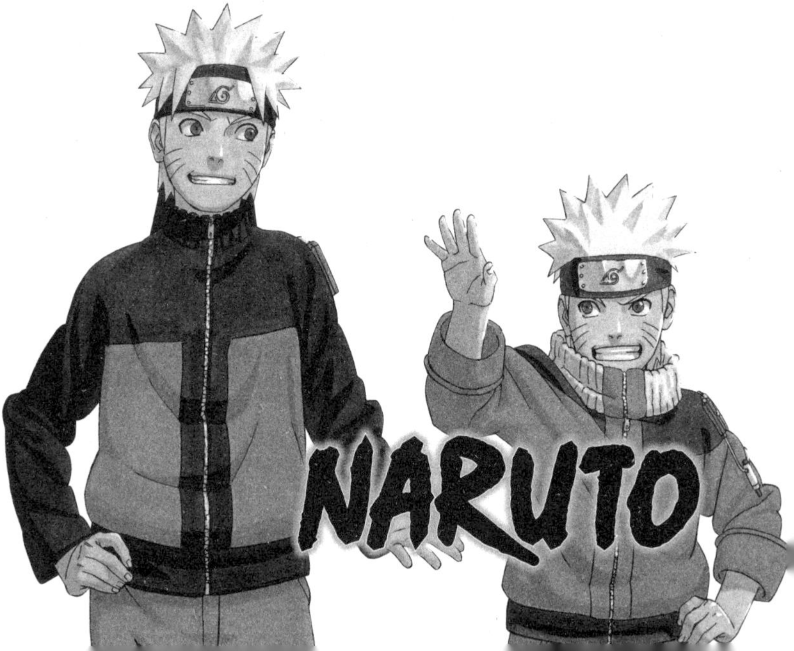
NARUTO

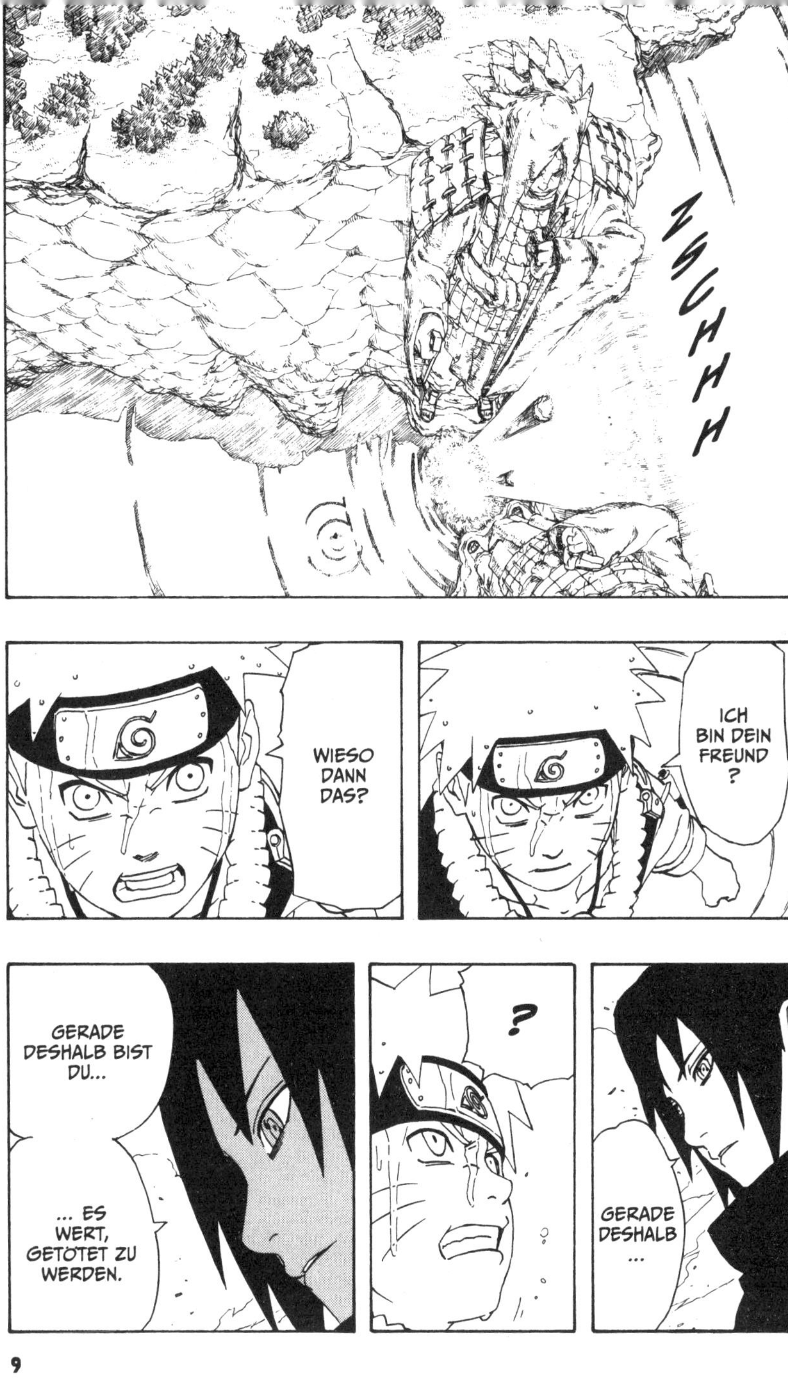
ZSCHHH
ICH BIN DEIN FREUND ?
WIESO DANN DAS?
GERADE DESHALB ...
?
GERADE DESHALB BIST DU...
... ES WERT, GETÖTET ZU WERDEN.

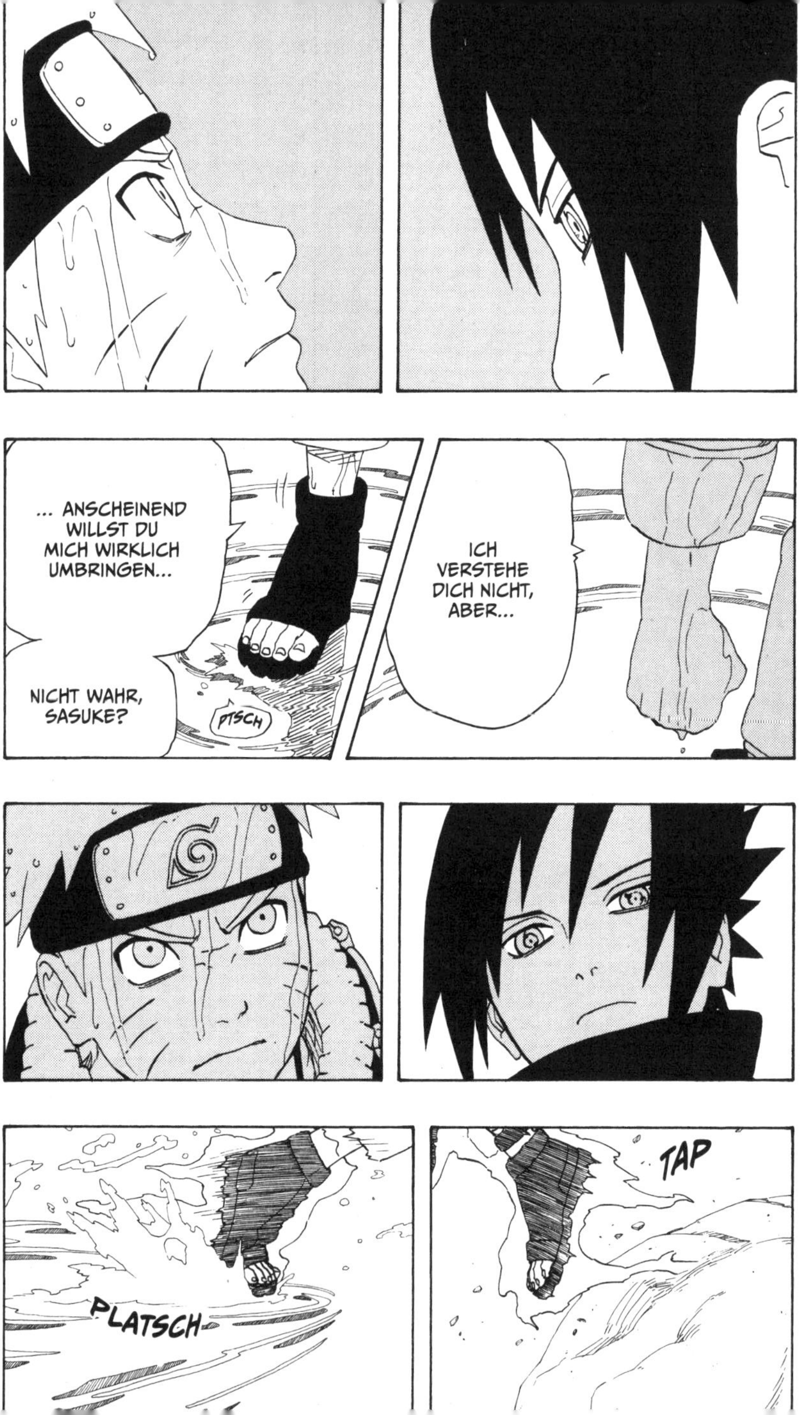

... ANSCHEINEND WILLST DU MICH WIRKLICH UMBRINGEN...
NICHT WAHR, SASUKE?
PTSCH
ICH VERSTEHE DICH NICHT, ABER...
TAP
PLATSCH

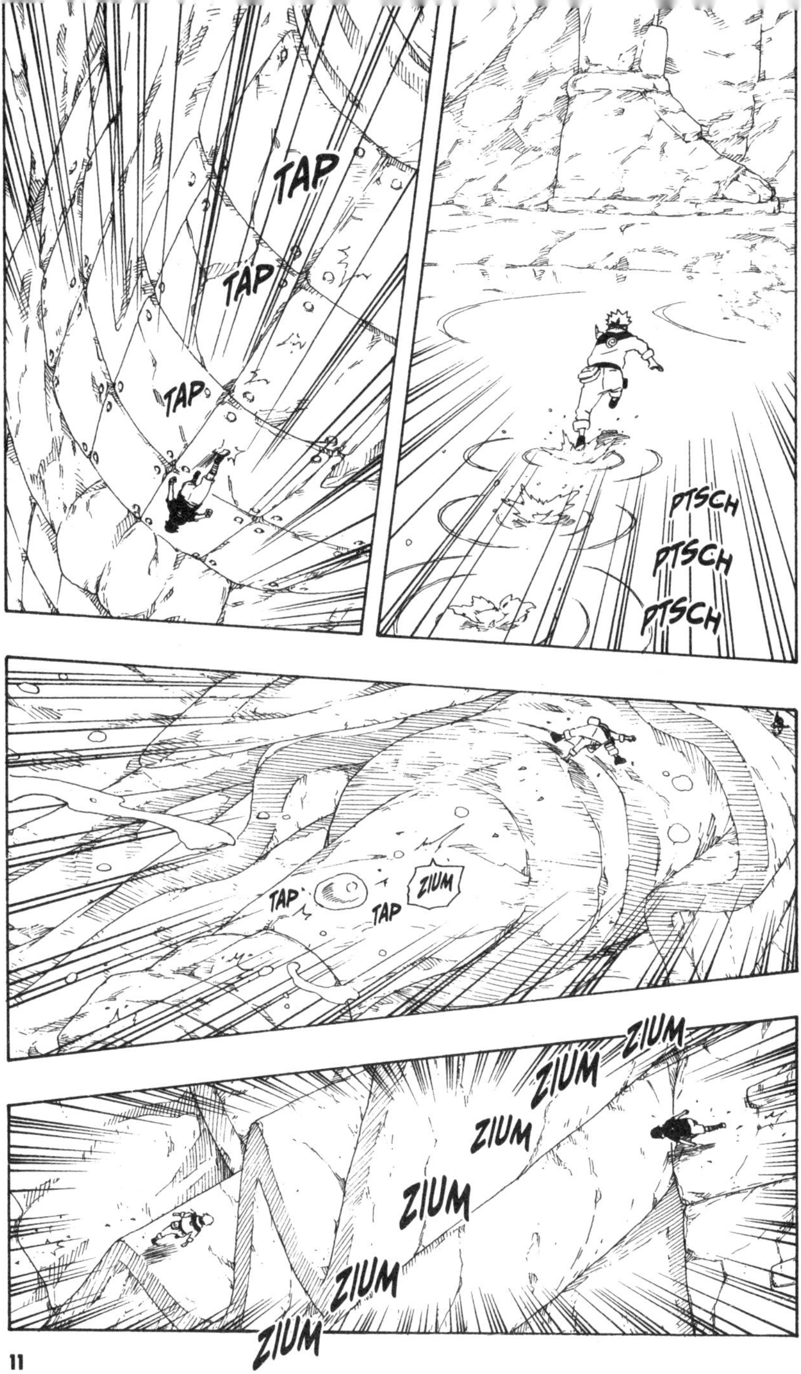
PTSCH
PTSCH
PTSCH
TAP
TAP
TAP
TAP
TAP
ZIUM
ZIUM
ZIUM
ZIUM
ZIUM
ZIUM
ZIUM

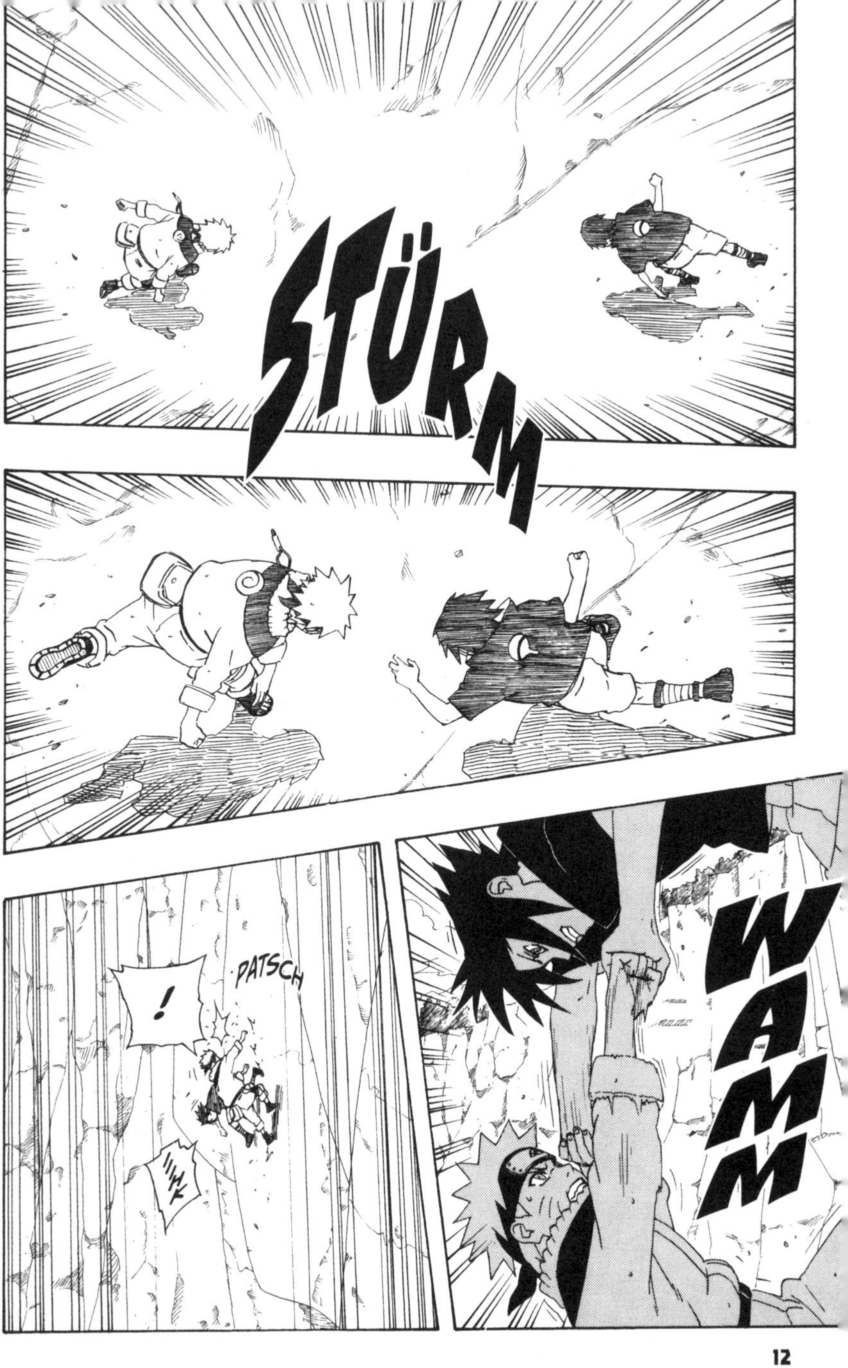
STÜRM
WAMM
!
PATSCH

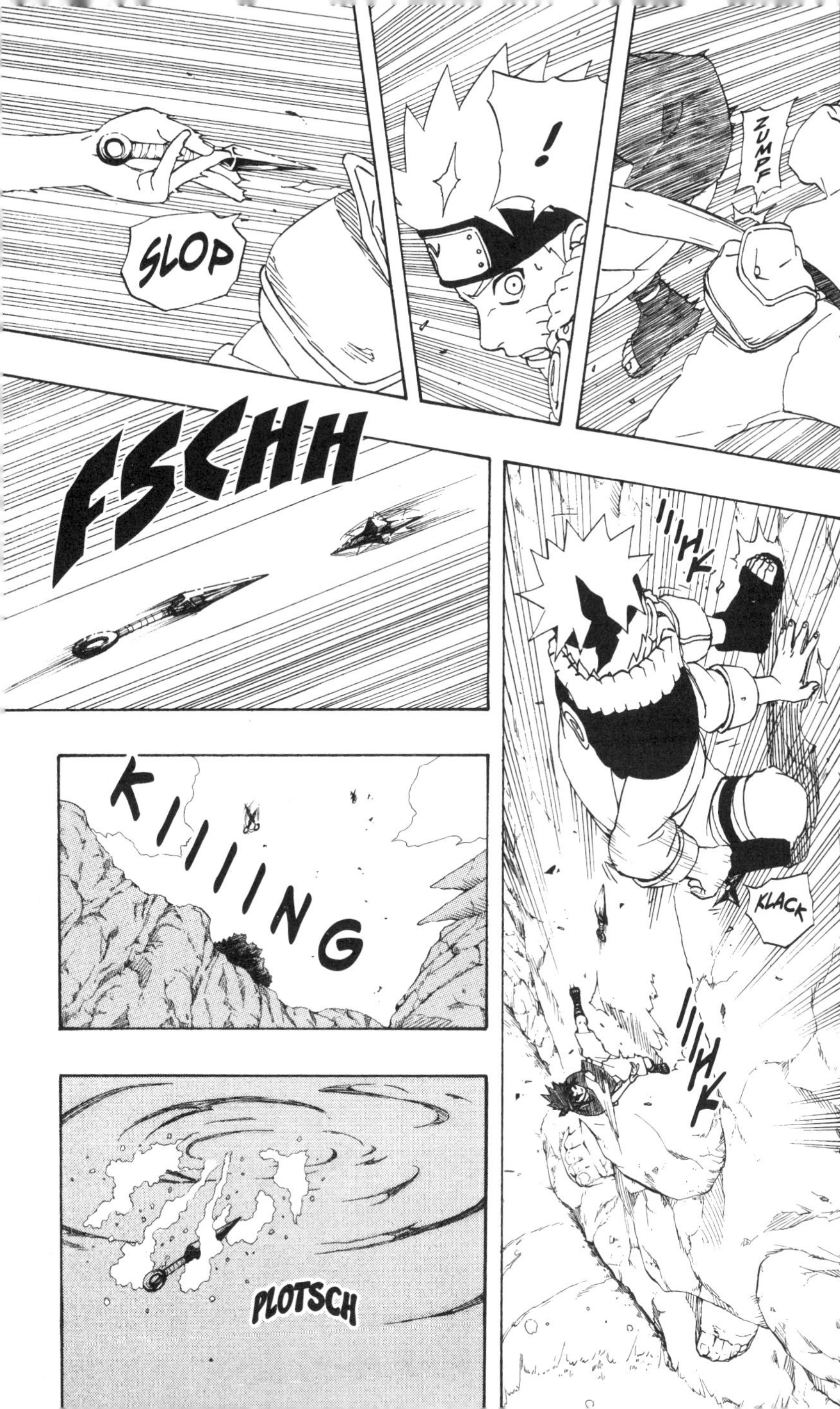
ZUMPF
!
SLOP
FSCHH
IIIHK
KLACK
IIIIHK
KIIIING
PLOTSCH

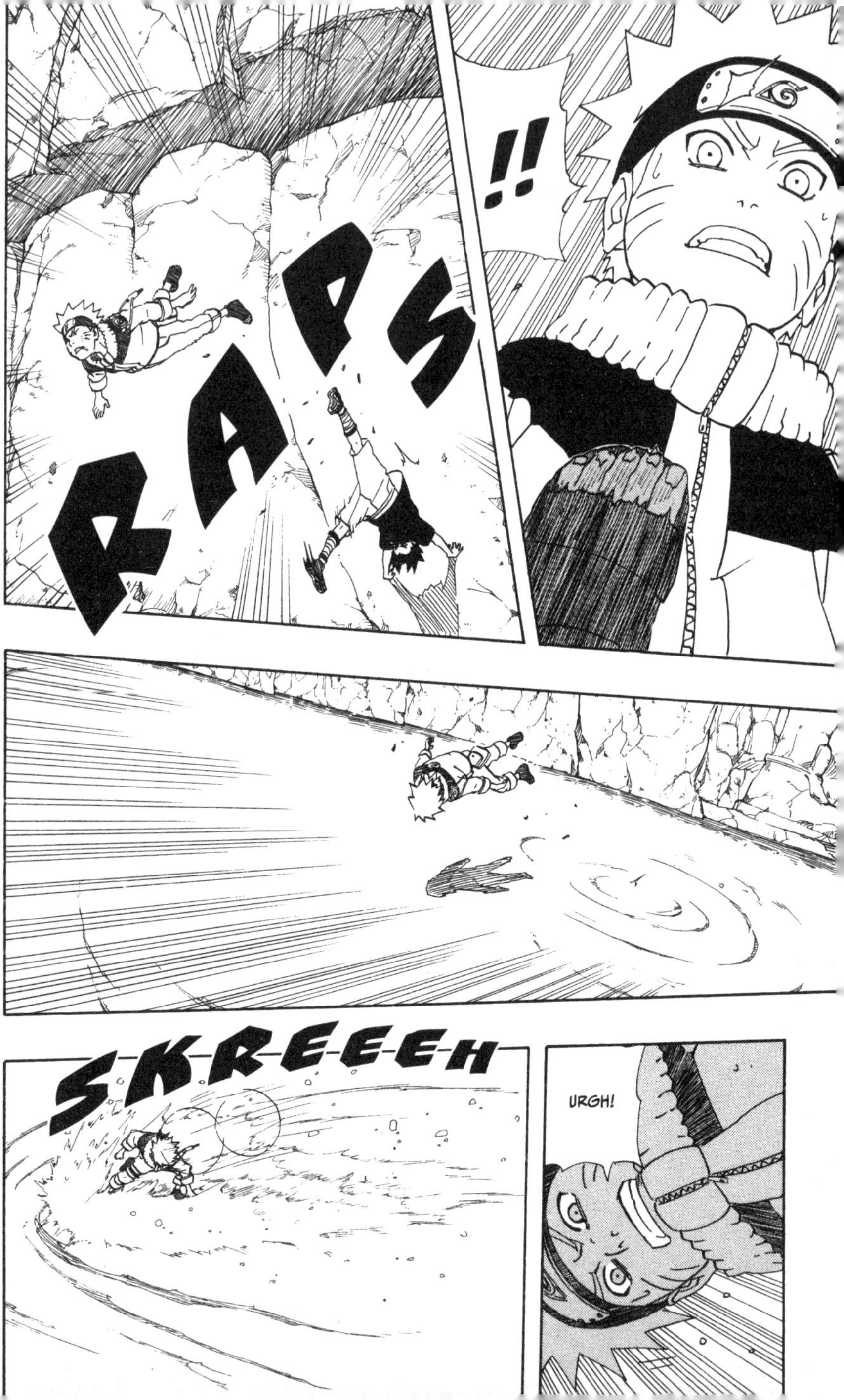
RAPS
!!
SKREEEH
URGH!

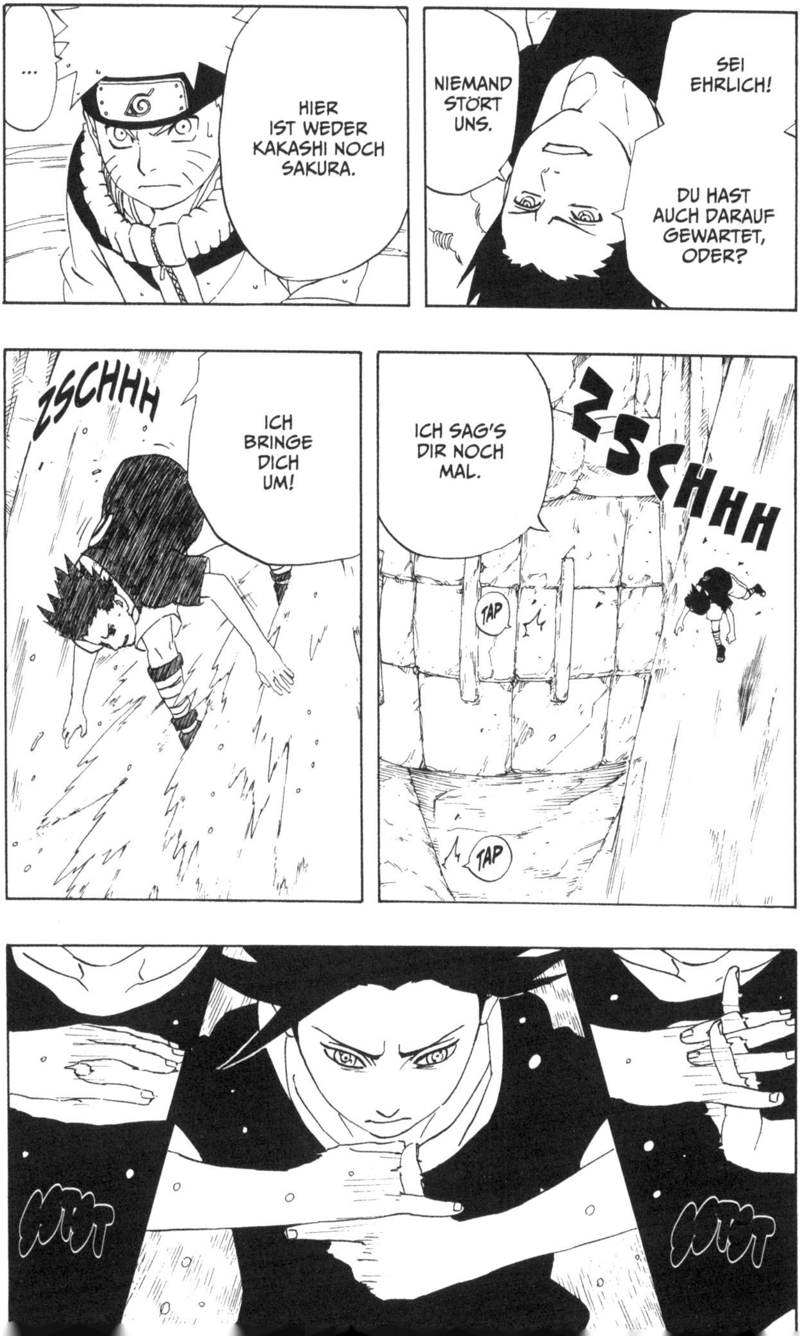

SEI EHRLICH!
NIEMAND STÖRT UNS.
DU HAST AUCH DARAUF GEWARTET, ODER?
HIER IST WEDER KAKASHI NOCH SAKURA.
...
ZSCHHH
ICH SAG'S DIR NOCH MAL.
TAP
TAP
ZSCHHH
ICH BRINGE DICH UM!

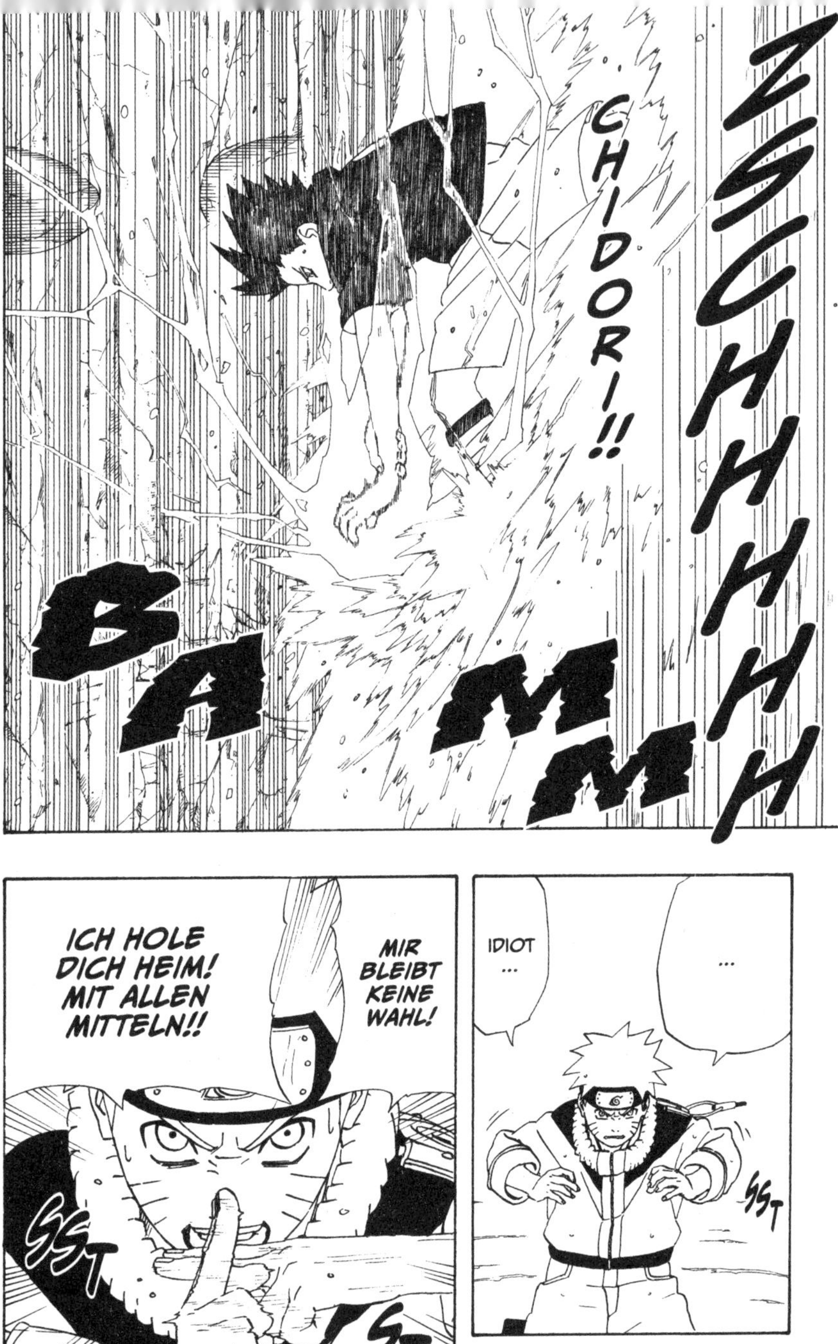
ZSCHHHHHHH
CHIDORI!!
BAMM
MIR BLEIBT KEINE WAHL!
ICH HOLE DICH HEIM! MIT ALLEN MITTELN!!
SST
ST
...
IDIOT ...
SST

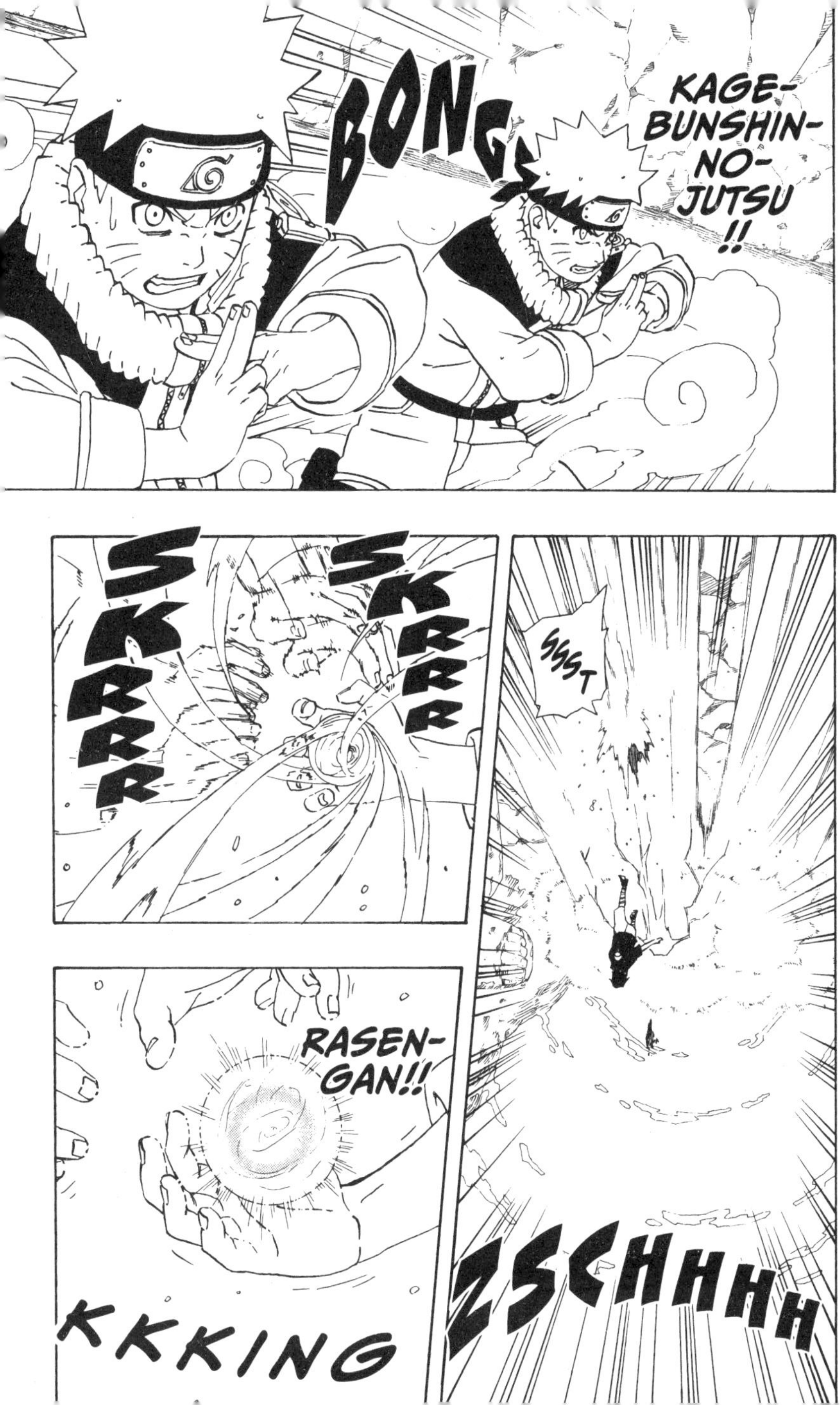
KAGE-BUNSHIN-NO-JUTSU!!
BONG
SKRRRR
SKRRRR
RASEN-GAN!!
KKKING
SSST
ZSCHHHH

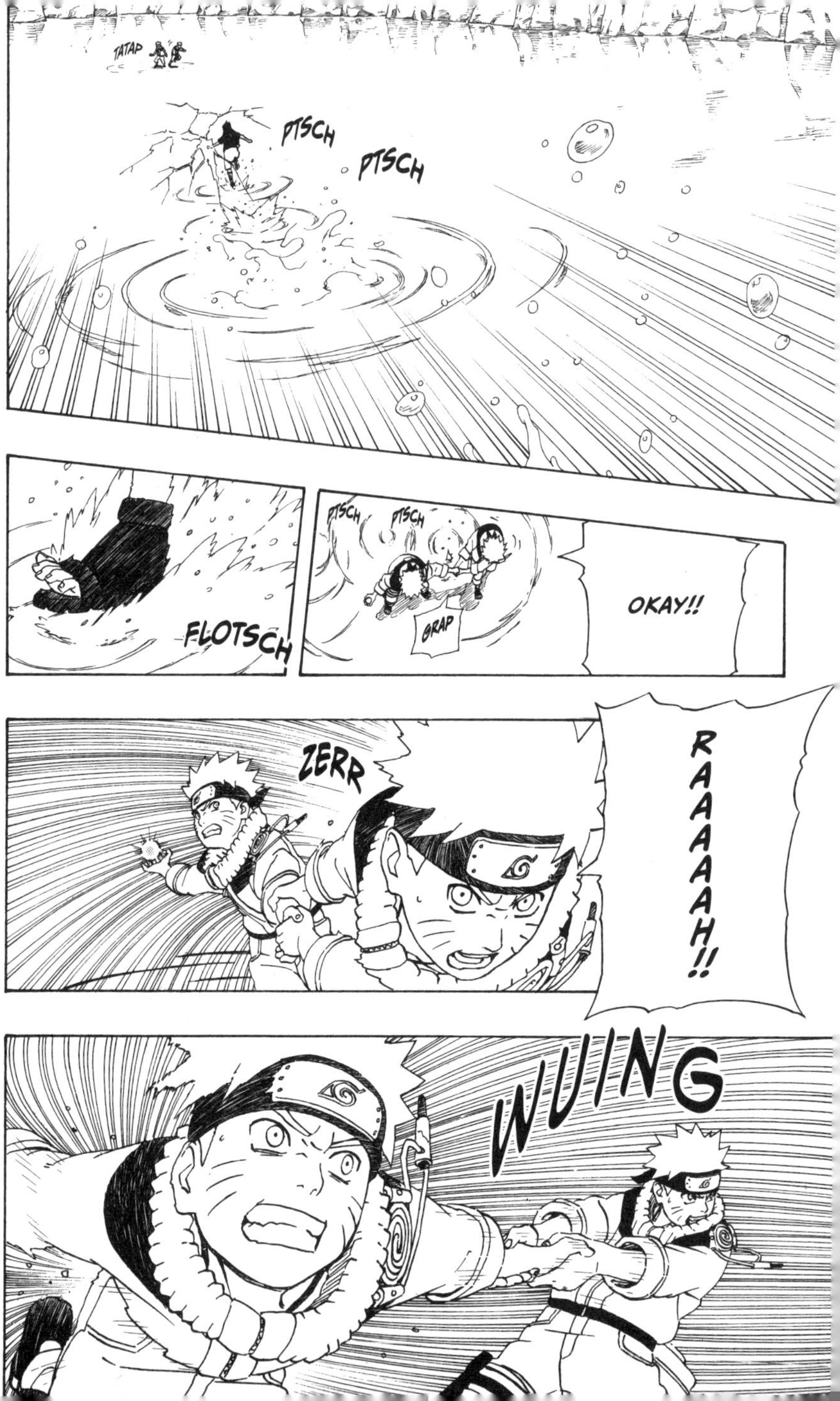
TATAP
PTSCH
PTSCH
OKAY!!
PTSCH
PTSCH
GRAP
FLOTSCH
RAAAAAAH!!
ZERR
WUING

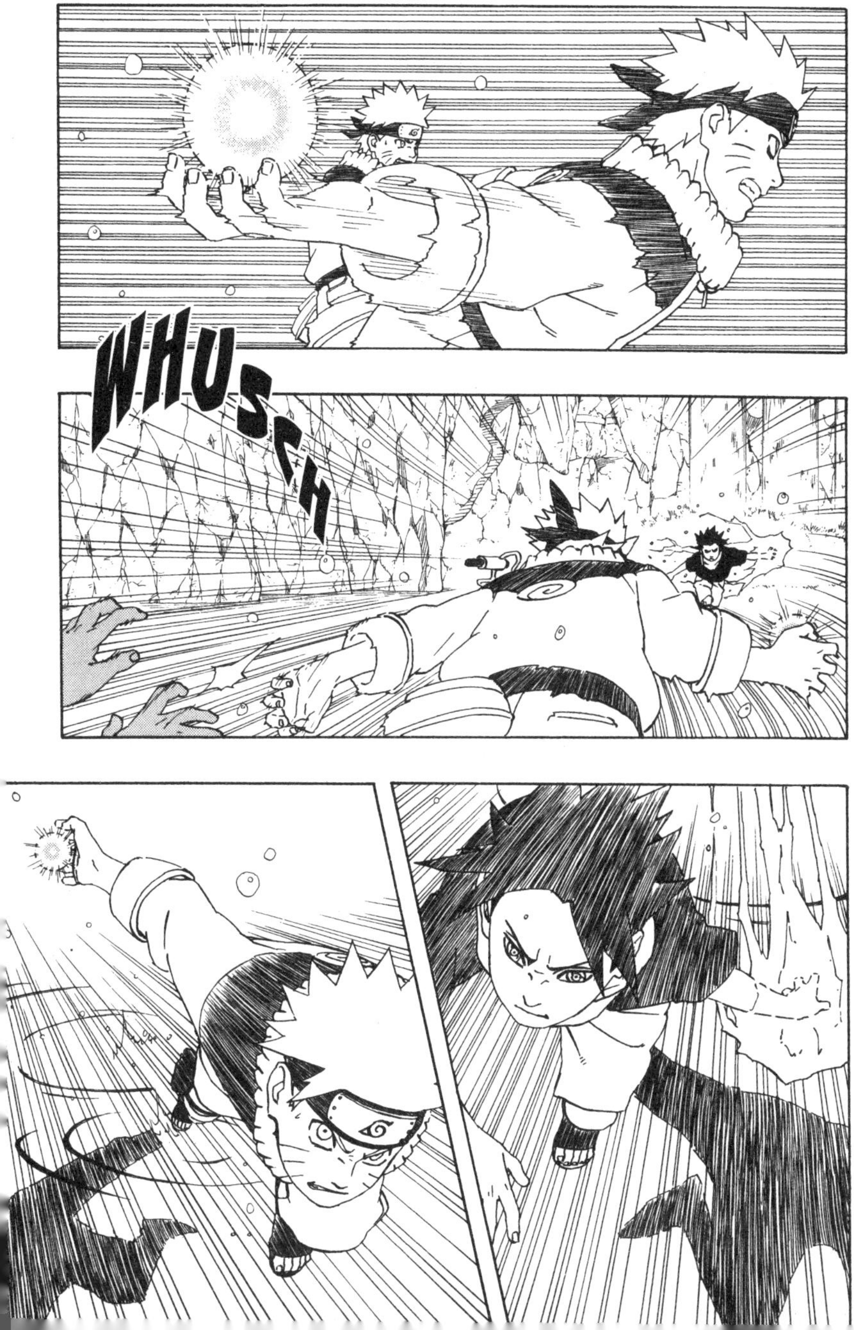
WHUSCH

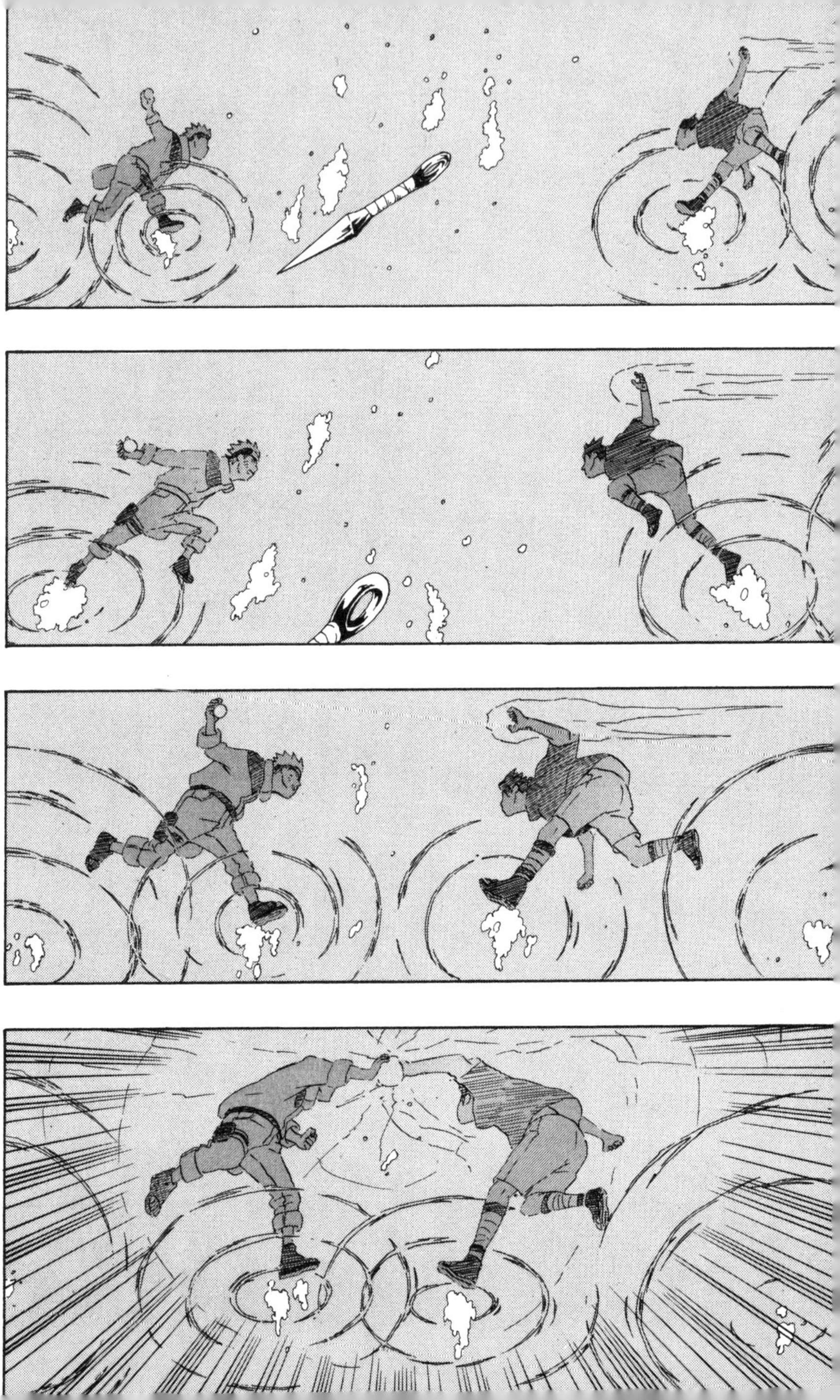

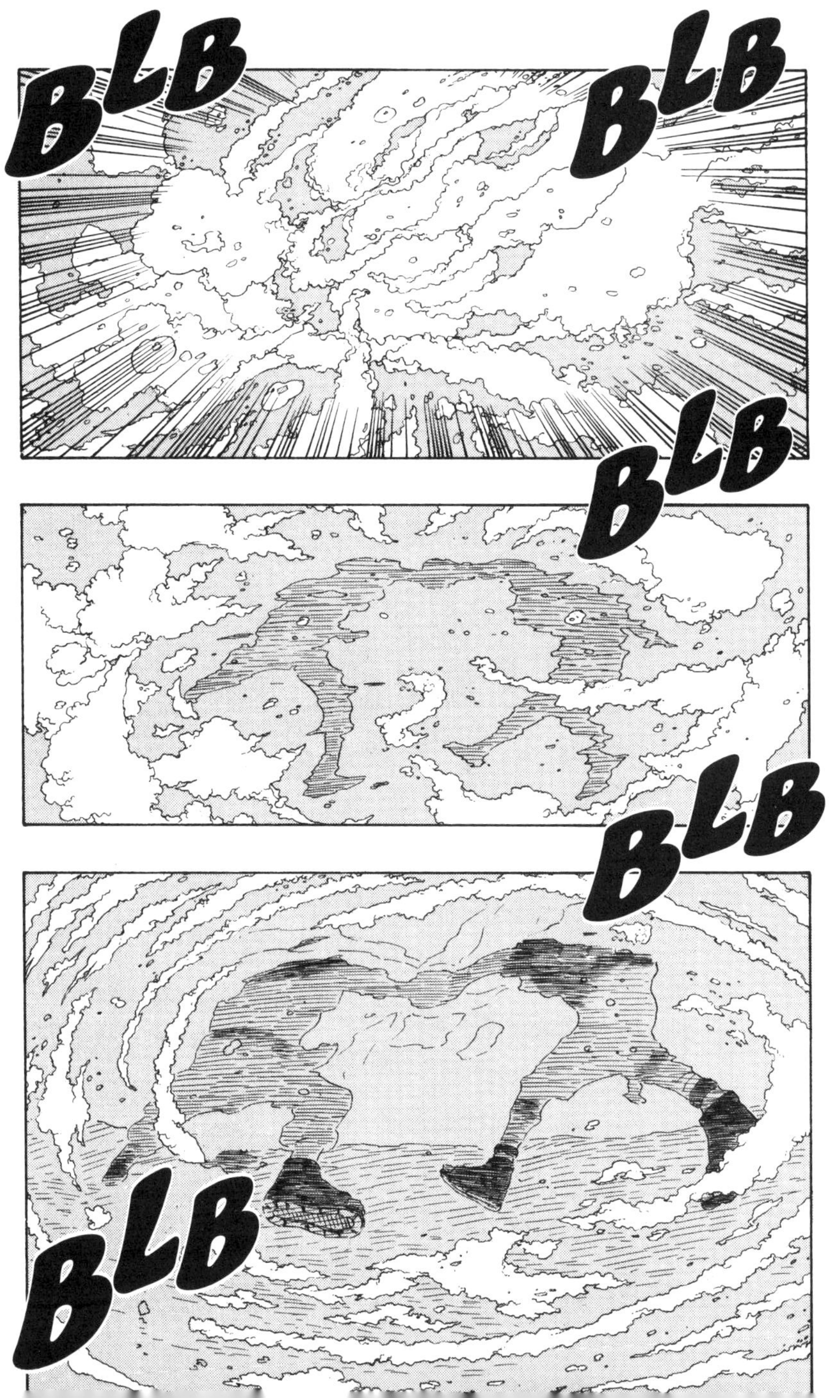
BLB
BLB
BLB
BLB
BLB
BLB

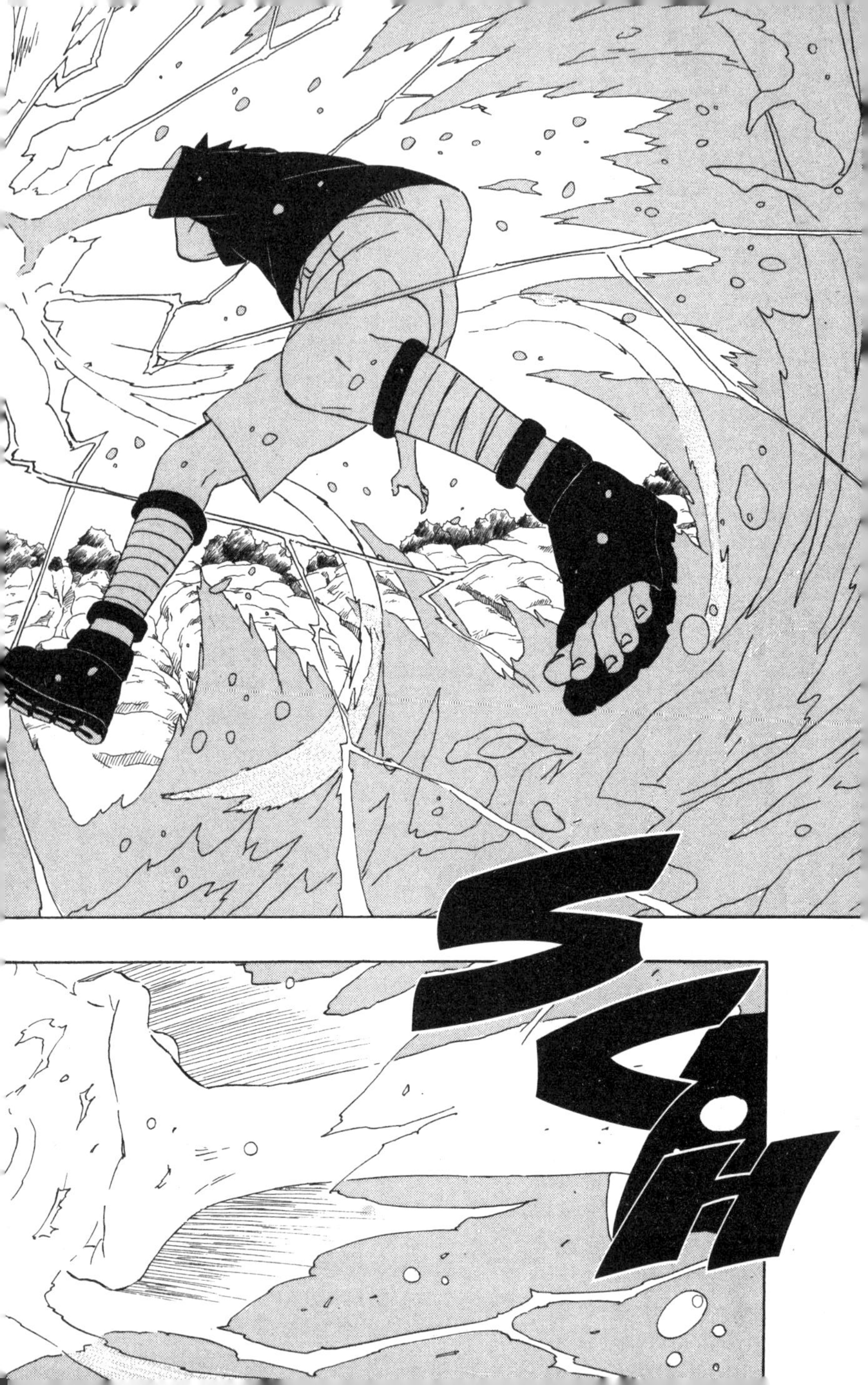

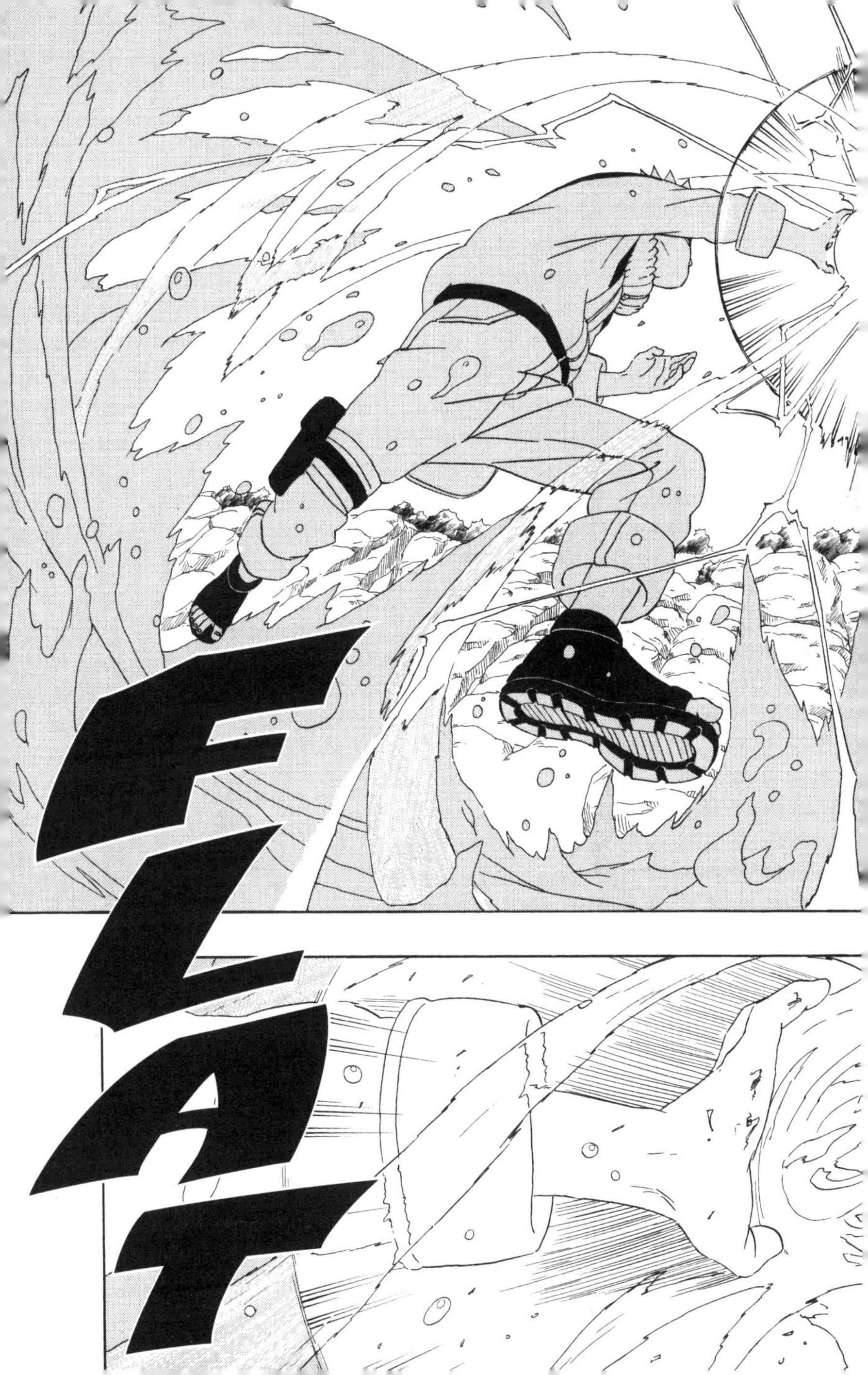
FLAT

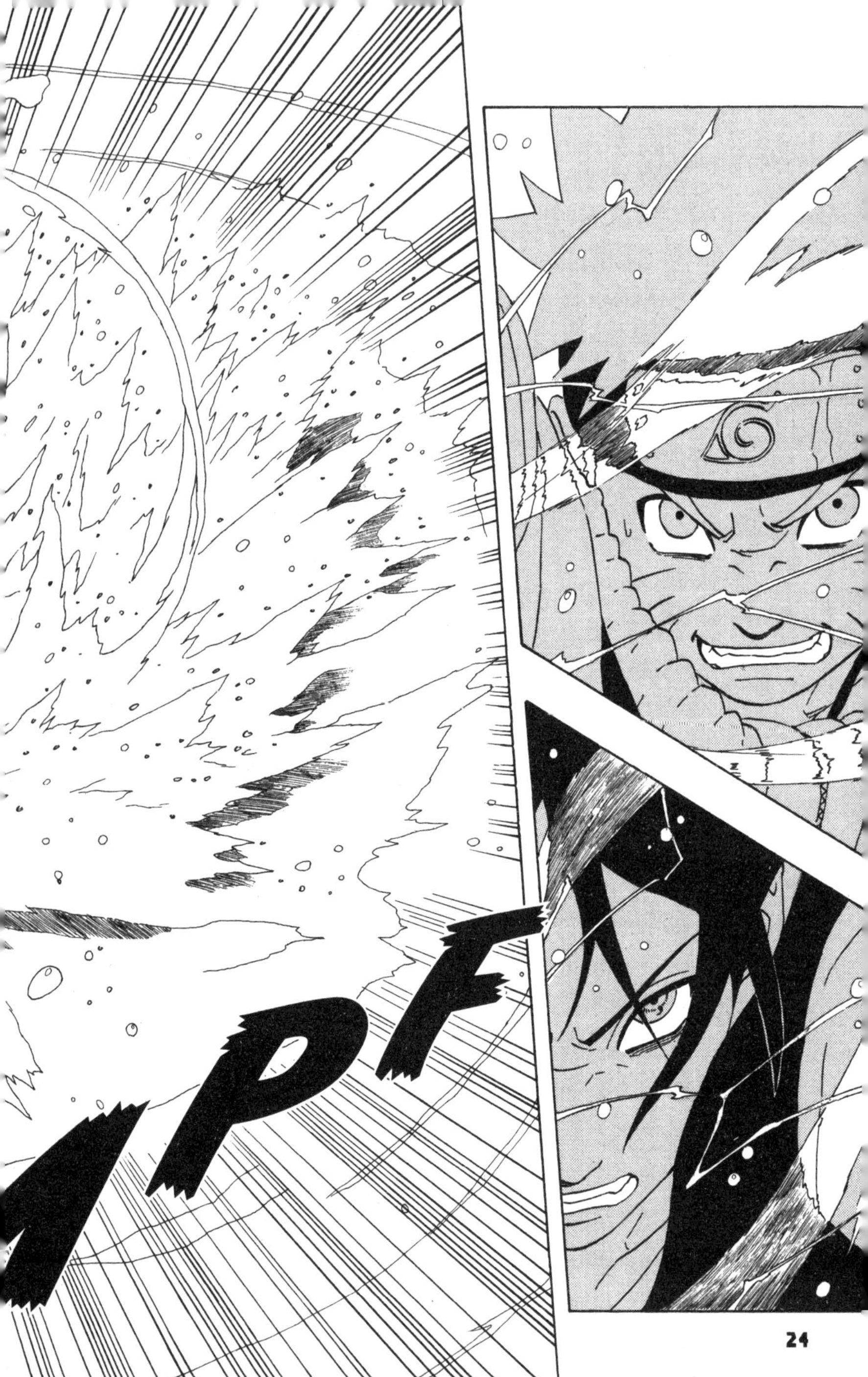

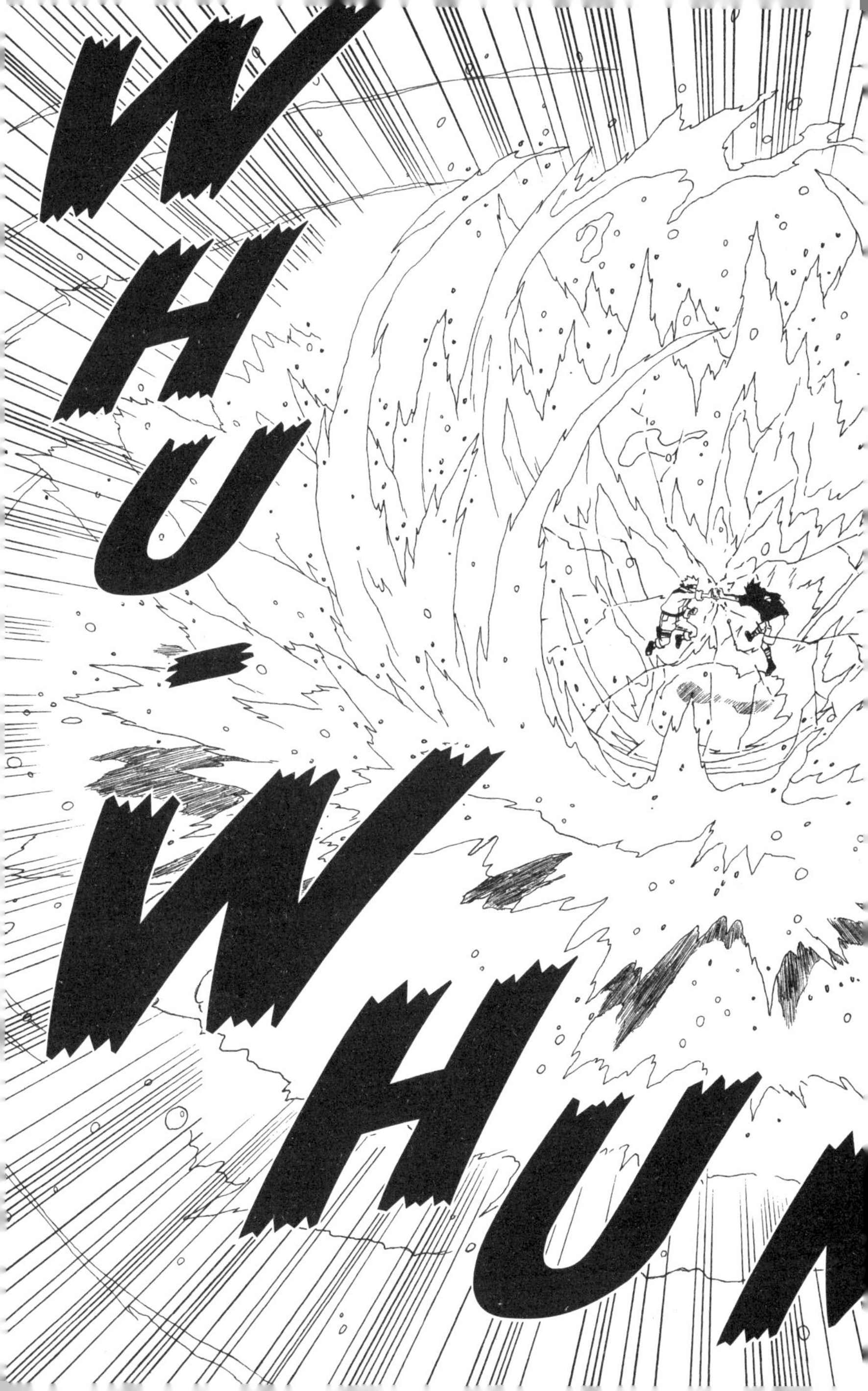
WHU-WHUN

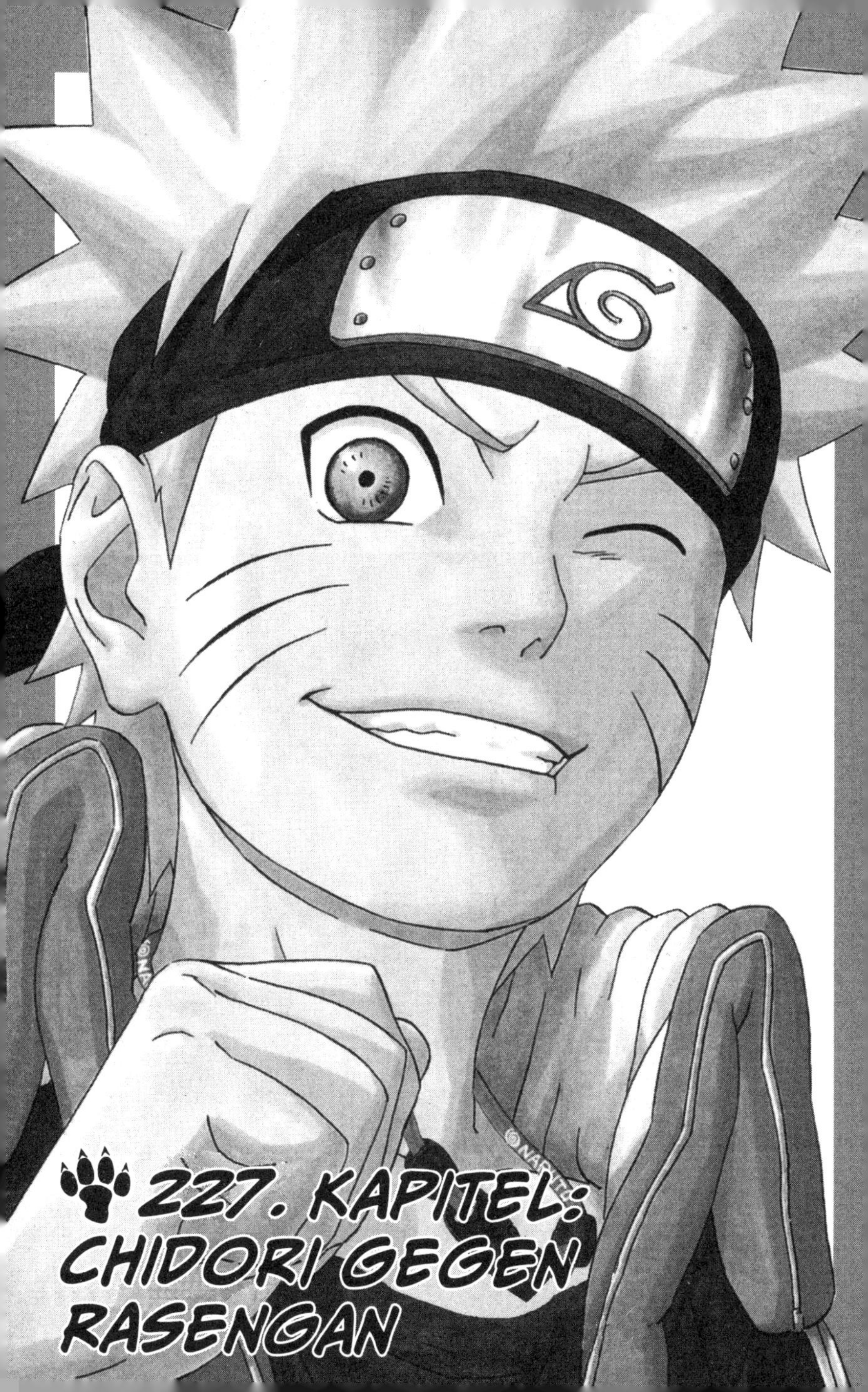

227. Kapitel: Chidori gegen Rasengan

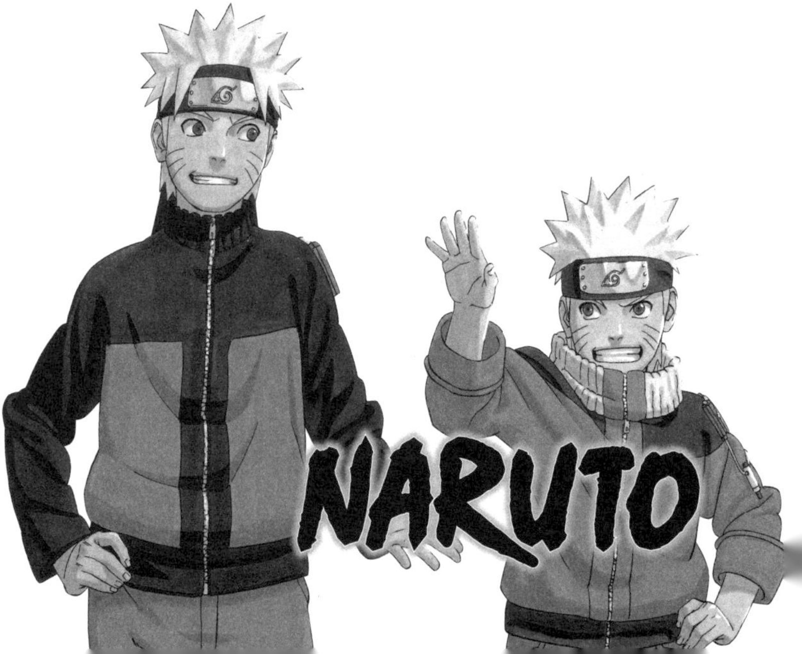
NARUTO

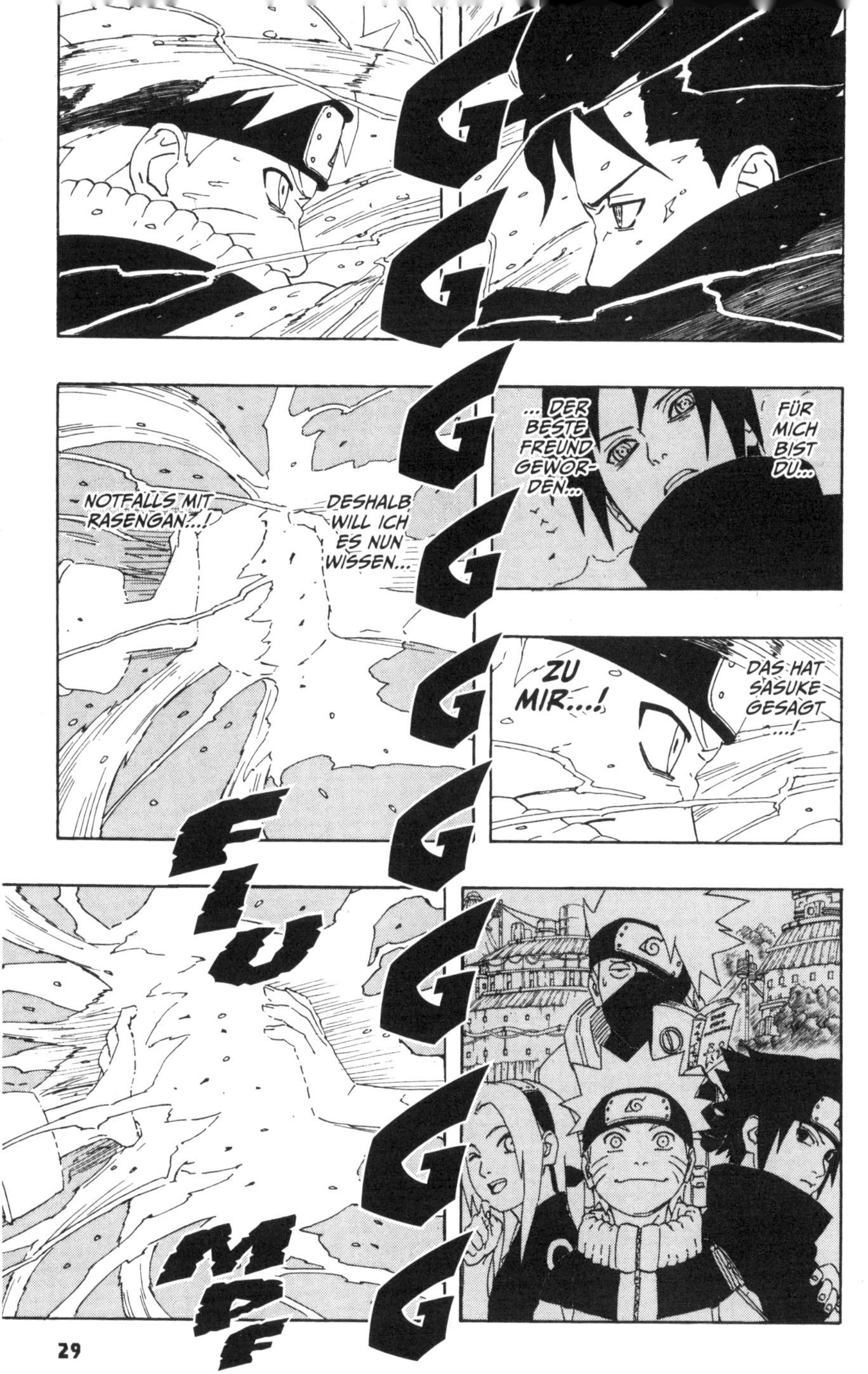
GGGGGGGGGGG
FÜR MICH BIST DU...
... DER BESTE FREUND GEWORDEN...
DAS HAT SASUKE GESAGT ...!
ZU MIR...!
DESHALB WILL ICH ES NUN WISSEN...
NOTFALLS MIT RASENGAN...!
FIUMPF

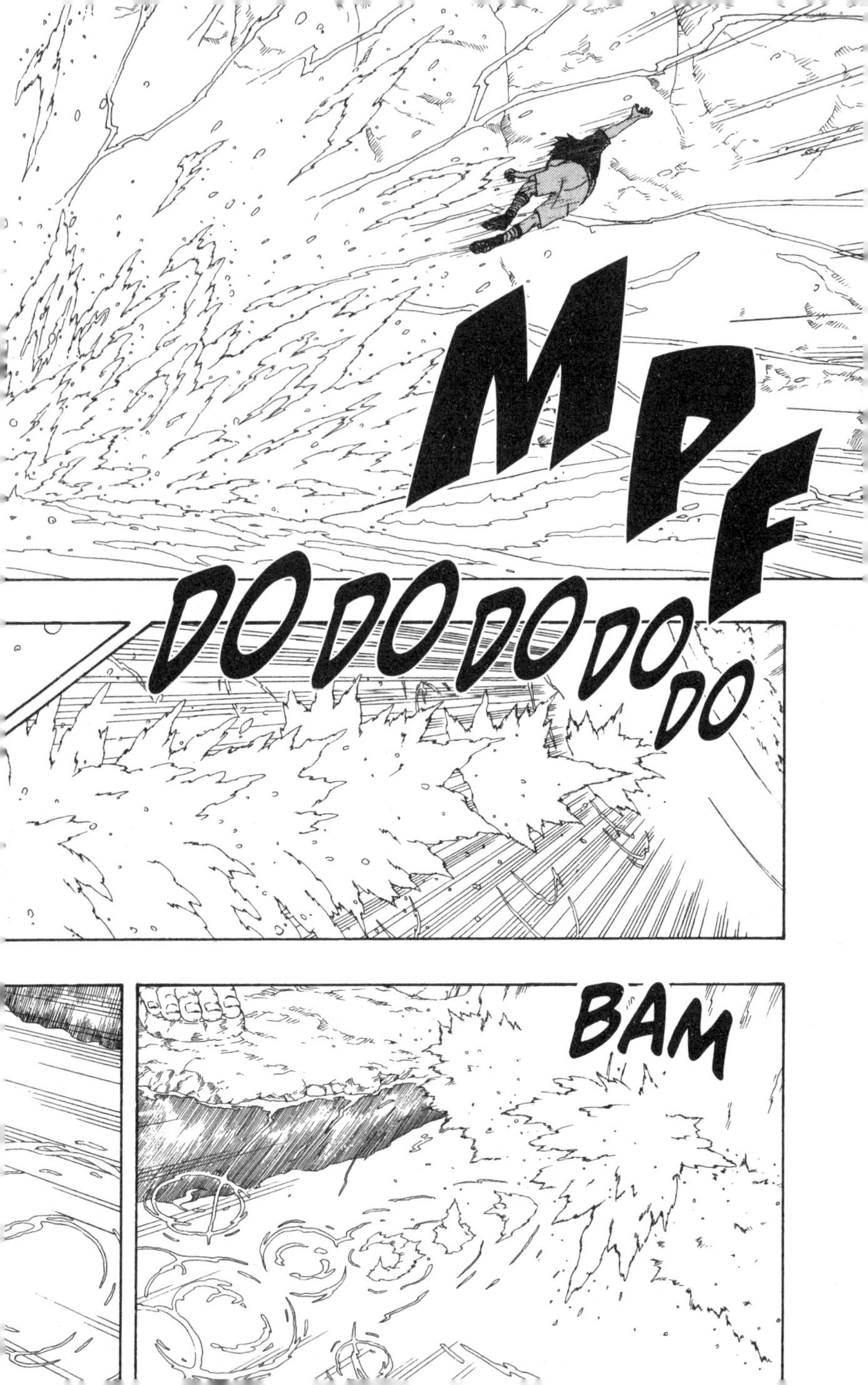
MPF
DODODODODODO
BAM

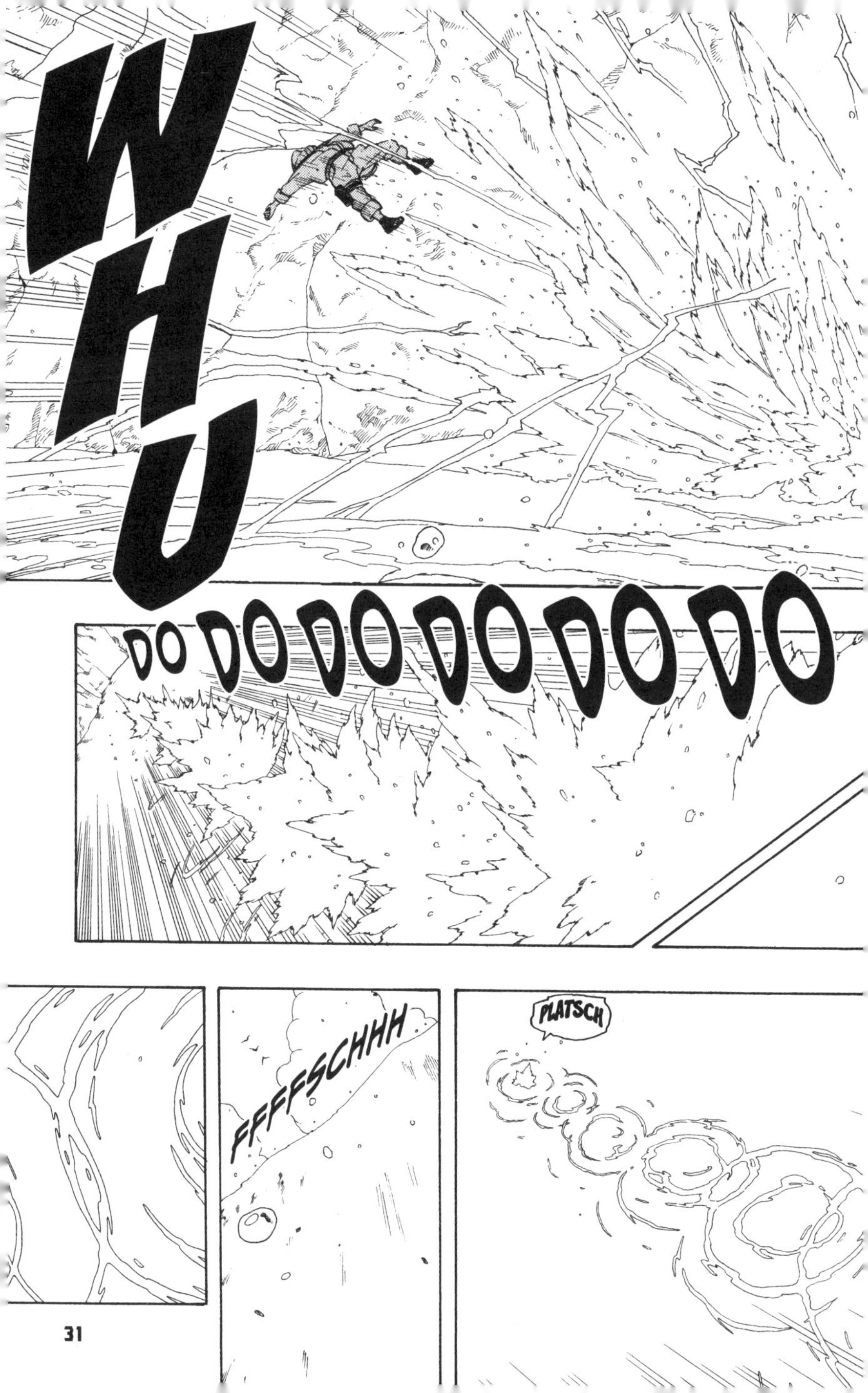
WHU
DO DO DO DO DO DO DO DO
FFFFSCHHH
PLATSCH

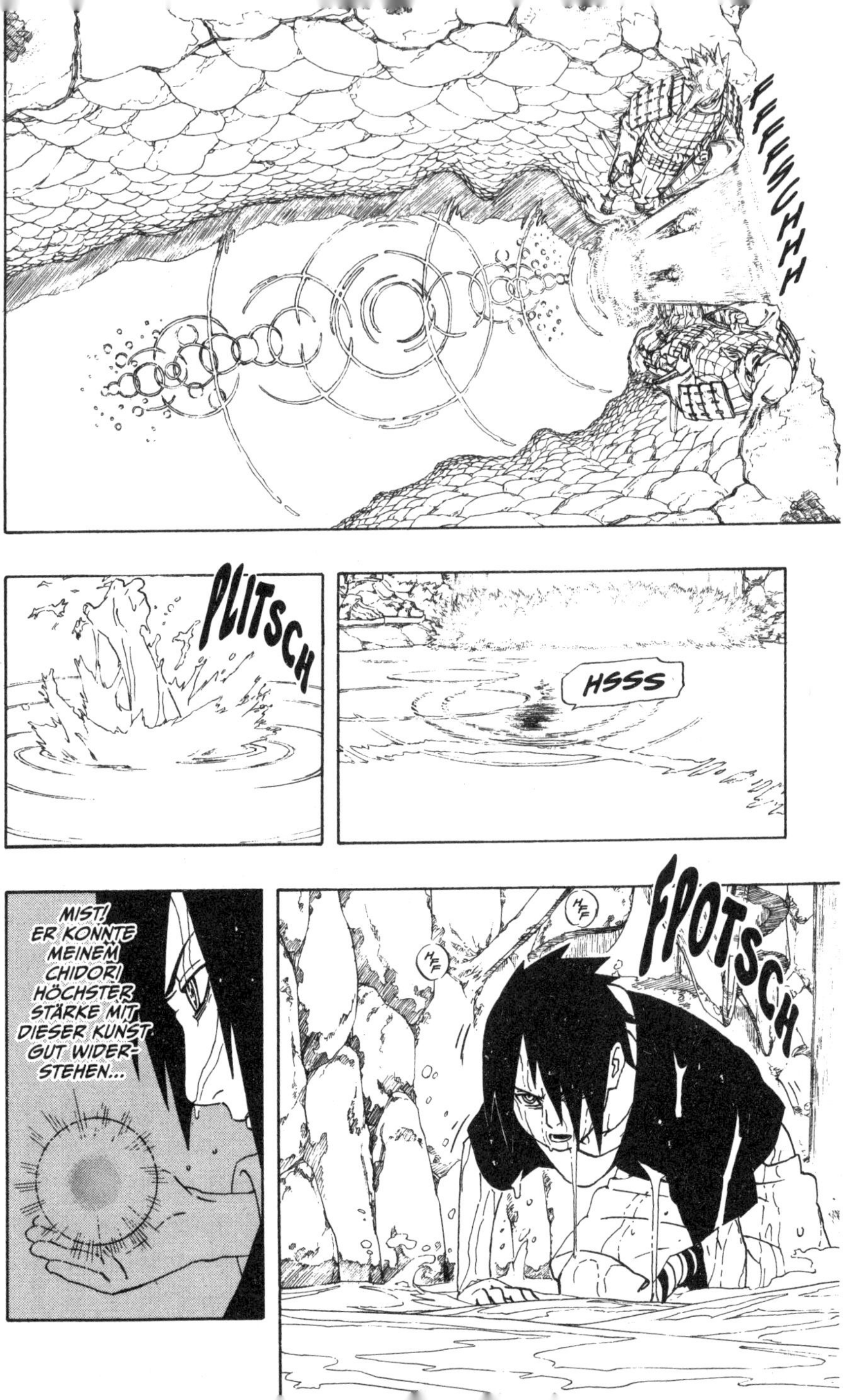
FFFFSCHHH
HSSS
PLITSCH
FPOTSCH
HEF
HEF
MIST!
ER KONNTE
MEINEM
CHIDORI
HÖCHSTER
STÄRKE MIT
DIESER KUNST
GUT WIDER-
STEHEN...

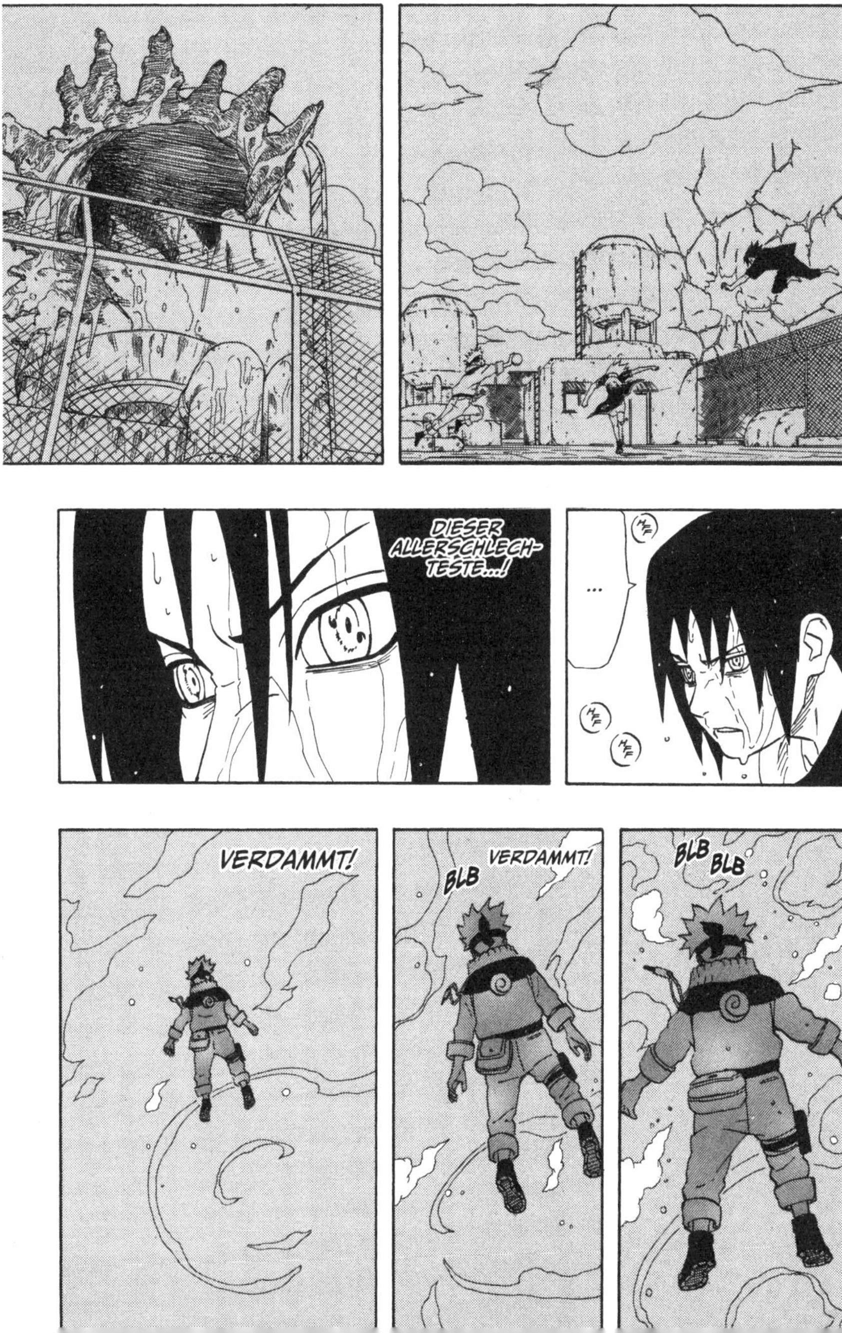
HF
...
HF
HF
DIESER ALLERSCHLECH-TESTE...!
BLB
BLB
BLB
VERDAMMT!
VERDAMMT!

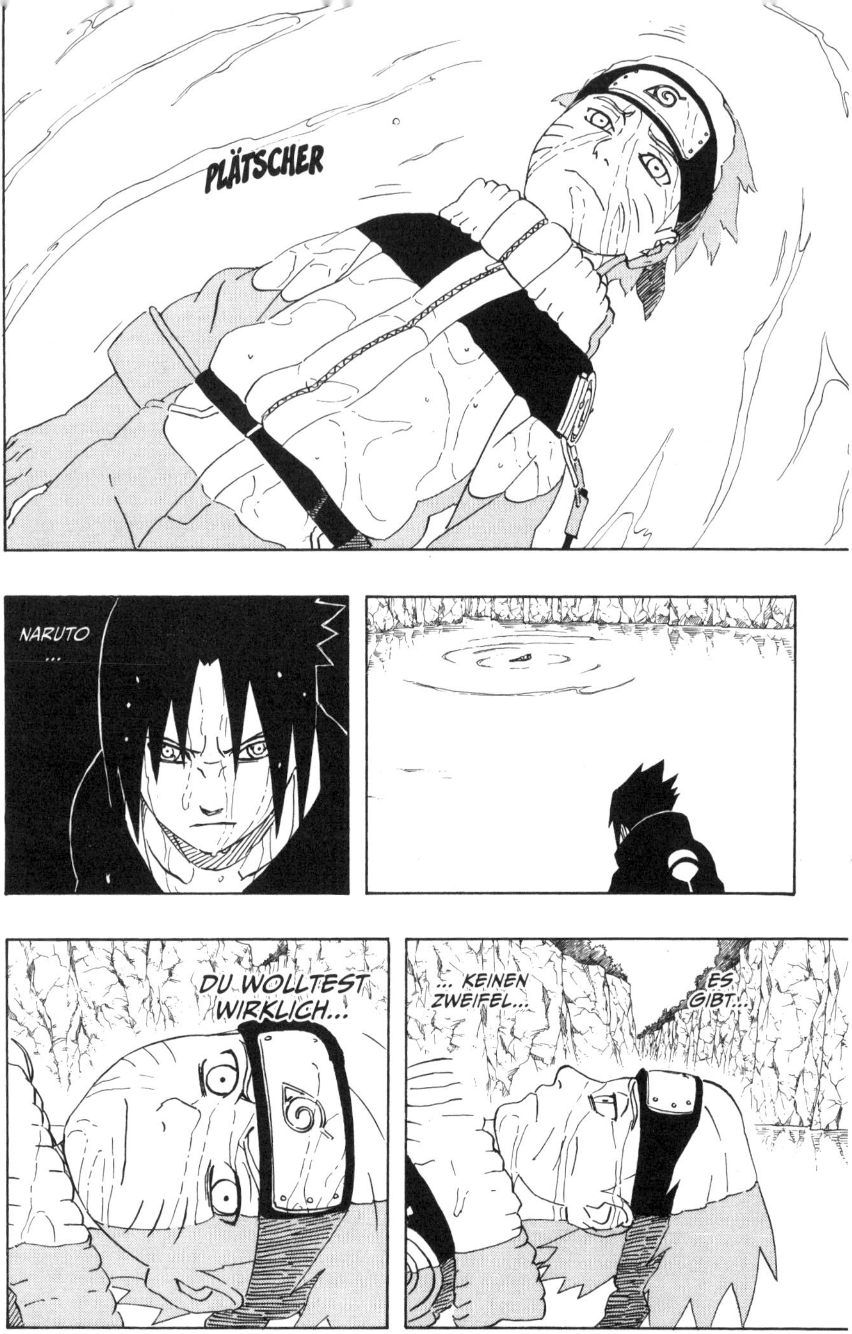
PLÄTSCHER
NARUTO ...
DU WOLLTEST WIRKLICH...
ES GIBT...
... KEINEN ZWEIFEL...

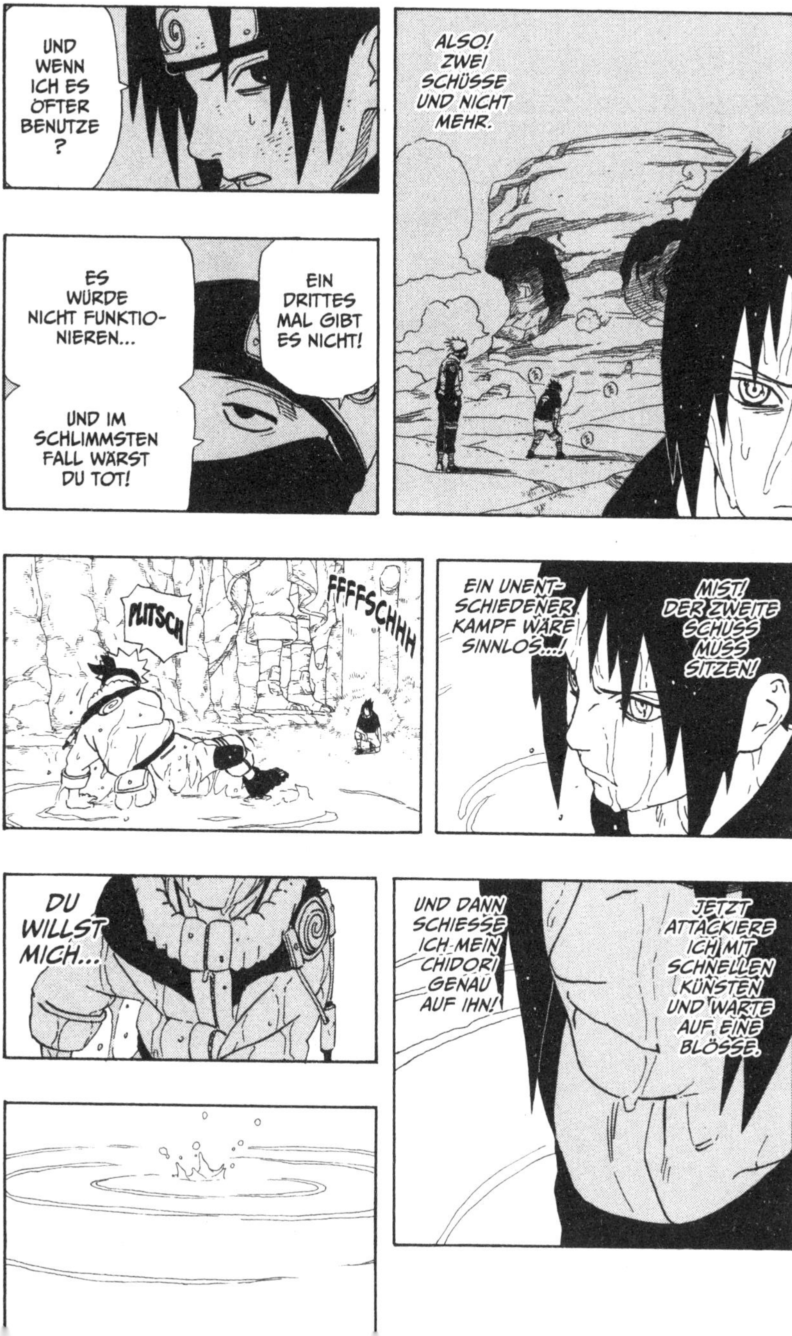
ALSO! ZWEI SCHÜSSE UND NICHT MEHR.
UND WENN ICH ES ÖFTER BENUTZE?
EIN DRITTES MAL GIBT ES NICHT!
ES WÜRDE NICHT FUNKTIONIEREN...
UND IM SCHLIMMSTEN FALL WÄRST DU TOT!
MIST! DER ZWEITE SCHUSS MUSS SITZEN!
EIN UNENTSCHIEDENER KAMPF WÄRE SINNLOS...!
FFFFSCHHH
PLITSCH
JETZT ATTACKIERE ICH MIT SCHNELLEN KÜNSTEN UND WARTE AUF EINE BLÖSSE.
UND DANN SCHIESSE ICH MEIN CHIDORI GENAU AUF IHN!
DU WILLST MICH...

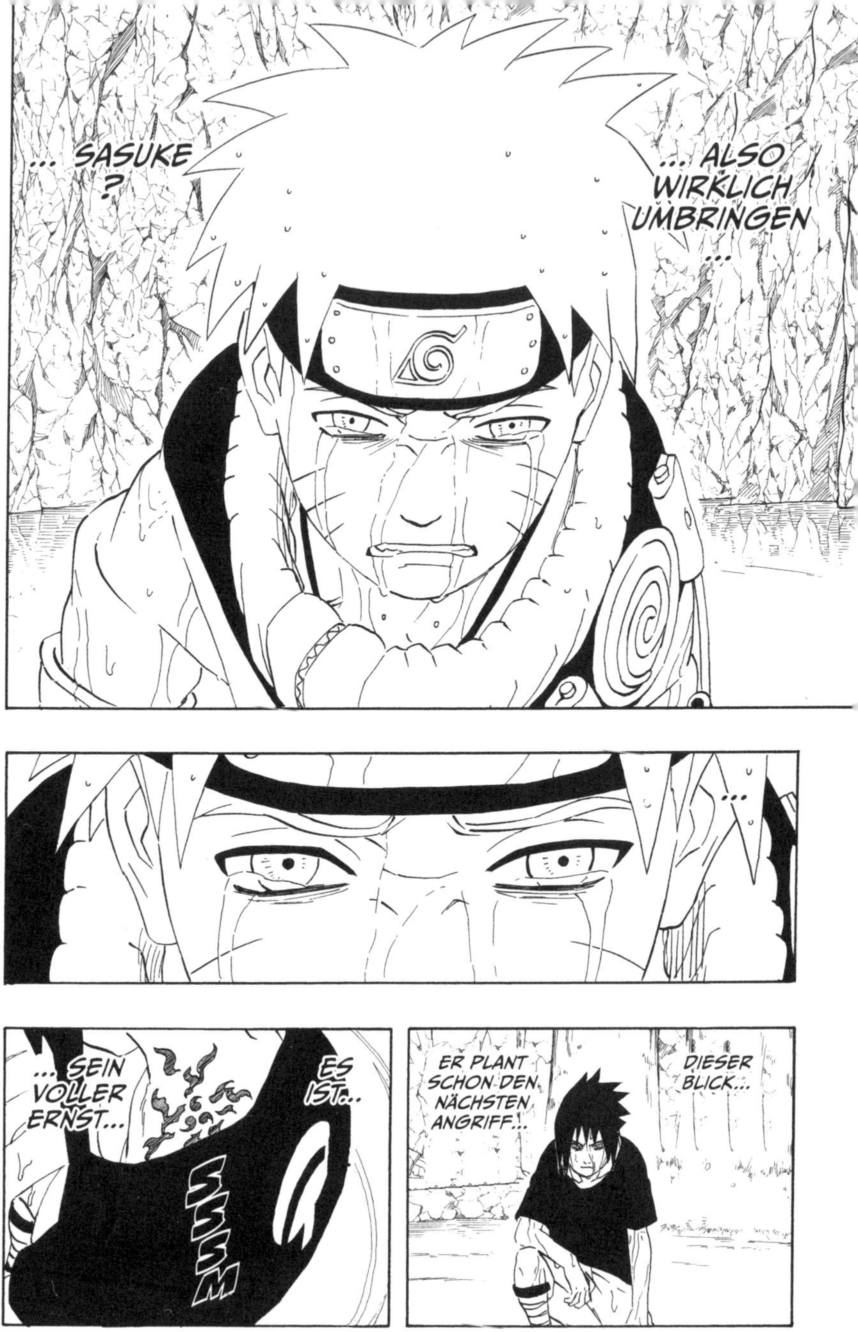

... ALSO WIRKLICH UMBRINGEN ...
... SASUKE ?
...
DIESER BLICK...
ER PLANT SCHON DEN NÄCHSTEN ANGRIFF...
ES IST...
... SEIN VOLLER ERNST...
SSSM

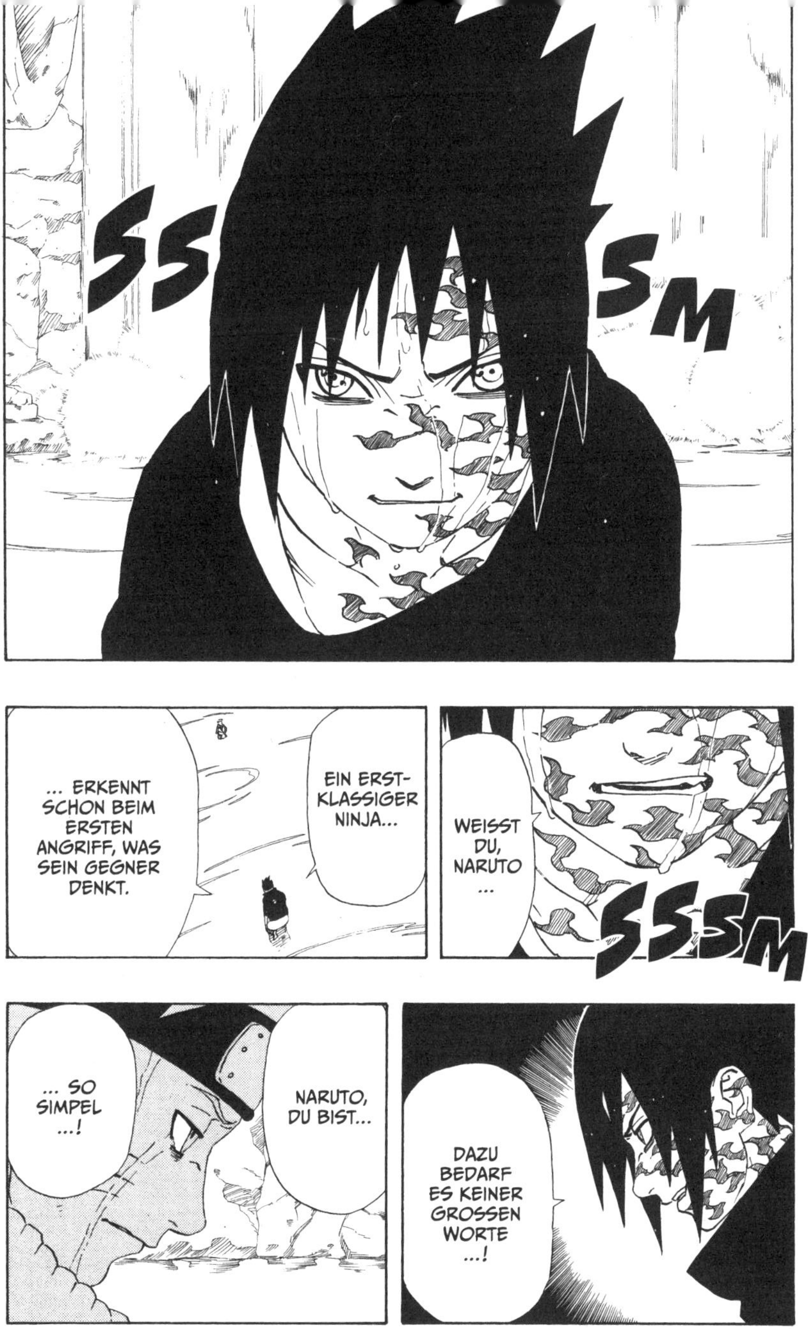
SS
SM
WEISST DU, NARUTO ...
SSSM
EIN ERST-KLASSIGER NINJA...
... ERKENNT SCHON BEIM ERSTEN ANGRIFF, WAS SEIN GEGNER DENKT.
DAZU BEDARF ES KEINER GROSSEN WORTE ...!
NARUTO, DU BIST...
... SO SIMPEL ...!

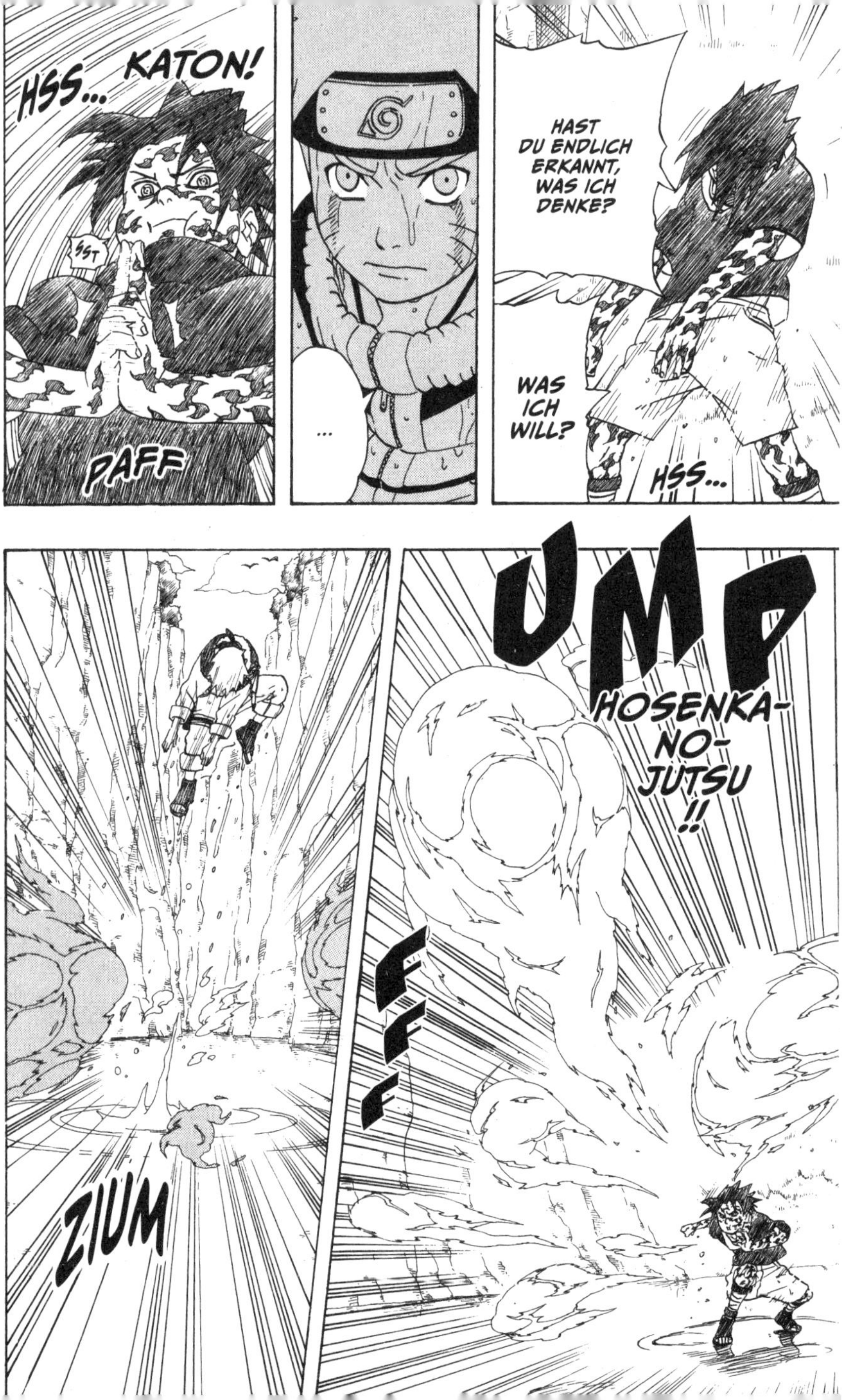
HAST DU ENDLICH ERKANNT, WAS ICH DENKE?
WAS ICH WILL?
HSS...
...
HSS... KATON!
SST
PAFF
UMP
HOSENKA-NO-JUTSU!!
FFF
ZIUM

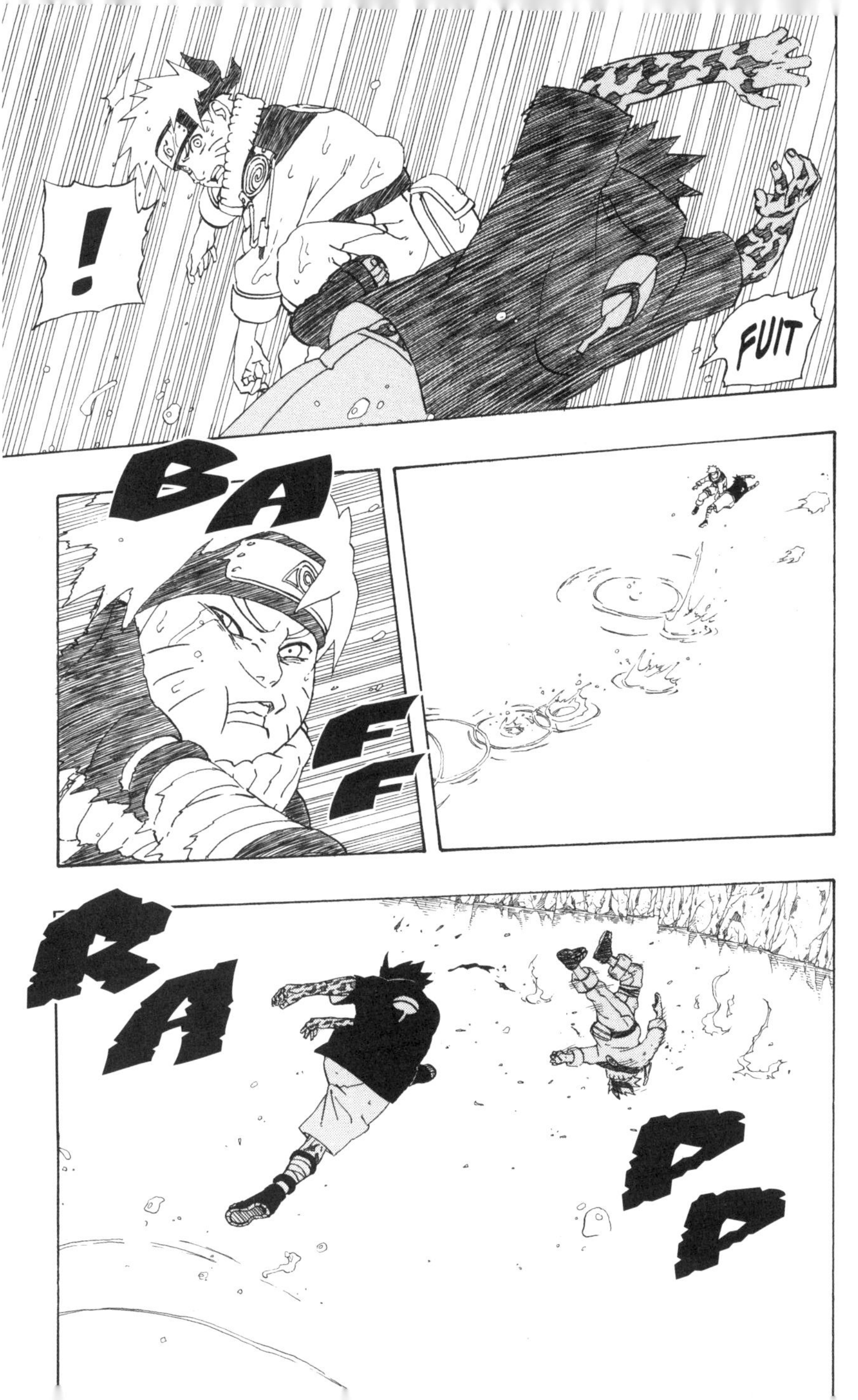
!
FUIT
BA
FF
RA
PP

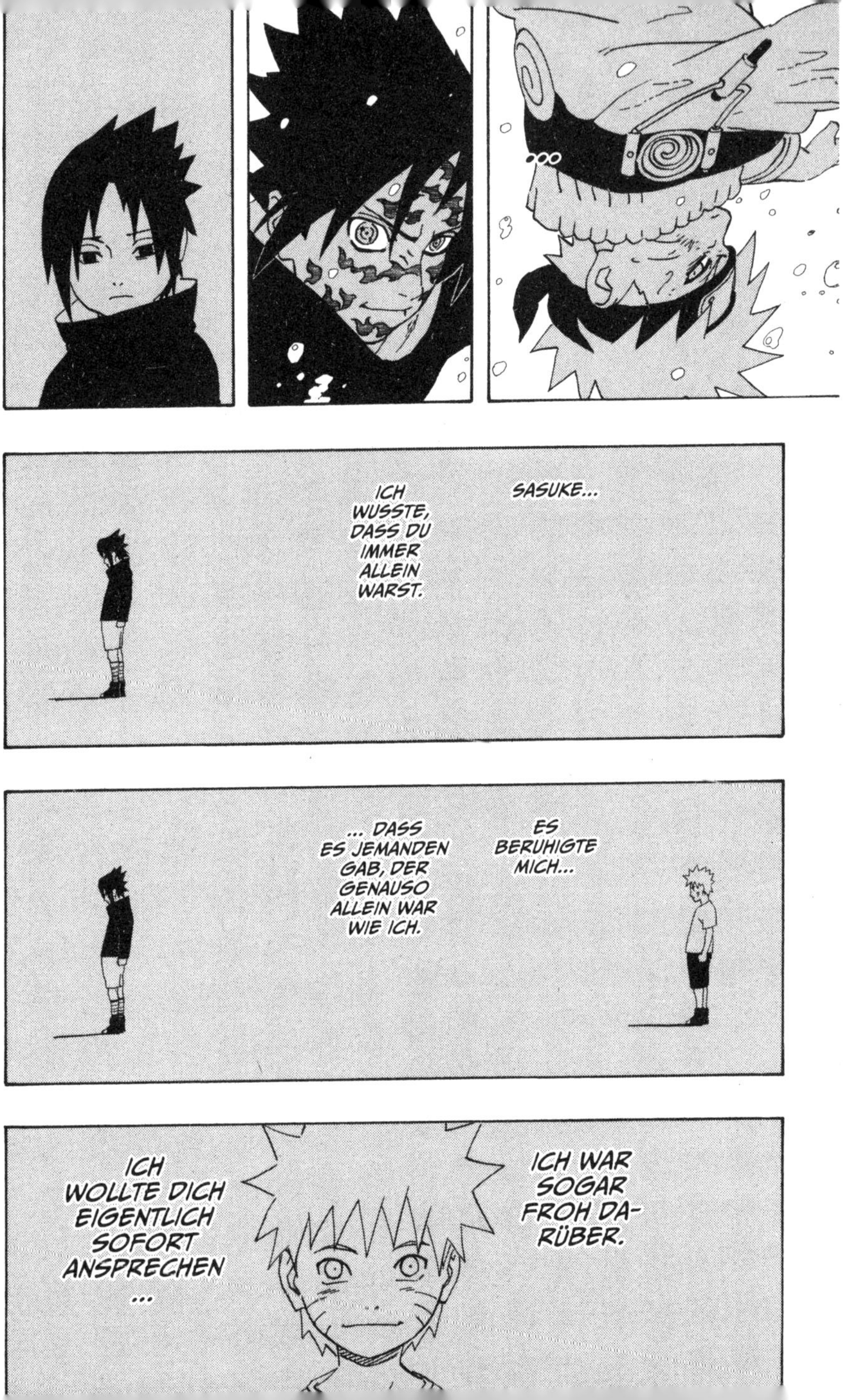
SASUKE...
ICH WUSSTE, DASS DU IMMER ALLEIN WARST.
ES BERUHIGTE MICH...
... DASS ES JEMANDEN GAB, DER GENAUSO ALLEIN WAR WIE ICH.
ICH WAR SOGAR FROH DA-RÜBER.
ICH WOLLTE DICH EIGENTLICH SOFORT ANSPRECHEN ...

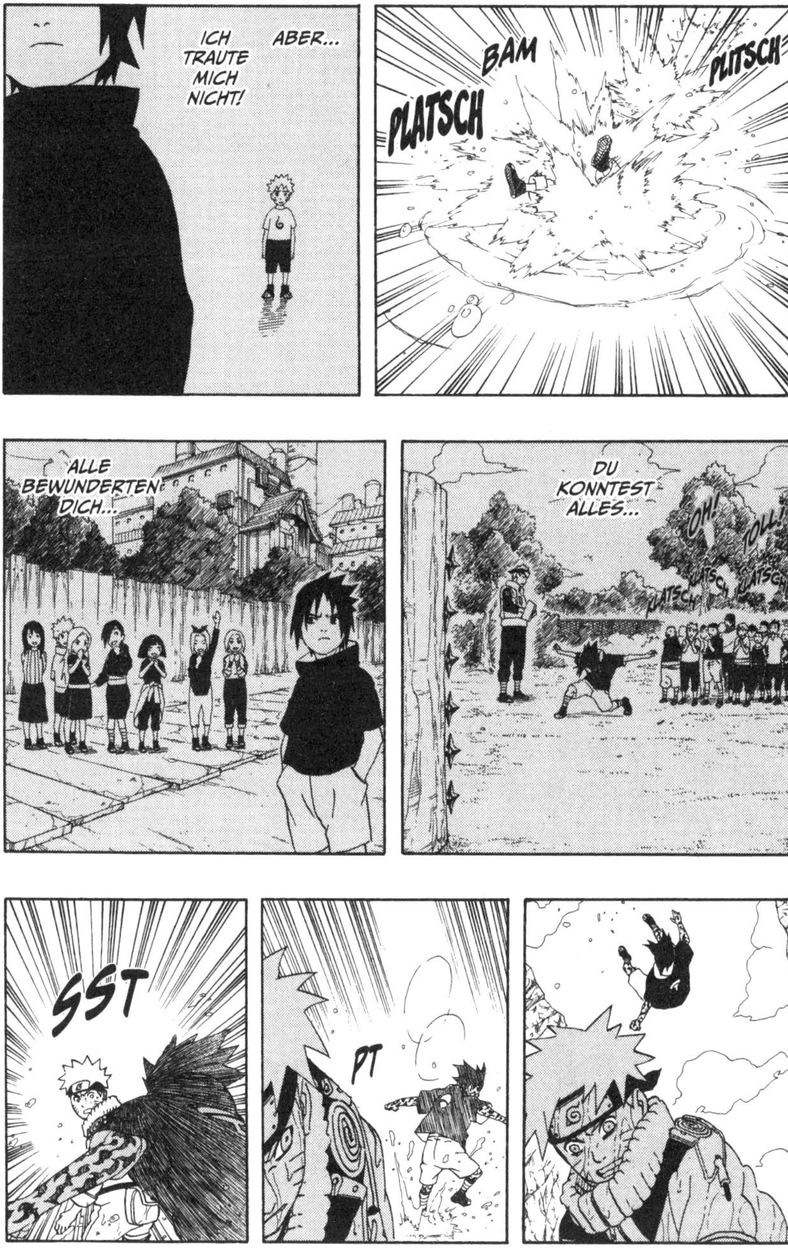
ABER...
ICH TRAUTE MICH NICHT!
PLITSCH
BAM
PLATSCH
ALLE BEWUNDERTEN DICH...
DU KONNTEST ALLES...
TOLL!
OH!
KLATSCH
KLATSCH
KLATSCH
SST
PT

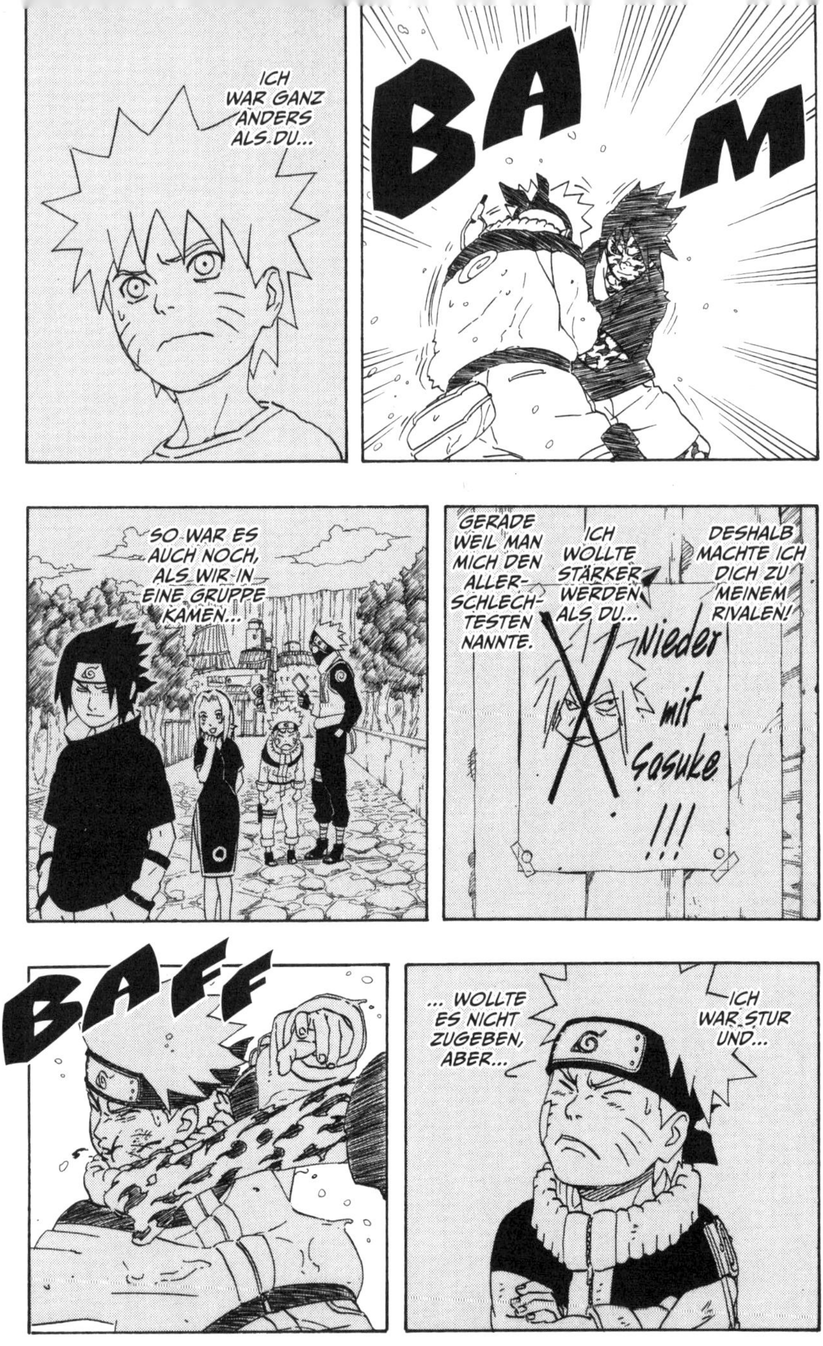
BAM
ICH WAR GANZ ANDERS ALS DU...
SO WAR ES AUCH NOCH, ALS WIR IN EINE GRUPPE KAMEN...
GERADE WEIL MAN MICH DEN ALLERSCHLECHTESTEN NANNTE.
ICH WOLLTE STÄRKER WERDEN ALS DU...
DESHALB MACHTE ICH DICH ZU MEINEM RIVALEN!
Nieder mit Sasuke !!!
ICH WAR STUR UND...
... WOLLTE ES NICHT ZUGEBEN, ABER...
BAFF

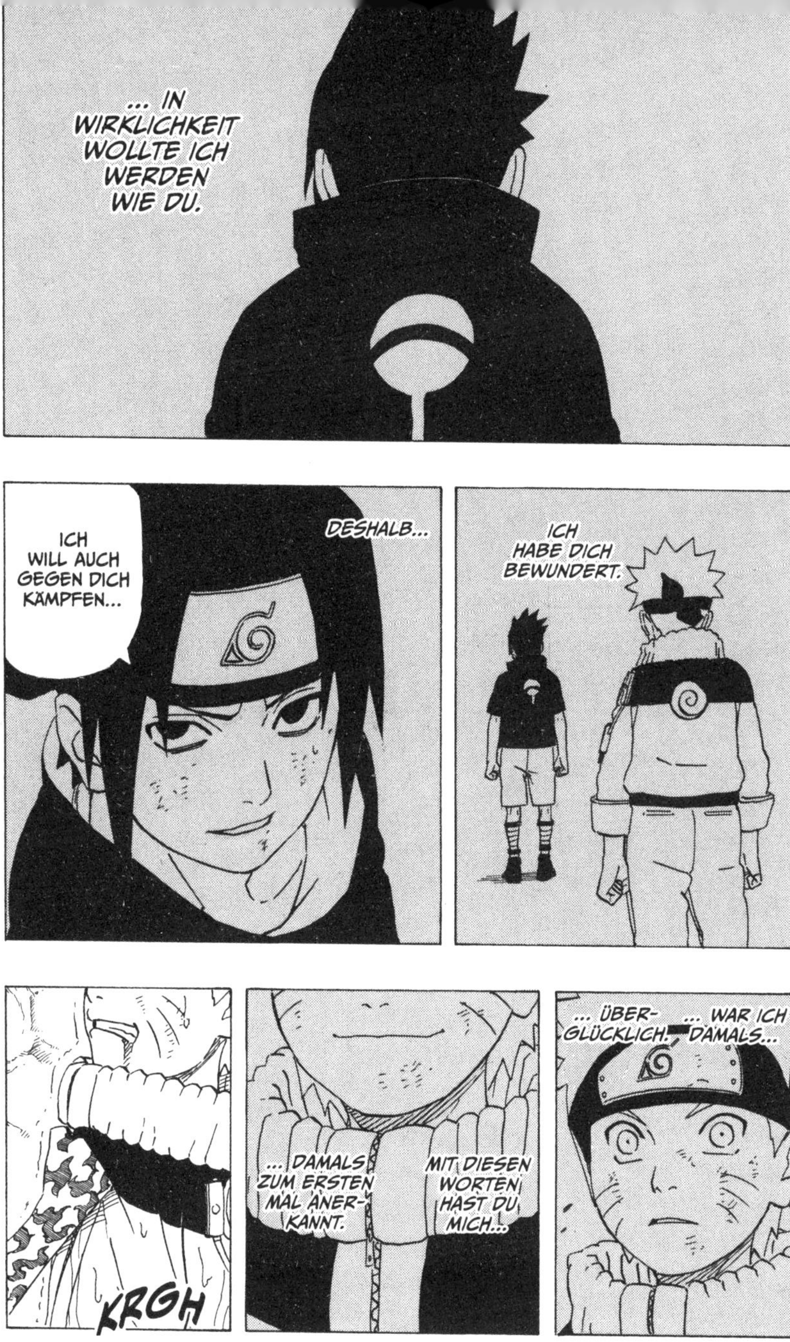
... IN WIRKLICHKEIT WOLLTE ICH WERDEN WIE DU.
ICH HABE DICH BEWUNDERT.
DESHALB...
ICH WILL AUCH GEGEN DICH KÄMPFEN...
... WAR ICH DAMALS...
... ÜBERGLÜCKLICH.
MIT DIESEN WORTEN HAST DU MICH...
... DAMALS ZUM ERSTEN MAL ANERKANNT.
KRGH

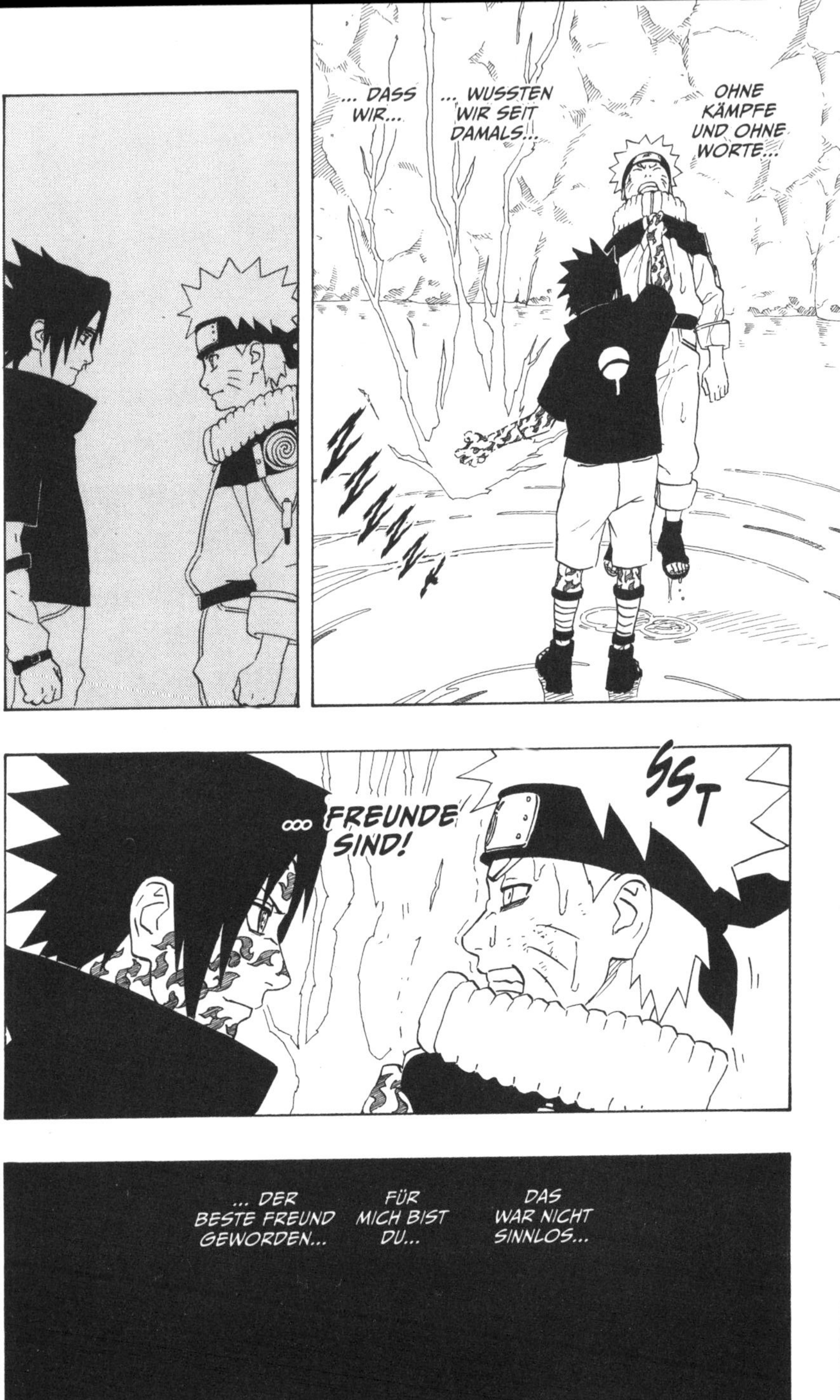
OHNE KÄMPFE UND OHNE WORTE...
... WUSSTEN WIR SEIT DAMALS...
... DASS WIR...
... FREUNDE SIND!
SST
DAS WAR NICHT SINNLOS...
FÜR MICH BIST DU...
... DER BESTE FREUND GEWORDEN...

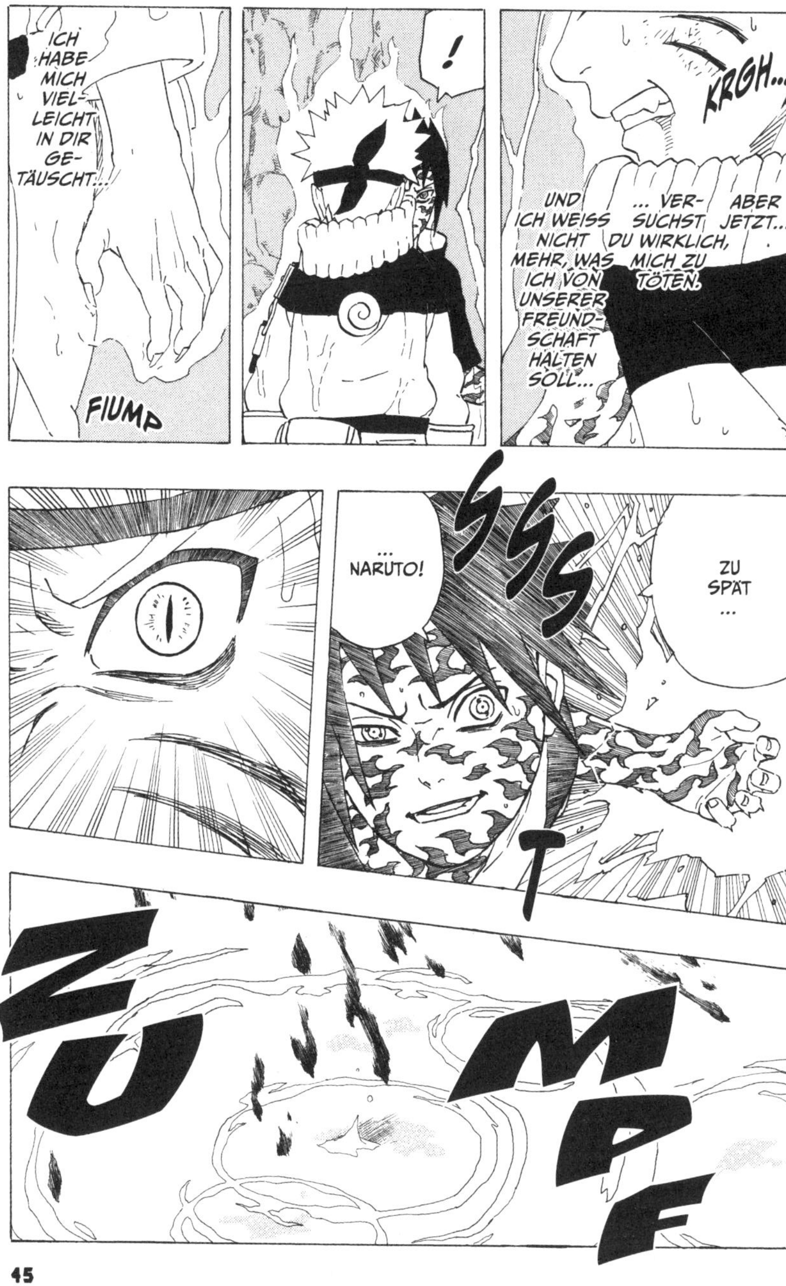
ICH HABE MICH VIEL-LEICHT IN DIR GE-TÄUSCHT...
FIUMP
!
KRGH...
ABER JETZT...
... VER-SUCHST DU WIRKLICH, MICH ZU TÖTEN.
UND ICH WEISS NICHT MEHR, WAS ICH VON UNSERER FREUND-SCHAFT HALTEN SOLL...
ZU SPÄT ...
SSSST
... NARUTO!
ZUMMPF

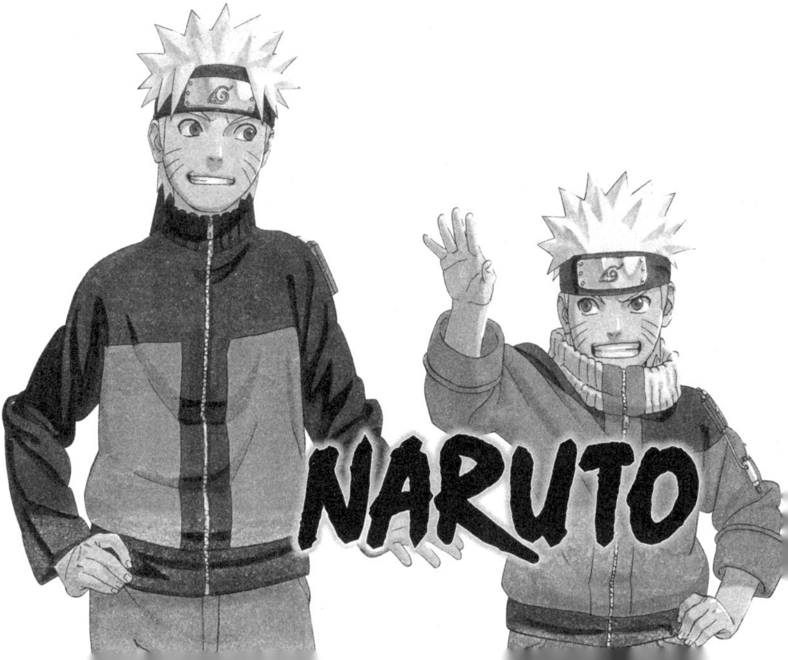
NARUTO

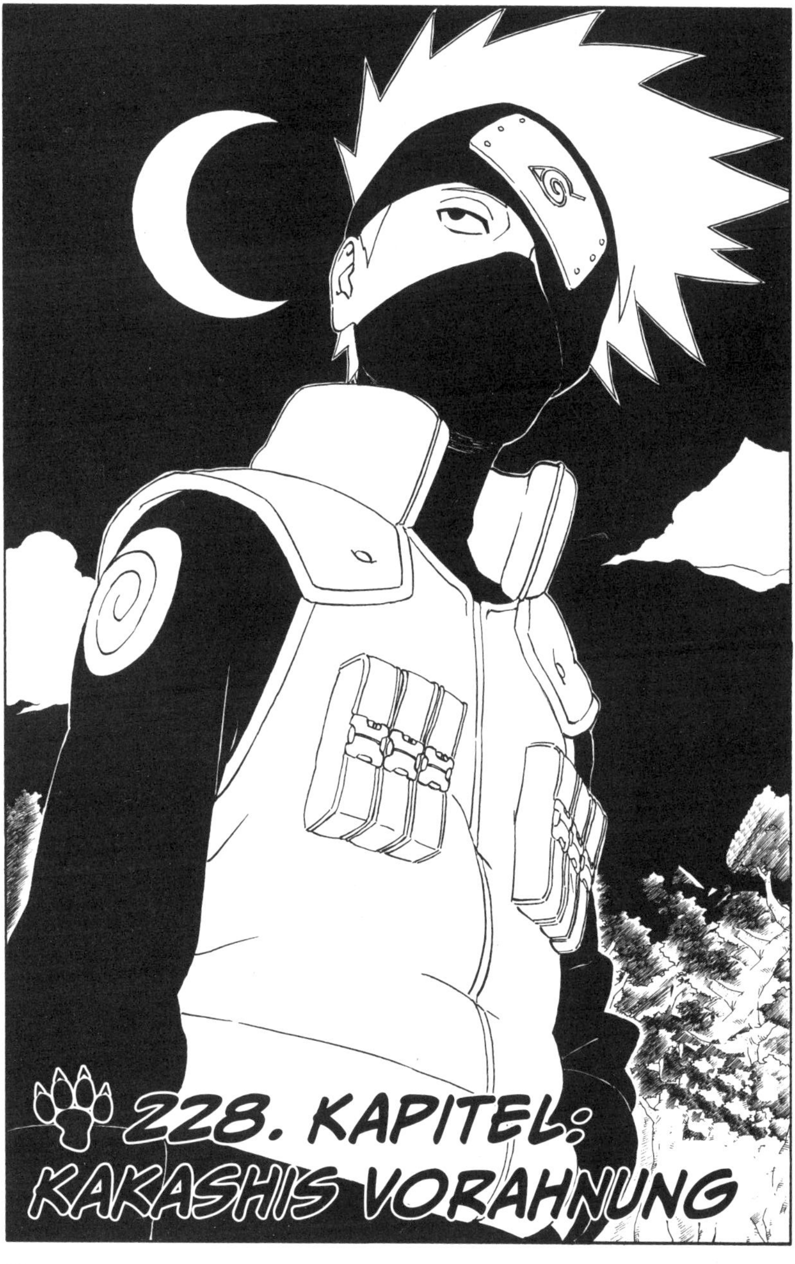
228. Kapitel:
Kakashis Vorahnung

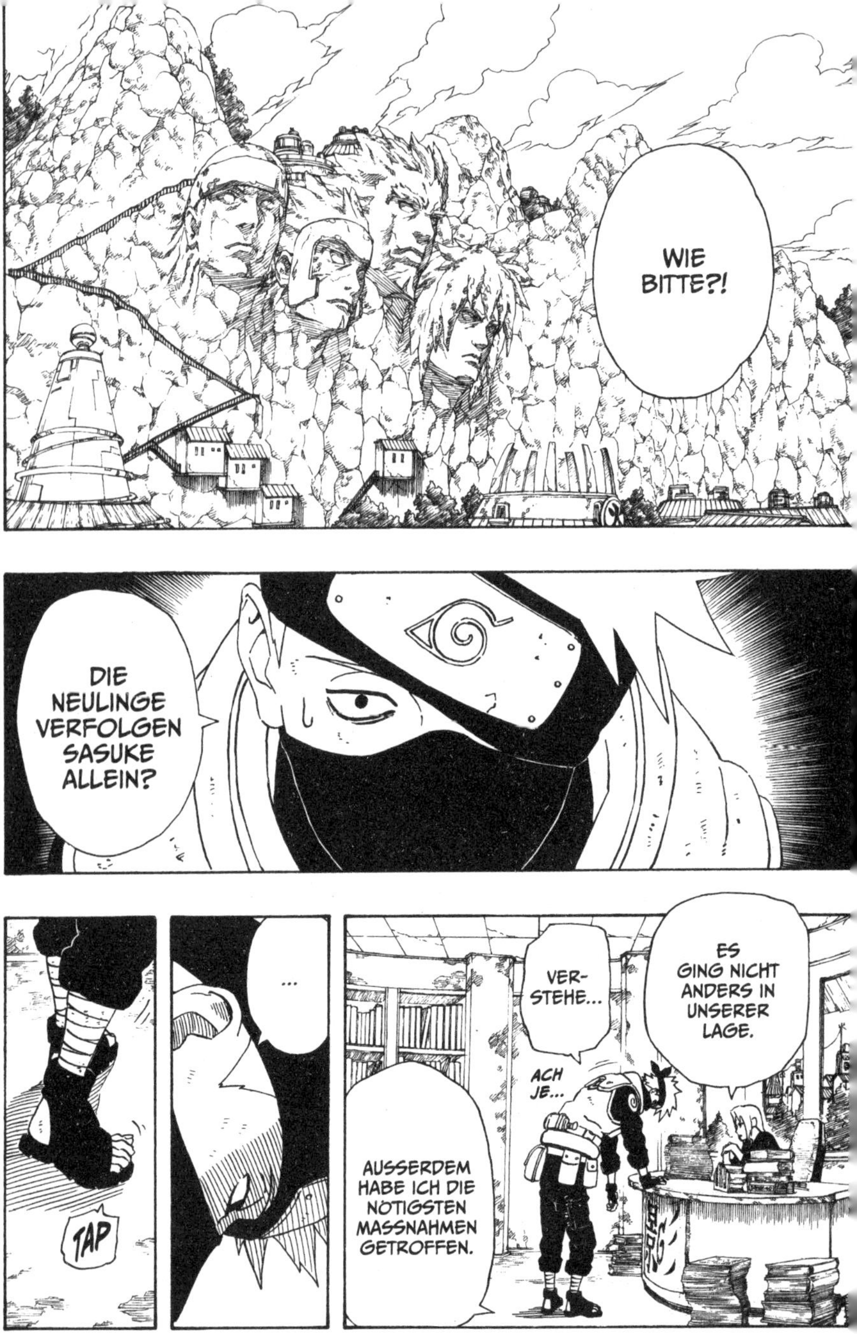
WIE BITTE?!
DIE NEULINGE VERFOLGEN SASUKE ALLEIN?
ES GING NICHT ANDERS IN UNSERER LAGE.
VER-STEHE...
ACH JE...
AUSSERDEM HABE ICH DIE NÖTIGSTEN MASSNAHMEN GETROFFEN.
...
TAP

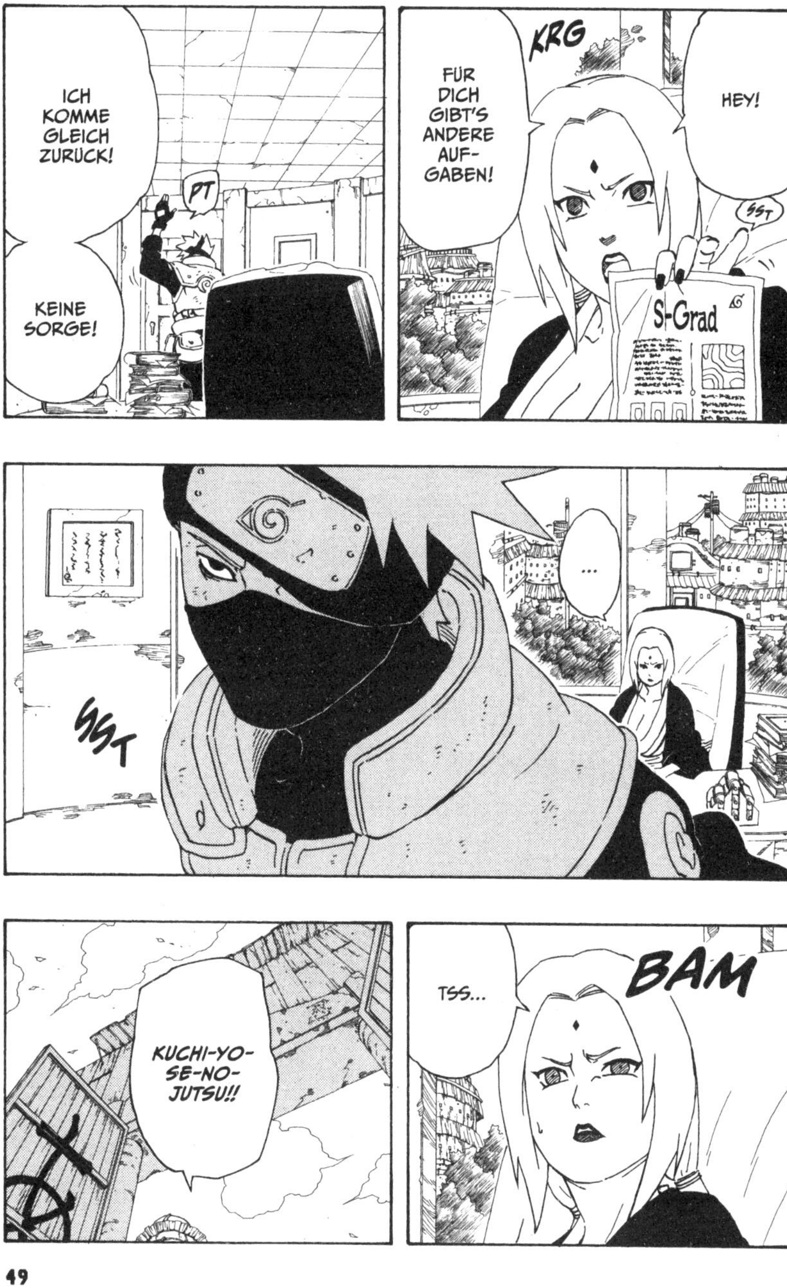
HEY!
SST
KRG
FÜR DICH GIBT'S ANDERE AUF-GABEN!
S-Grad
ICH KOMME GLEICH ZURÜCK!
PT
KEINE SORGE!
...
SST
BAM
TSS...
KUCHI-YO-SE-NO-JUTSU!!

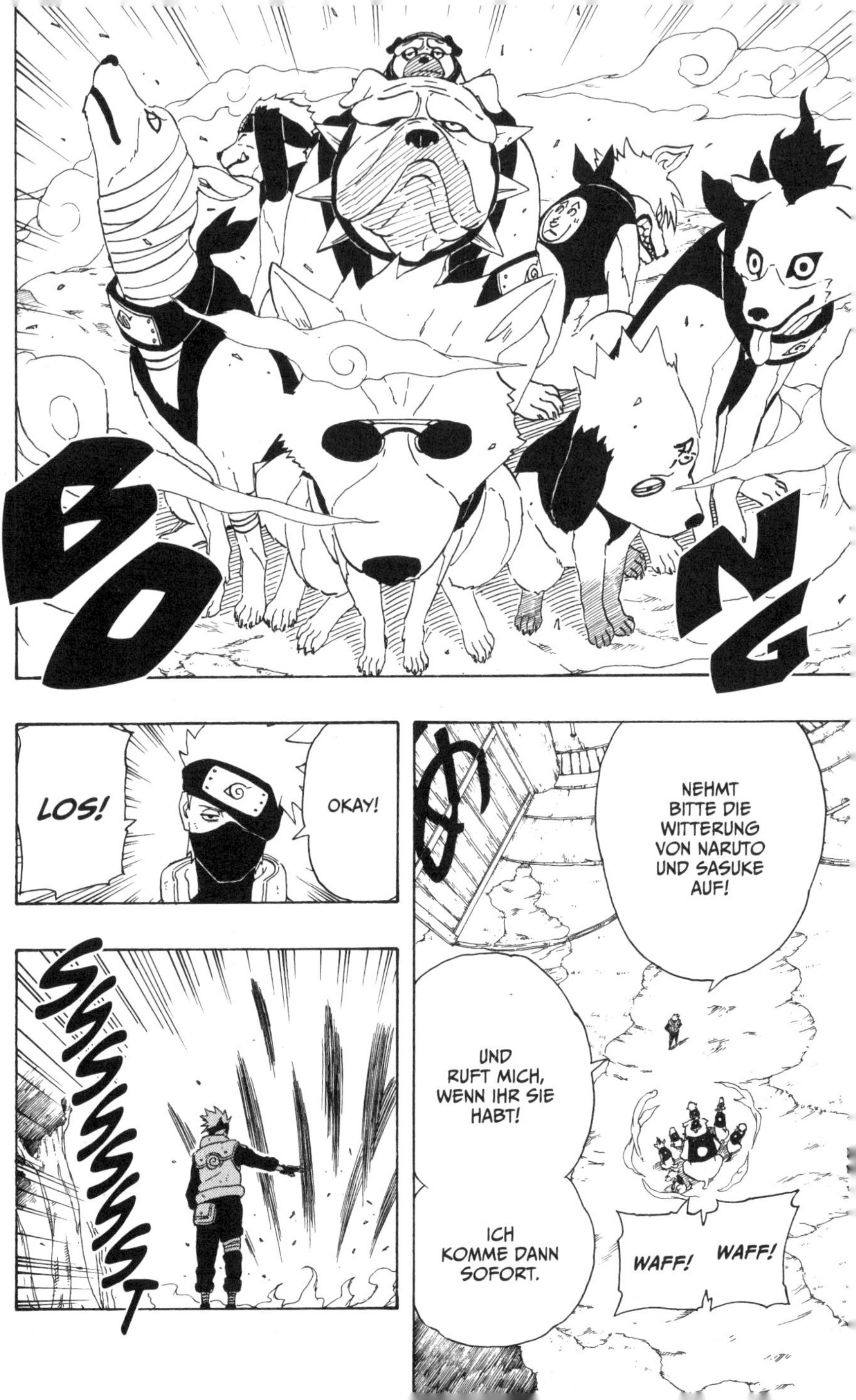
BONG
LOS!
OKAY!
NEHMT BITTE DIE WITTERUNG VON NARUTO UND SASUKE AUF!
UND RUFT MICH, WENN IHR SIE HABT!
ICH KOMME DANN SOFORT.
WAFF! WAFF!
SSSSSSST

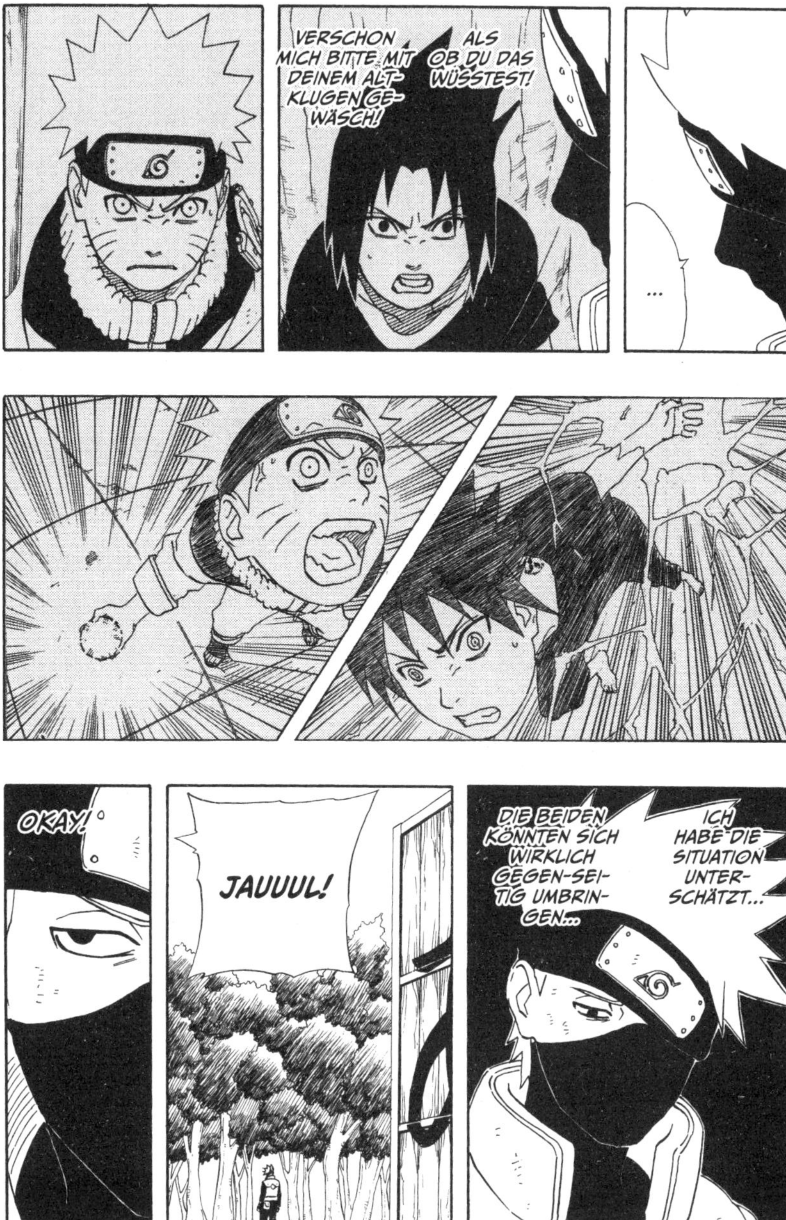
...
ALS OB DU DAS WÜSSTEST!
VERSCHON MICH BITTE MIT DEINEM ALT-KLUGEN GE-WÄSCH!
ICH HABE DIE SITUATION UNTER-SCHÄTZT...
DIE BEIDEN KÖNNTEN SICH WIRKLICH GEGEN-SEI-TIG UMBRIN-GEN...
JAUUUL!
OKAY!

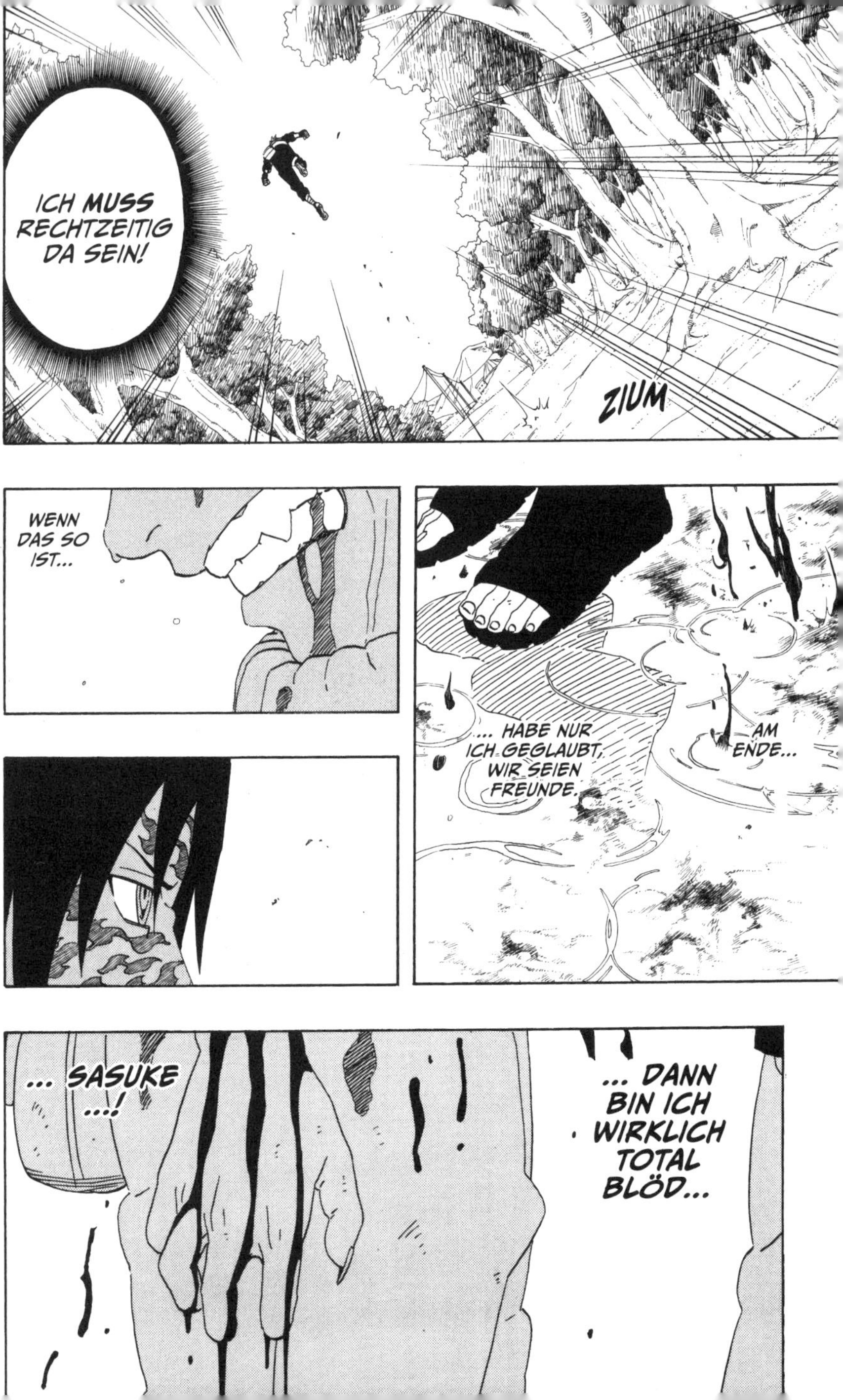
ICH MUSS RECHTZEITIG DA SEIN!
ZIUM
AM ENDE...
... HABE NUR ICH GEGLAUBT, WIR SEIEN FREUNDE.
WENN DAS SO IST...
... DANN BIN ICH WIRKLICH TOTAL BLÖD...
... SASUKE ...!

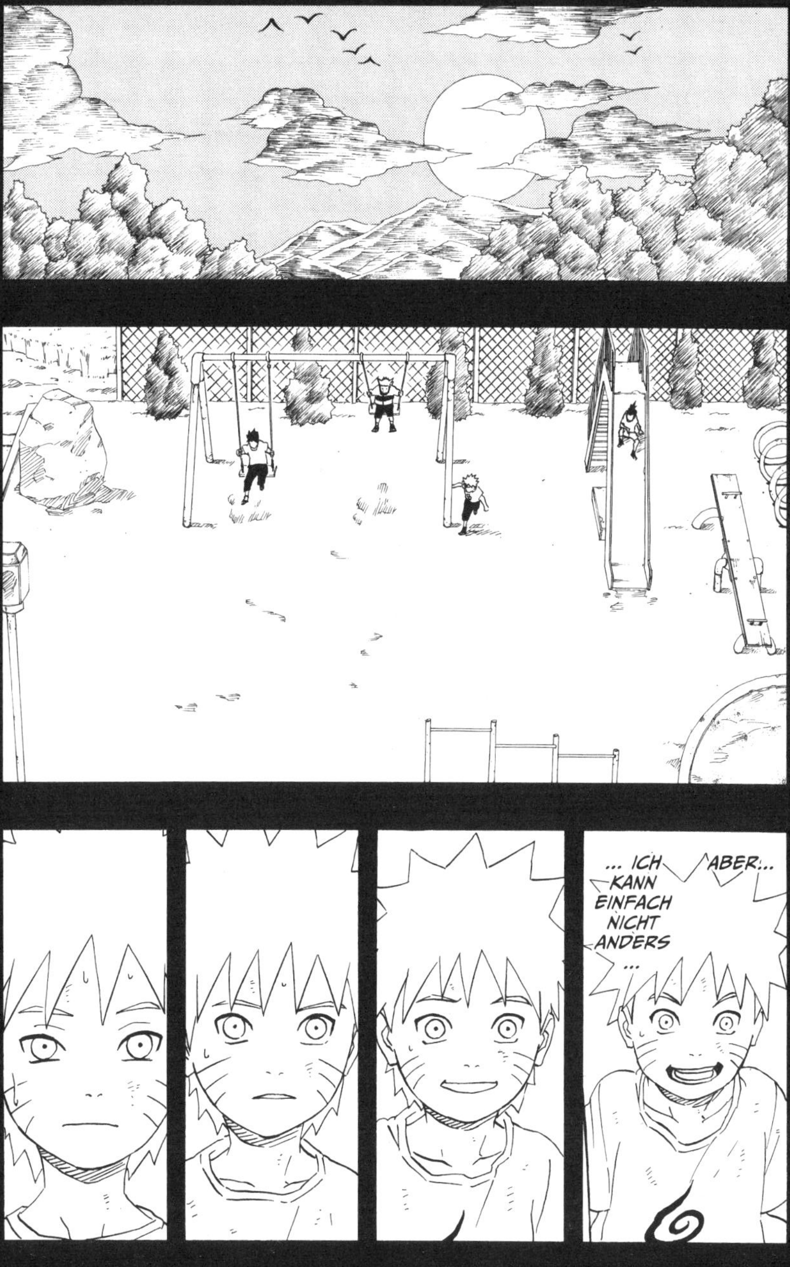
ABER...
... ICH KANN EINFACH NICHT ANDERS ...

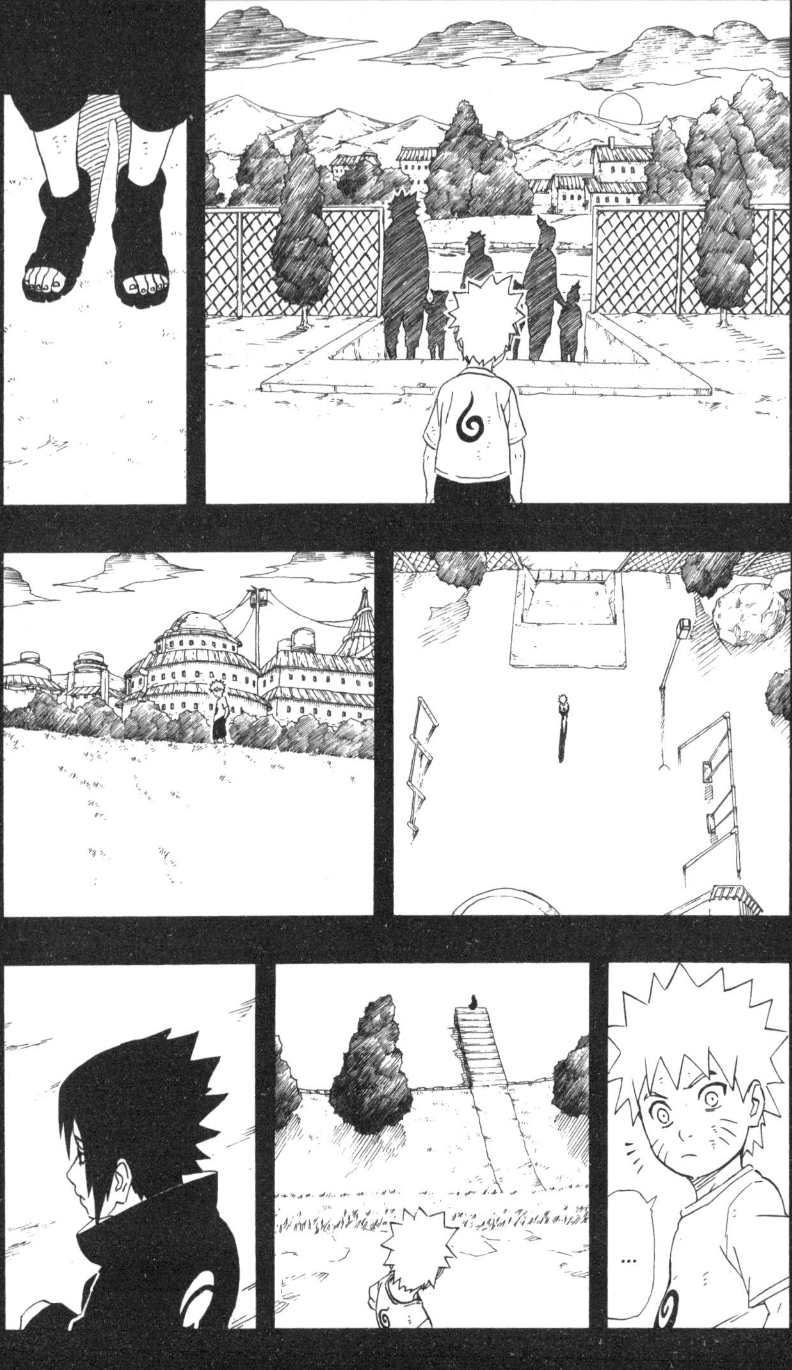

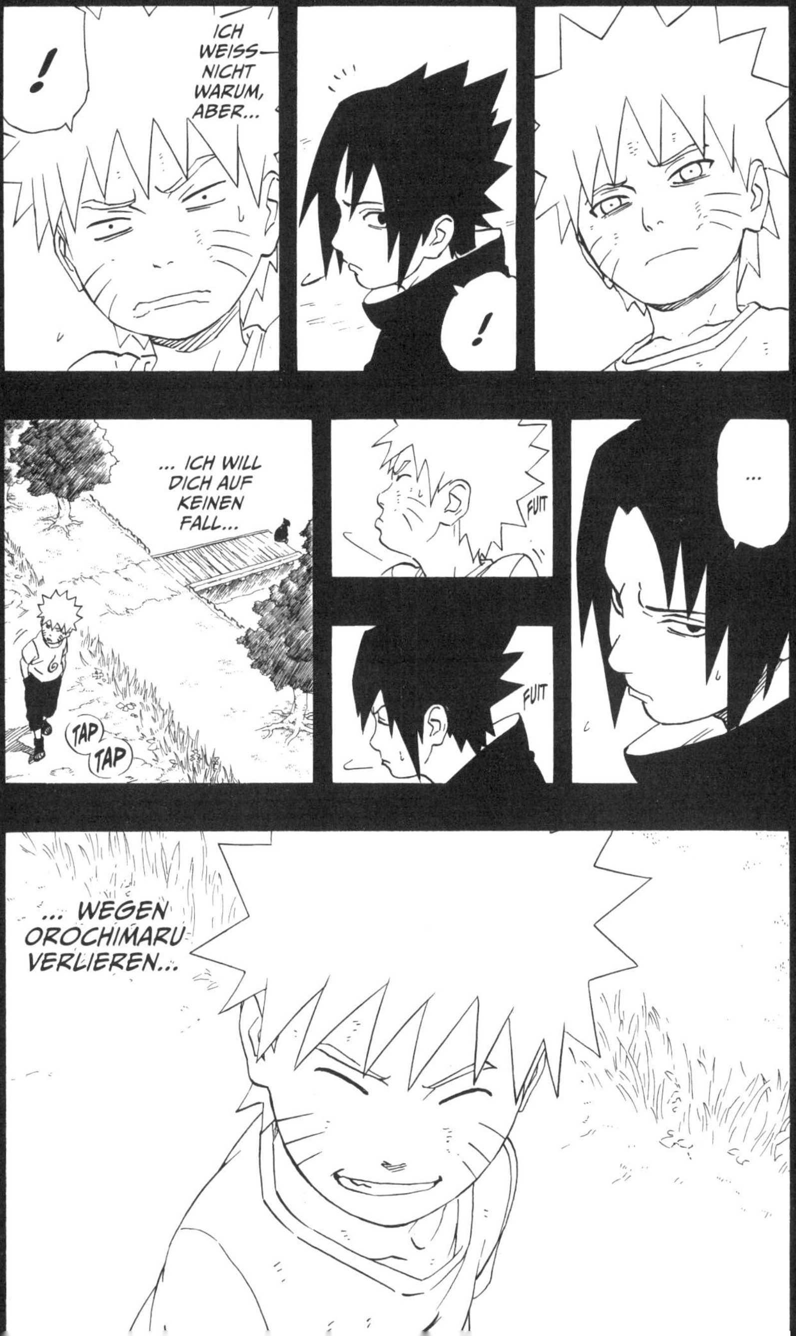
!
ICH WEISS NICHT WARUM, ABER...
!
... ICH WILL DICH AUF KEINEN FALL...
TAP TAP
...
FUIT
FUIT
... WEGEN OROCHIMARU VERLIEREN...

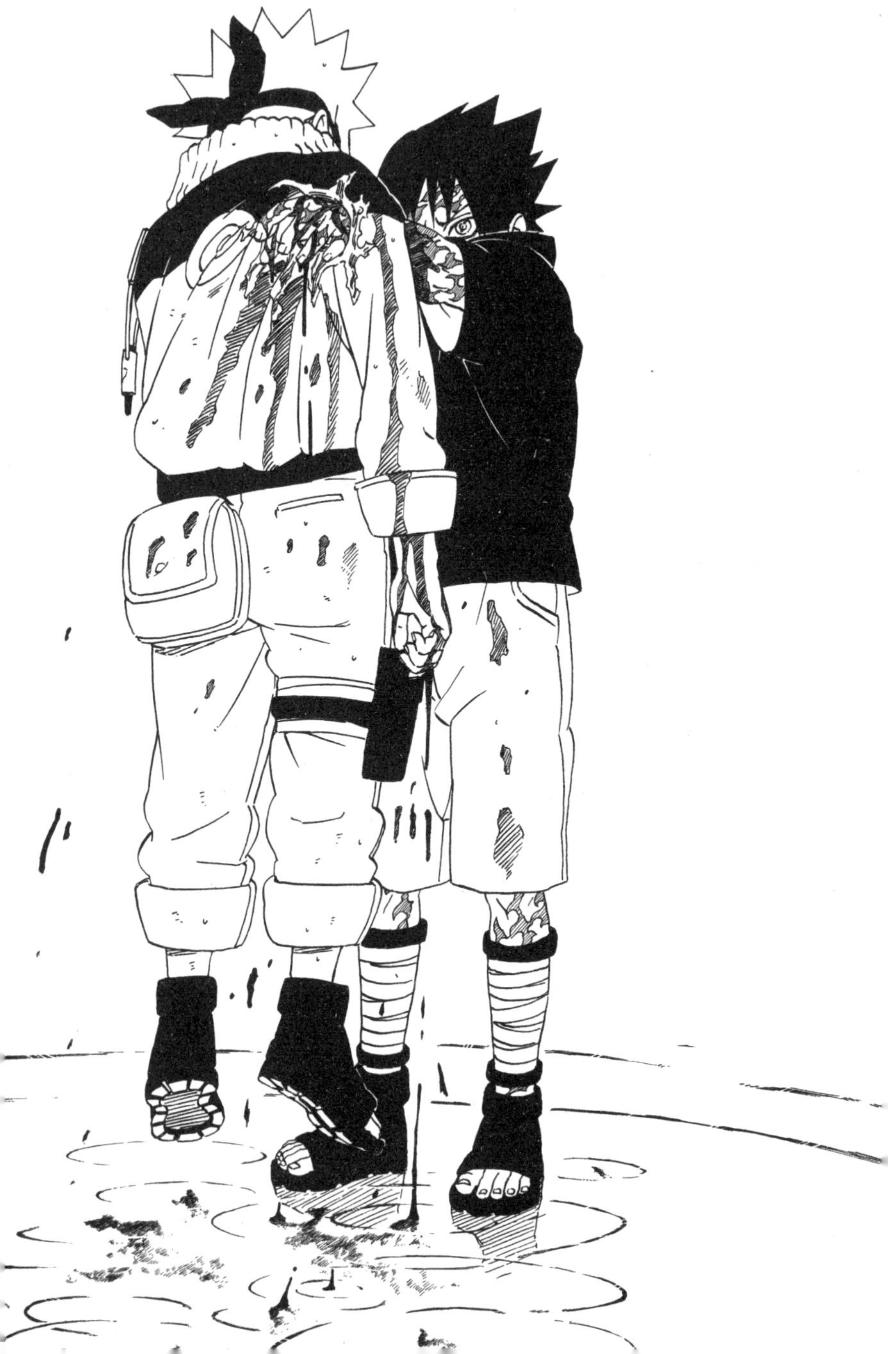

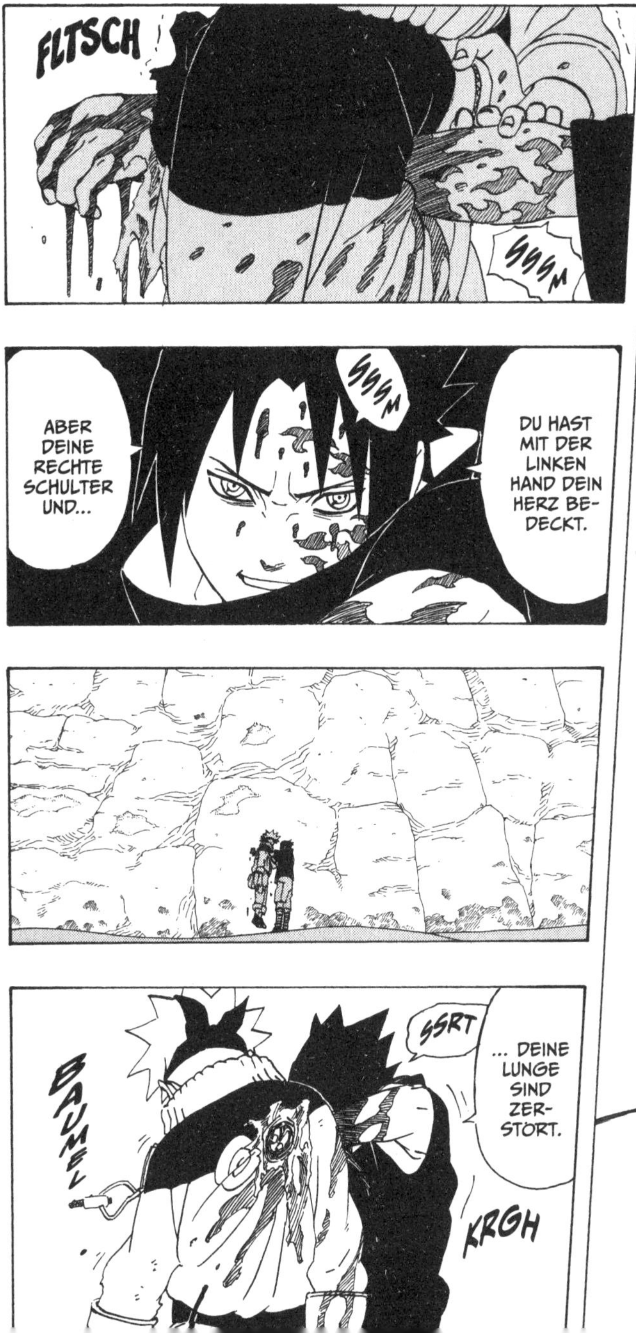
FLTSCH
SSSM
SSSM
DU HAST MIT DER LINKEN HAND DEIN HERZ BE-DECKT.
ABER DEINE RECHTE SCHULTER UND...
SSRT
... DEINE LUNGE SIND ZER-STÖRT.
BAUMEL
KRGH

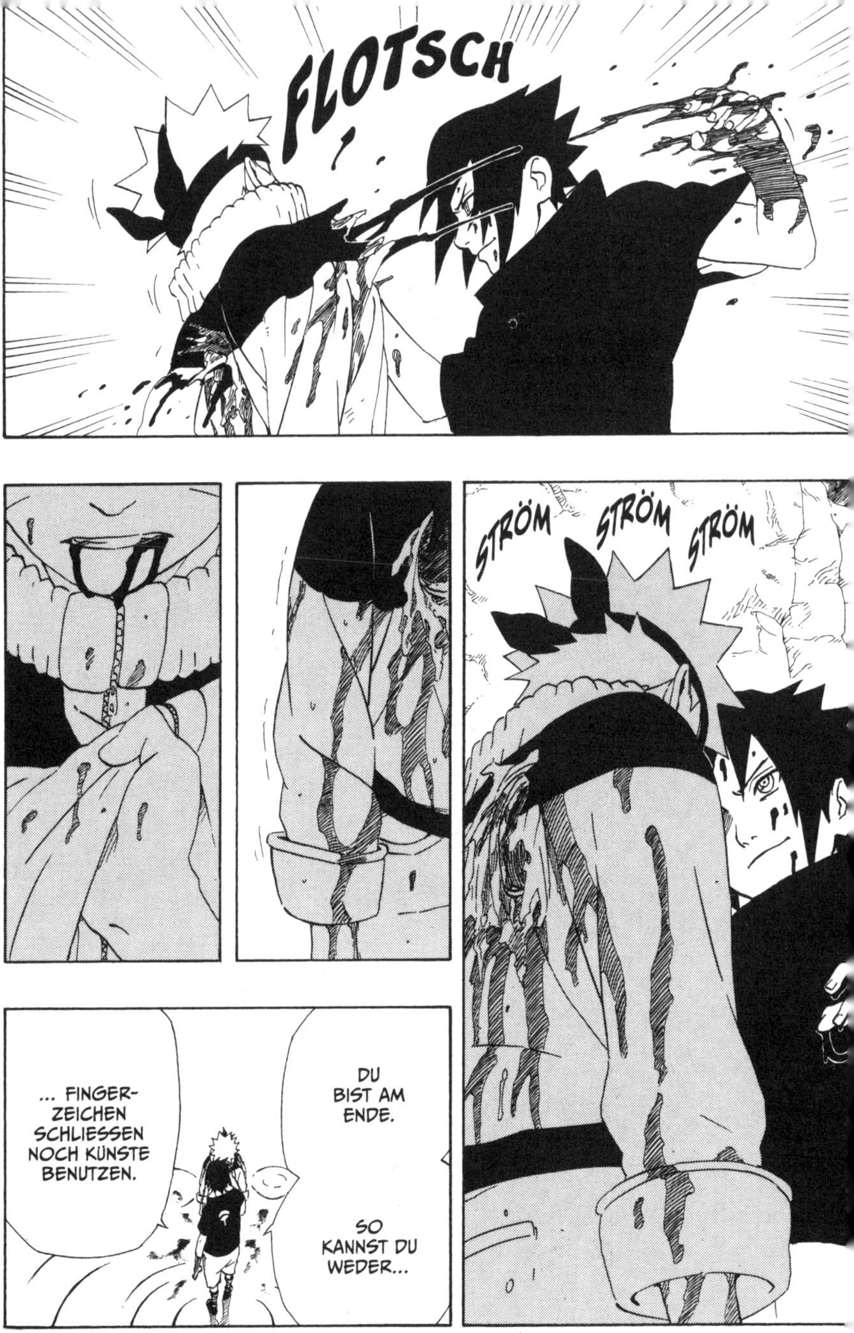
FLOTSCH
STRÖM STRÖM STRÖM
DU BIST AM ENDE.
SO KANNST DU WEDER...
... FINGER-ZEICHEN SCHLIESSEN NOCH KÜNSTE BENUTZEN.

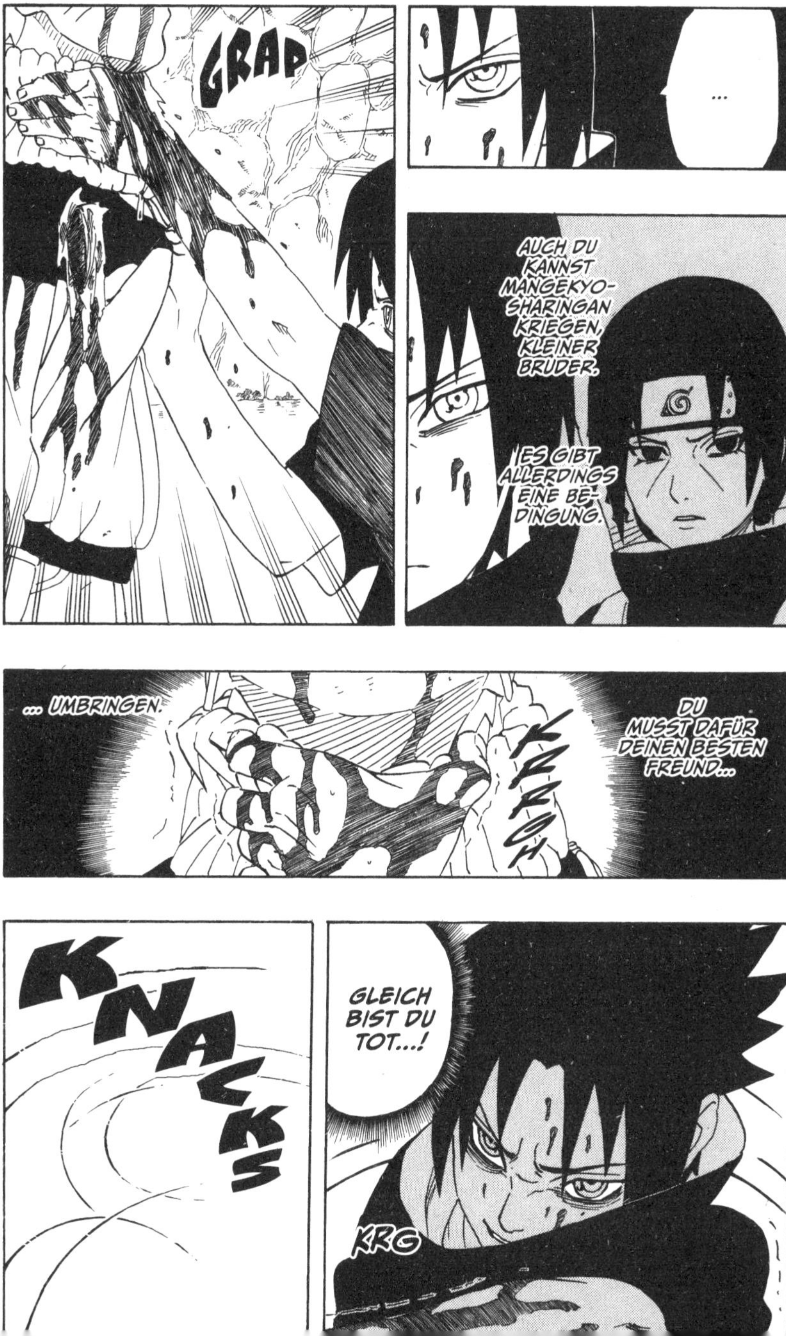
...
AUCH DU KANNST MANGEKYO-SHARINGAN KRIEGEN, KLEINER BRUDER.
ES GIBT ALLERDINGS EINE BE-DINGUNG.
GRAP
DU MUSST DAFÜR DEINEN BESTEN FREUND...
... UMBRINGEN.
KRRCH
GLEICH BIST DU TOT...!
KRG
KNACKS

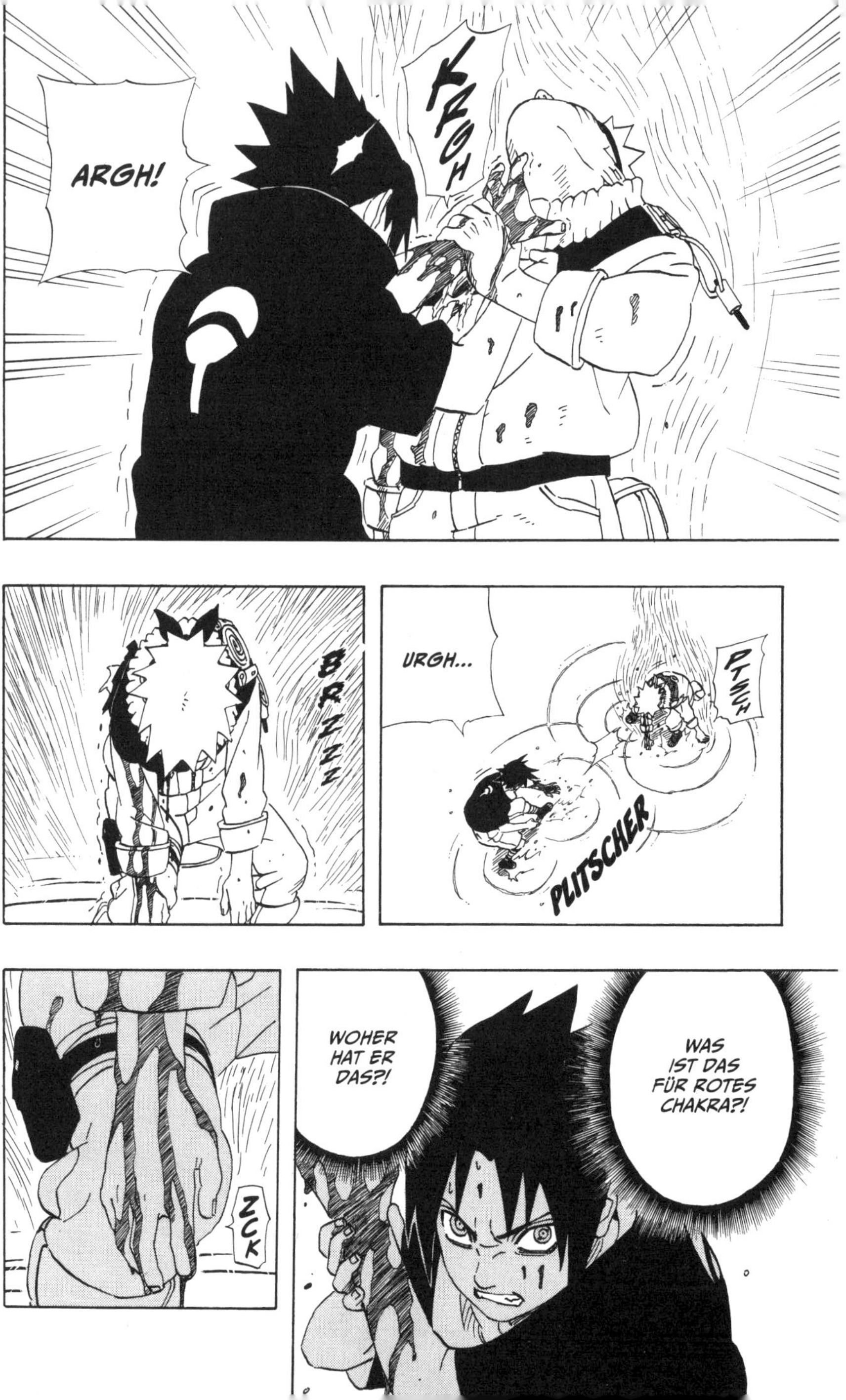
KRCH
ARGH!
BRZZZ
PTSCH
URGH...
PLITSCHER
WAS IST DAS FÜR ROTES CHAKRA?!
WOHER HAT ER DAS?!
ZCK

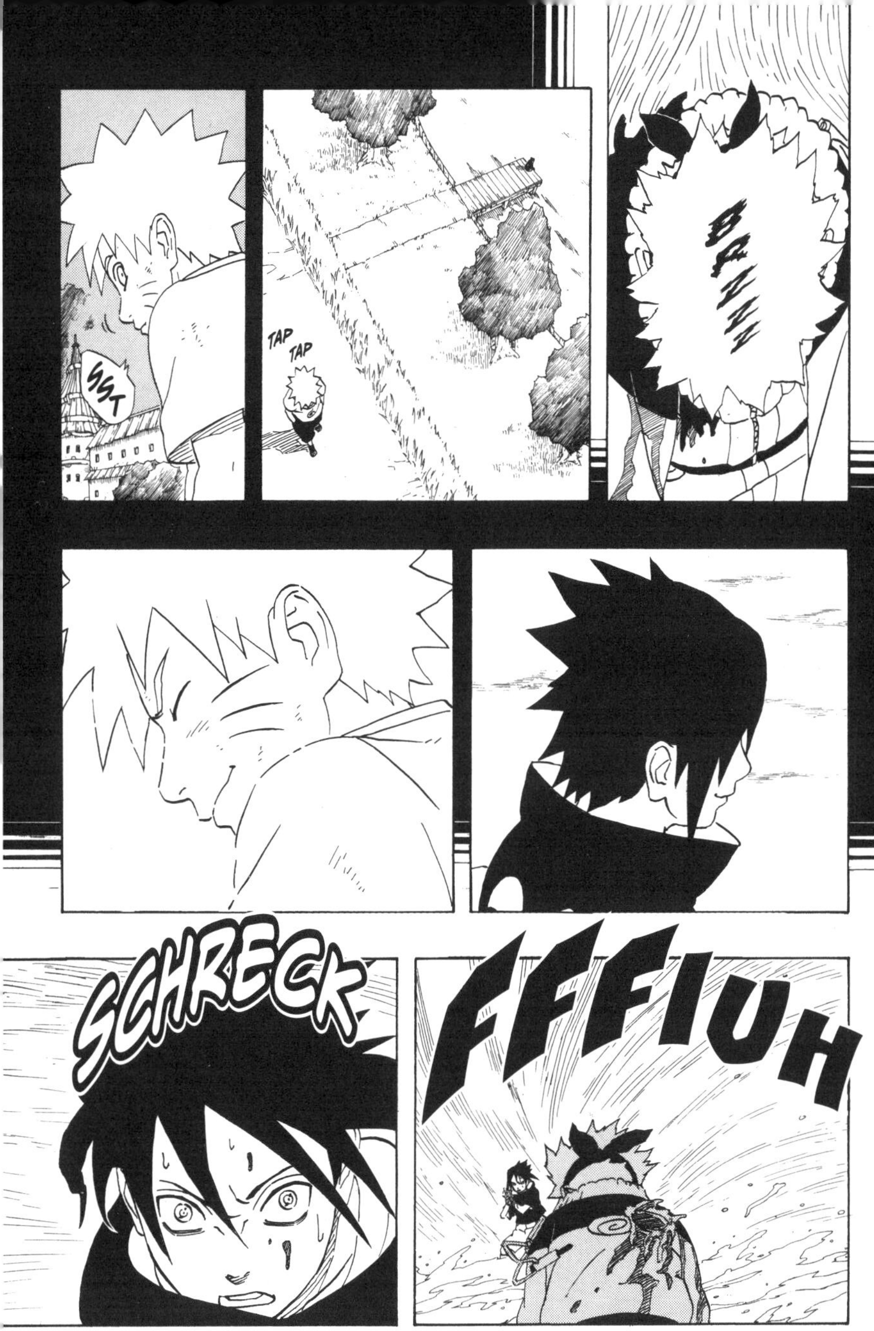
BRANNN
TAP
TAP
SST
FFFIUH
SCHRECK

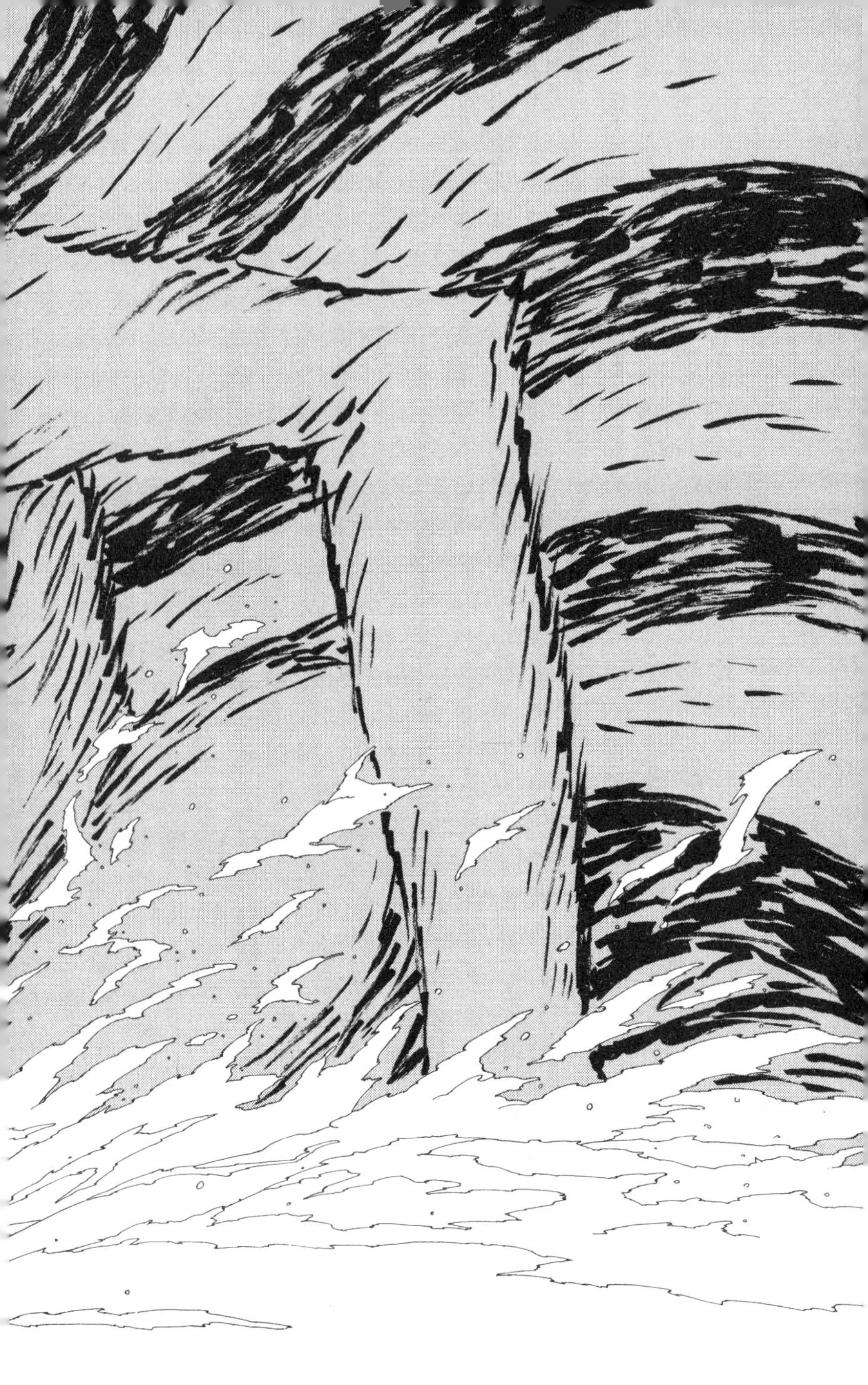

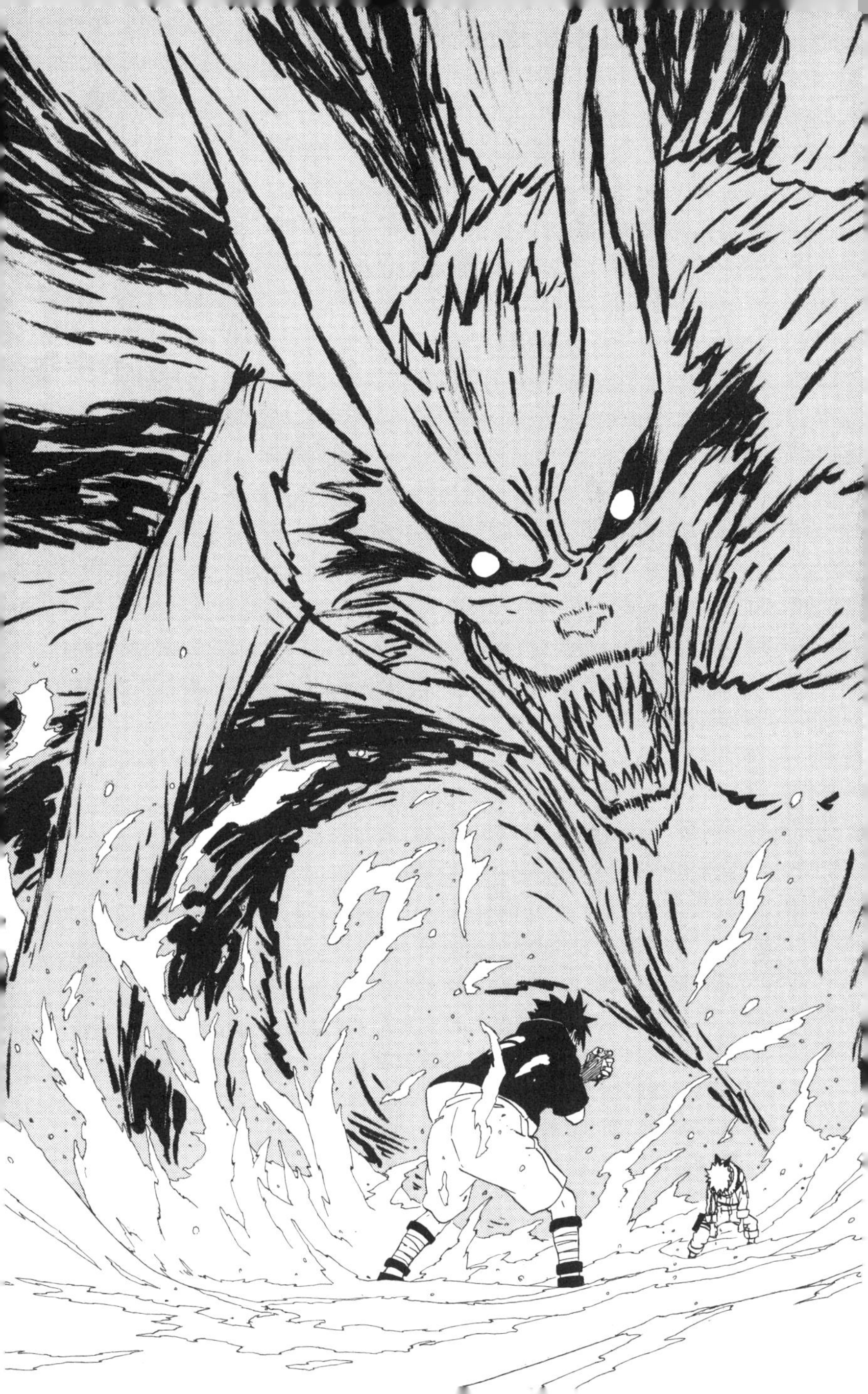

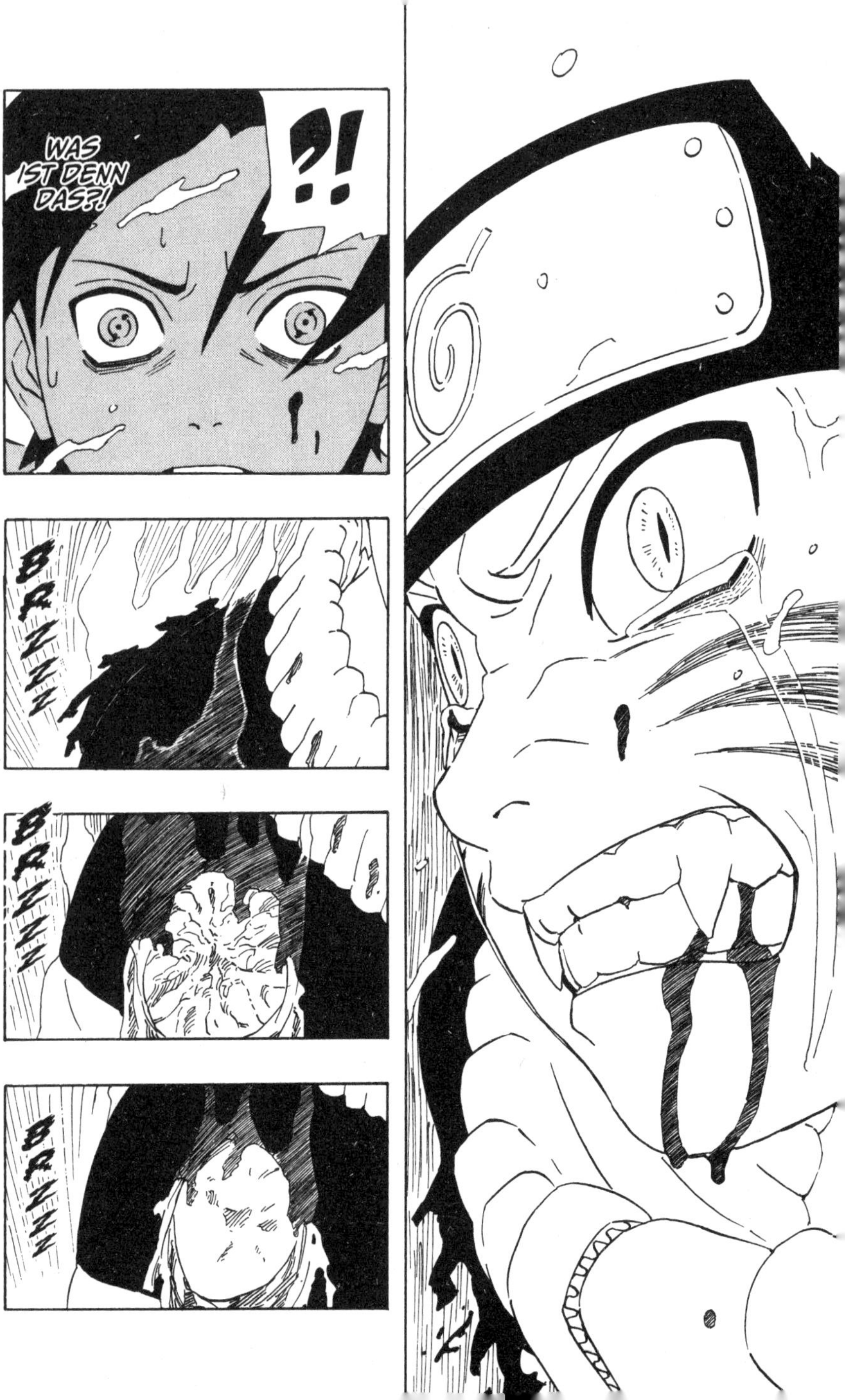

?!
WAS IST DENN DAS?!
BRZZZZ
BRZZZZ
BRZZZ

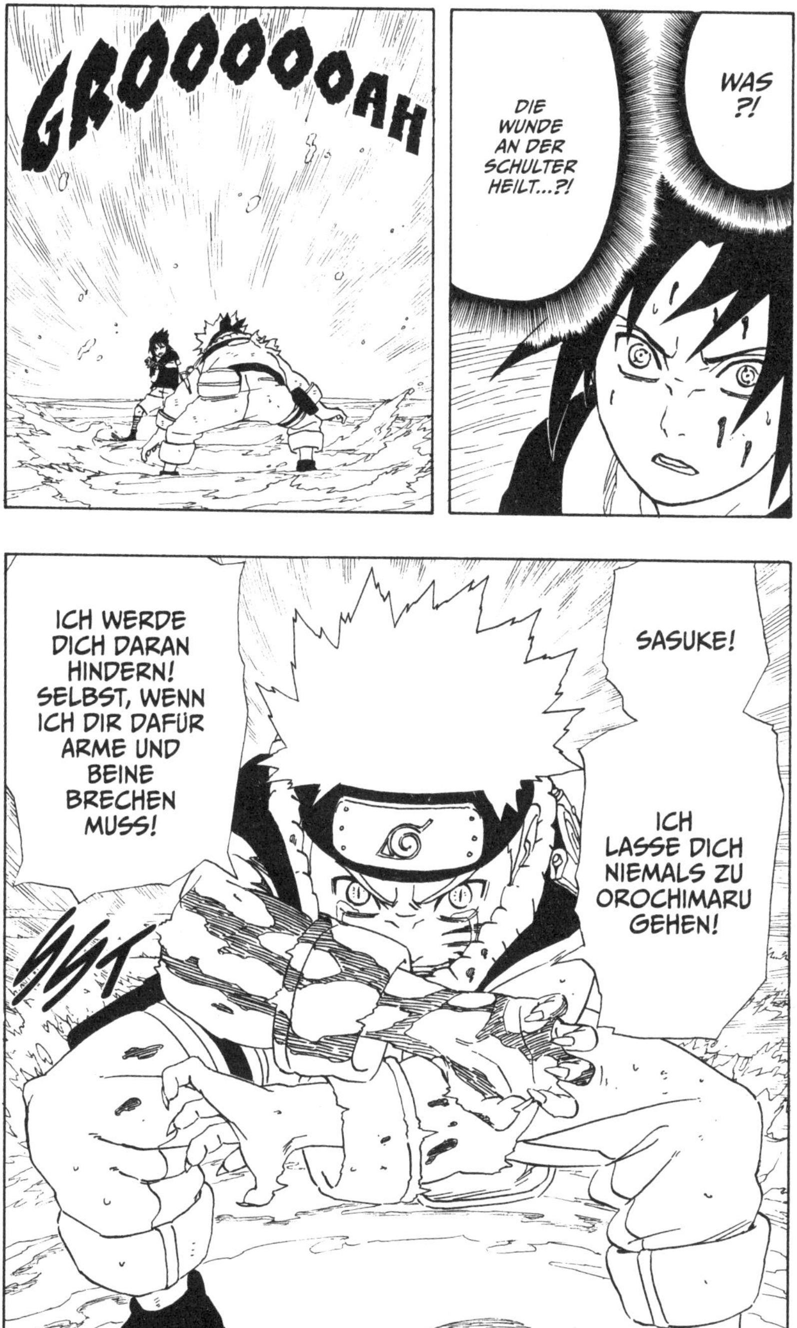
WAS ?!
DIE WUNDE AN DER SCHULTER HEILT...?!
GROOOOOOAH
SASUKE!
ICH LASSE DICH NIEMALS ZU OROCHIMARU GEHEN!
ICH WERDE DICH DARAN HINDERN! SELBST, WENN ICH DIR DAFÜR ARME UND BEINE BRECHEN MUSS!
SST

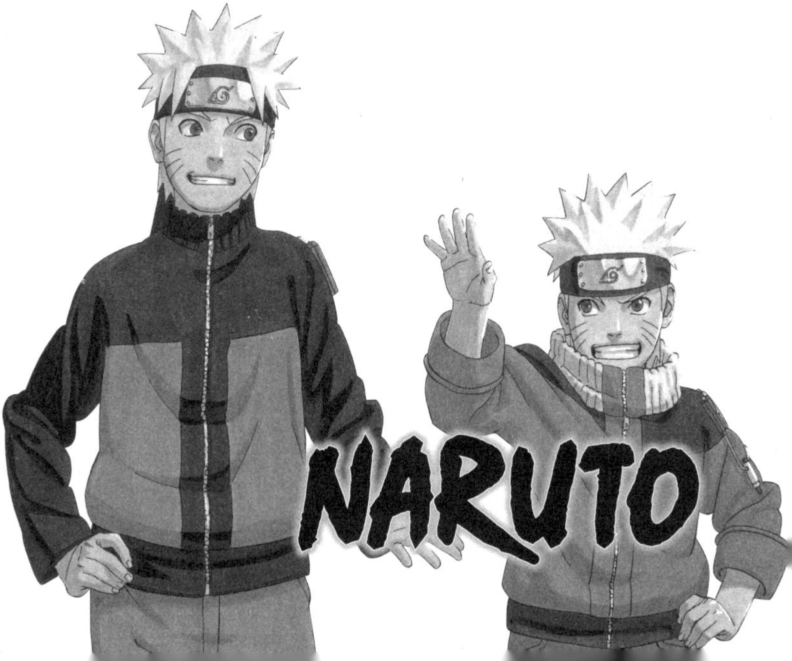
NARUTO

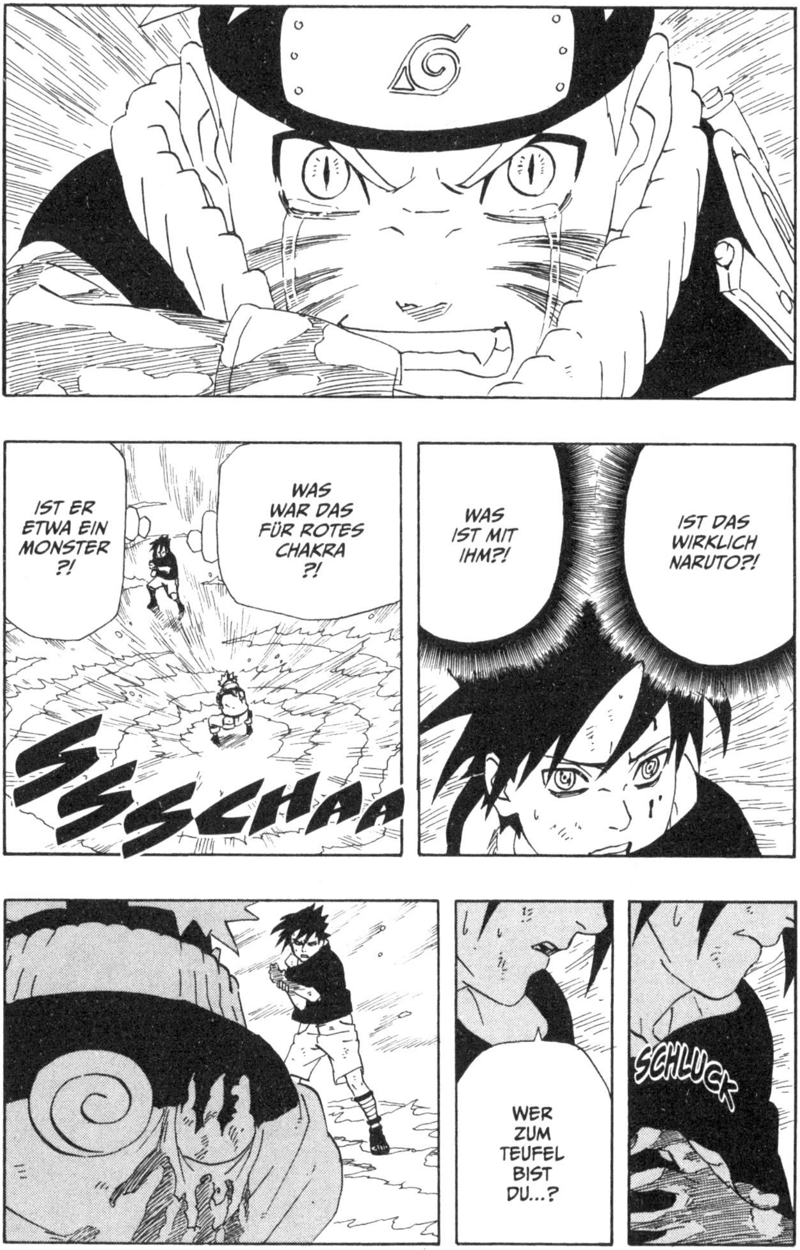
IST DAS WIRKLICH NARUTO?!
WAS IST MIT IHM?!
WAS WAR DAS FÜR ROTES CHAKRA ?!
IST ER ETWA EIN MONSTER ?!
SSSCHAA
SCHLUCK
WER ZUM TEUFEL BIST DU...?

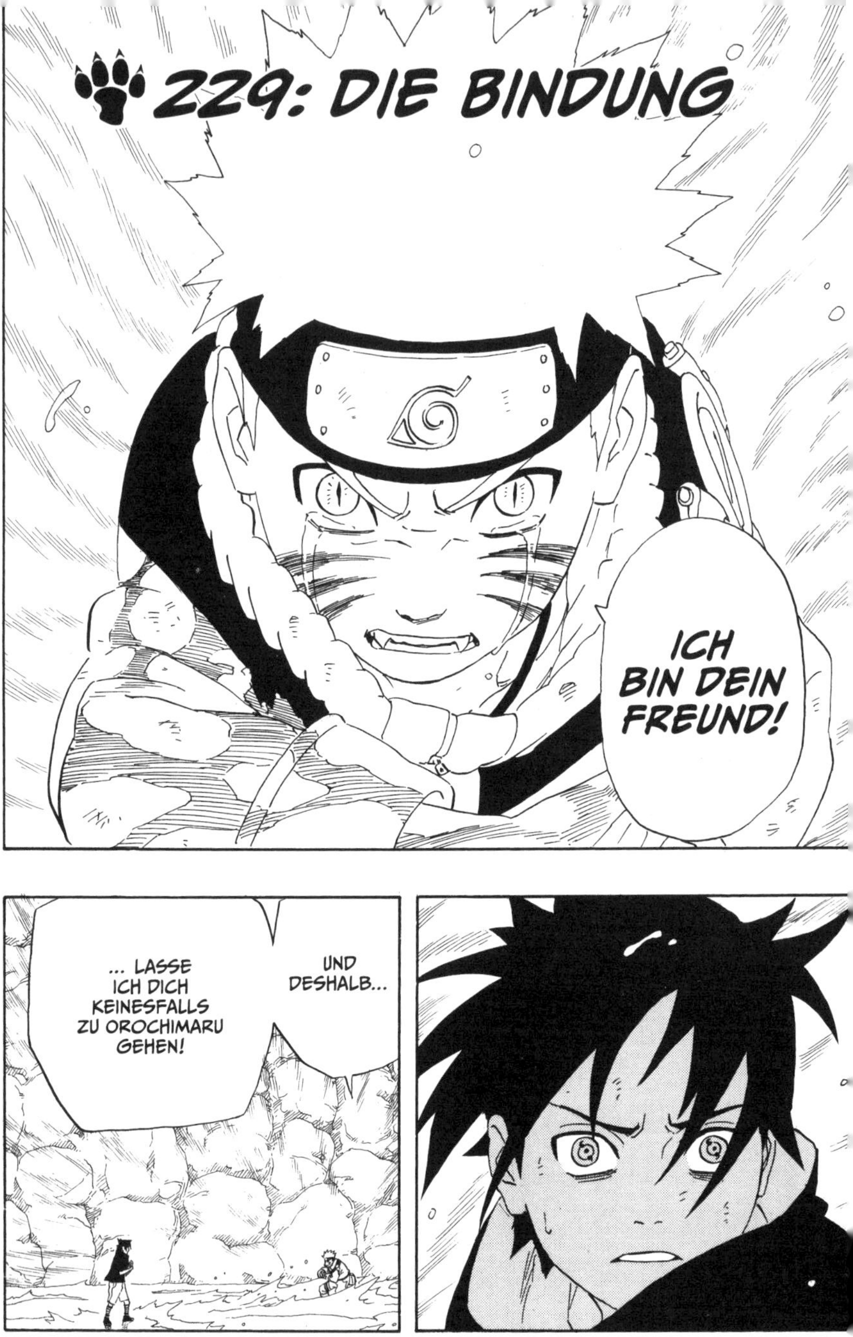
229: DIE BINDUNG
ICH BIN DEIN FREUND!
UND DESHALB...
... LASSE ICH DICH KEINESFALLS ZU OROCHIMARU GEHEN!

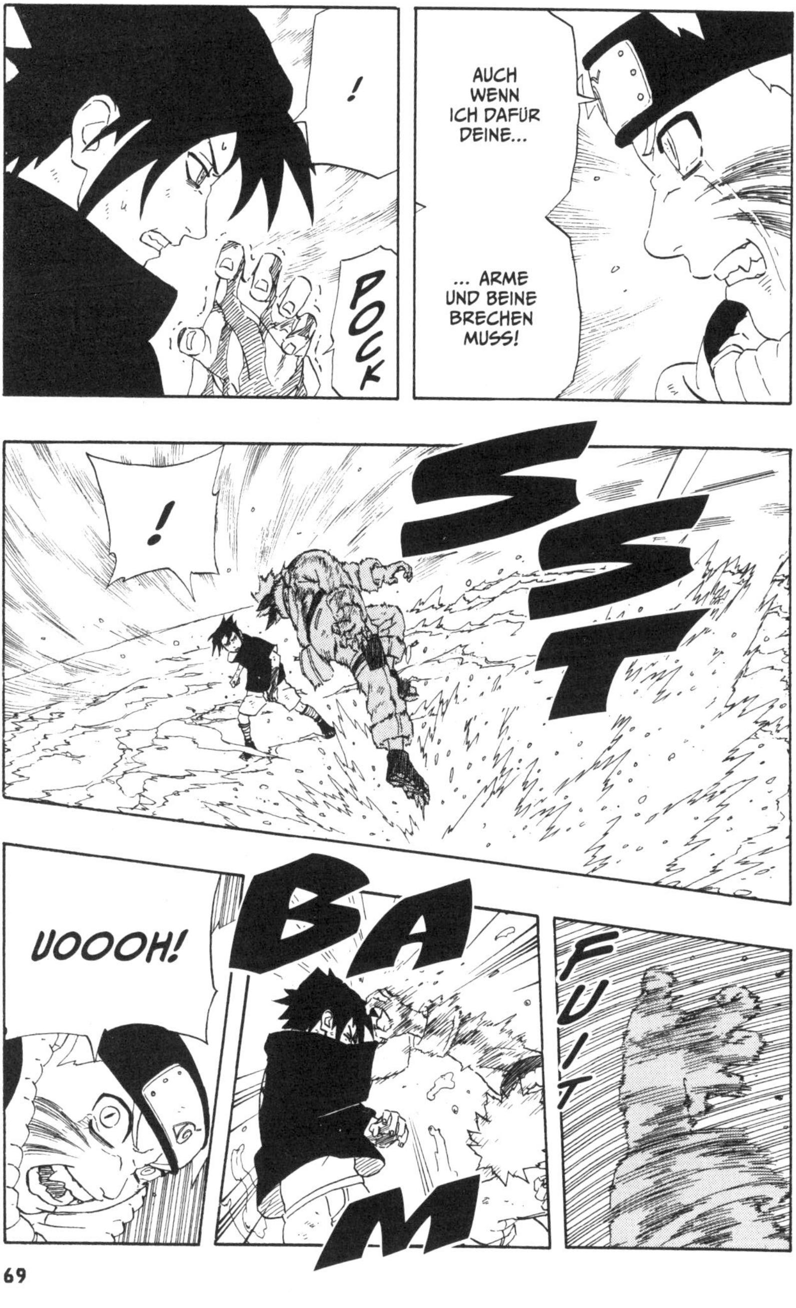
AUCH WENN ICH DAFÜR DEINE...
... ARME UND BEINE BRECHEN MUSS!
!
POCK
!
SST
FUIT
BAM
UOOOH!

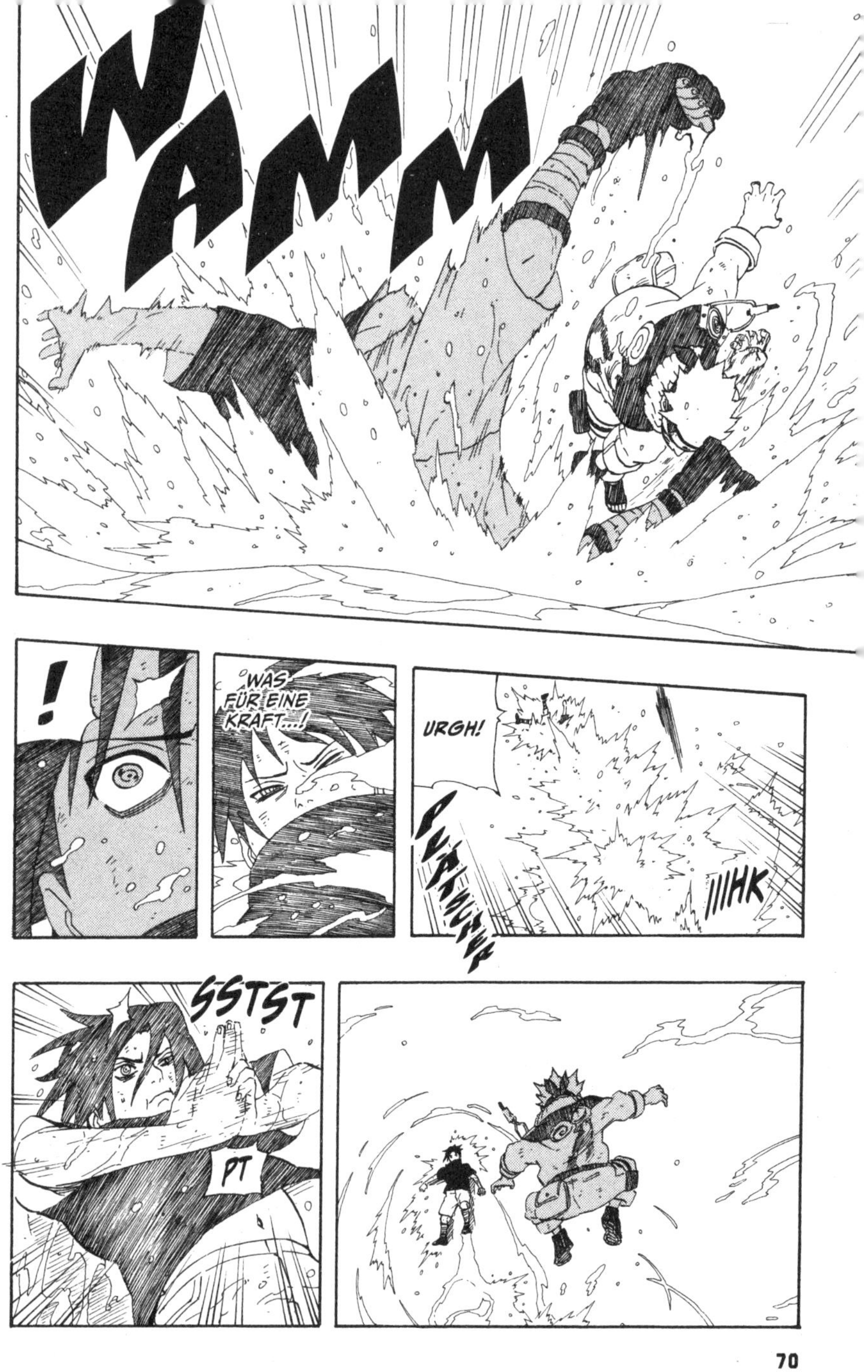
WAMM
URGH!
PLATSCHER
HK
WAS FÜR EINE KRAFT...!
!
SSTST
PT

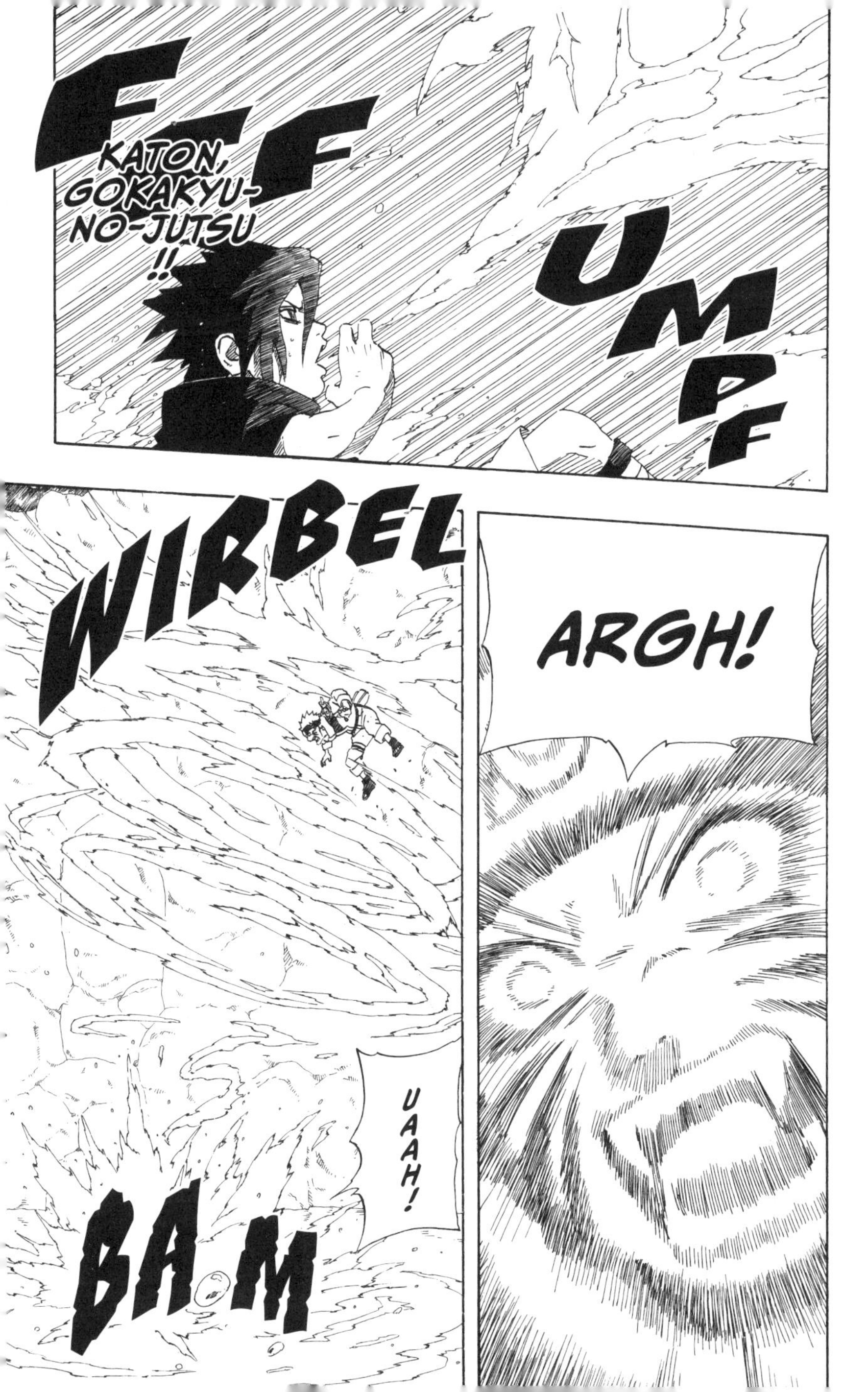

FF
KATON, GOKAKYU-NO-JUTSU!!
UMPF
ARGH!
WIRBEL
UAAH!
BAM

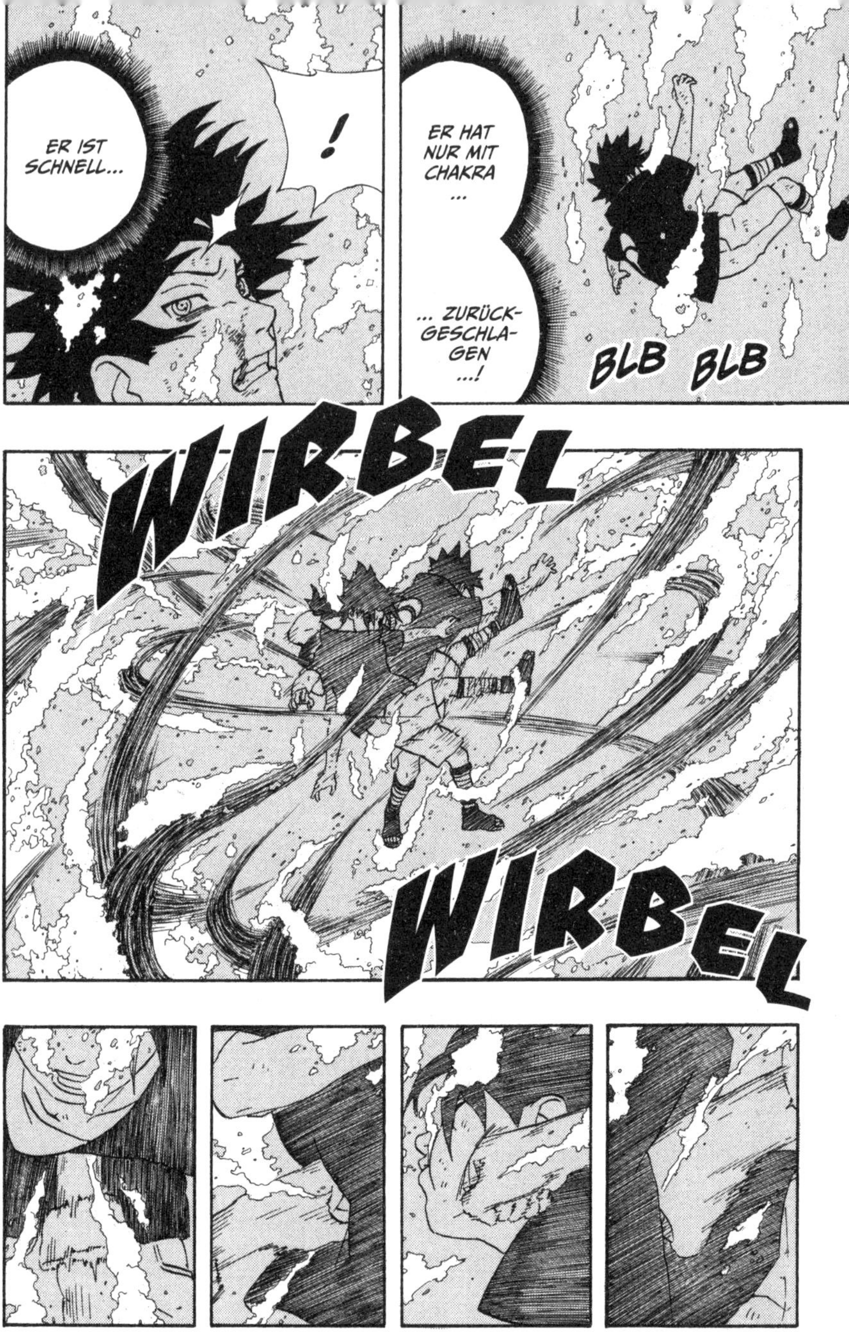
ER HAT NUR MIT CHAKRA ...
... ZURÜCK-GESCHLAGEN ...!
BLB BLB
!
ER IST SCHNELL...
WIRBEL
WIRBEL

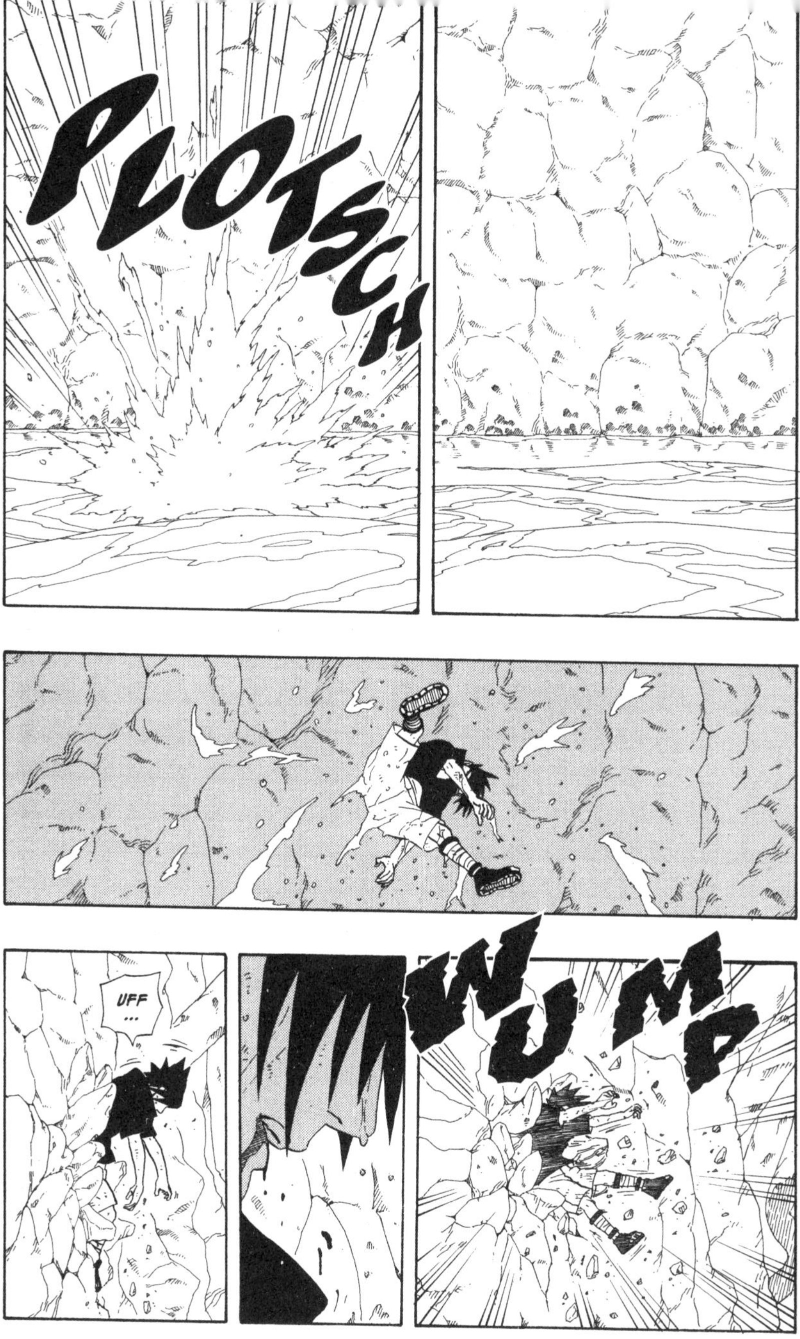
PLOTSCH
UFF ...
WUMP

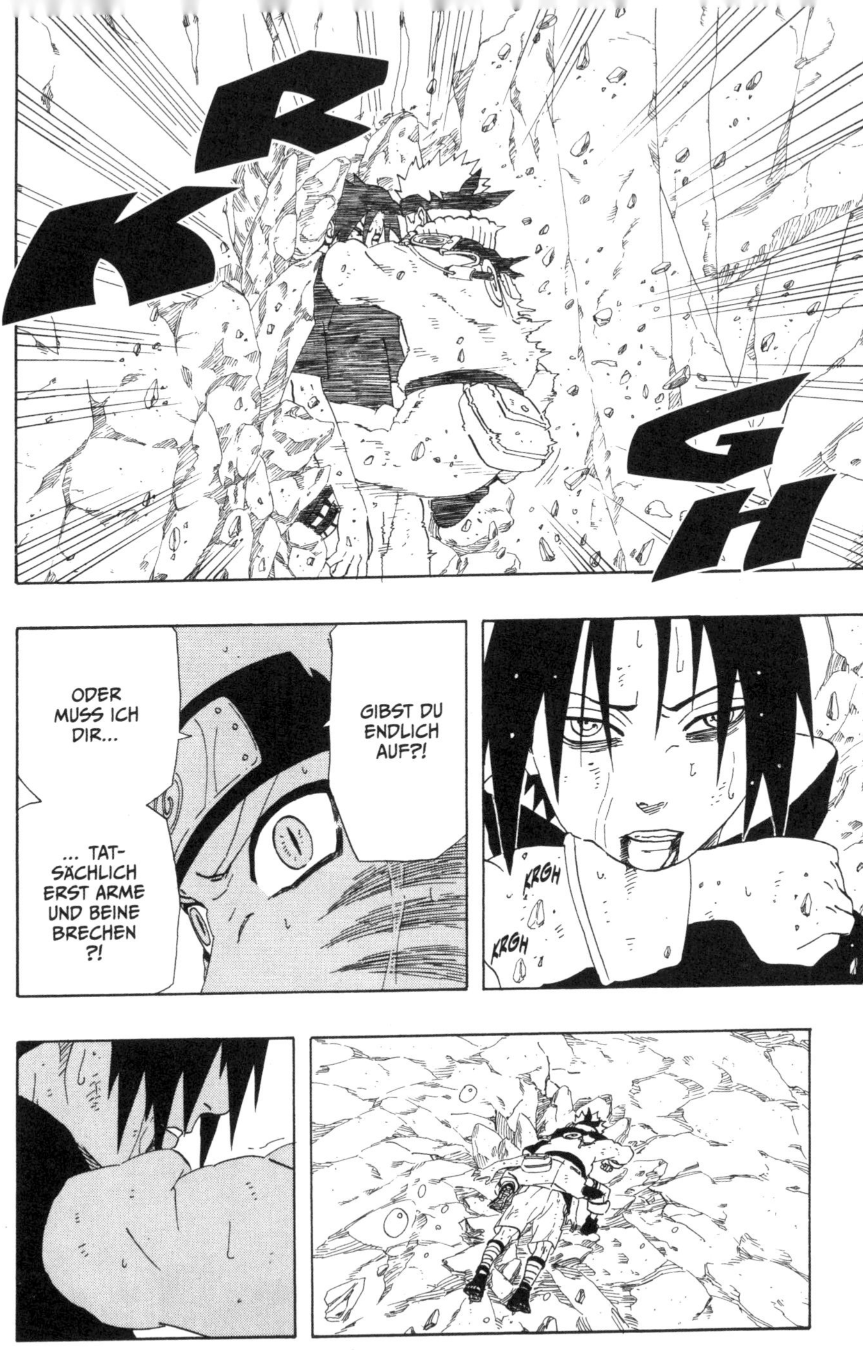
KRGH
KRGH
KRGH
GIBST DU ENDLICH AUF?!
ODER MUSS ICH DIR...
... TAT-SÄCHLICH ERST ARME UND BEINE BRECHEN ?!

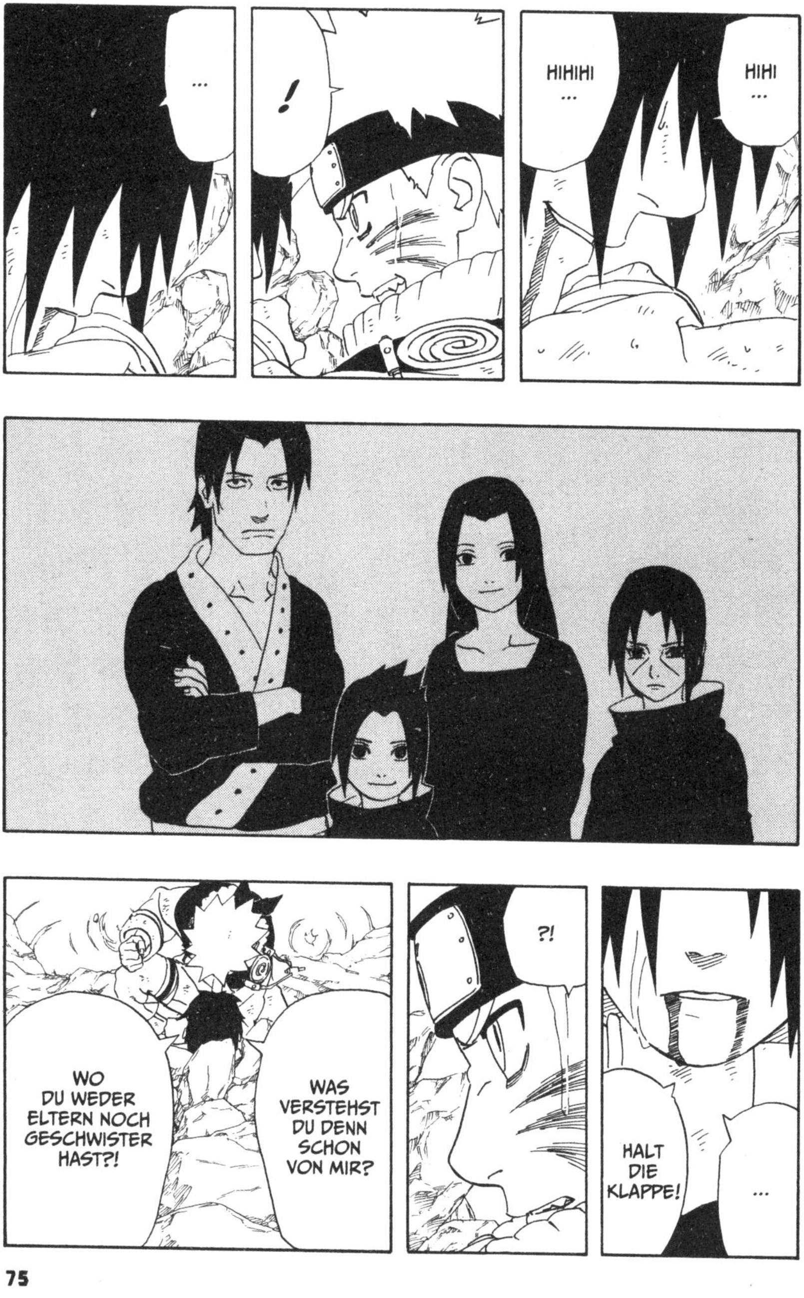
HIHI ...
HIHIHI ...
!
...
...
HALT DIE KLAPPE!
?!
WAS VERSTEHST DU DENN SCHON VON MIR?
WO DU WEDER ELTERN NOCH GESCHWISTER HAST?!

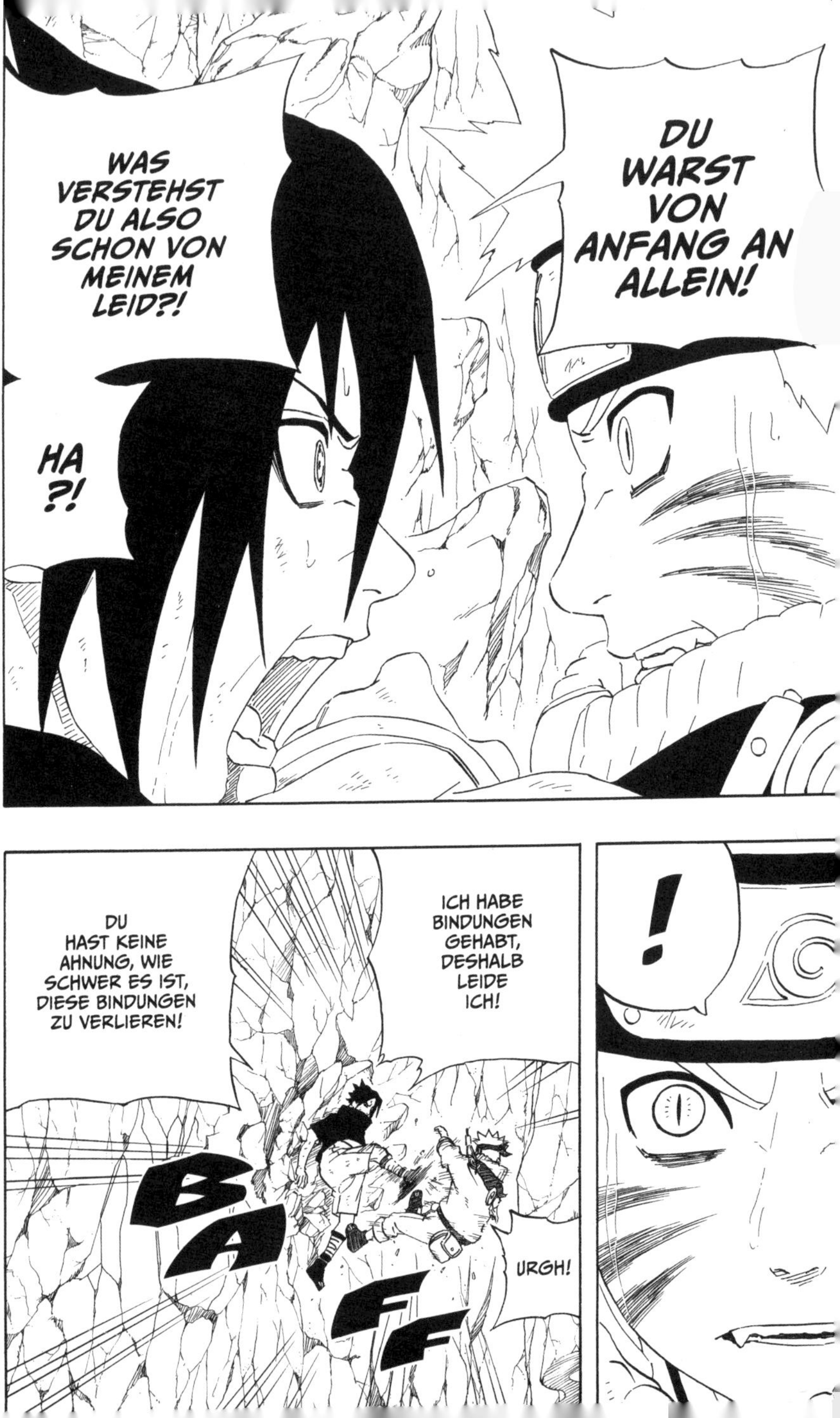
DU WARST VON ANFANG AN ALLEIN!
WAS VERSTEHST DU ALSO SCHON VON MEINEM LEID?!
HA ?!
!
ICH HABE BINDUNGEN GEHABT, DESHALB LEIDE ICH!
DU HAST KEINE AHNUNG, WIE SCHWER ES IST, DIESE BINDUNGEN ZU VERLIEREN!
URGH!
BAFF

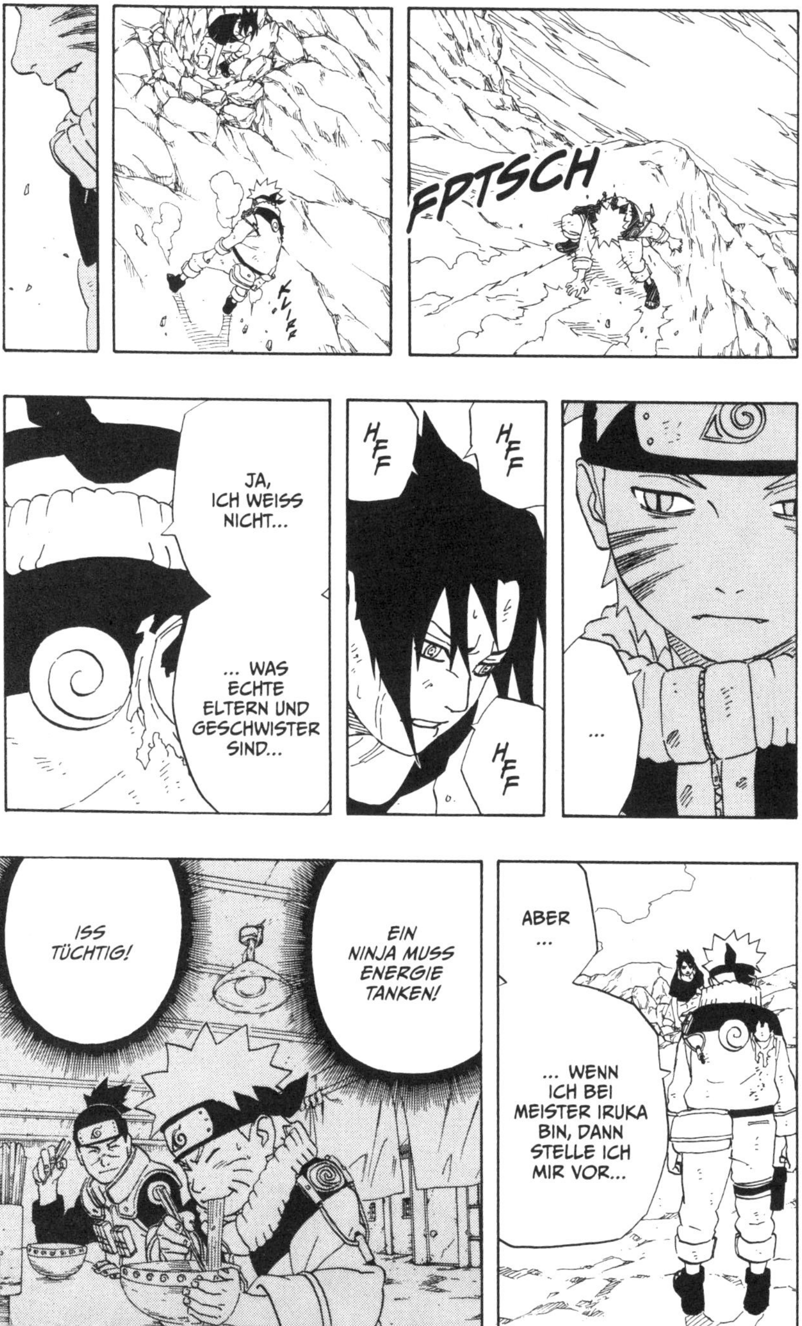
FPTSCH
KLIFF
...
HFF
HFF
HFF
JA, ICH WEISS NICHT...
... WAS ECHTE ELTERN UND GESCHWISTER SIND...
ABER ...
... WENN ICH BEI MEISTER IRUKA BIN, DANN STELLE ICH MIR VOR...
EIN NINJA MUSS ENERGIE TANKEN!
ISS TÜCHTIG!

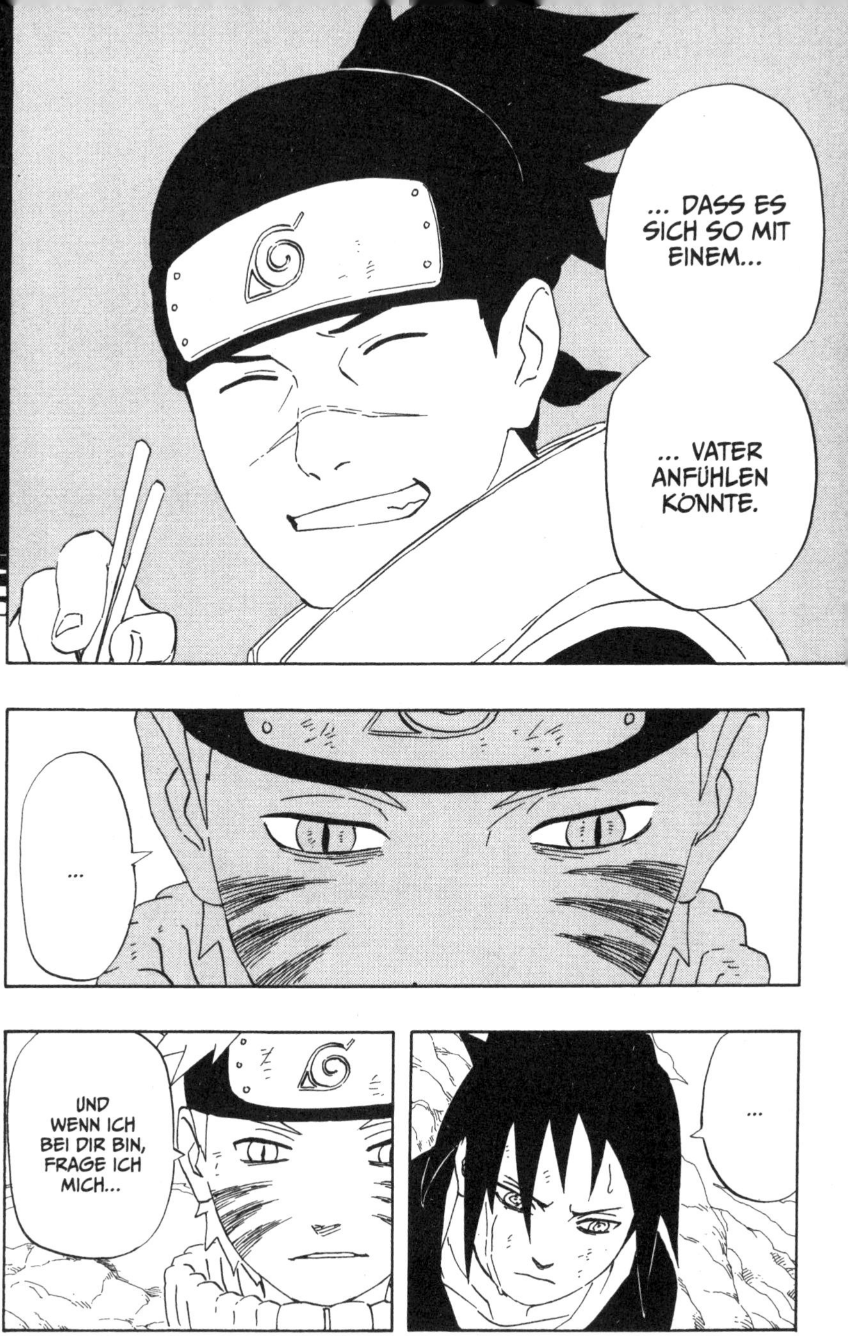
... DASS ES SICH SO MIT EINEM...
... VATER ANFÜHLEN KÖNNTE.
...
...
UND WENN ICH BEI DIR BIN, FRAGE ICH MICH...

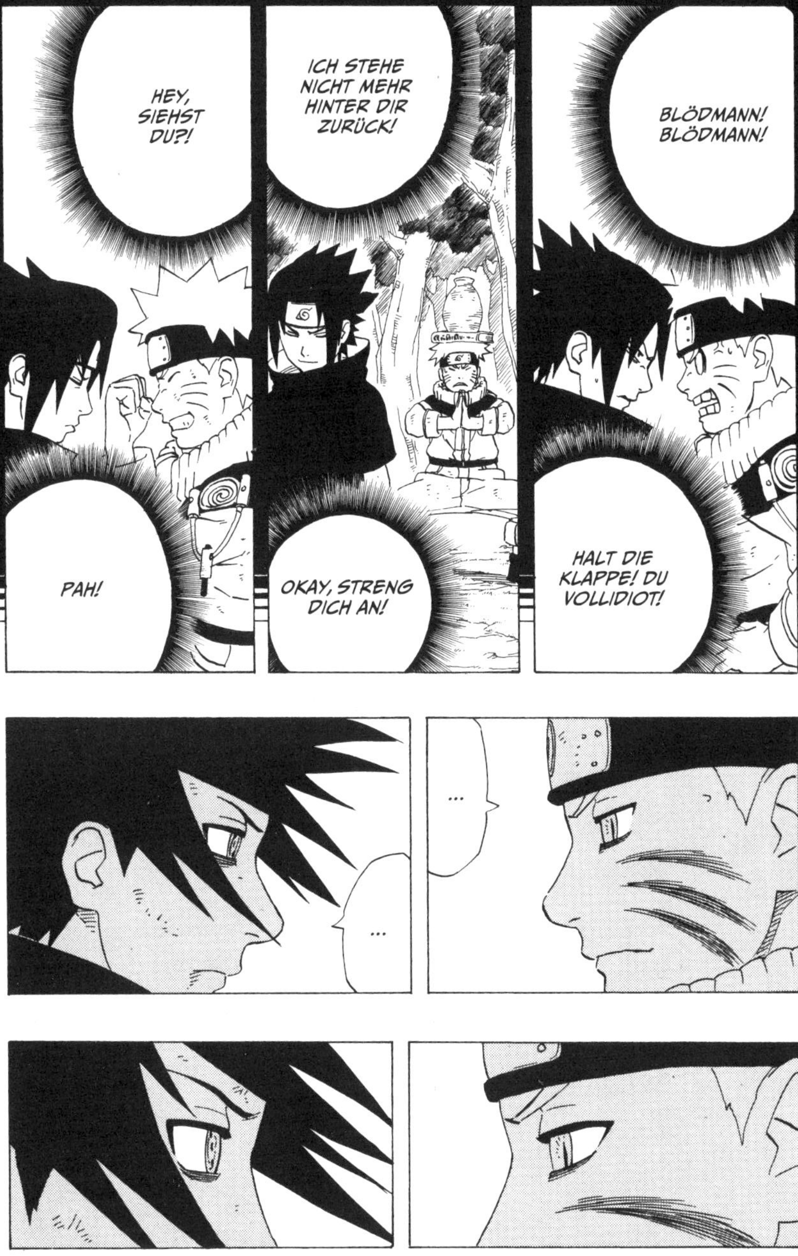
BLÖDMANN! BLÖDMANN!
HALT DIE KLAPPE! DU VOLLIDIOT!
ICH STEHE NICHT MEHR HINTER DIR ZURÜCK!
OKAY, STRENG DICH AN!
HEY, SIEHST DU?!
PAH!
...
...

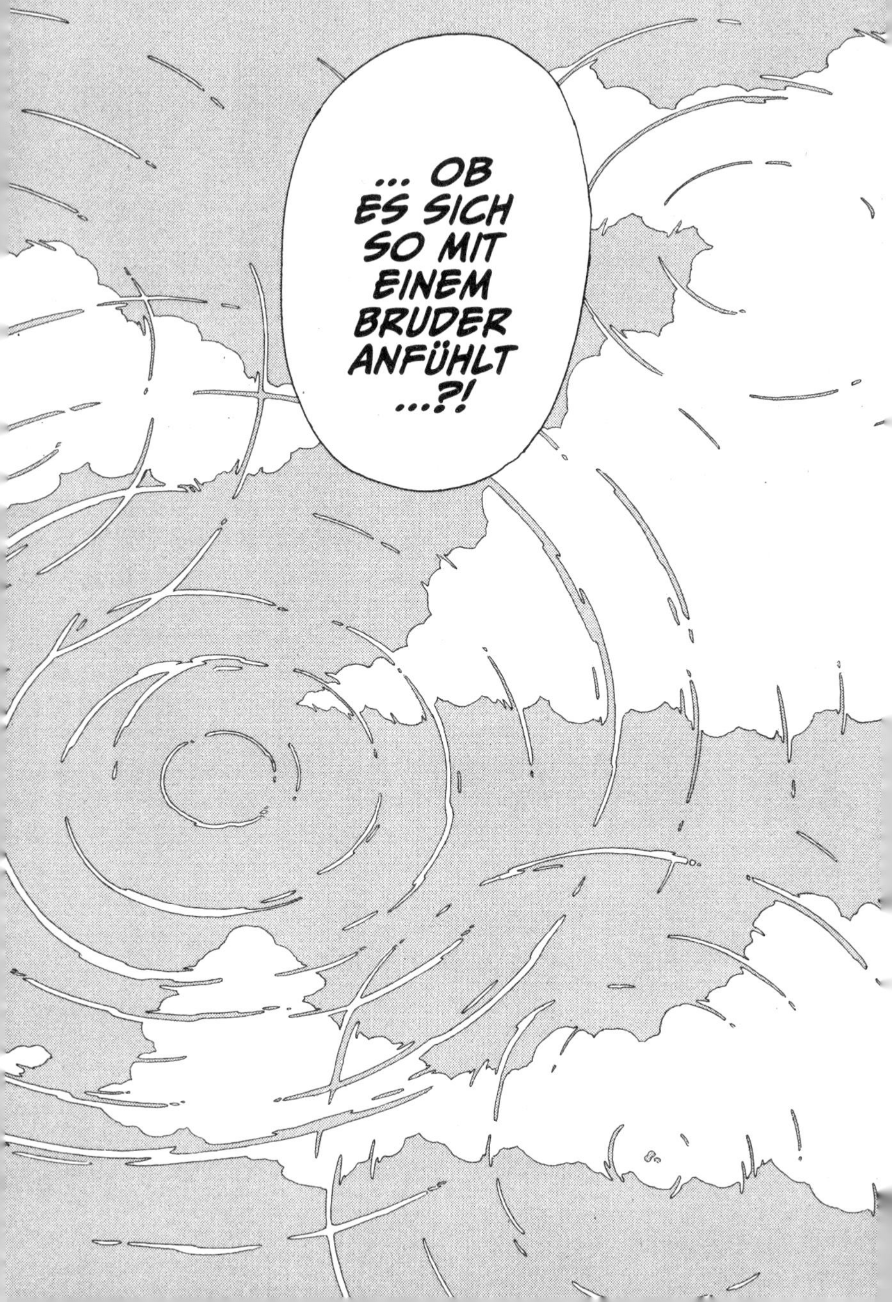
... OB ES SICH SO MIT EINEM BRUDER ANFÜHLT ...?!

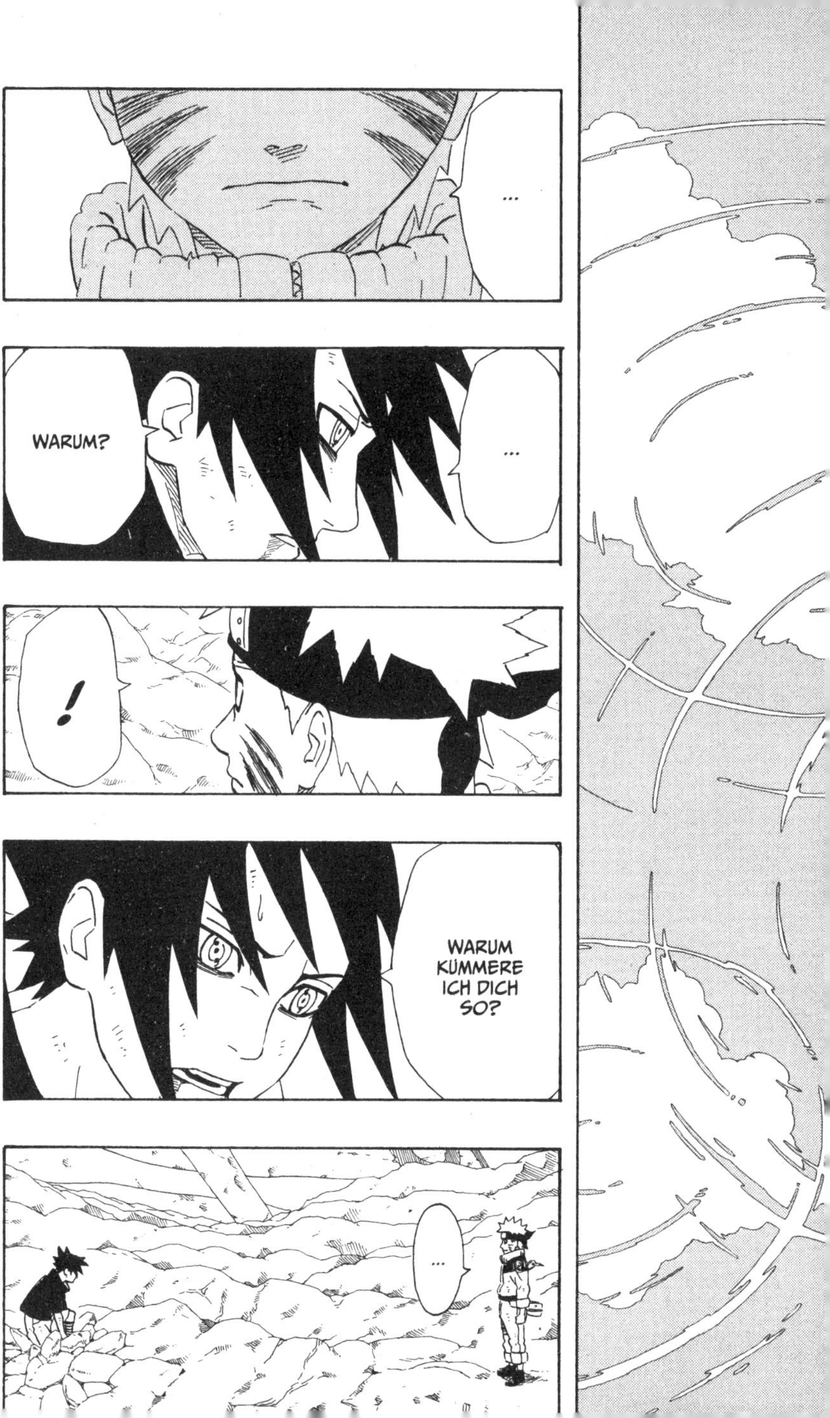
...
...
WARUM?
!
WARUM KÜMMERE ICH DICH SO?
...

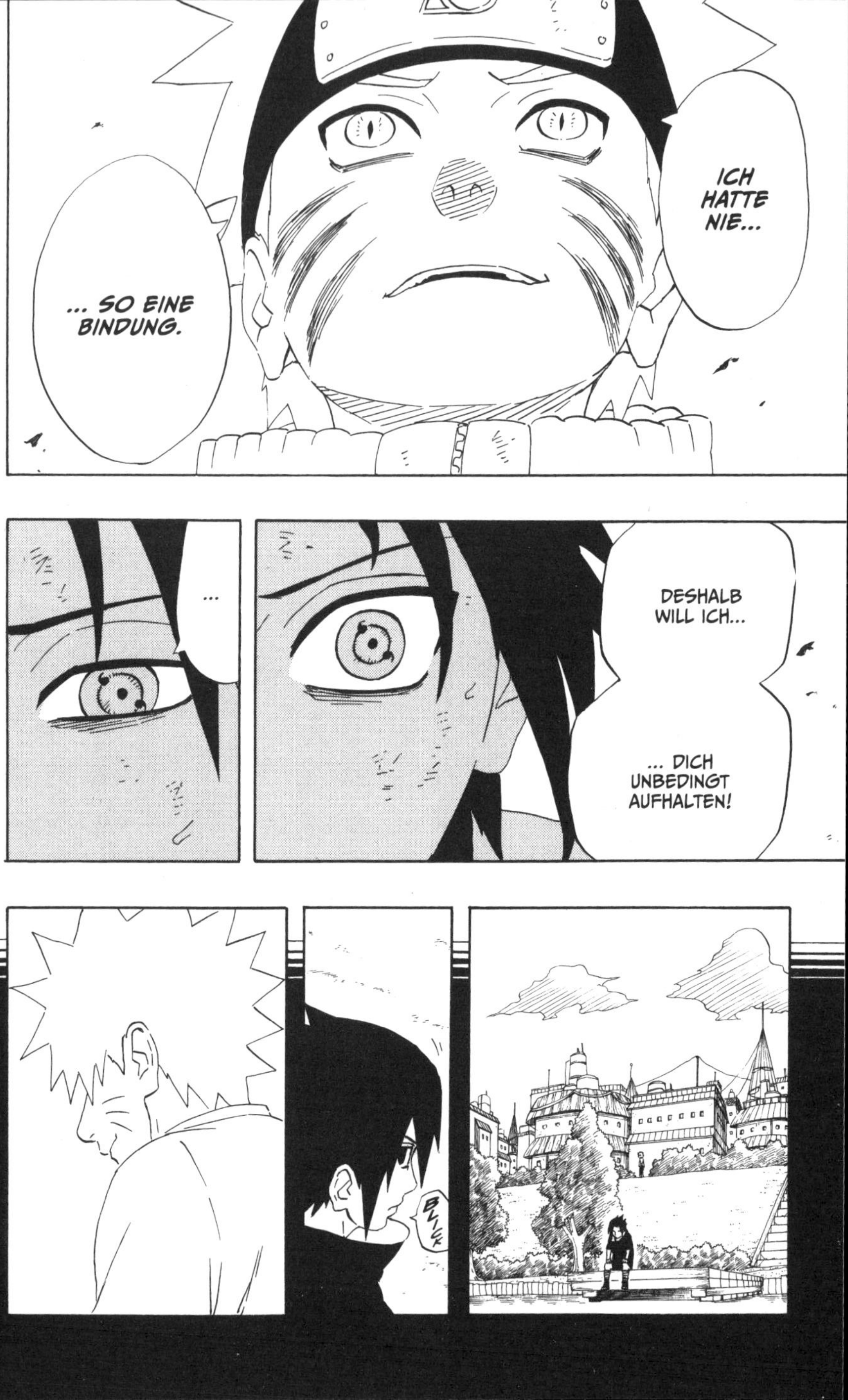
ICH HATTE NIE...
... SO EINE BINDUNG.
...
DESHALB WILL ICH...
... DICH UNBEDINGT AUFHALTEN!
BLICK

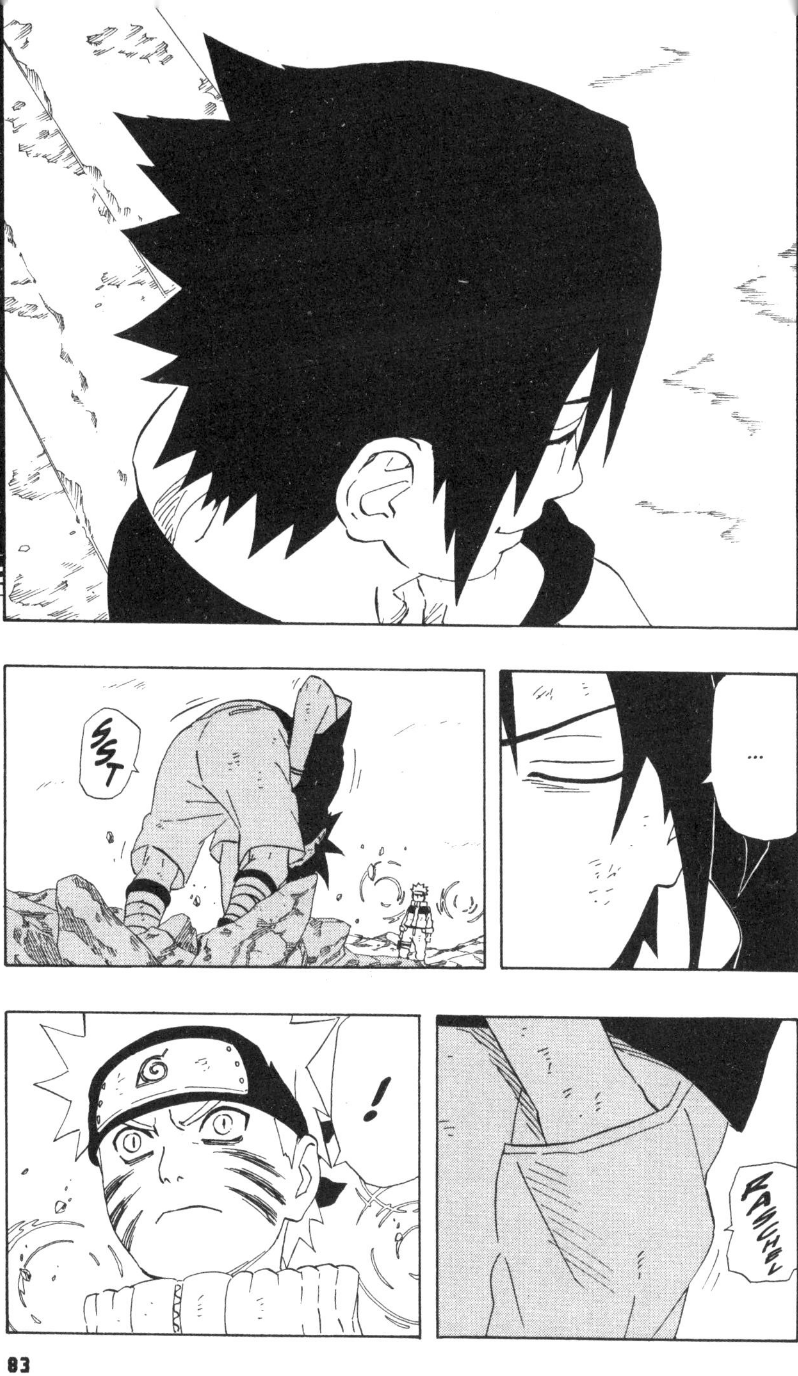
...
SST
RASCHEL
!

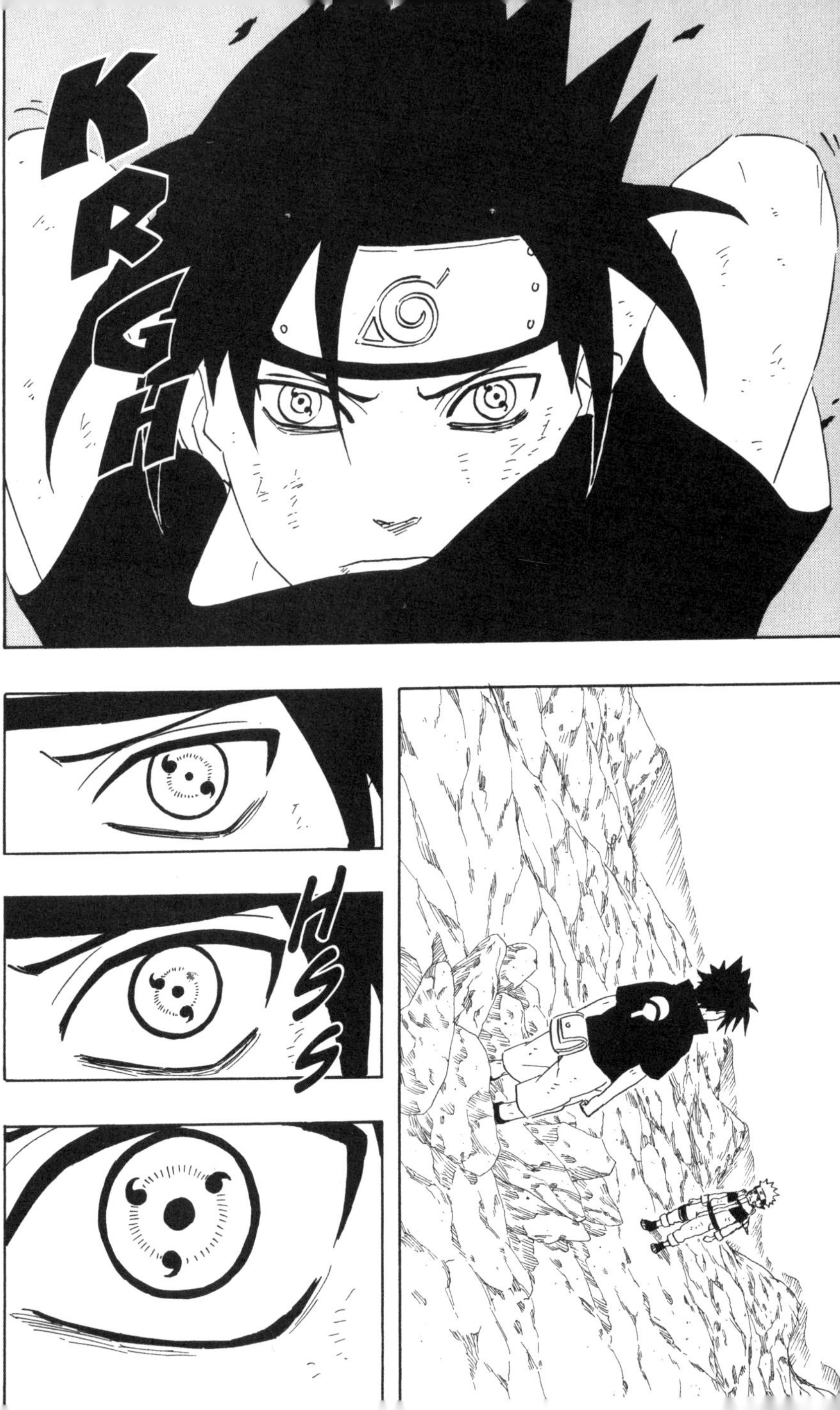
KRGH
HSSS

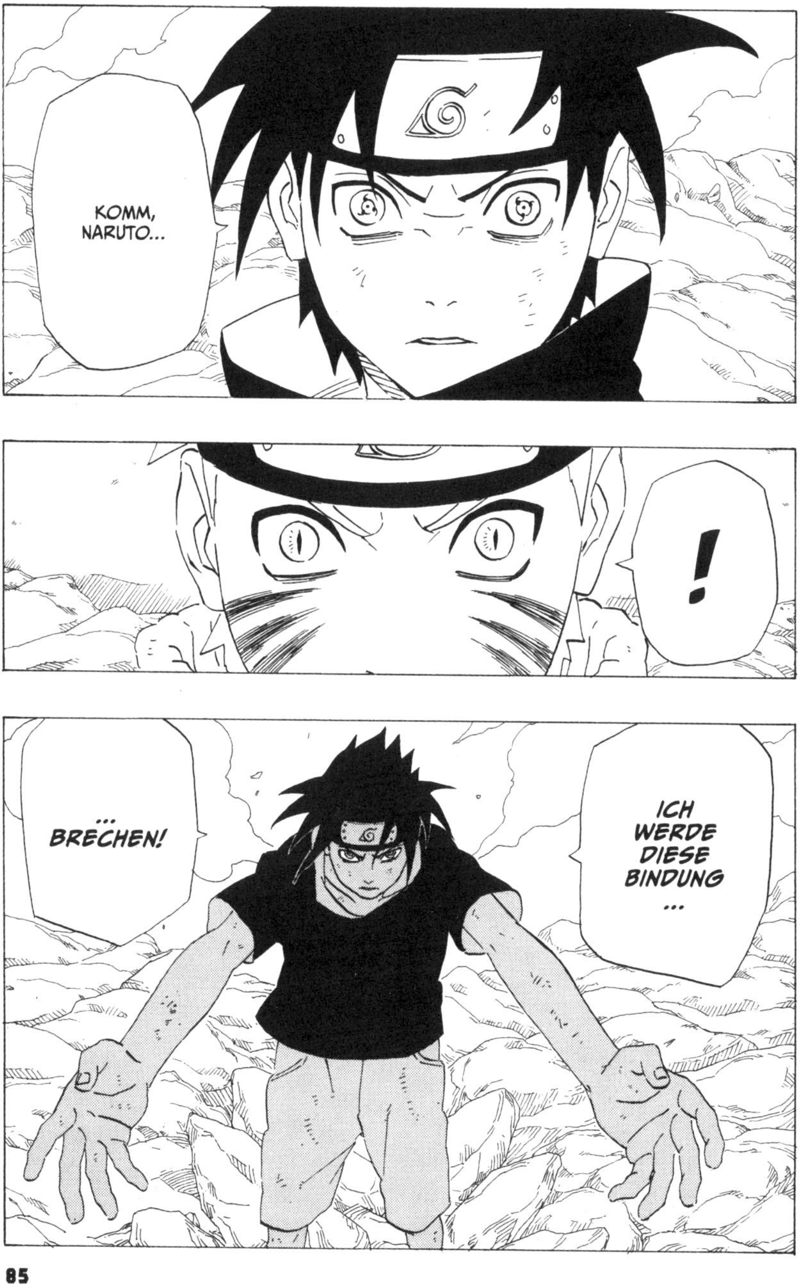
KOMM, NARUTO...
!
ICH WERDE DIESE BINDUNG ...
... BRECHEN!

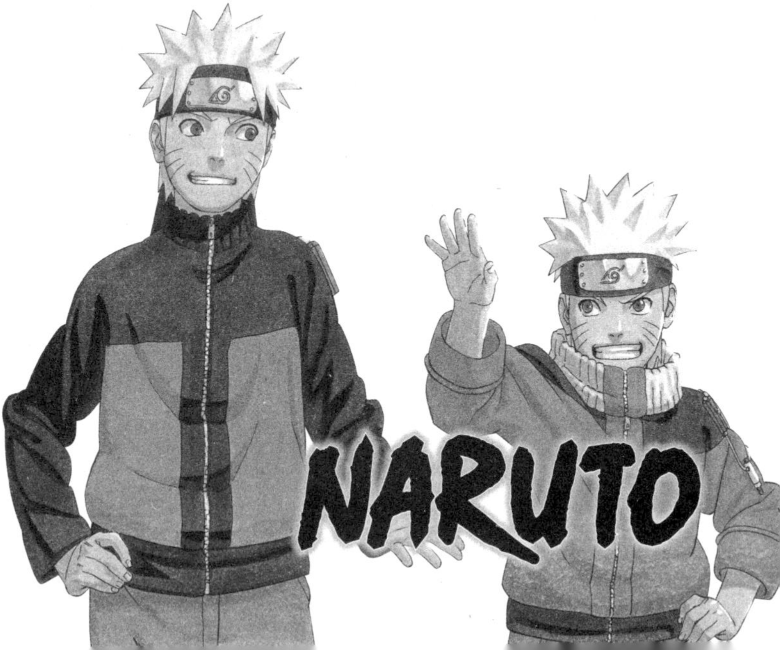
NARUTO

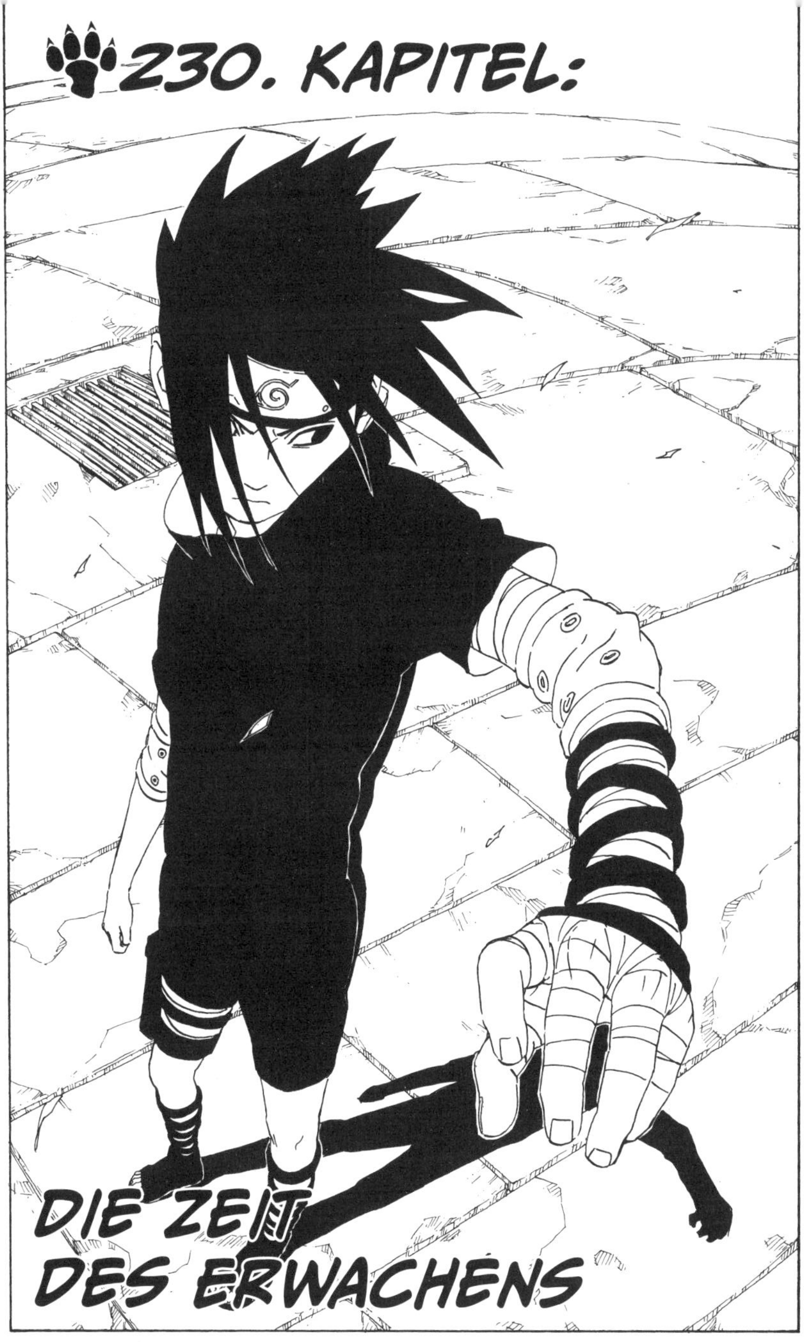
230. KAPITEL:
DIE ZEIT
DES ERWACHENS

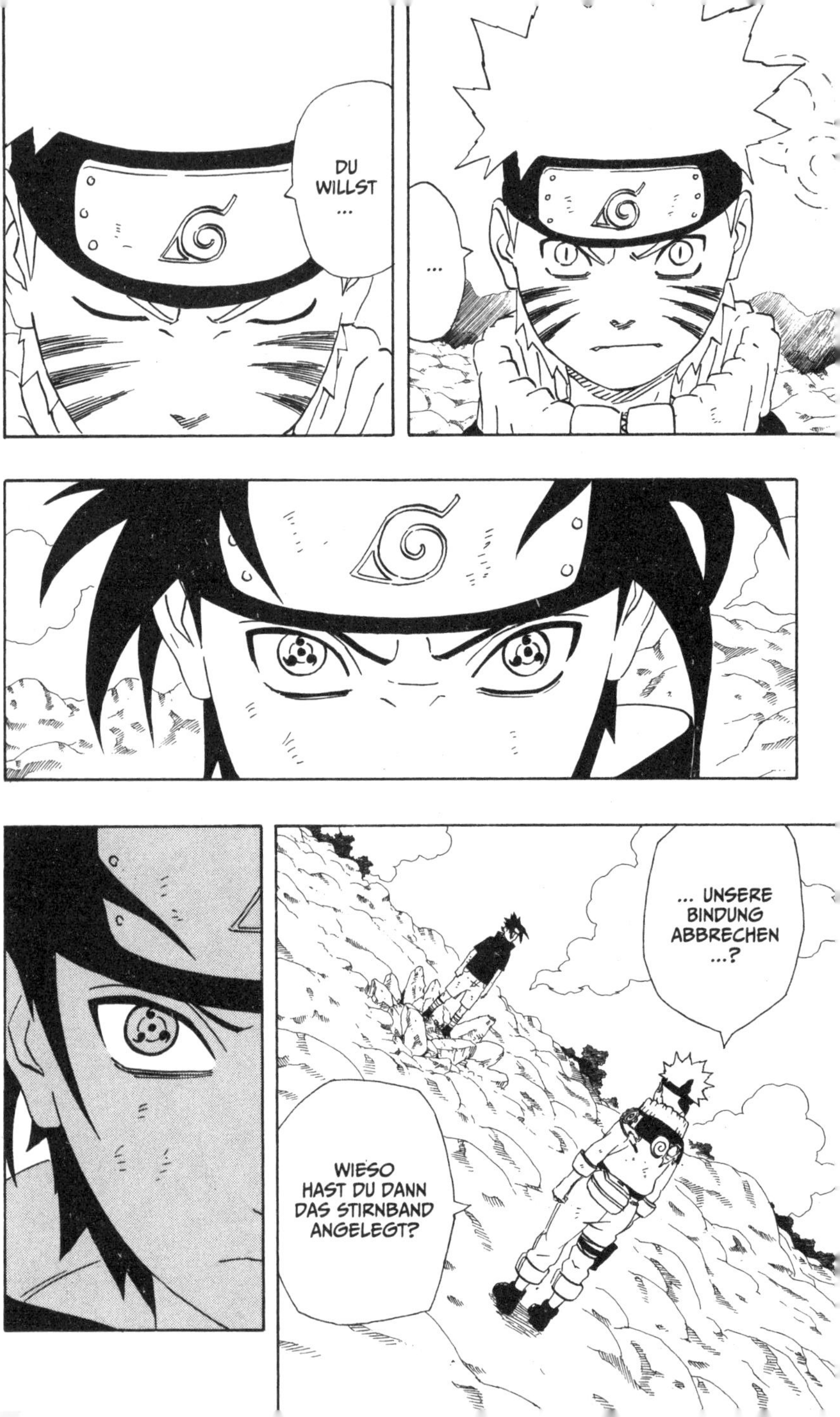
...
DU WILLST ...
... UNSERE BINDUNG ABBRECHEN ...?
WIESO HAST DU DANN DAS STIRNBAND ANGELEGT?

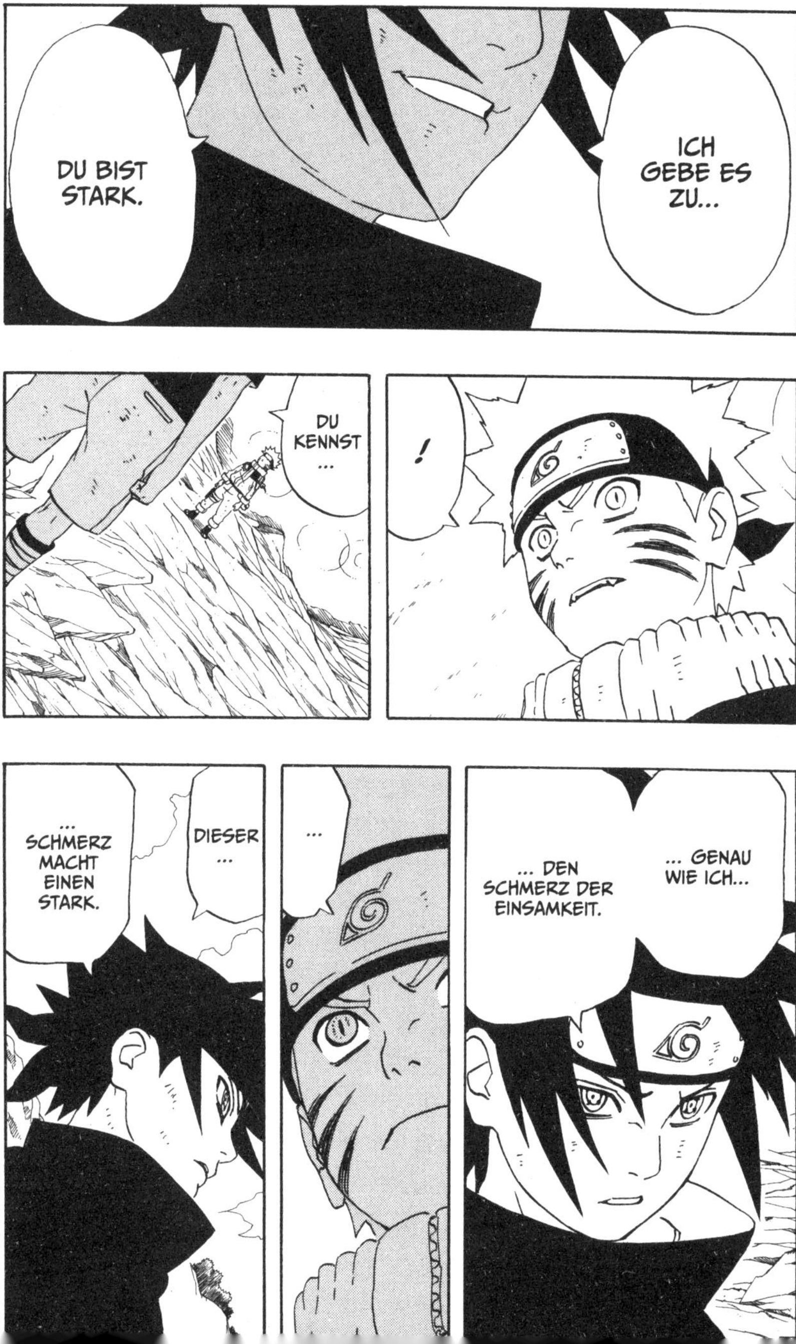
ICH GEBE ES ZU...
DU BIST STARK.
!
DU KENNST ...
... GENAU WIE ICH...
... DEN SCHMERZ DER EINSAMKEIT.
...
DIESER ...
... SCHMERZ MACHT EINEN STARK.

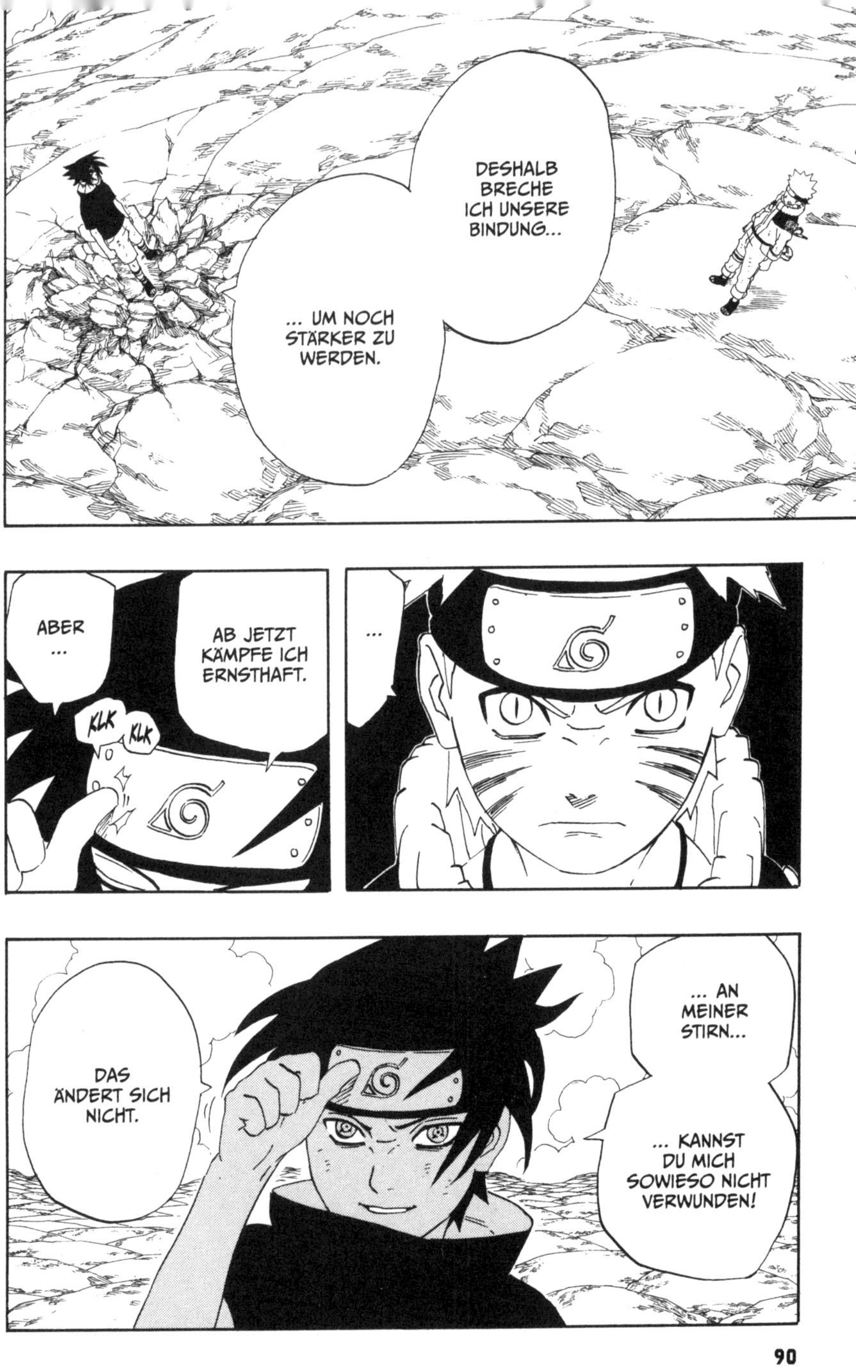
DESHALB BRECHE ICH UNSERE BINDUNG…
… UM NOCH STÄRKER ZU WERDEN.
…
AB JETZT KÄMPFE ICH ERNSTHAFT.
ABER …
KLK
KLK
… AN MEINER STIRN…
… KANNST DU MICH SOWIESO NICHT VERWUNDEN!
DAS ÄNDERT SICH NICHT.

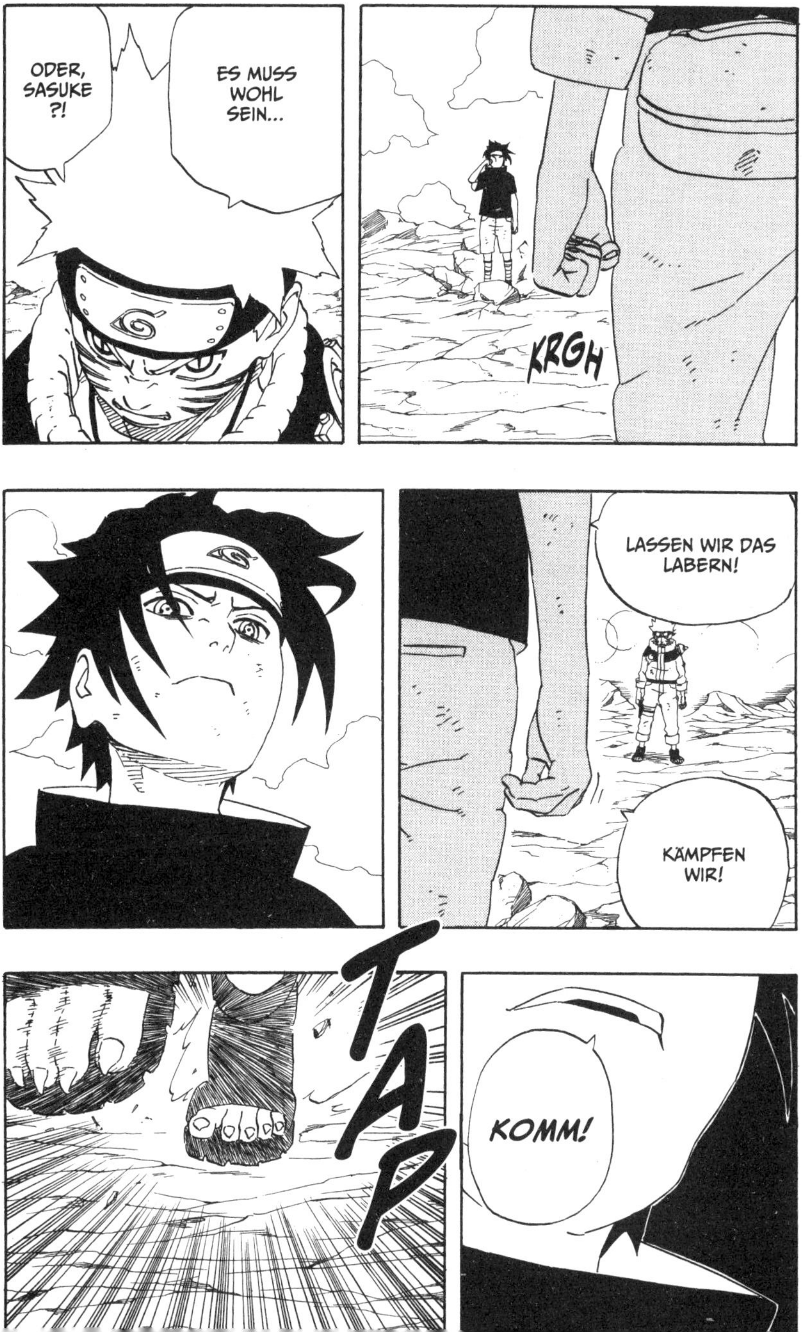
KRGH
ES MUSS WOHL SEIN...
ODER, SASUKE ?!
LASSEN WIR DAS LABERN!
KÄMPFEN WIR!
KOMM!
TAP

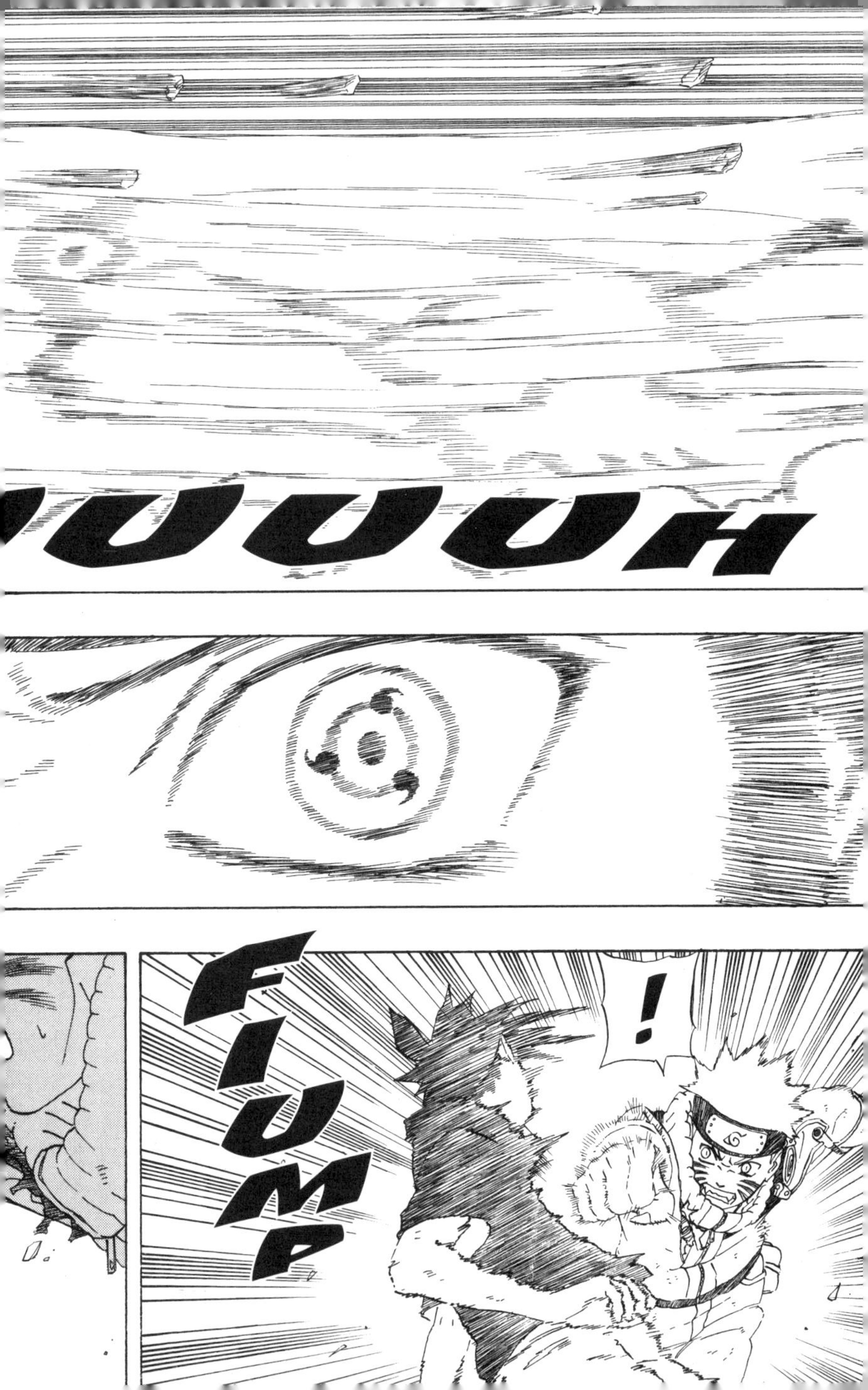

WUUUUH
FLUMP
!

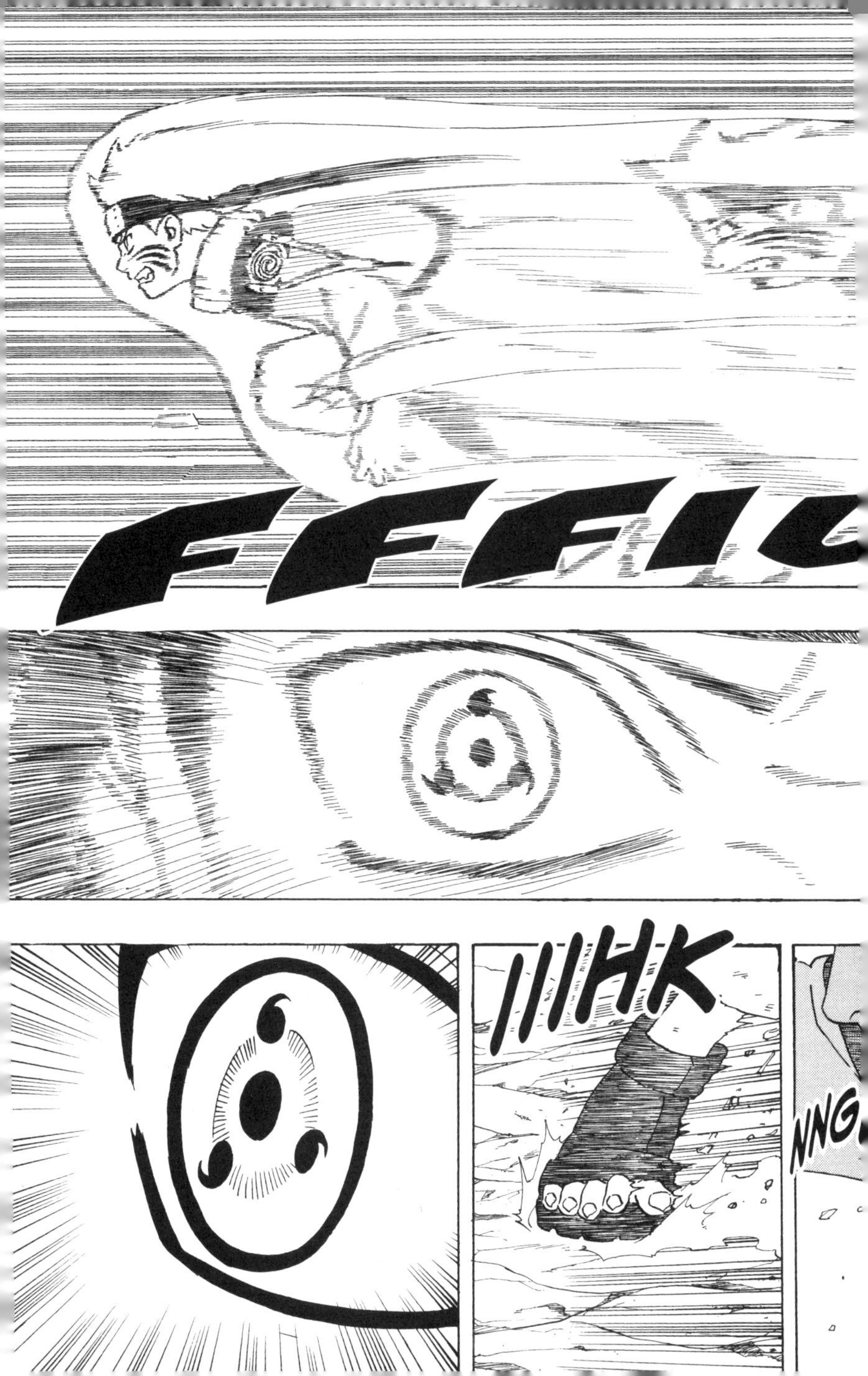
FFFU
IIIHK
NNG

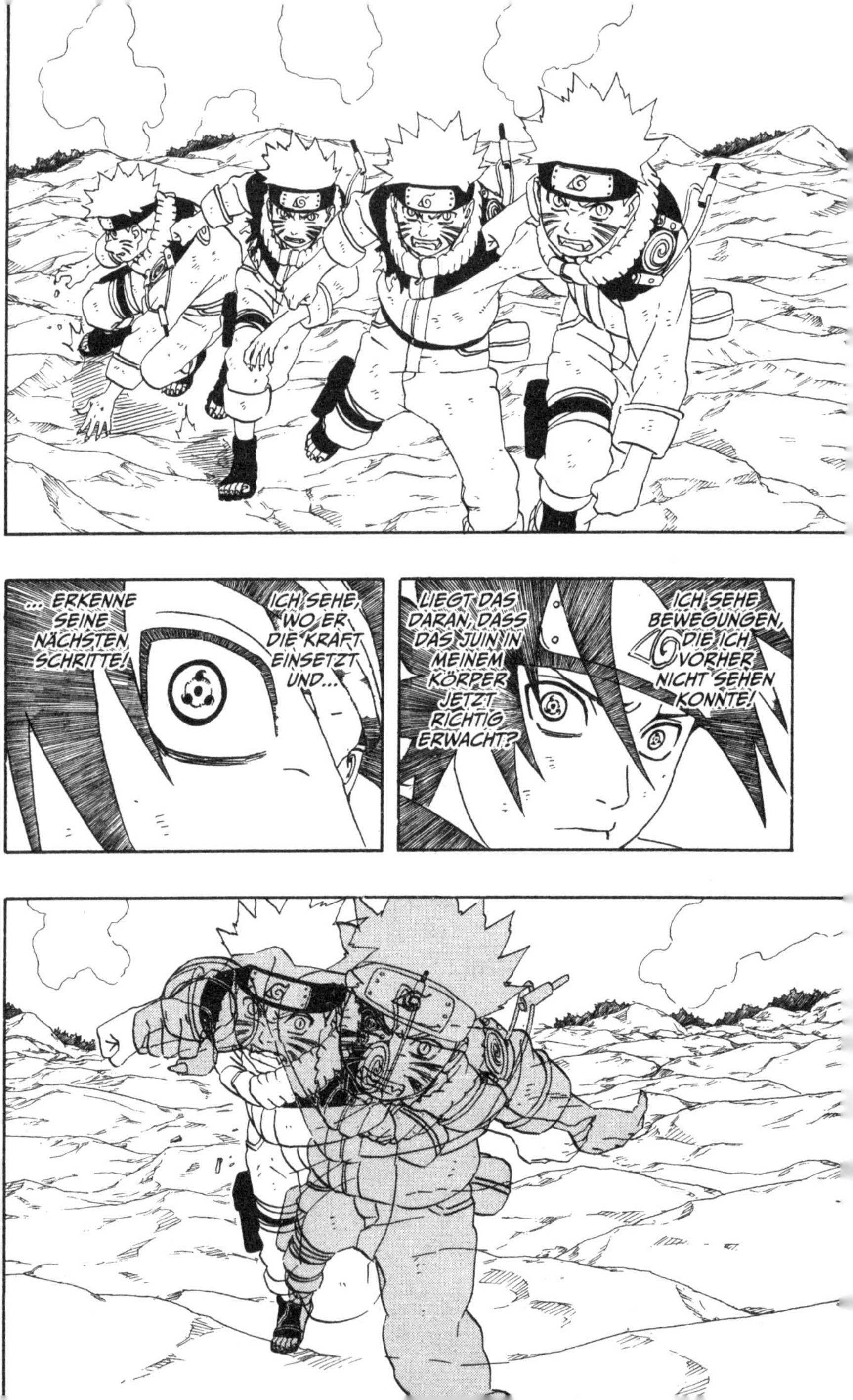
ICH SEHE BEWEGUNGEN, DIE ICH VORHER NICHT SEHEN KONNTE!
LIEGT DAS DARAN, DASS DAS JUIN IN MEINEM KÖRPER JETZT RICHTIG ERWACHT?
ICH SEHE, WO ER DIE KRAFT EINSETZT UND...
... ERKENNE SEINE NÄCHSTEN SCHRITTE!

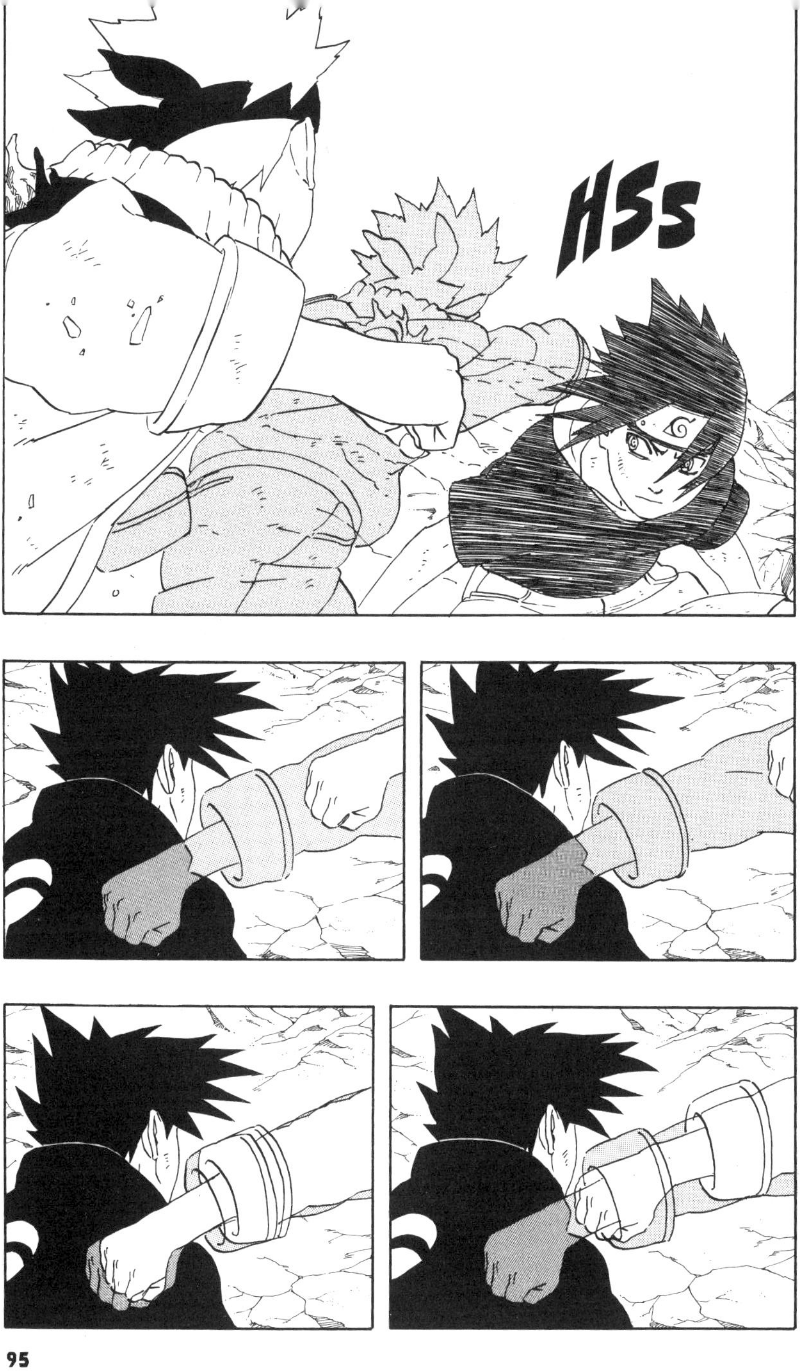
HSS

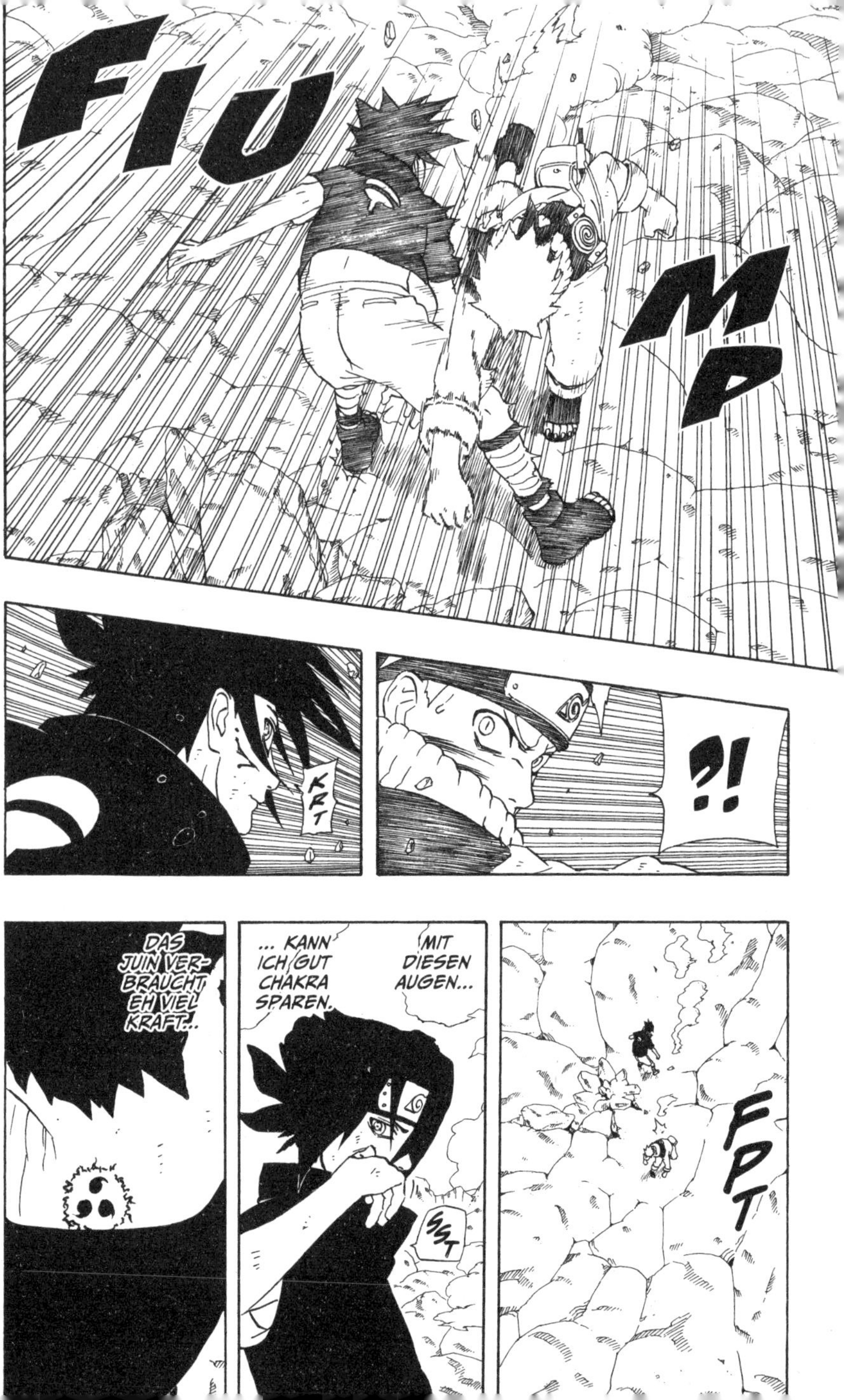

FIU
?!
KRT
FPT
MIT DIESEN AUGEN...
... KANN ICH GUT CHAKRA SPAREN.
SST
DAS JUIN VERBRAUCHT EH VIEL KRAFT...

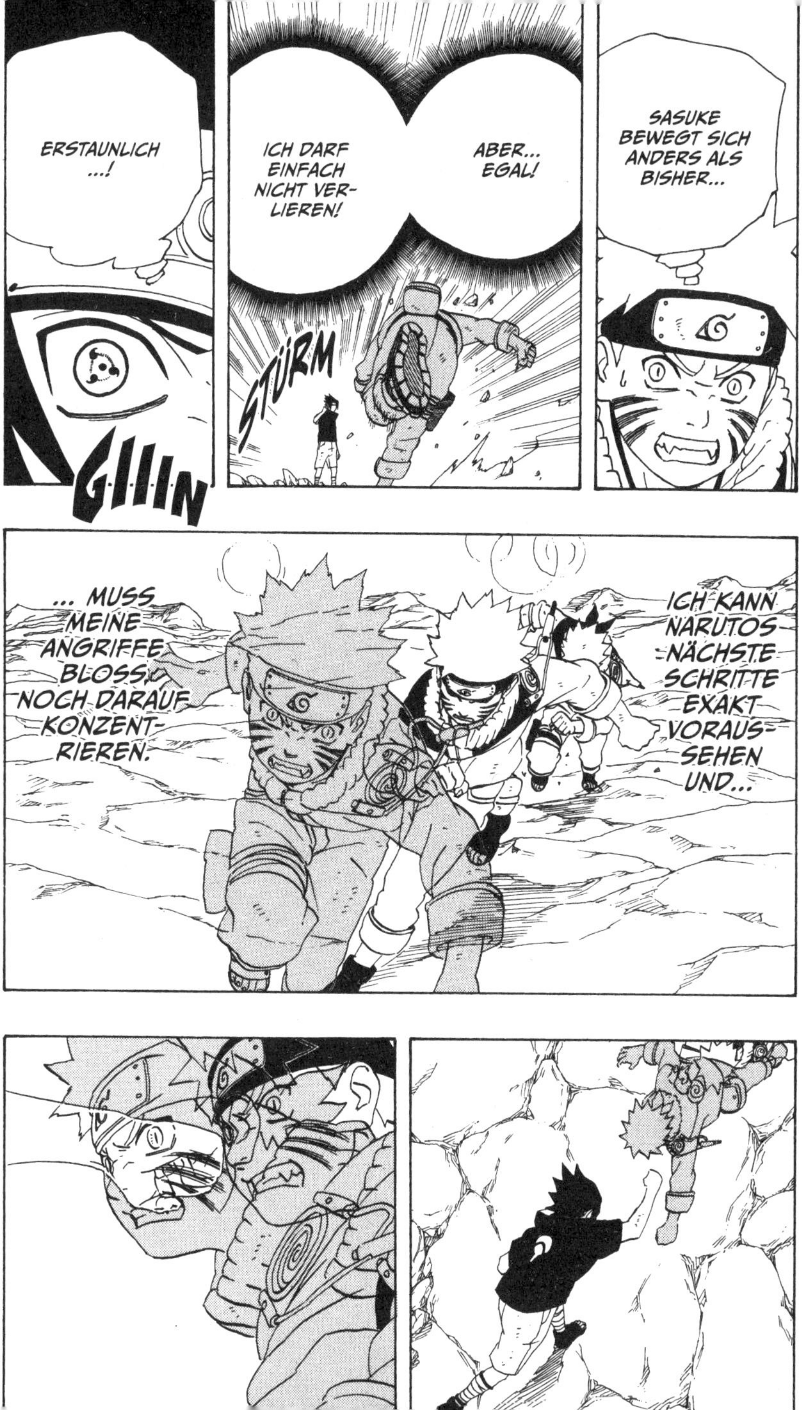
SASUKE BEWEGT SICH ANDERS ALS BISHER...
ABER... EGAL!
ICH DARF EINFACH NICHT VERLIEREN!
STÜRM
ERSTAUNLICH ...!
GIIIN
ICH KANN NARUTOS NÄCHSTE SCHRITTE EXAKT VORAUSSEHEN UND...
... MUSS MEINE ANGRIFFE BLOSS NOCH DARAUF KONZENTRIEREN.

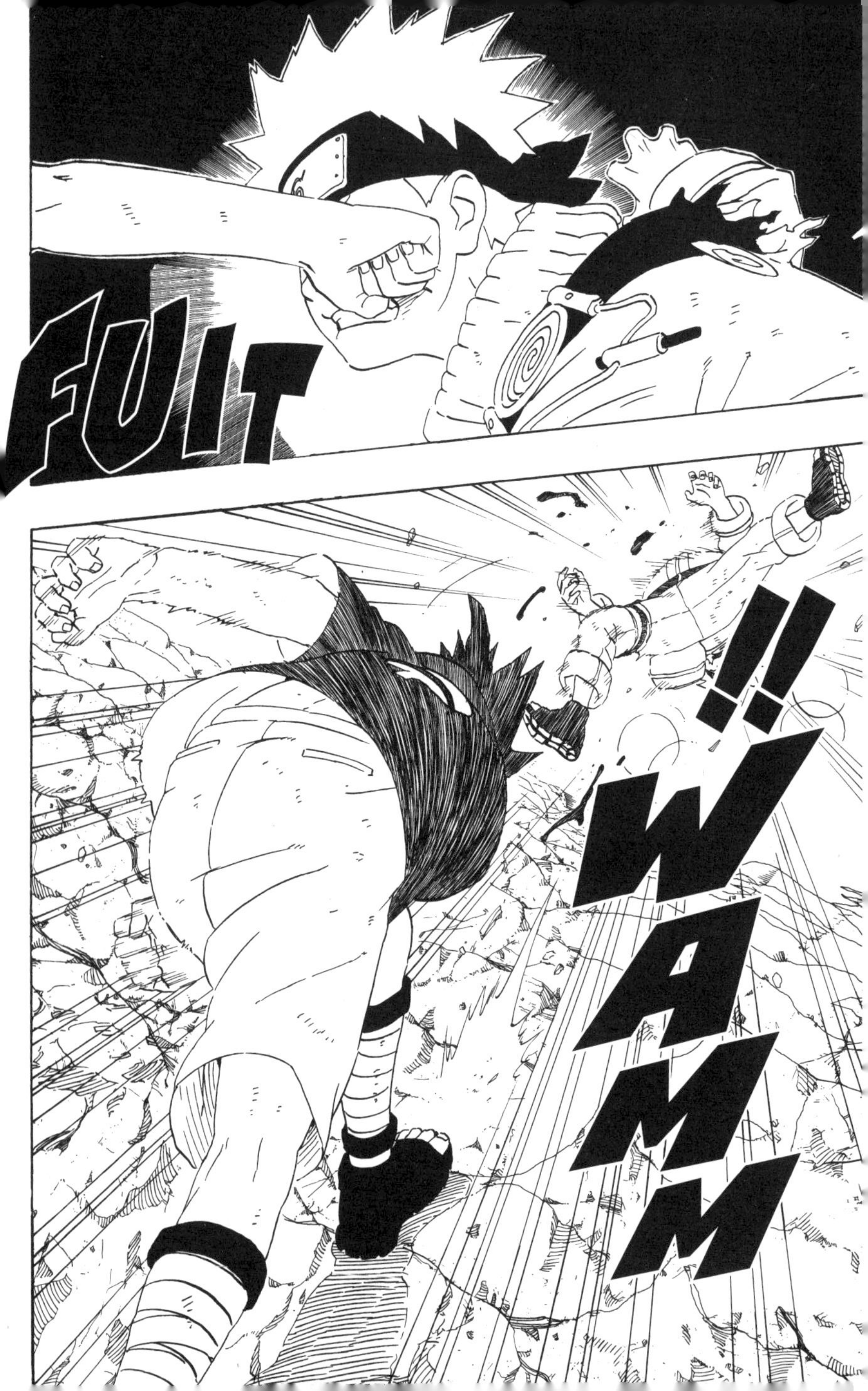
FUIT
!!
WAMM

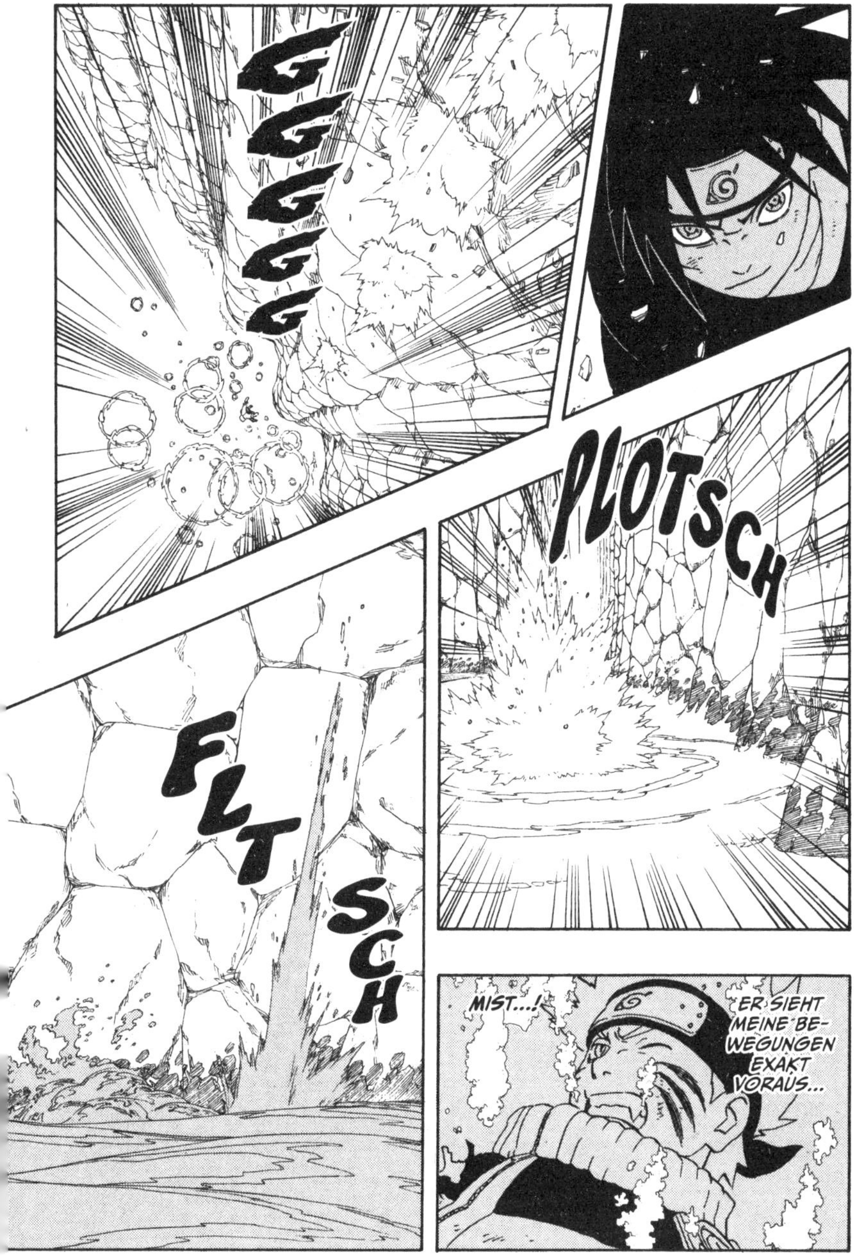
GGGGG
PLOTSCH
FLTSCH
MIST...!
ER SIEHT MEINE BEWEGUNGEN EXAKT VORAUS...

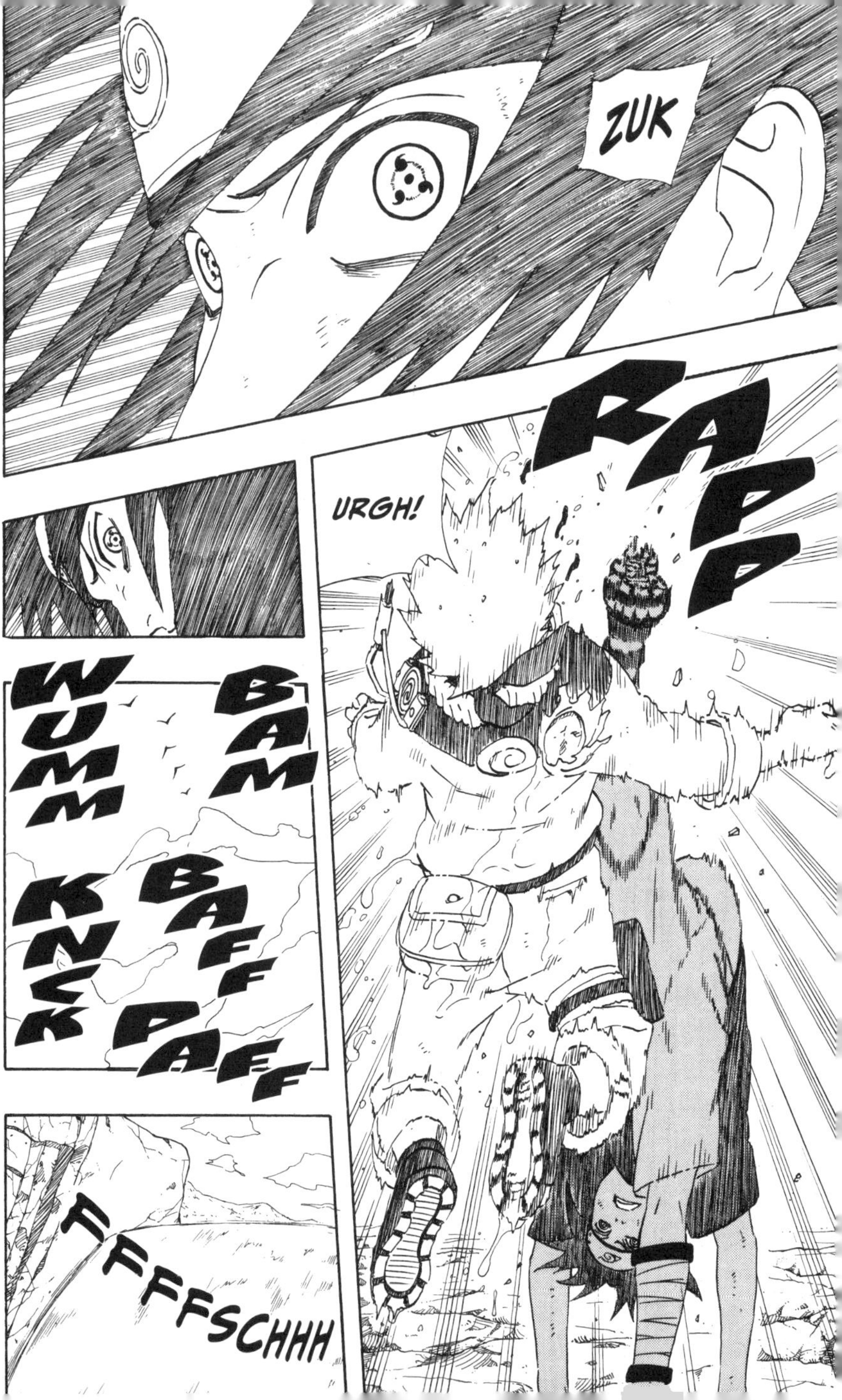
ZUK
RAPP
URGH!
BAM
WUMM
BAFF
KNCK
PAFF
FFFFSCHHH

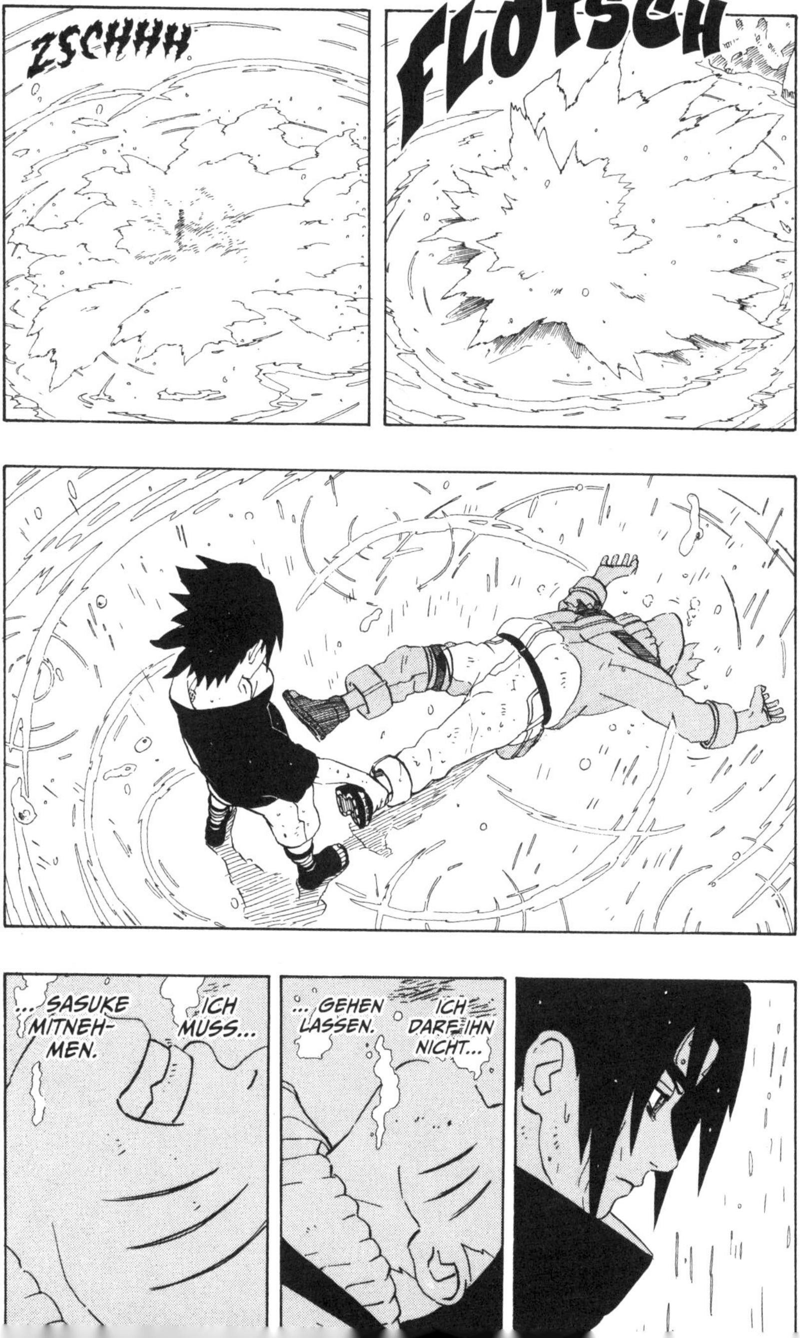
FLOTSCH
ZSCHHH
ICH DARF IHN NICHT...
... GEHEN LASSEN.
ICH MUSS...
... SASUKE MITNEHMEN.

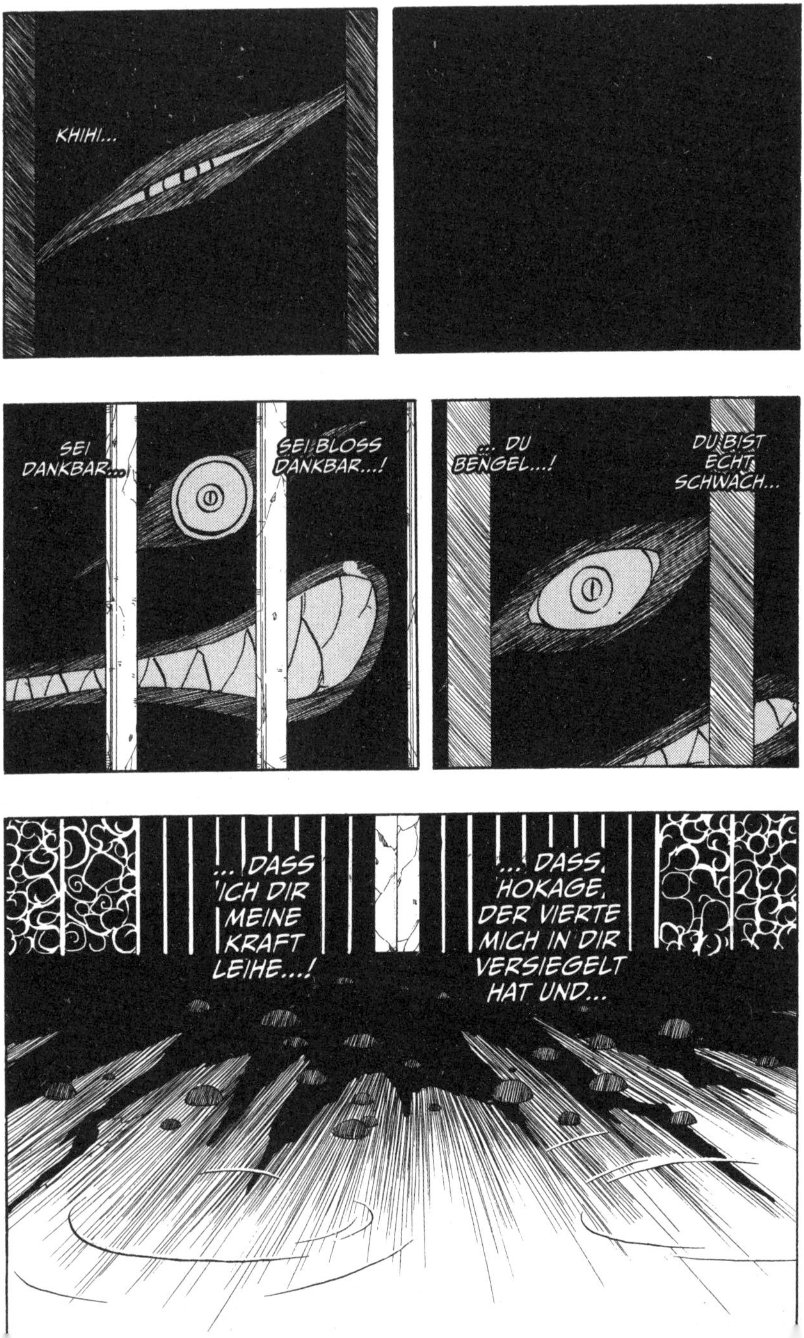
KHIHI...
SEI BLOSS DANKBAR...!
SEI DANKBAR...
DU BIST ECHT SCHWACH...
... DU BENGEL...!
... DASS HOKAGE, DER VIERTE MICH IN DIR VERSIEGELT HAT UND...
... DASS ICH DIR MEINE KRAFT LEIHE...!

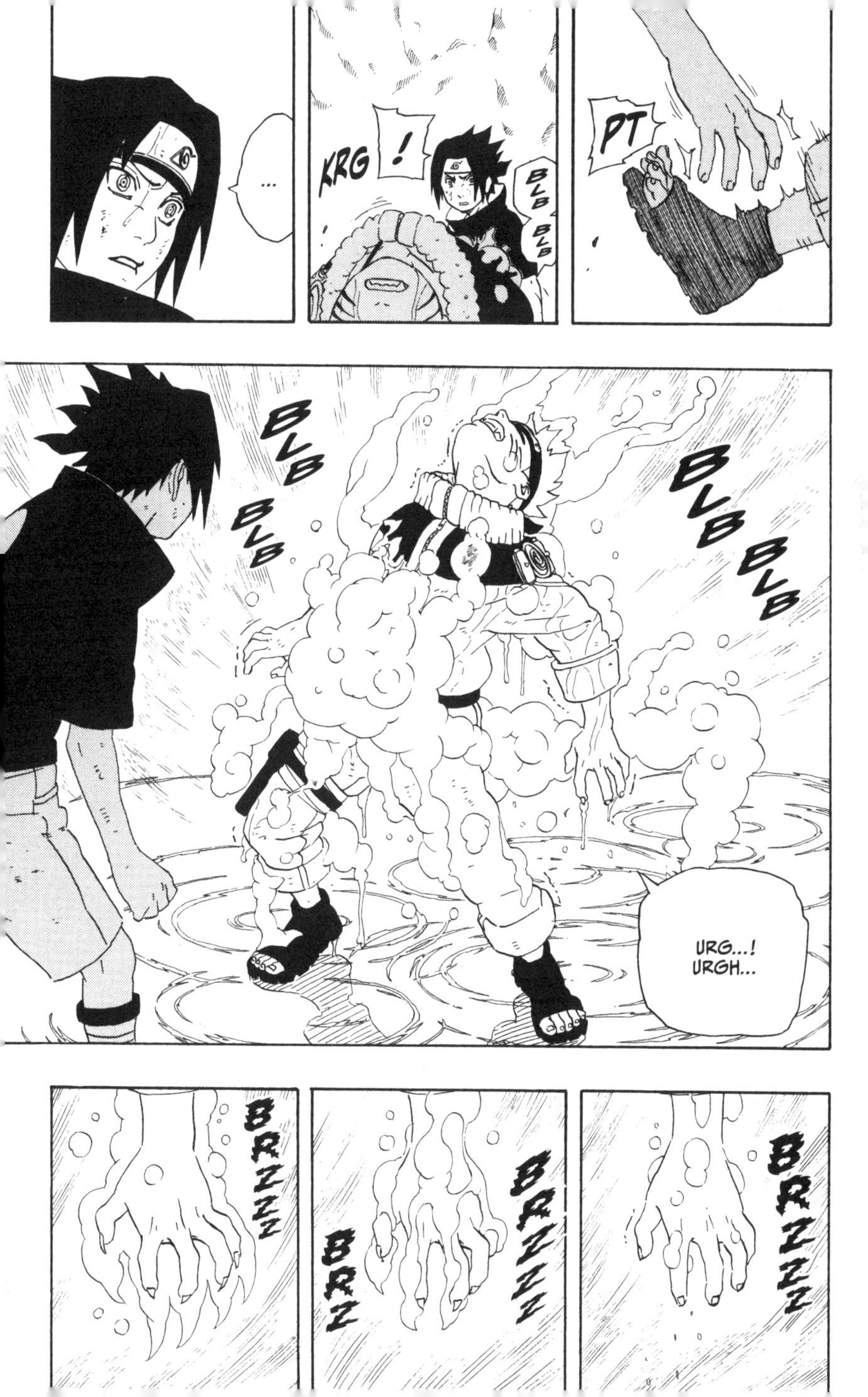
PT
KRG
!
BLB BLB
...
BLB BLB
URG...! URGH...
BLB BLB
BRZZZ
BRZZZ
BRZ
BRZZZ

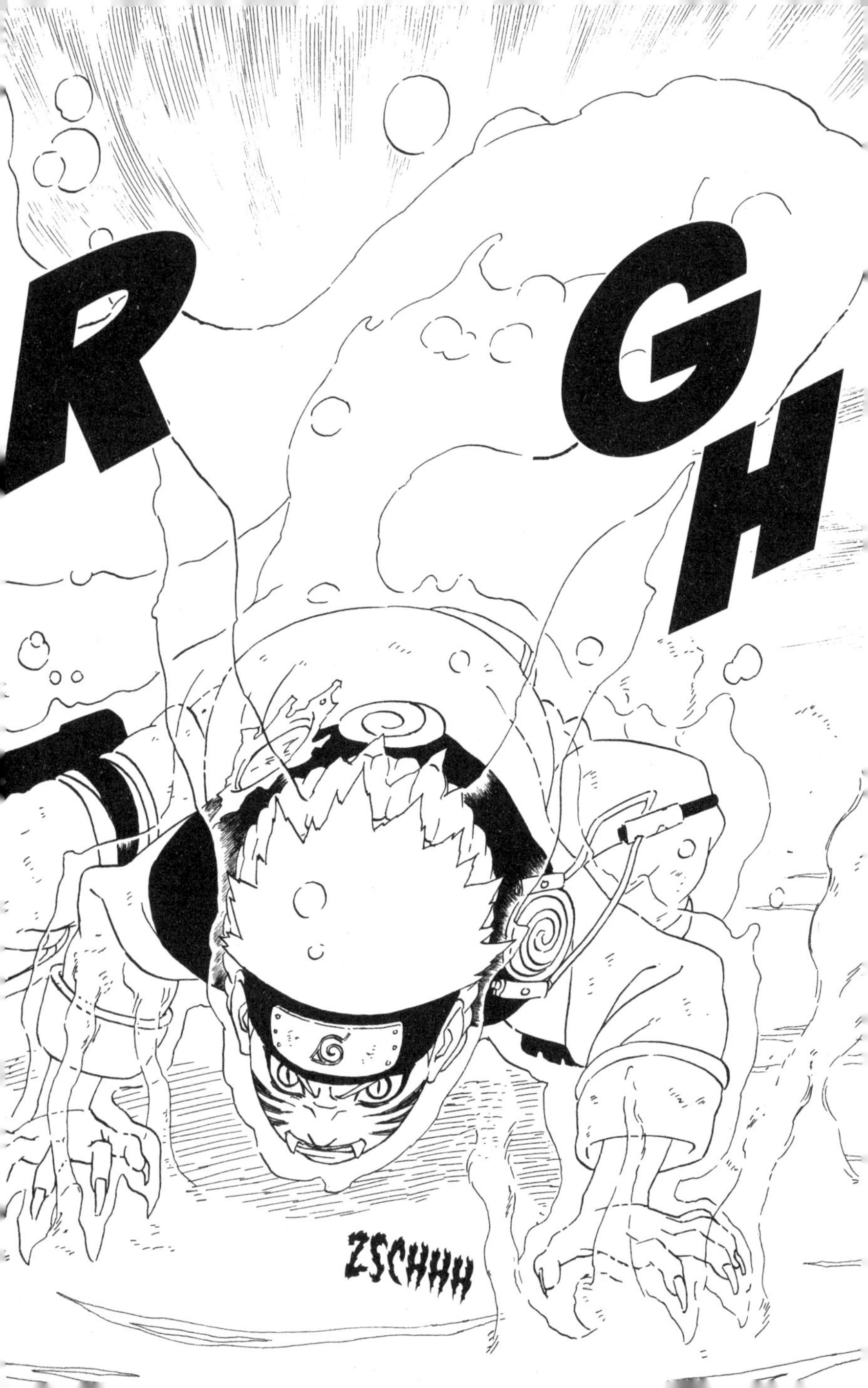
RGH
ZSCHHH

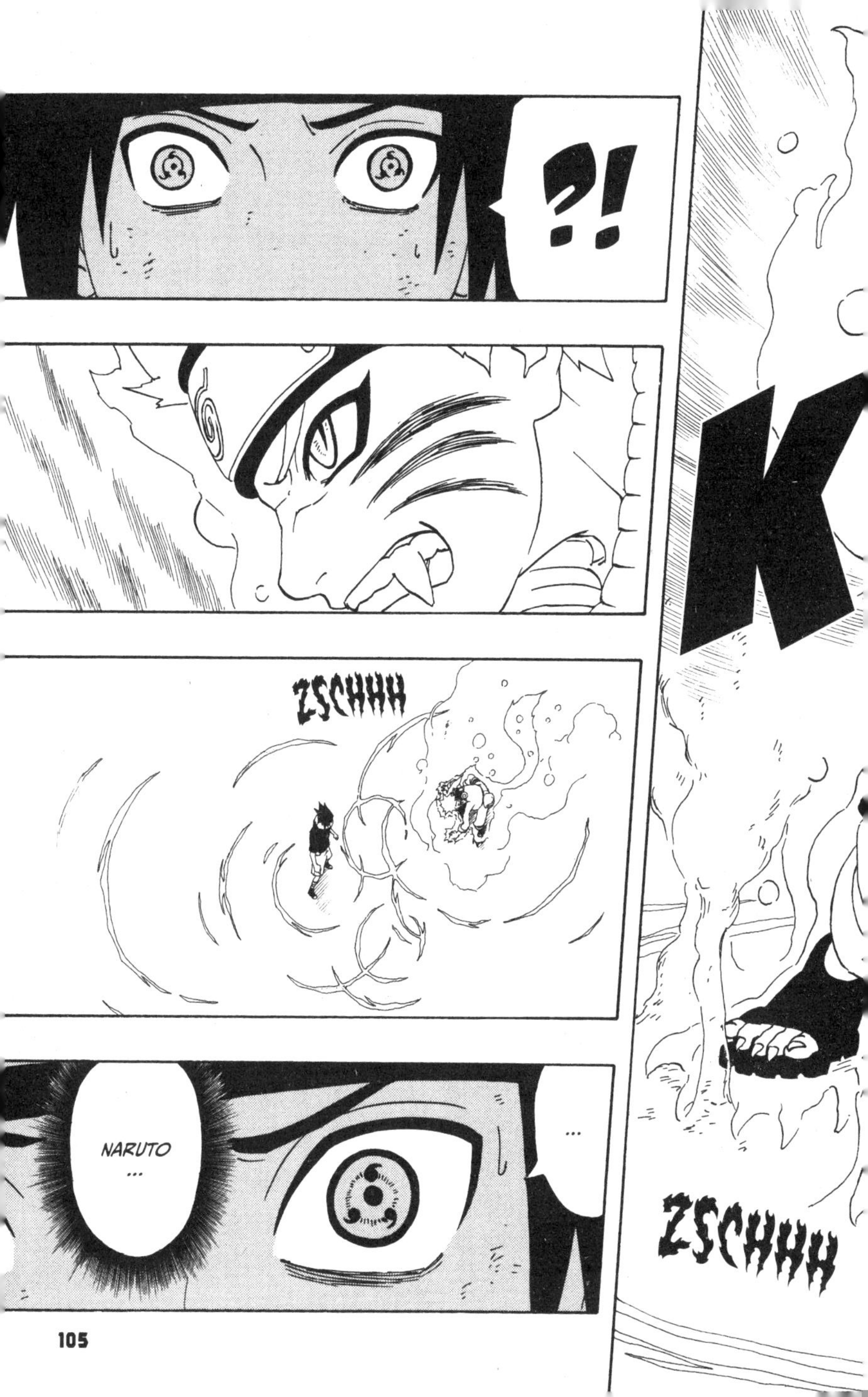
?!
ZSCHHH
NARUTO ...
...
K
ZSCHHH

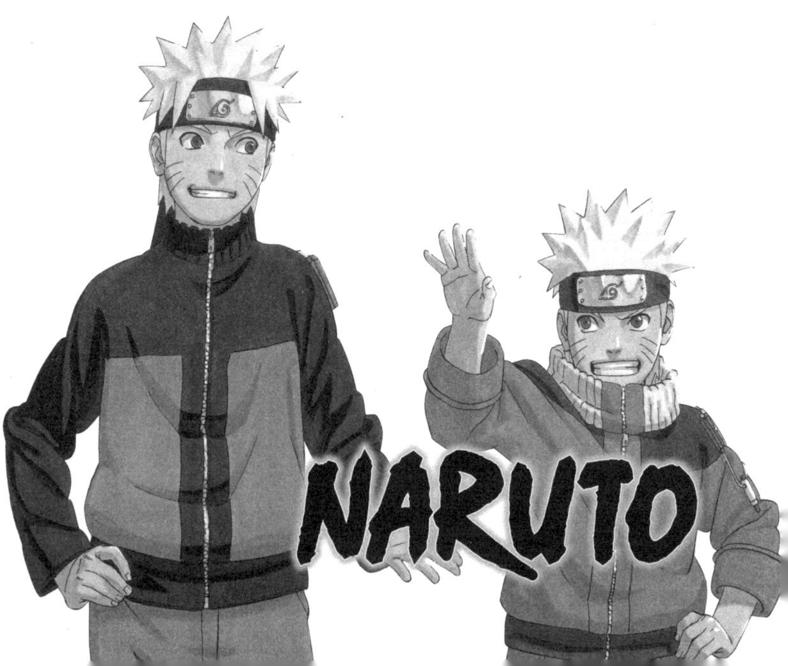
NARUTO

231. Kapitel:

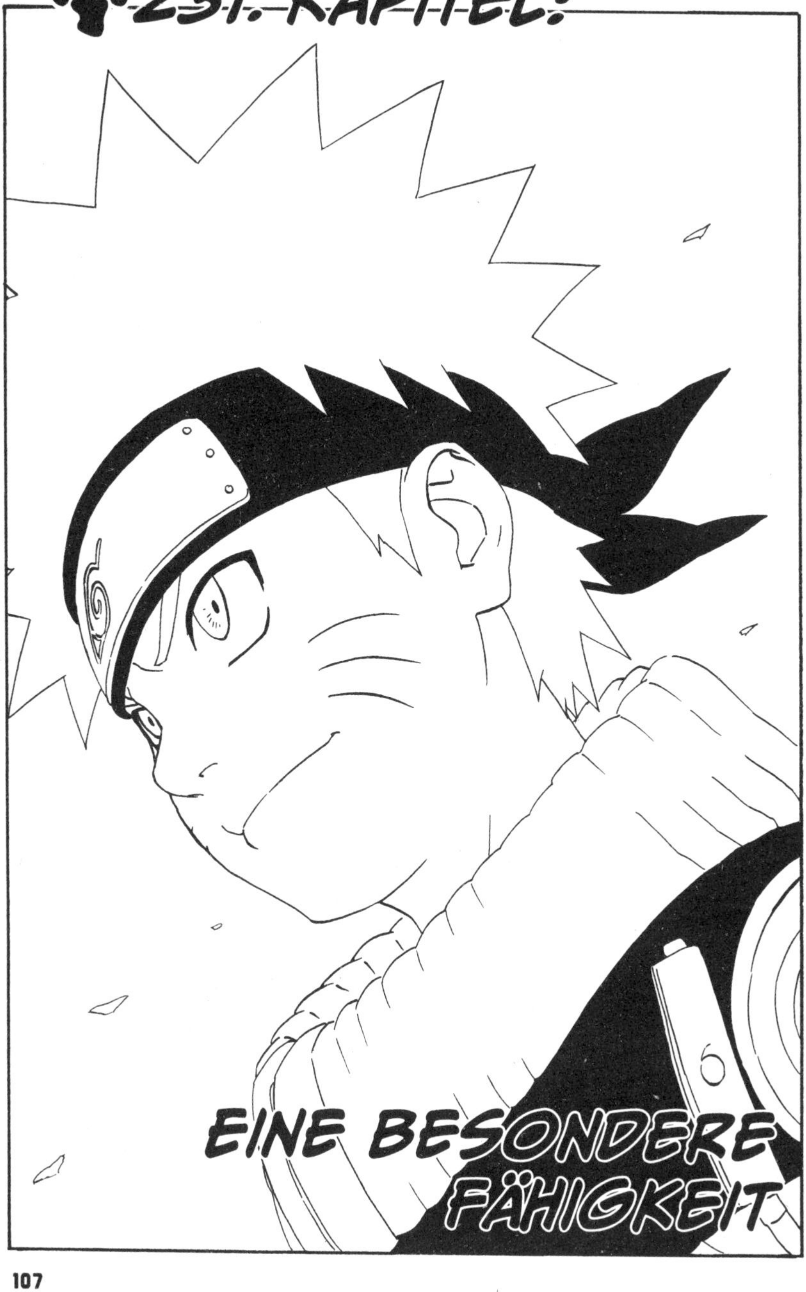

Eine besondere Fähigkeit

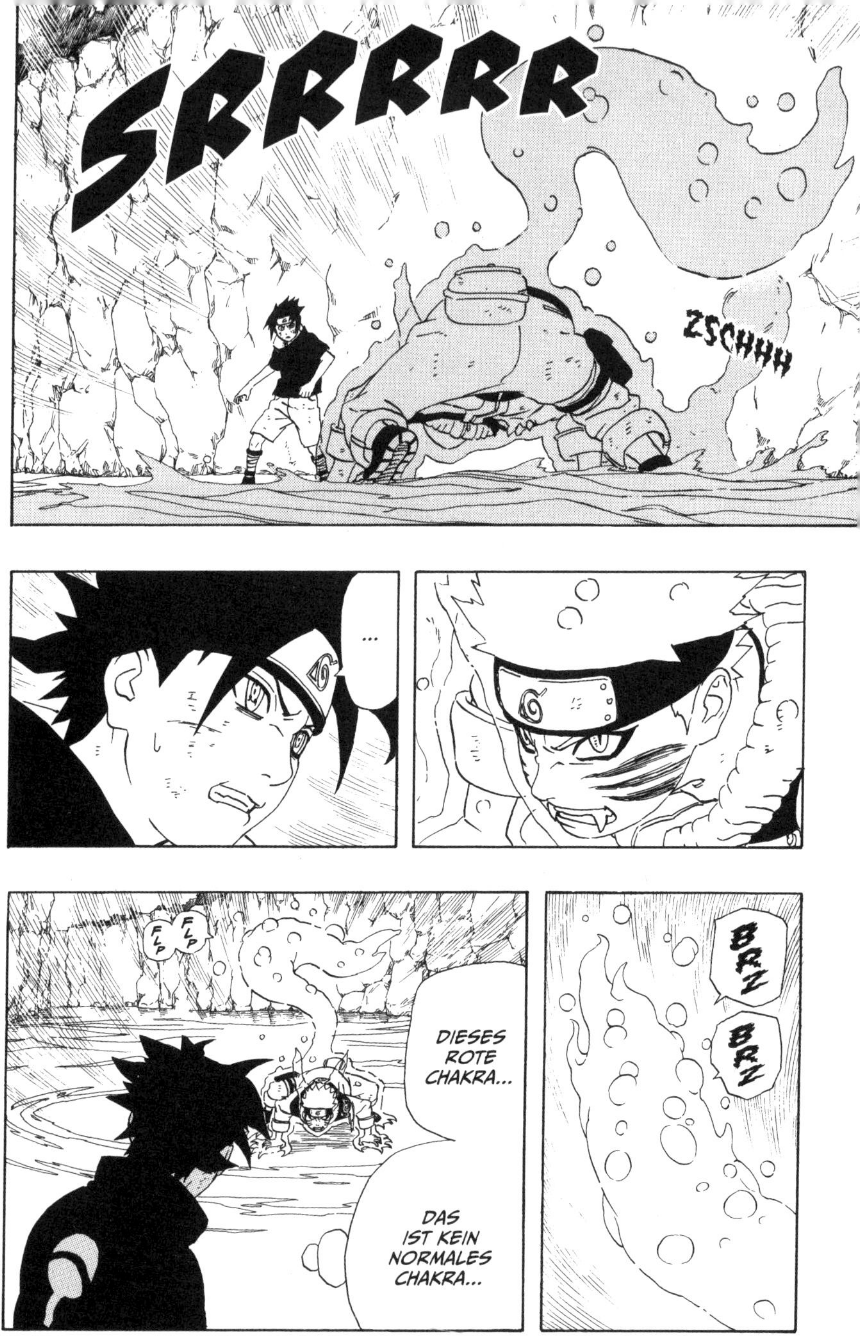
SRRRRRR
ZSCHHH
...
FLP
FLP
DIESES ROTE CHAKRA...
DAS IST KEIN NORMALES CHAKRA...
BRZ
BRZ

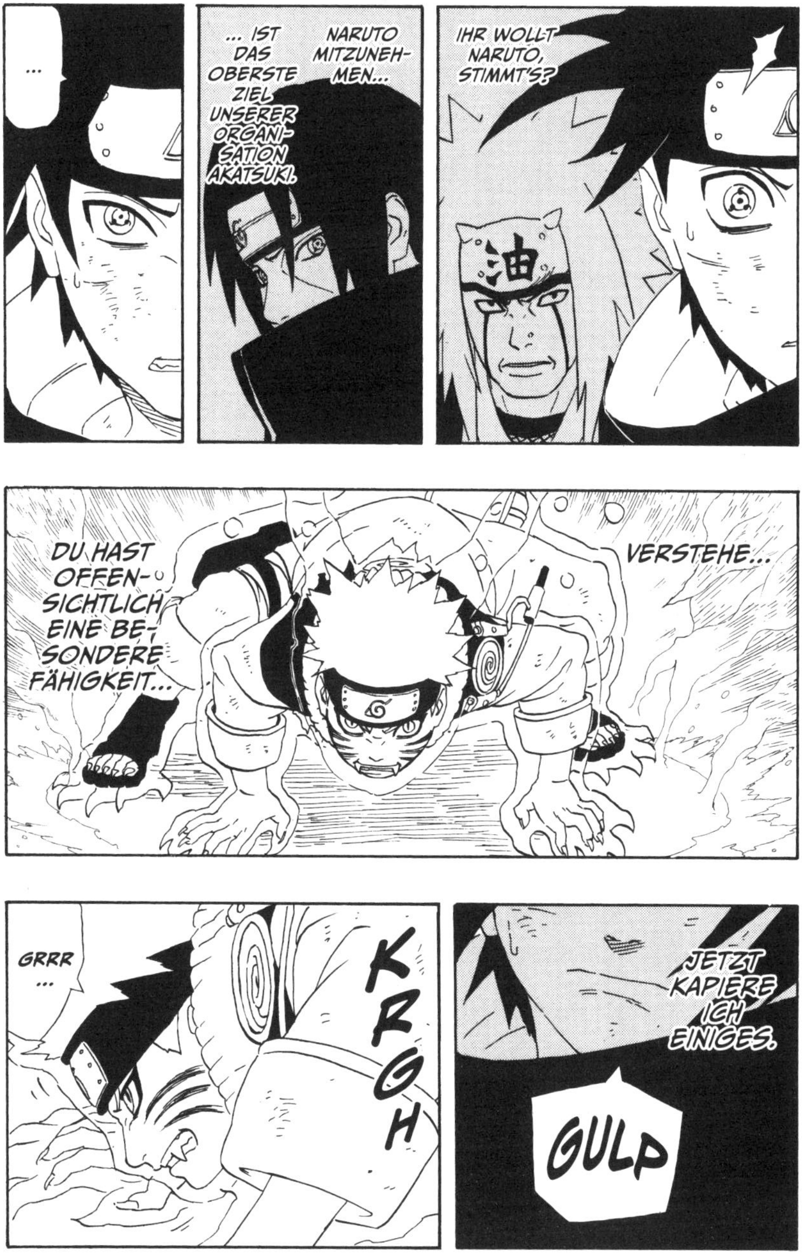
IHR WOLLT NARUTO, STIMMT'S?
NARUTO MITZUNEH-MEN...
... IST DAS OBERSTE ZIEL UNSERER ORGANI-SATION AKATSUKI.
...
VERSTEHE...
DU HAST OFFEN-SICHTLICH EINE BE-SONDERE FÄHIGKEIT...
JETZT KAPIERE ICH EINIGES.
GULP
KRGH
GRRR ...

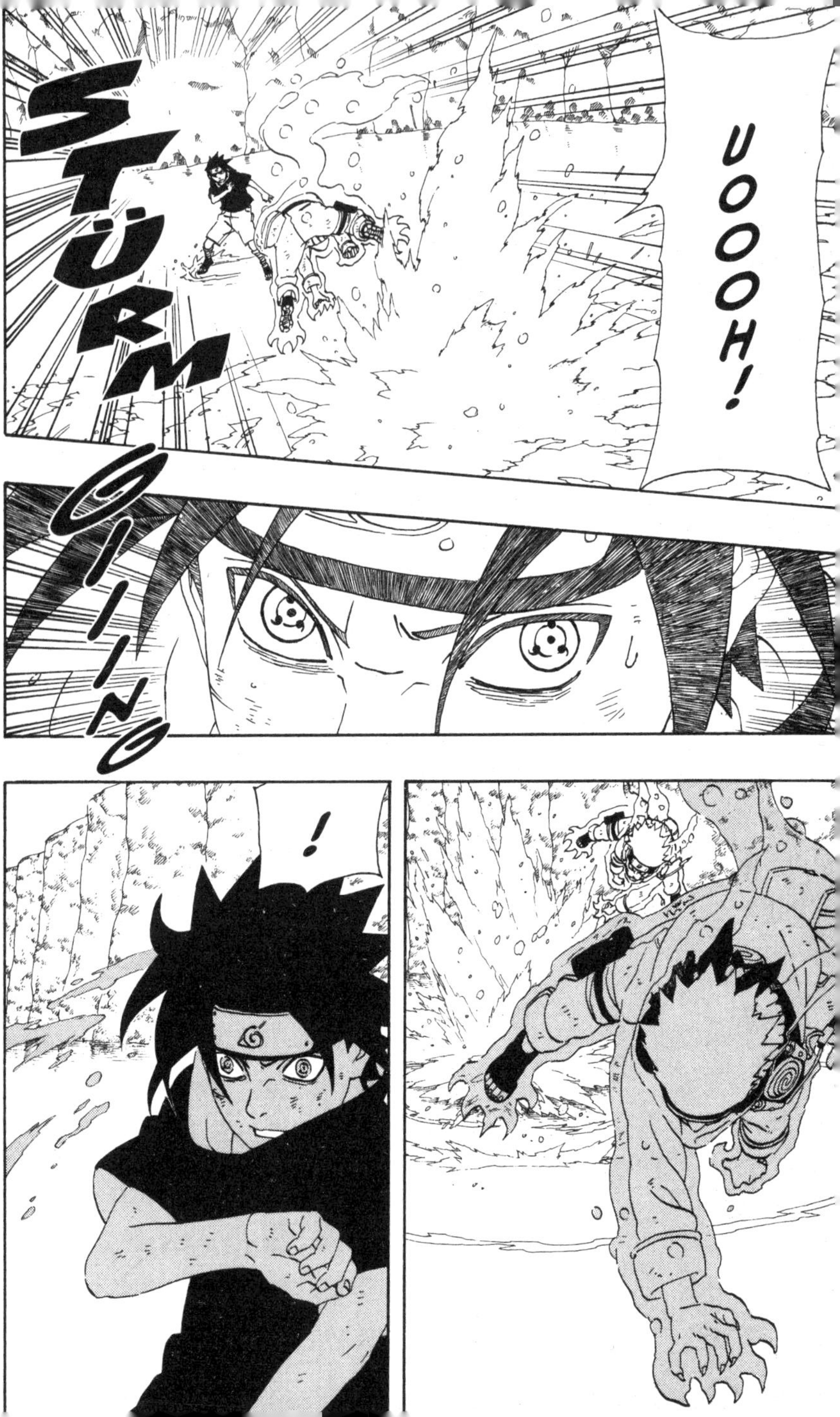
UOOOOH!
STÜRM
GO-I-I-I-NG
!

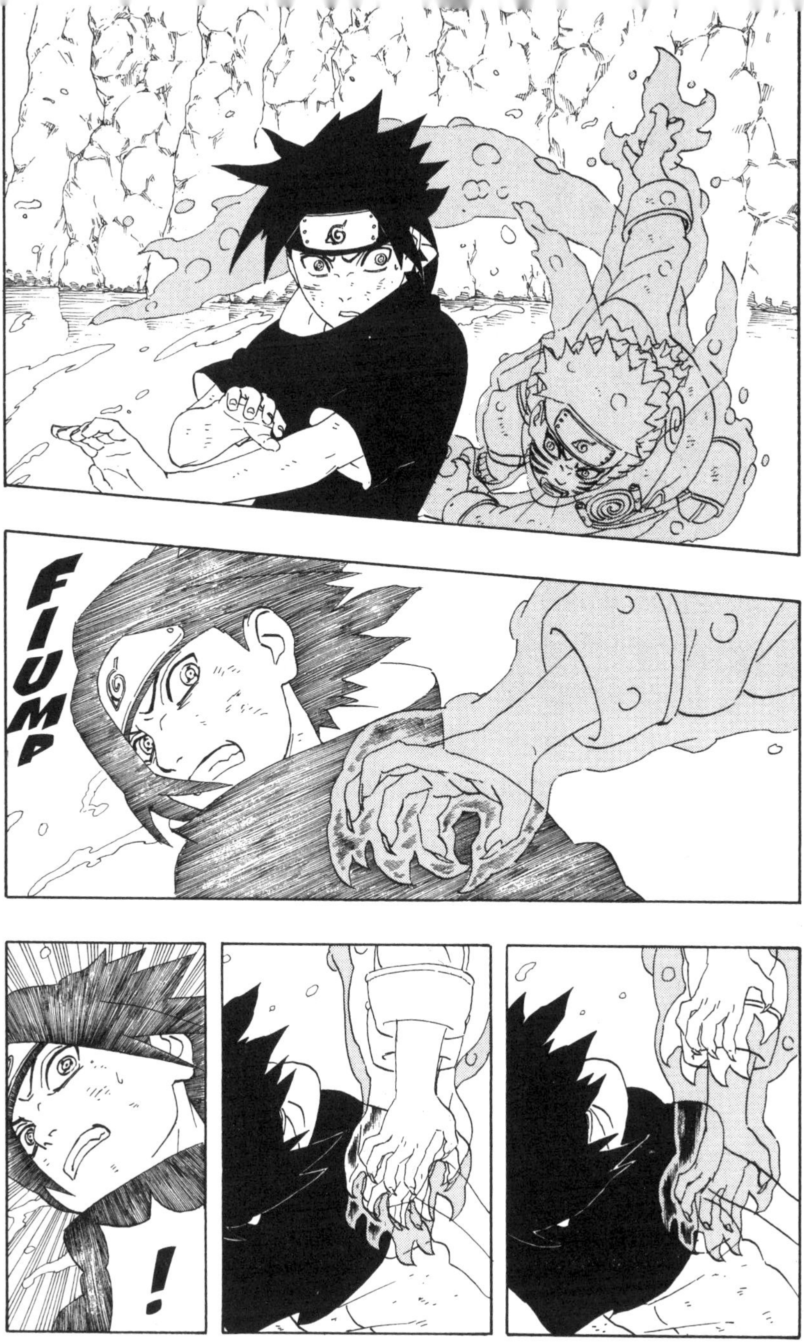
FIUMP
!

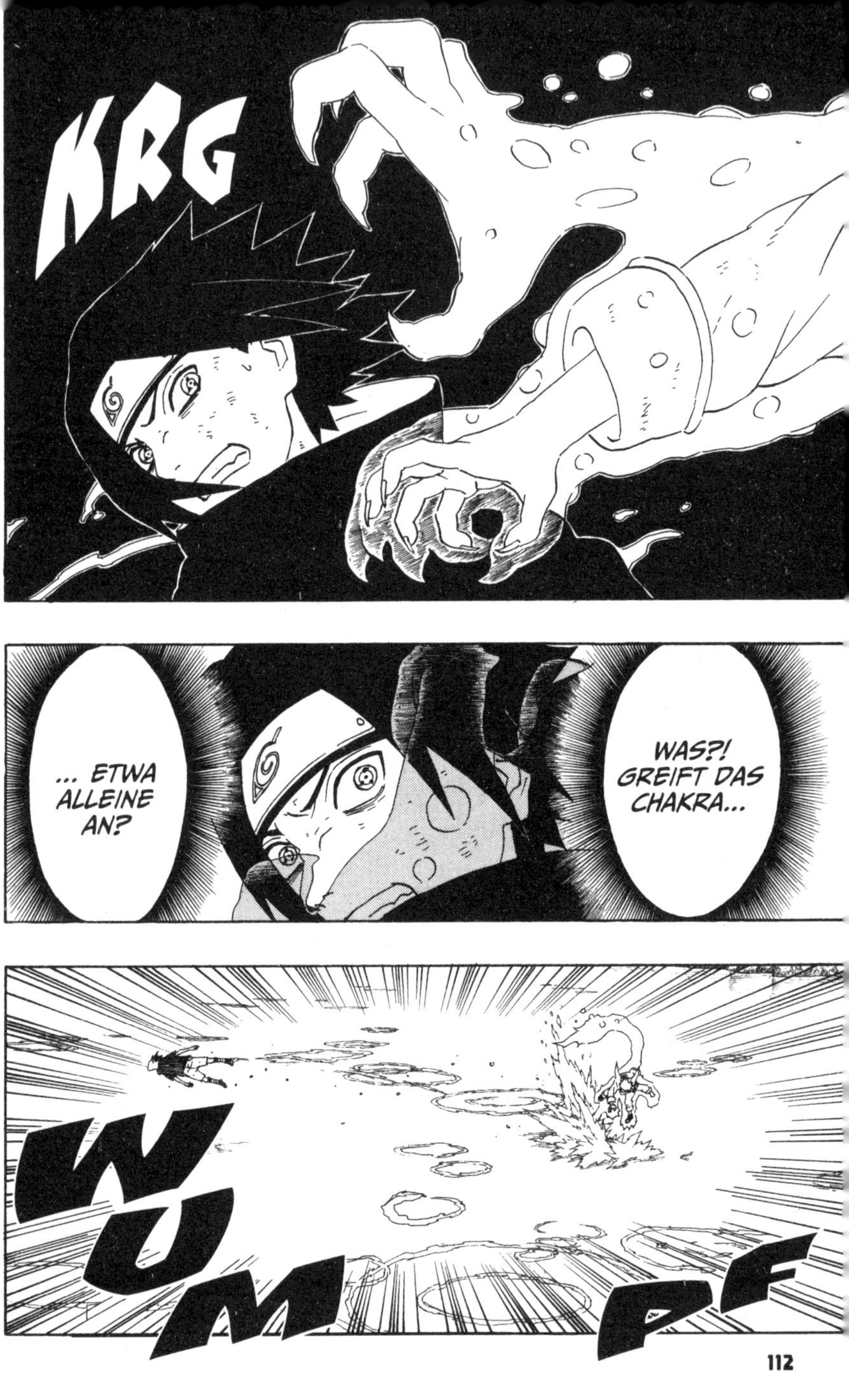
KRG
WAS?! GREIFT DAS CHAKRA...
... ETWA ALLEINE AN?
WUMPF

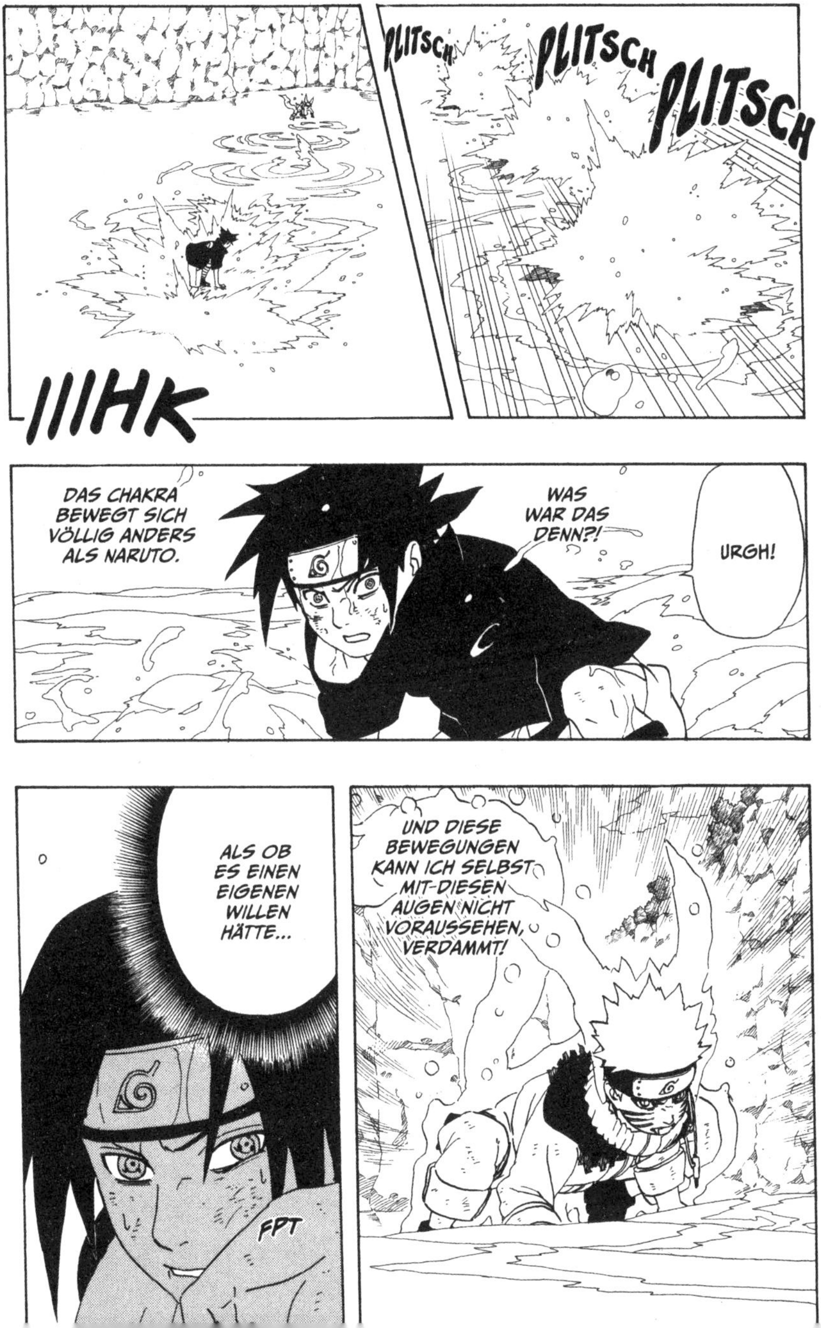
PLITSCH
PLITSCH
PLITSCH
IIIHK
URGH!
WAS WAR DAS DENN?!
DAS CHAKRA BEWEGT SICH VÖLLIG ANDERS ALS NARUTO.
UND DIESE BEWEGUNGEN KANN ICH SELBST MIT DIESEN AUGEN NICHT VORAUSSEHEN, VERDAMMT!
ALS OB ES EINEN EIGENEN WILLEN HÄTTE...
FPT

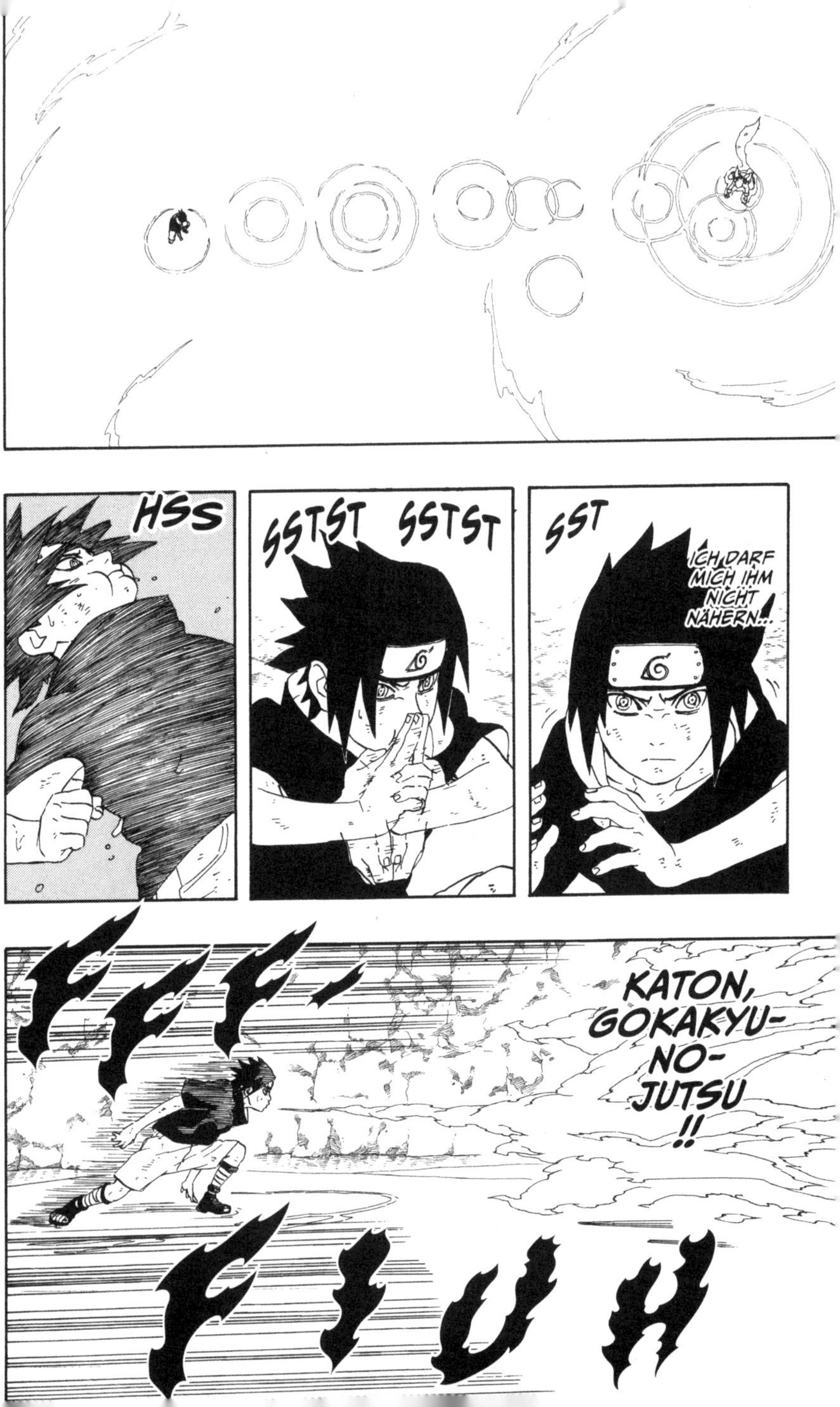
HSS
SSTST SSTST
SST
ICH DARF MICH IHM NICHT NÄHERN...
KATON, GOKAKYU-NO-JUTSU !!
FFF-
FIUH

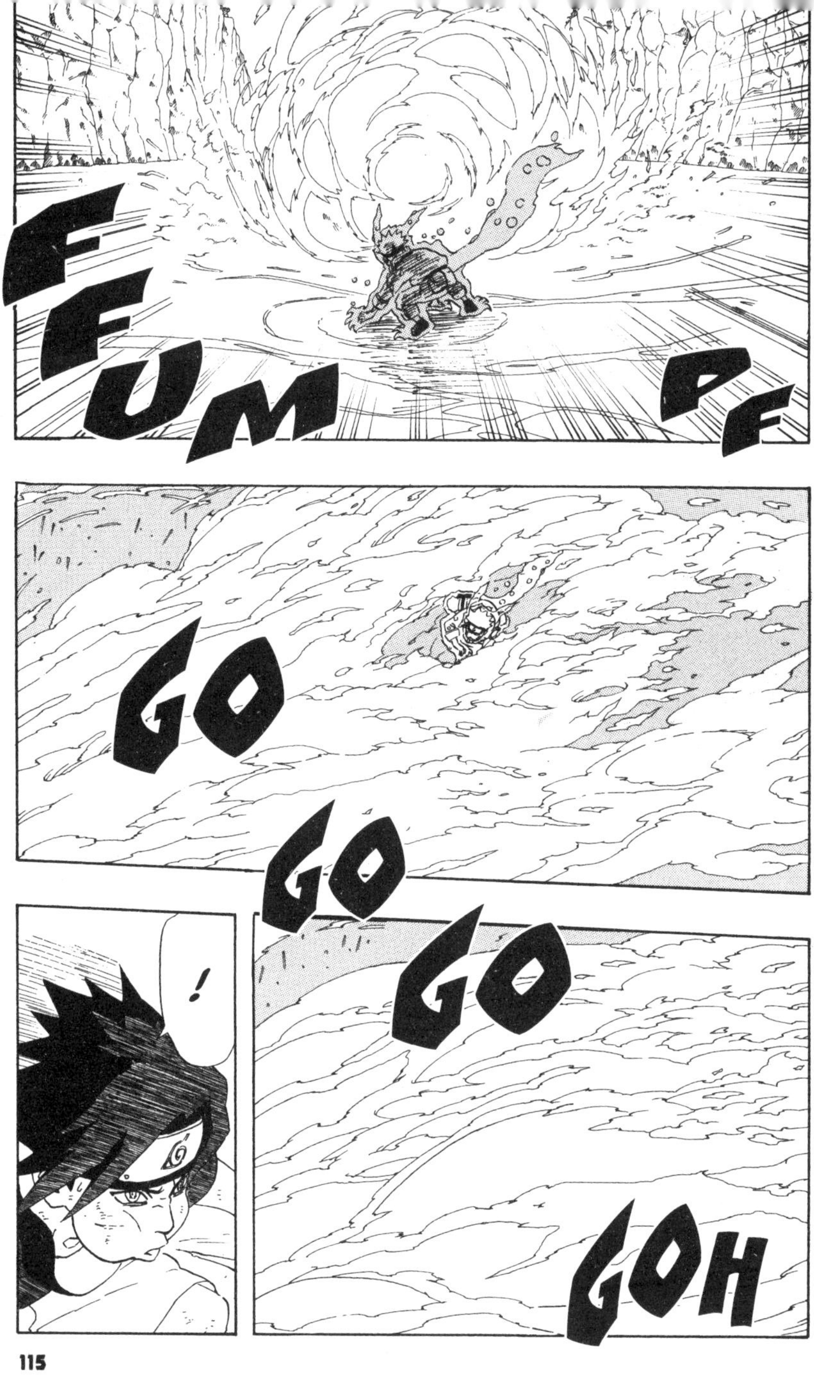
FFUM
PF
GO
GO
GO
GOH
!

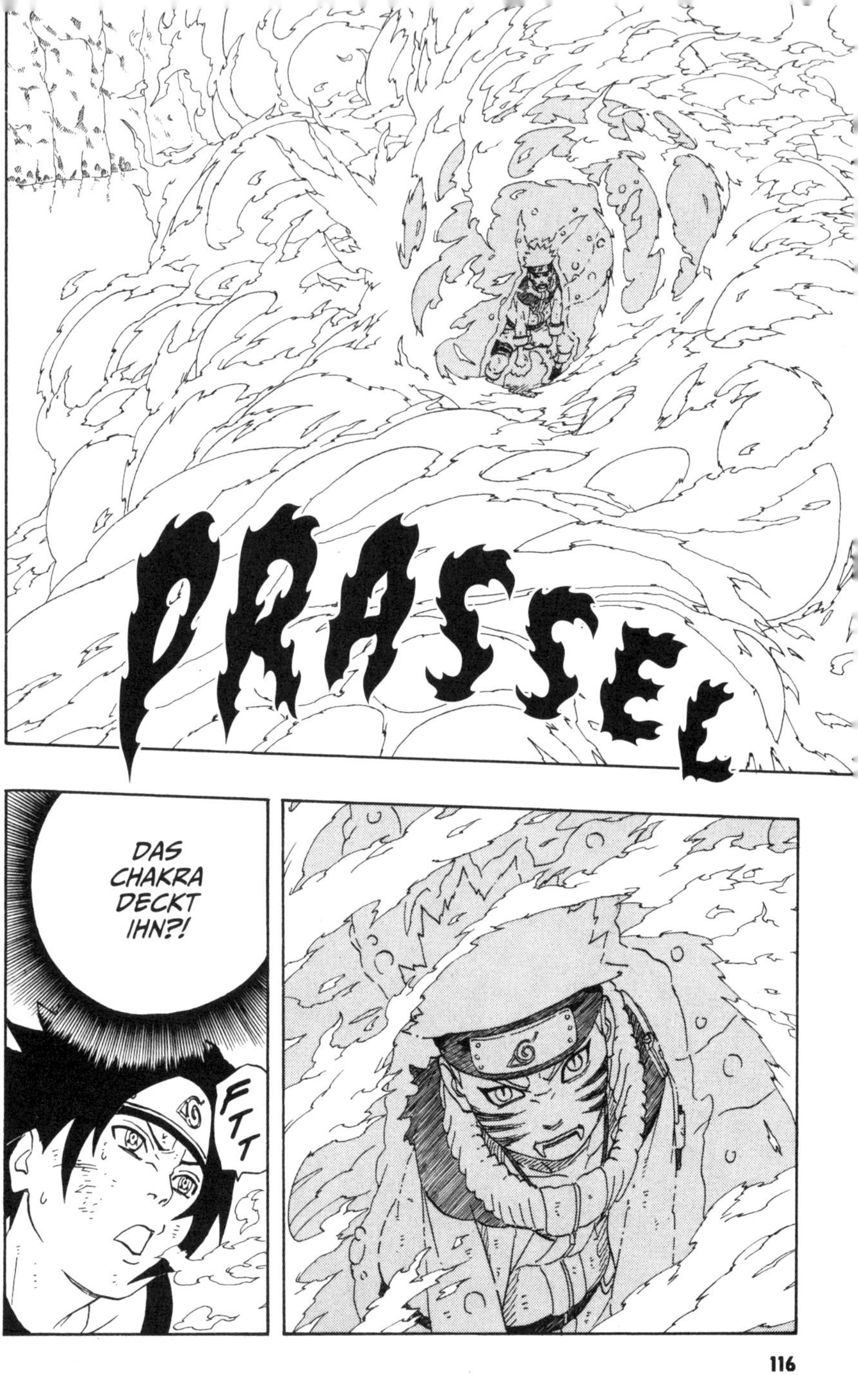
PRASSEL
DAS CHAKRA DECKT IHN?!
FTT

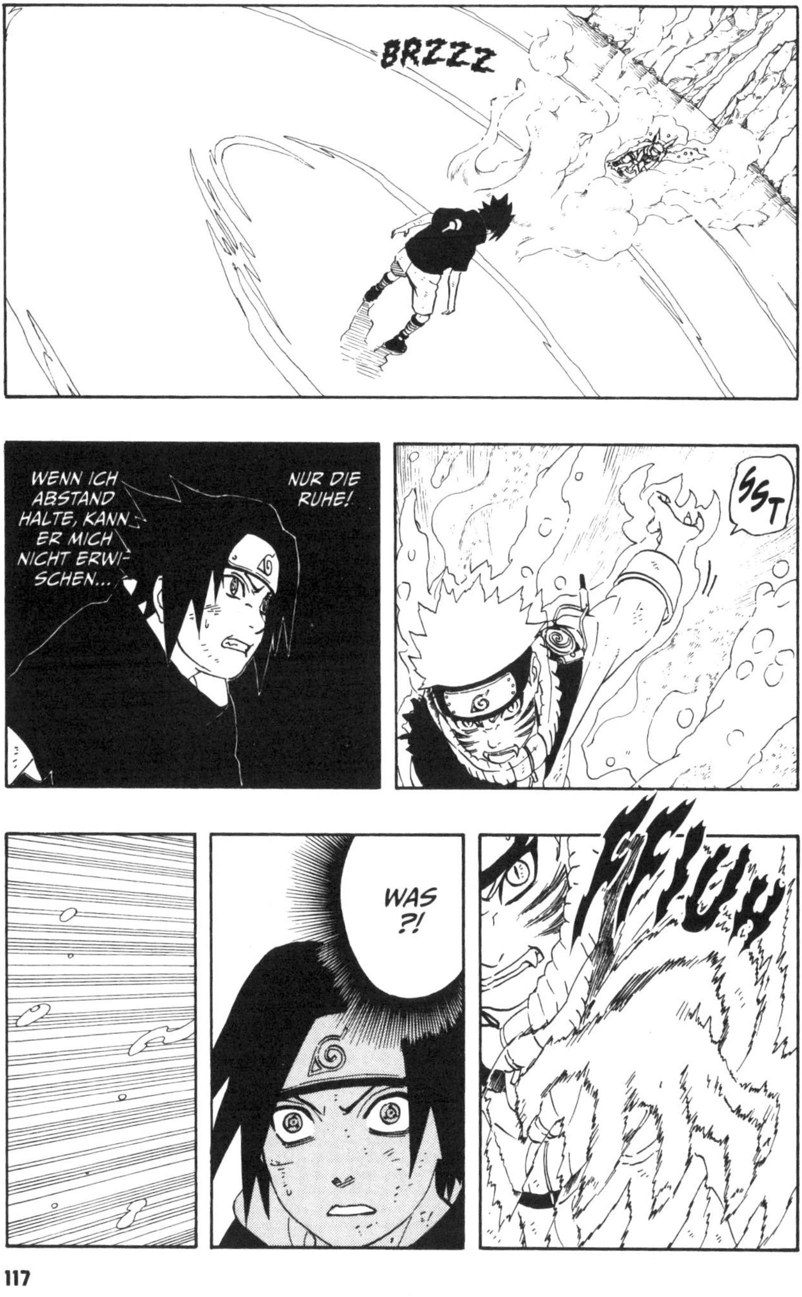
BRZZZ
NUR DIE RUHE!
WENN ICH ABSTAND HALTE, KANN ER MICH NICHT ERWI-SCHEN...
SST
WAS ?!

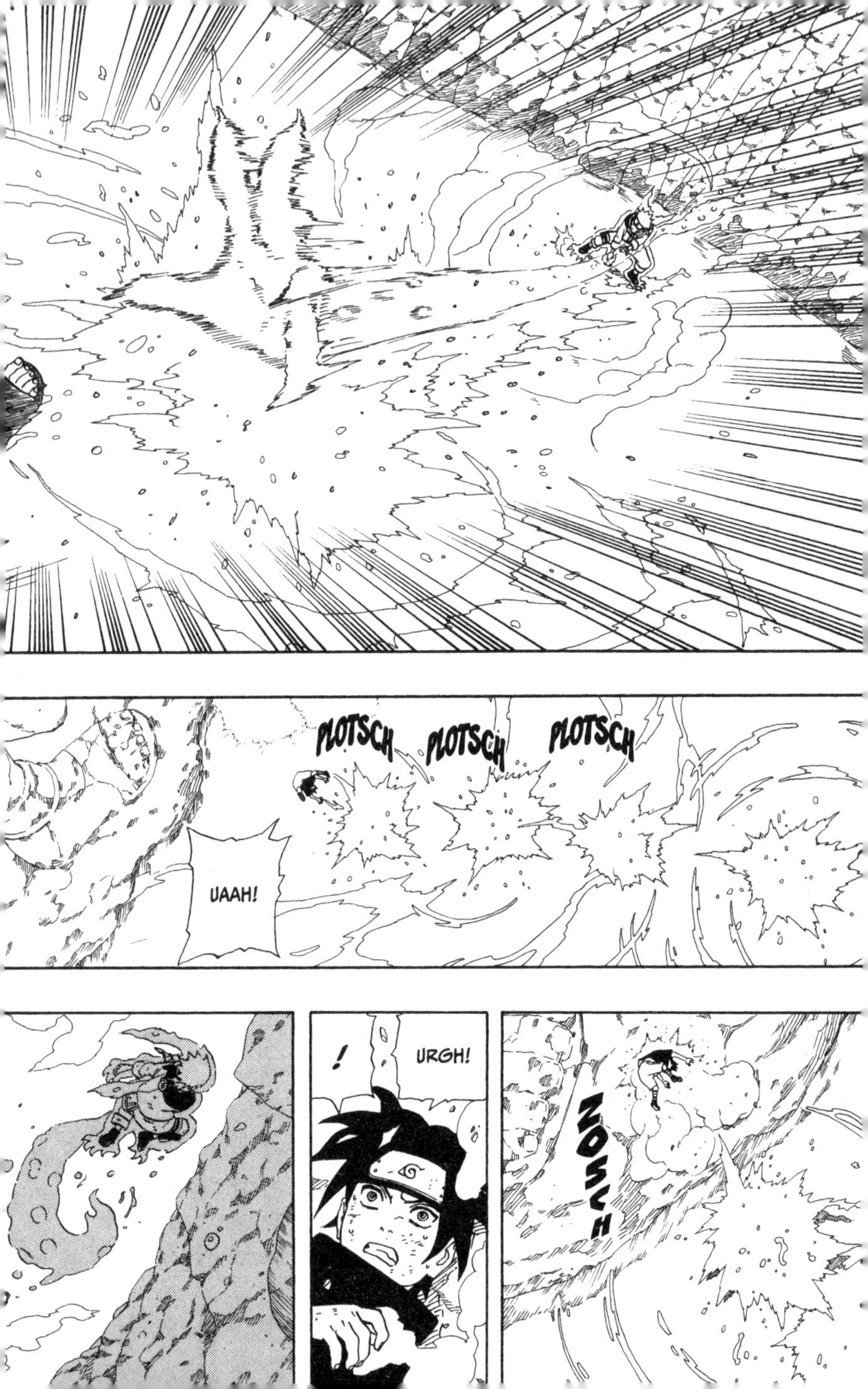
PLOTSCH
PLOTSCH
PLOTSCH
UAAH!
WOSCH
URGH!
!

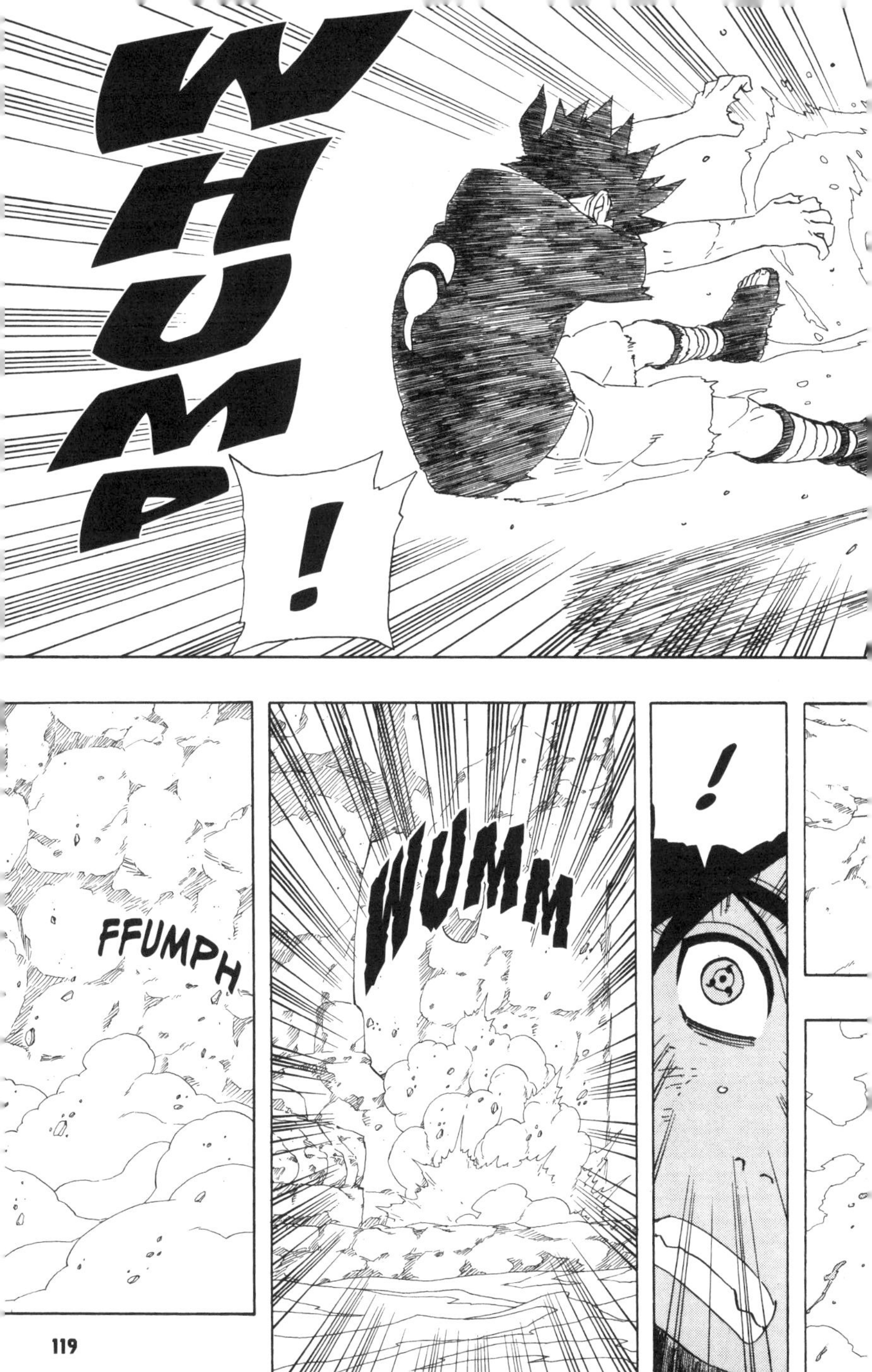
WHUMP!
FFUMPH
WUMM
!

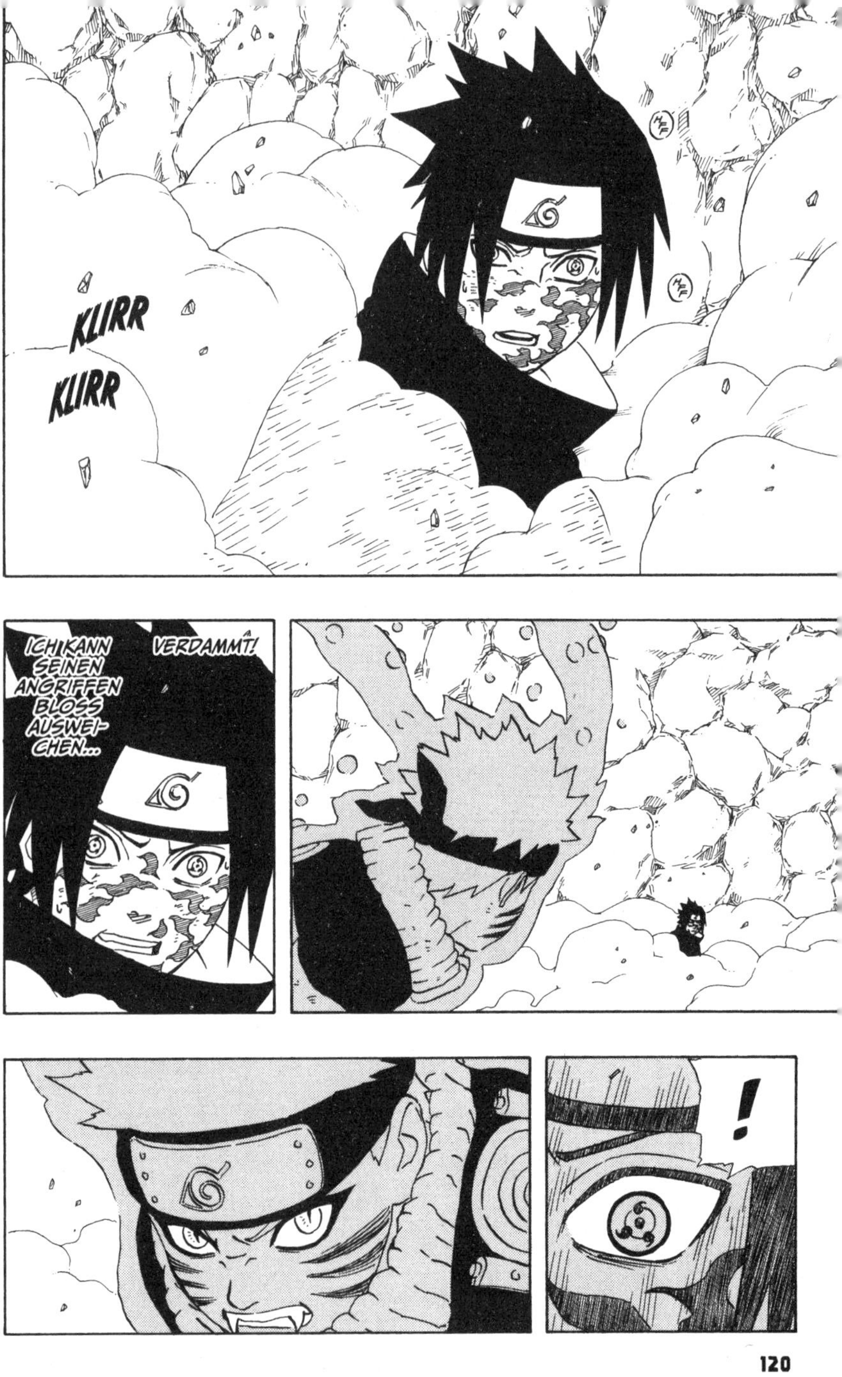
KLIRR
KLIRR
HFF
HFF
VERDAMMT!
ICH KANN SEINEN ANGRIFFEN BLOSS AUSWEICHEN...
!

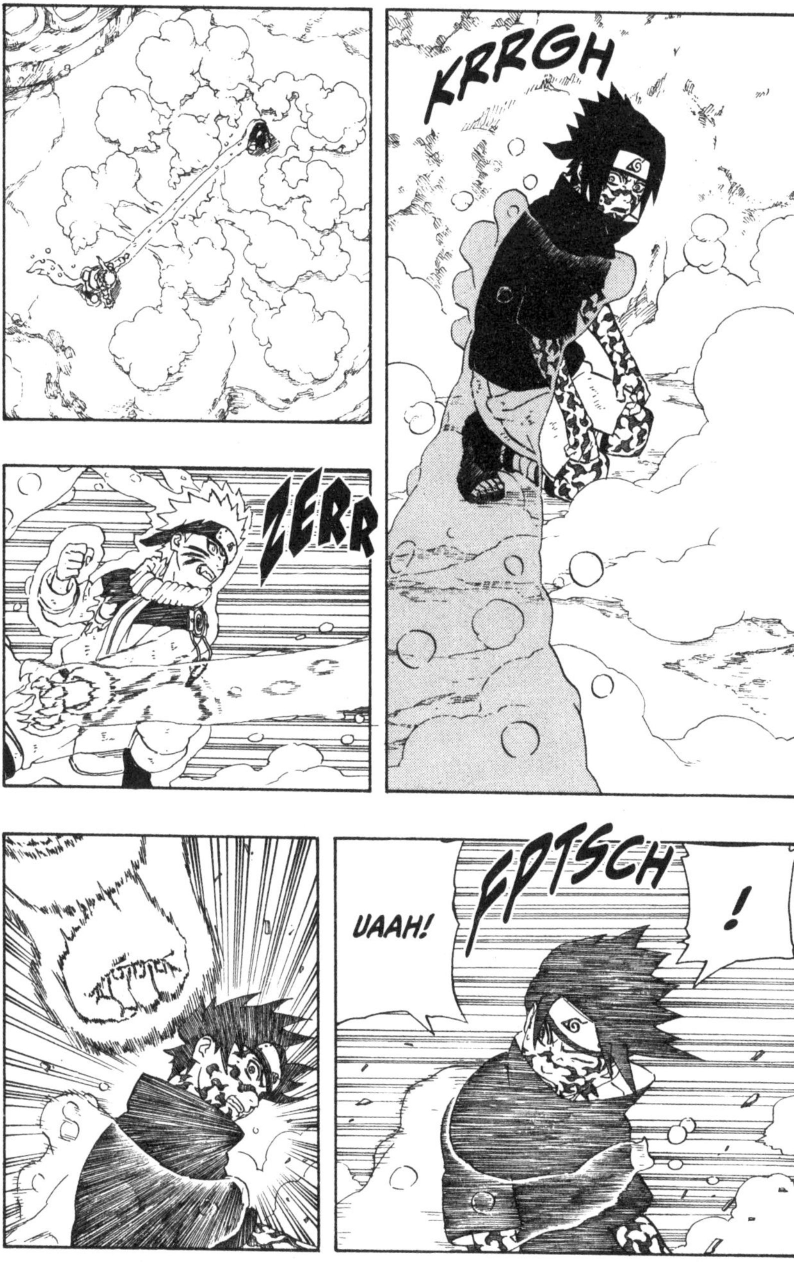
KRRGH
ZERR
UAAH!
GPTSCH
!

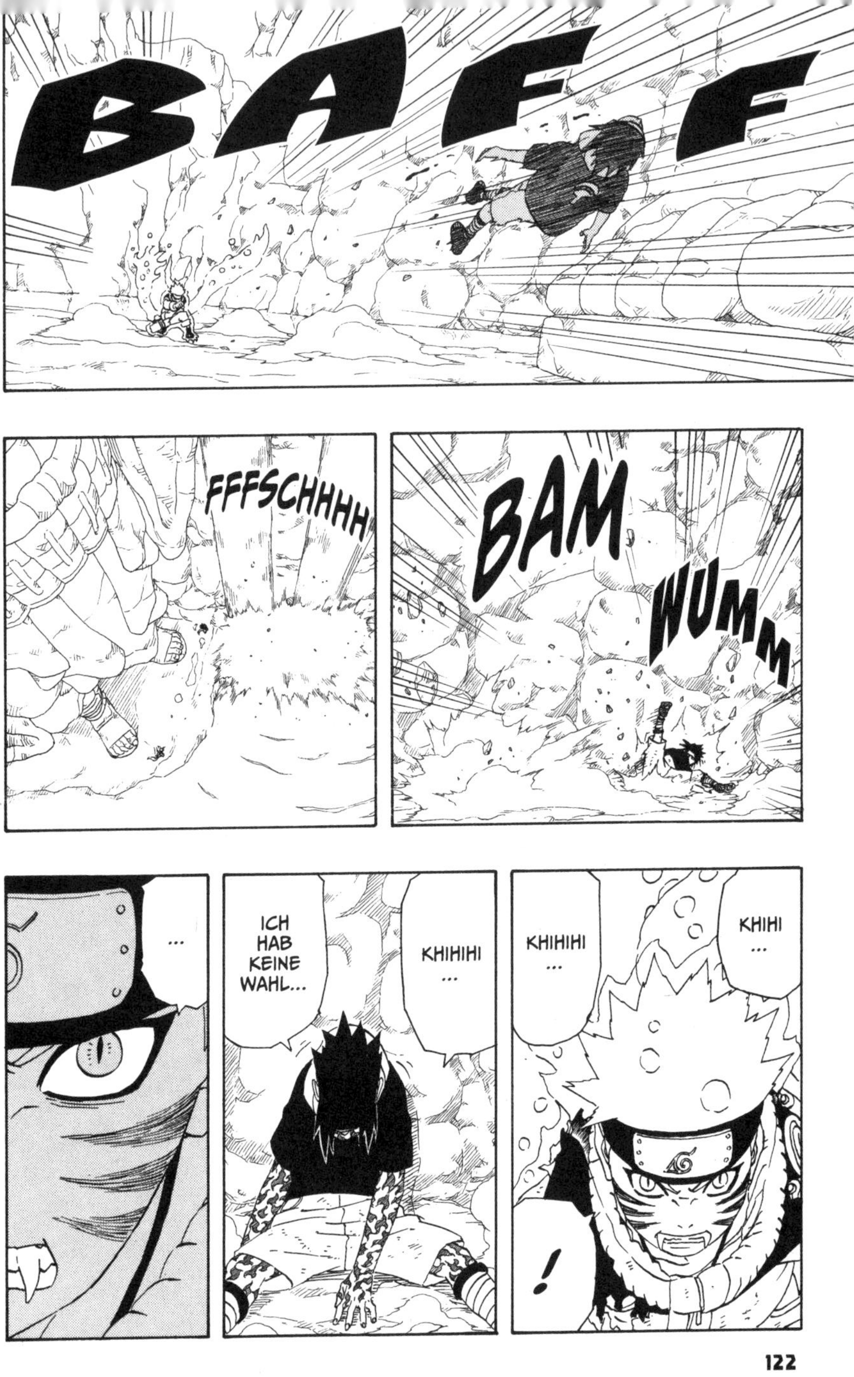
BAFF
BAM
WUMM
FFFSCHHHH
KHIHI …
!
KHIHIHI …
KHIHIHI …
ICH HAB KEINE WAHL…
…

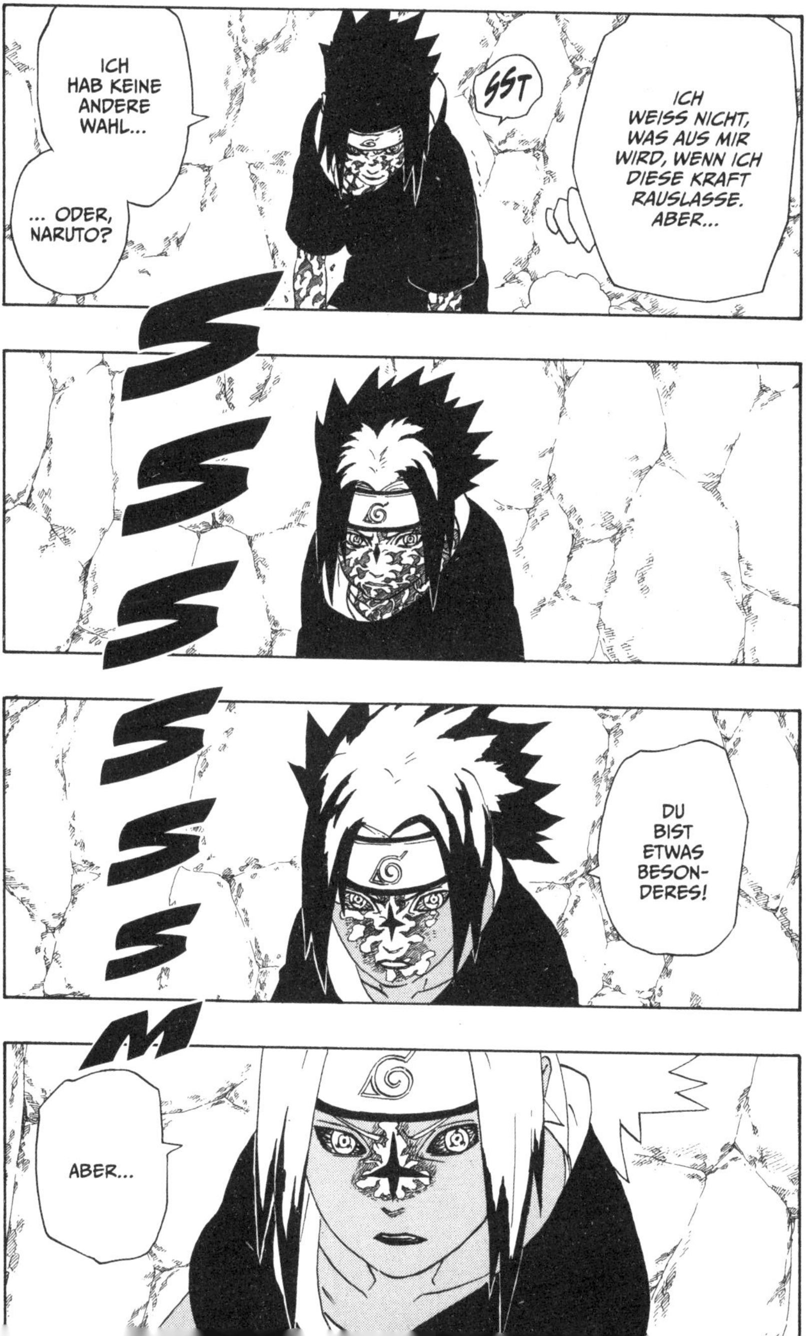
ICH WEISS NICHT, WAS AUS MIR WIRD, WENN ICH DIESE KRAFT RAUSLASSE. ABER...
SST
ICH HAB KEINE ANDERE WAHL...
... ODER, NARUTO?
SSSSSSM
DU BIST ETWAS BESON-DERES!
ABER...

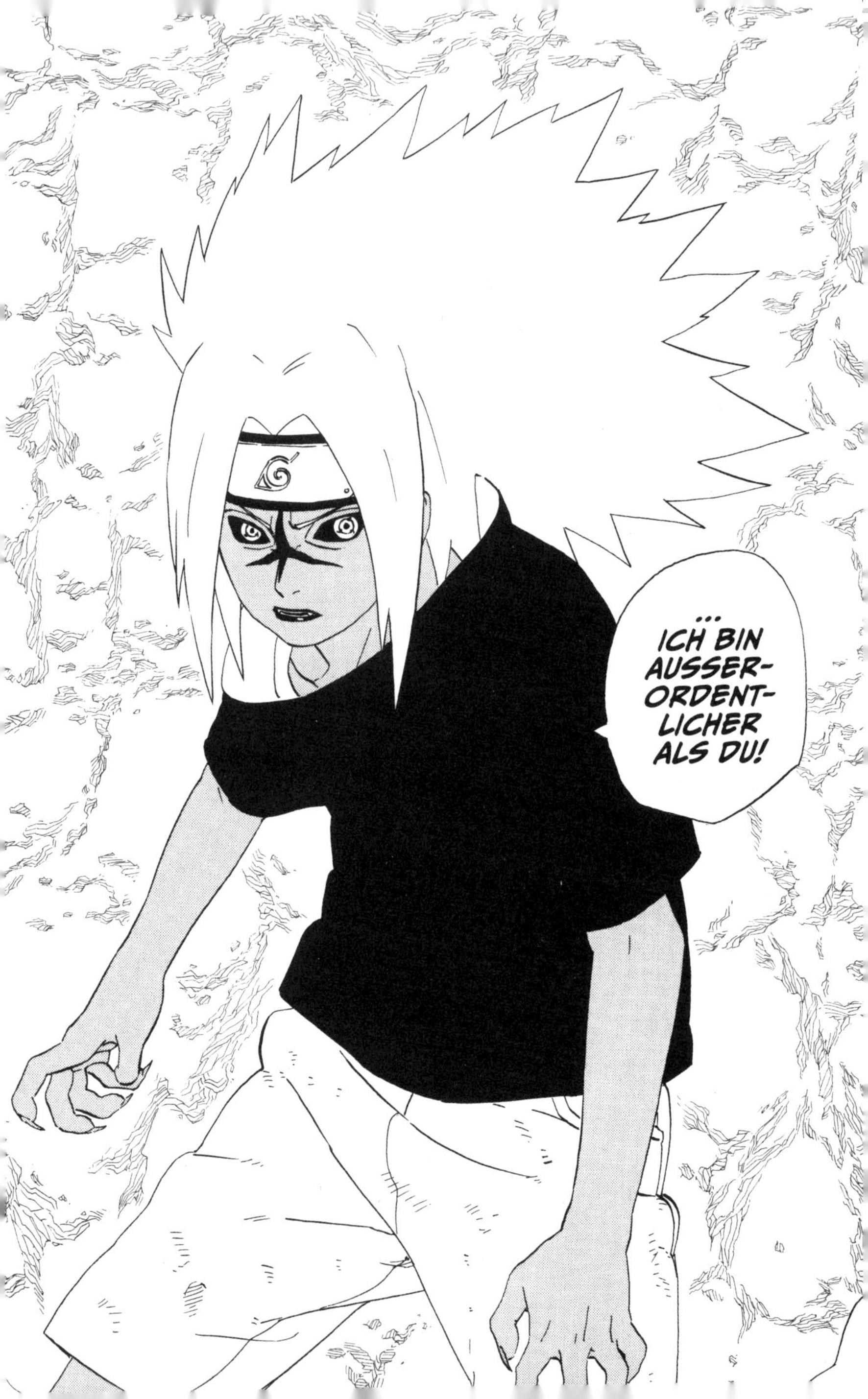
... ICH BIN AUSSER- ORDENT- LICHER ALS DU!

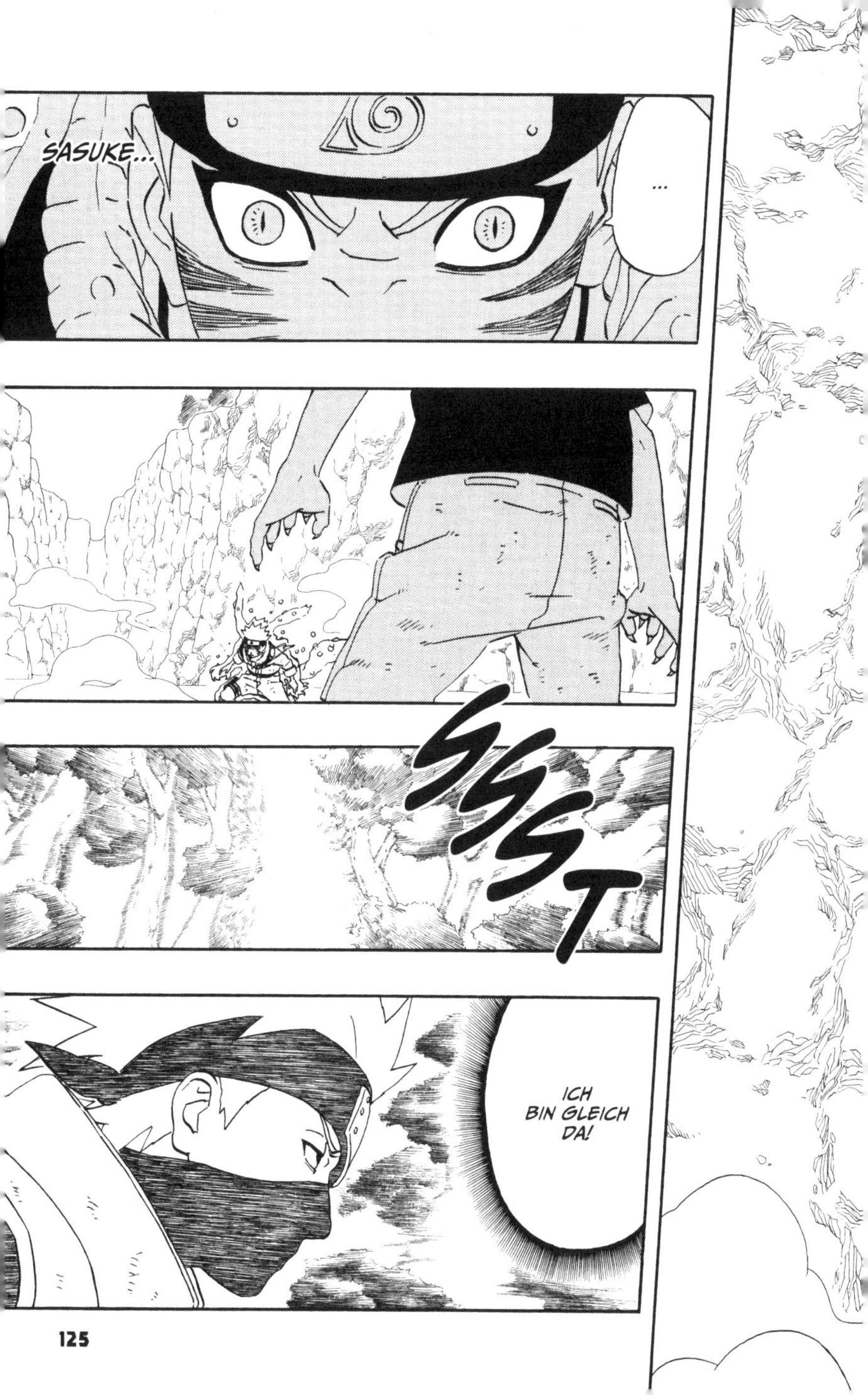

SASUKE...
...
SSST
ICH BIN GLEICH DA!

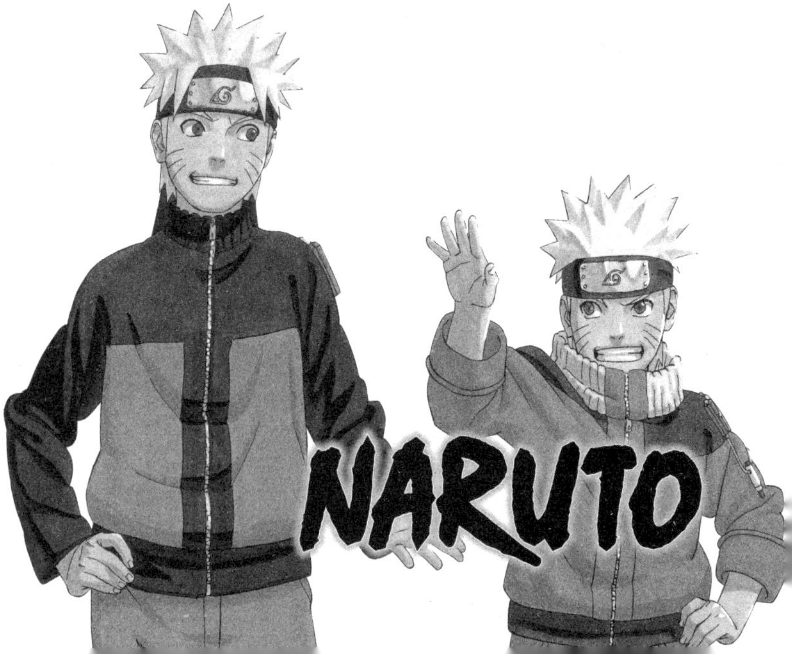
NARUTO

232. Kapitel:

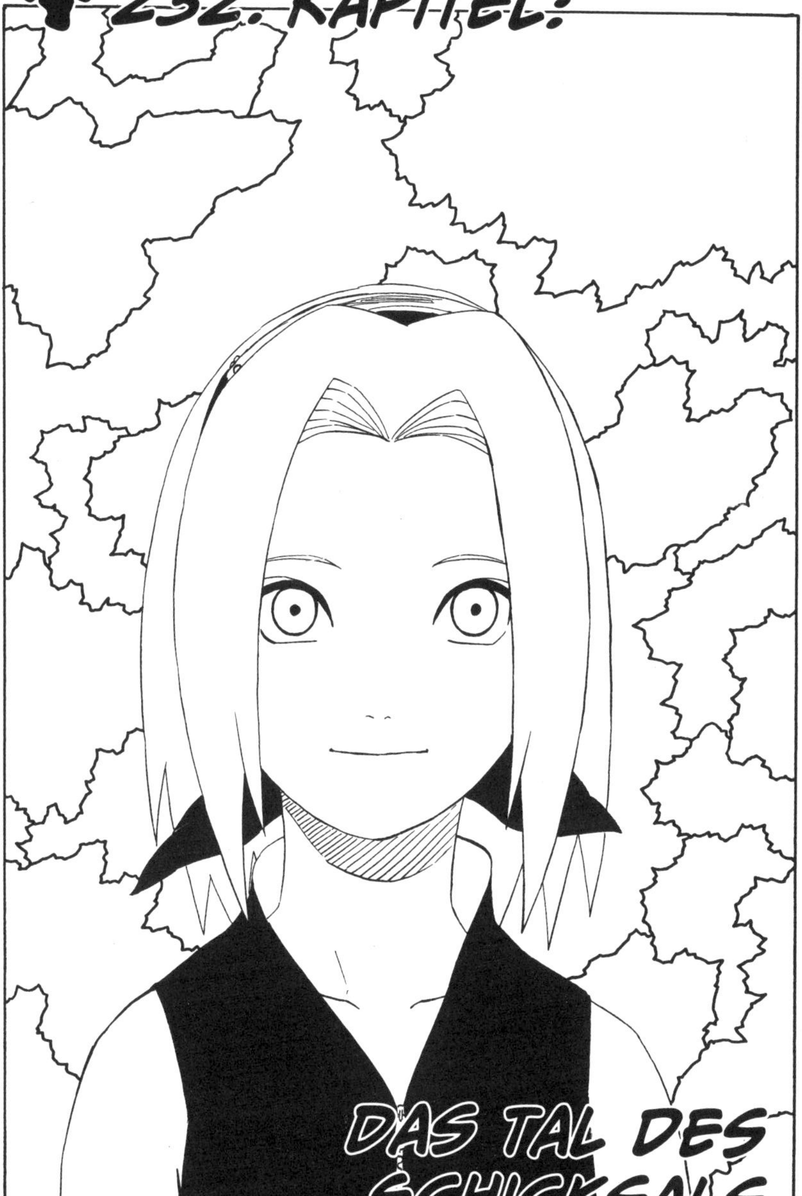

Das Tal des Schicksals

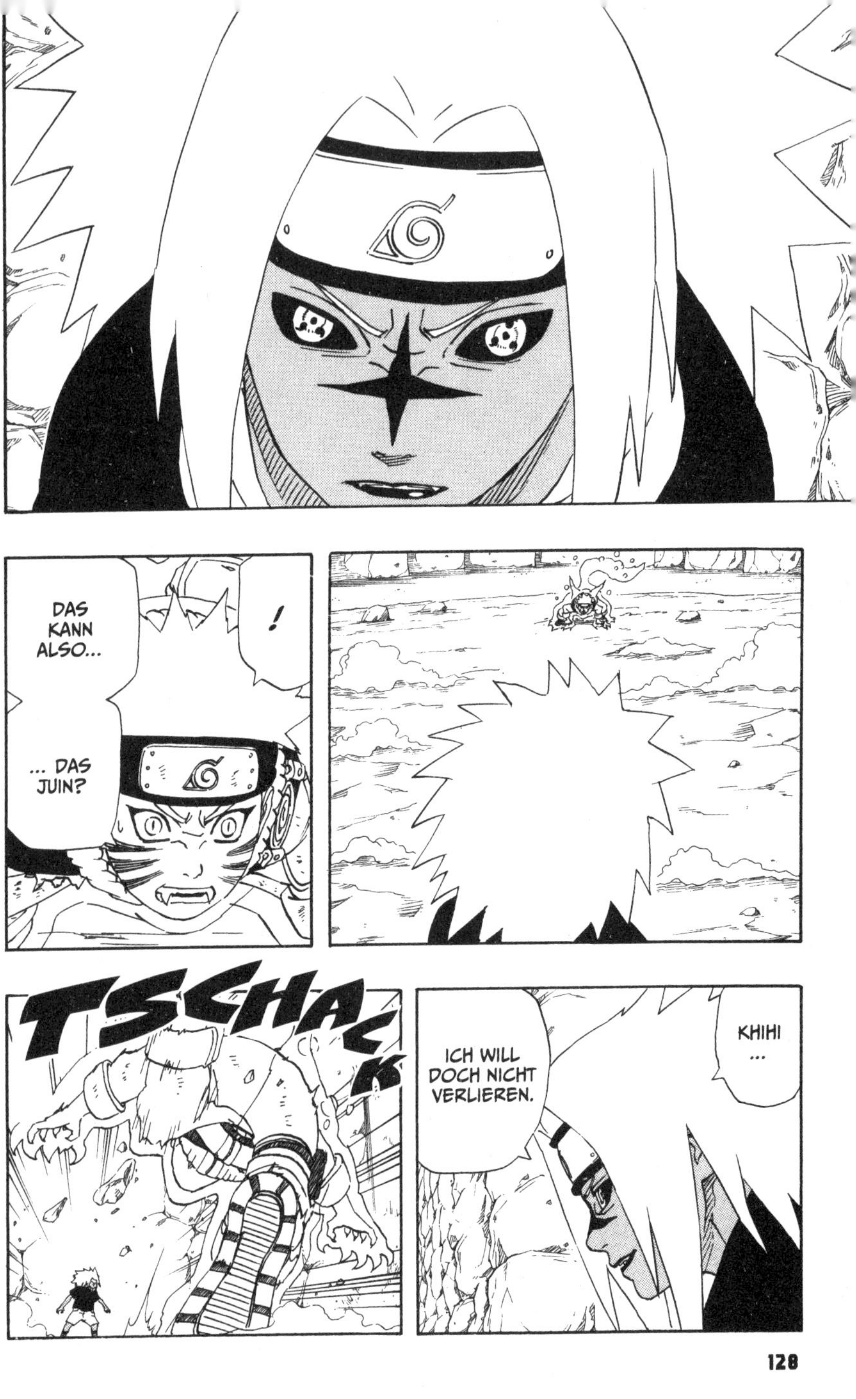
!
DAS KANN ALSO...
... DAS JUIN?
KHIHI ...
ICH WILL DOCH NICHT VERLIEREN.
TSCHACK

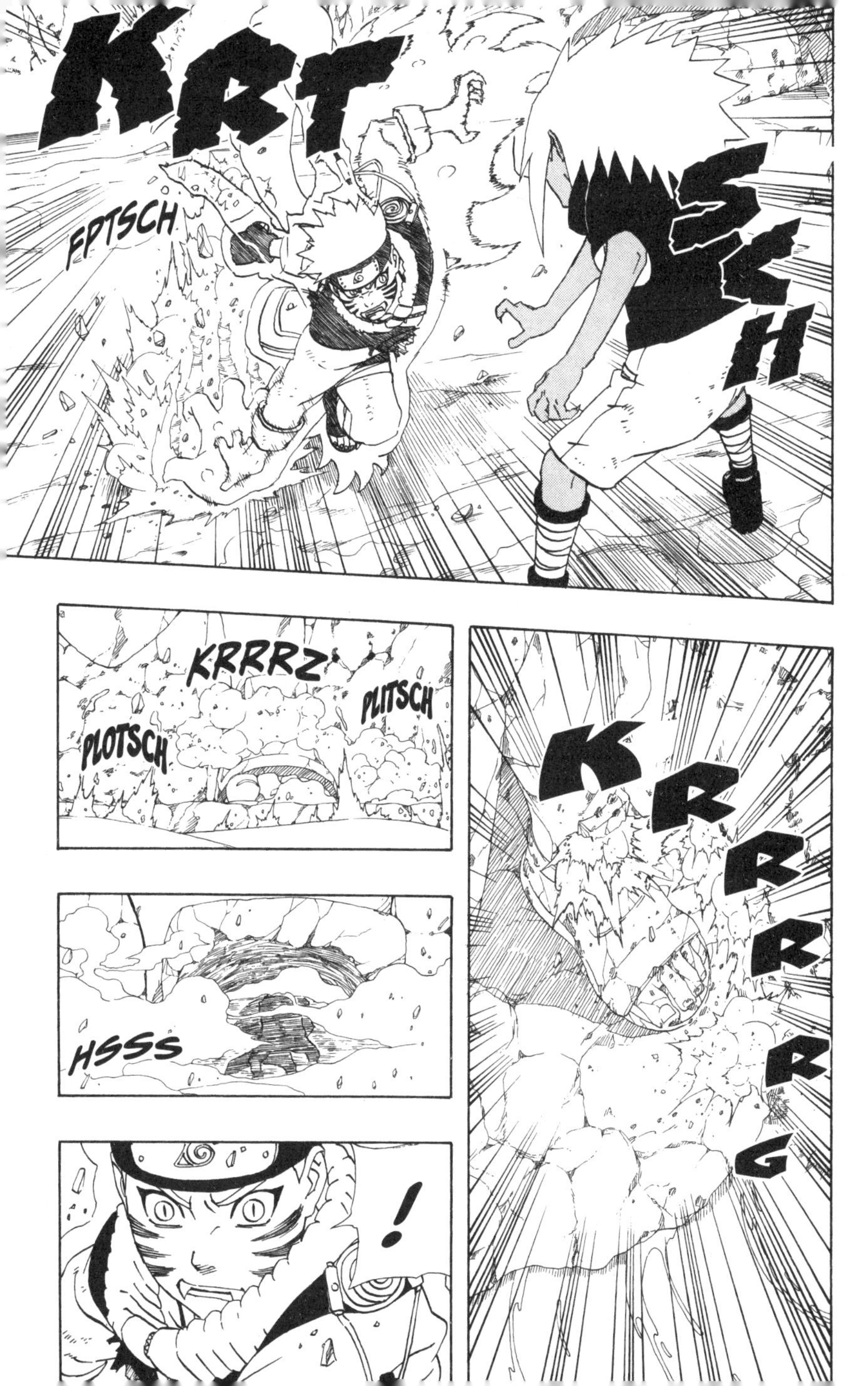
KRT
SKCH
FPTSCH
KRRRRRG
KRRRZ
PLITSCH
PLOTSCH
HSSS
!

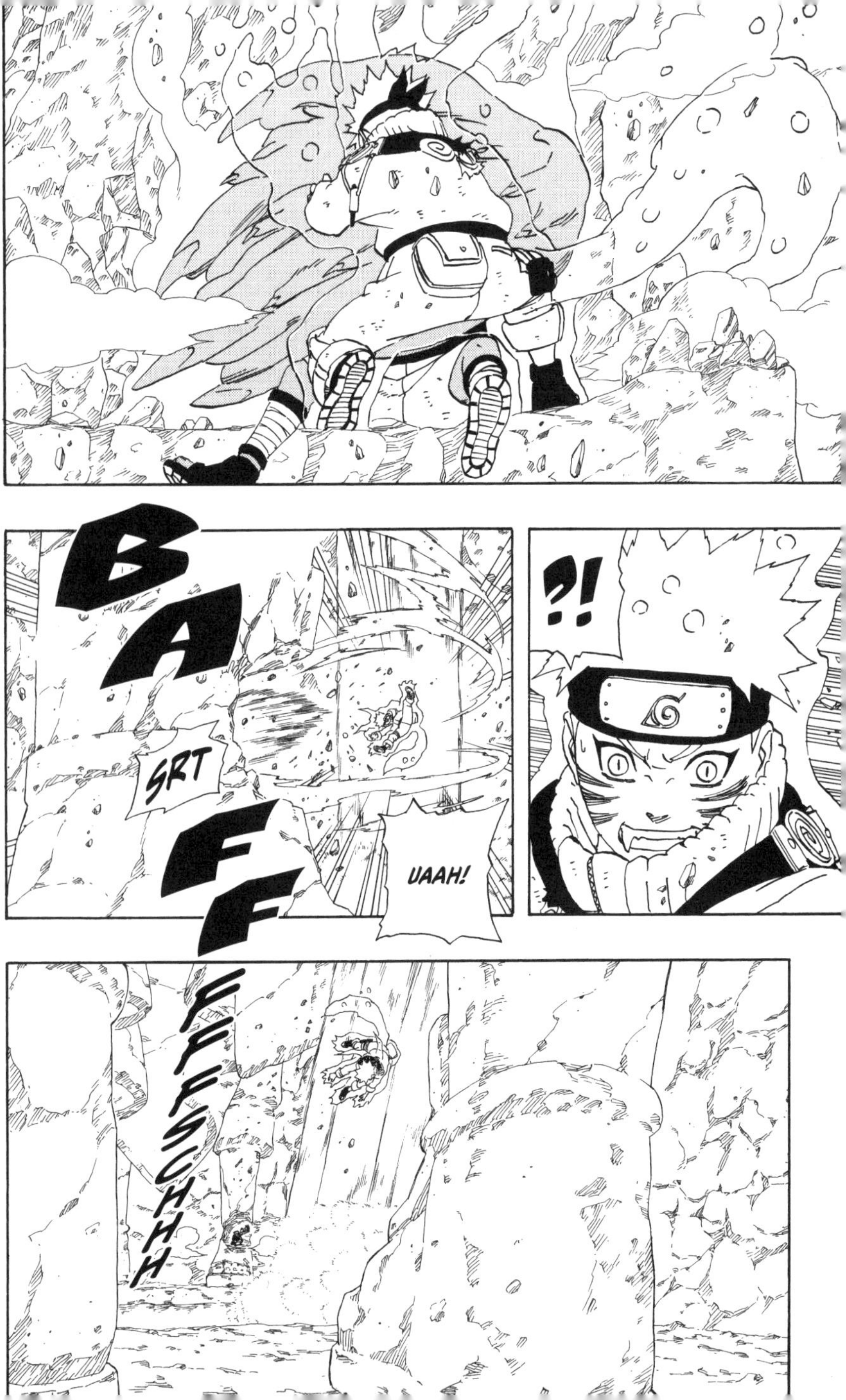

?!
BAFF
SRT
UAAH!
FFFFSCHHH

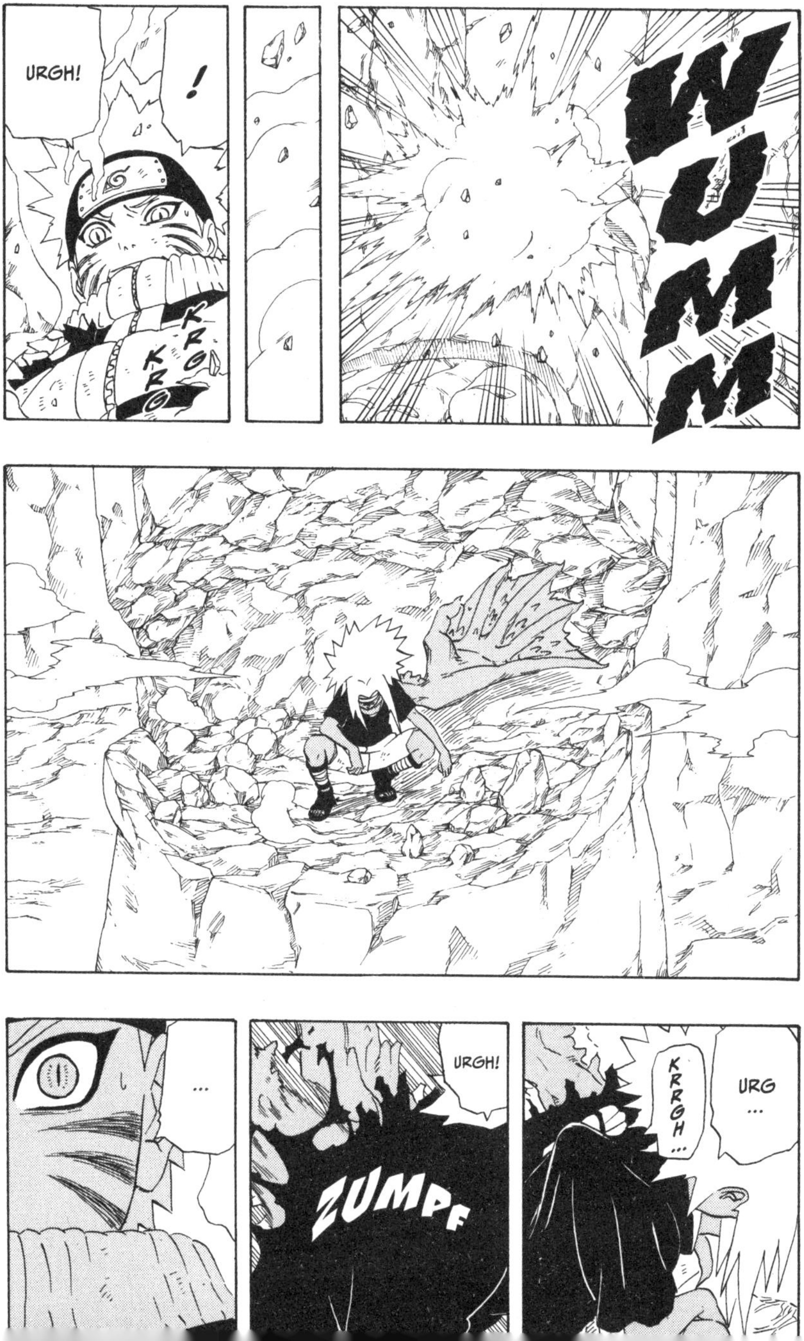

URGH!
!
KRG KRG
WUMM
...
URGH!
ZUMPF
KRRGH ...
URG ...

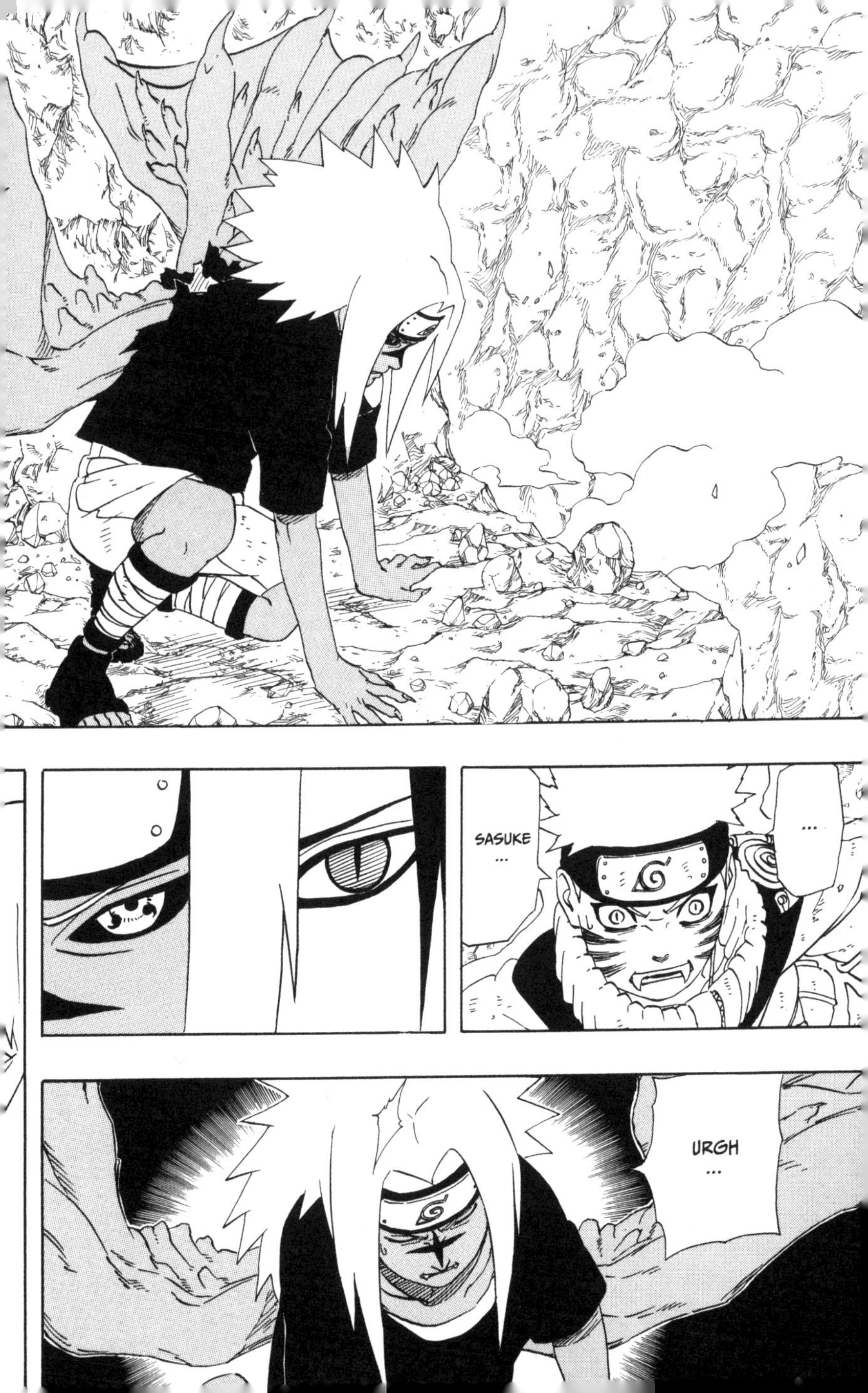
...
SASUKE ...
URGH ...

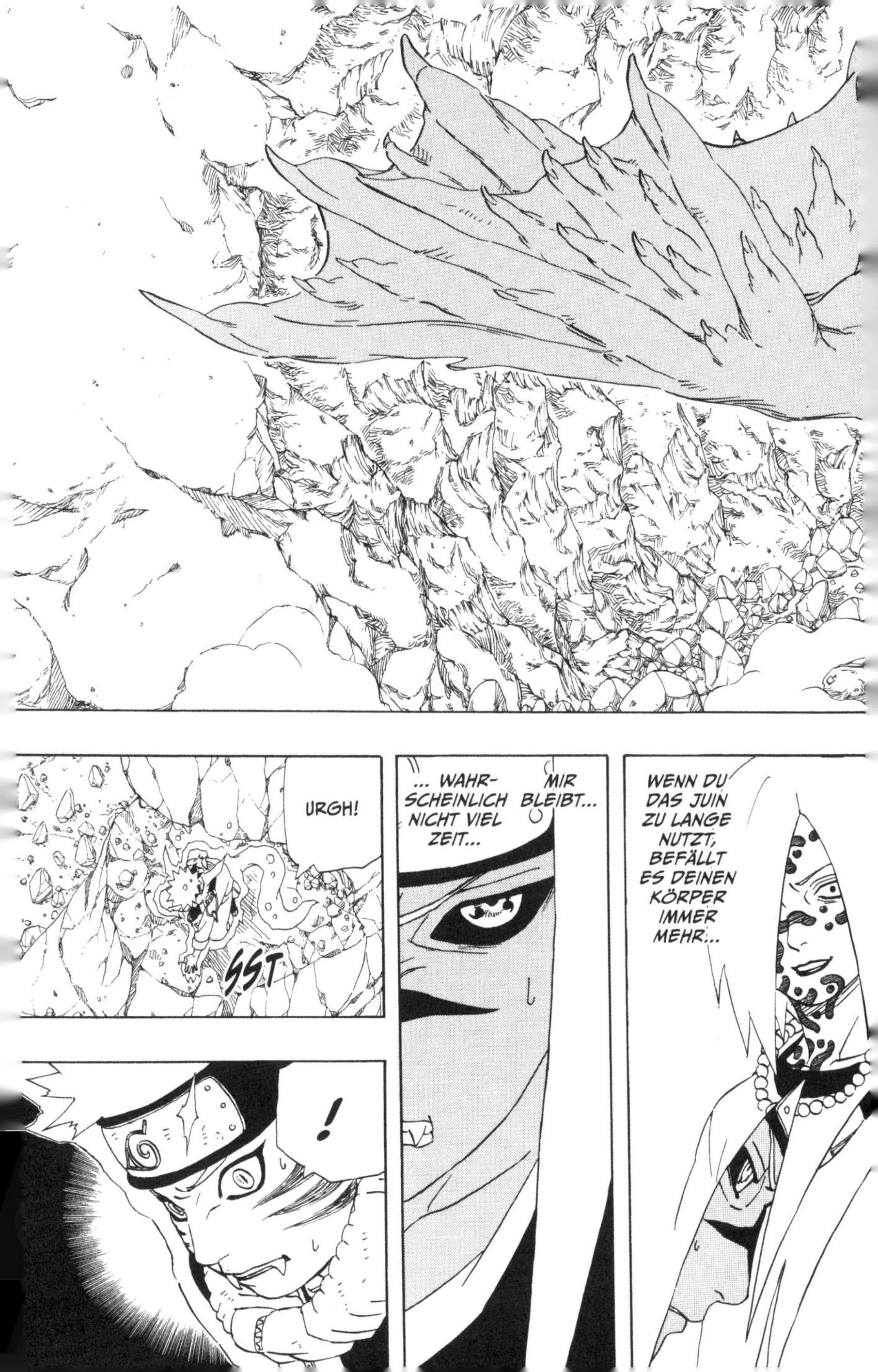
WENN DU DAS JUIN ZU LANGE NUTZT, BEFÄLLT ES DEINEN KÖRPER IMMER MEHR...
MIR BLEIBT...
... WAHRSCHEINLICH NICHT VIEL ZEIT...
URGH!
SST
!

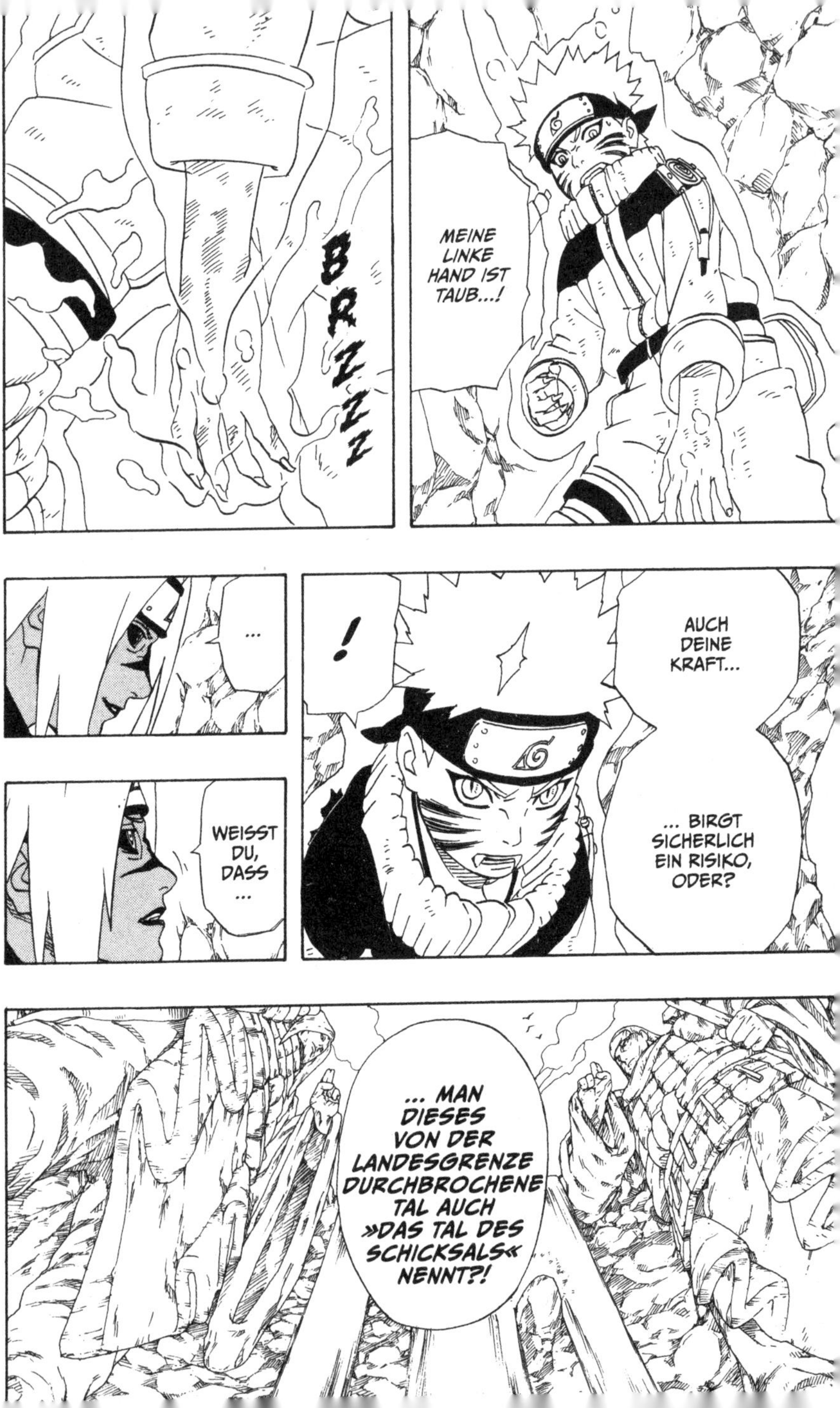
BRZZZ
MEINE LINKE HAND IST TAUB...!
AUCH DEINE KRAFT...
...
!
... BIRGT SICHERLICH EIN RISIKO, ODER?
WEISST DU, DASS ...
... MAN DIESES VON DER LANDESGRENZE DURCHBROCHENE TAL AUCH »DAS TAL DES SCHICKSALS« NENNT?!

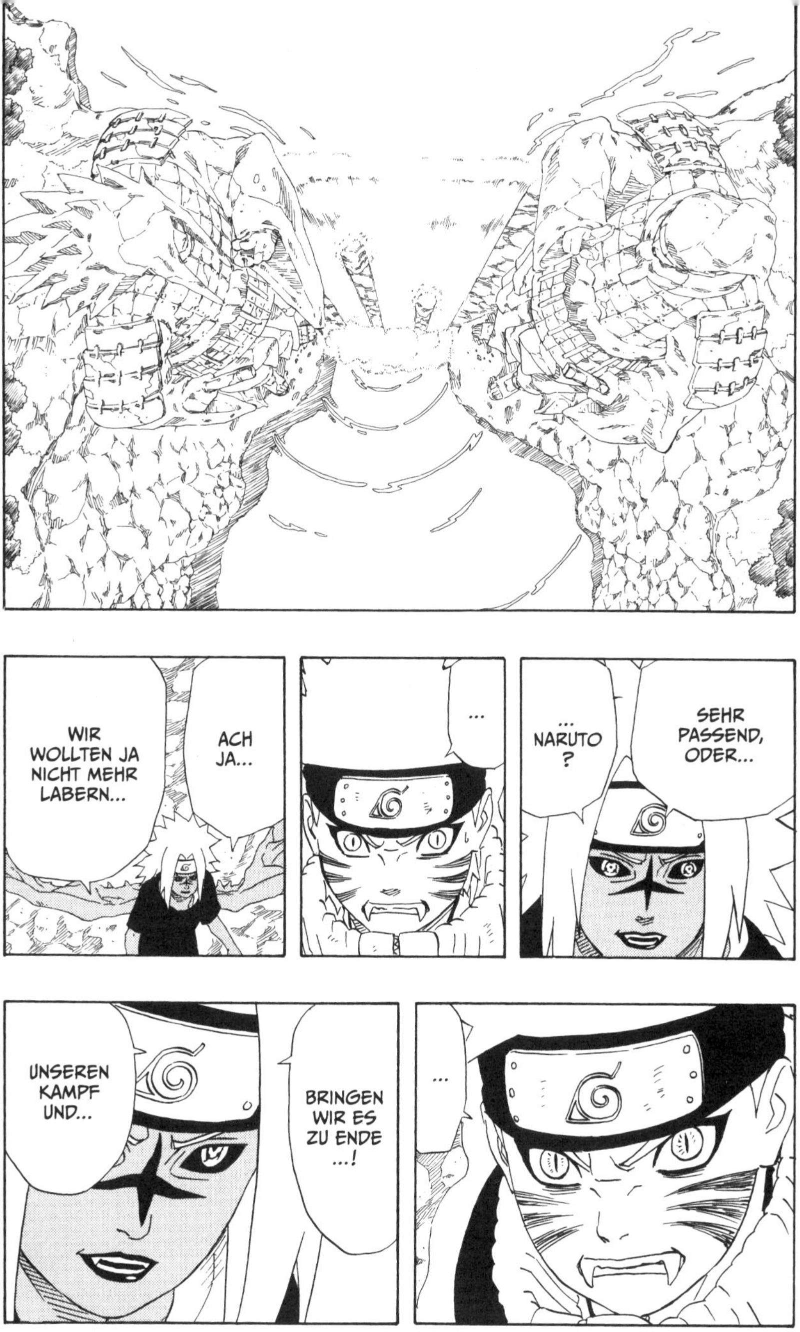
SEHR PASSEND, ODER...
... NARUTO ?
...
ACH JA...
WIR WOLLTEN JA NICHT MEHR LABERN...
...
UNSEREN KAMPF UND...
BRINGEN WIR ES ZU ENDE ...!

GEMEINSAMEN KÄMPFE.

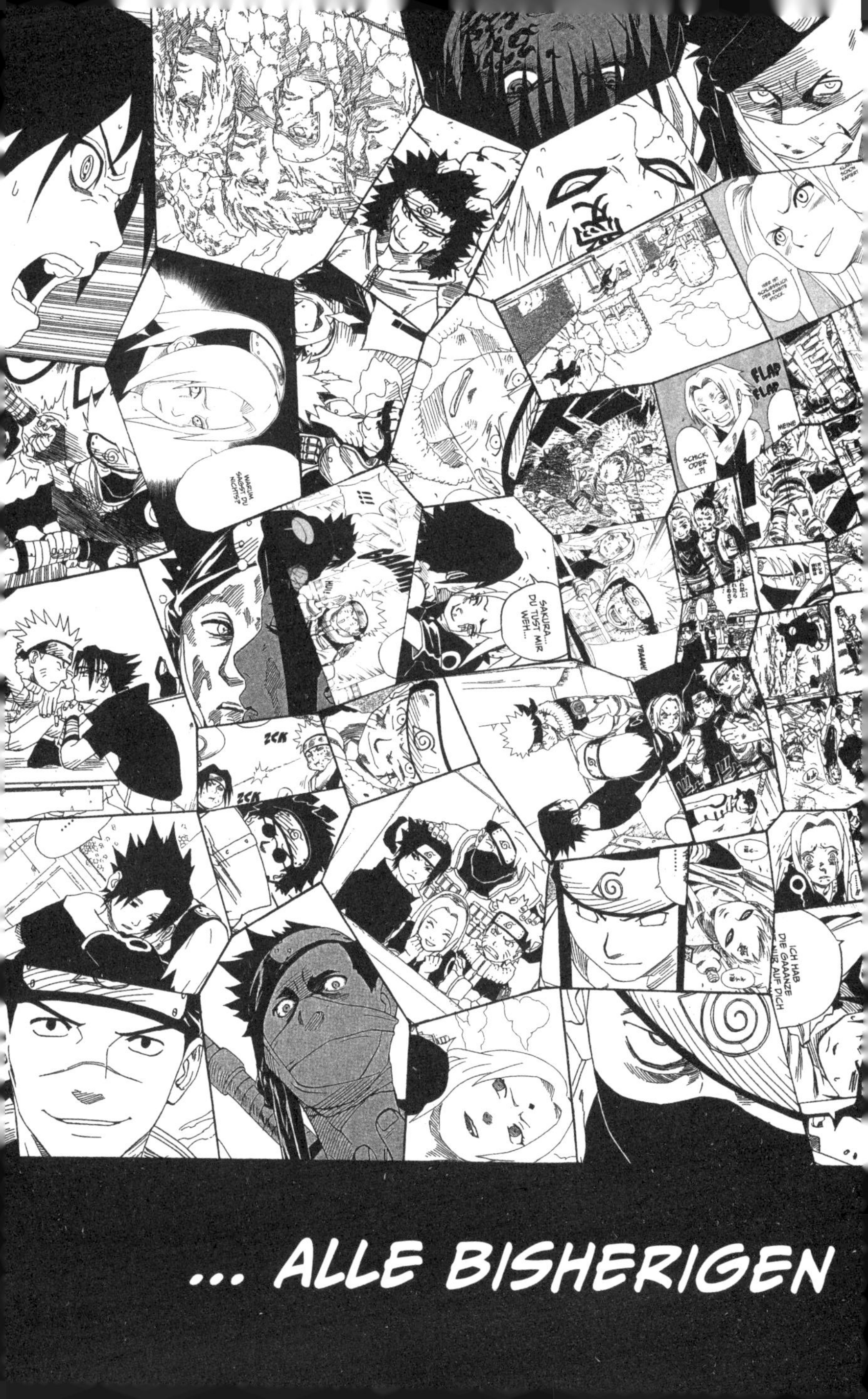
WARUM SAGST DU NICHTS?
SAKURA... DU TUST MIR WEH...
FLAP FLAP
SCHICK ODER ...?!
... ALLE BISHERIGEN

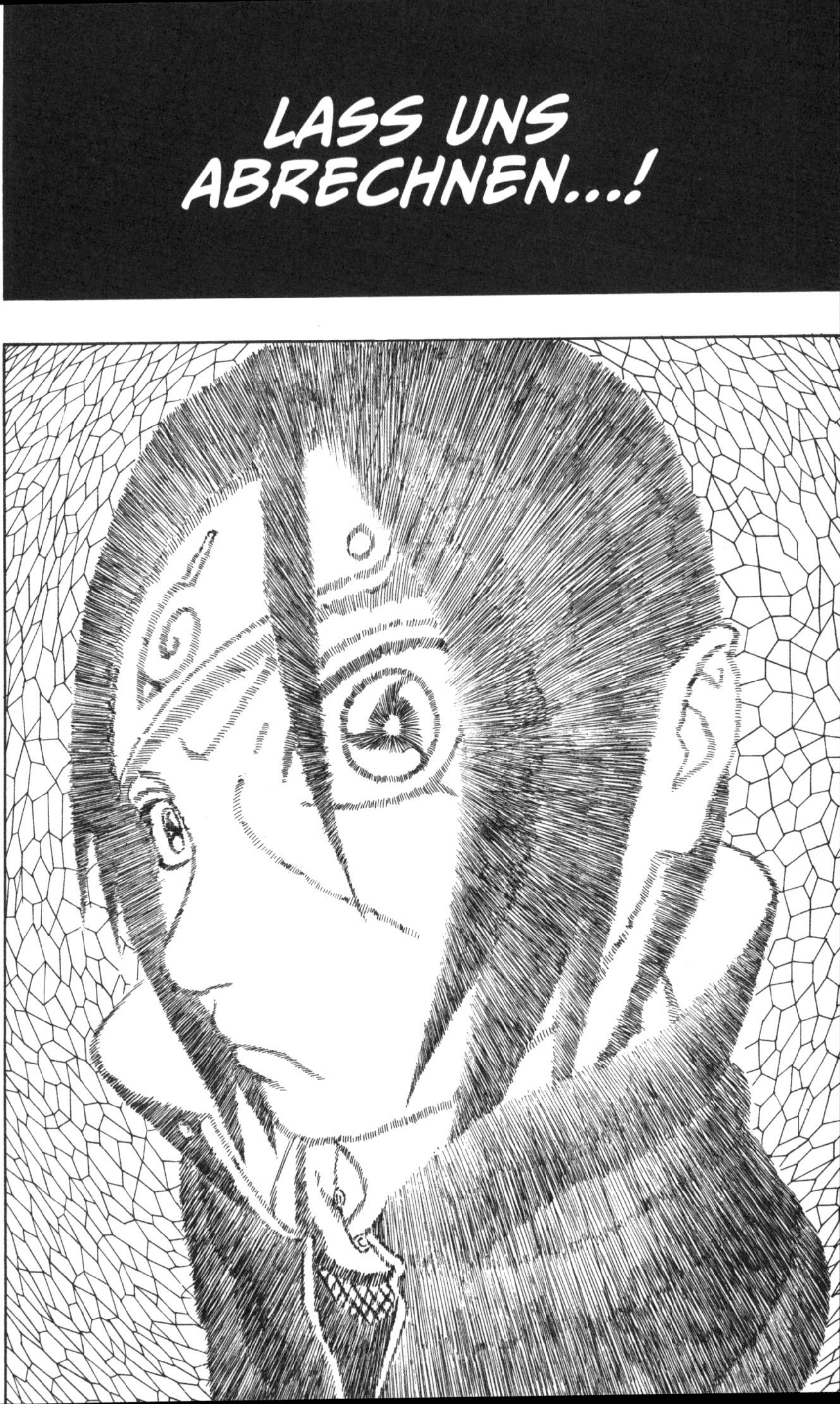
LASS UNS ABRECHNEN...!

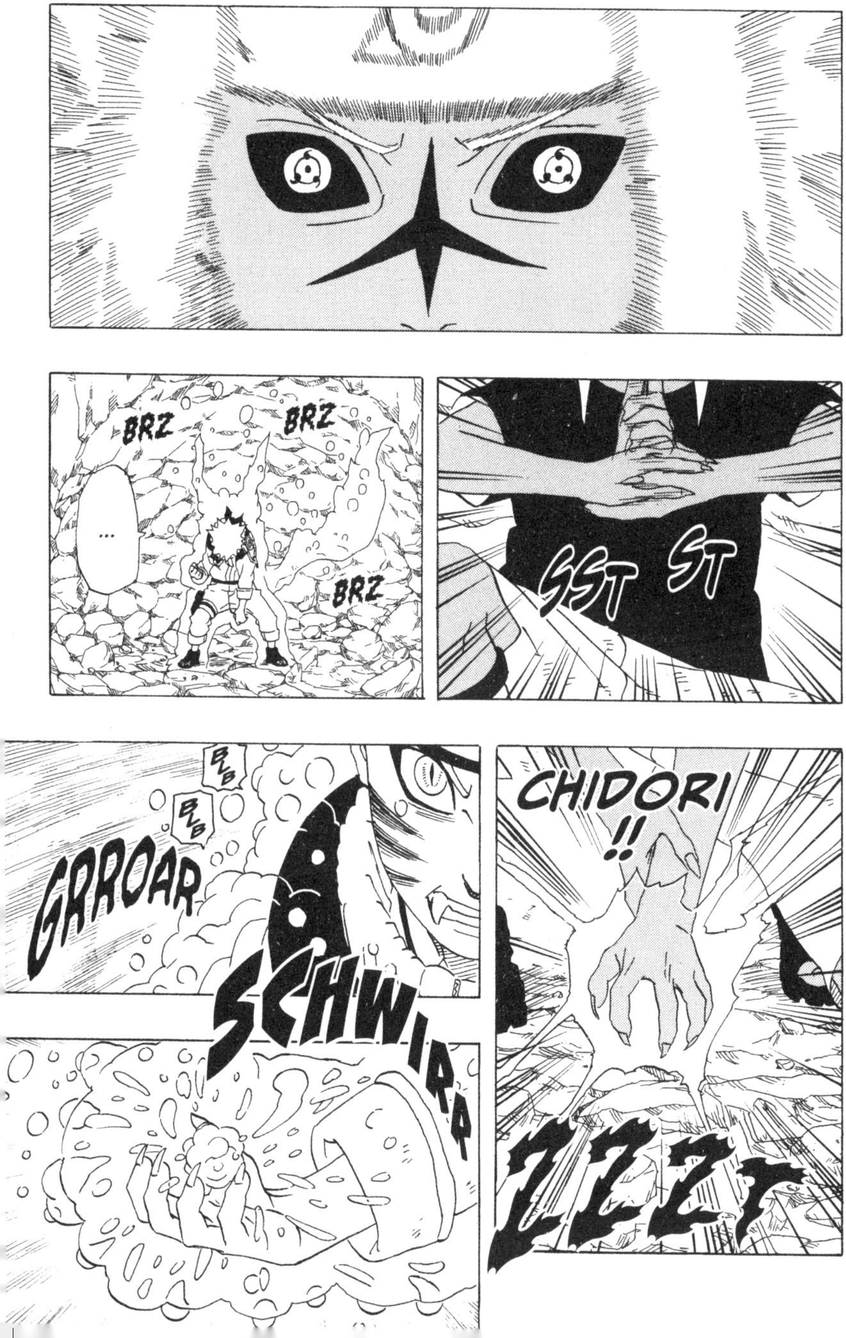

BRZ
BRZ
...
BRZ
SST
ST
BLB
BLB
GRROAR
SCHWIRR
CHIDORI
!!
ZZZT

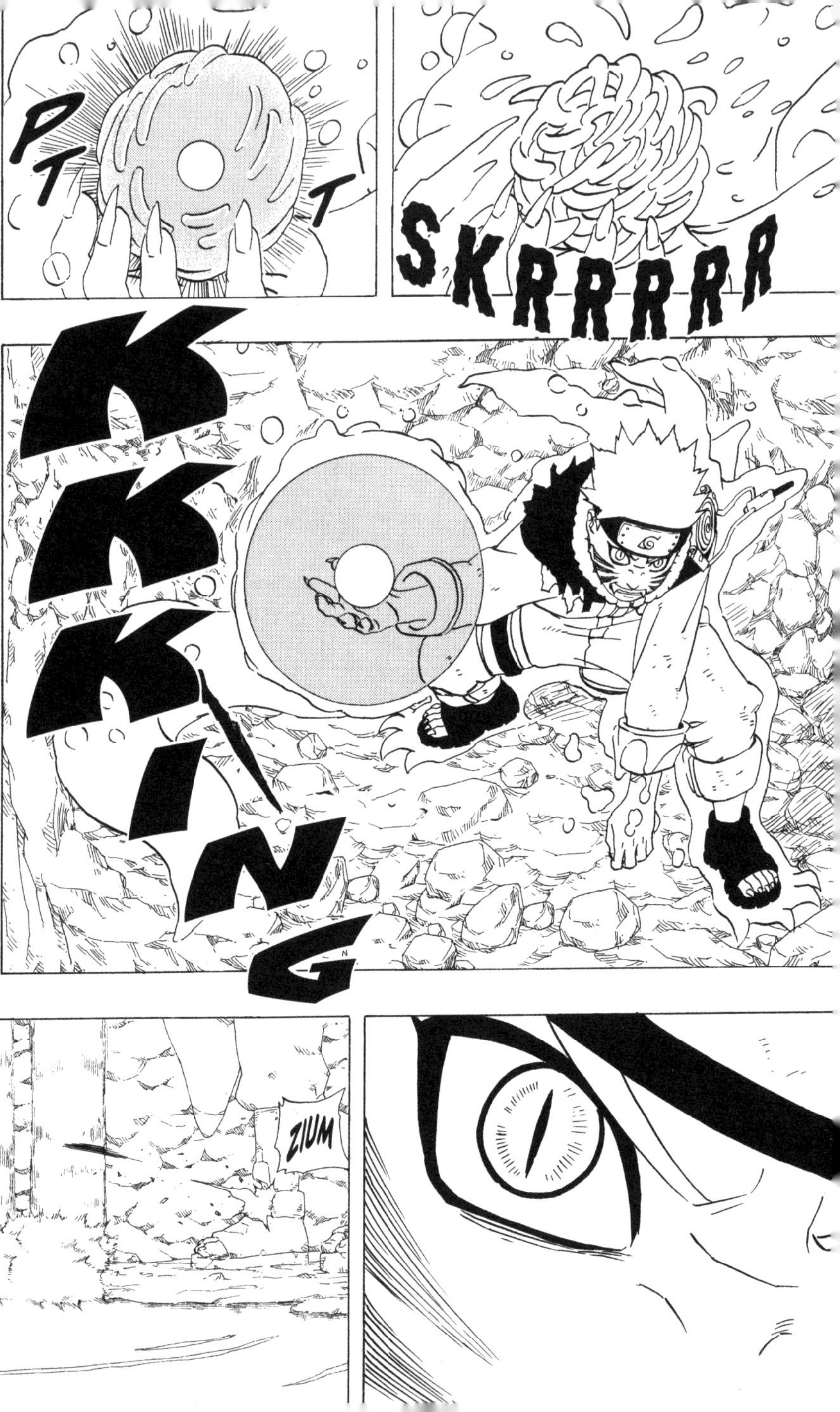
PTT
SKRRRRRR
KKKING
ZIUM

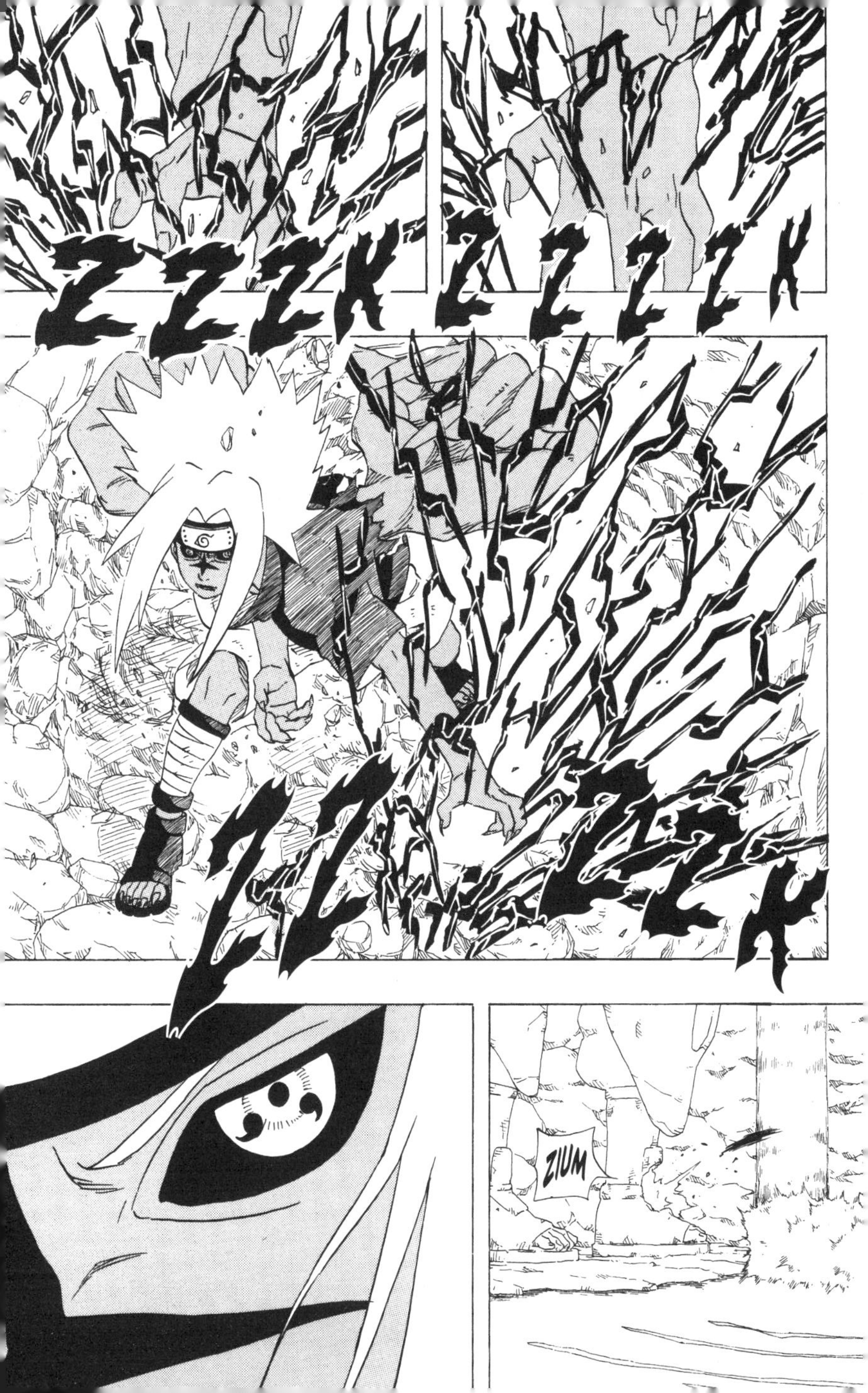
ZZZK
ZZZZK
ZIUM

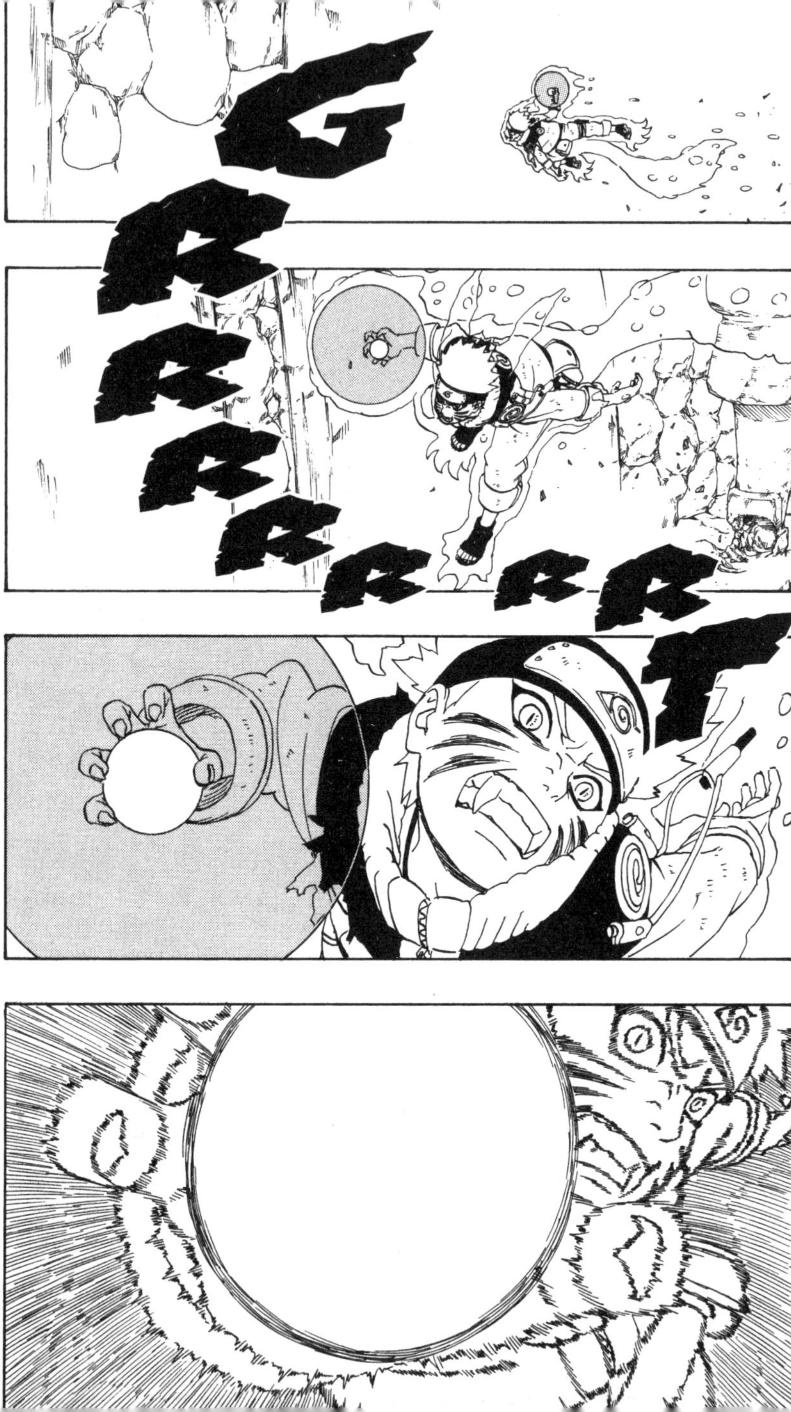
GRRRRRRRT

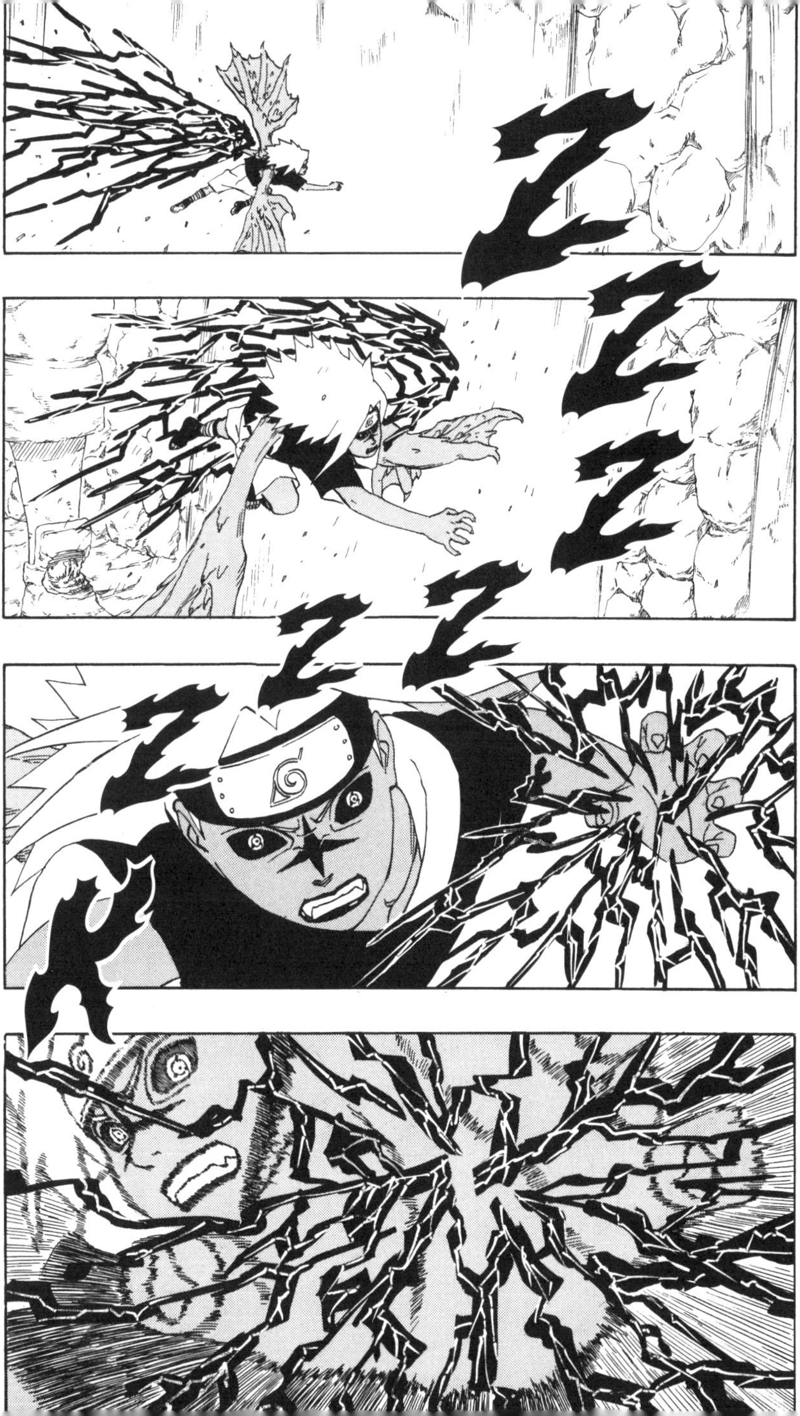

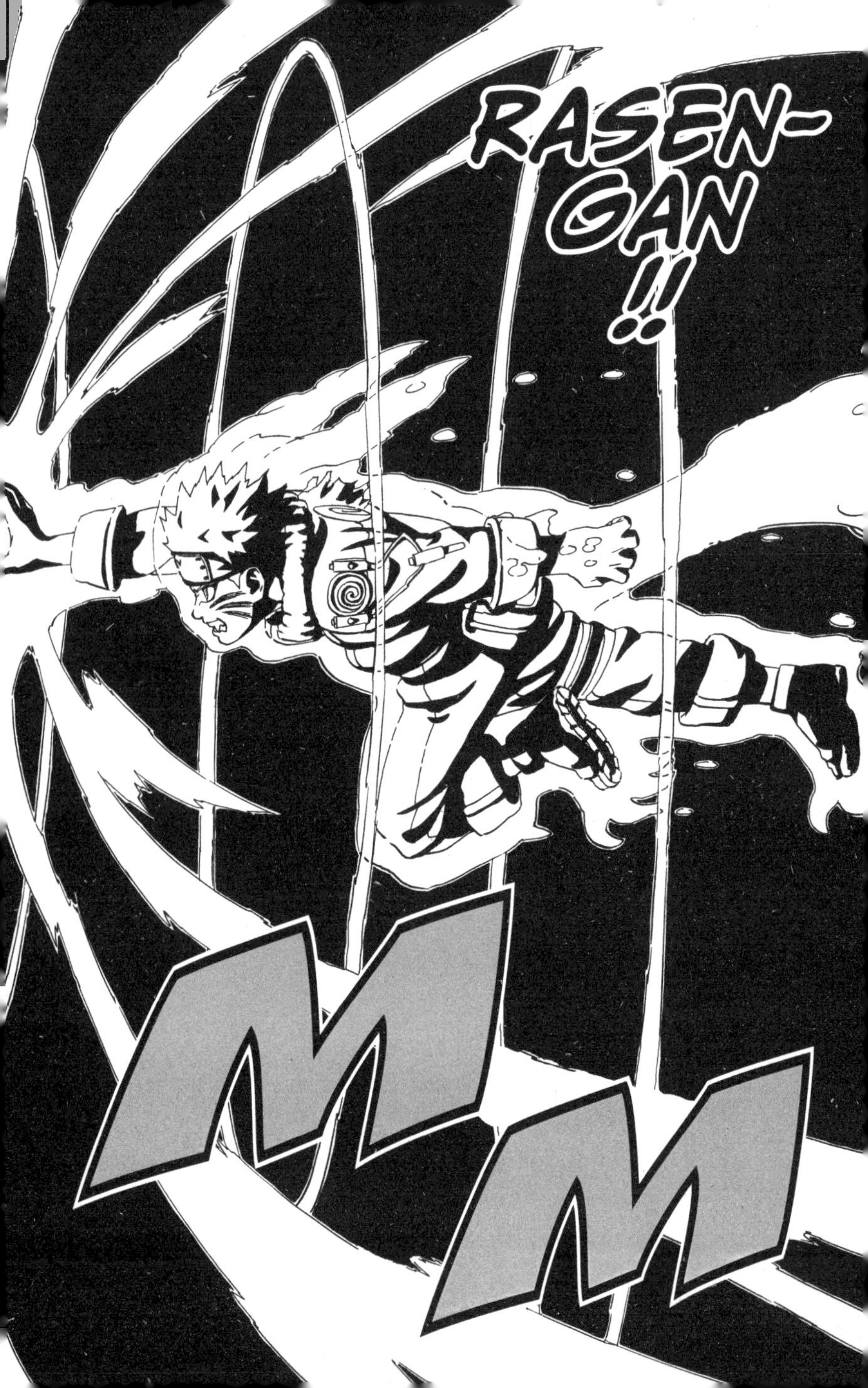
RASEN-
GAN
!!
M
M

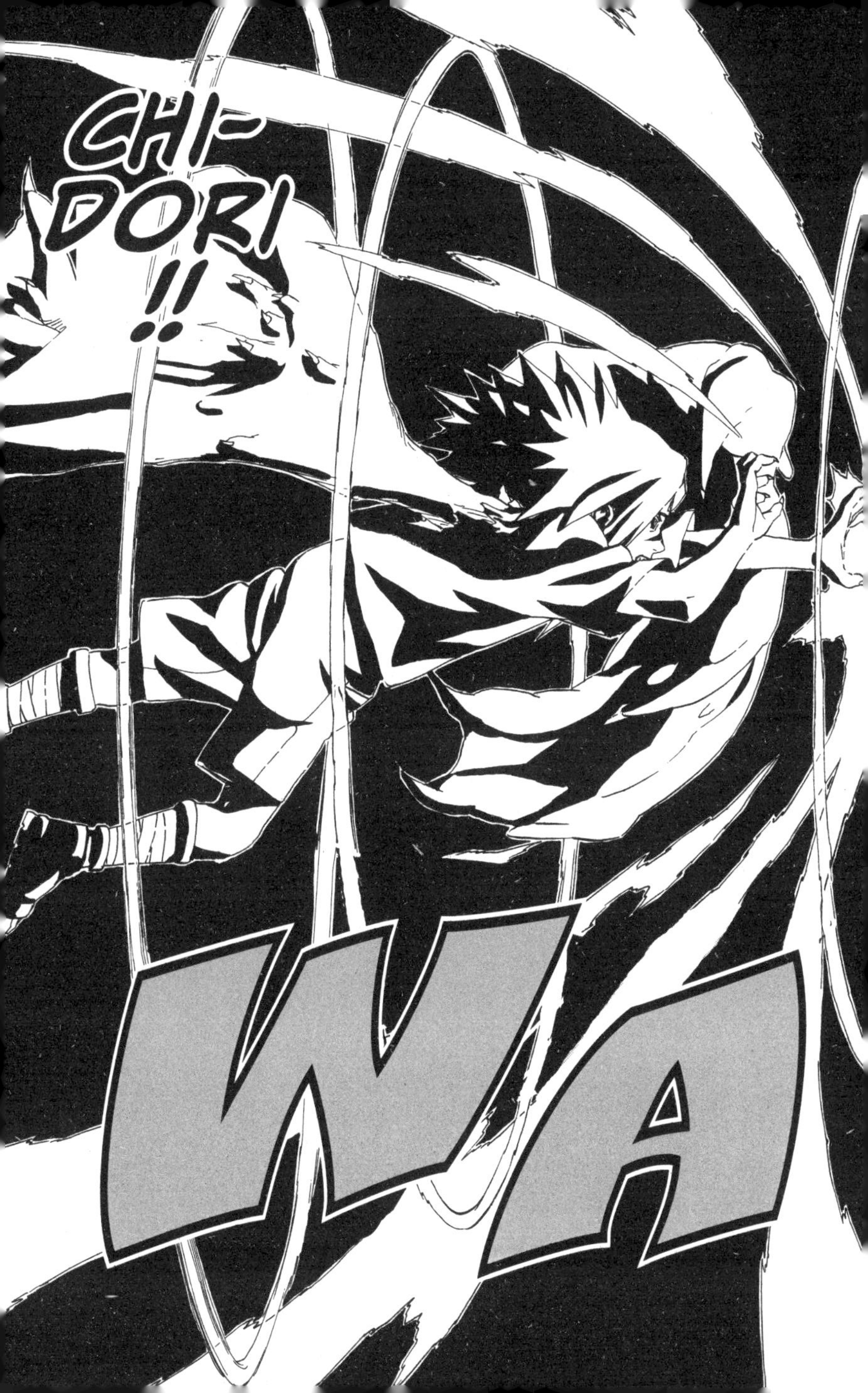
CHI-
DORI
!!
WA

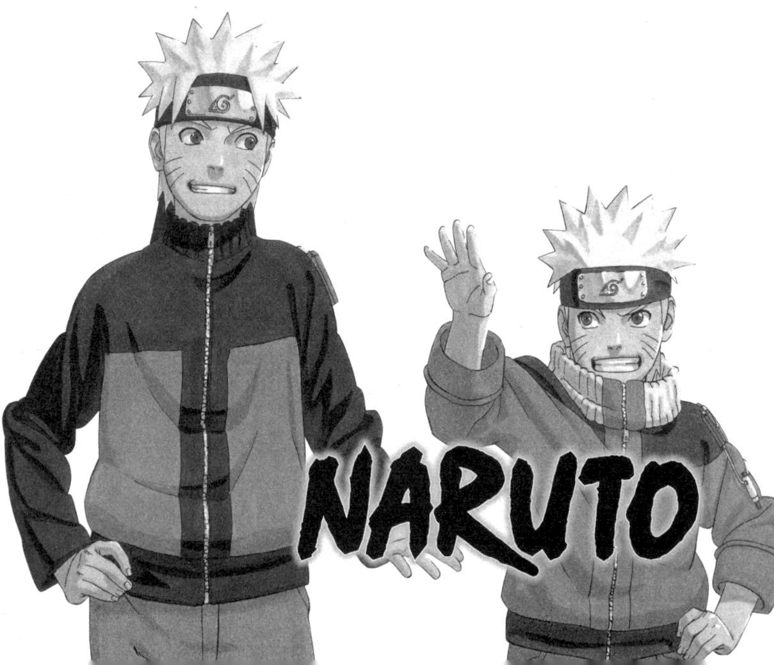
NARUTO

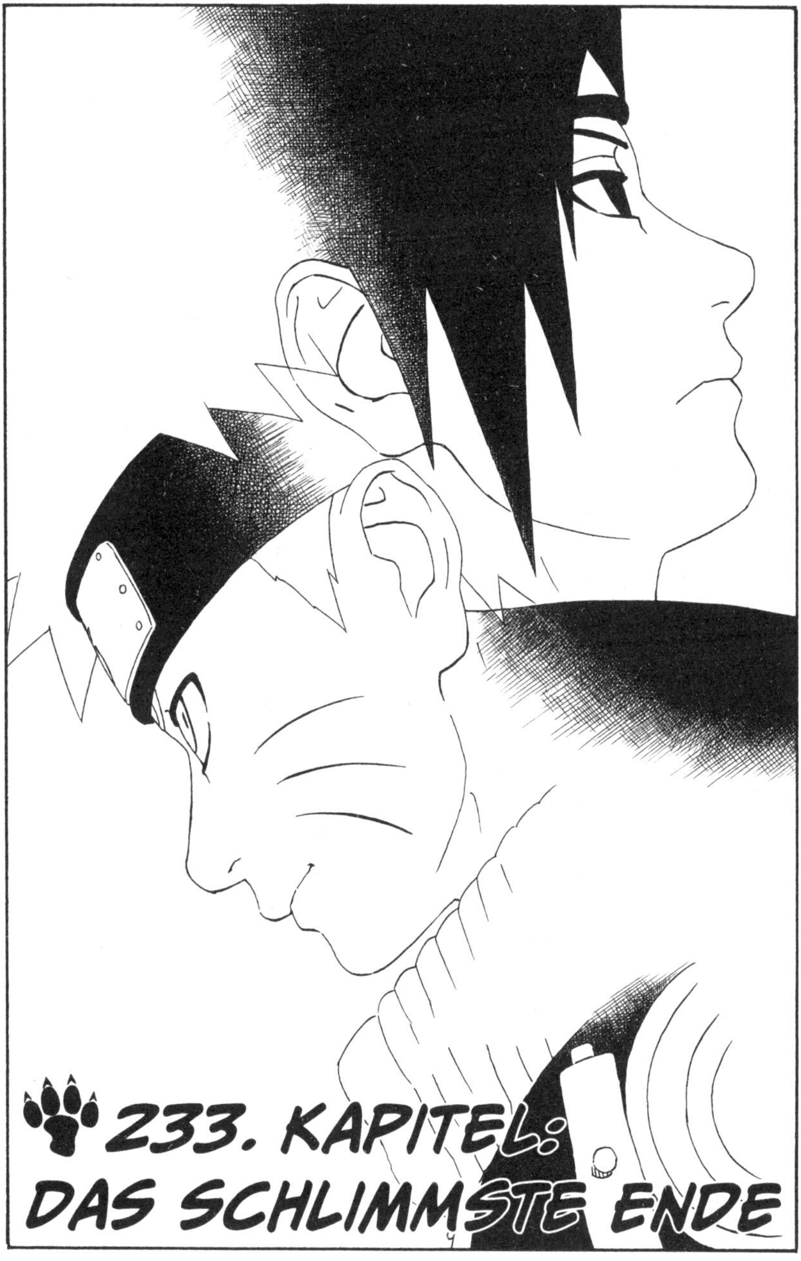
233. KAPITEL:
DAS SCHLIMMSTE ENDE

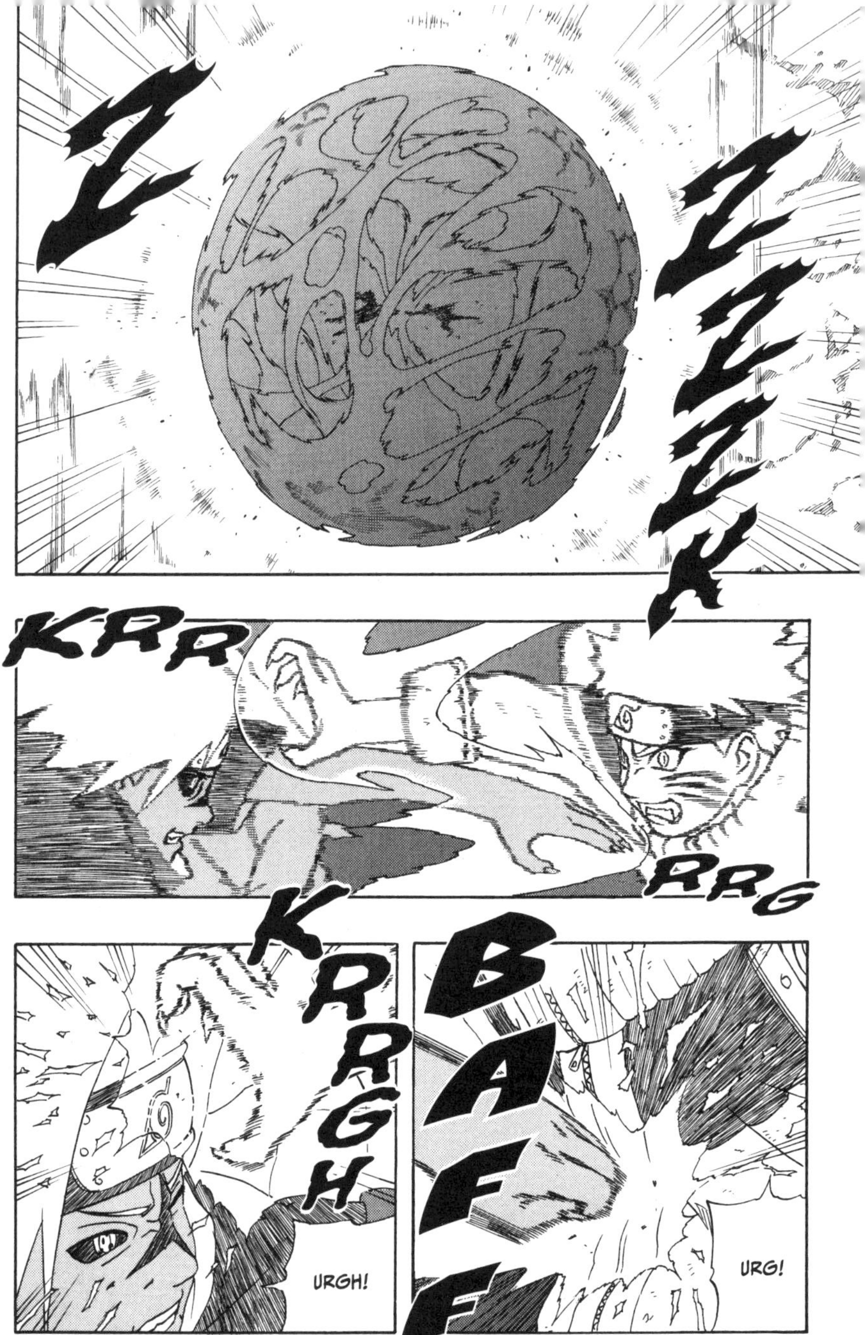
Z
ZUZUK
KRR
RRG
KRRRGH
BAFFF
URGH!
URG!

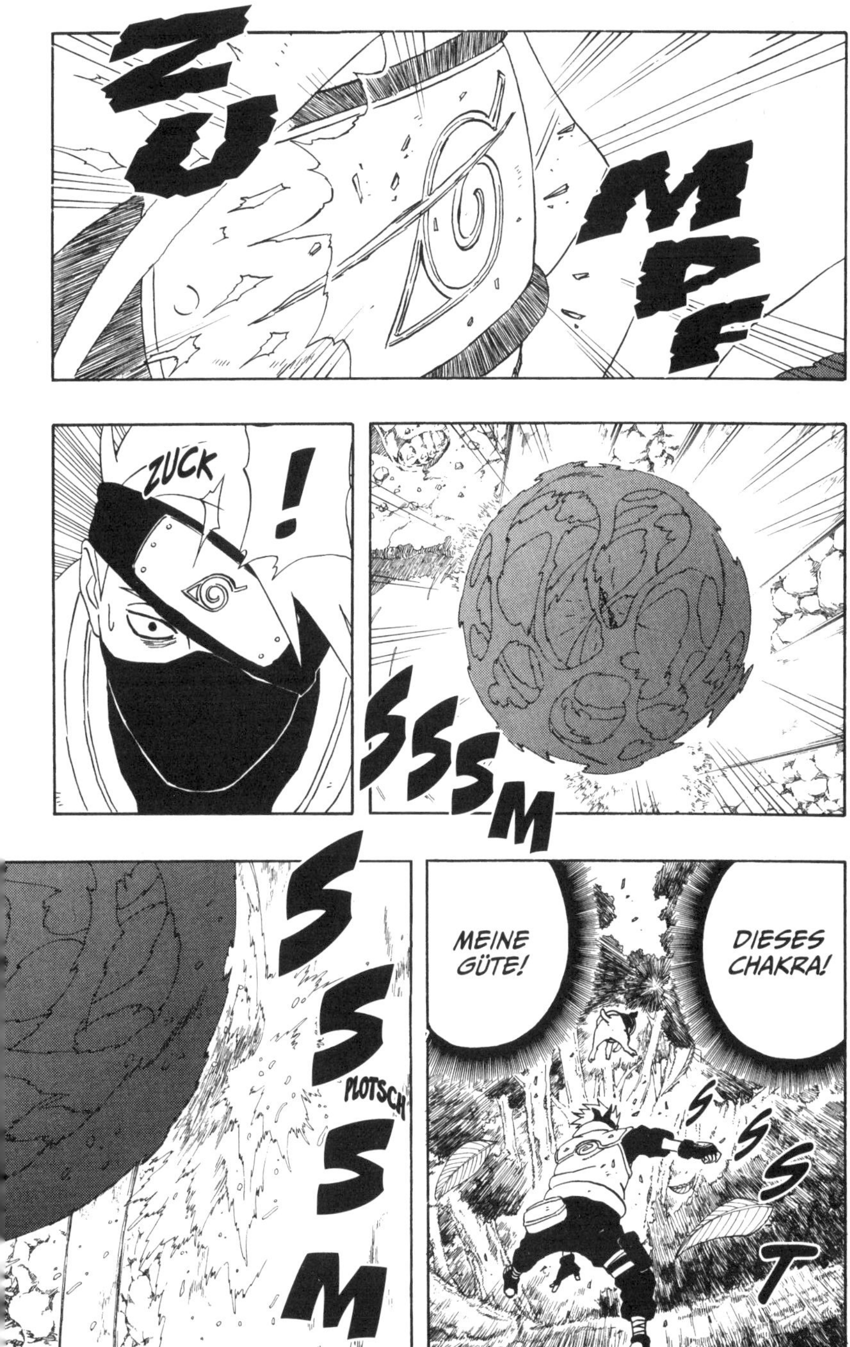
ZUMPF
SSSM
ZUCK
!
DIESES CHAKRA!
MEINE GÜTE!
SSST
SSSSM
PLOTSCH

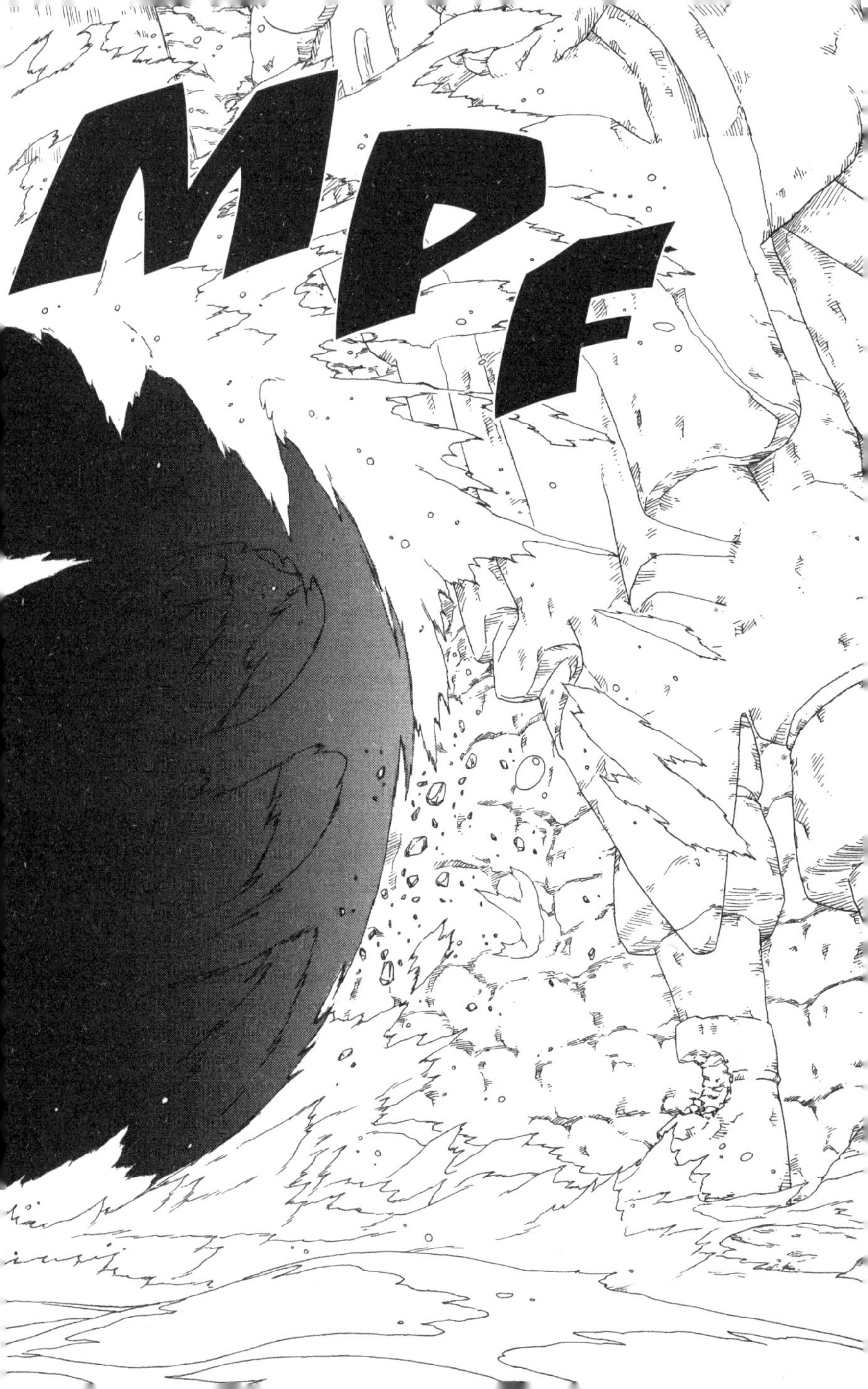
MPF

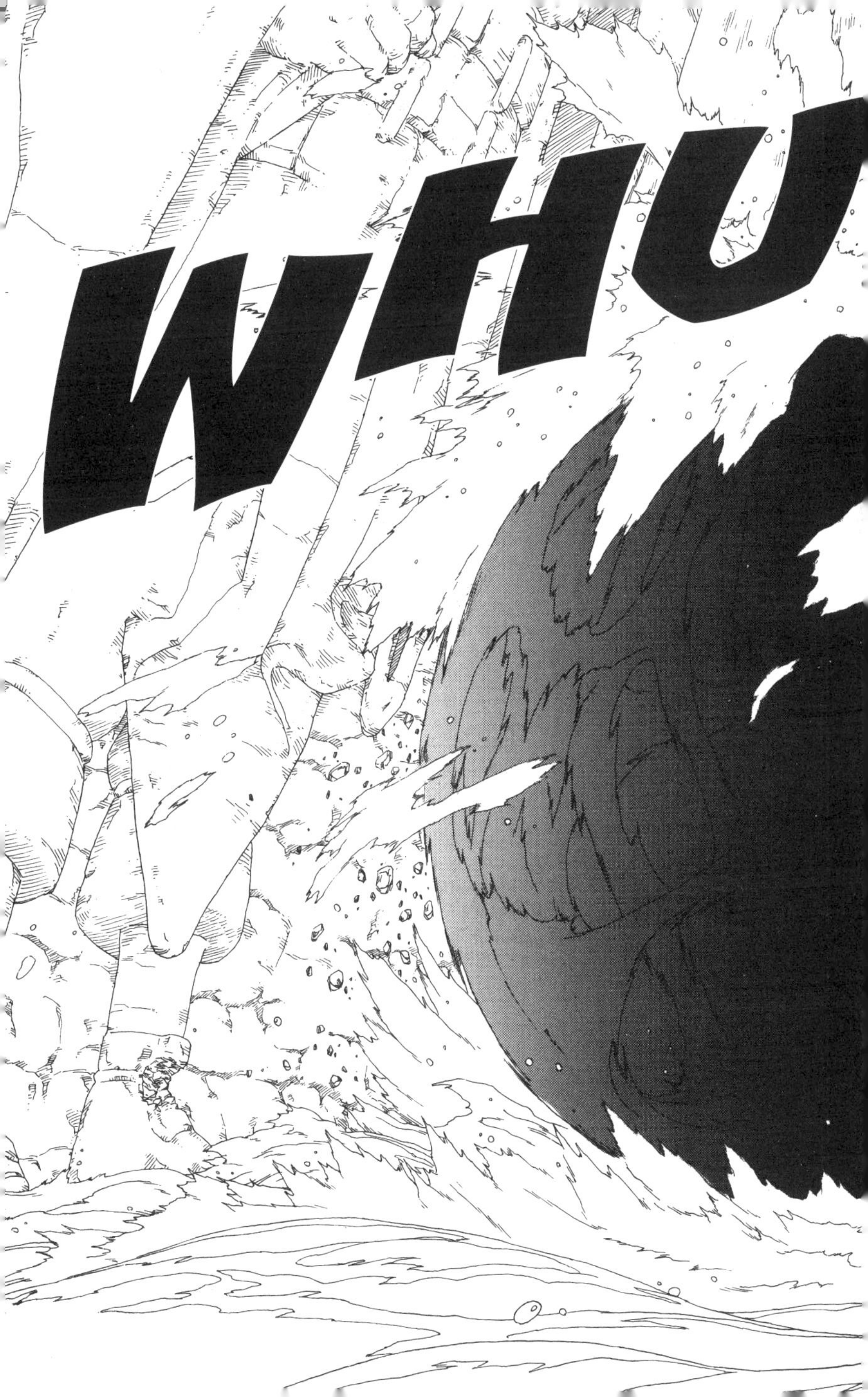
WHU

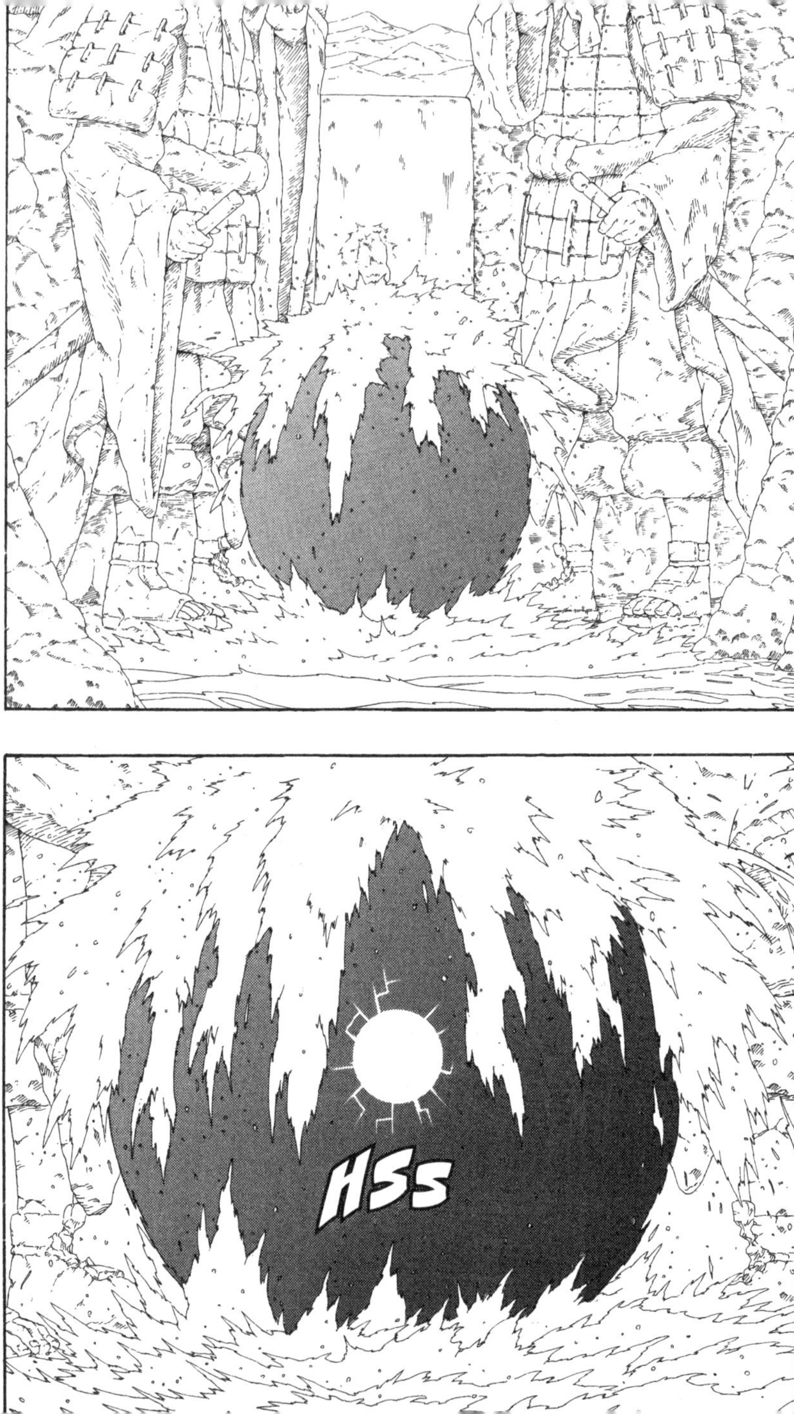
HSS

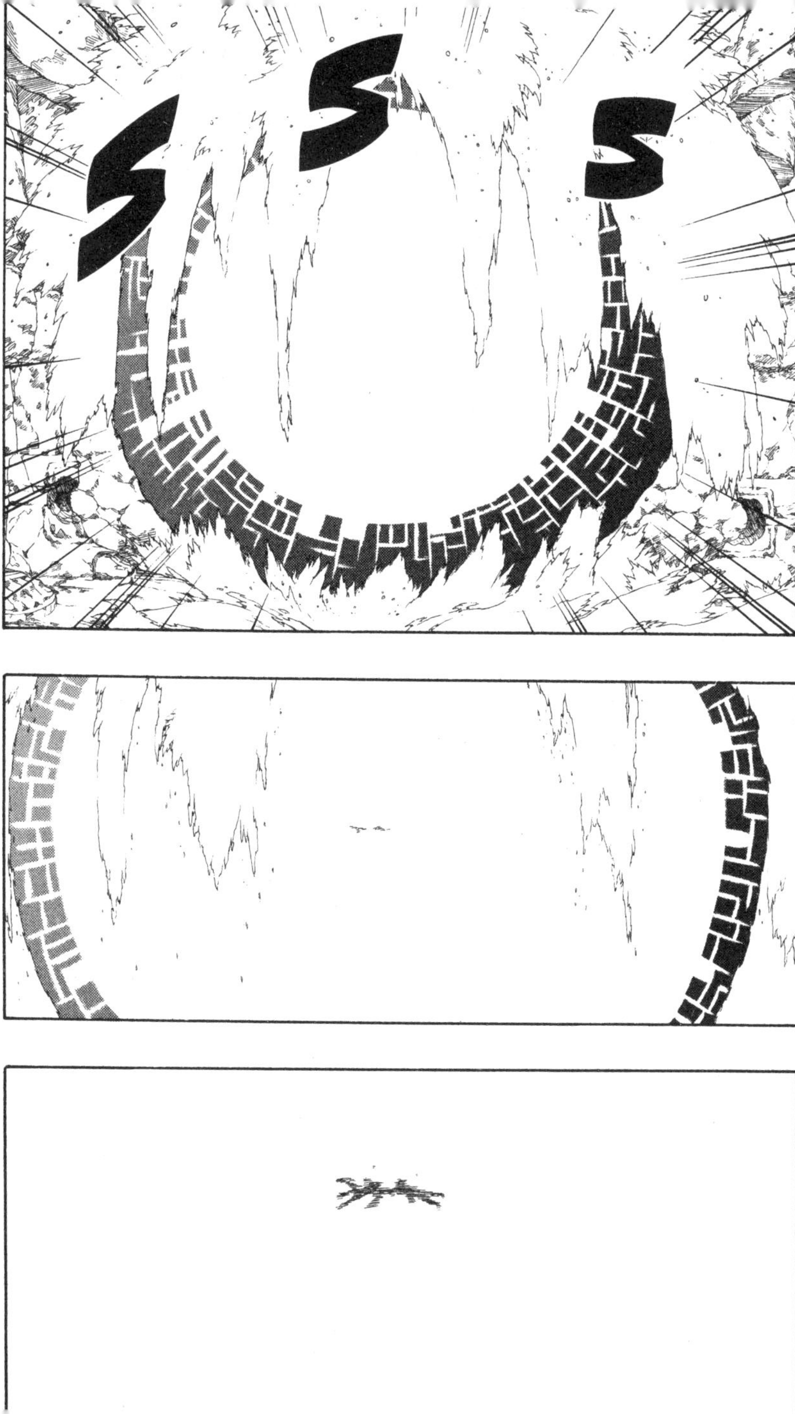
S S S

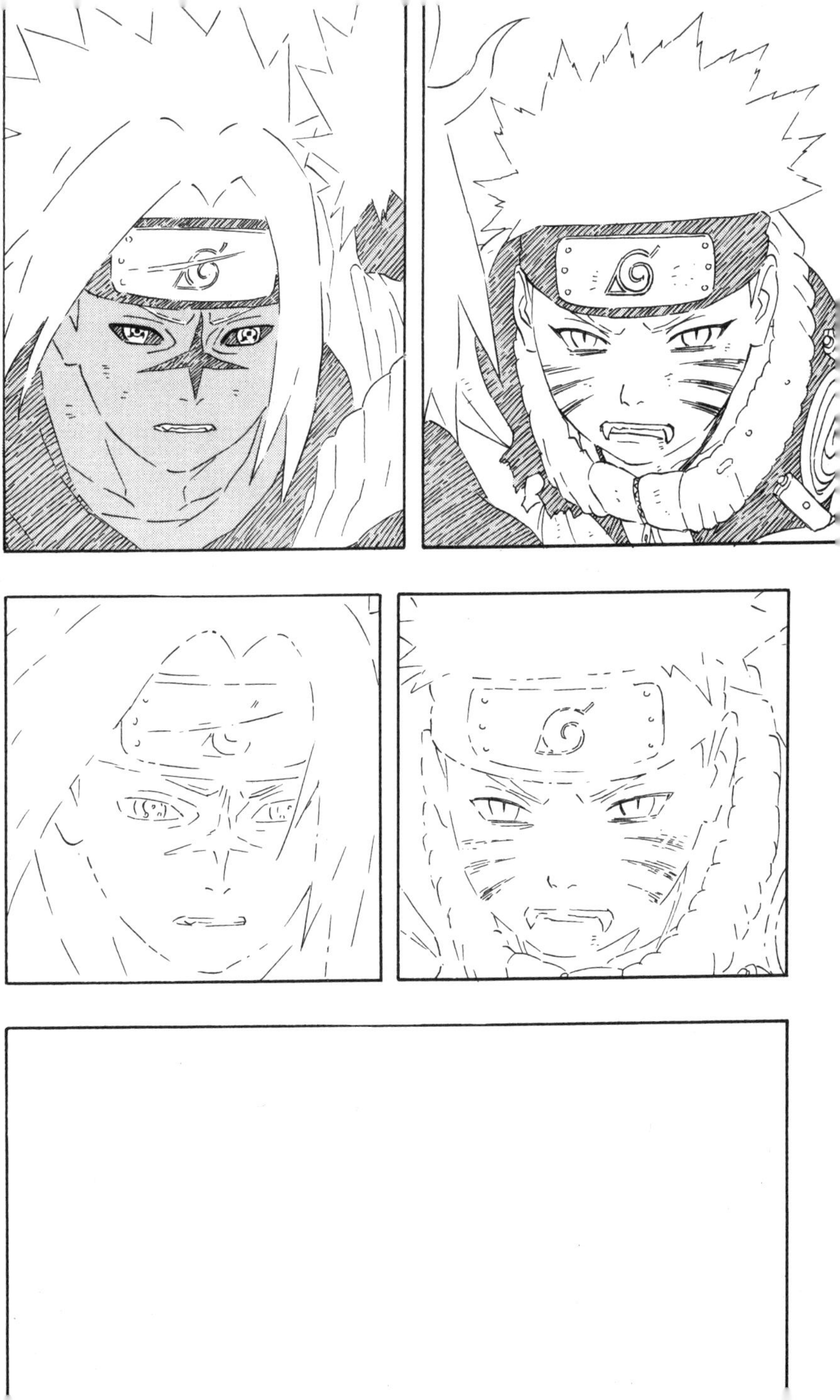

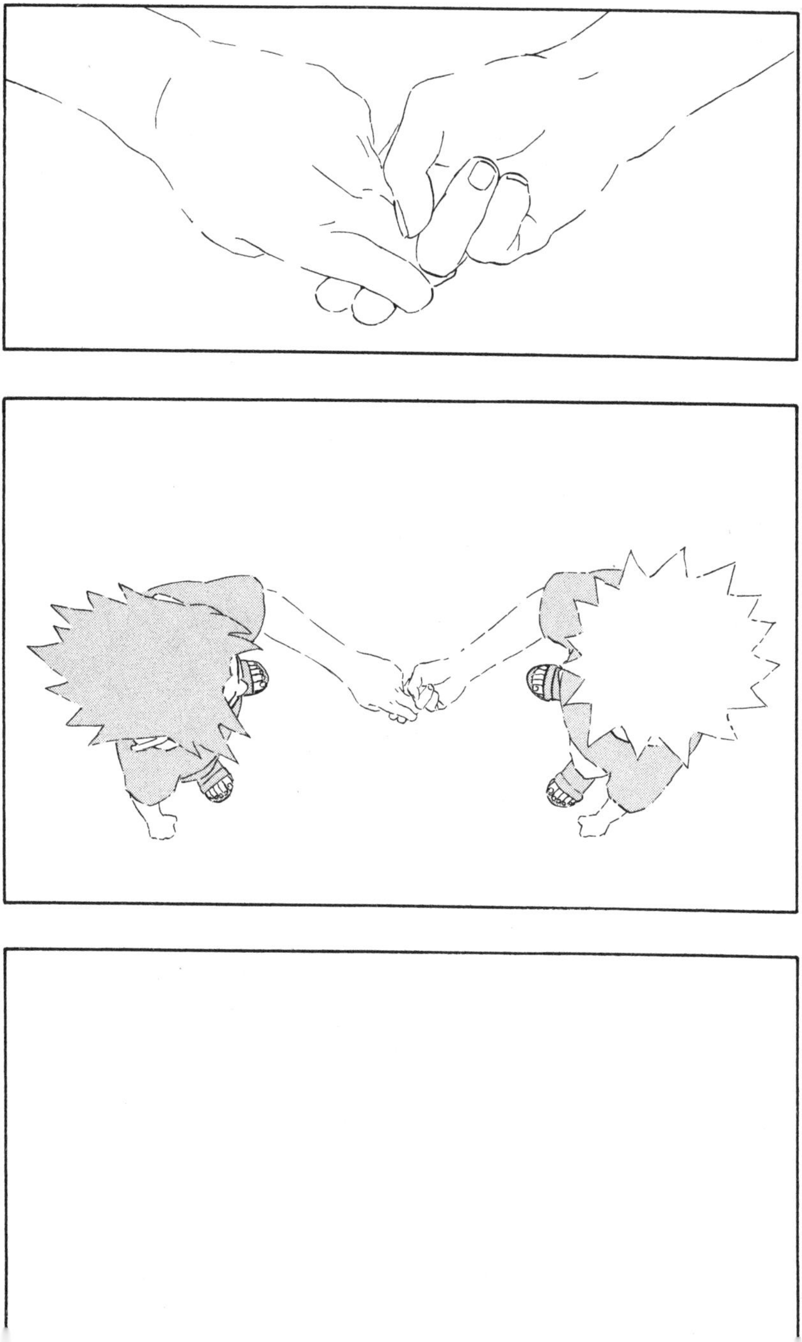

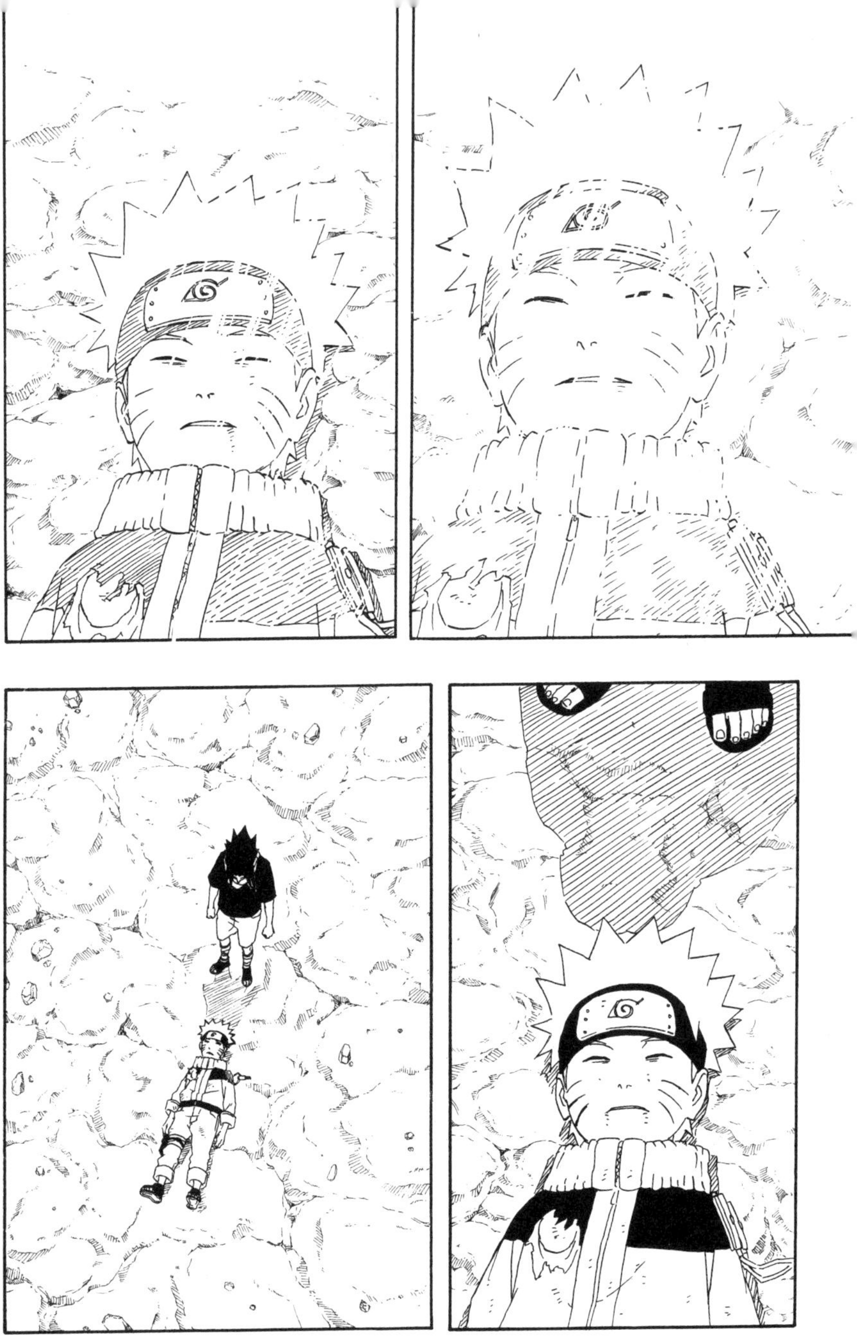

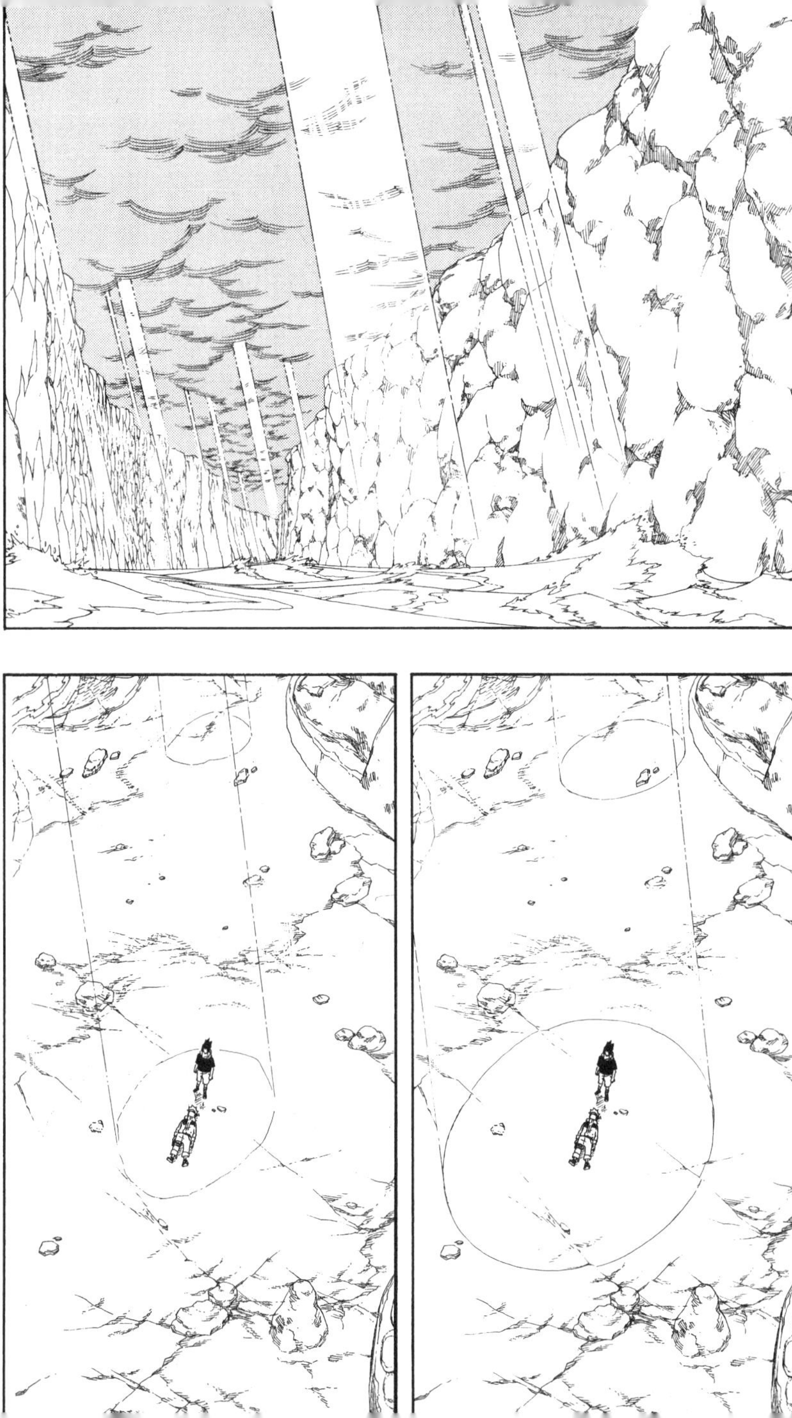

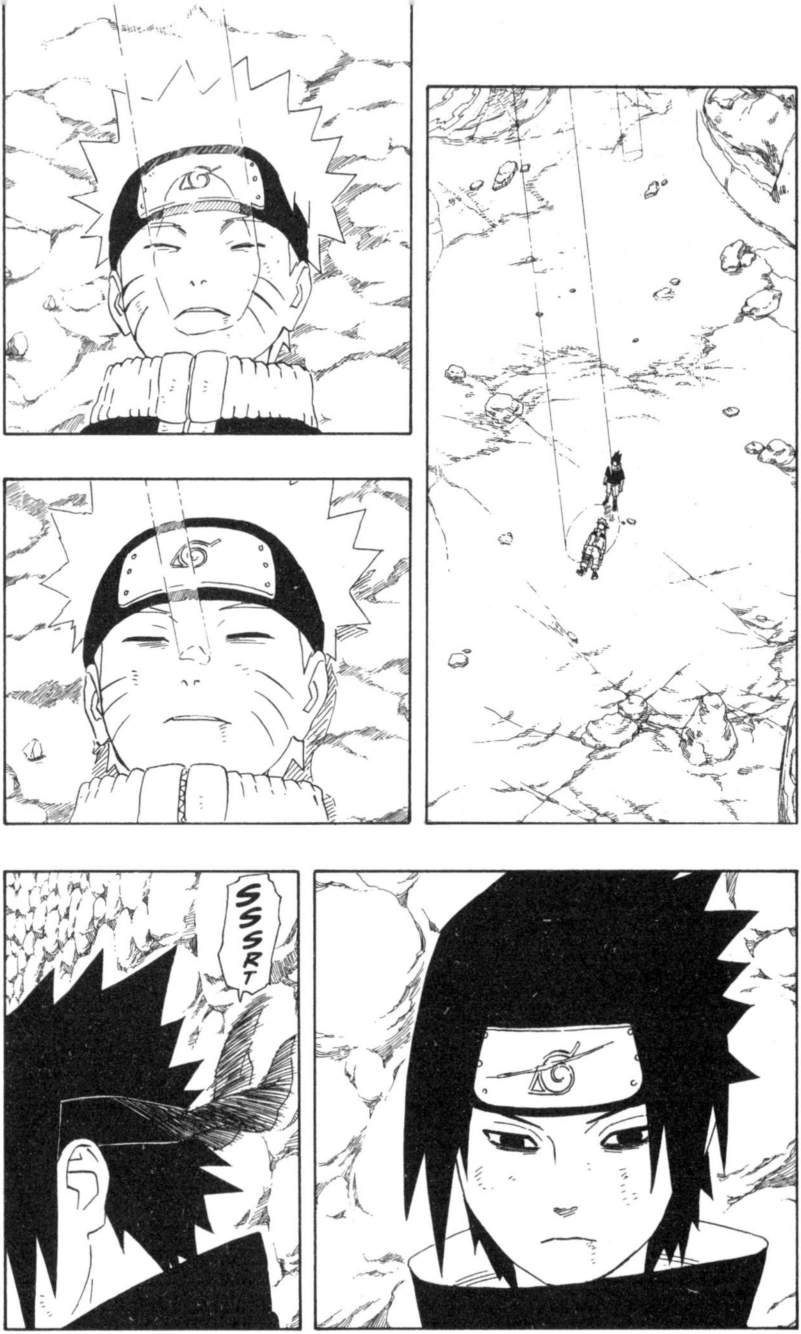
SSSRT

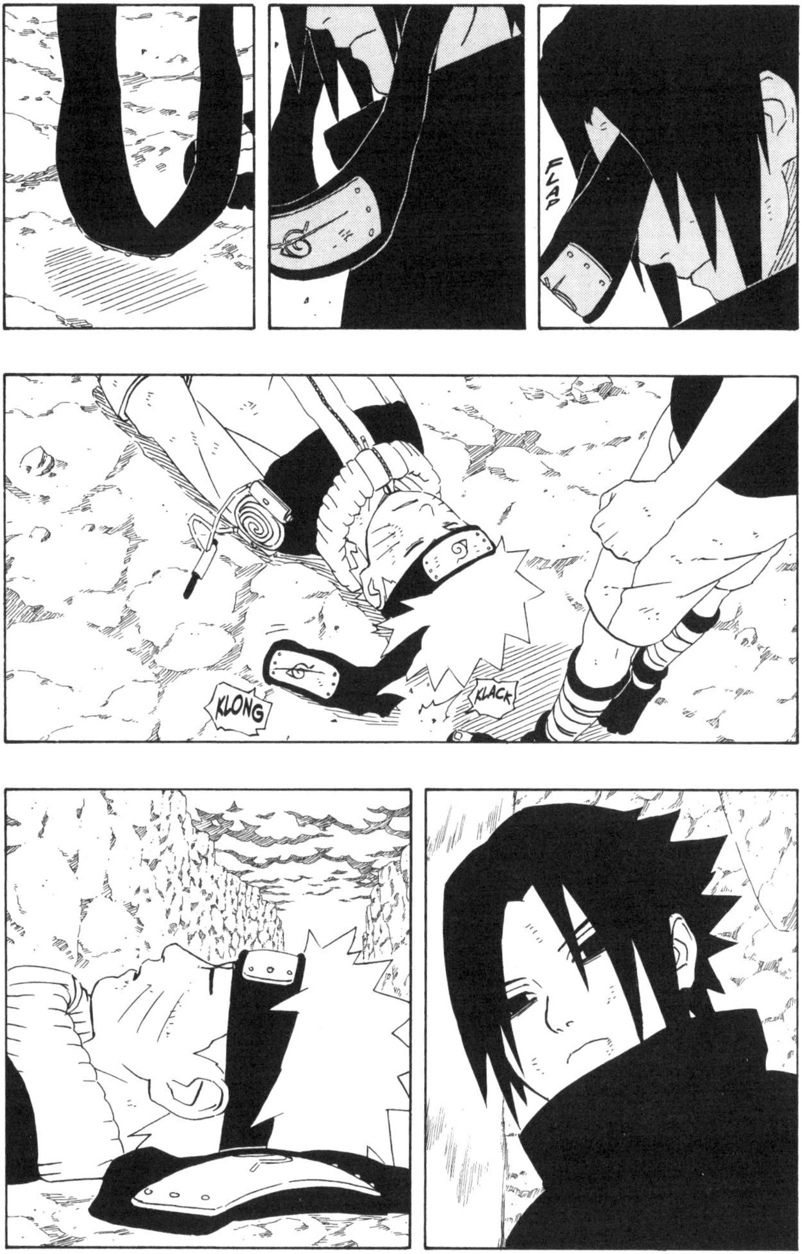
FLAP
KLACK
KLONG

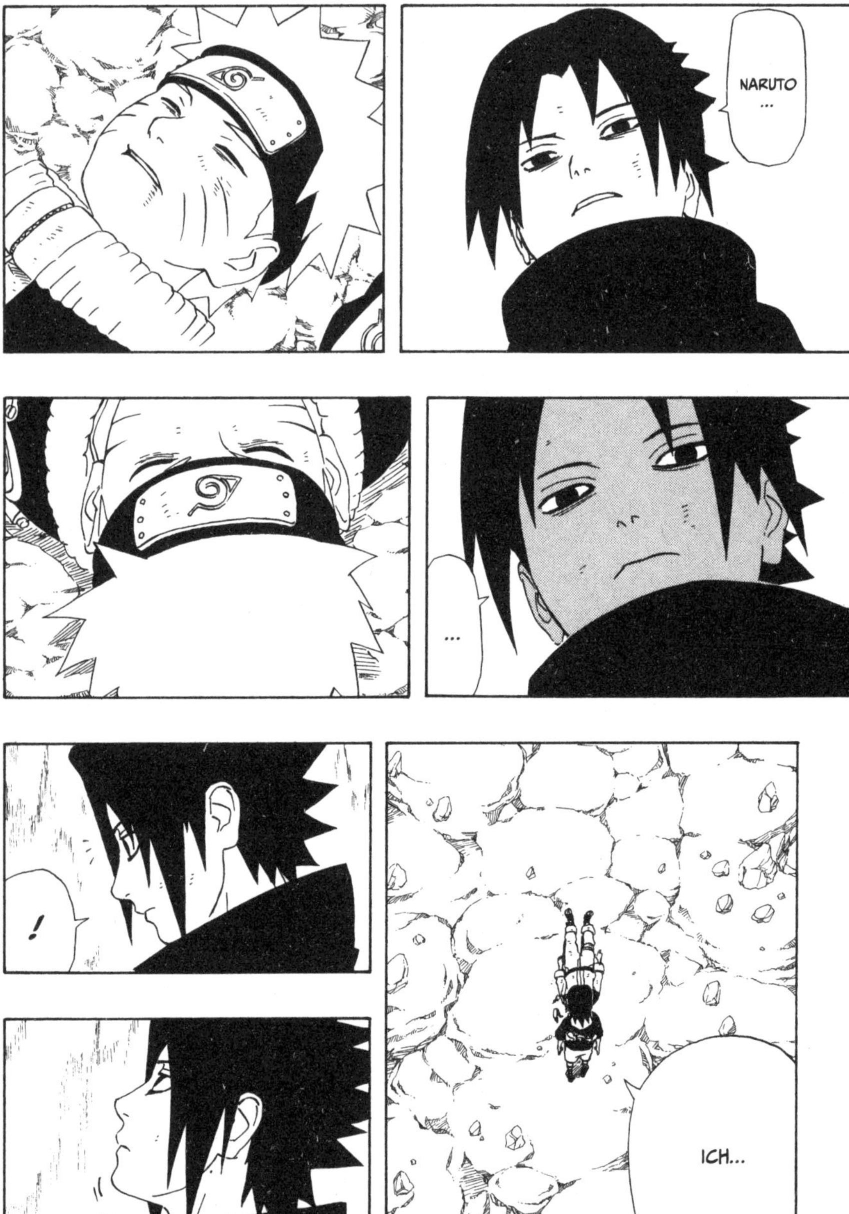
NARUTO
...
...
!
ICH...

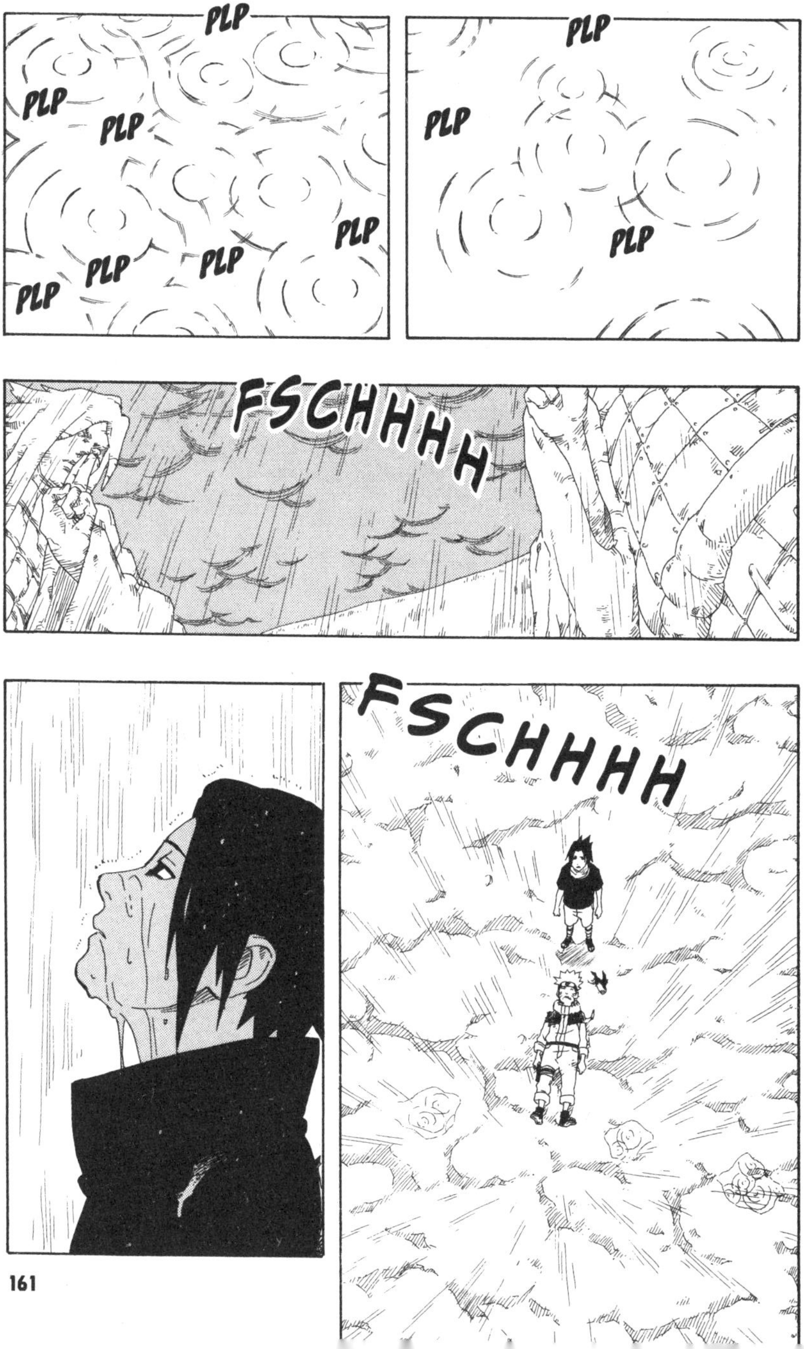
PLP
PLP
PLP
PLP
PLP
PLP
PLP
PLP
PLP
PLP
FSCHHHHH
FSCHHHHH

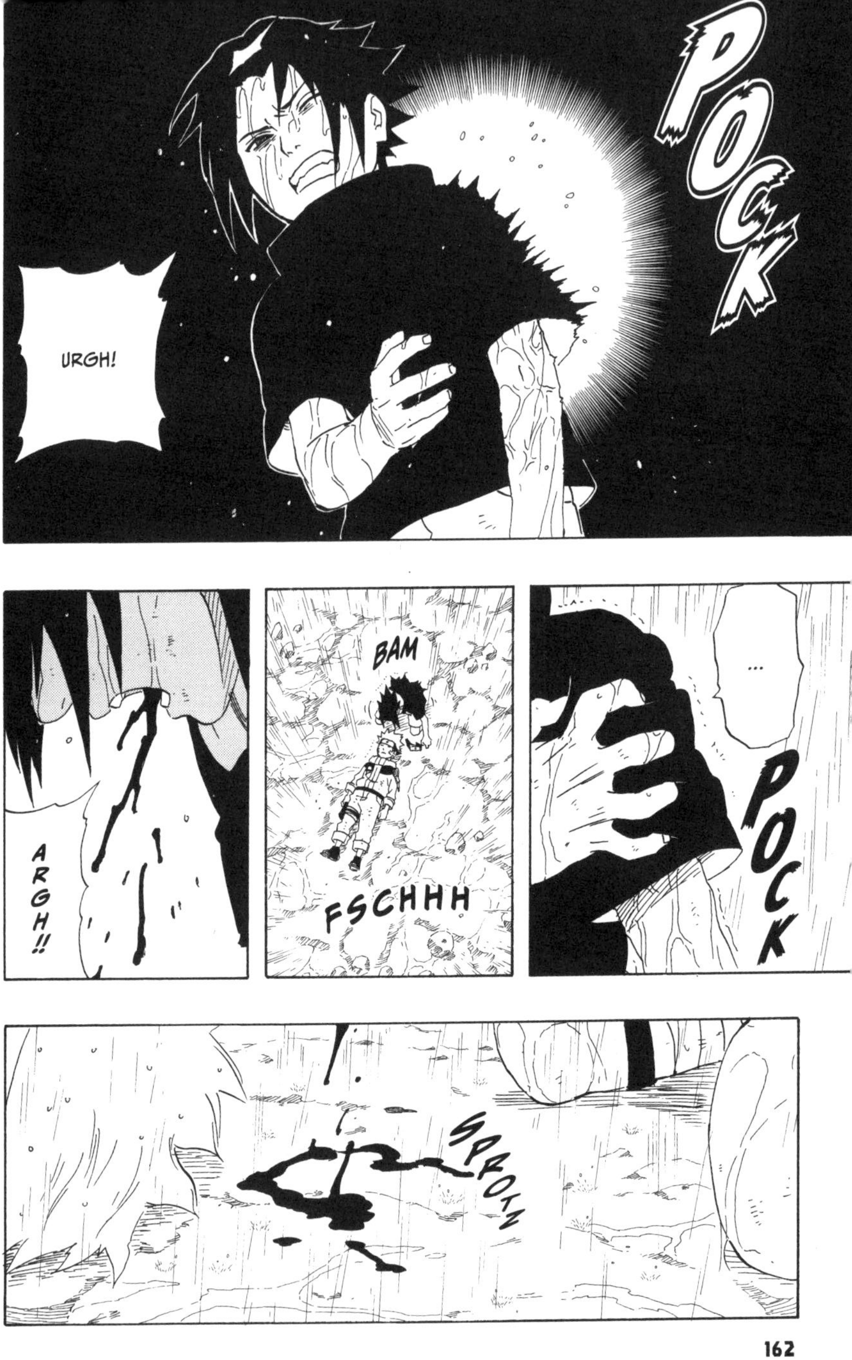
POCK
URGH!
...
POCK
BAM
FSCHHH
ARGH!!
SPROTZ

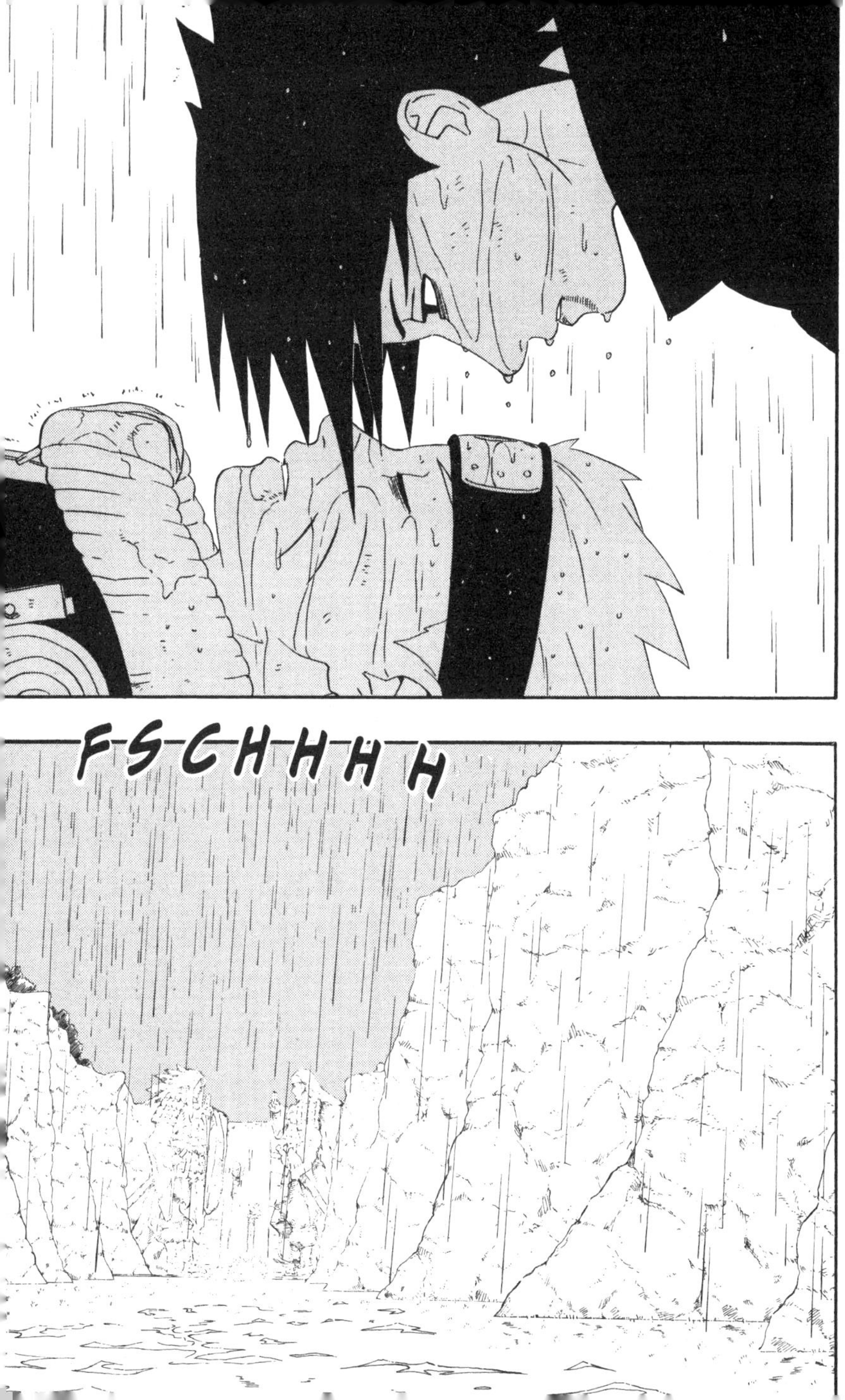
FSCHHHH

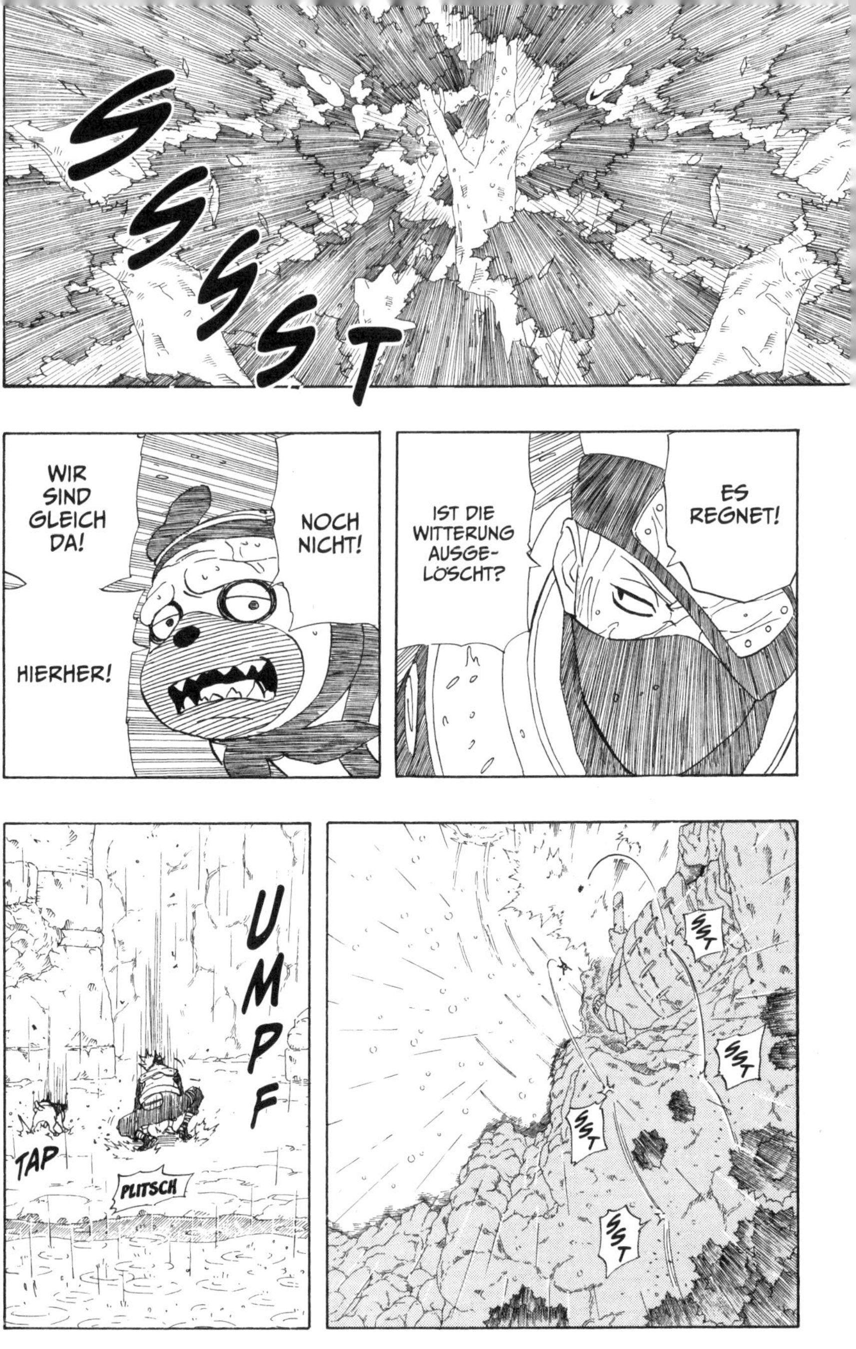
SSSST
ES REGNET!
IST DIE WITTERUNG AUSGE-LÖSCHT?
NOCH NICHT!
WIR SIND GLEICH DA!
HIERHER!
SST
SST
SST
SST
UMPF
TAP
PLITSCH

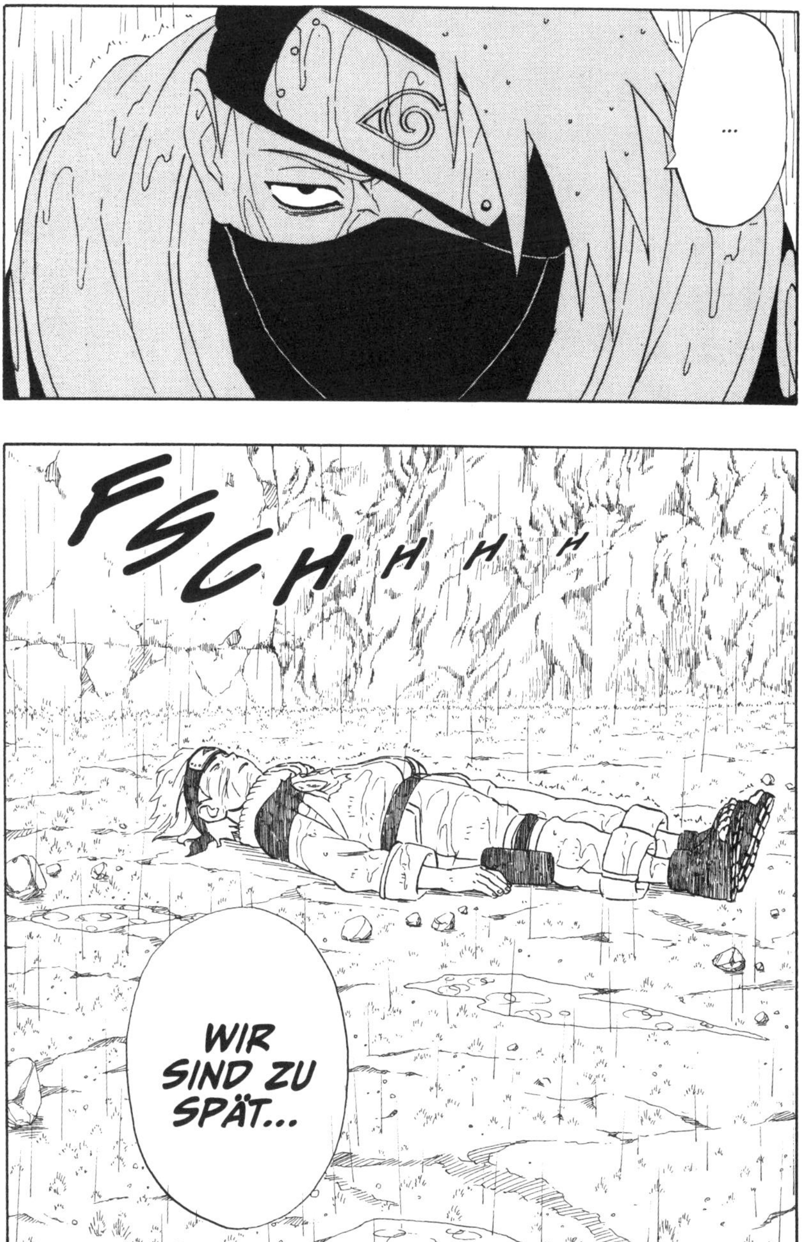
...
FSCHHHH
WIR SIND ZU SPÄT...

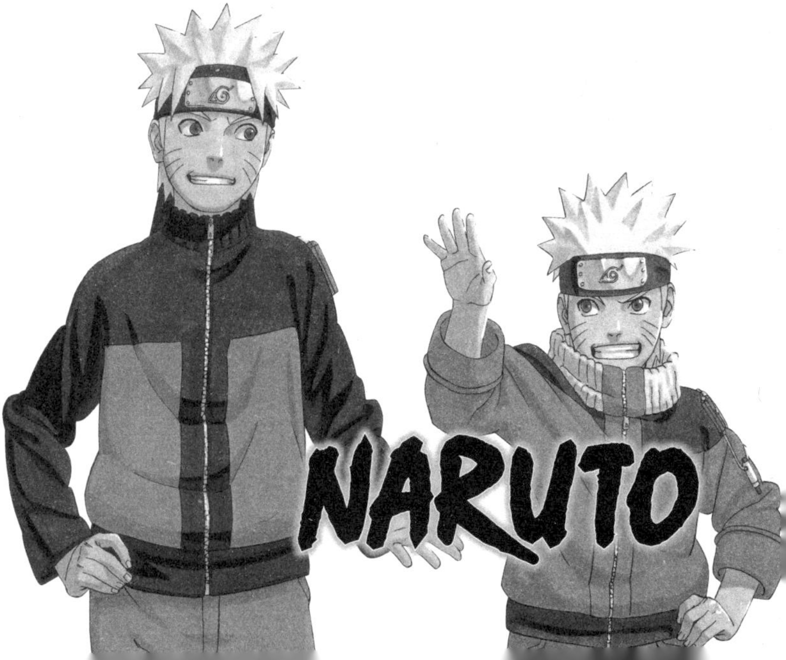
NARUTO

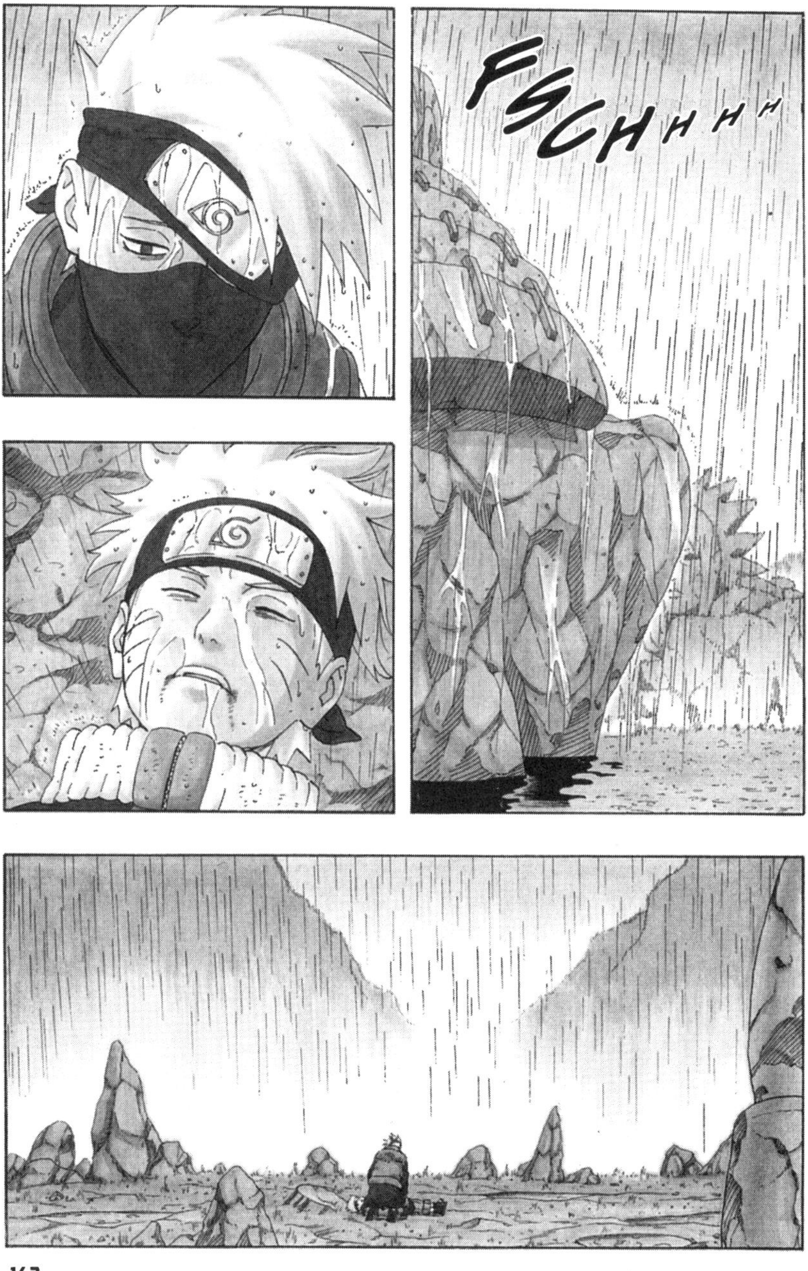
FSCHHHH

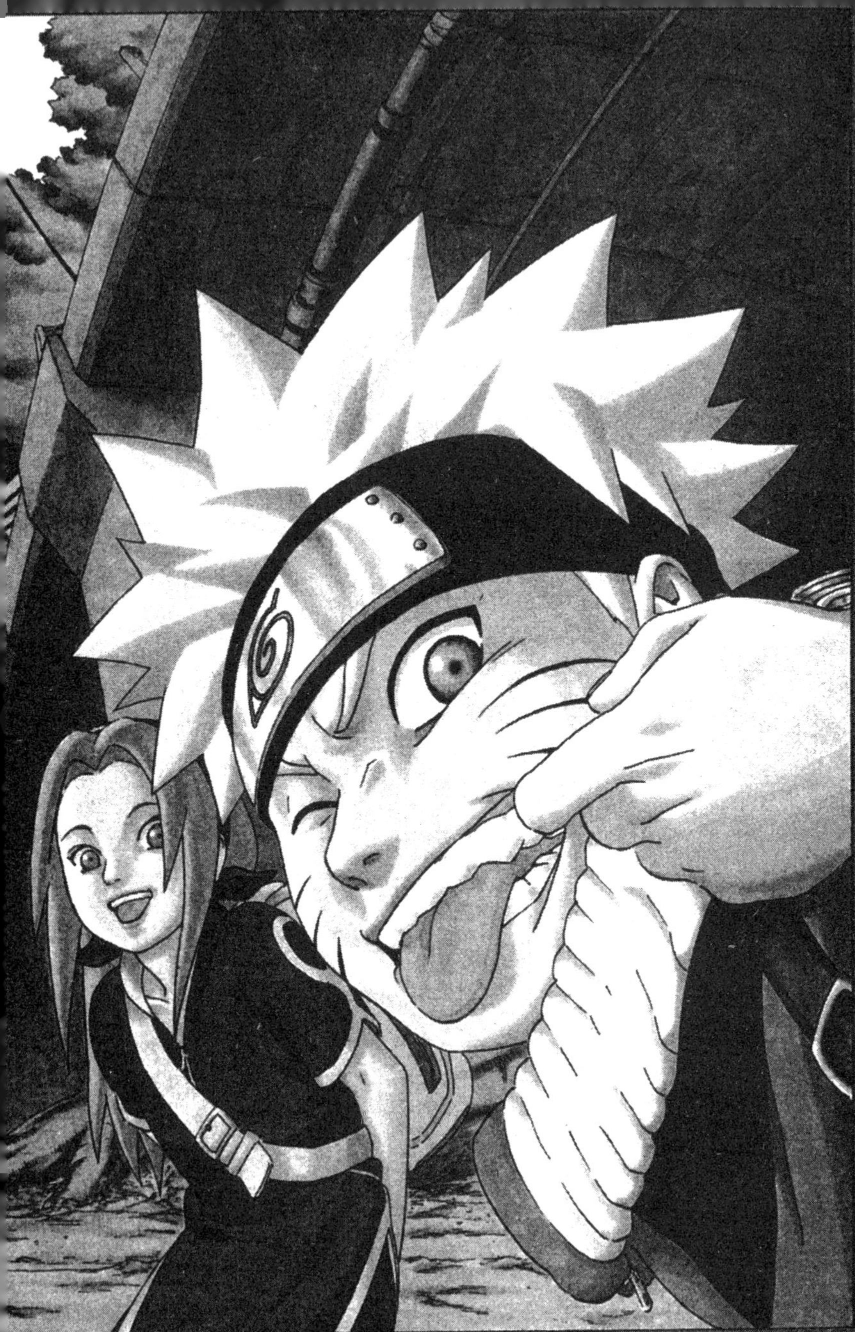

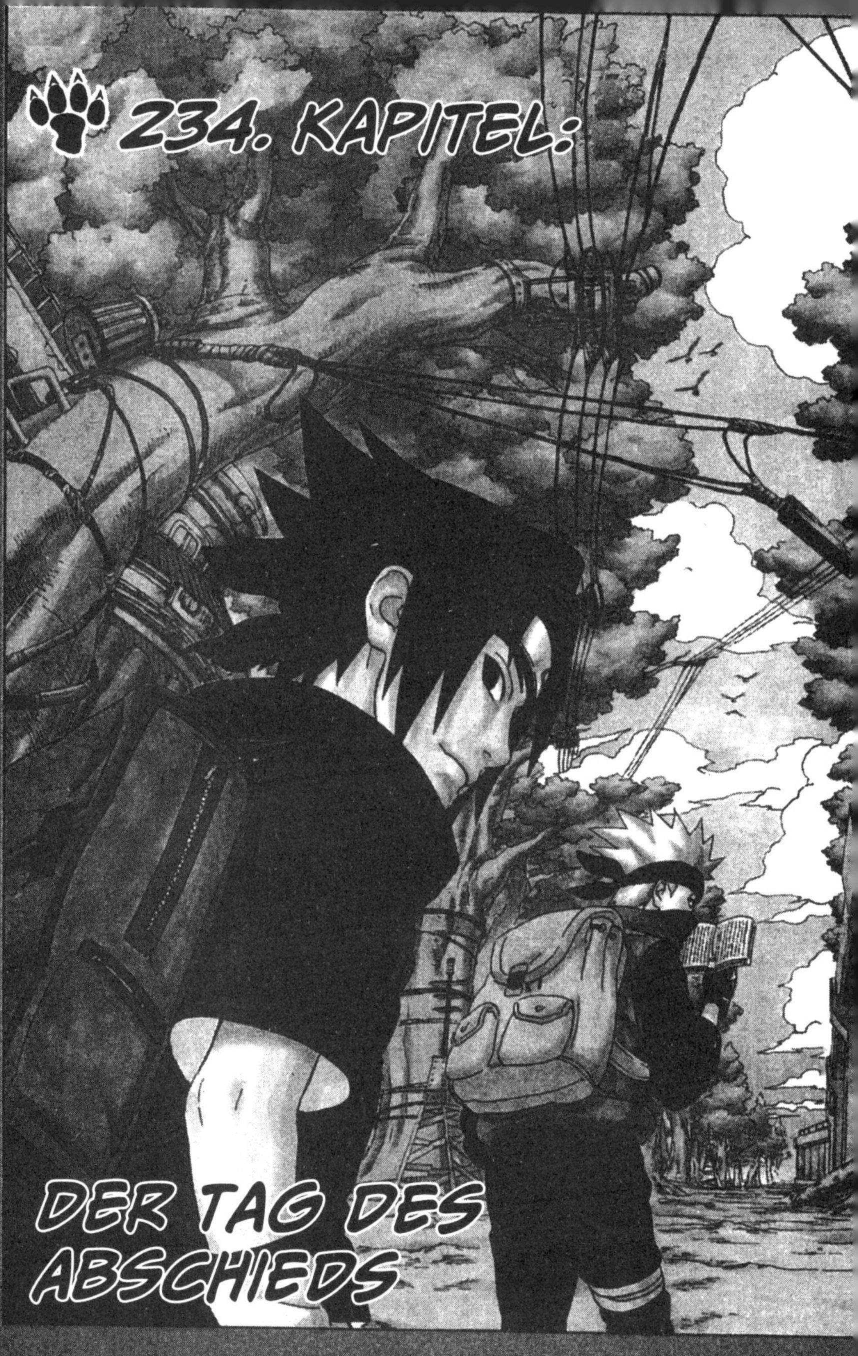
234. KAPITEL:
DER TAG DES
ABSCHIEDS

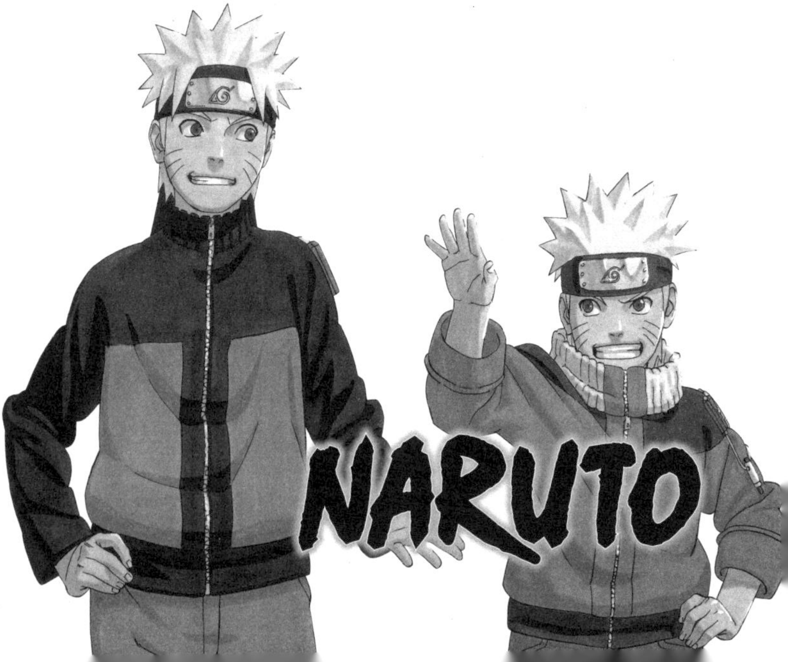
NARUTO

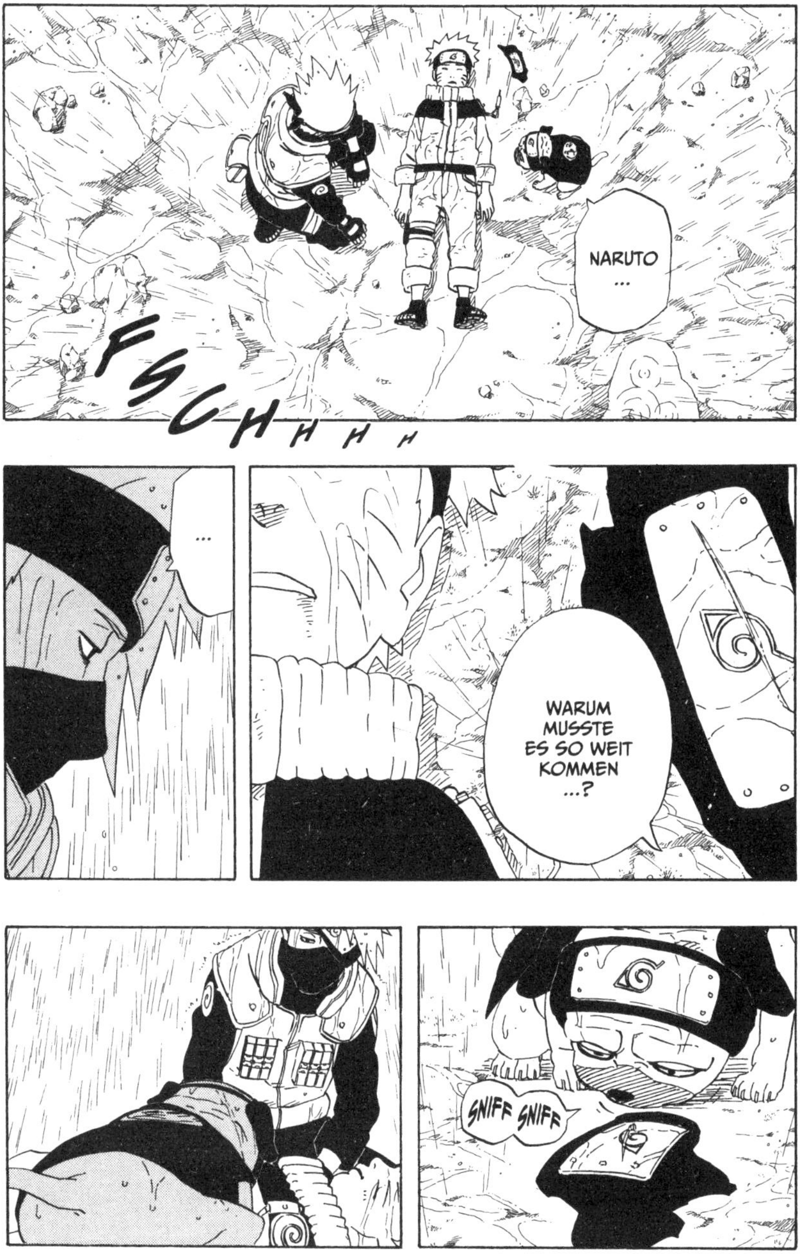
NARUTO ...
FSCHHHHH
...
WARUM MUSSTE ES SO WEIT KOMMEN ...?
SNIFF SNIFF

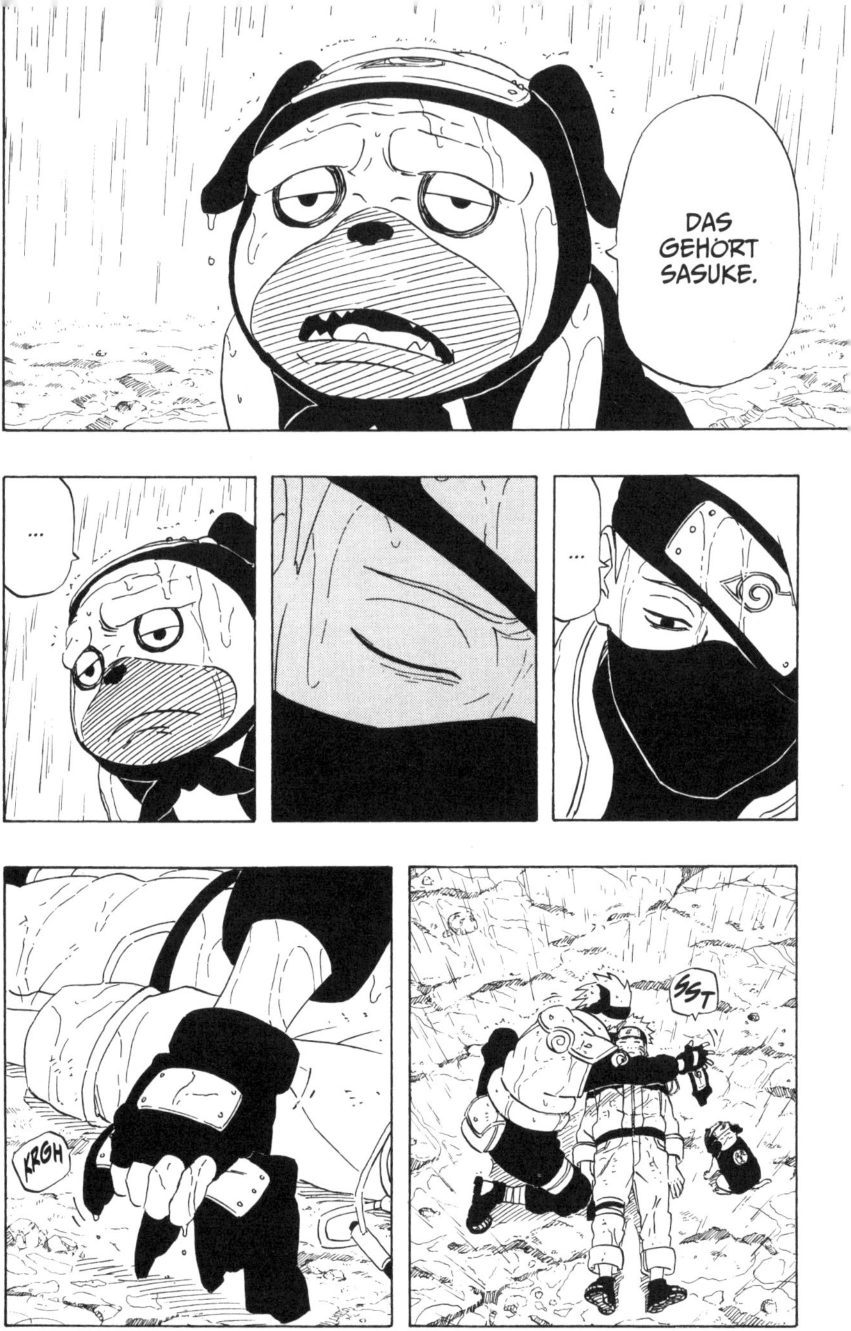
DAS GEHÖRT SASUKE.
...
...
SST
KRGH

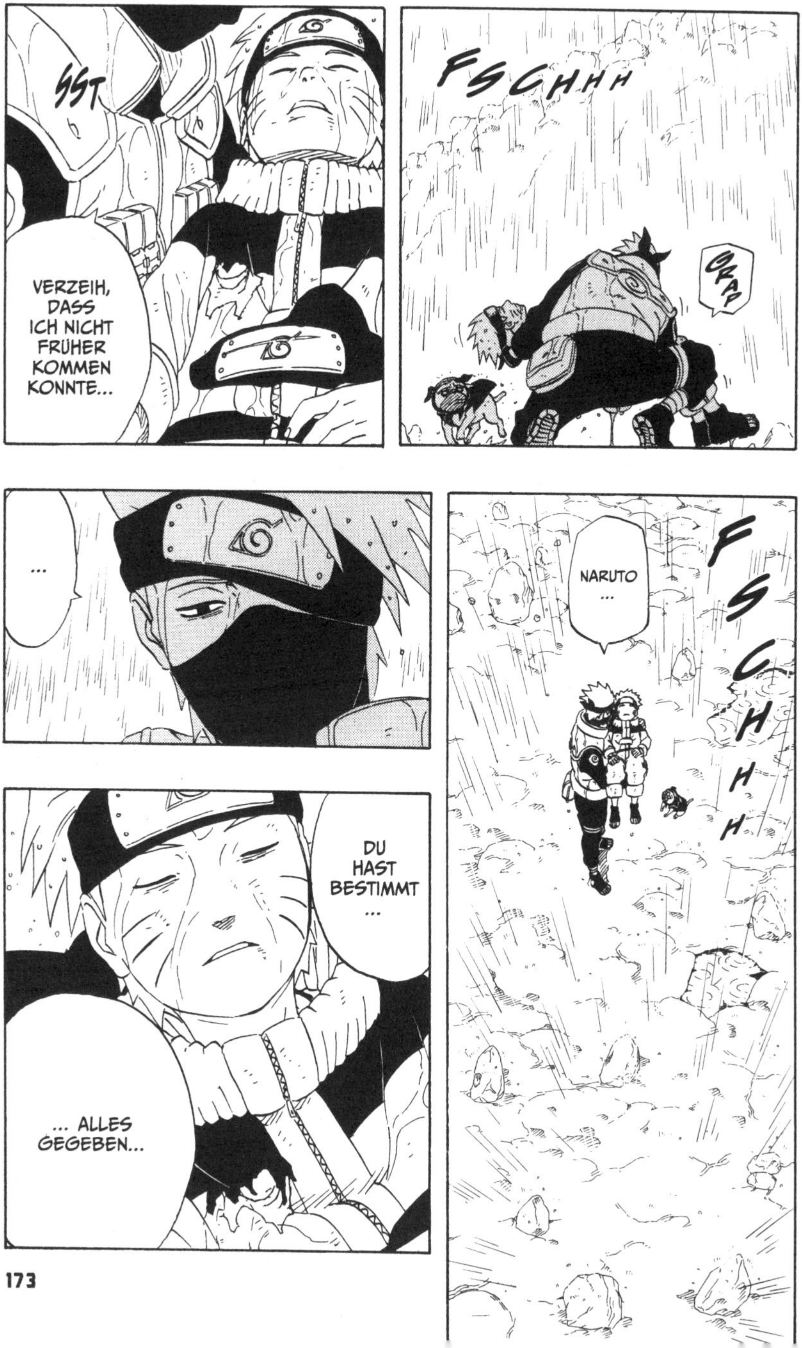
FSCHHH
SST
GRAP
VERZEIH, DASS ICH NICHT FRÜHER KOMMEN KONNTE...
FSCHHHH
NARUTO ...
...
DU HAST BESTIMMT ...
... ALLES GEGEBEN...

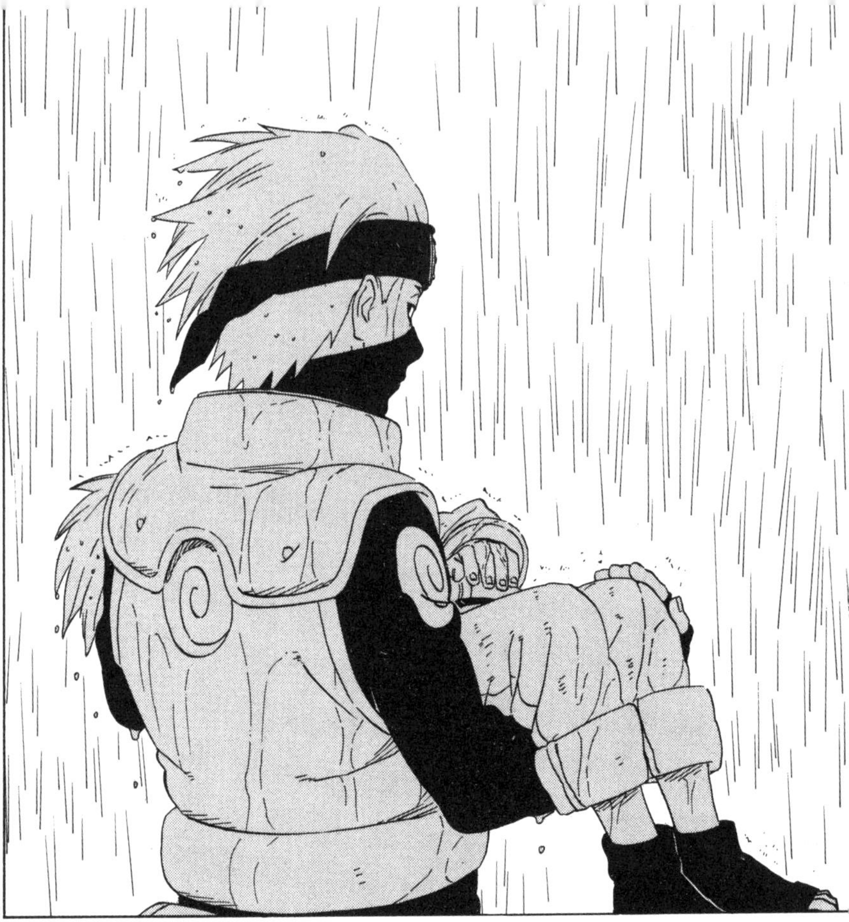

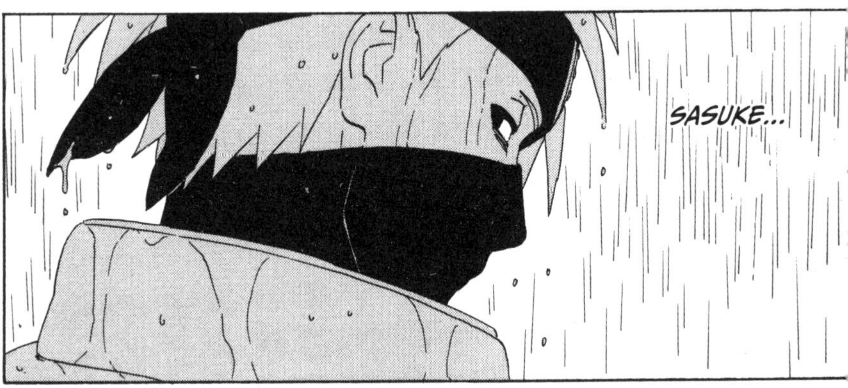
SASUKE...

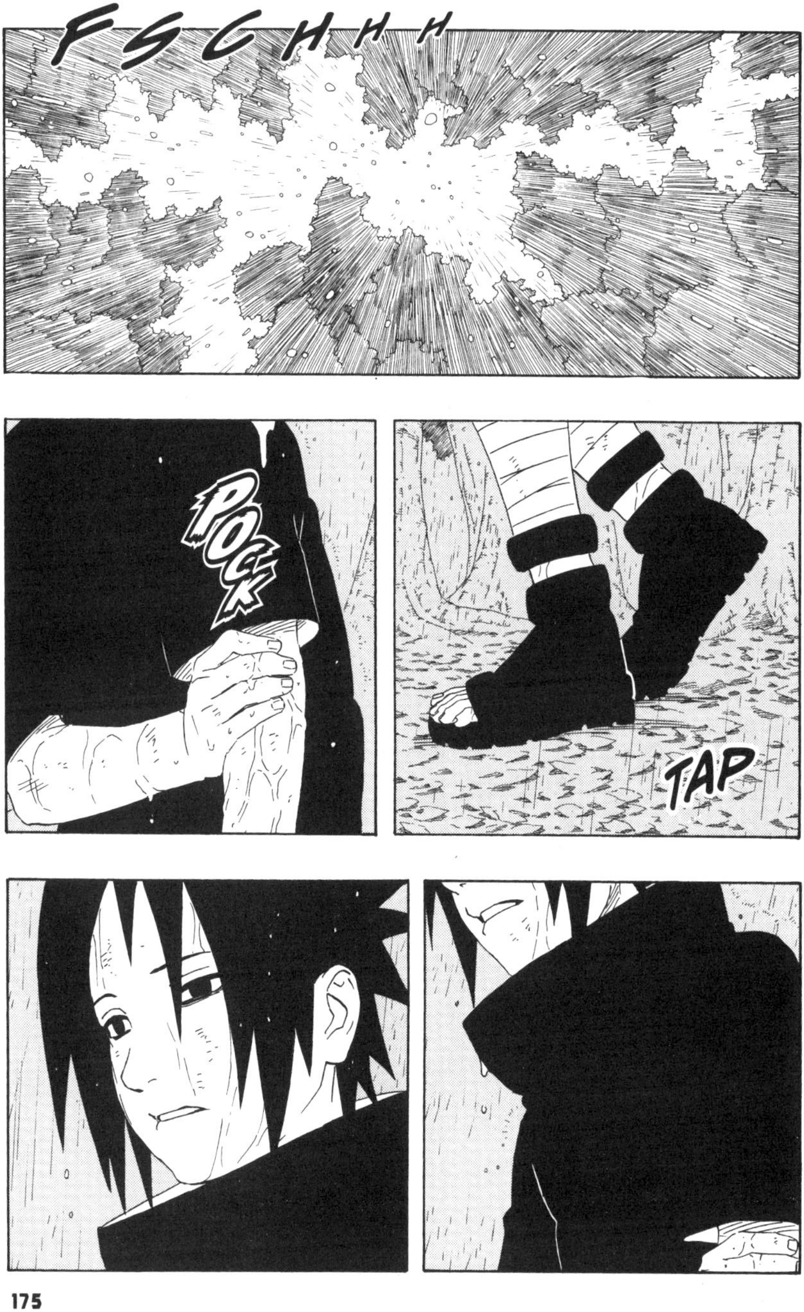
FSCHHH
POCK
TAP

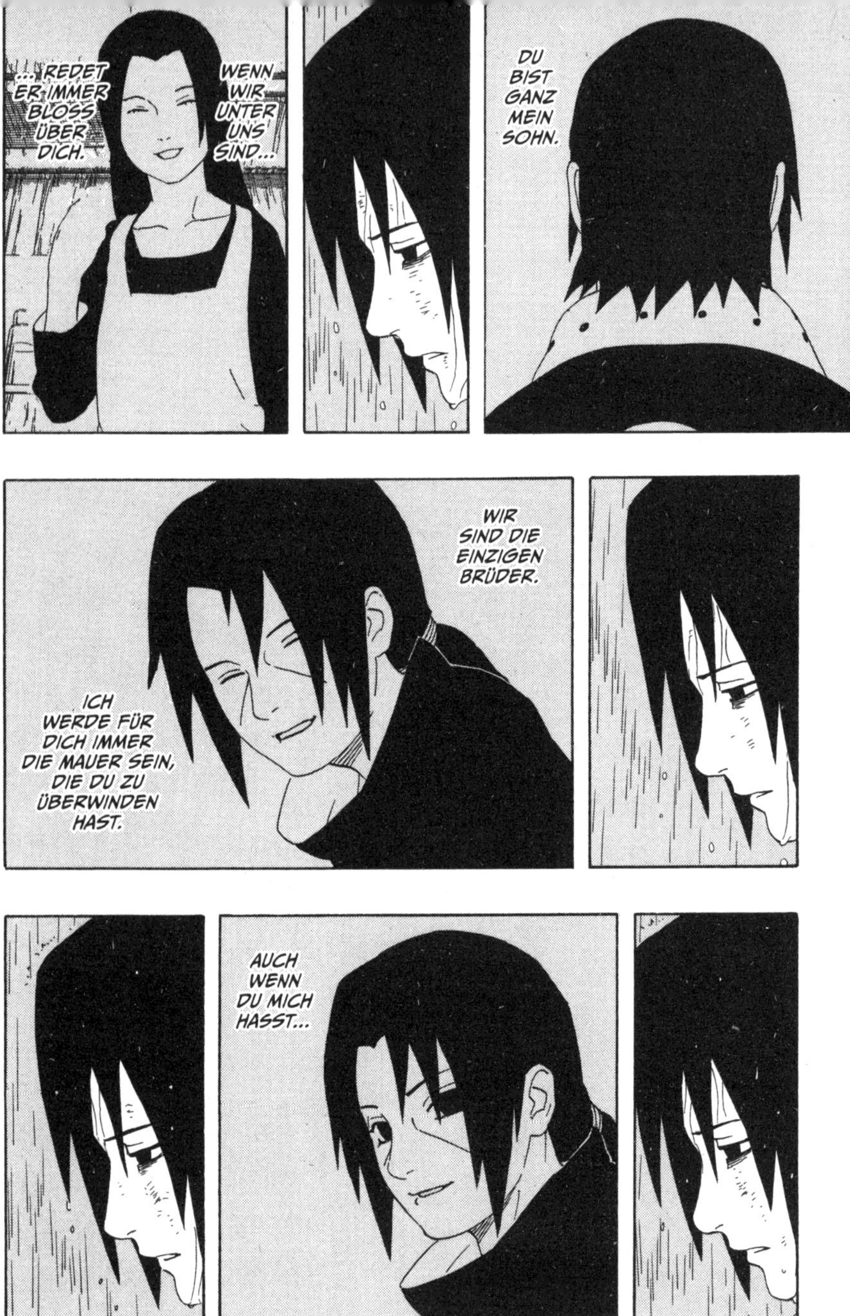
DU BIST GANZ MEIN SOHN.
WENN WIR UNTER UNS SIND...
...REDET ER IMMER BLOSS ÜBER DICH.
WIR SIND DIE EINZIGEN BRÜDER.
ICH WERDE FÜR DICH IMMER DIE MAUER SEIN, DIE DU ZU ÜBERWINDEN HAST.
AUCH WENN DU MICH HASST...

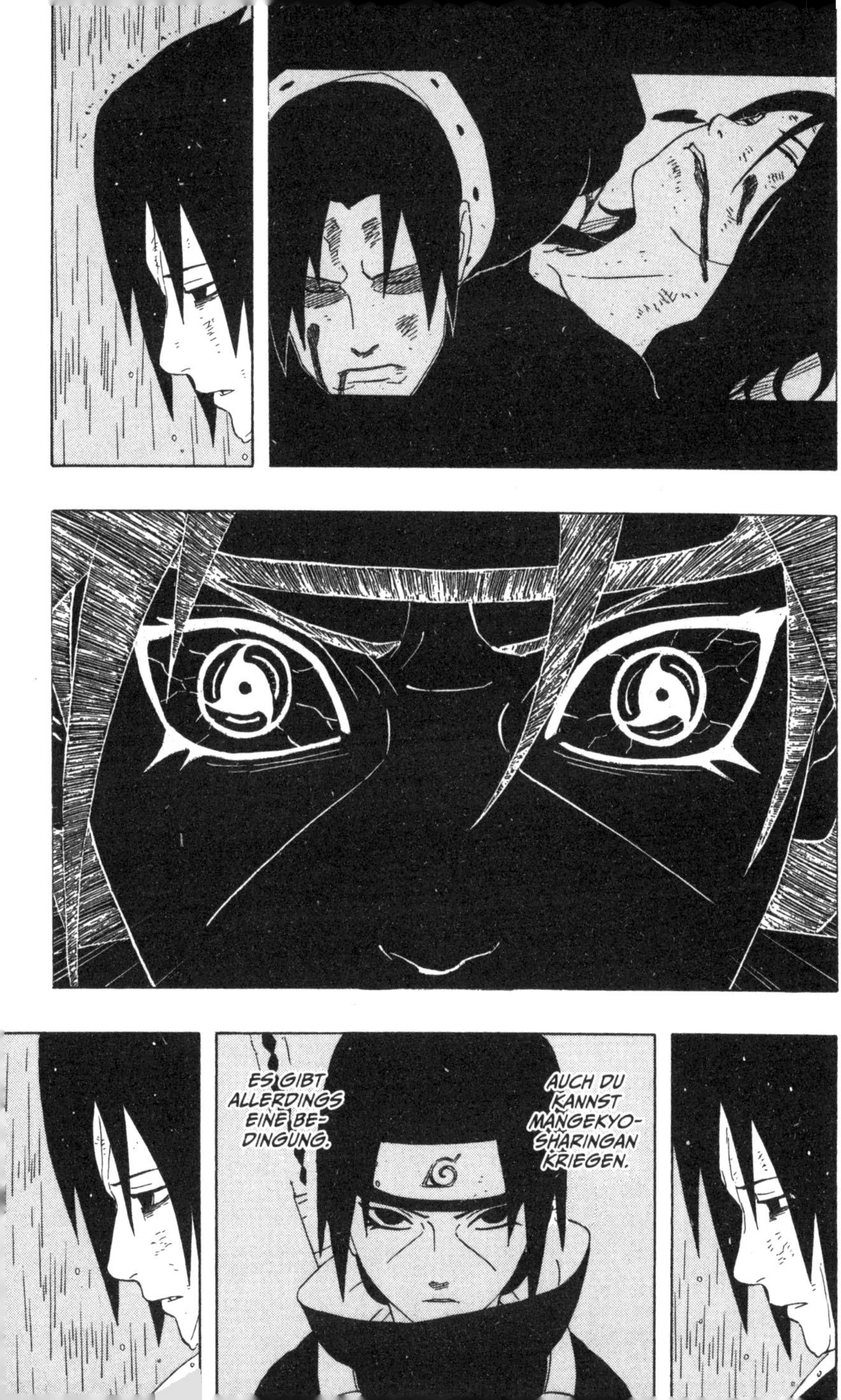
AUCH DU KANNST MANGEKYO-SHARINGAN KRIEGEN.
ES GIBT ALLERDINGS EINE BE-DINGUNG.

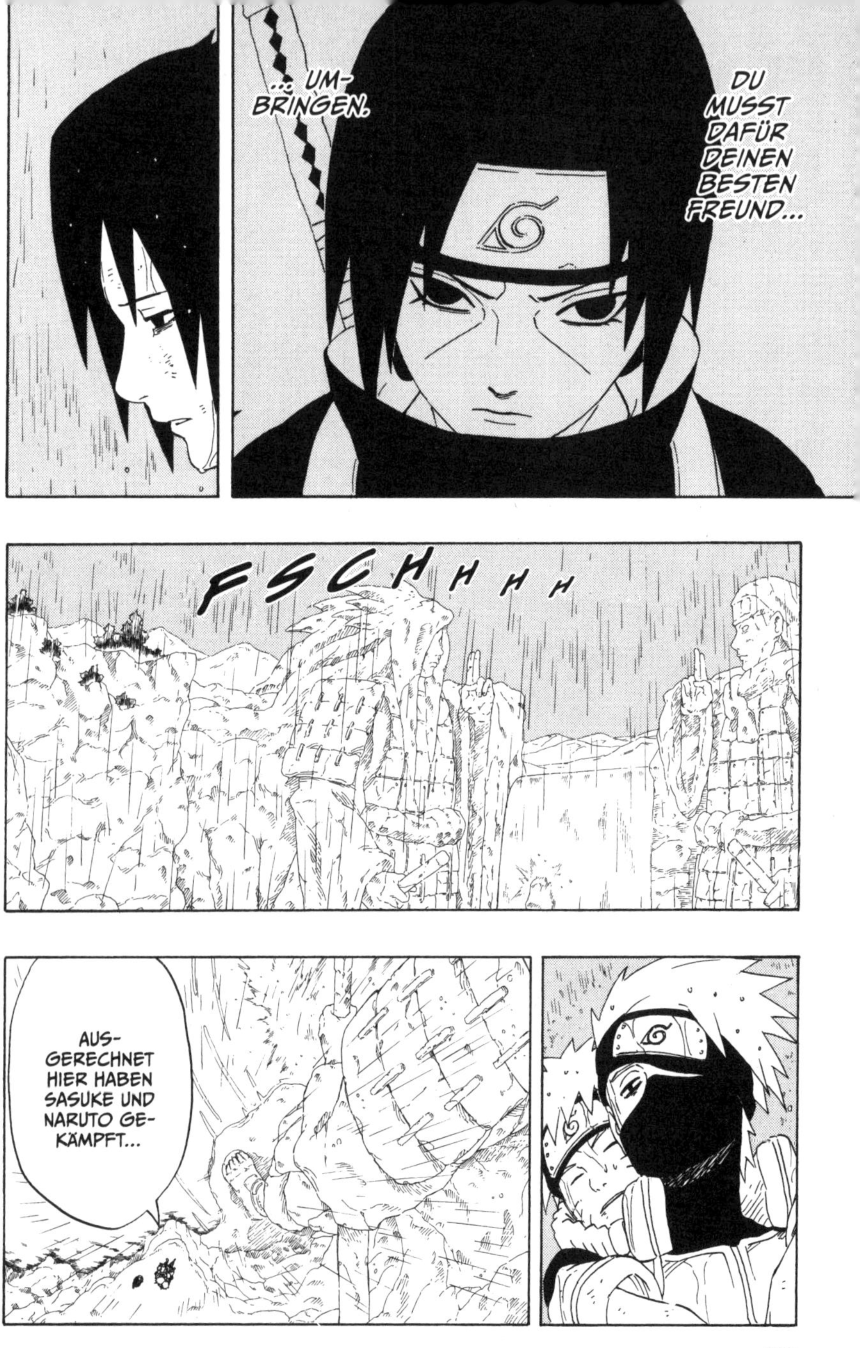
DU MUSST DAFÜR DEINEN BESTEN FREUND...
... UM-BRINGEN.
FSCHHHH
AUS-GERECHNET HIER HABEN SASUKE UND NARUTO GE-KÄMPFT...

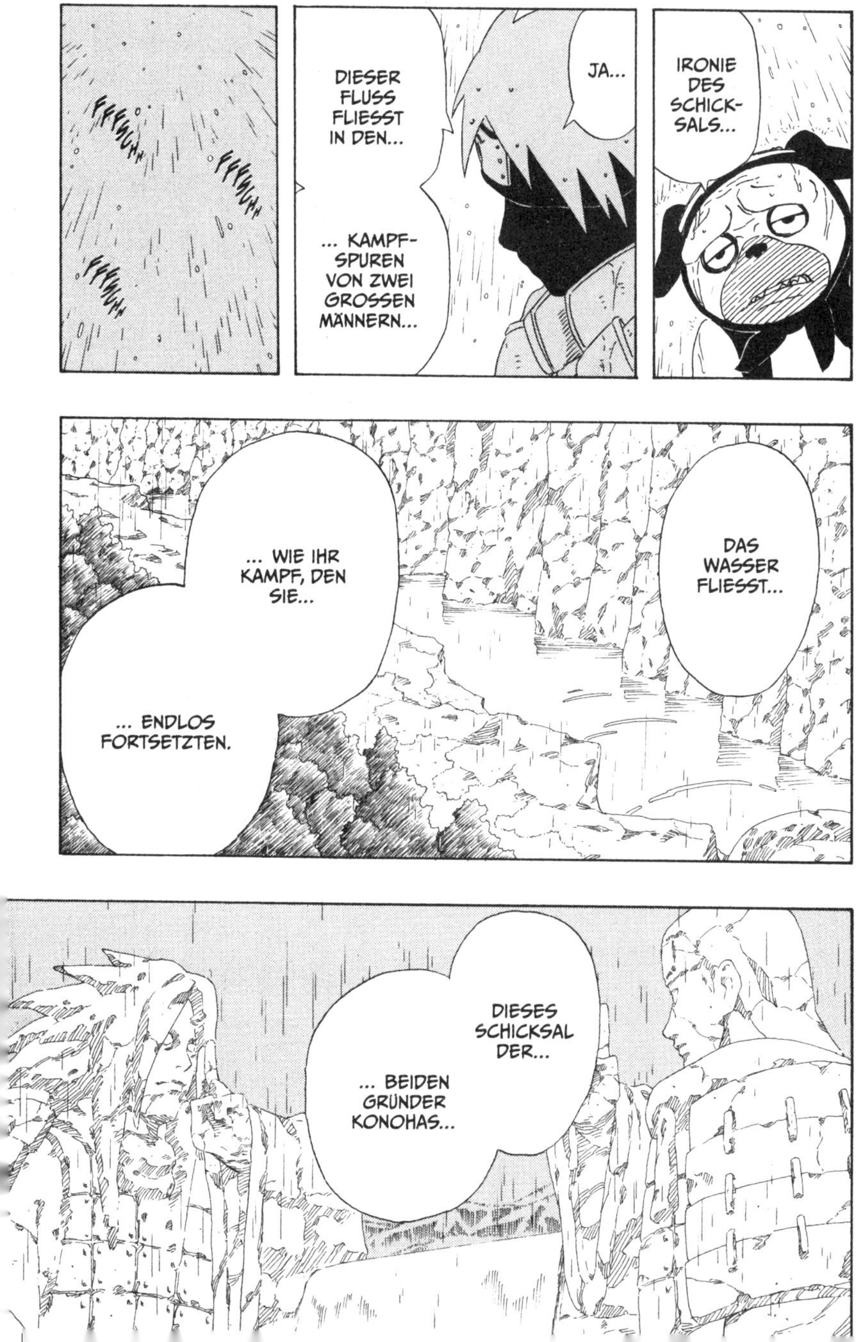
IRONIE DES SCHICKSALS...
JA...
DIESER FLUSS FLIESST IN DEN...
... KAMPFSPUREN VON ZWEI GROSSEN MÄNNERN...
DAS WASSER FLIESST...
... WIE IHR KAMPF, DEN SIE...
... ENDLOS FORTSETZTEN.
DIESES SCHICKSAL DER...
... BEIDEN GRÜNDER KONOHAS...

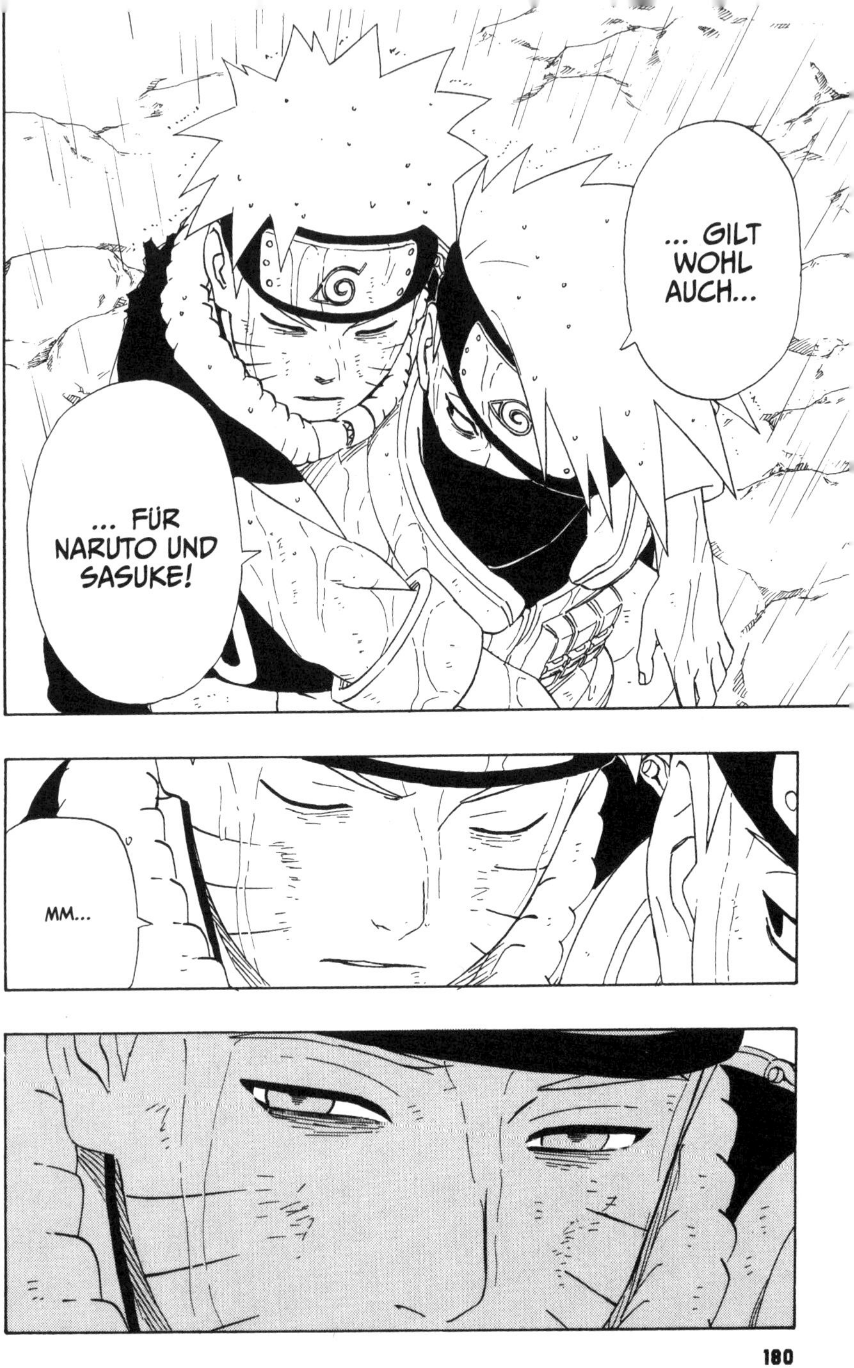
... GILT WOHL AUCH...
... FÜR NARUTO UND SASUKE!
MM...

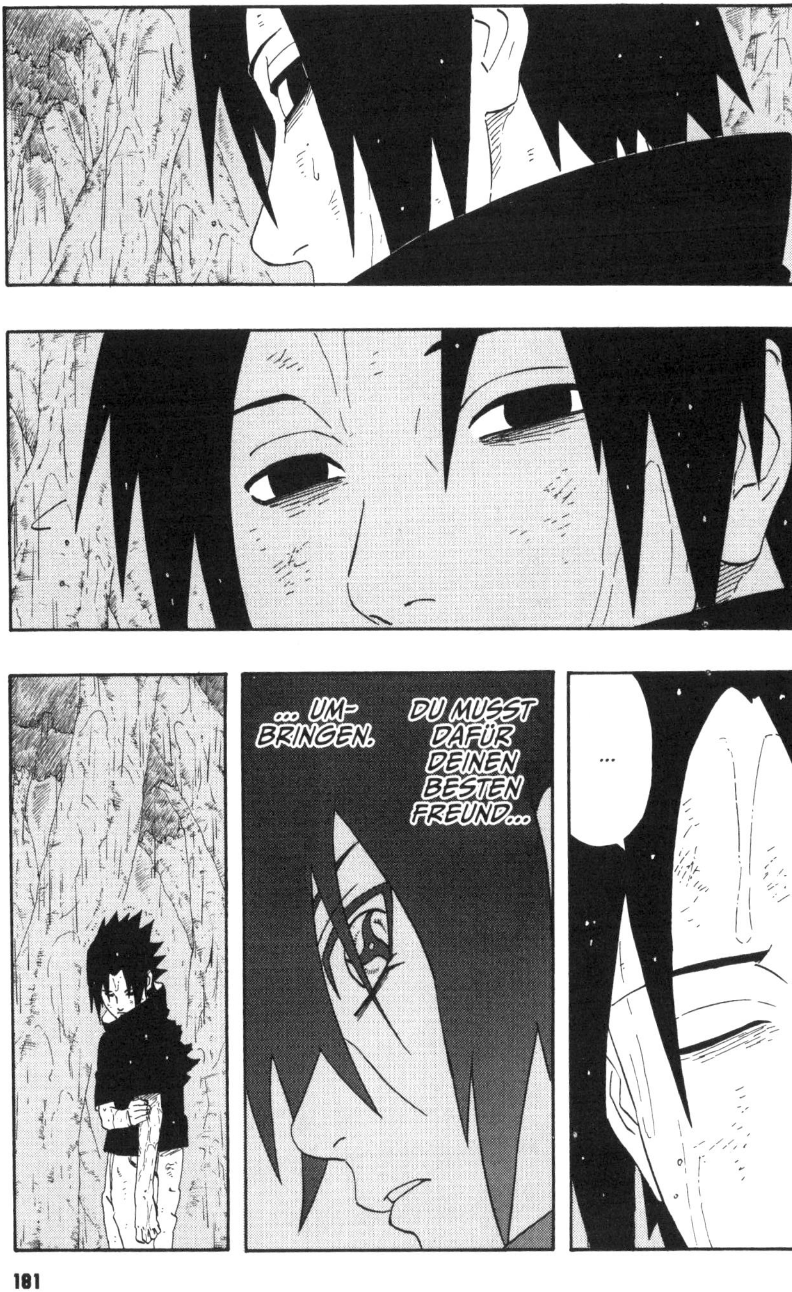
...
DU MUSST DAFÜR DEINEN BESTEN FREUND...
... UM-BRINGEN.

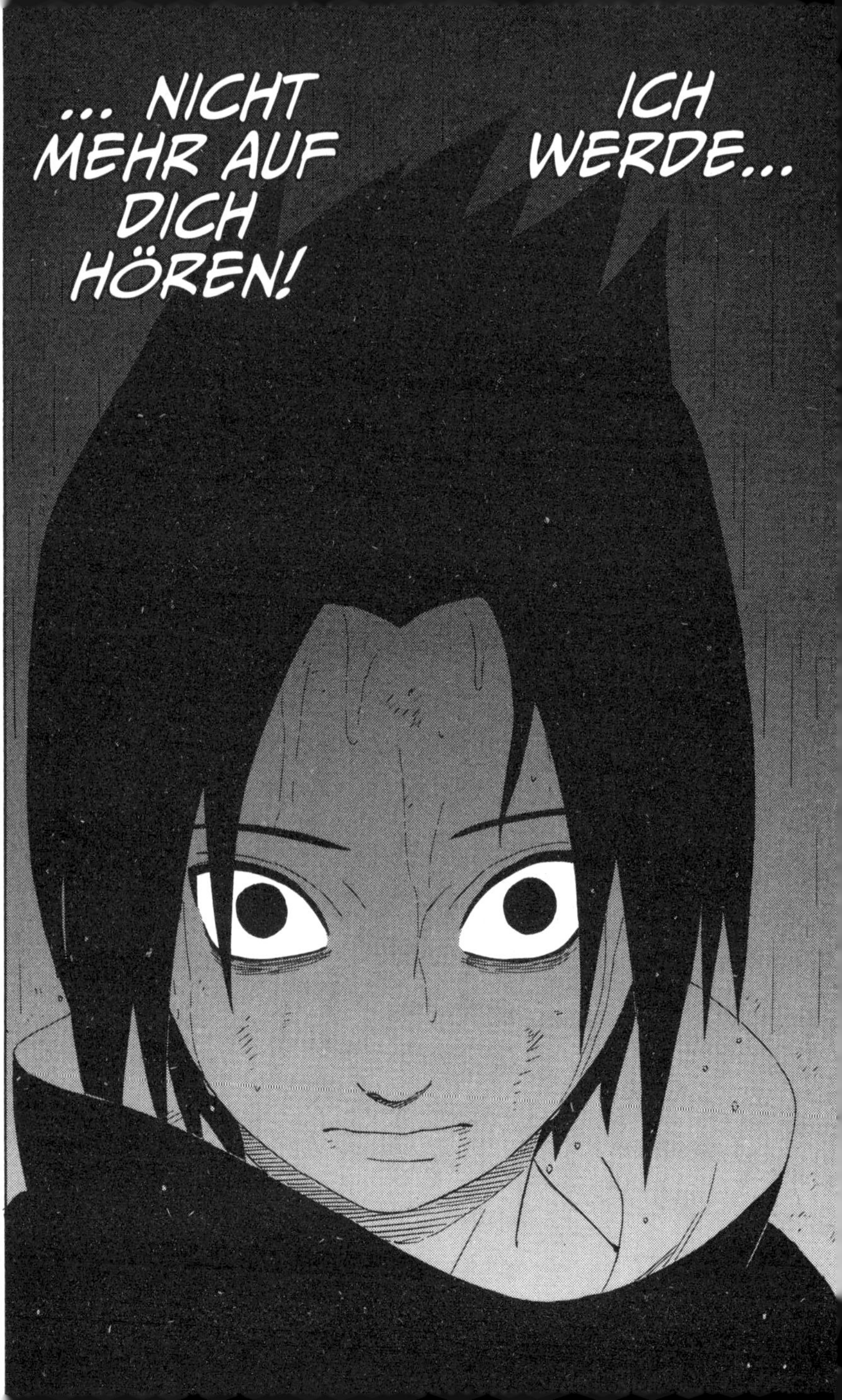
ICH WERDE...
... NICHT MEHR AUF DICH HÖREN!

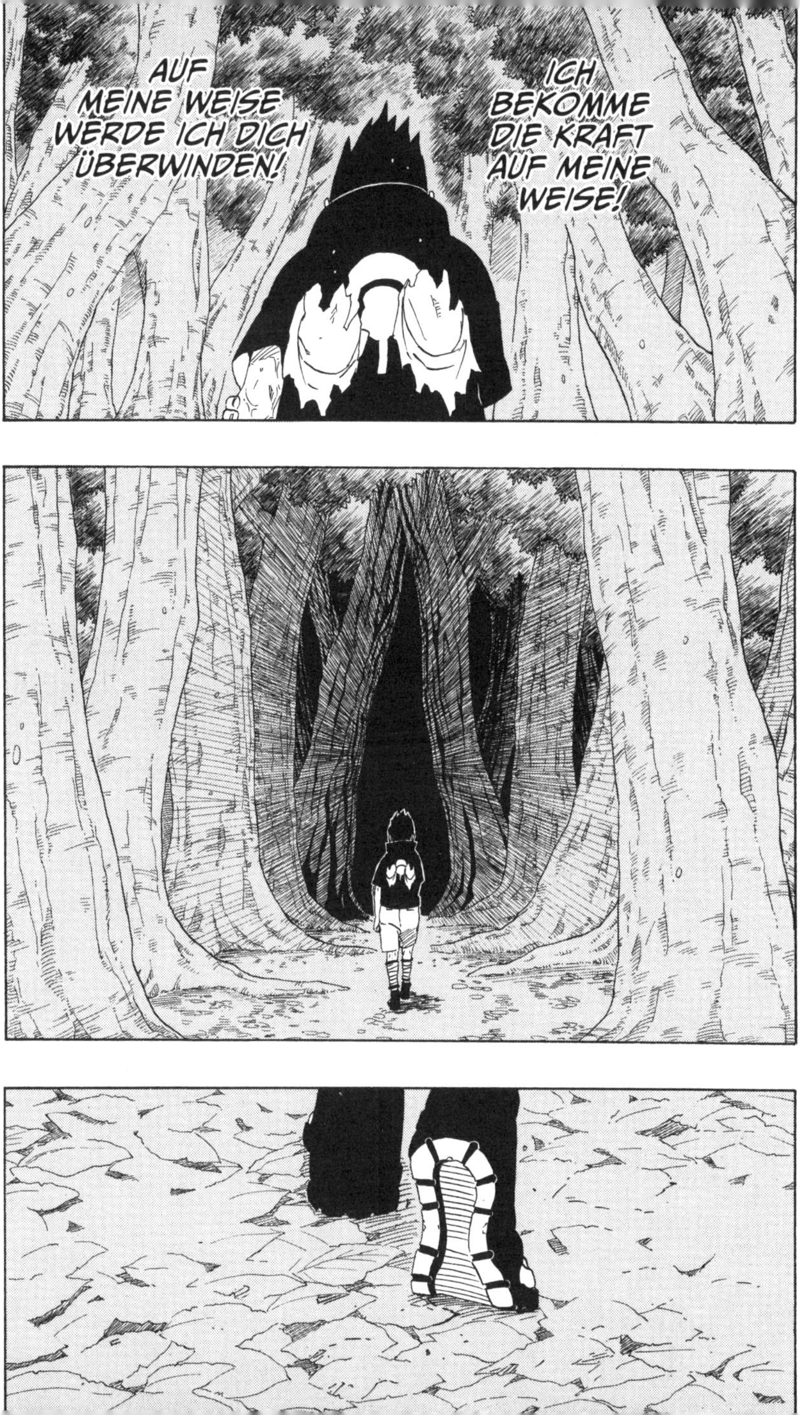
ICH BEKOMME DIE KRAFT AUF MEINE WEISE!
AUF MEINE WEISE WERDE ICH DICH ÜBERWINDEN!

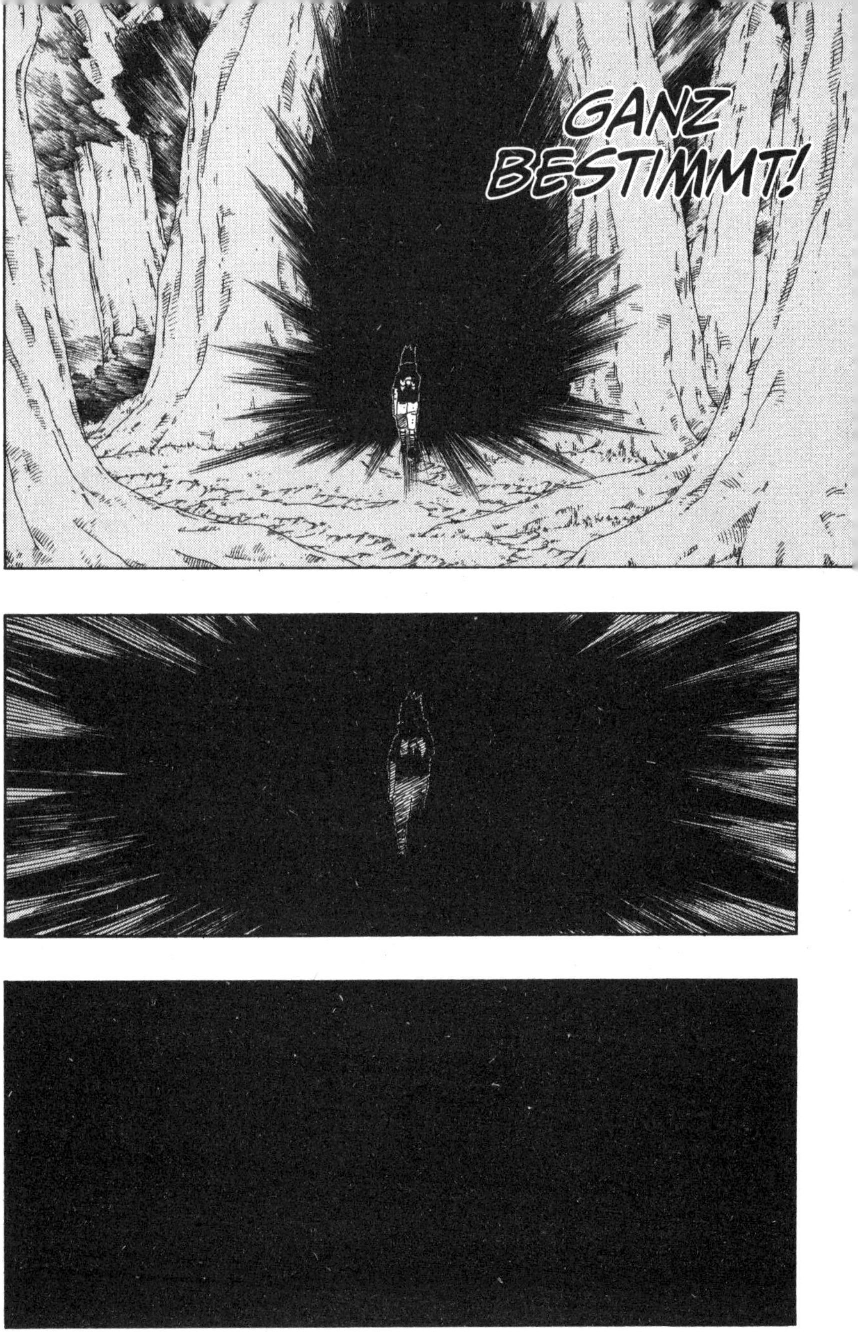
GANZ BESTIMMT!

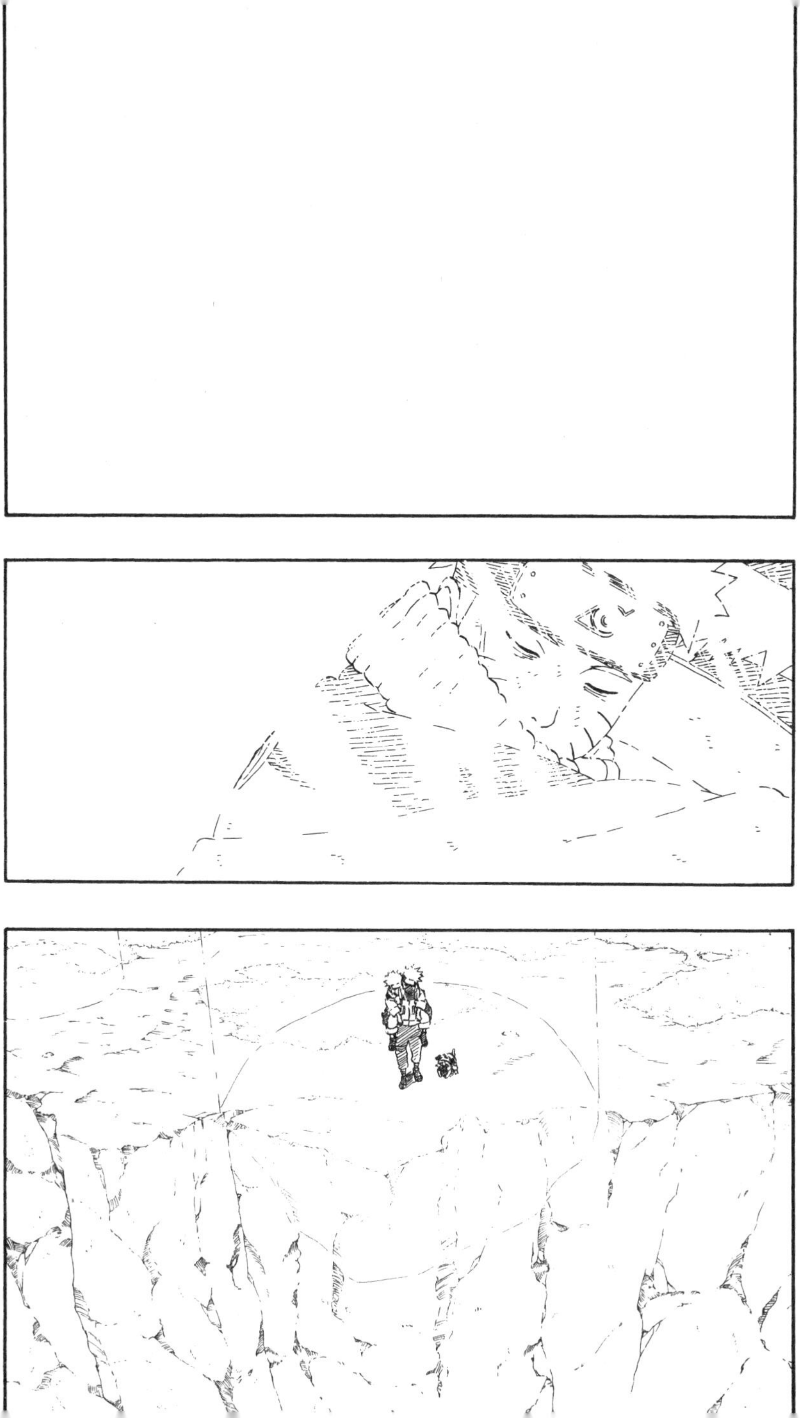

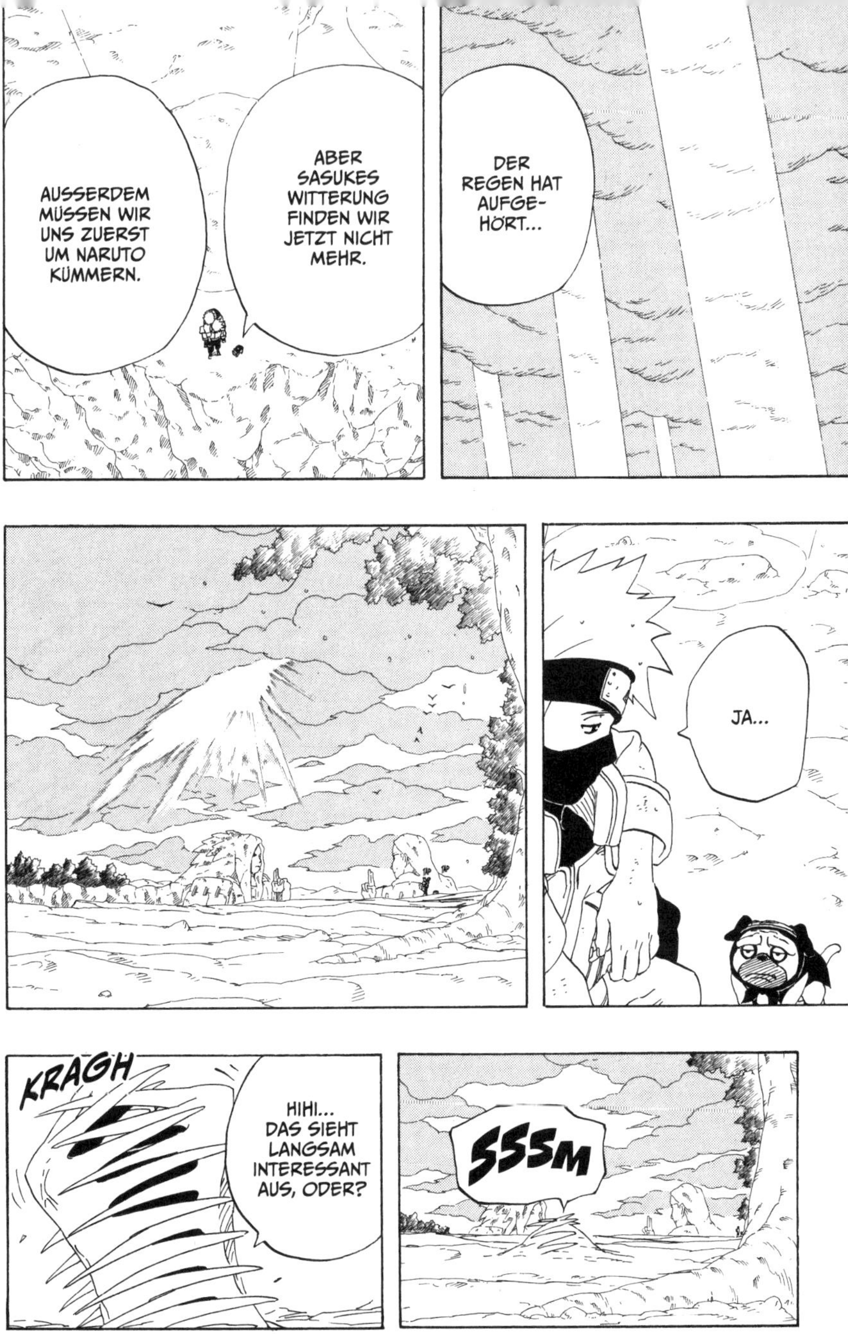
DER REGEN HAT AUFGE-HÖRT...
ABER SASUKES WITTERUNG FINDEN WIR JETZT NICHT MEHR.
AUSSERDEM MÜSSEN WIR UNS ZUERST UM NARUTO KÜMMERN.
JA...
SSSM
KRAGH
HIHI... DAS SIEHT LANGSAM INTERESSANT AUS, ODER?

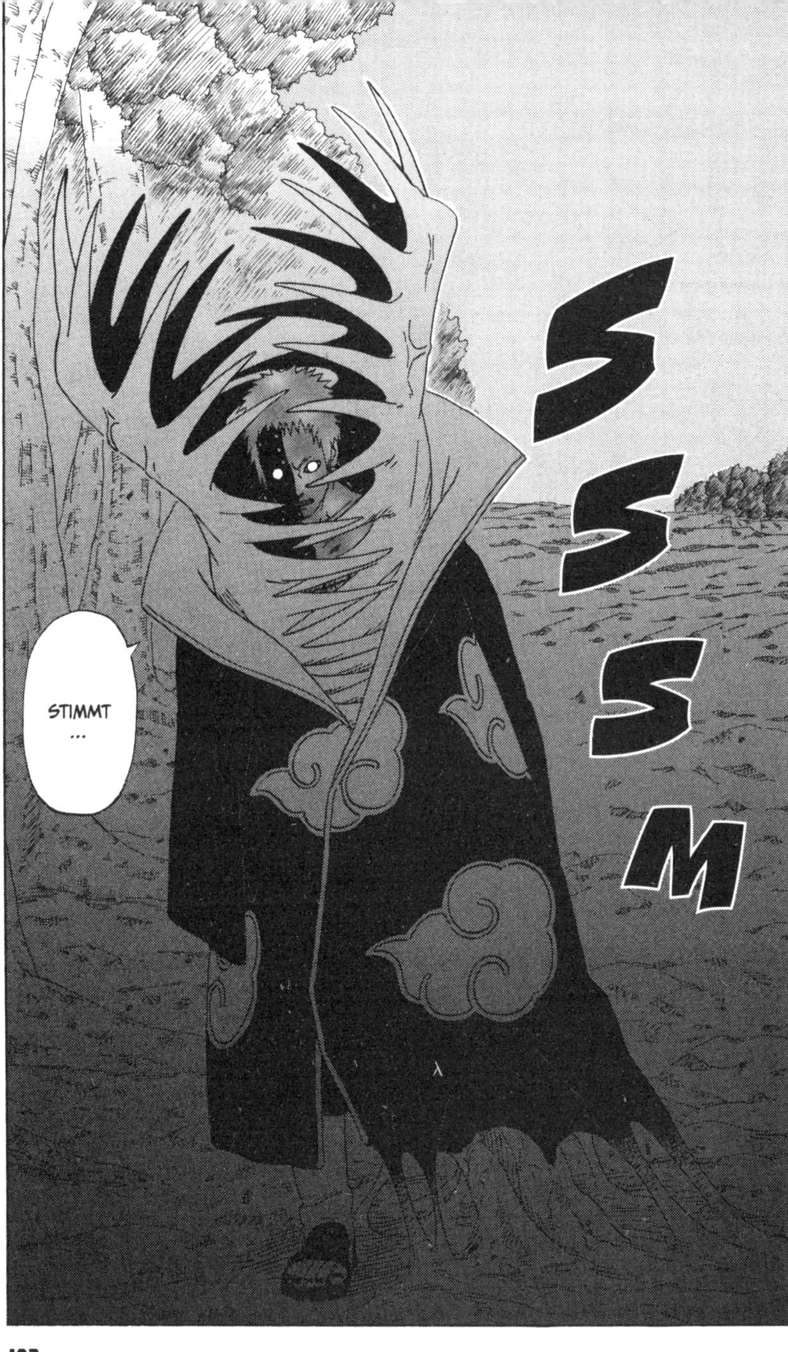
SSSM
STIMMT
...

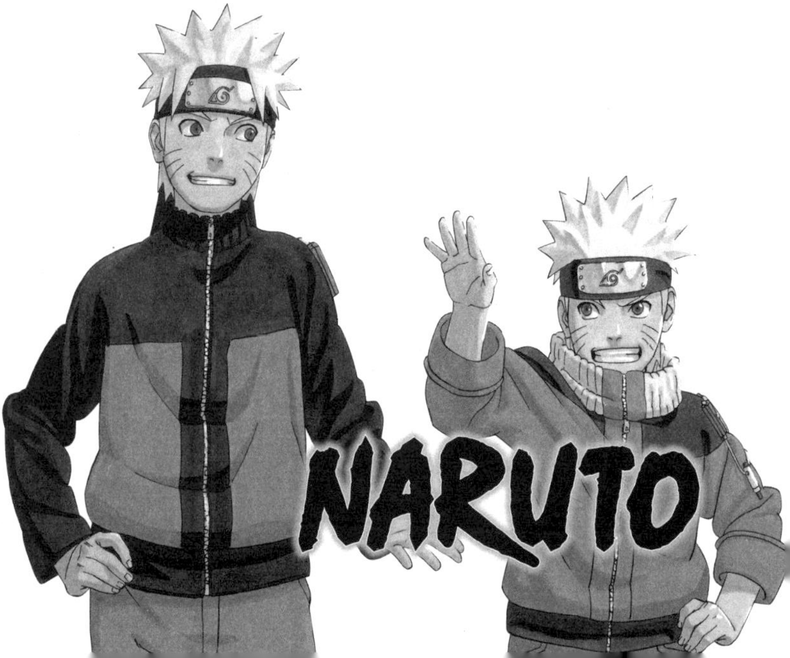
NARUTO

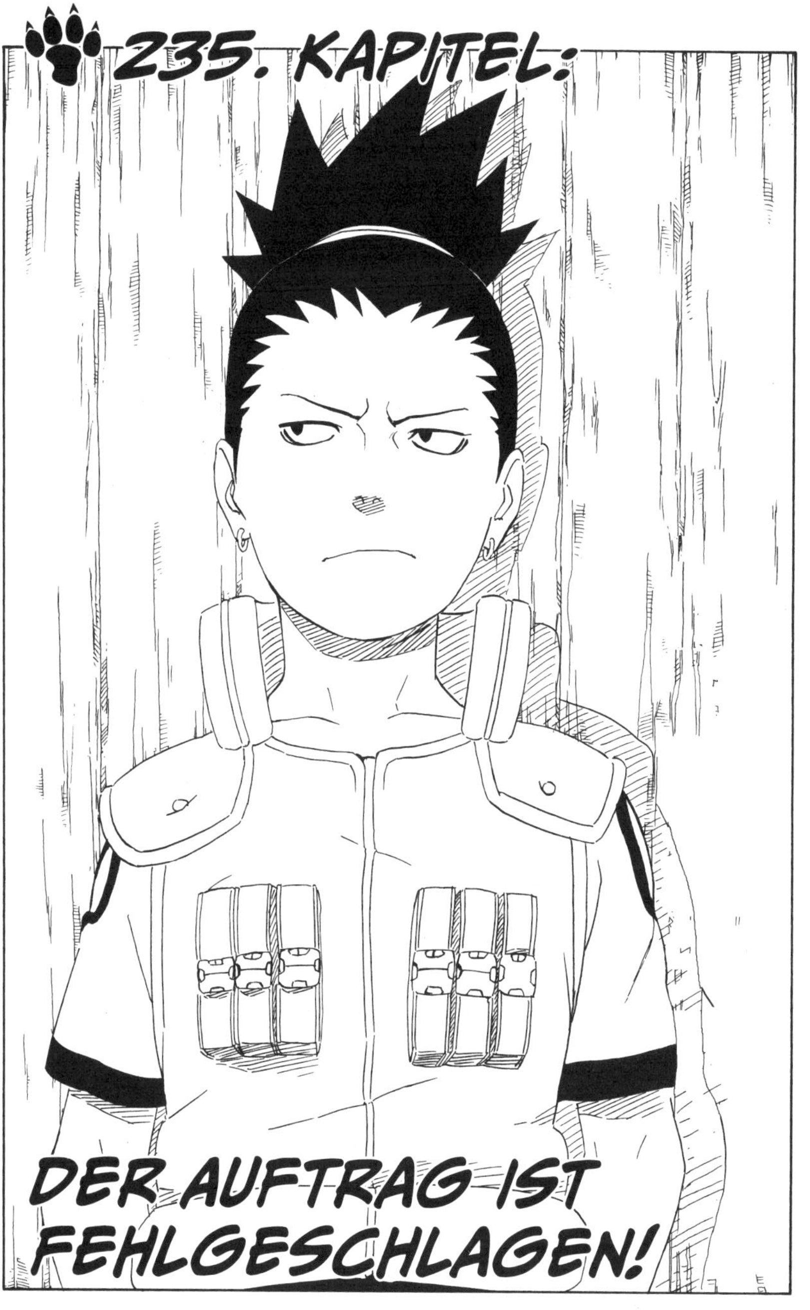
235. KAPITEL:
DER AUFTRAG IST FEHLGESCHLAGEN!

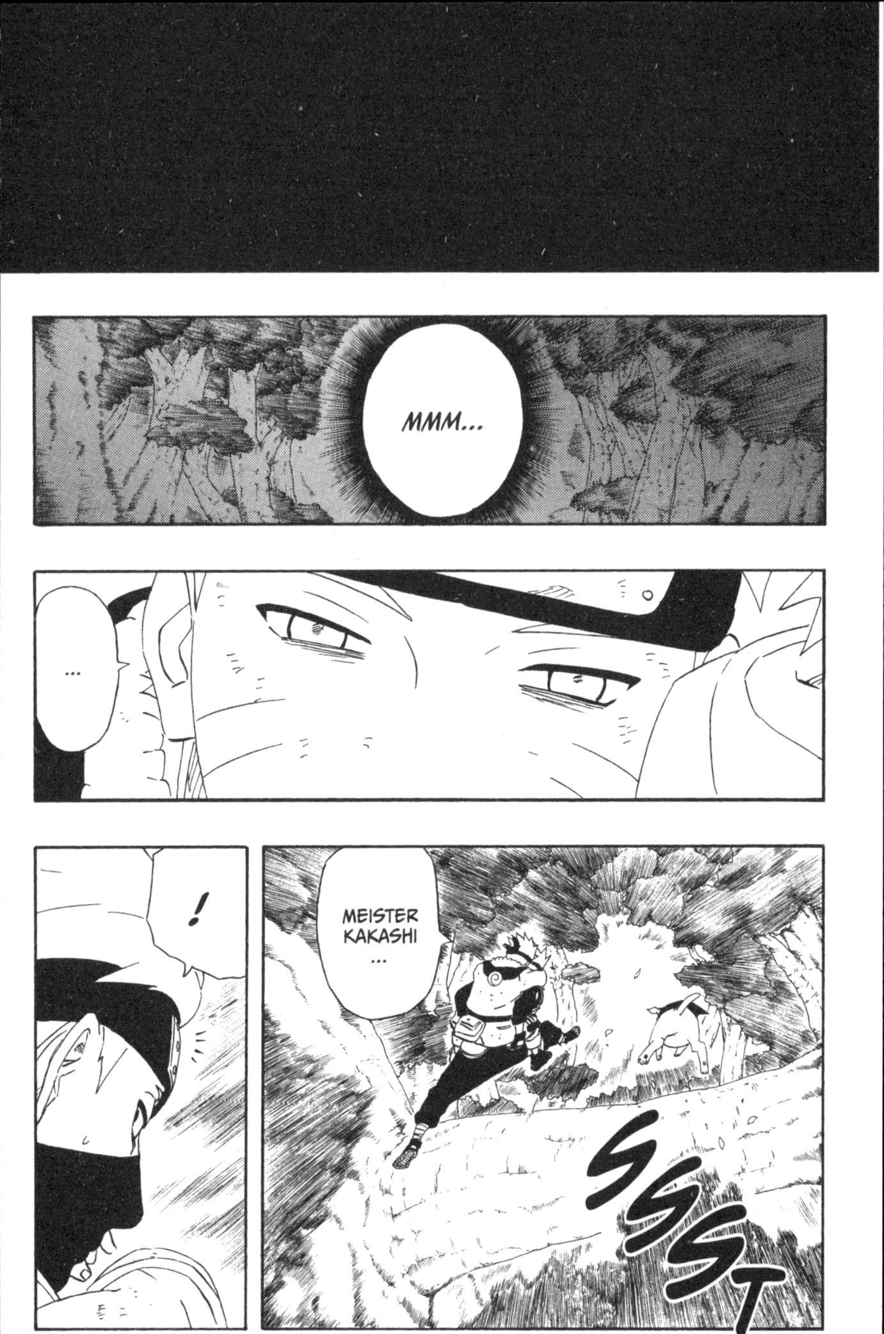
MMM...
...
!
MEISTER KAKASHI ...
SSST

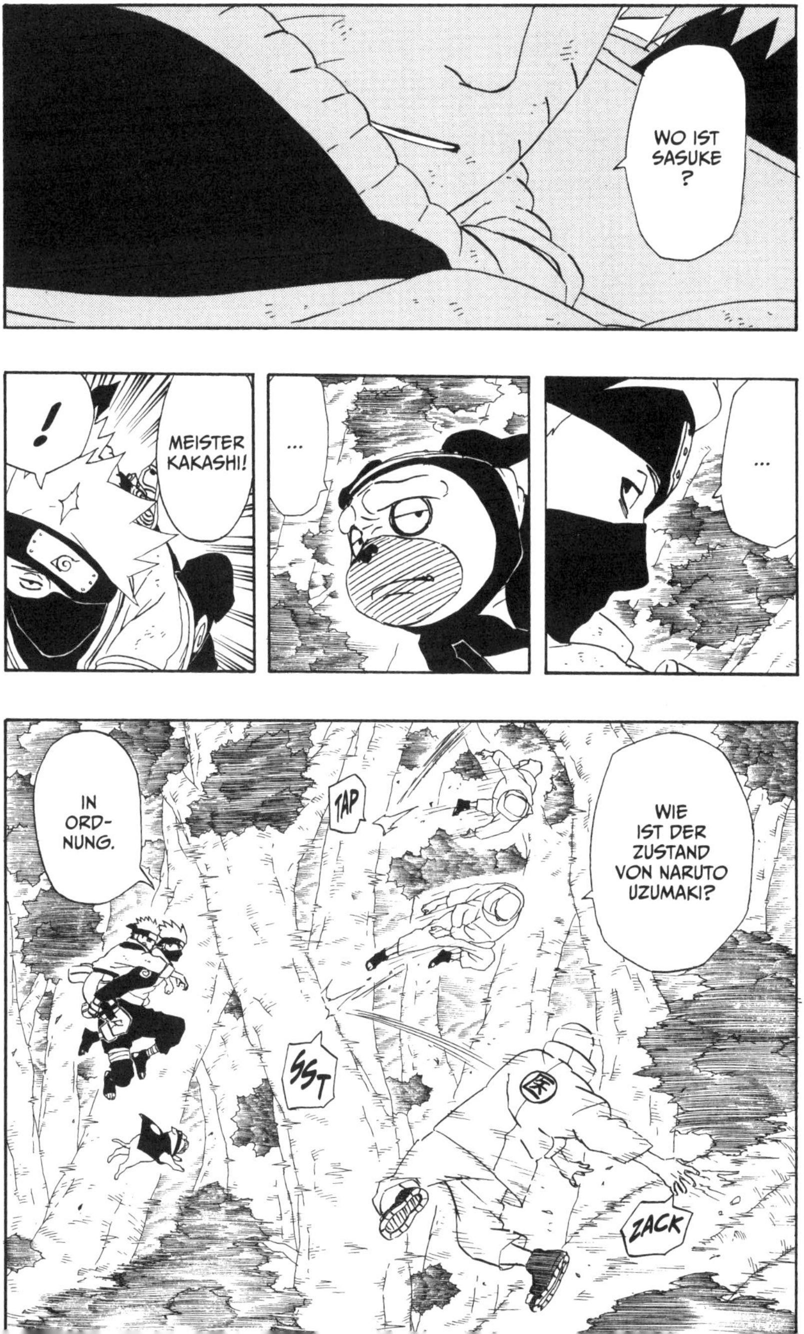
WO IST SASUKE ?
MEISTER KAKASHI!
!
...
...
WIE IST DER ZUSTAND VON NARUTO UZUMAKI?
TAP
IN ORD-NUNG.
SST
ZACK

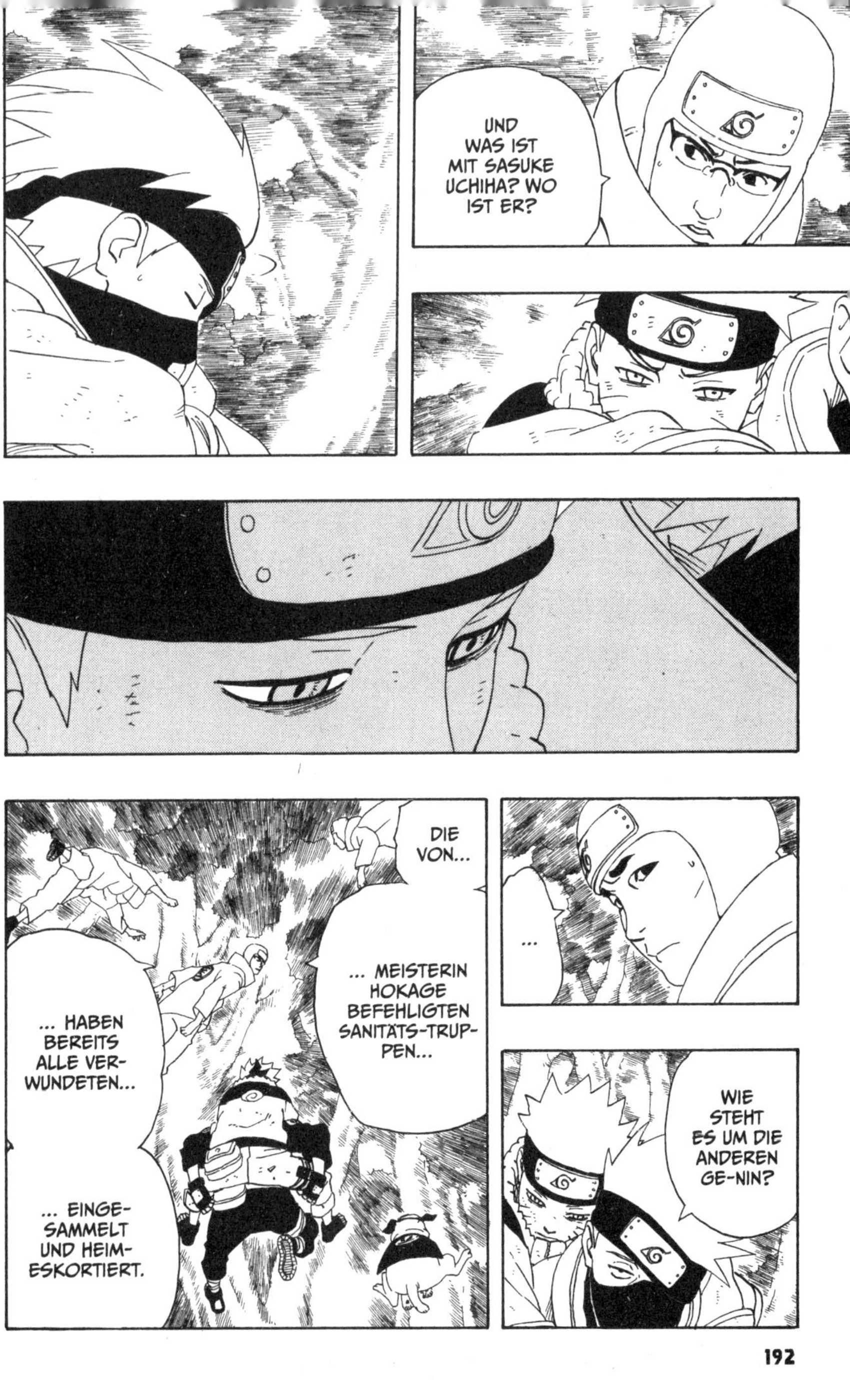
UND WAS IST MIT SASUKE UCHIHA? WO IST ER?
...
WIE STEHT ES UM DIE ANDEREN GE-NIN?
DIE VON...
... MEISTERIN HOKAGE BEFEHLIGTEN SANITÄTS-TRUPPEN...
... HABEN BEREITS ALLE VERWUNDETEN...
... EINGESAMMELT UND HEIMESKORTIERT.

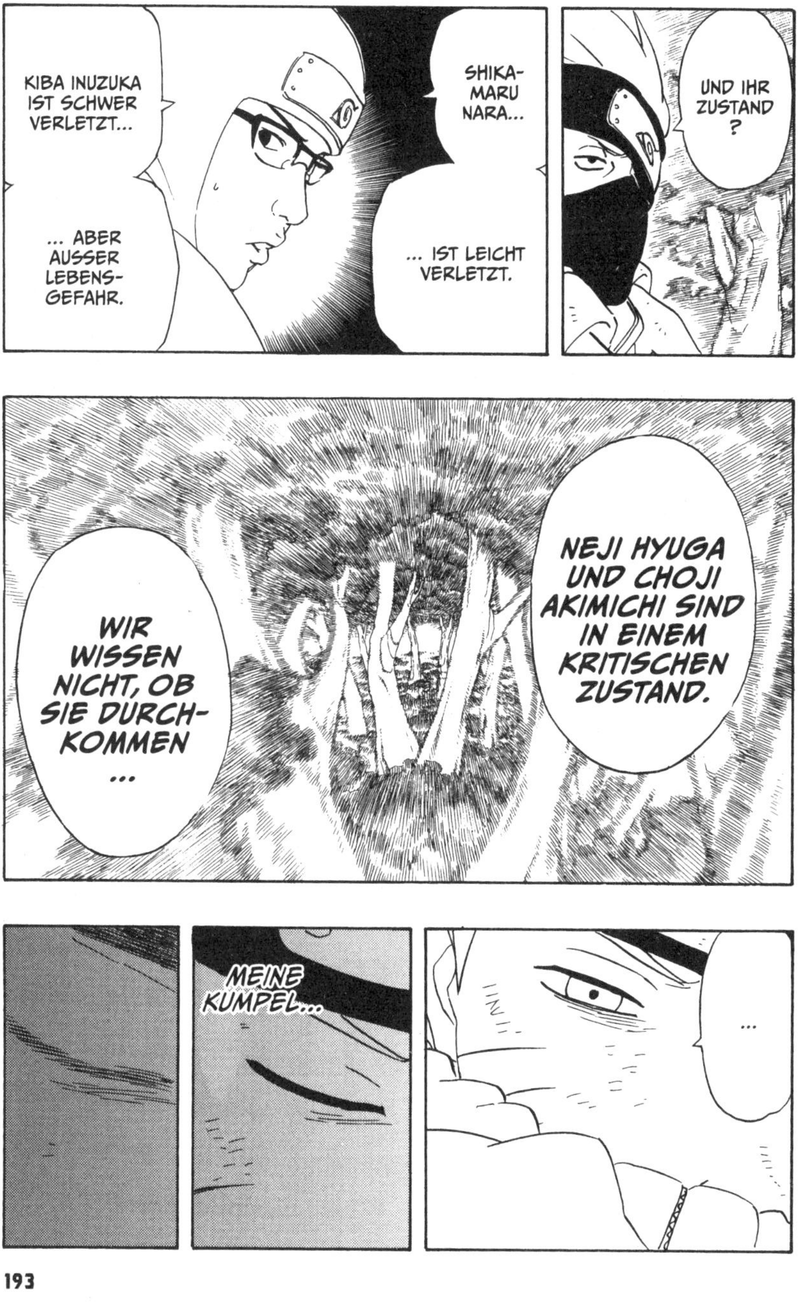
UND IHR ZUSTAND ?
SHIKA-MARU NARA...
... IST LEICHT VERLETZT.
KIBA INUZUKA IST SCHWER VERLETZT...
... ABER AUSSER LEBENS-GEFAHR.
NEJI HYUGA UND CHOJI AKIMICHI SIND IN EINEM KRITISCHEN ZUSTAND.
WIR WISSEN NICHT, OB SIE DURCH-KOMMEN ...
...
MEINE KUMPEL...

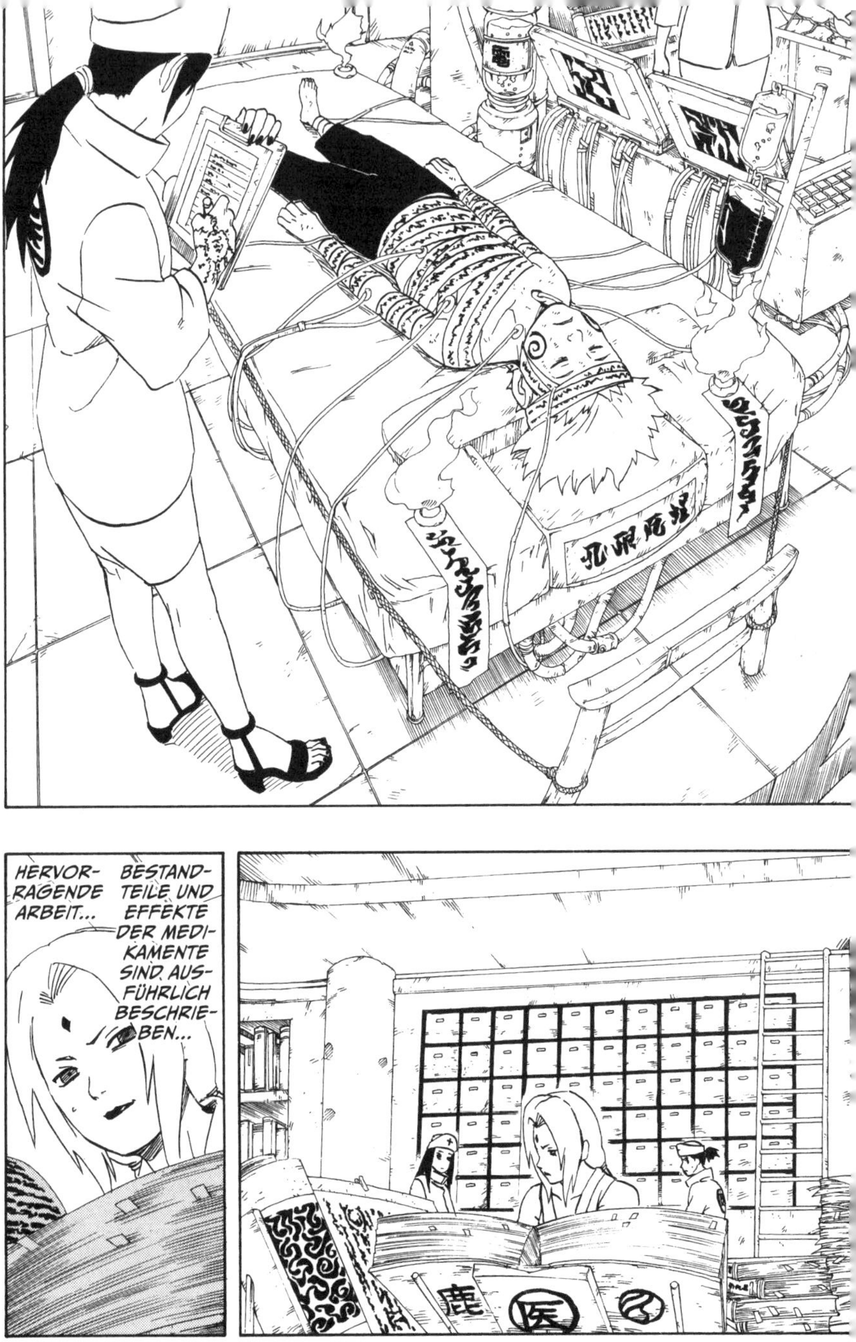
BESTAND-TEILE UND EFFEKTE DER MEDI-KAMENTE SIND AUS-FÜHRLICH BESCHRIE-BEN...
HERVOR-RAGENDE ARBEIT...

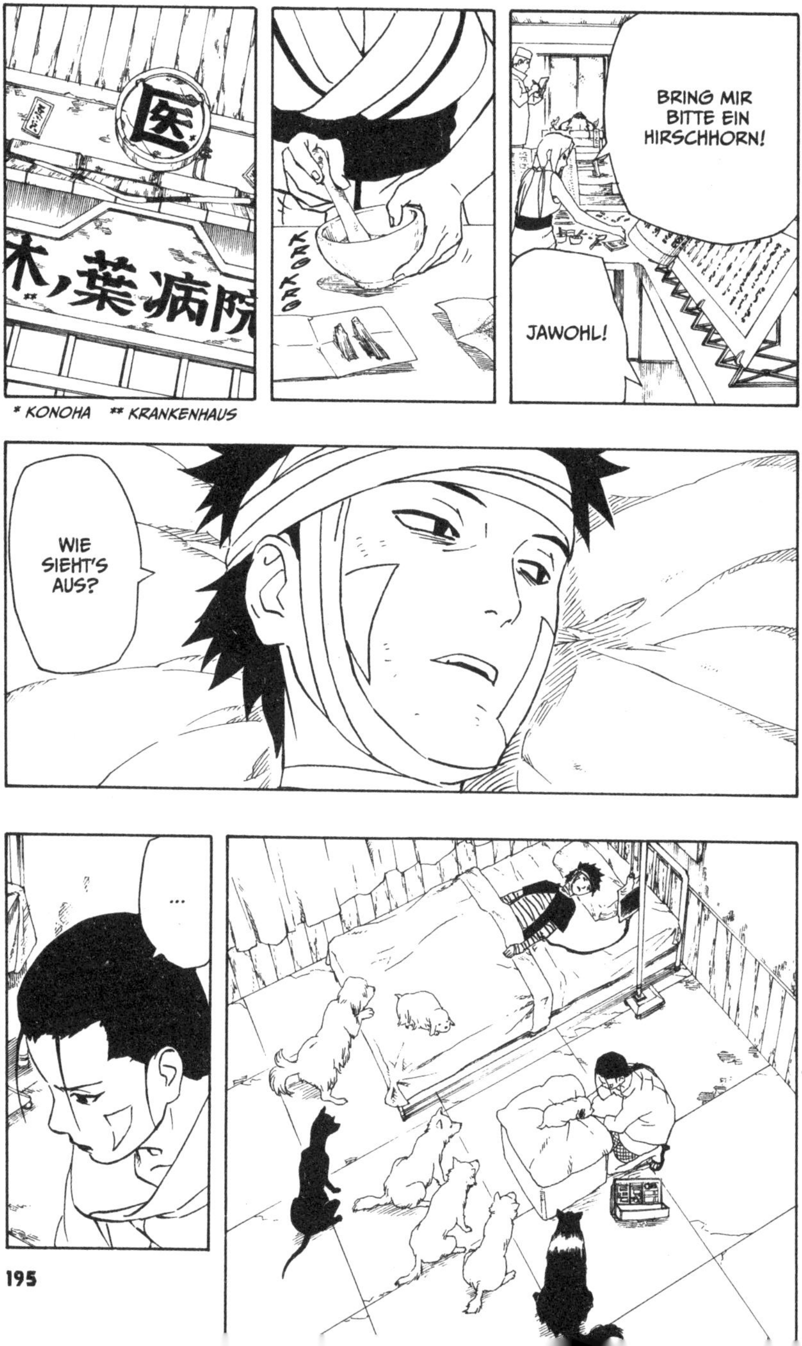

* KONOHA ** KRANKENHAUS

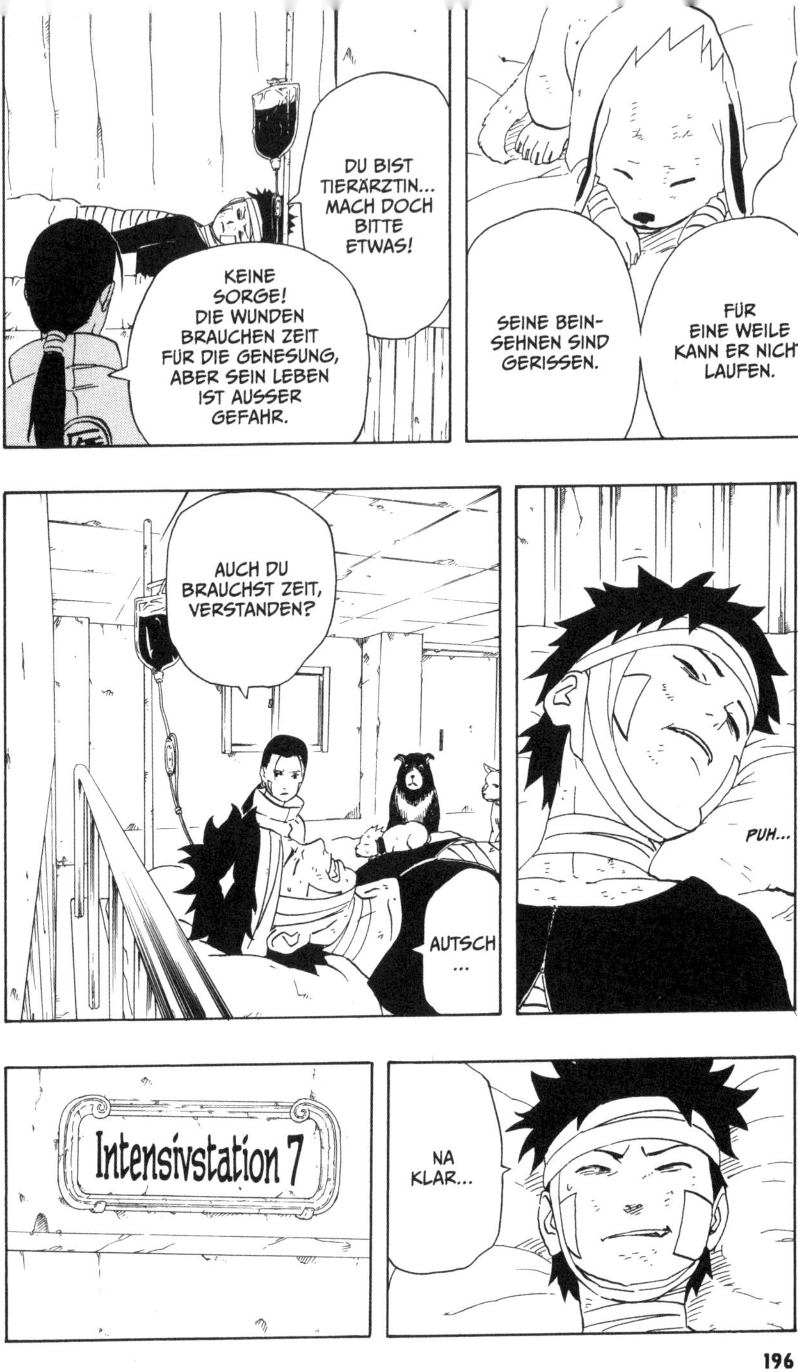
FÜR EINE WEILE KANN ER NICHT LAUFEN.
SEINE BEIN-SEHNEN SIND GERISSEN.
DU BIST TIERÄRZTIN... MACH DOCH BITTE ETWAS!
KEINE SORGE! DIE WUNDEN BRAUCHEN ZEIT FÜR DIE GENESUNG, ABER SEIN LEBEN IST AUSSER GEFAHR.
PUH...
AUCH DU BRAUCHST ZEIT, VERSTANDEN?
AUTSCH ...
NA KLAR...
Intensivstation 7

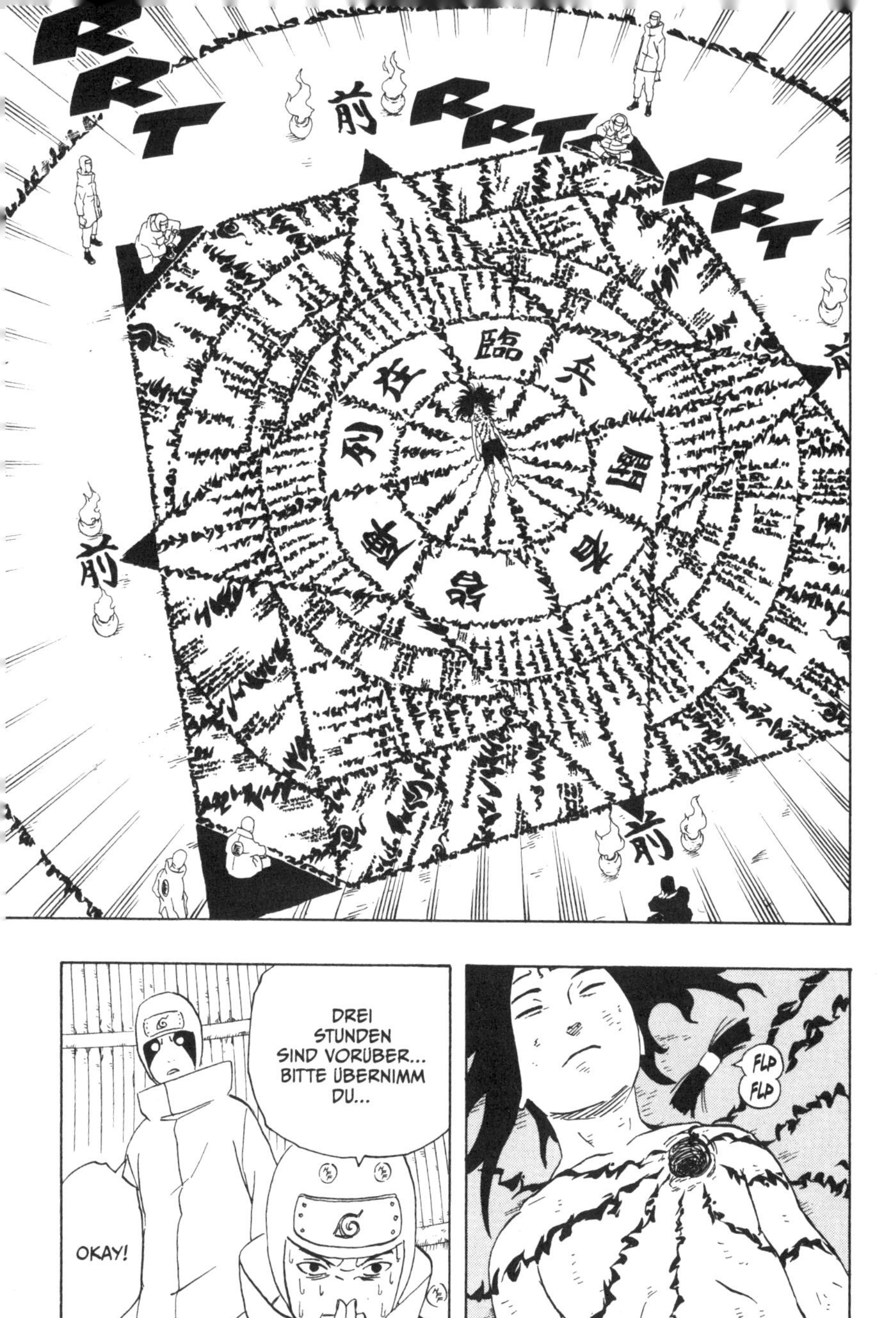
RRT
RRT
RRT
FLP
FLP
DREI STUNDEN SIND VORÜBER... BITTE ÜBERNIMM DU...
OKAY!

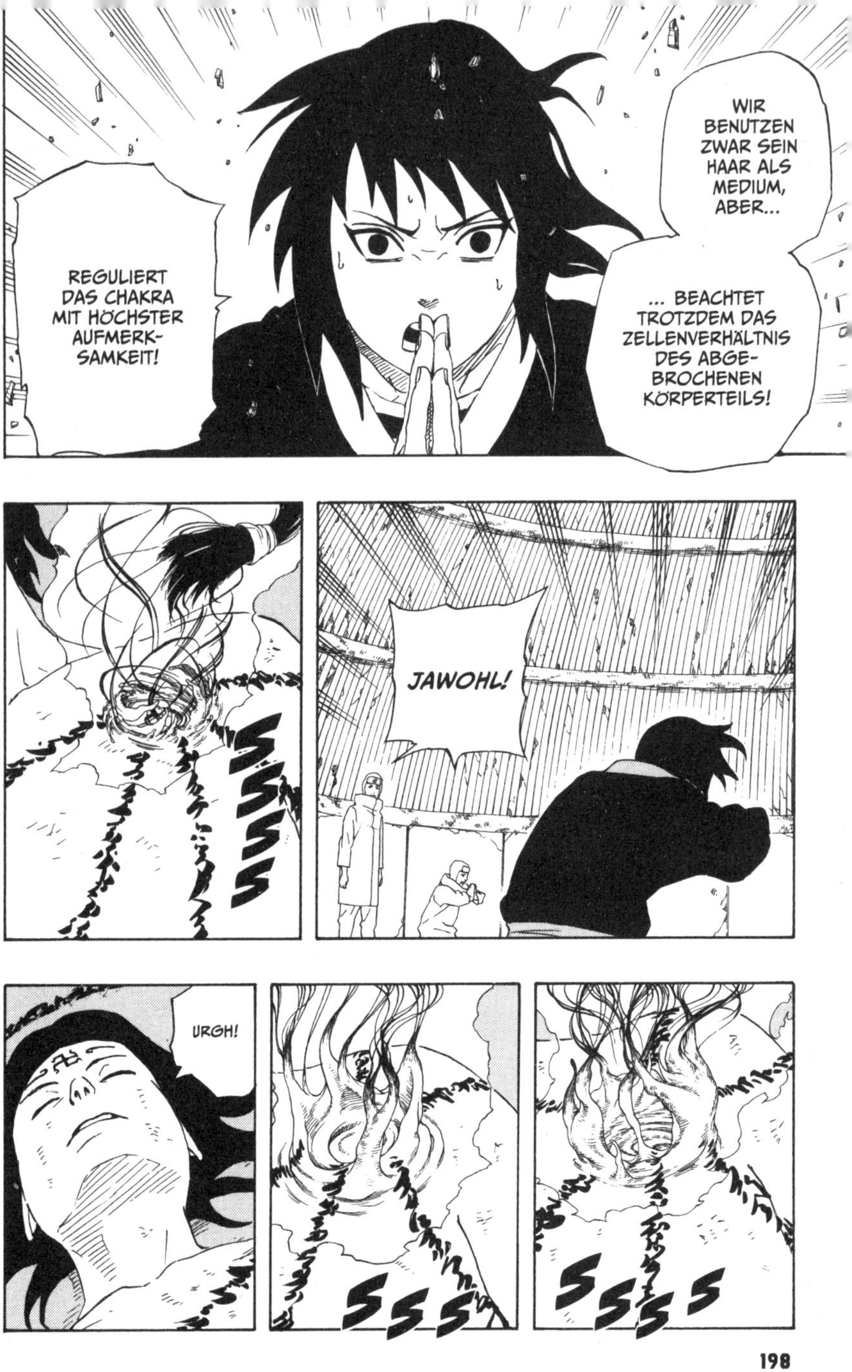
WIR BENUTZEN ZWAR SEIN HAAR ALS MEDIUM, ABER...
... BEACHTET TROTZDEM DAS ZELLENVERHÄLTNIS DES ABGEBROCHENEN KÖRPERTEILS!
REGULIERT DAS CHAKRA MIT HÖCHSTER AUFMERKSAMKEIT!
JAWOHL!
SSSSS
URGH!
SSS
SSSS

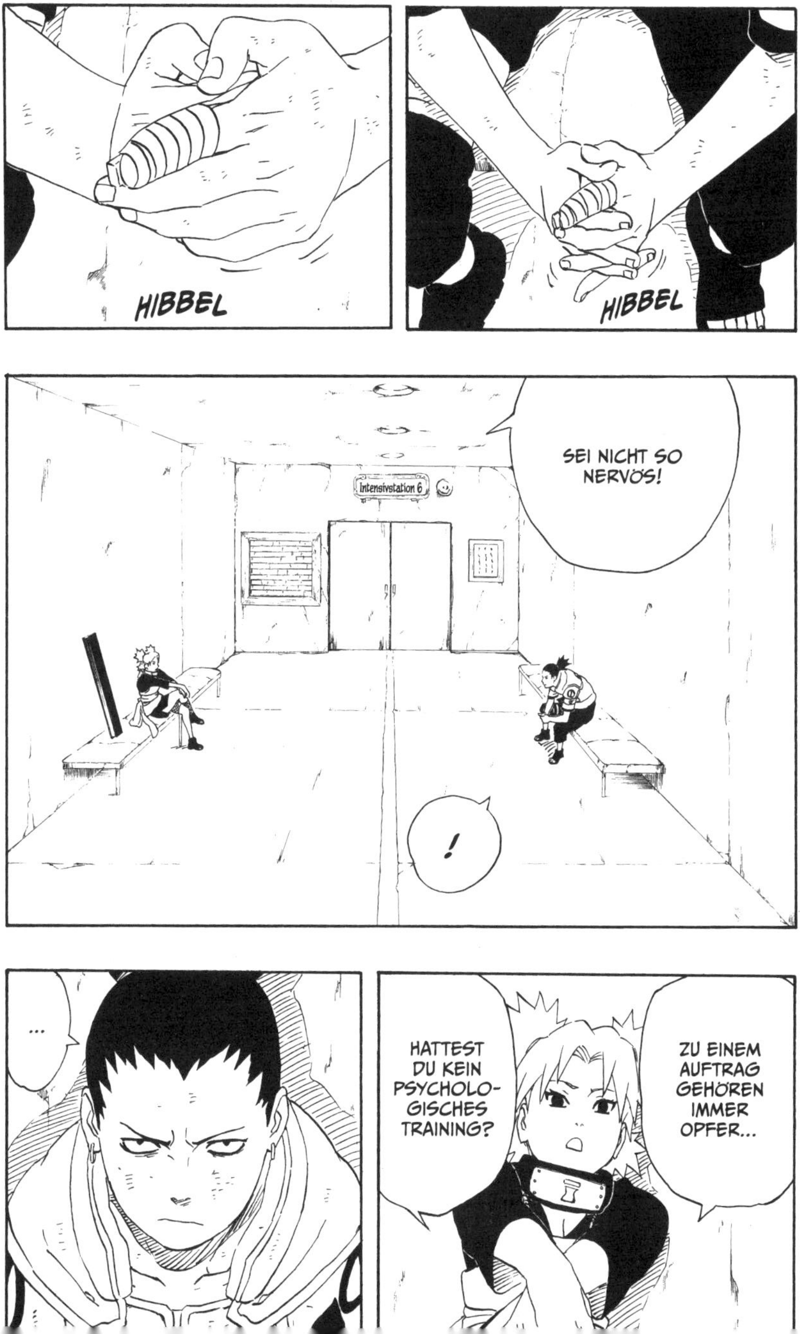
HIBBEL
HIBBEL
Intensivstation 6
SEI NICHT SO NERVÖS!
!
ZU EINEM AUFTRAG GEHÖREN IMMER OPFER...
HATTEST DU KEIN PSYCHOLO-GISCHES TRAINING?
...

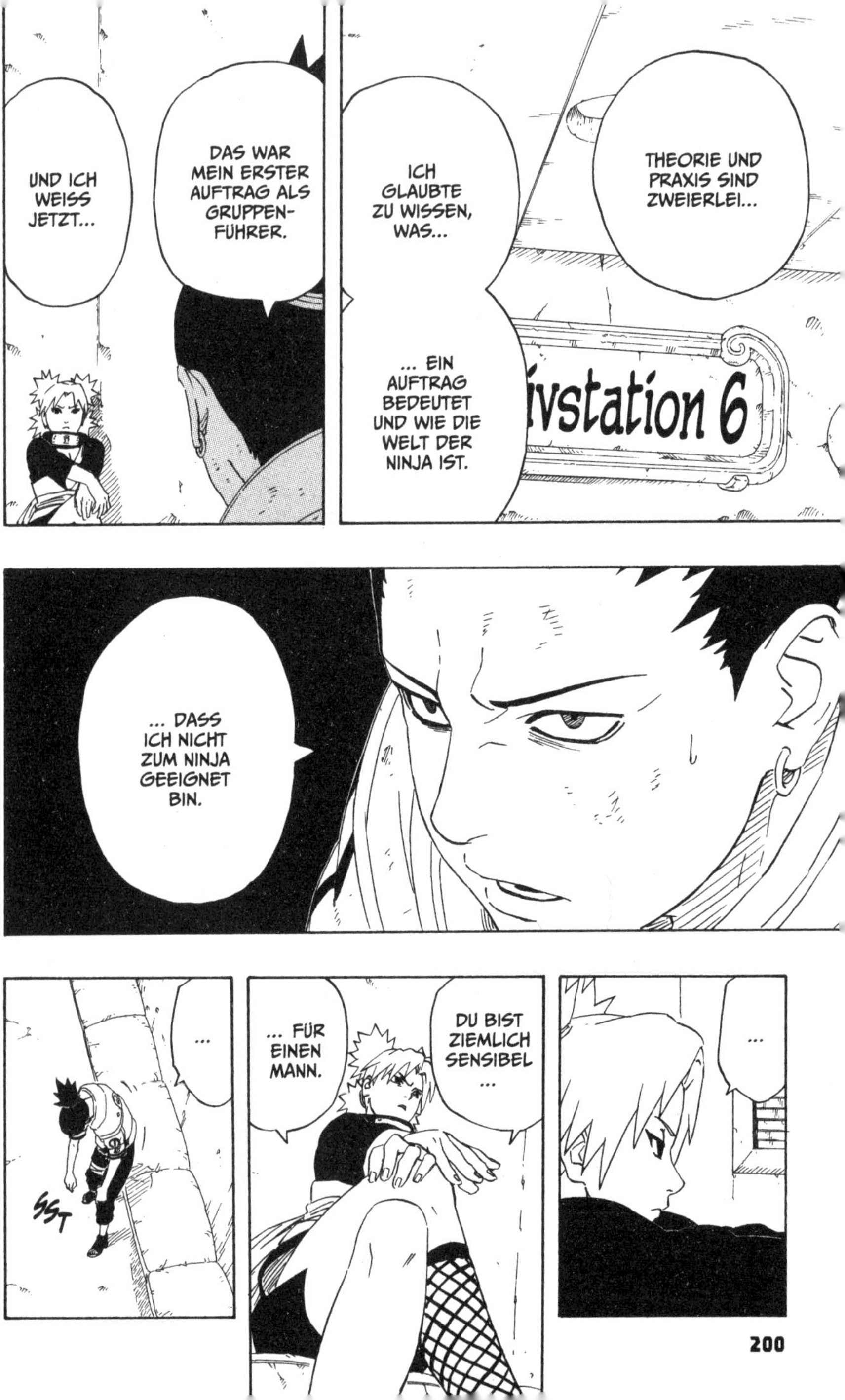

THEORIE UND PRAXIS SIND ZWEIERLEI...
ívstation 6
ICH GLAUBTE ZU WISSEN, WAS...
... EIN AUFTRAG BEDEUTET UND WIE DIE WELT DER NINJA IST.
DAS WAR MEIN ERSTER AUFTRAG ALS GRUPPEN-FÜHRER.
UND ICH WEISS JETZT...
... DASS ICH NICHT ZUM NINJA GEEIGNET BIN.
...
DU BIST ZIEMLICH SENSIBEL ...
... FÜR EINEN MANN.
...
SST

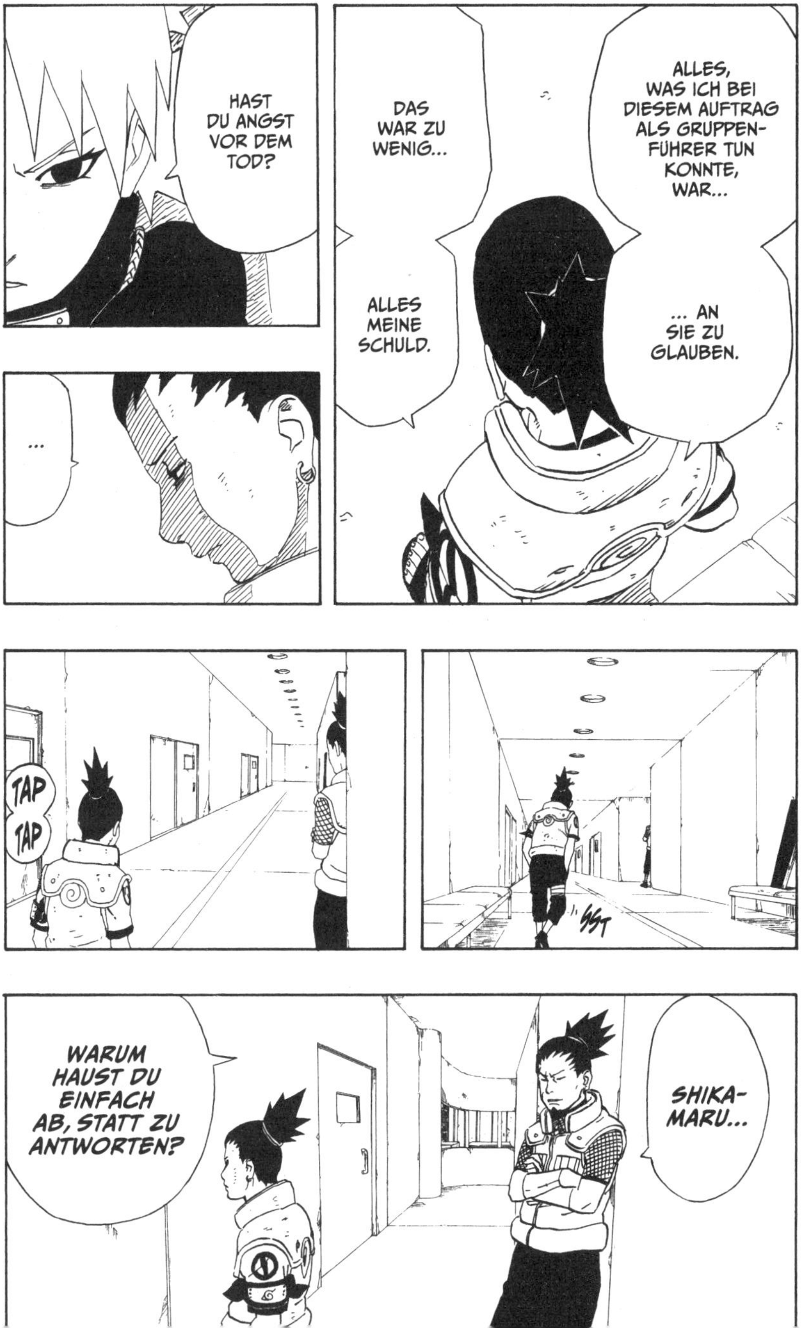
ALLES, WAS ICH BEI DIESEM AUFTRAG ALS GRUPPEN-FÜHRER TUN KONNTE, WAR...
... AN SIE ZU GLAUBEN.
DAS WAR ZU WENIG...
ALLES MEINE SCHULD.
HAST DU ANGST VOR DEM TOD?
...
SST
TAP
TAP
SHIKA-MARU...
WARUM HAUST DU EINFACH AB, STATT ZU ANTWORTEN?

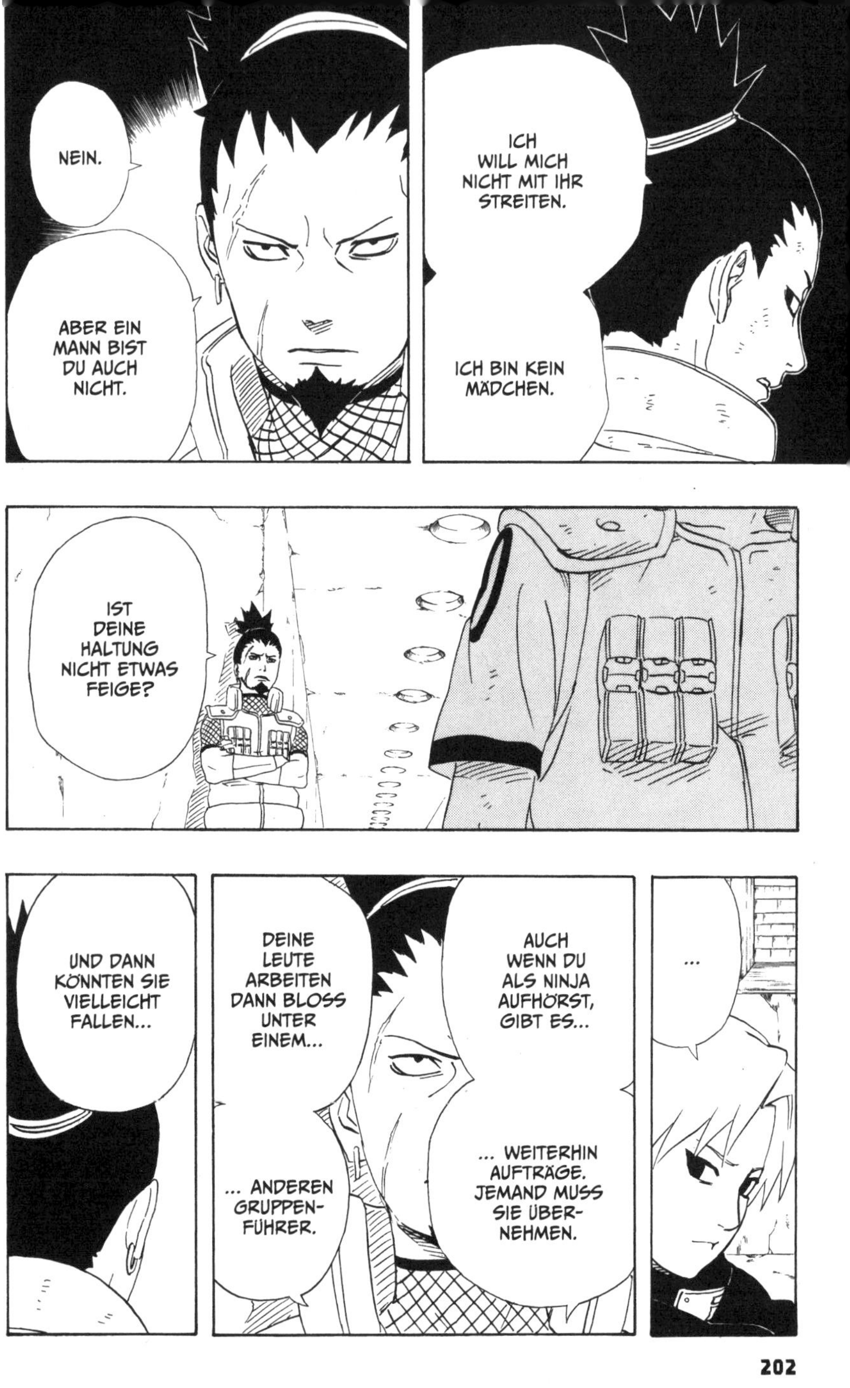
ICH WILL MICH NICHT MIT IHR STREITEN.
ICH BIN KEIN MÄDCHEN.
NEIN.
ABER EIN MANN BIST DU AUCH NICHT.
IST DEINE HALTUNG NICHT ETWAS FEIGE?
...
AUCH WENN DU ALS NINJA AUFHÖRST, GIBT ES...
... WEITERHIN AUFTRÄGE. JEMAND MUSS SIE ÜBERNEHMEN.
DEINE LEUTE ARBEITEN DANN BLOSS UNTER EINEM...
... ANDEREN GRUPPEN-FÜHRER.
UND DANN KÖNNTEN SIE VIELLEICHT FALLEN...

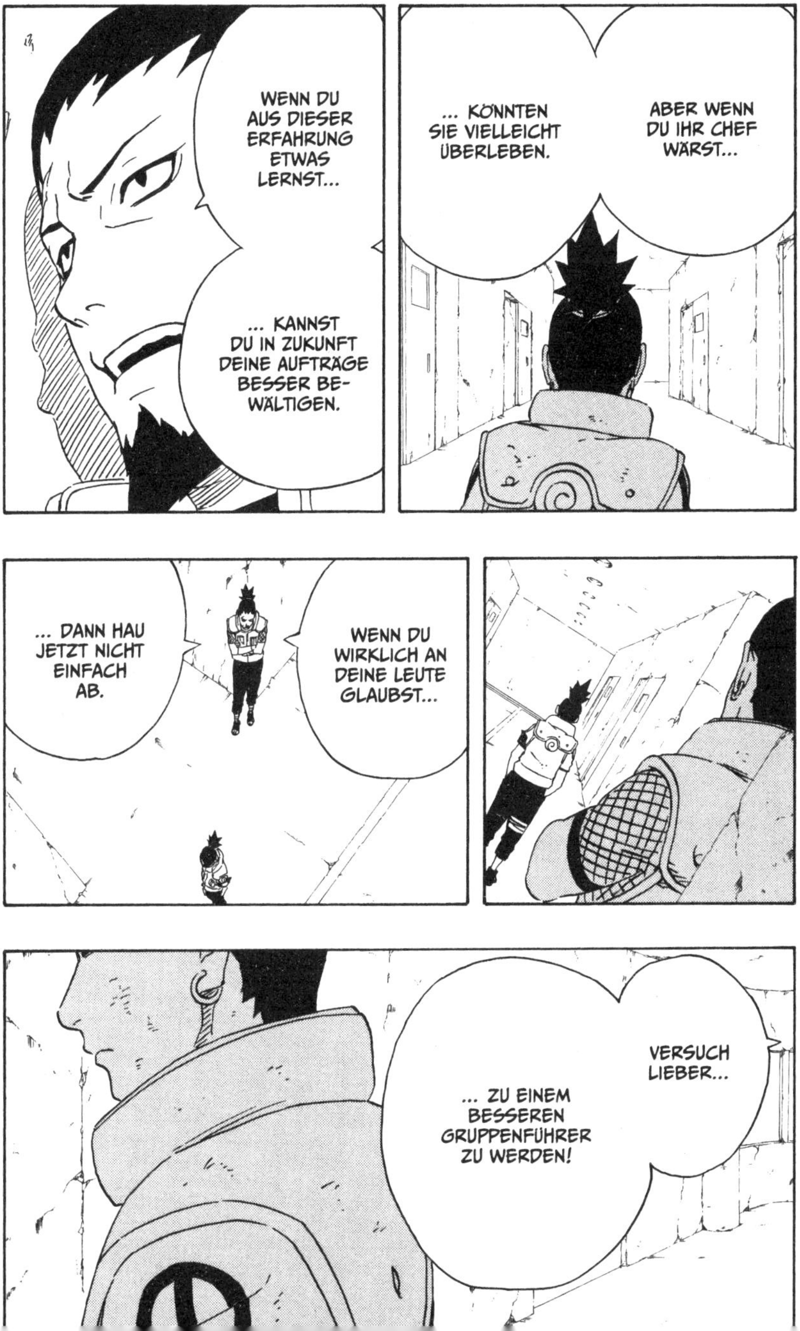
ABER WENN DU IHR CHEF WÄRST...
... KÖNNTEN SIE VIELLEICHT ÜBERLEBEN.
WENN DU AUS DIESER ERFAHRUNG ETWAS LERNST...
... KANNST DU IN ZUKUNFT DEINE AUFTRÄGE BESSER BE-WÄLTIGEN.
WENN DU WIRKLICH AN DEINE LEUTE GLAUBST...
... DANN HAU JETZT NICHT EINFACH AB.
VERSUCH LIEBER...
... ZU EINEM BESSEREN GRUPPENFÜHRER ZU WERDEN!

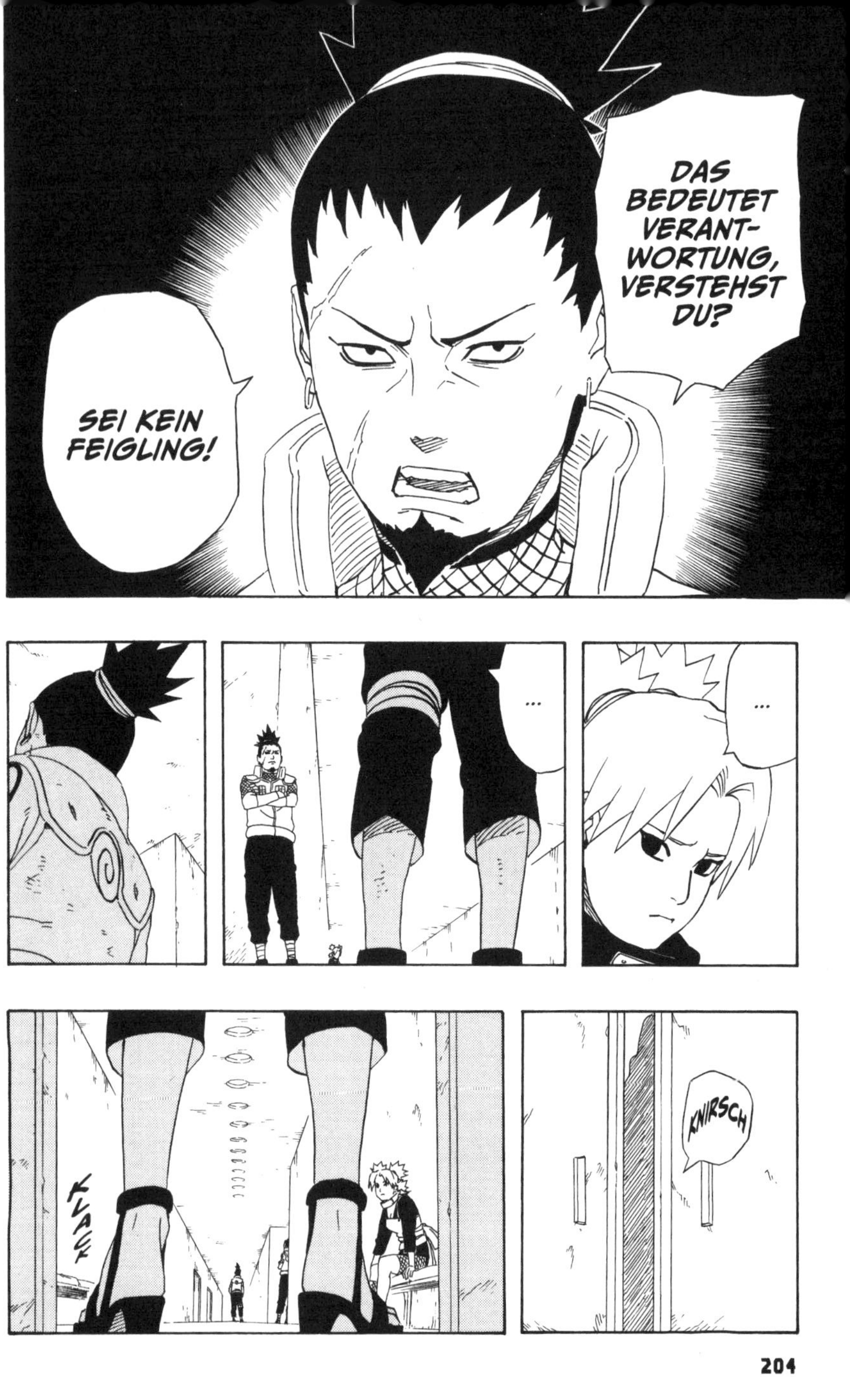
DAS BEDEUTET VERANT-WORTUNG, VERSTEHST DU?
SEI KEIN FEIGLING!
...
...
KNIRSCH
KLACK

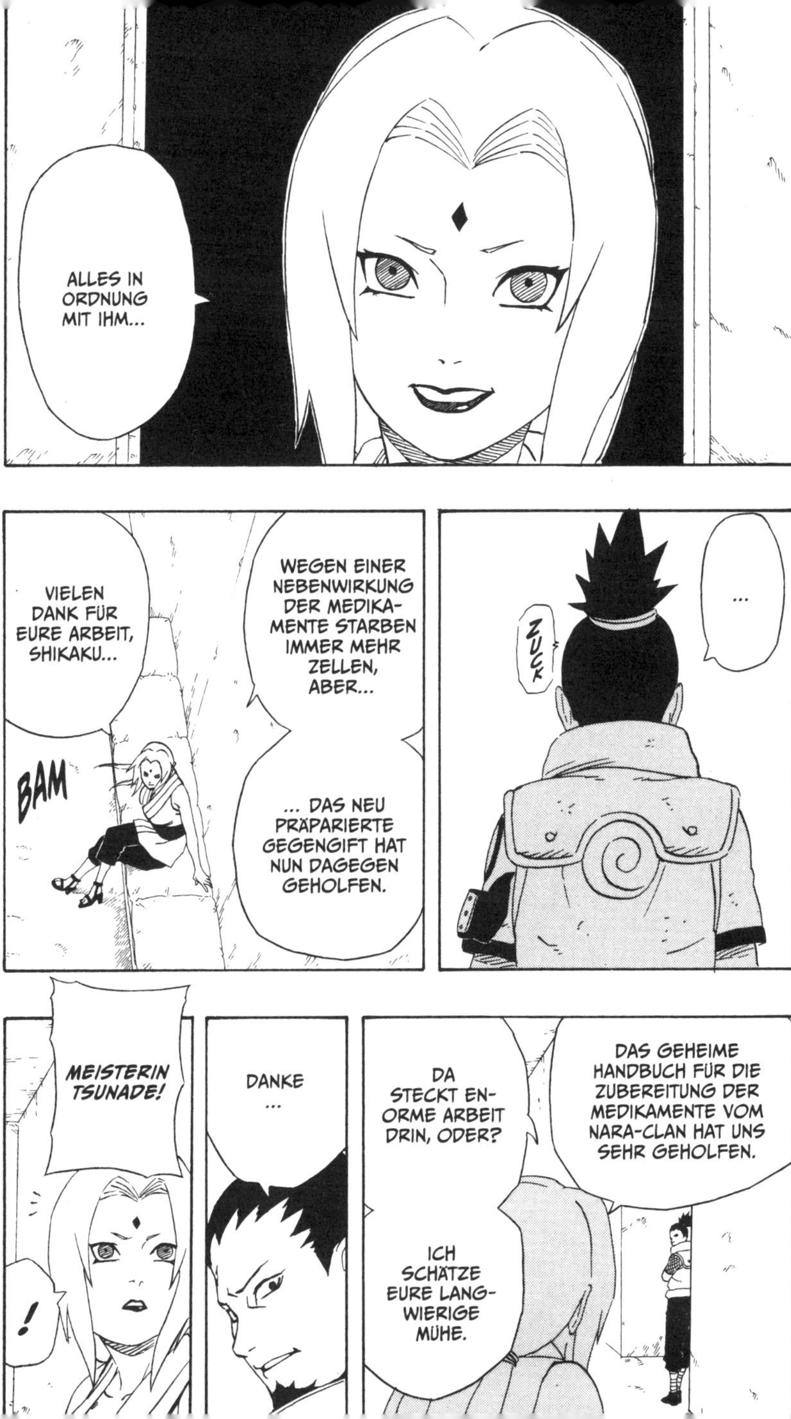
ALLES IN ORDNUNG MIT IHM...
...
ZUCK
WEGEN EINER NEBENWIRKUNG DER MEDIKAMENTE STARBEN IMMER MEHR ZELLEN, ABER...
... DAS NEU PRÄPARIERTE GEGENGIFT HAT NUN DAGEGEN GEHOLFEN.
VIELEN DANK FÜR EURE ARBEIT, SHIKAKU...
BAM
DAS GEHEIME HANDBUCH FÜR DIE ZUBEREITUNG DER MEDIKAMENTE VOM NARA-CLAN HAT UNS SEHR GEHOLFEN.
DA STECKT ENORME ARBEIT DRIN, ODER?
ICH SCHÄTZE EURE LANGWIERIGE MÜHE.
DANKE ...
MEISTERIN TSUNADE!
!

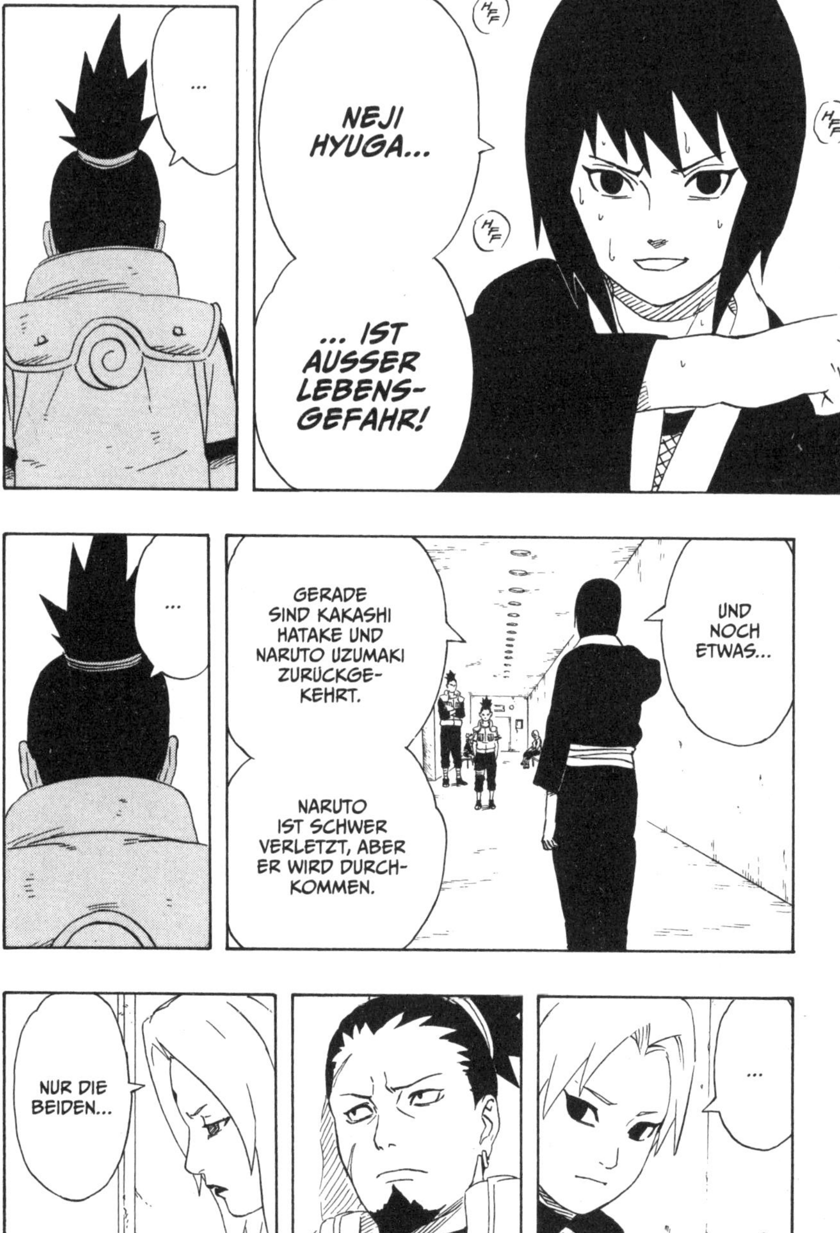
NEJI HYUGA...
... IST AUSSER LEBENSGEFAHR!
...
UND NOCH ETWAS...
GERADE SIND KAKASHI HATAKE UND NARUTO UZUMAKI ZURÜCKGEKEHRT.
NARUTO IST SCHWER VERLETZT, ABER ER WIRD DURCHKOMMEN.
...
...
NUR DIE BEIDEN...

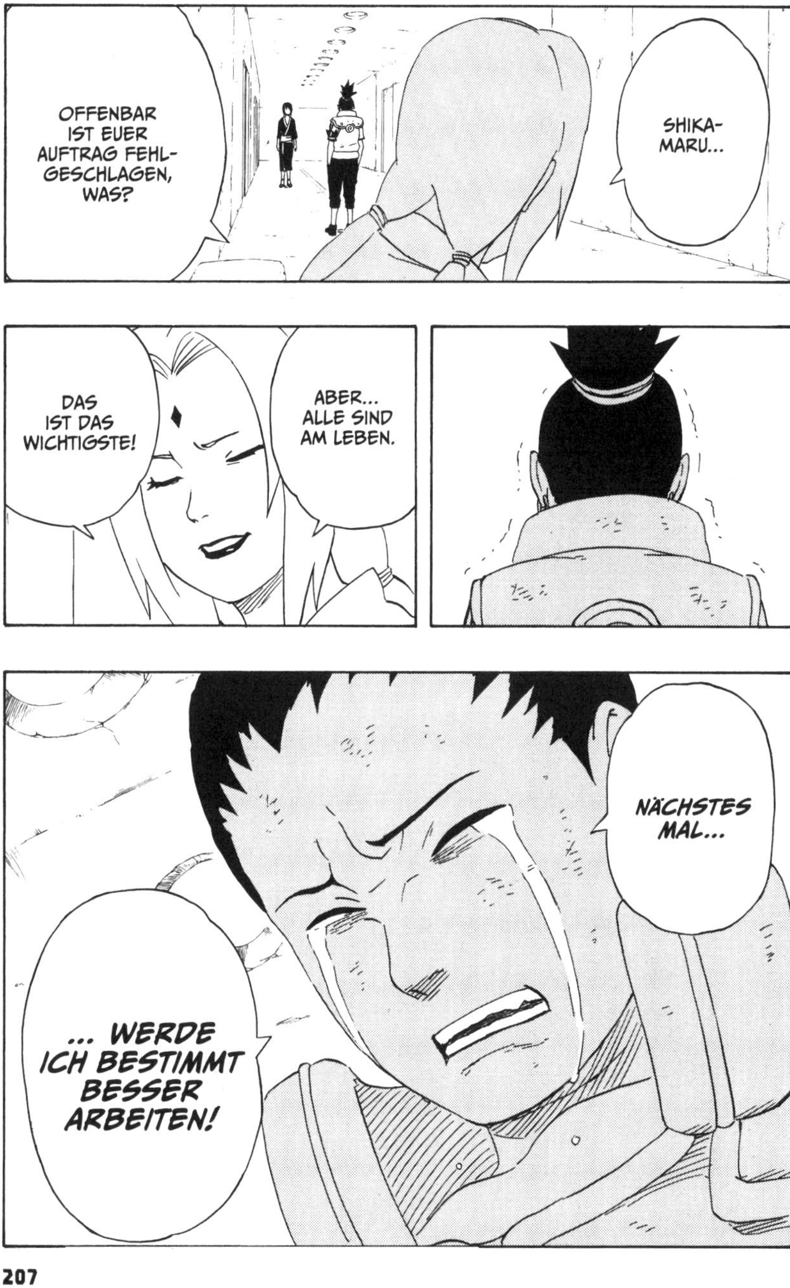
SHIKA-
MARU...
OFFENBAR
IST EUER
AUFTRAG FEHL-
GESCHLAGEN,
WAS?
ABER...
ALLE SIND
AM LEBEN.
DAS
IST DAS
WICHTIGSTE!
NÄCHSTES
MAL...
... WERDE
ICH BESTIMMT
BESSER
ARBEITEN!

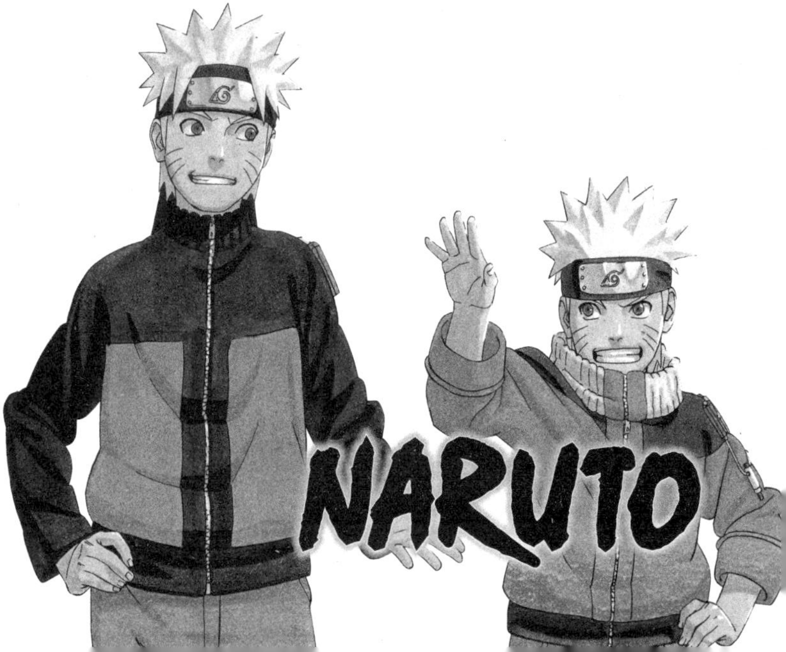
NARUTO

236. Kapitel: Ein unerfülltes Versprechen

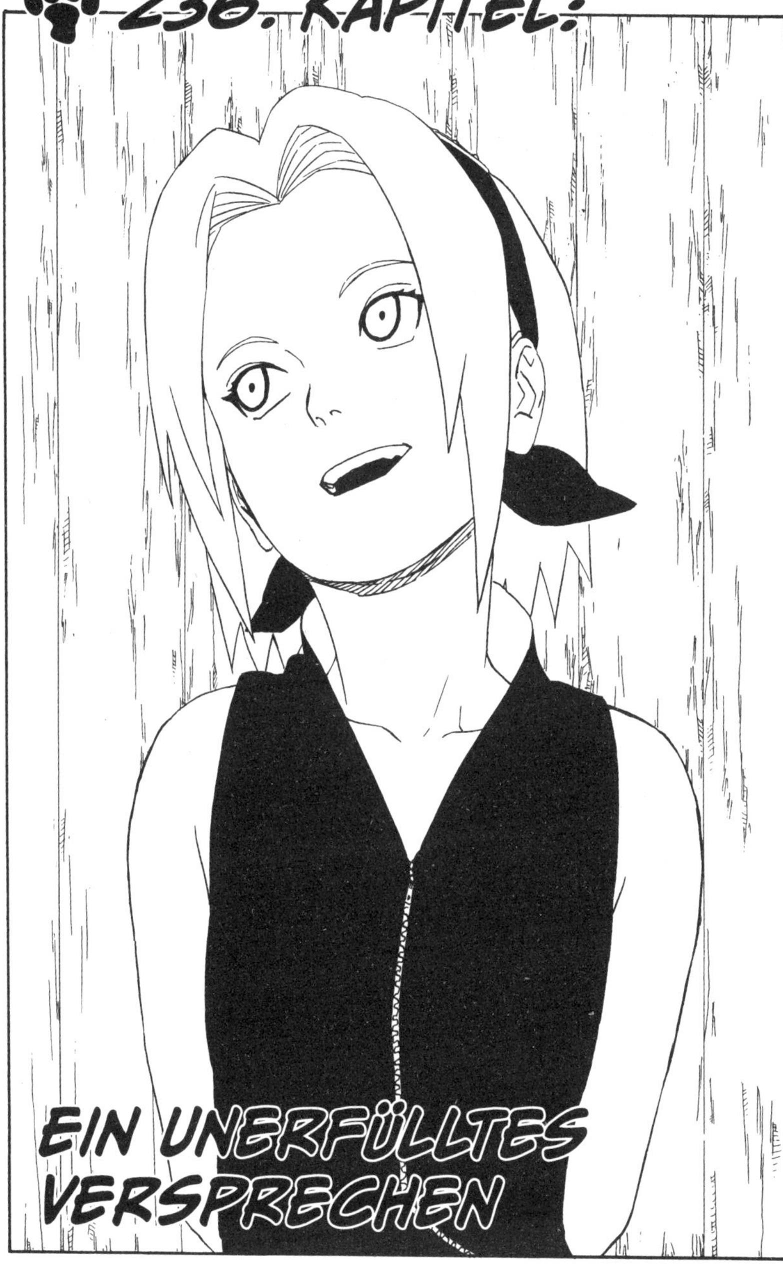

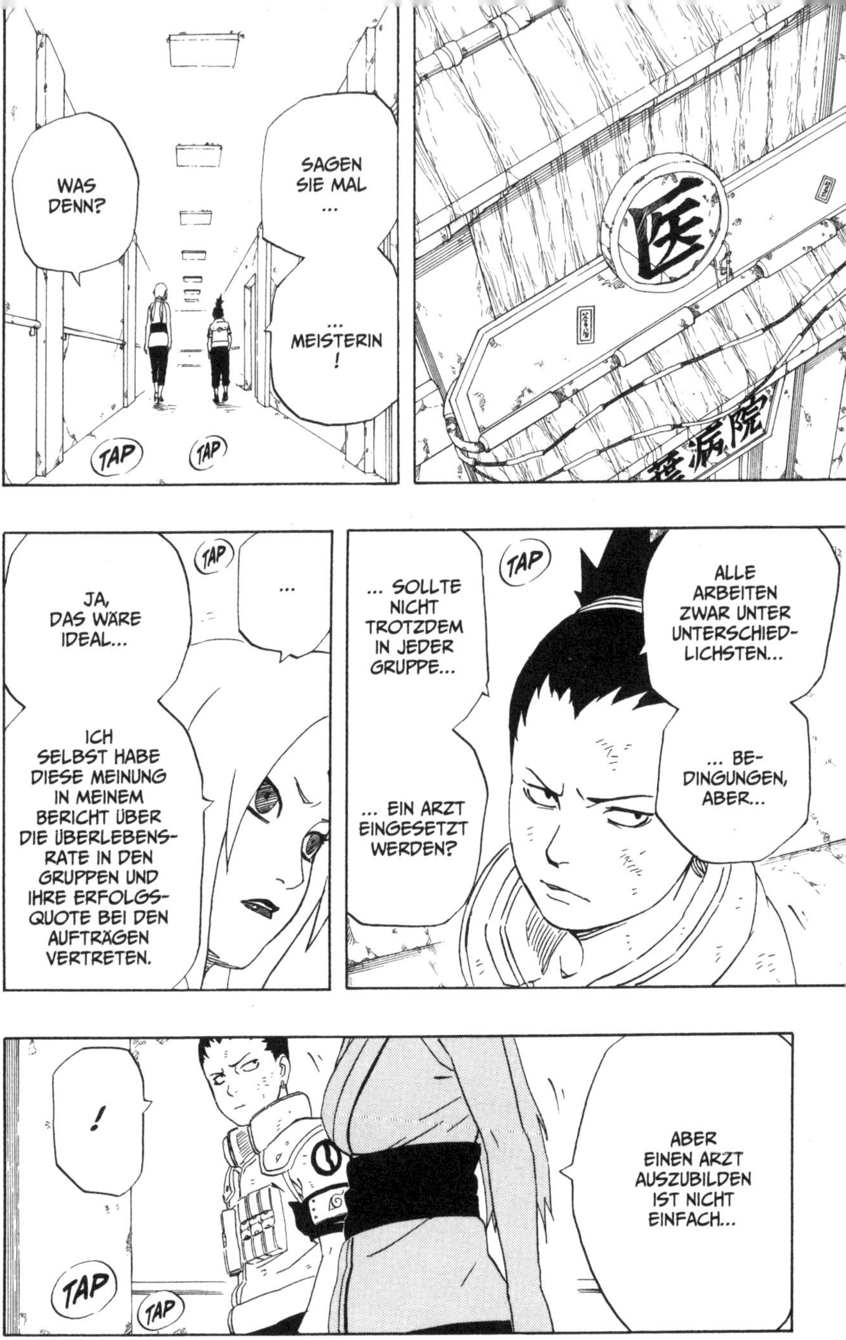
SAGEN SIE MAL ...
... MEISTERIN !
WAS DENN?
TAP
TAP
ALLE ARBEITEN ZWAR UNTER UNTERSCHIED-LICHSTEN...
... BE-DINGUNGEN, ABER...
TAP
... SOLLTE NICHT TROTZDEM IN JEDER GRUPPE...
... EIN ARZT EINGESETZT WERDEN?
...
TAP
JA, DAS WÄRE IDEAL...
ICH SELBST HABE DIESE MEINUNG IN MEINEM BERICHT ÜBER DIE ÜBERLEBENS-RATE IN DEN GRUPPEN UND IHRE ERFOLGS-QUOTE BEI DEN AUFTRÄGEN VERTRETEN.
ABER EINEN ARZT AUSZUBILDEN IST NICHT EINFACH...
!
TAP
TAP

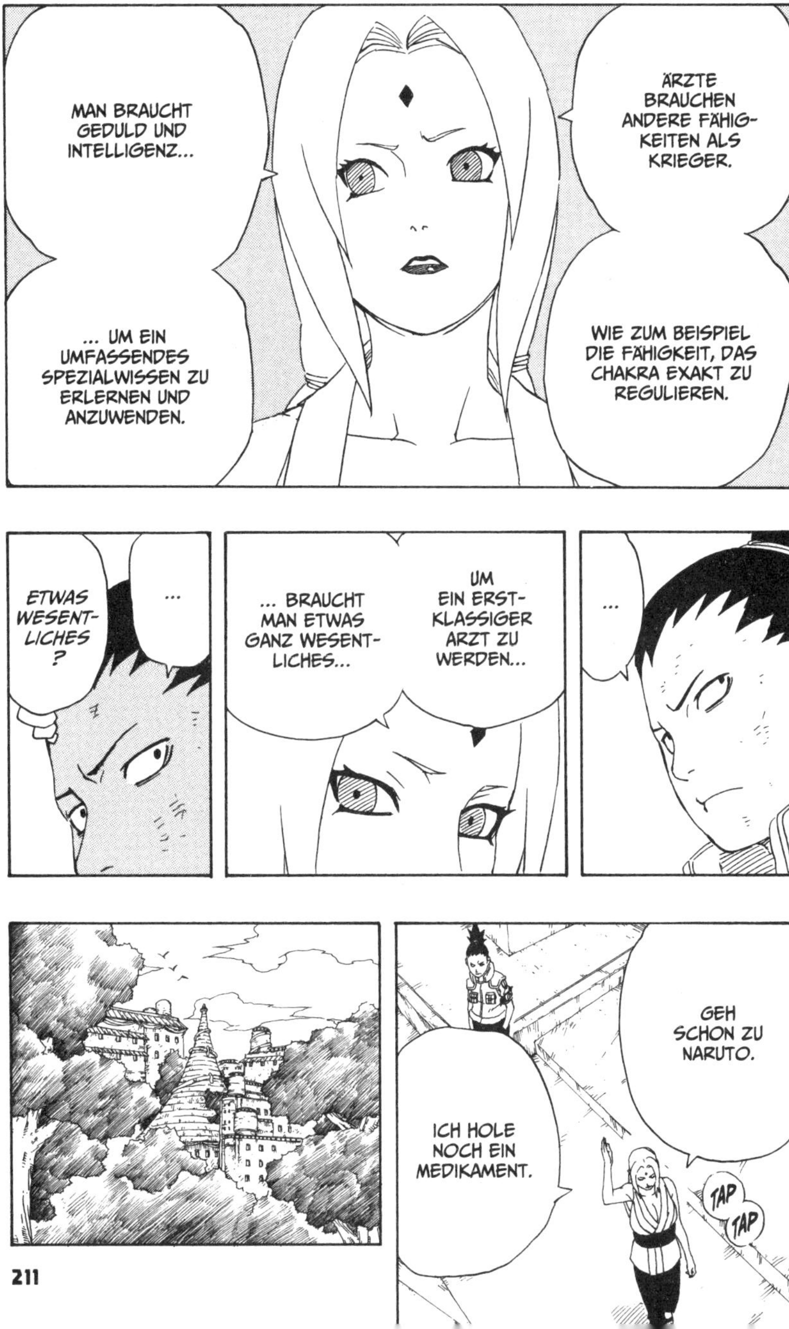
ÄRZTE BRAUCHEN ANDERE FÄHIGKEITEN ALS KRIEGER.
WIE ZUM BEISPIEL DIE FÄHIGKEIT, DAS CHAKRA EXAKT ZU REGULIEREN.
MAN BRAUCHT GEDULD UND INTELLIGENZ...
... UM EIN UMFASSENDES SPEZIALWISSEN ZU ERLERNEN UND ANZUWENDEN.
...
UM EIN ERSTKLASSIGER ARZT ZU WERDEN...
... BRAUCHT MAN ETWAS GANZ WESENTLICHES...
...
ETWAS WESENTLICHES?
GEH SCHON ZU NARUTO.
ICH HOLE NOCH EIN MEDIKAMENT.
TAP
TAP

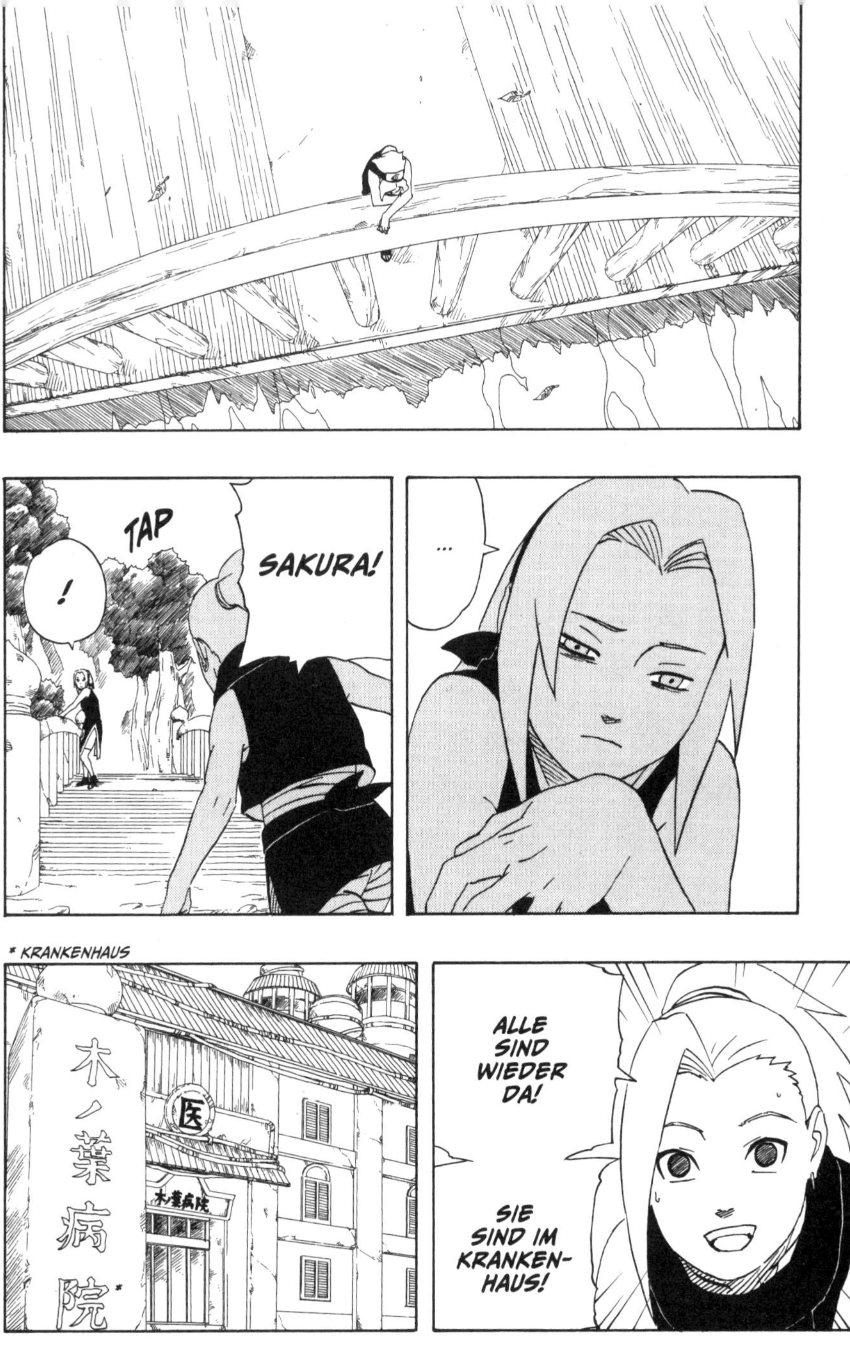
...
TAP
SAKURA!
!
ALLE SIND WIEDER DA!
SIE SIND IM KRANKEN-HAUS!
木ノ葉病院*
医
木ノ葉病院
* KRANKENHAUS

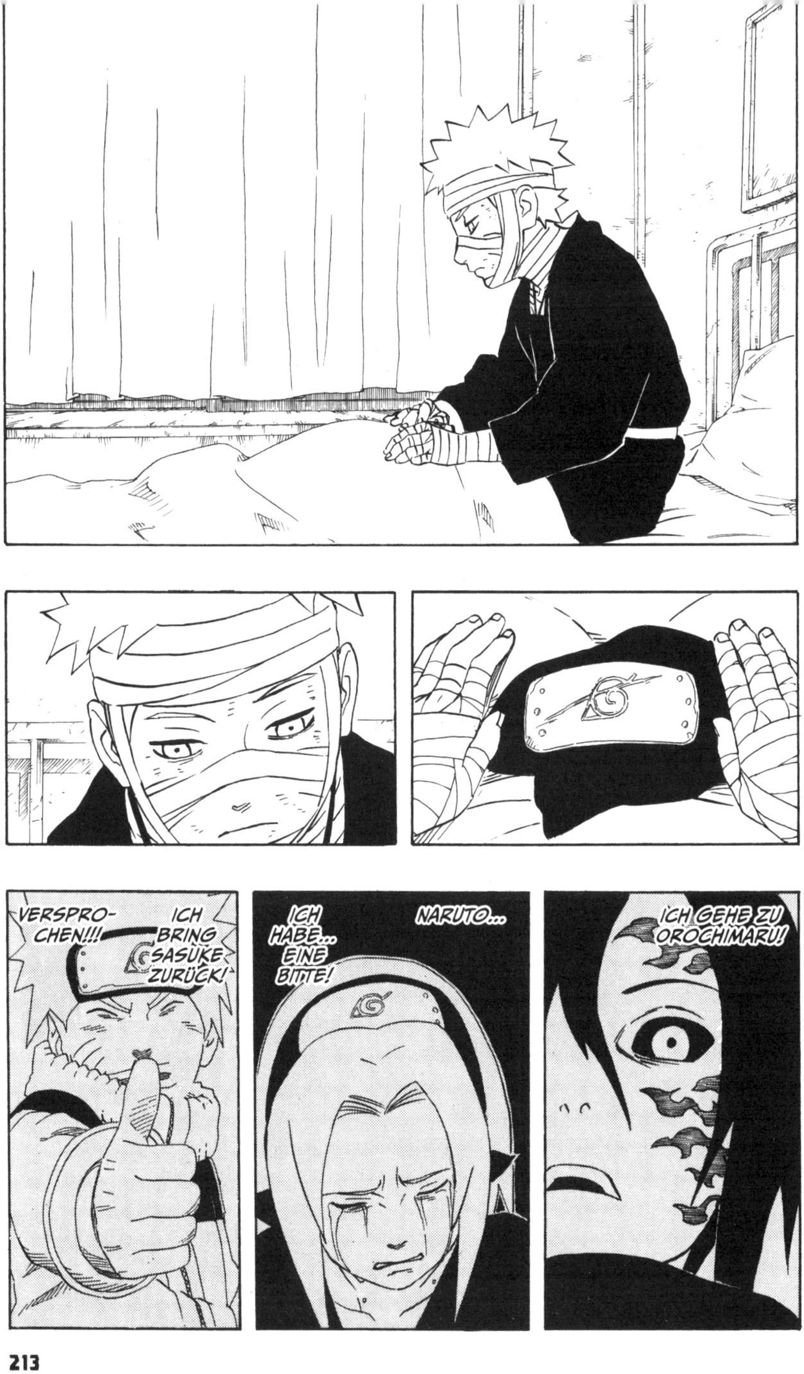
ICH GEHE ZU OROCHIMARU!
NARUTO...
ICH HABE... EINE BITTE!
ICH BRING SASUKE ZURÜCK!
VERSPRO-CHEN!!!

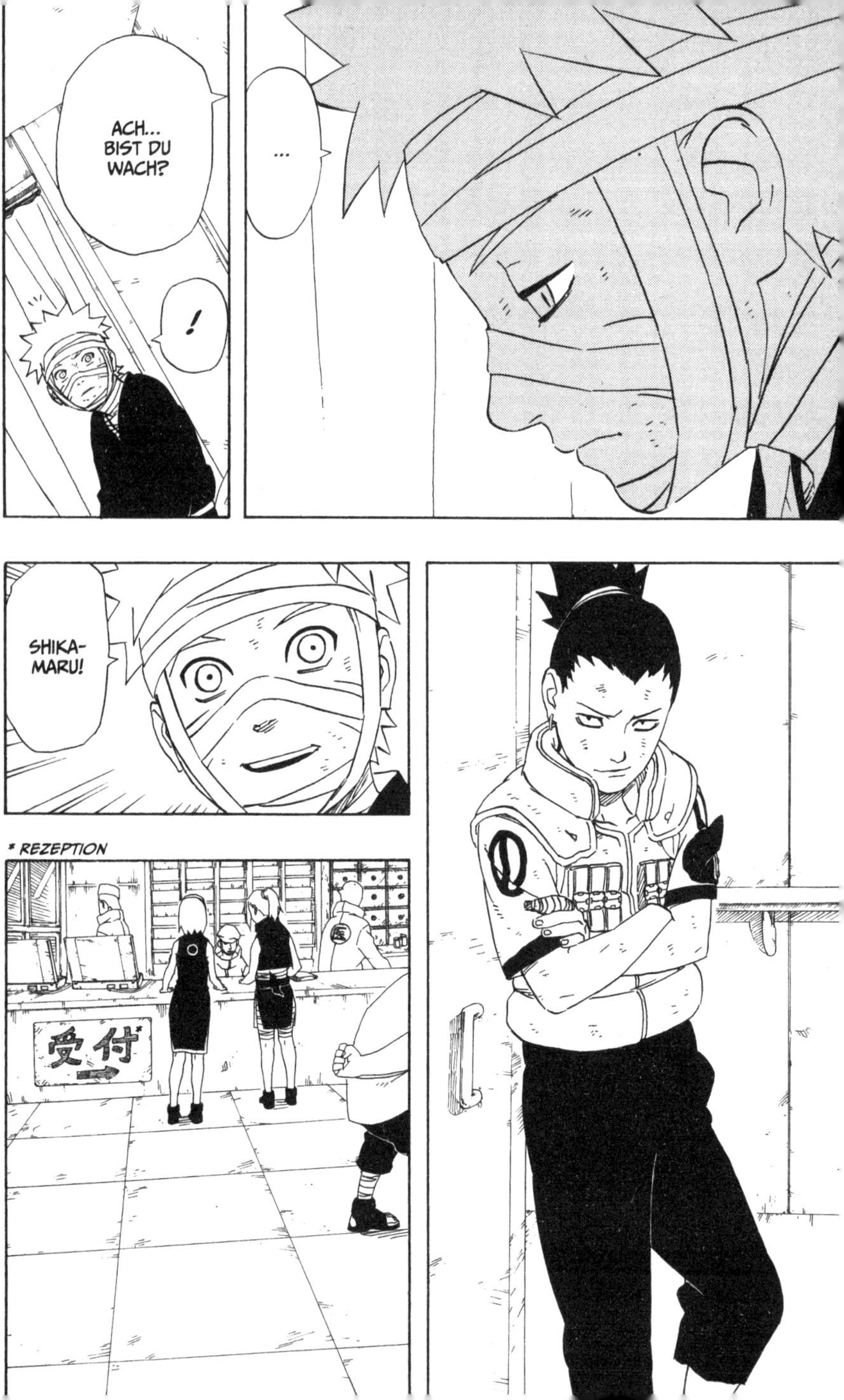
...
ACH... BIST DU WACH?
!
* REZEPTION
SHIKA-MARU!
受付

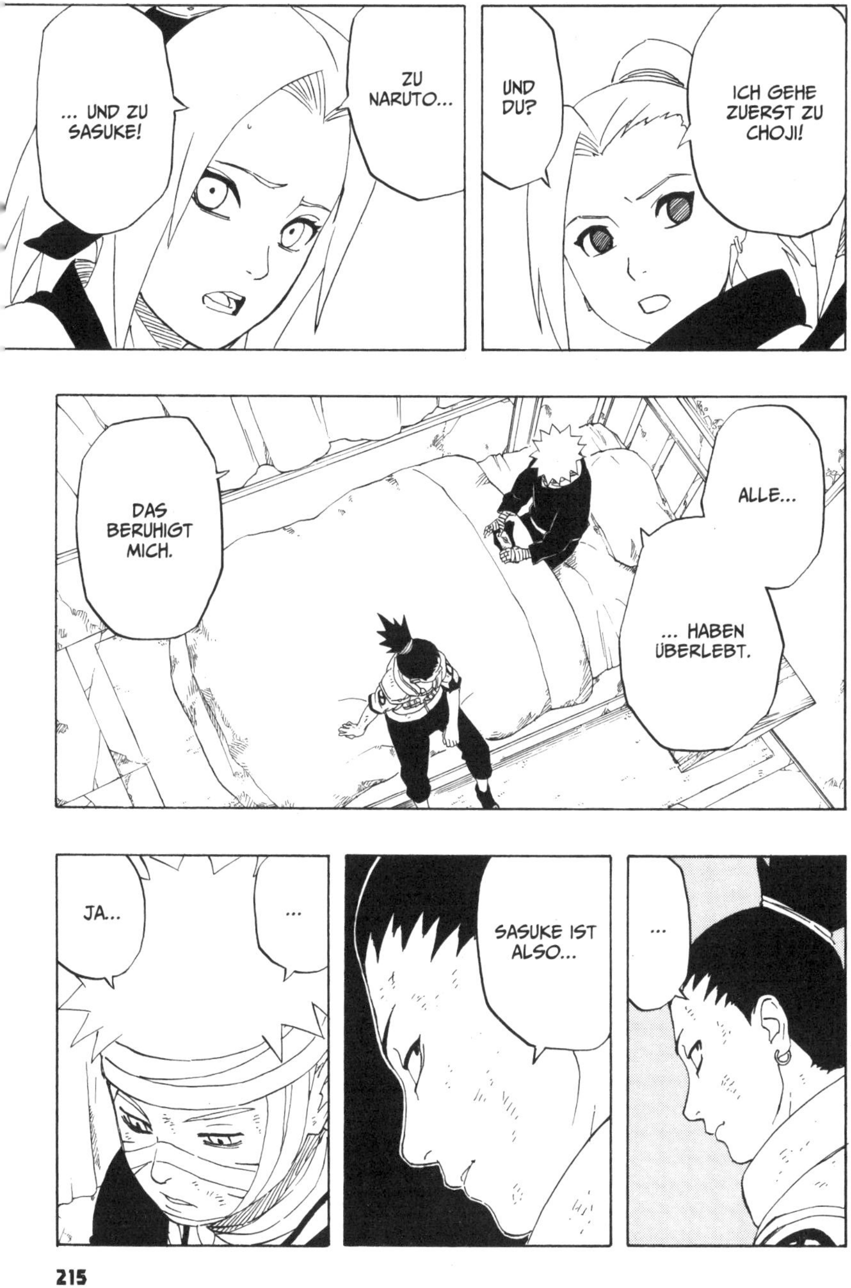
ICH GEHE ZUERST ZU CHOJI!
UND DU?
ZU NARUTO...
... UND ZU SASUKE!
ALLE...
... HABEN ÜBERLEBT.
DAS BERUHIGT MICH.
...
SASUKE IST ALSO...
...
JA...

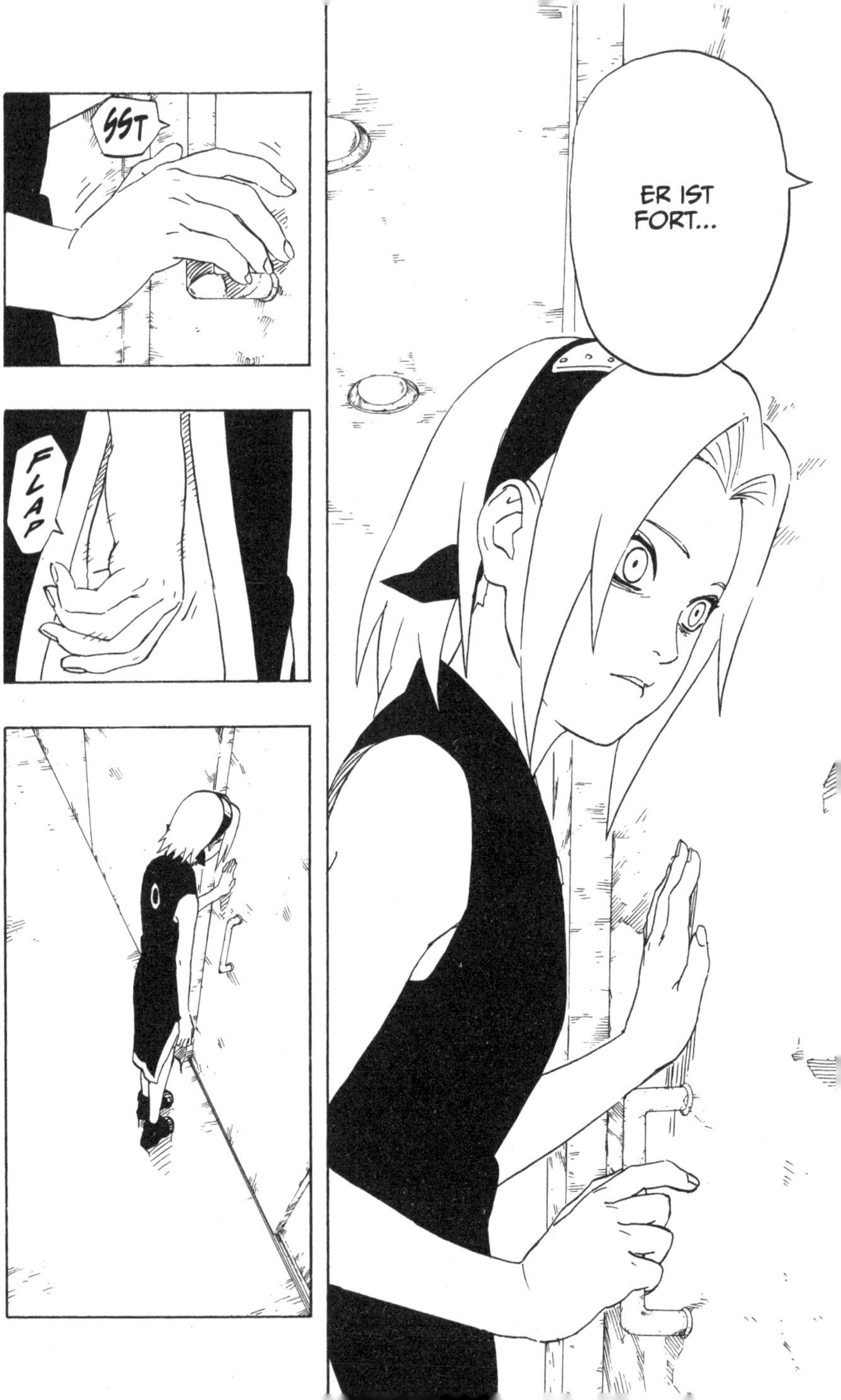
ER IST FORT...
SST
FLAP

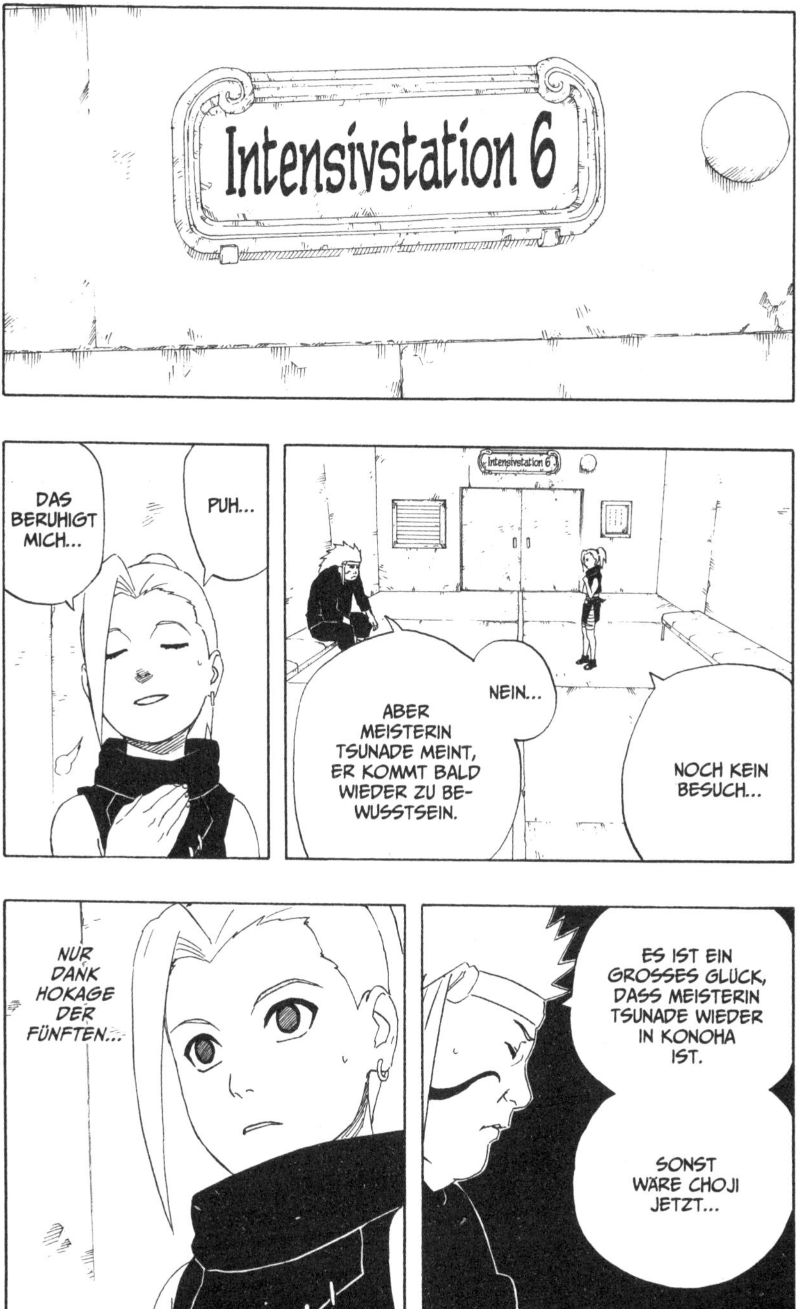
Intensivstation 6
Intensivstation 6
NOCH KEIN BESUCH...
NEIN...
ABER MEISTERIN TSUNADE MEINT, ER KOMMT BALD WIEDER ZU BE-WUSSTSEIN.
PUH...
DAS BERUHIGT MICH...
ES IST EIN GROSSES GLÜCK, DASS MEISTERIN TSUNADE WIEDER IN KONOHA IST.
SONST WÄRE CHOJI JETZT...
NUR DANK HOKAGE DER FÜNFTEN...

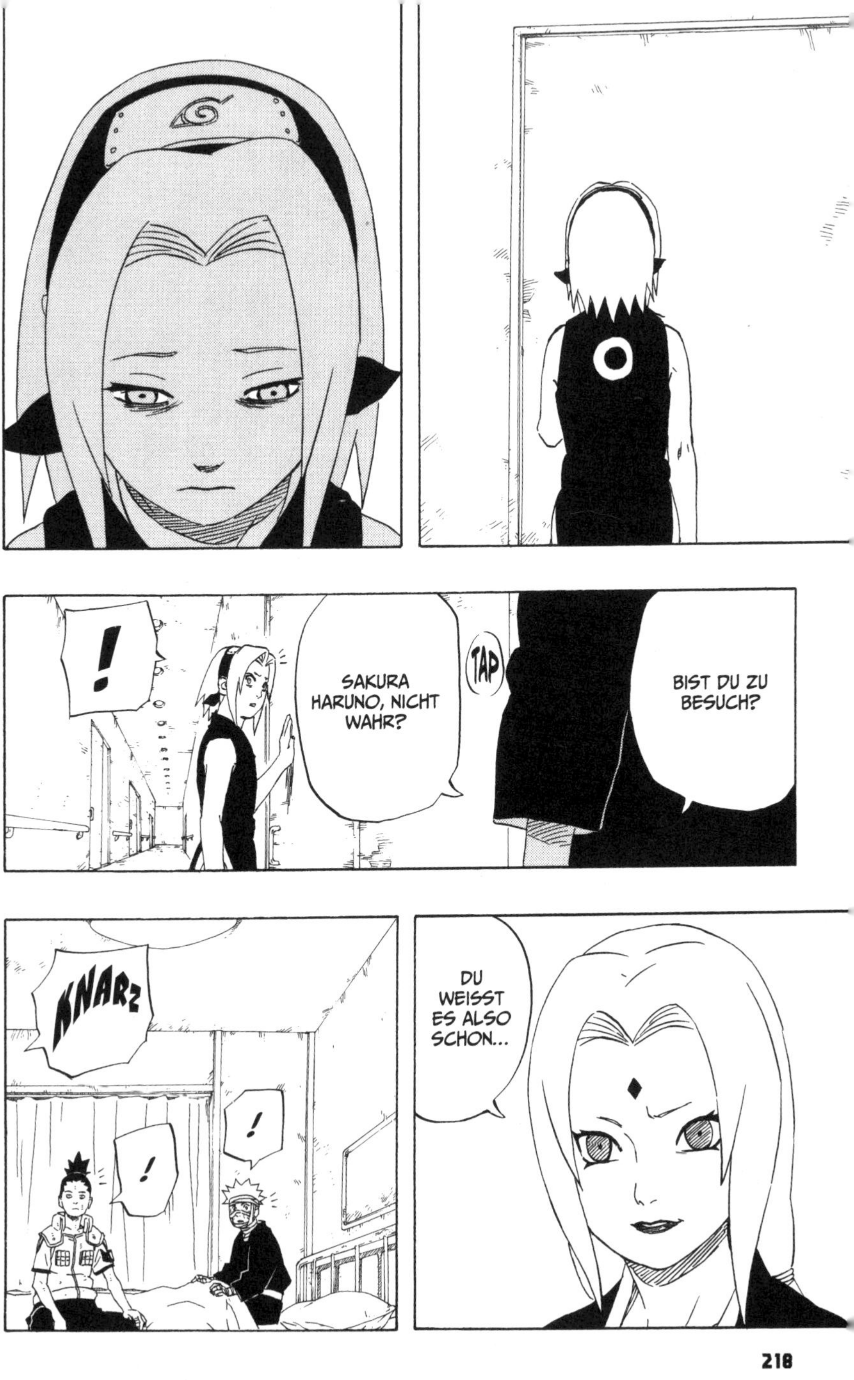
BIST DU ZU BESUCH?
TAP
SAKURA HARUNO, NICHT WAHR?
!
DU WEISST ES ALSO SCHON...
KNARZ
!
!

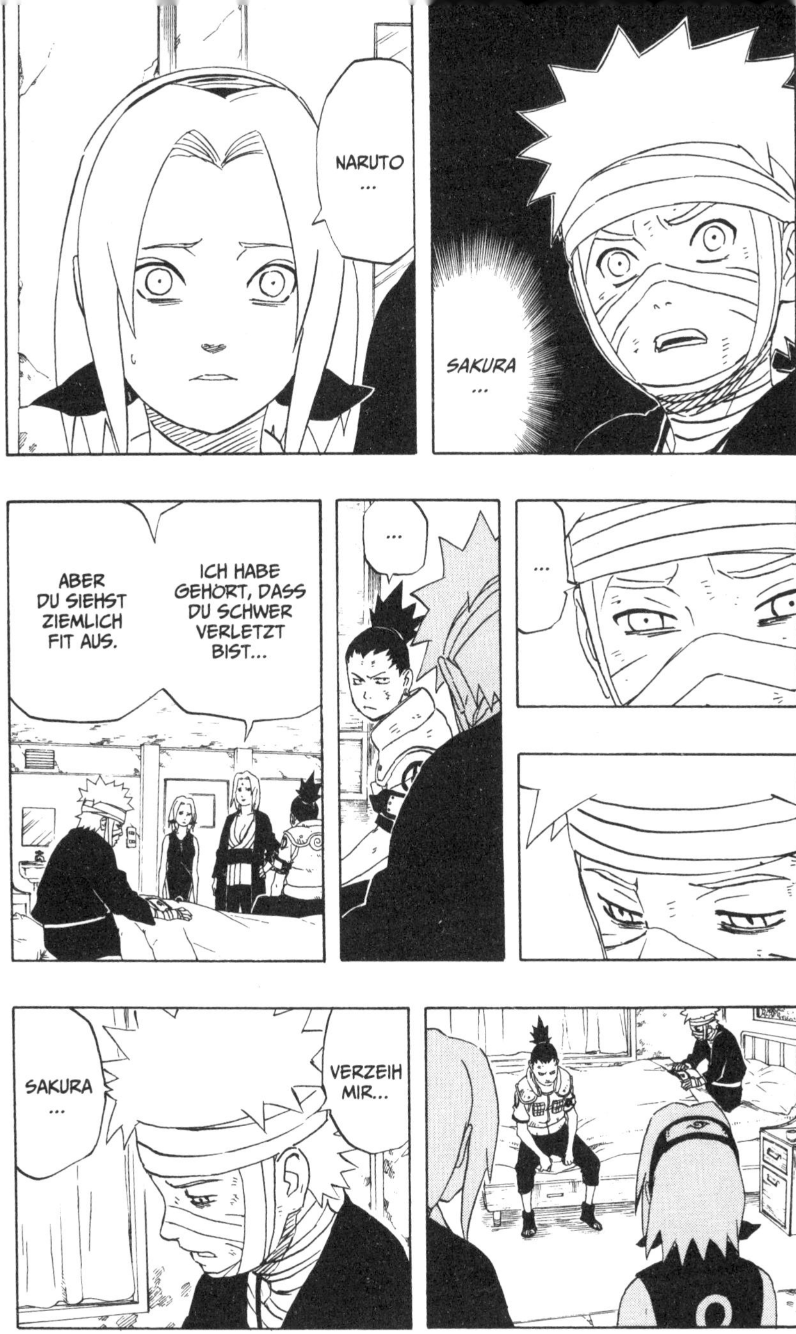
SAKURA ...
NARUTO ...
...
...
ICH HABE GEHÖRT, DASS DU SCHWER VERLETZT BIST...
ABER DU SIEHST ZIEMLICH FIT AUS.
VERZEIH MIR...
SAKURA ...

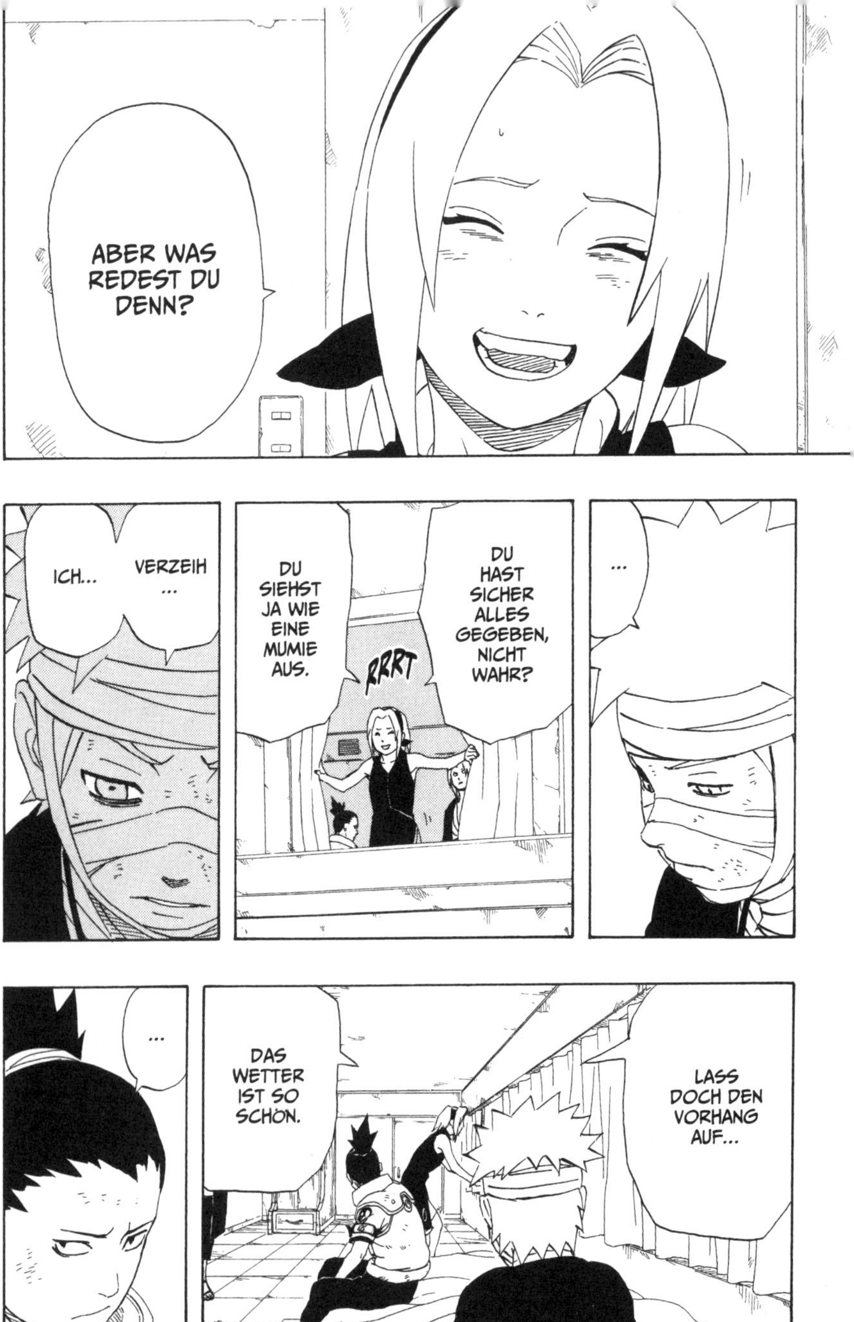
ABER WAS REDEST DU DENN?
...
DU HAST SICHER ALLES GEGEBEN, NICHT WAHR?
DU SIEHST JA WIE EINE MUMIE AUS.
RRRT
VERZEIH ...
ICH...
LASS DOCH DEN VORHANG AUF...
DAS WETTER IST SO SCHÖN.
...

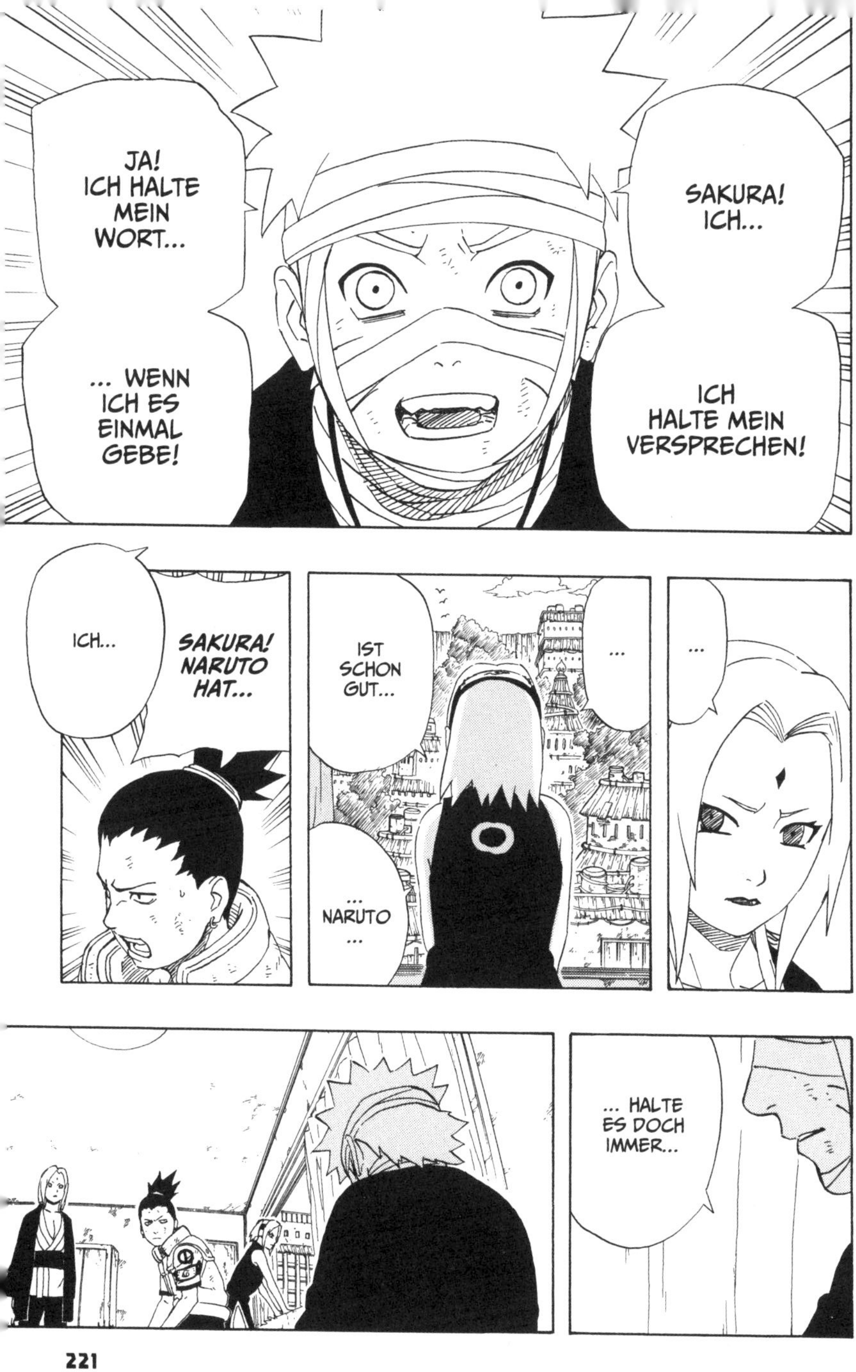
SAKURA! ICH...
ICH HALTE MEIN VERSPRECHEN!
JA! ICH HALTE MEIN WORT...
... WENN ICH ES EINMAL GEBE!
...
...
IST SCHON GUT...
... NARUTO ...
SAKURA! NARUTO HAT...
ICH...
... HALTE ES DOCH IMMER...

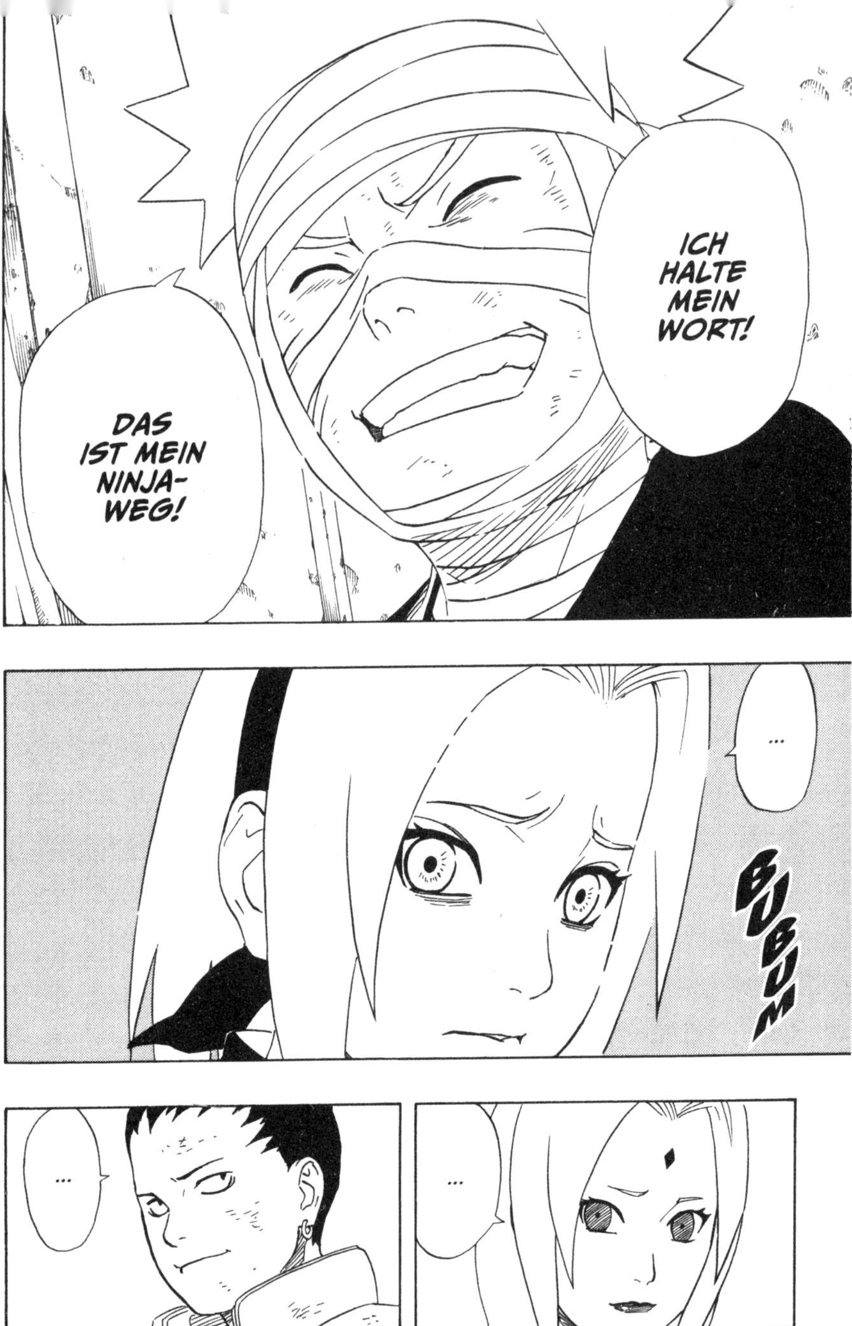
ICH HALTE MEIN WORT!
DAS IST MEIN NINJA-WEG!
...
BUBUM
...
...

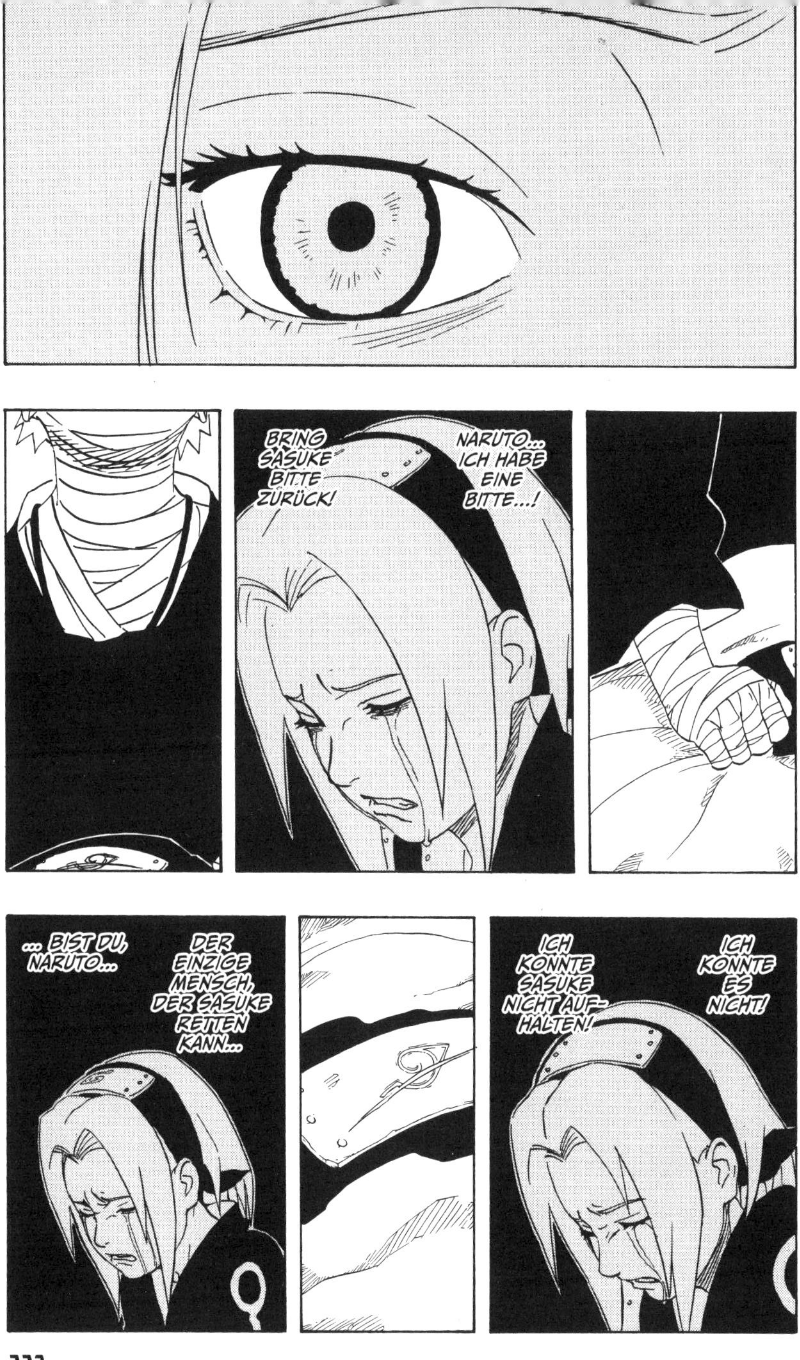
NARUTO... ICH HABE EINE BITTE...!
BRING SASUKE BITTE ZURÜCK!
ICH KONNTE ES NICHT!
ICH KONNTE SASUKE NICHT AUF-HALTEN!
DER EINZIGE MENSCH, DER SASUKE RETTEN KANN...
... BIST DU, NARUTO...

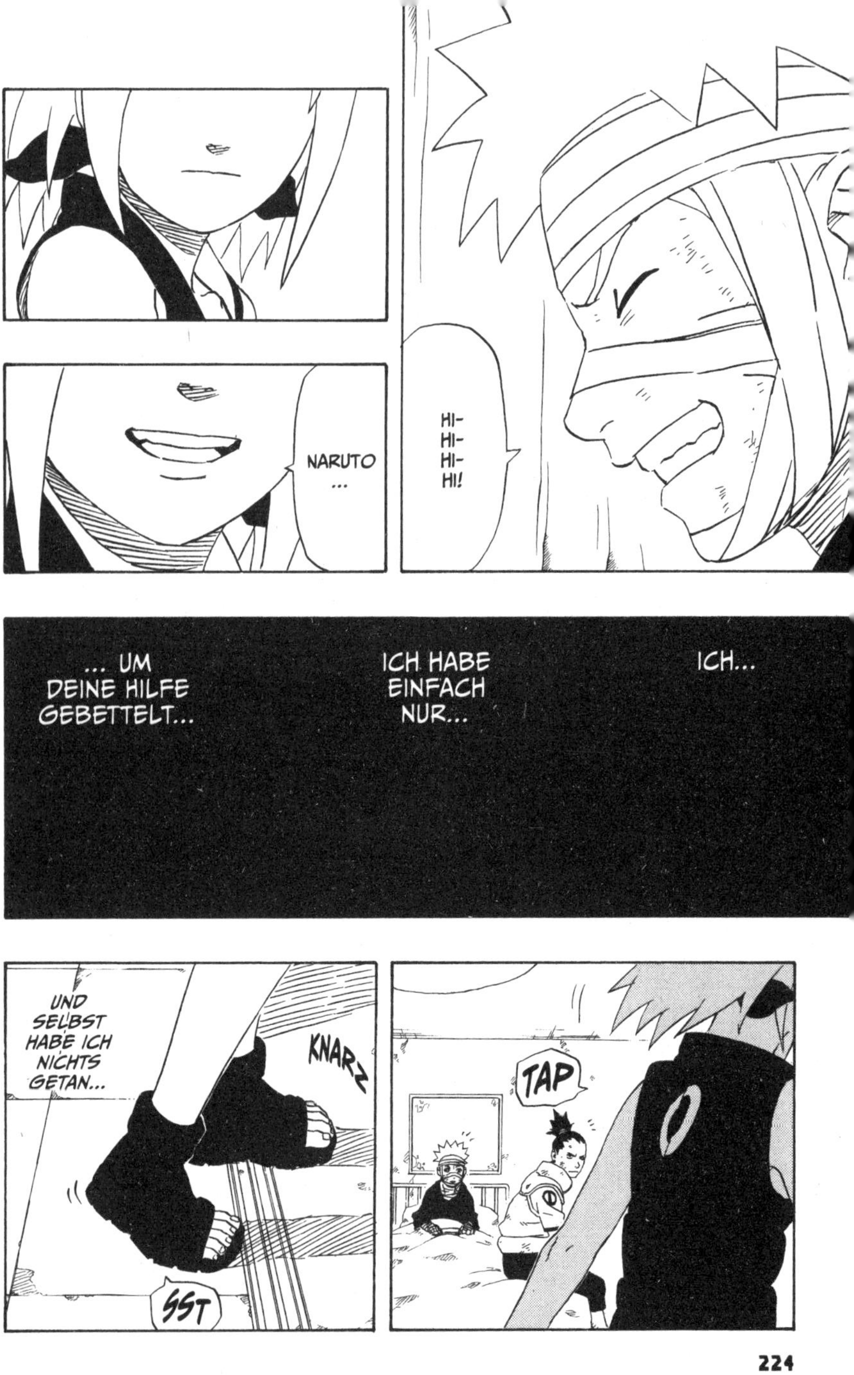
HI-HI-HI-HI!
NARUTO ...
ICH...
ICH HABE EINFACH NUR...
... UM DEINE HILFE GEBETTELT...
TAP
UND SELBST HABE ICH NICHTS GETAN...
KNARZ
SST

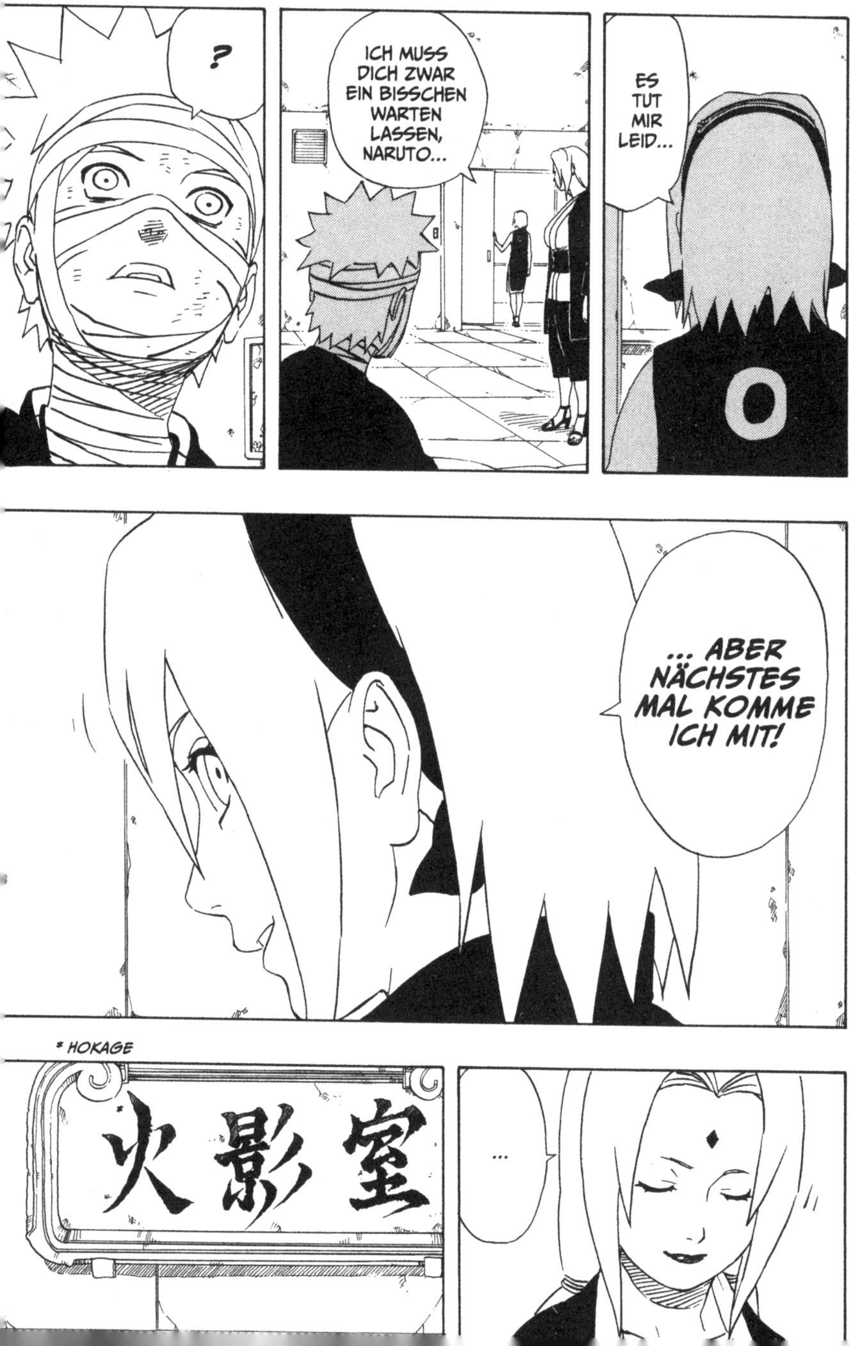
ES TUT MIR LEID...
ICH MUSS DICH ZWAR EIN BISSCHEN WARTEN LASSEN, NARUTO...
?
... ABER NÄCHSTES MAL KOMME ICH MIT!
* HOKAGE
火影室
...

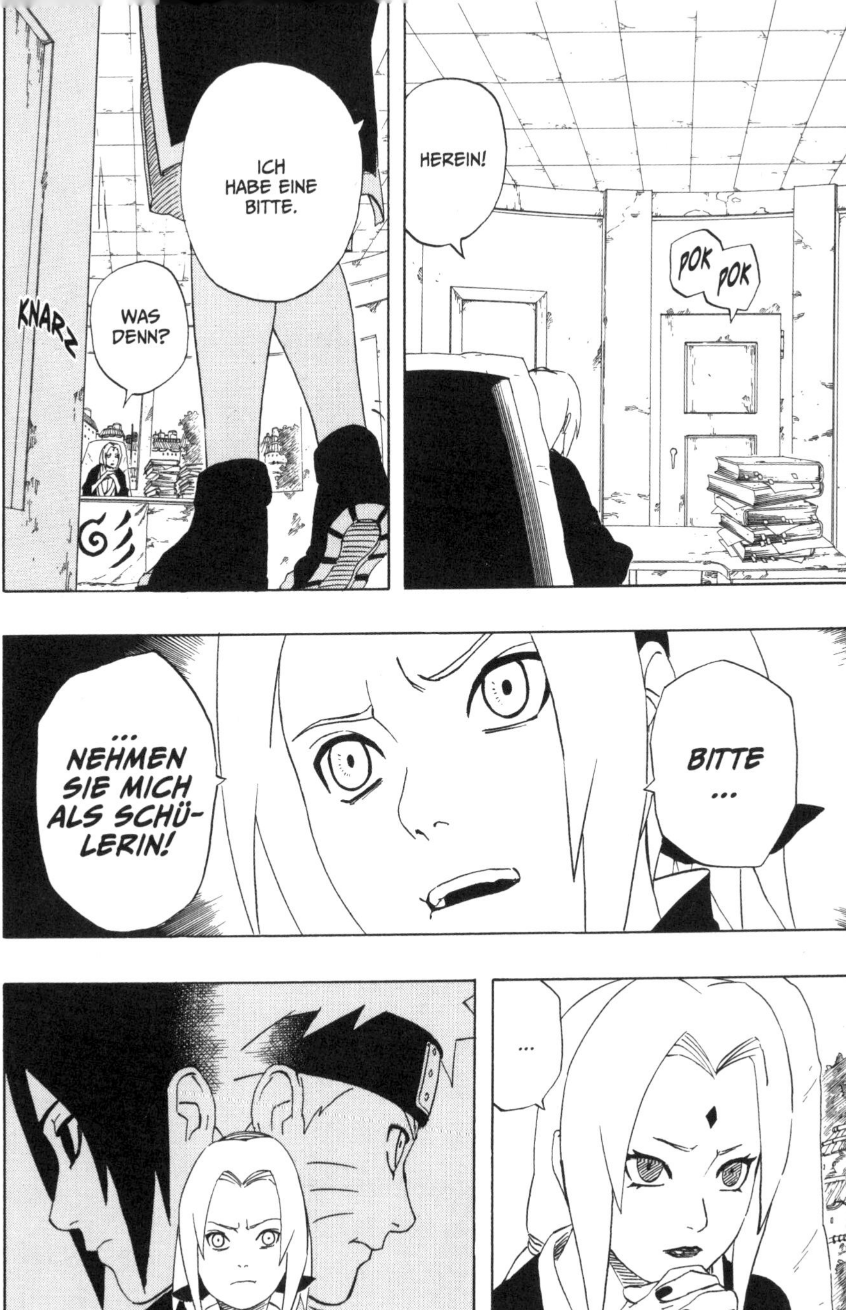
POK POK
HEREIN!
ICH HABE EINE BITTE.
WAS DENN?
KNARZ
BITTE ...
... NEHMEN SIE MICH ALS SCHÜLERIN!
...

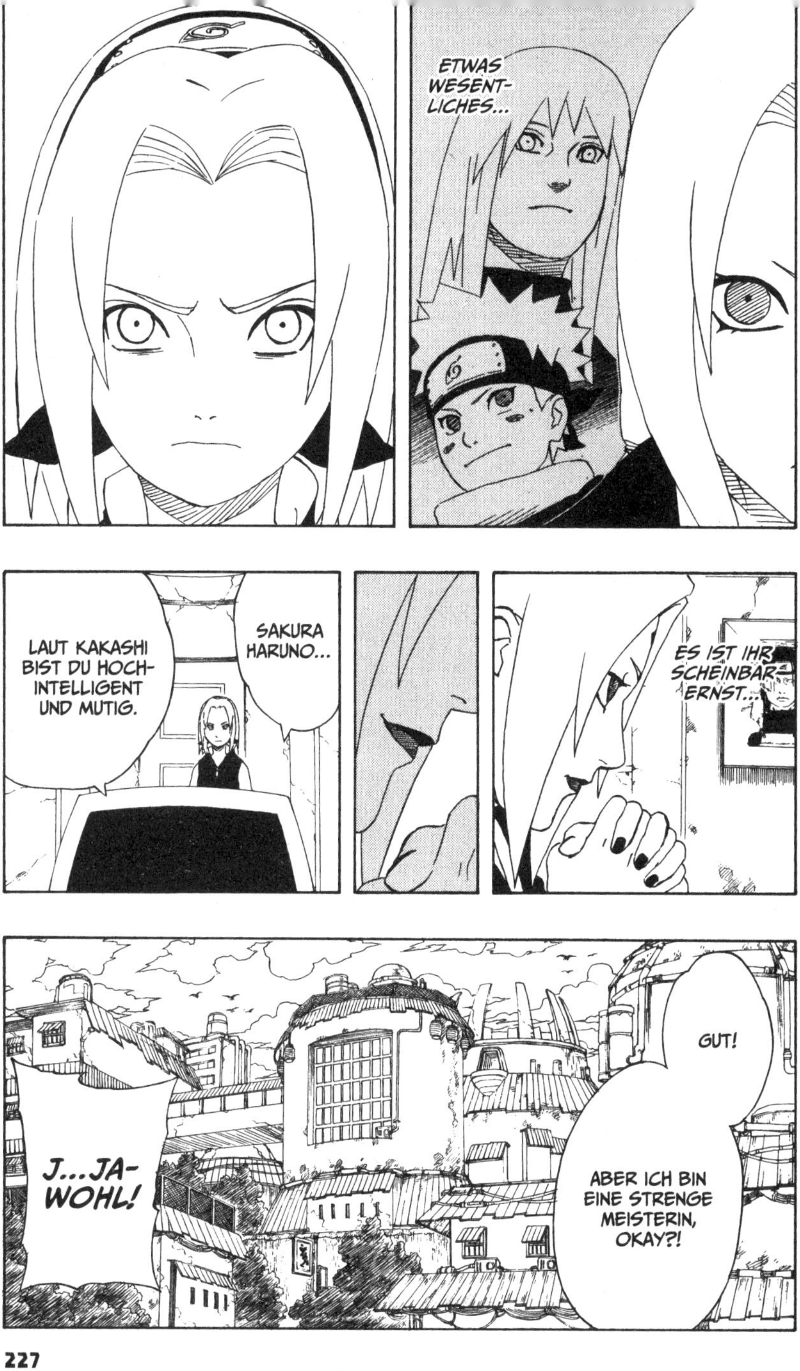
ETWAS WESENTLICHES...
ES IST IHR SCHEINBARER ERNST...
SAKURA HARUNO...
LAUT KAKASHI BIST DU HOCHINTELLIGENT UND MUTIG.
GUT!
ABER ICH BIN EINE STRENGE MEISTERIN, OKAY?!
J...JAWOHL!

MASASHI KISHIMOTOS WELT
LEBENSGESCHICHTE: MEINE WERTEN FREUNDE - TEIL 1

EIN MANGAKA GEHT SELTEN AUS! DAS LIEGT DARAN, DASS ER VIEL ARBEITEN MUSS, UM DIE WÖCHENTLICHEN ABGABETERMINE EINHALTEN ZU KÖNNEN. UND SO MUSS AUCH ICH IMMER WIEDER TREFFEN MIT MEINEN FREUNDEN ABSAGEN UND VERLIERE MIT DEN JAHREN IMMER MEHR FREUNDE. EIGENTLICH SIND INZWISCHEN FAST NUR NOCH MEINE ASSISTENTEN MEINE FREUNDE.

VIER TAGE IN DER WOCHE ARBEITE ICH ALLEINE AN DER HANDLUNG. DAS IST EINE GANZ ANDERE ARBEIT ALS DAS LETZTENDLICHE ZEICHNEN - HIER GEHT GAR NICHTS, WENN MIR KEINE IDEEN KOMMEN! IN EINER IDEENREICHEN WOCHE KANN ICH DREI TAGE FÜRS ZEICHNEN VERWENDEN, ABER WENN ICH SECHS TAGE FÜR DIE HANDLUNG BRAUCHE, MUSS ICH INNERHALB EINES TAGES ALLES ZEICHNEN. IN DIESEM FALL BRAUCHE ICH DIE HILFE MEINER ASSISTENTEN. DIE SKIZZEN MUSS ICH ALLERDINGS SELBST MACHEN UND ICH KANN DIE ARBEIT NUR BESCHLEUNIGEN, INDEM ICH EINEN ASSISTENTEN DIE FIGUREN IM HINTERGRUND ZEICHNEN LASSE. ABER ES GIBT NUR EINEN ASSISTENTEN, DESSEN ZEICHNUNGEN MEINEN ÄHNELN. ALSO ARBEITEN WIR OFT ZU ZWEIT.

UND AUSGERECHNET WENN ICH WENIG ZEIT HABE, SCHAFFT NARUTO IMMER SEINE SCHATTENDOPPELGÄNGER! AUF DEN SEITEN 62 UND 63 DES 23. BANDES VON NARUTO SCHUF ER ZUM BEISPIEL EINE EXTREM GROSSE MENGE AN SCHATTENDOPPELGÄNGERN. UM DIESE SEITEN RECHTZEITIG ZUM ABGABETERMIN ZU SCHAFFEN, ZEICHNETEN MEIN ASSISTENT UND ICH DIE GANZE NACHT DURCH. DANACH WAR MEIN ASSISTENT TOTAL KAPUTT UND SCHLIEF SOFORT EIN. DA WIR ABER NOCH MEHR SEITEN ZU ZEICHNEN HATTEN, KONNTE ER NUR KURZ SCHLAFEN. ER TAT MIR LEID - UND WIE IMMER IN SO EINEM FALL VERSUCHTE ICH, DIE STIMMUNG AUFZUHEITERN UND IHN ZUM LACHEN ZU BRINGEN: ICH KOPIERTE DIE FERTIGEN SEITEN MIT DEN SCHATTENDOPPELGÄNGERN UND SCHÜTTETE DIE TINTE SO DARAUF, ALS OB MIR DIE TINTENFLASCHE AUS VERSEHEN UMGEKIPPT WÄRE... (FORTSETZUNG FOLGT!)

237. Kapitel:

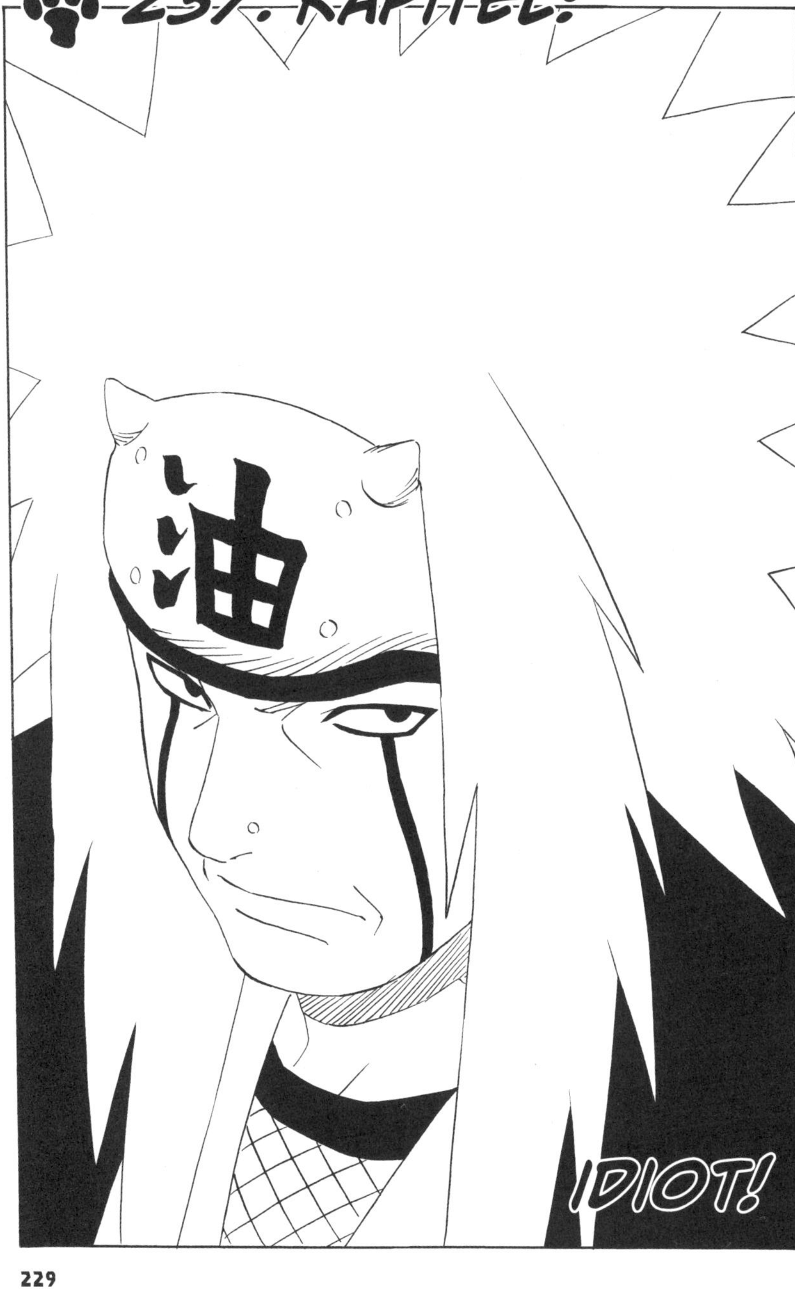

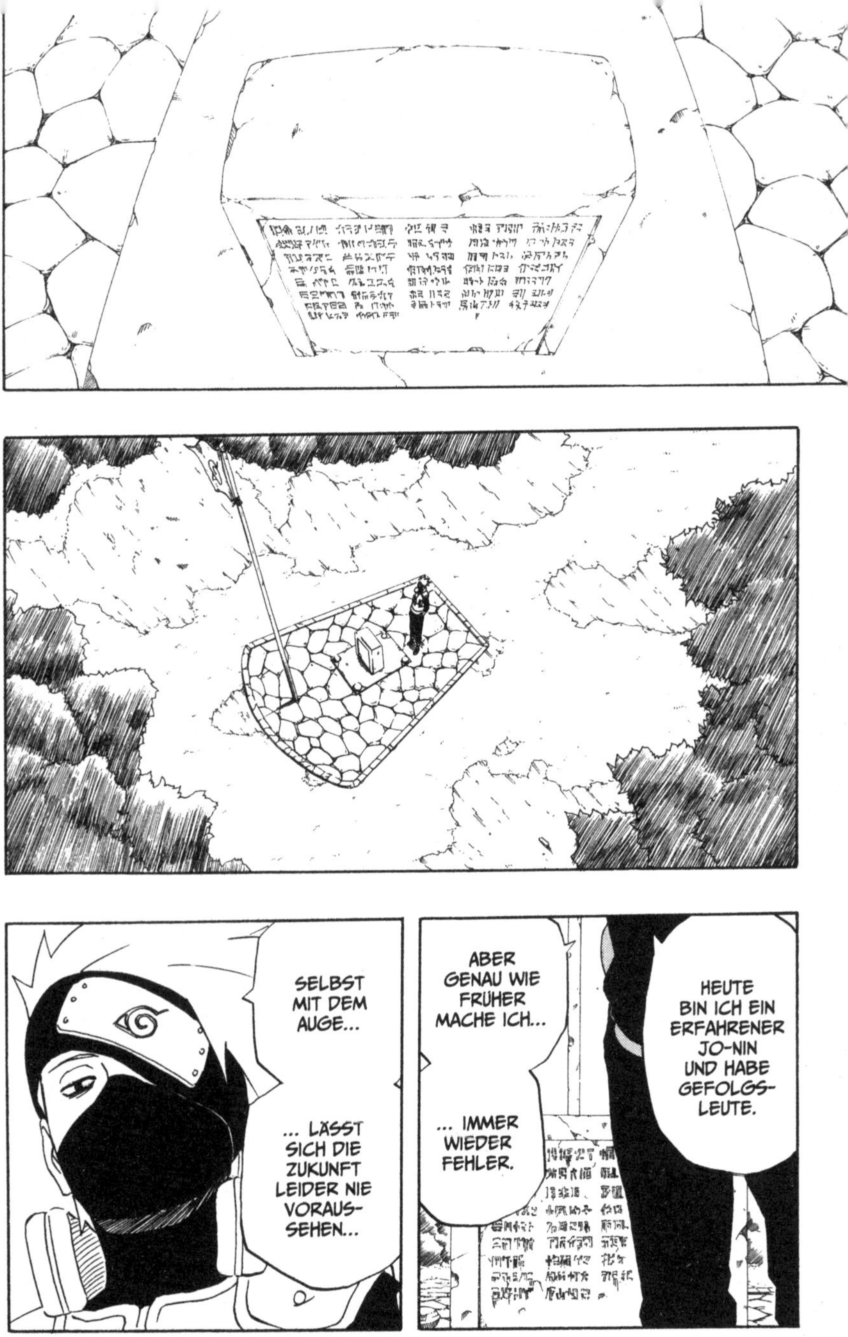
HEUTE BIN ICH EIN ERFAHRENER JO-NIN UND HABE GEFOLGS-LEUTE.
ABER GENAU WIE FRÜHER MACHE ICH...
... IMMER WIEDER FEHLER.
SELBST MIT DEM AUGE...
... LÄSST SICH DIE ZUKUNFT LEIDER NIE VORAUS-SEHEN...

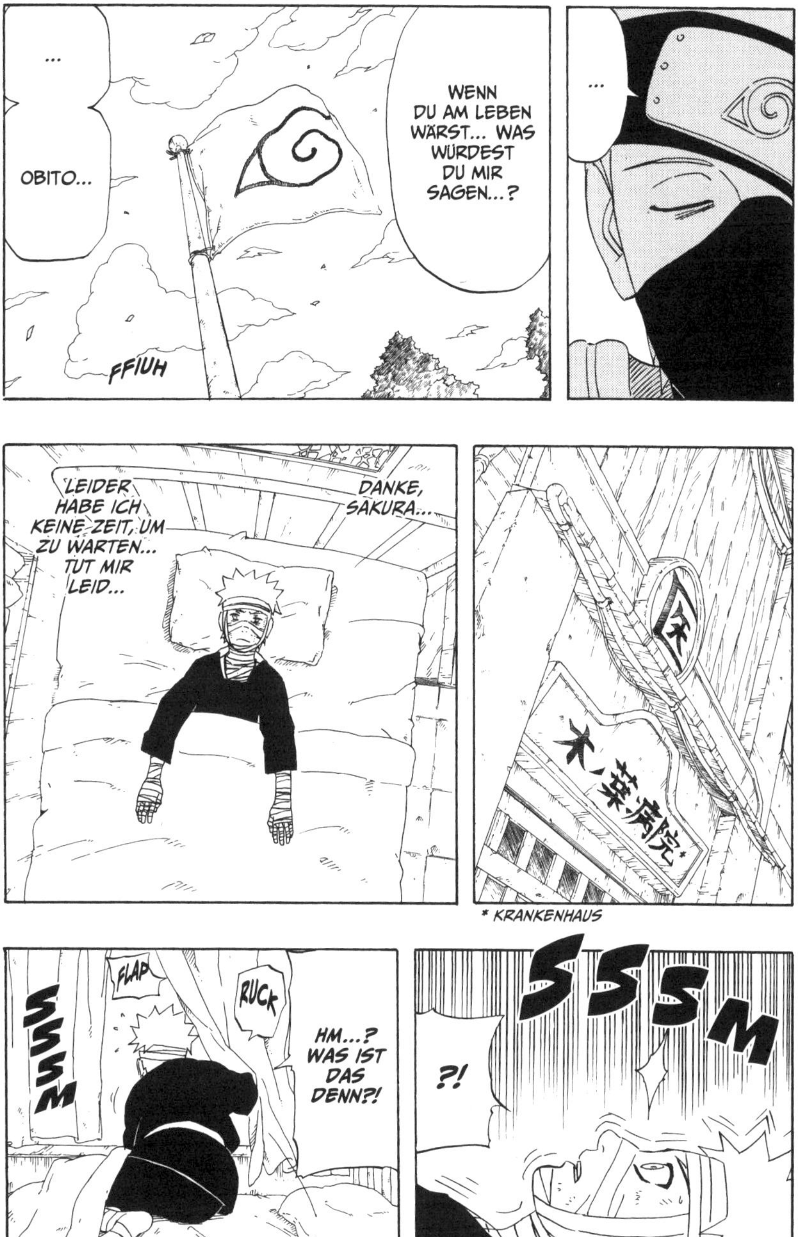

* KRANKENHAUS

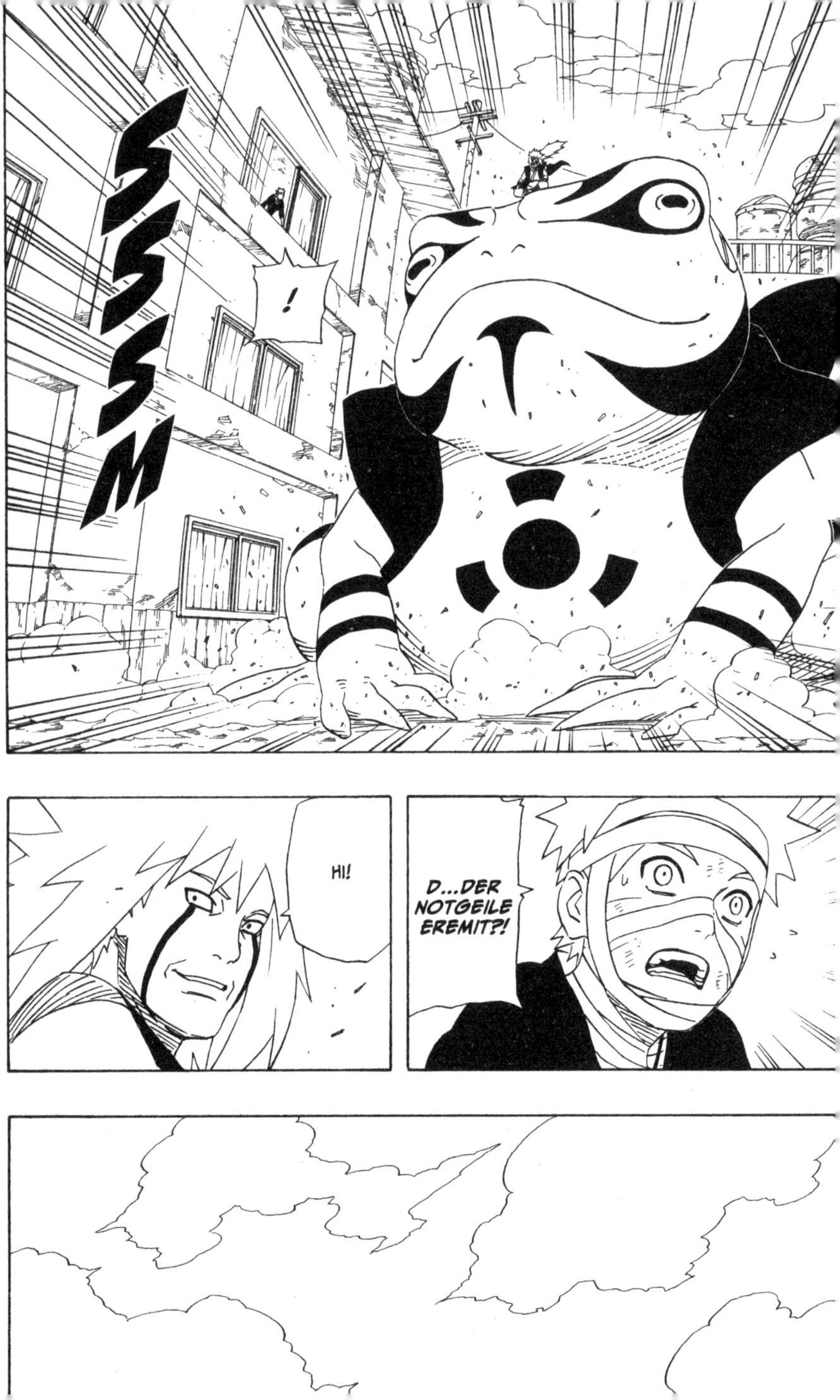
SSSM
!
D...DER NOTGEILE EREMIT?!
HI!

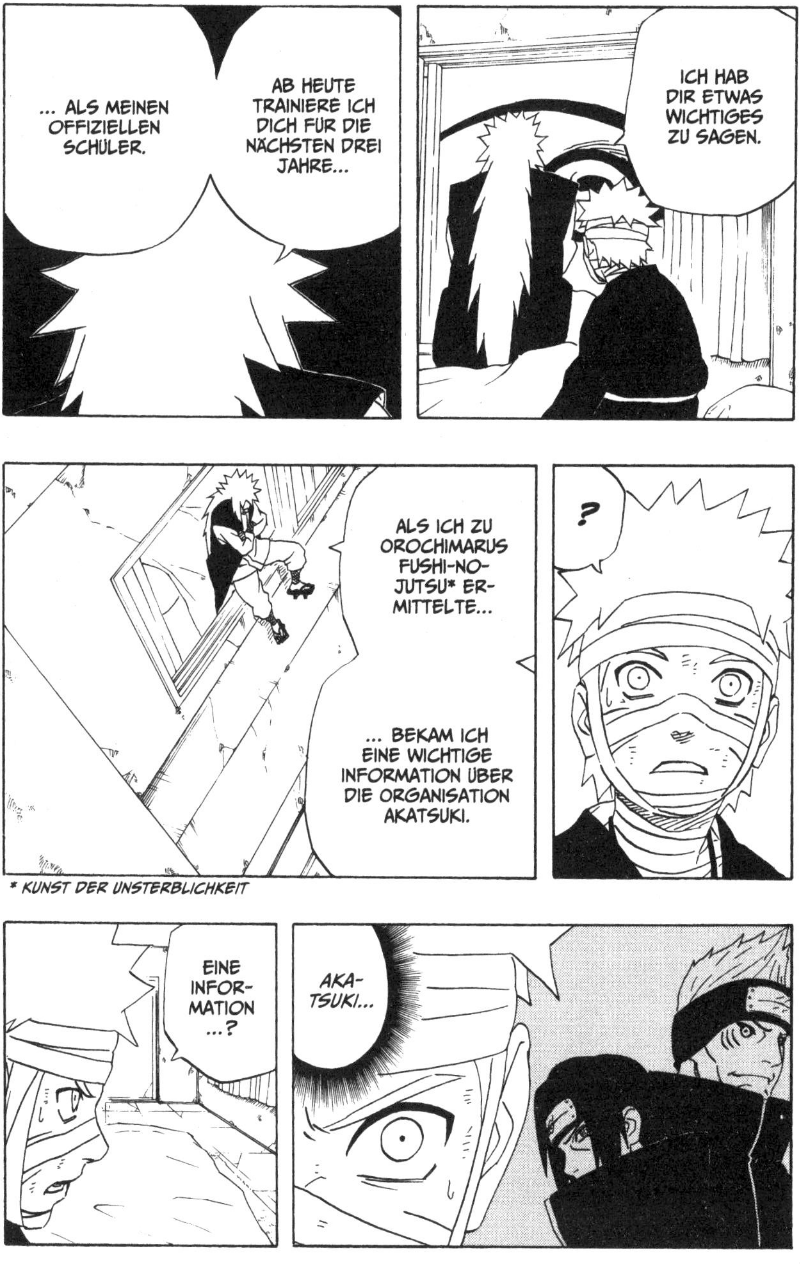

* KUNST DER UNSTERBLICHKEIT

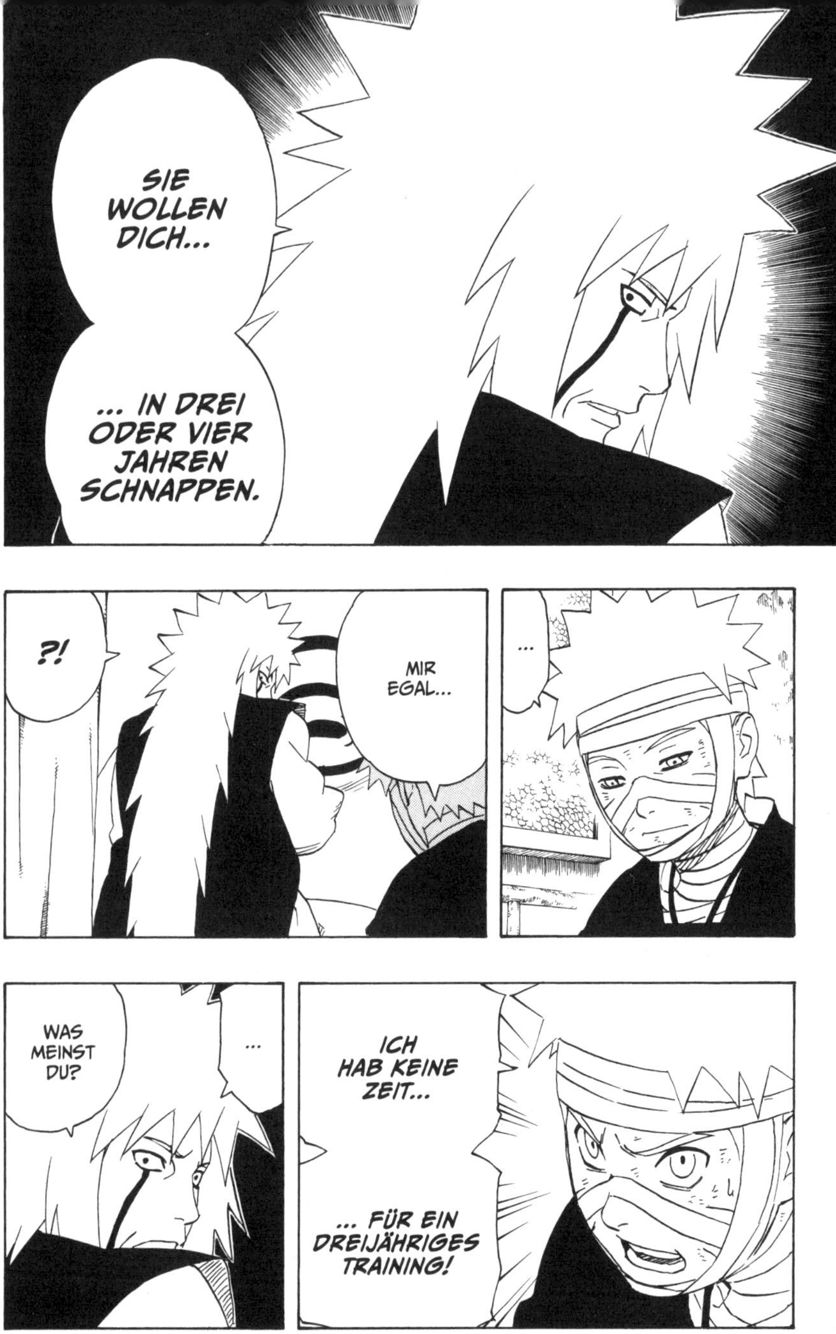

SIE WOLLEN DICH...
... IN DREI ODER VIER JAHREN SCHNAPPEN.
...
MIR EGAL...
?!
ICH HAB KEINE ZEIT...
... FÜR EIN DREIJÄHRIGES TRAINING!
...
WAS MEINST DU?

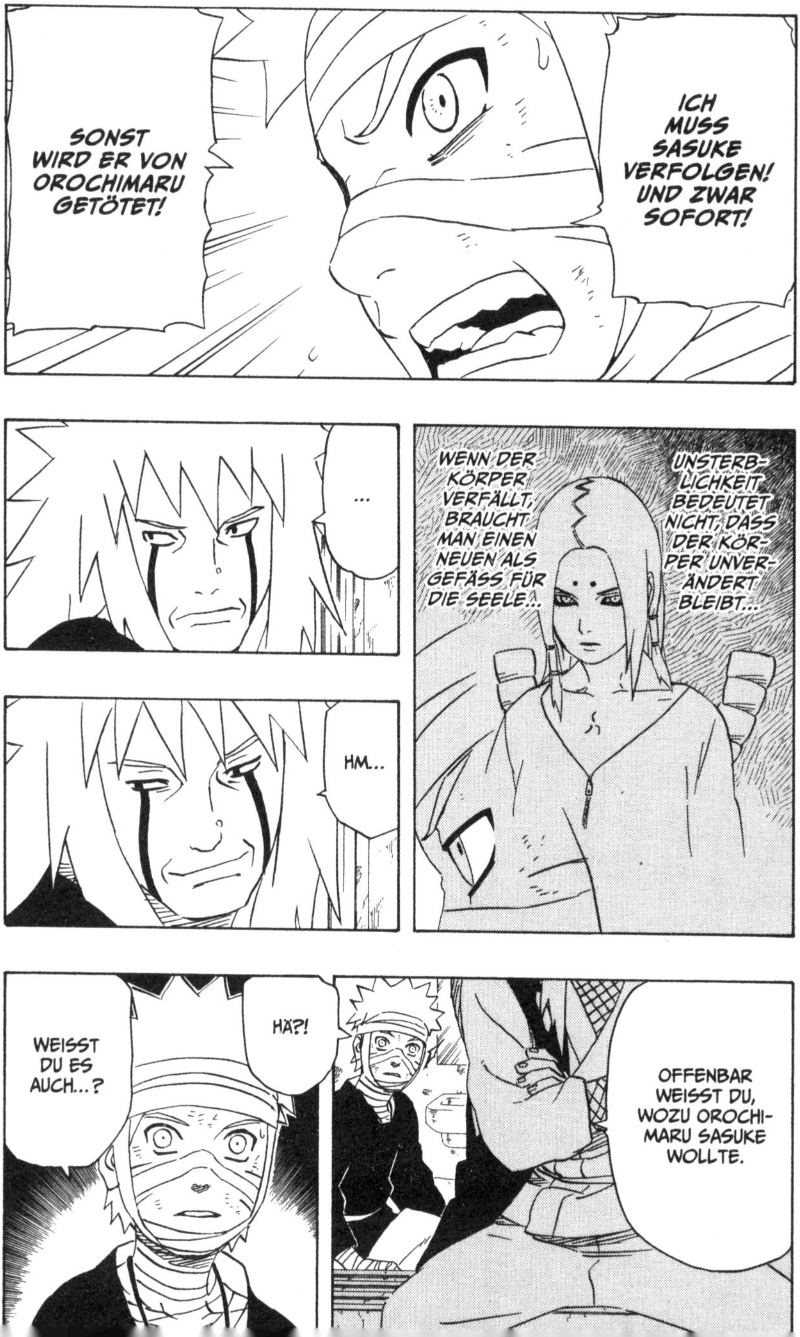
ICH MUSS SASUKE VERFOLGEN! UND ZWAR SOFORT!
SONST WIRD ER VON OROCHIMARU GETÖTET!
UNSTERB-LICHKEIT BEDEUTET NICHT, DASS DER KÖR-PER UNVER-ÄNDERT BLEIBT...
WENN DER KÖRPER VERFÄLLT, BRAUCHT MAN EINEN NEUEN ALS GEFÄSS FÜR DIE SEELE...
...
HM...
OFFENBAR WEISST DU, WOZU OROCHI-MARU SASUKE WOLLTE.
HÄ?!
WEISST DU ES AUCH...?

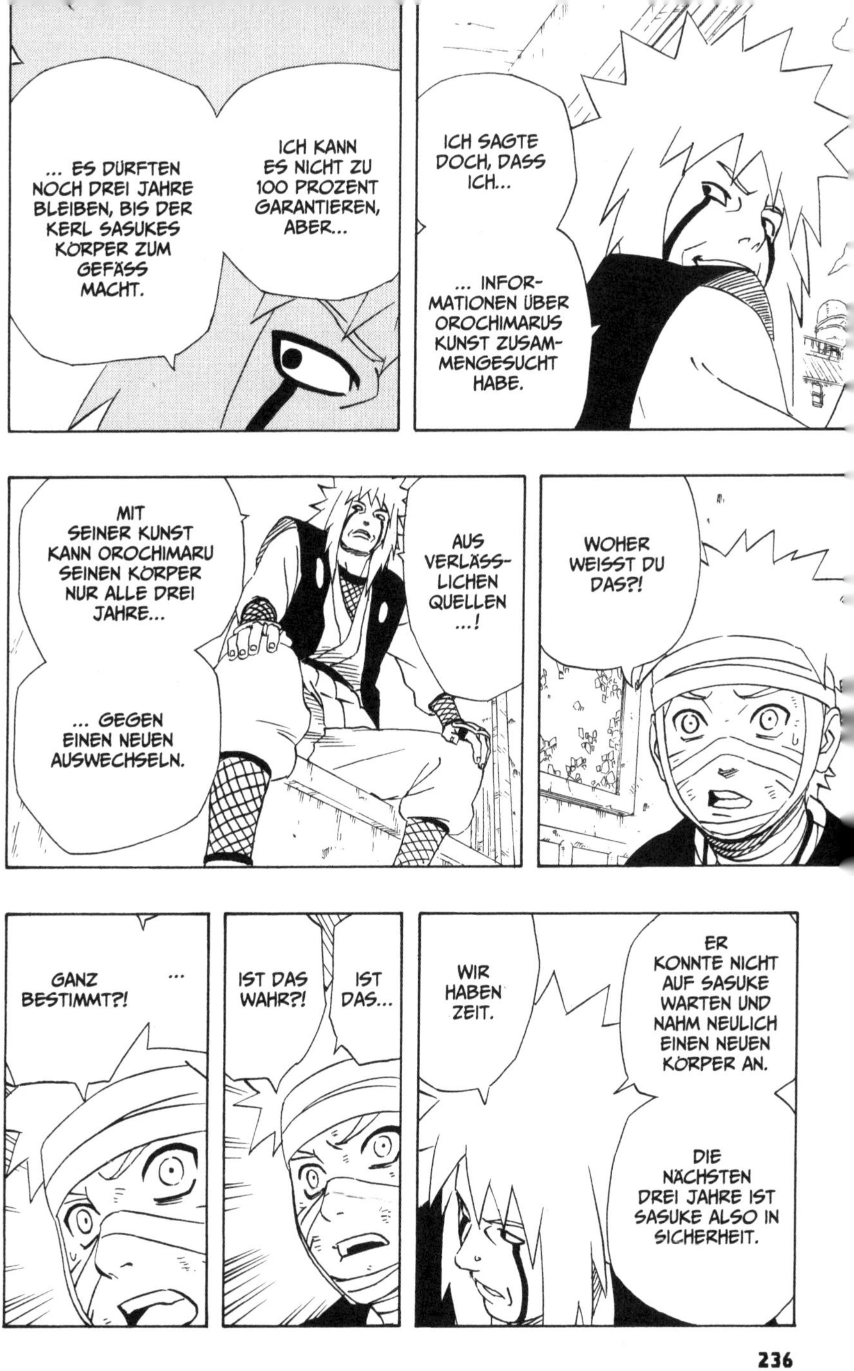
ICH SAGTE DOCH, DASS ICH...
... INFORMATIONEN ÜBER OROCHIMARUS KUNST ZUSAMMENGESUCHT HABE.
ICH KANN ES NICHT ZU 100 PROZENT GARANTIEREN, ABER...
... ES DÜRFTEN NOCH DREI JAHRE BLEIBEN, BIS DER KERL SASUKES KÖRPER ZUM GEFÄSS MACHT.
WOHER WEISST DU DAS?!
AUS VERLÄSSLICHEN QUELLEN ...!
MIT SEINER KUNST KANN OROCHIMARU SEINEN KÖRPER NUR ALLE DREI JAHRE...
... GEGEN EINEN NEUEN AUSWECHSELN.
ER KONNTE NICHT AUF SASUKE WARTEN UND NAHM NEULICH EINEN NEUEN KÖRPER AN.
DIE NÄCHSTEN DREI JAHRE IST SASUKE ALSO IN SICHERHEIT.
WIR HABEN ZEIT.
IST DAS...
IST DAS WAHR?!
...
GANZ BESTIMMT?!

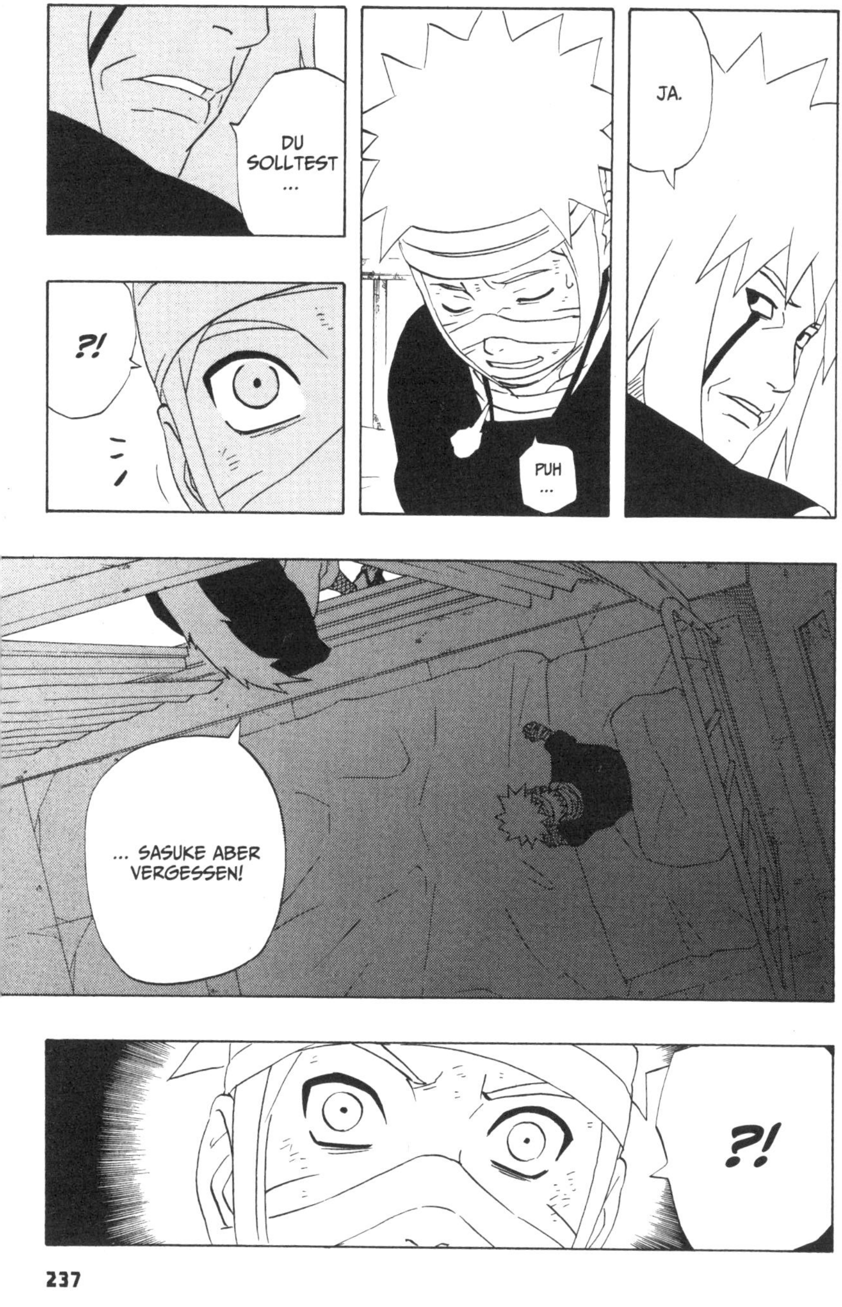
JA.
PUH ...
DU SOLLTEST ...
?!
... SASUKE ABER VERGESSEN!
?!

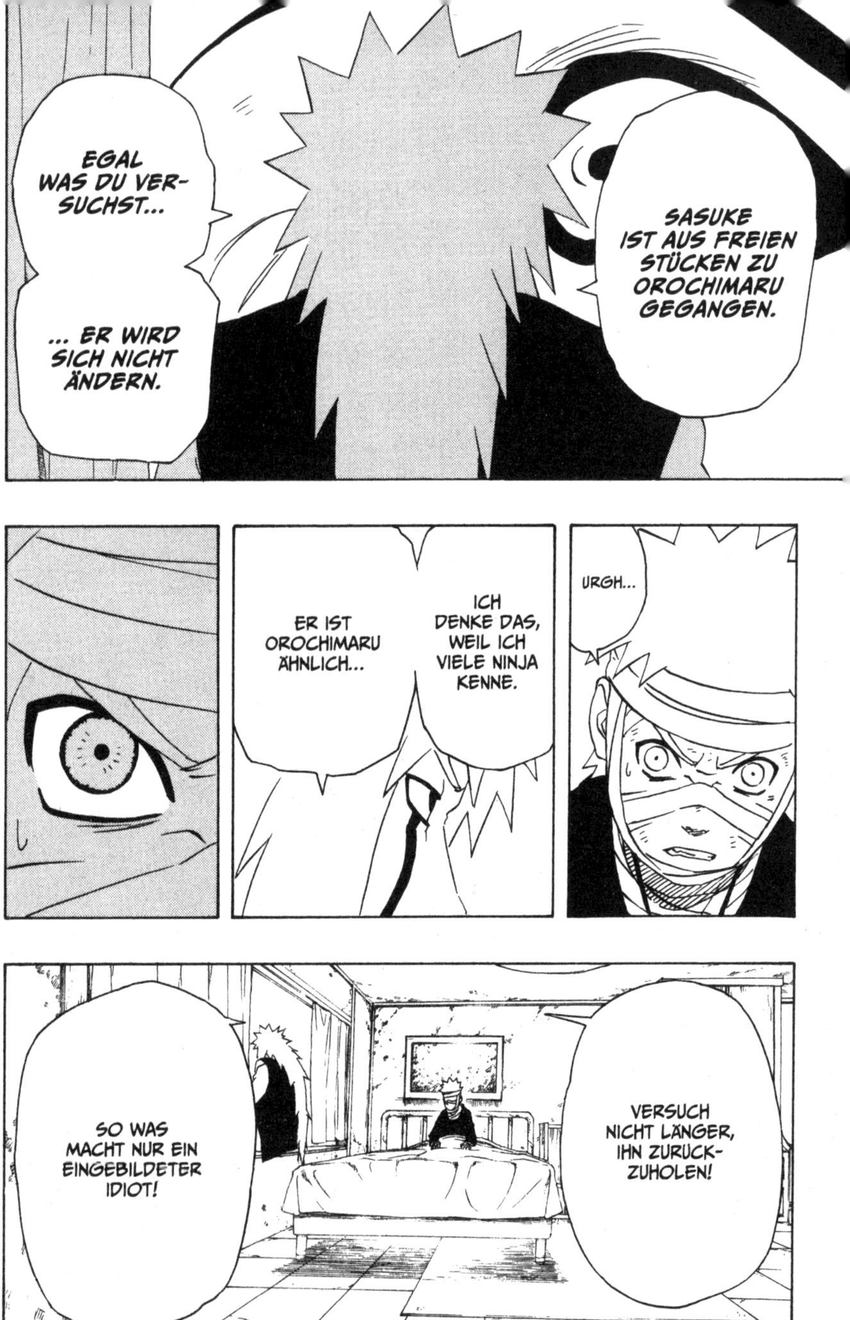
SASUKE IST AUS FREIEN STÜCKEN ZU OROCHIMARU GEGANGEN.
EGAL WAS DU VERSUCHST...
... ER WIRD SICH NICHT ÄNDERN.
URGH...
ICH DENKE DAS, WEIL ICH VIELE NINJA KENNE.
ER IST OROCHIMARU ÄHNLICH...
VERSUCH NICHT LÄNGER, IHN ZURÜCKZUHOLEN!
SO WAS MACHT NUR EIN EINGEBILDETER IDIOT!

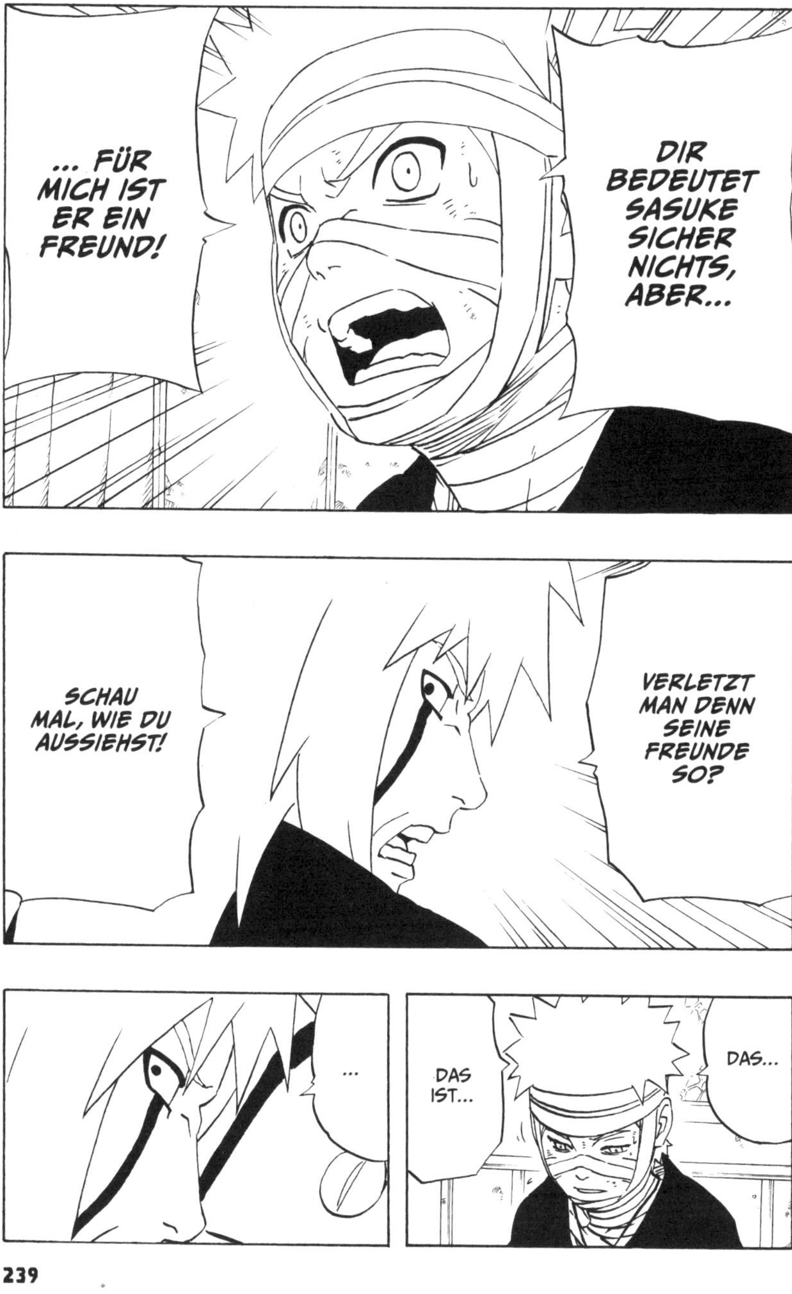
DIR BEDEUTET SASUKE SICHER NICHTS, ABER...
... FÜR MICH IST ER EIN FREUND!
VERLETZT MAN DENN SEINE FREUNDE SO?
SCHAU MAL, WIE DU AUSSIEHST!
DAS...
DAS IST...
...

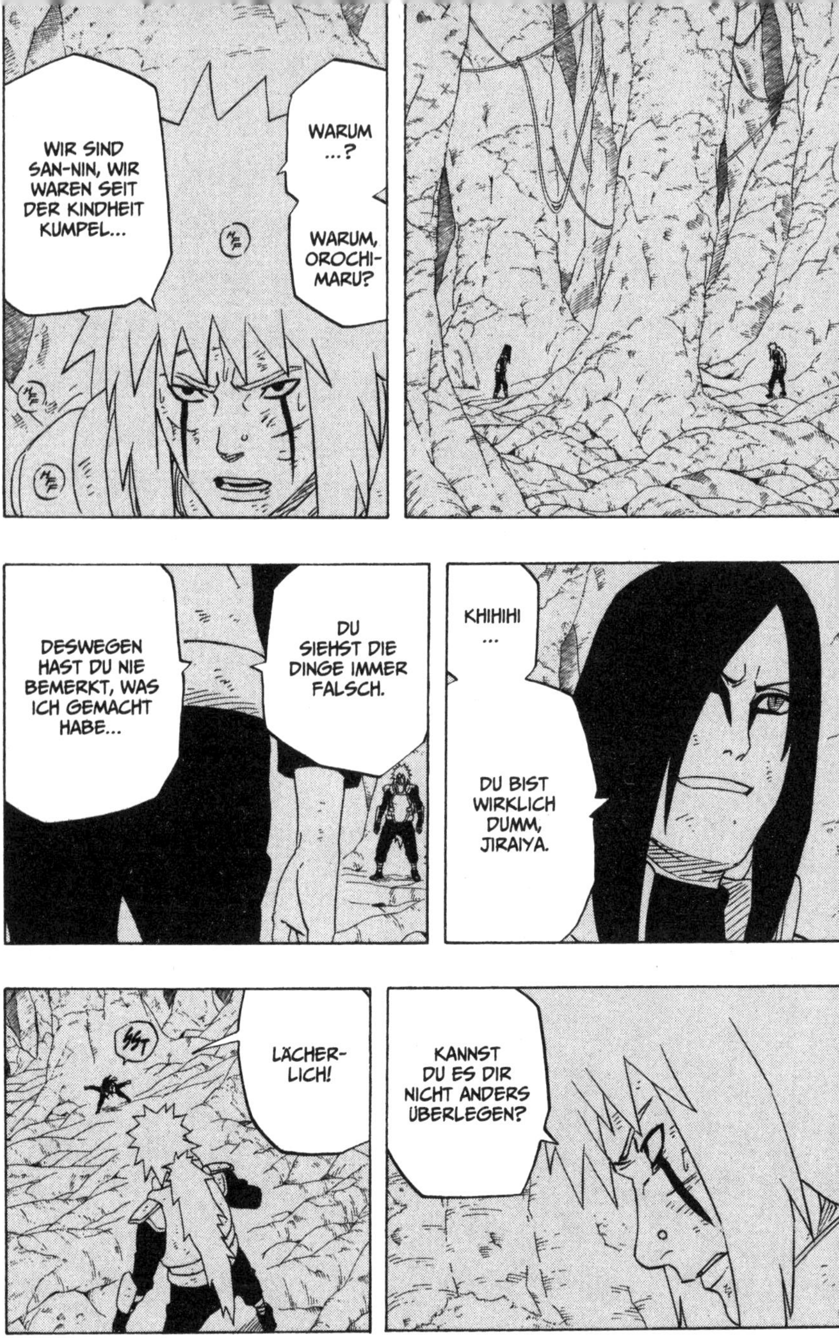
WARUM ...?
WARUM, OROCHIMARU?
WIR SIND SAN-NIN, WIR WAREN SEIT DER KINDHEIT KUMPEL...
KHIHIHI ...
DU BIST WIRKLICH DUMM, JIRAIYA.
DU SIEHST DIE DINGE IMMER FALSCH.
DESWEGEN HAST DU NIE BEMERKT, WAS ICH GEMACHT HABE...
KANNST DU ES DIR NICHT ANDERS ÜBERLEGEN?
LÄCHERLICH!

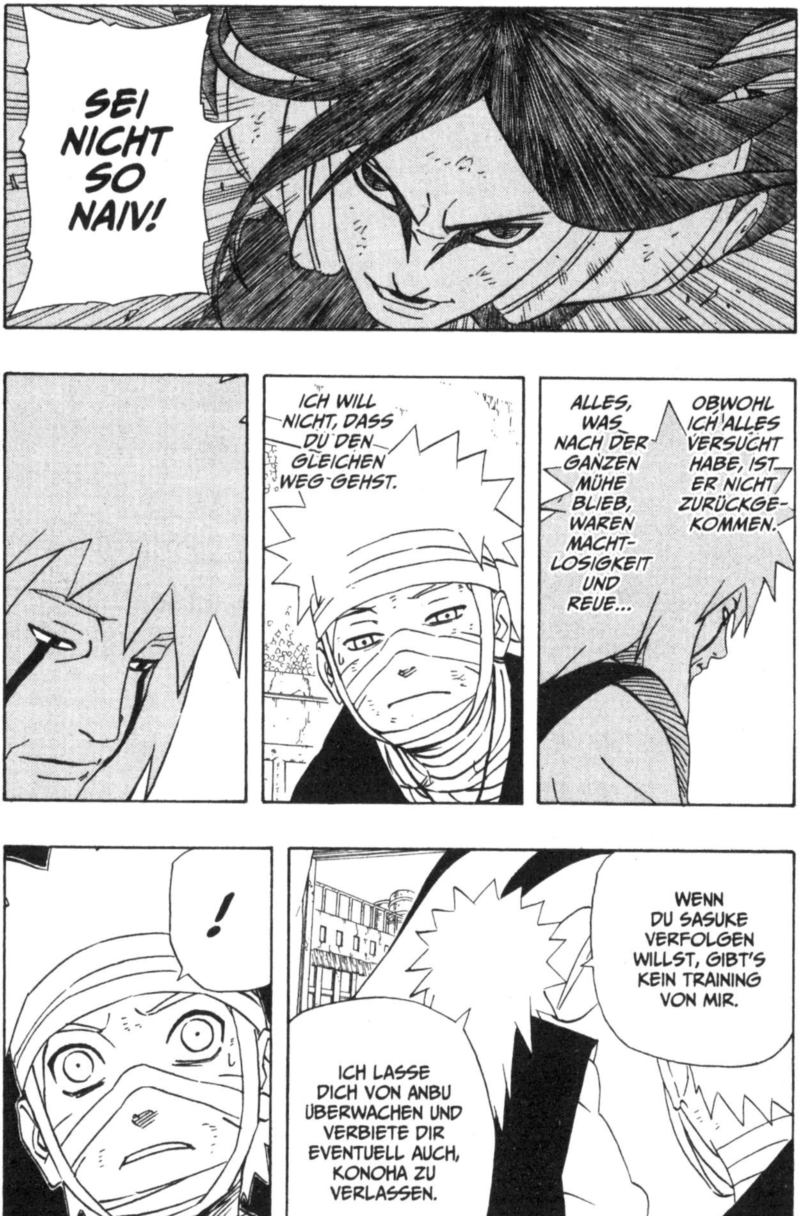
SEI NICHT SO NAIV!
OBWOHL ICH ALLES VERSUCHT HABE, IST ER NICHT ZURÜCKGEKOMMEN.
ALLES, WAS NACH DER GANZEN MÜHE BLIEB, WAREN MACHTLOSIGKEIT UND REUE...
ICH WILL NICHT, DASS DU DEN GLEICHEN WEG GEHST.
WENN DU SASUKE VERFOLGEN WILLST, GIBT'S KEIN TRAINING VON MIR.
ICH LASSE DICH VON ANBU ÜBERWACHEN UND VERBIETE DIR EVENTUELL AUCH, KONOHA ZU VERLASSEN.
!

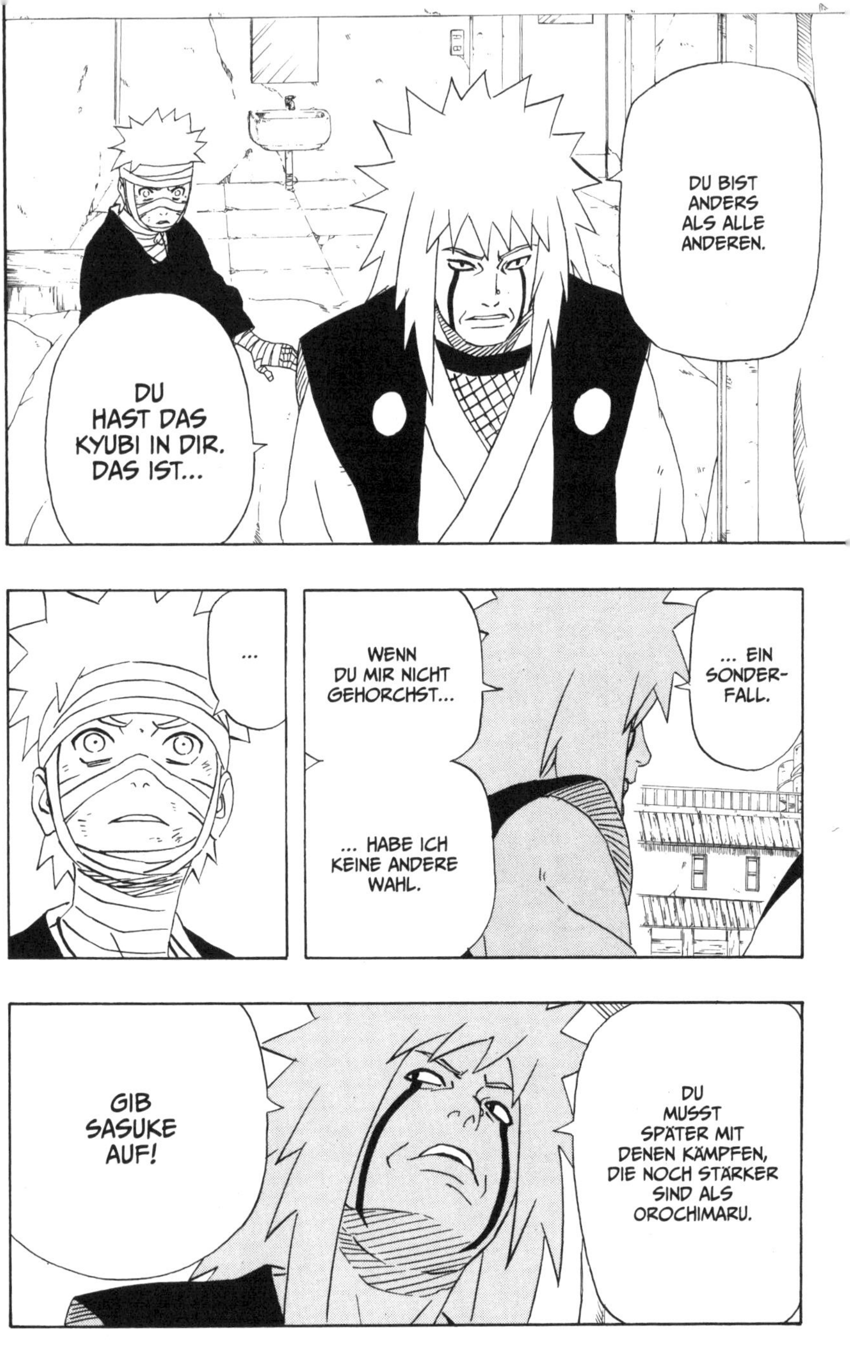
DU BIST ANDERS ALS ALLE ANDEREN.
DU HAST DAS KYUBI IN DIR. DAS IST...
... EIN SONDERFALL.
WENN DU MIR NICHT GEHORCHST...
... HABE ICH KEINE ANDERE WAHL.
...
DU MUSST SPÄTER MIT DENEN KÄMPFEN, DIE NOCH STÄRKER SIND ALS OROCHIMARU.
GIB SASUKE AUF!

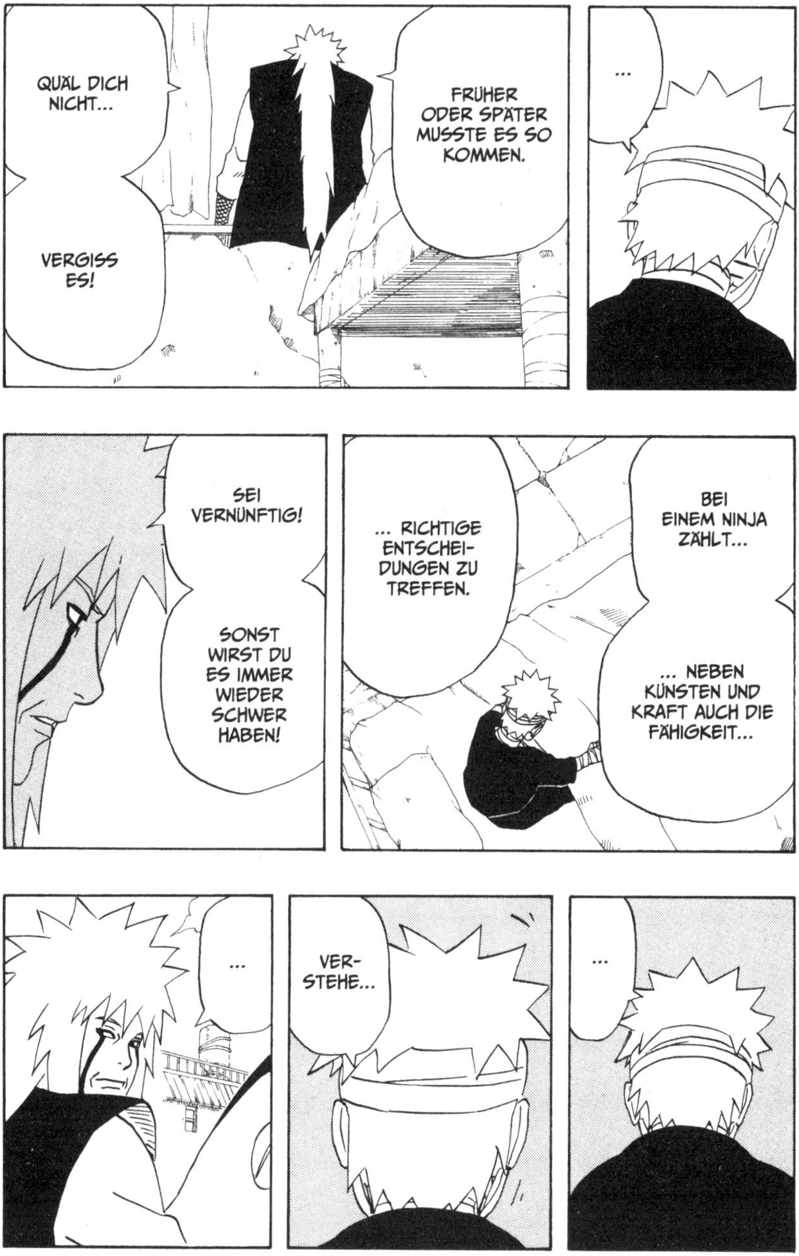
...
FRÜHER ODER SPÄTER MUSSTE ES SO KOMMEN.
QUÄL DICH NICHT...
VERGISS ES!
BEI EINEM NINJA ZÄHLT...
... NEBEN KÜNSTEN UND KRAFT AUCH DIE FÄHIGKEIT...
... RICHTIGE ENTSCHEIDUNGEN ZU TREFFEN.
SEI VERNÜNFTIG!
SONST WIRST DU ES IMMER WIEDER SCHWER HABEN!
...
VERSTEHE...
...

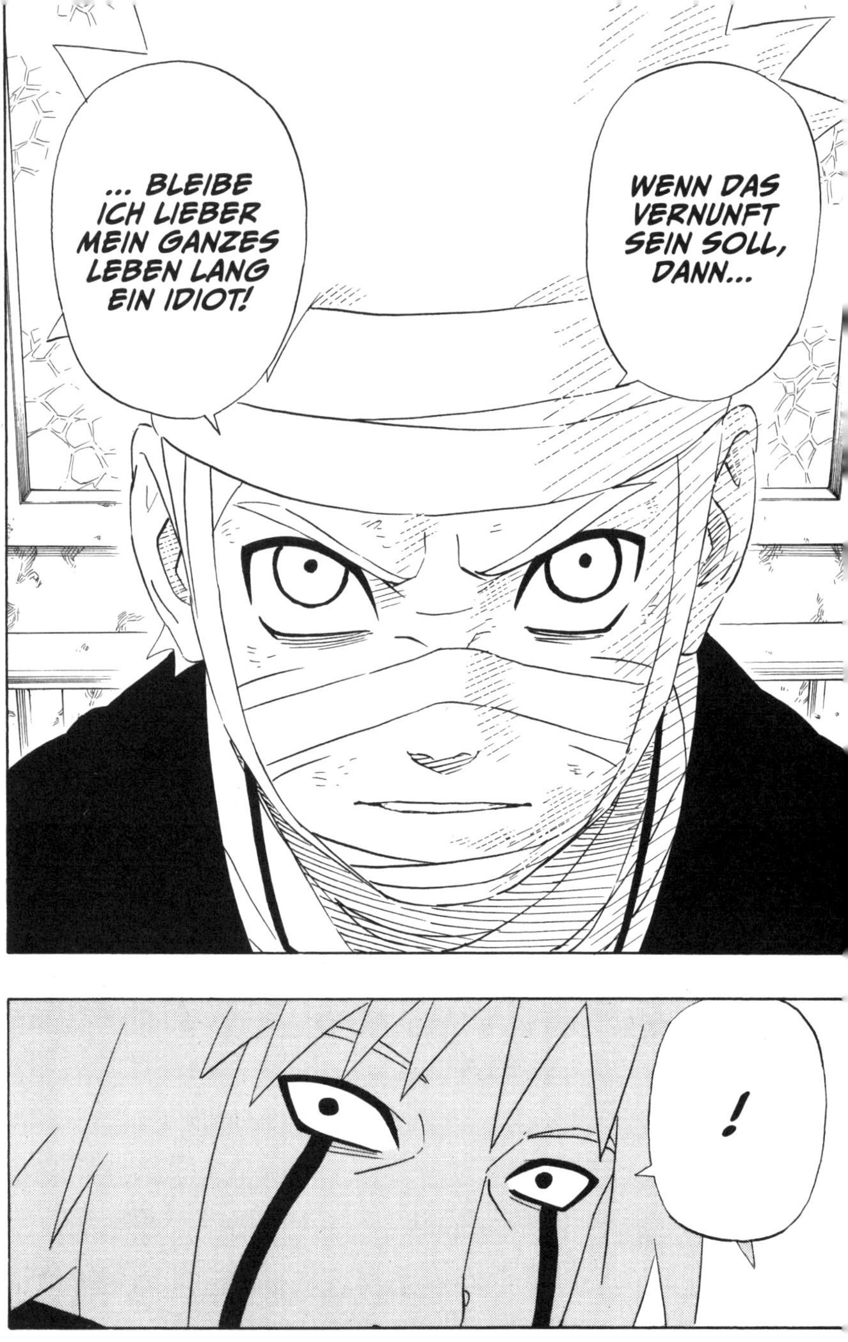
WENN DAS VERNUNFT SEIN SOLL, DANN...
... BLEIBE ICH LIEBER MEIN GANZES LEBEN LANG EIN IDIOT!
!

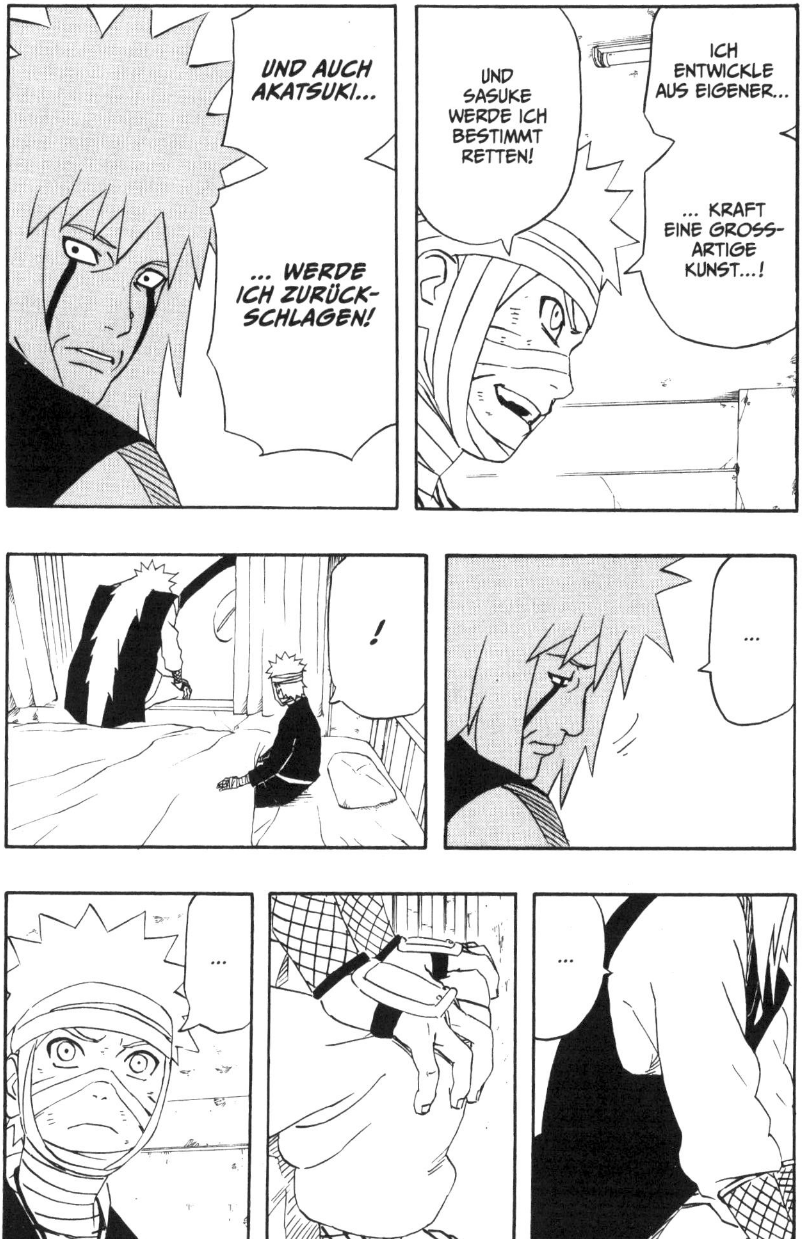
ICH ENTWICKLE AUS EIGENER...
... KRAFT EINE GROSS-ARTIGE KUNST...!
UND SASUKE WERDE ICH BESTIMMT RETTEN!
UND AUCH AKATSUKI...
... WERDE ICH ZURÜCK-SCHLAGEN!
...
!
...
...

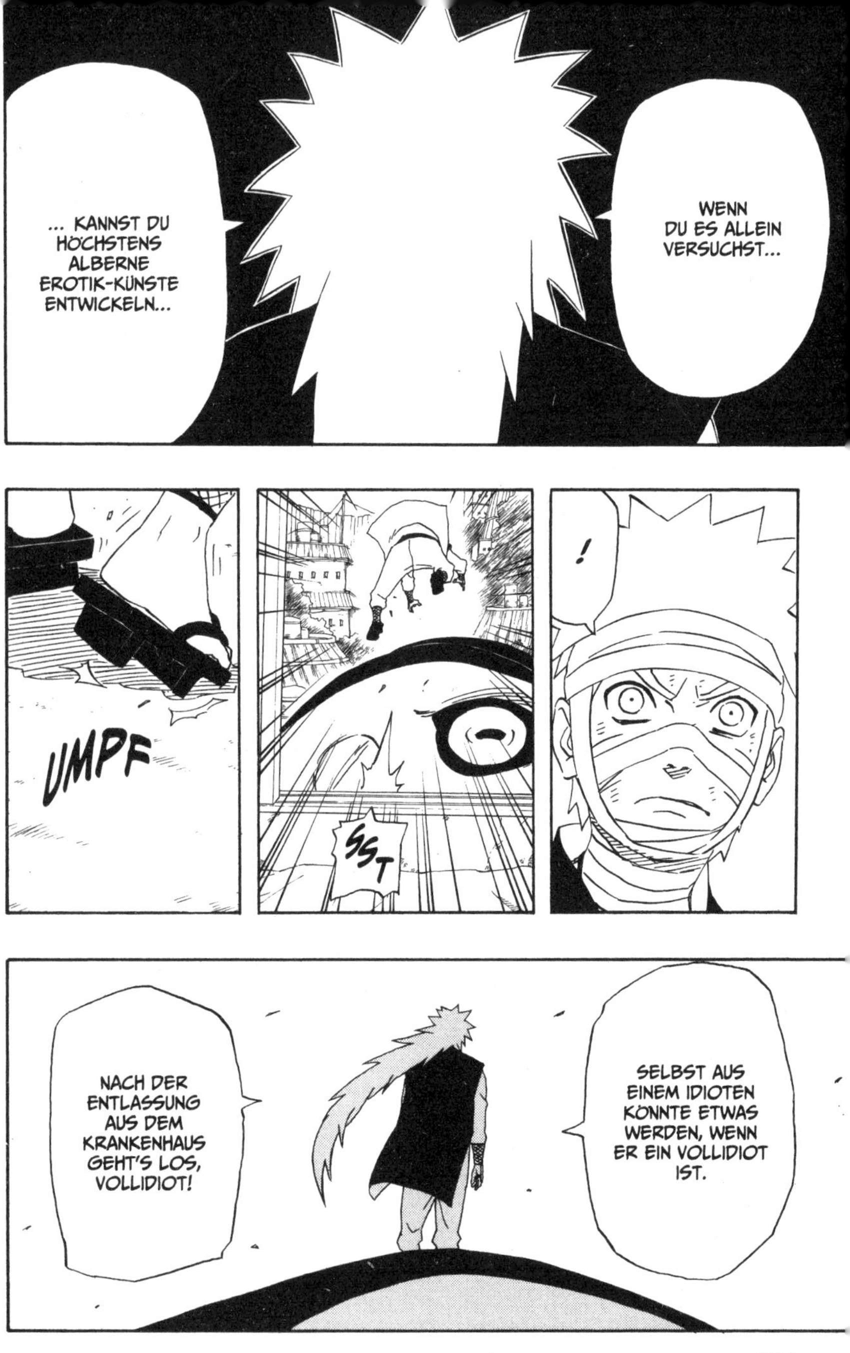
WENN DU ES ALLEIN VERSUCHST...
... KANNST DU HÖCHSTENS ALBERNE EROTIK-KÜNSTE ENTWICKELN...
!
SST
UMPF
SELBST AUS EINEM IDIOTEN KÖNNTE ETWAS WERDEN, WENN ER EIN VOLLIDIOT IST.
NACH DER ENTLASSUNG AUS DEM KRANKENHAUS GEHT'S LOS, VOLLIDIOT!

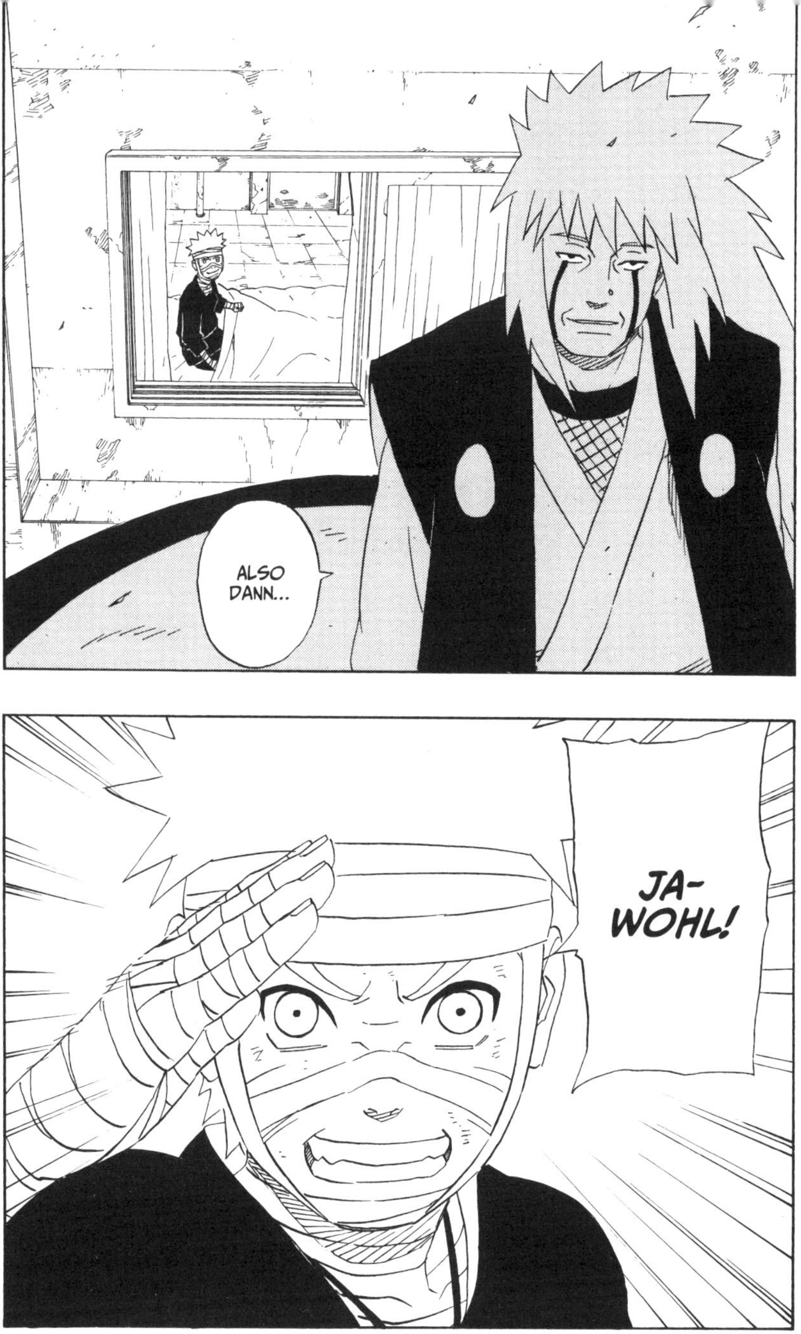
ALSO DANN...
JA-WOHL!

MASASHI KISHIMOTOS WELT
LEBENSGESCHICHTE:
MEINE WERTEN FREUNDE - TEIL 2

ICH HATTE ES SO INSZENIERT, ALS OB DIE MEISTEN KAGEBUNSHIN VON DER TINTE VERTUSCHT WÄREN. ALS DER ASSISTENT AUFSTAND, SAH ER DIE BESCHERUNG... SEINE EINZIGE REAKTION LAUTETE: »ÄH?« MIT DEN WORTEN »HAHAHA! BIST DU ERSCHROCKEN? DAS WAR NUR EIN SCHERZ!« VERRIET ICH IHM MEINE INSZENIERUNG SOFORT - UND BEMERKTE, DASS MEIN VERSUCH, DIE STIMMUNG AUFZUHEITERN, DAS GEGENTEIL BEWIRKT HATTE.

MEINE ASSISTENTEN SIND MEINE FREUNDE, UND VON DENEN HABE ICH LEIDER SEHR WENIGE. ACHTET GUT AUF EURE FREUNDE - UND VERGRAULT SIE BESSER NICHT MIT SCHLECHTEN SCHERZEN...!

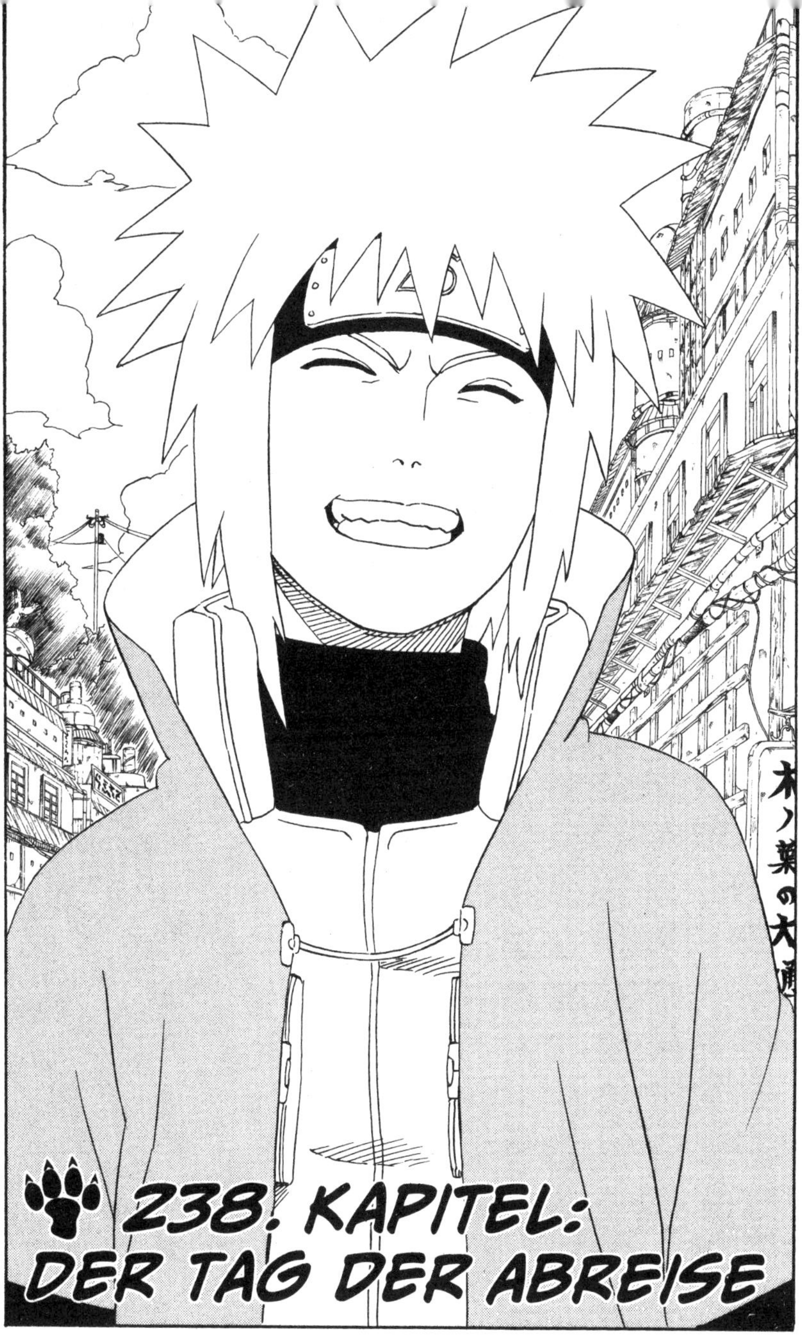
238. Kapitel:
Der Tag der Abreise

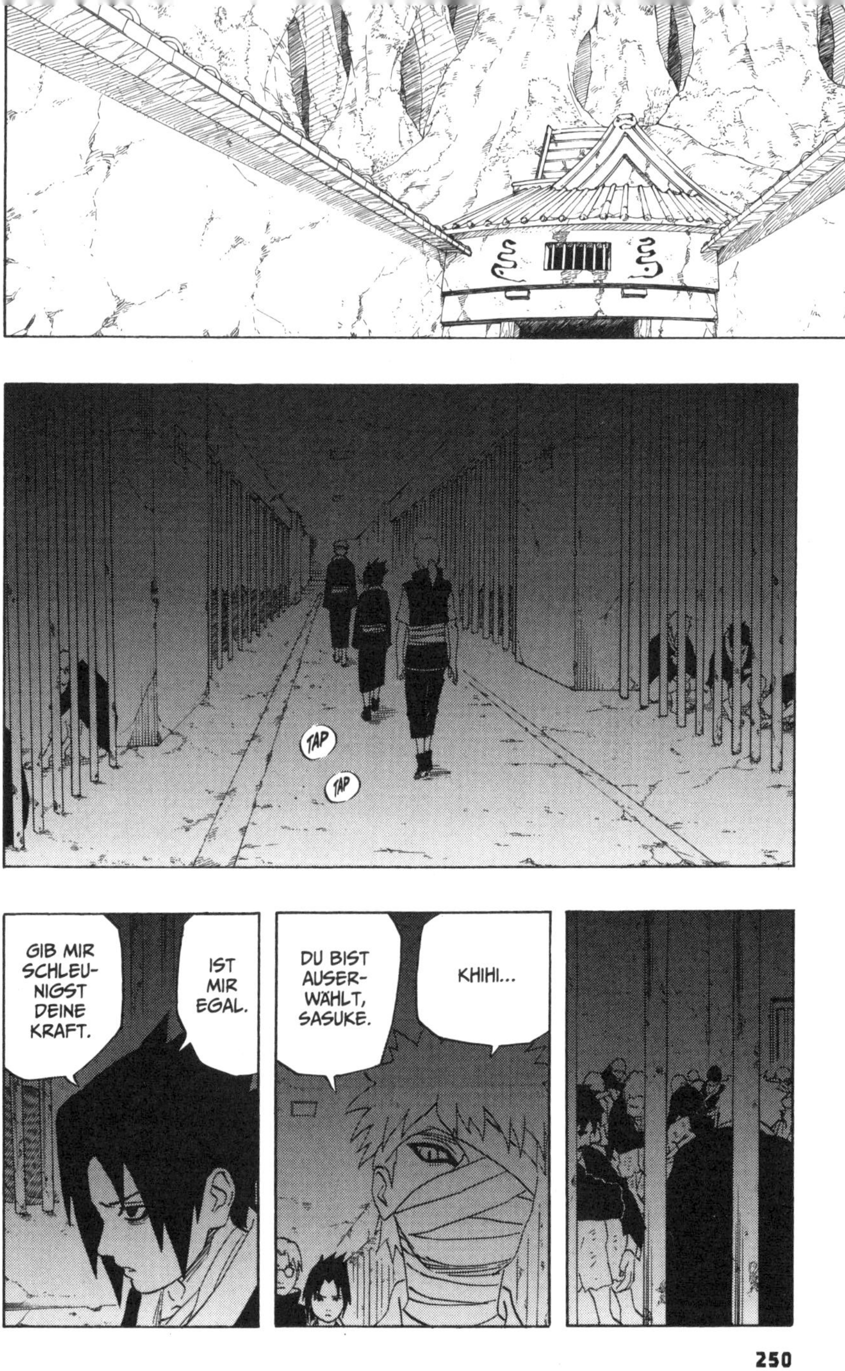
TAP
TAP
KHIHI…
DU BIST AUSER-WÄHLT, SASUKE.
IST MIR EGAL.
GIB MIR SCHLEU-NIGST DEINE KRAFT.

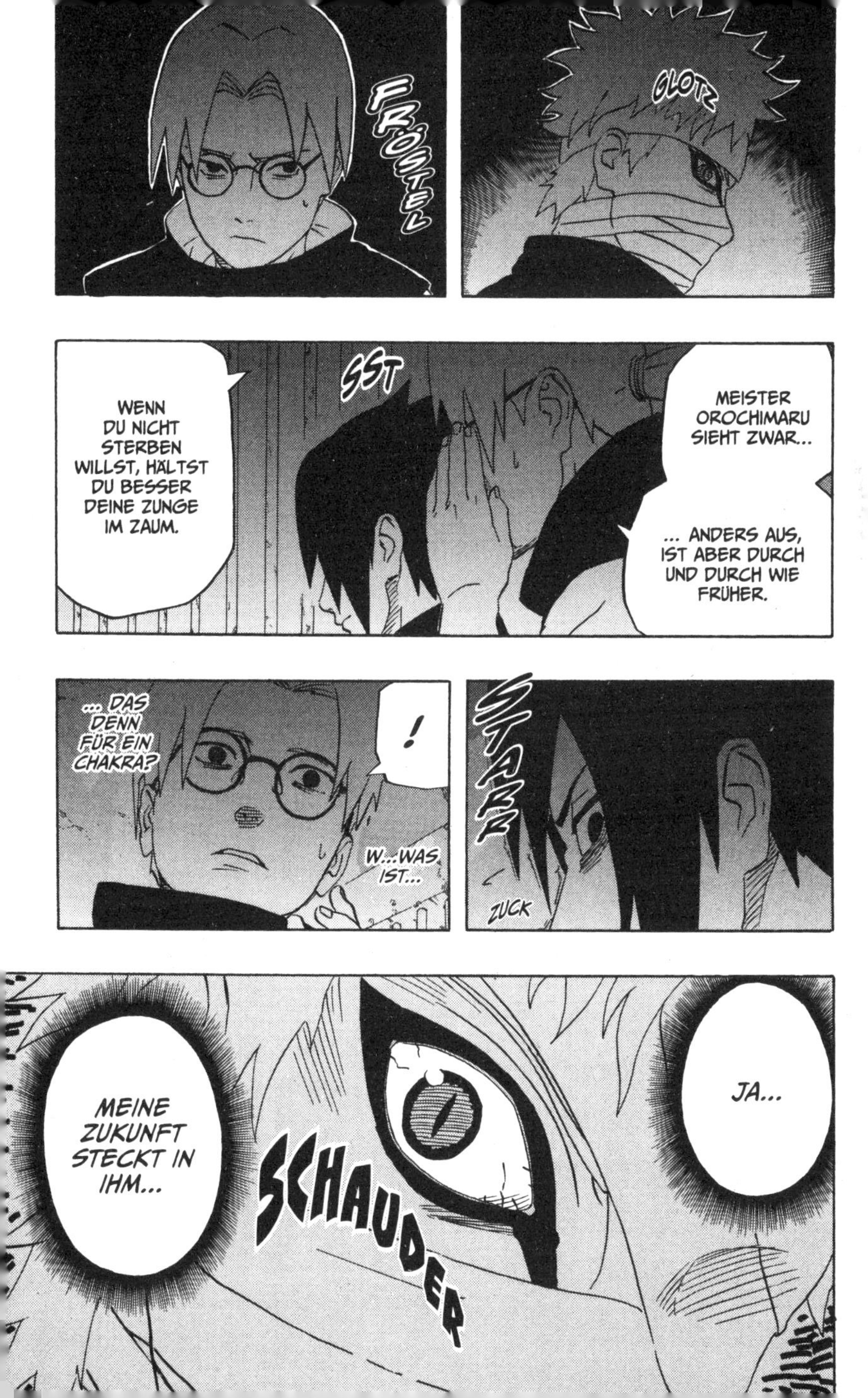
GLOTZ
FRÖSTEL
MEISTER OROCHIMARU SIEHT ZWAR...
... ANDERS AUS, IST ABER DURCH UND DURCH WIE FRÜHER.
SST
WENN DU NICHT STERBEN WILLST, HÄLTST DU BESSER DEINE ZUNGE IM ZAUM.
STARR
ZUCK
!
W...WAS IST...
... DAS DENN FÜR EIN CHAKRA?
JA...
SCHAUDER
MEINE ZUKUNFT STECKT IN IHM...

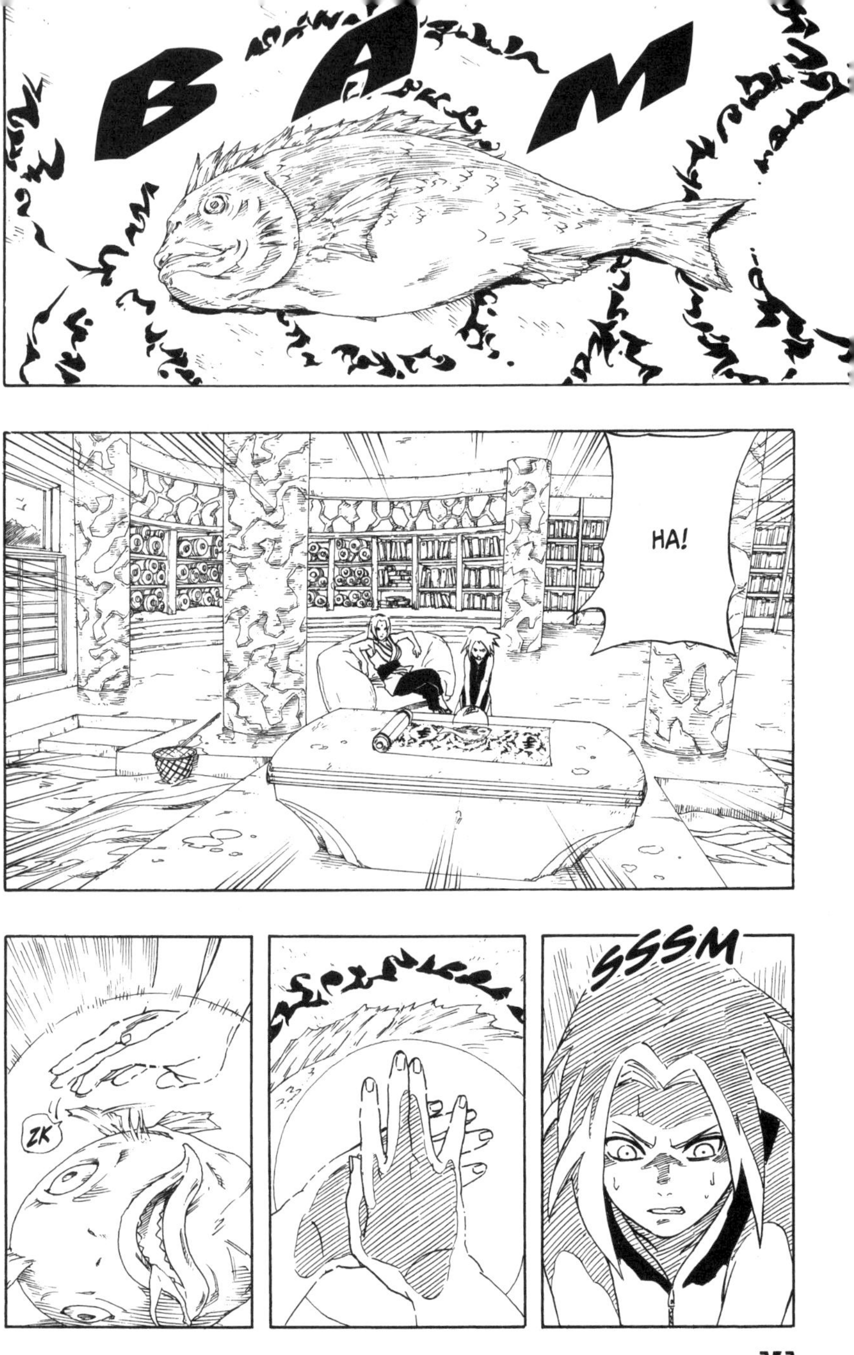
BAM
HA!
ZK
SSSM

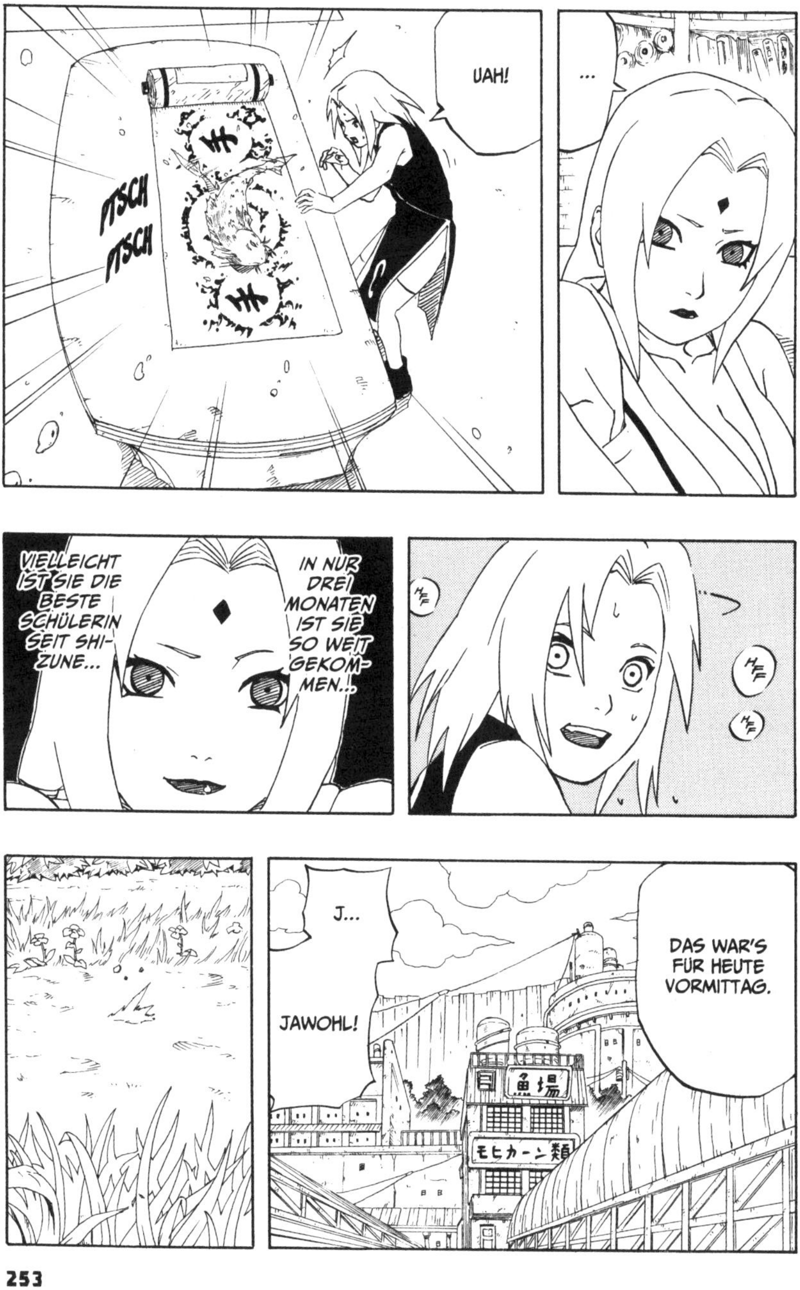
...
UAH!
PTSCH
PTSCH
IN NUR DREI MONATEN IST SIE SO WEIT GEKOMMEN...
VIELLEICHT IST SIE DIE BESTE SCHÜLERIN SEIT SHIZUNE...
DAS WAR'S FÜR HEUTE VORMITTAG.
J...
JAWOHL!

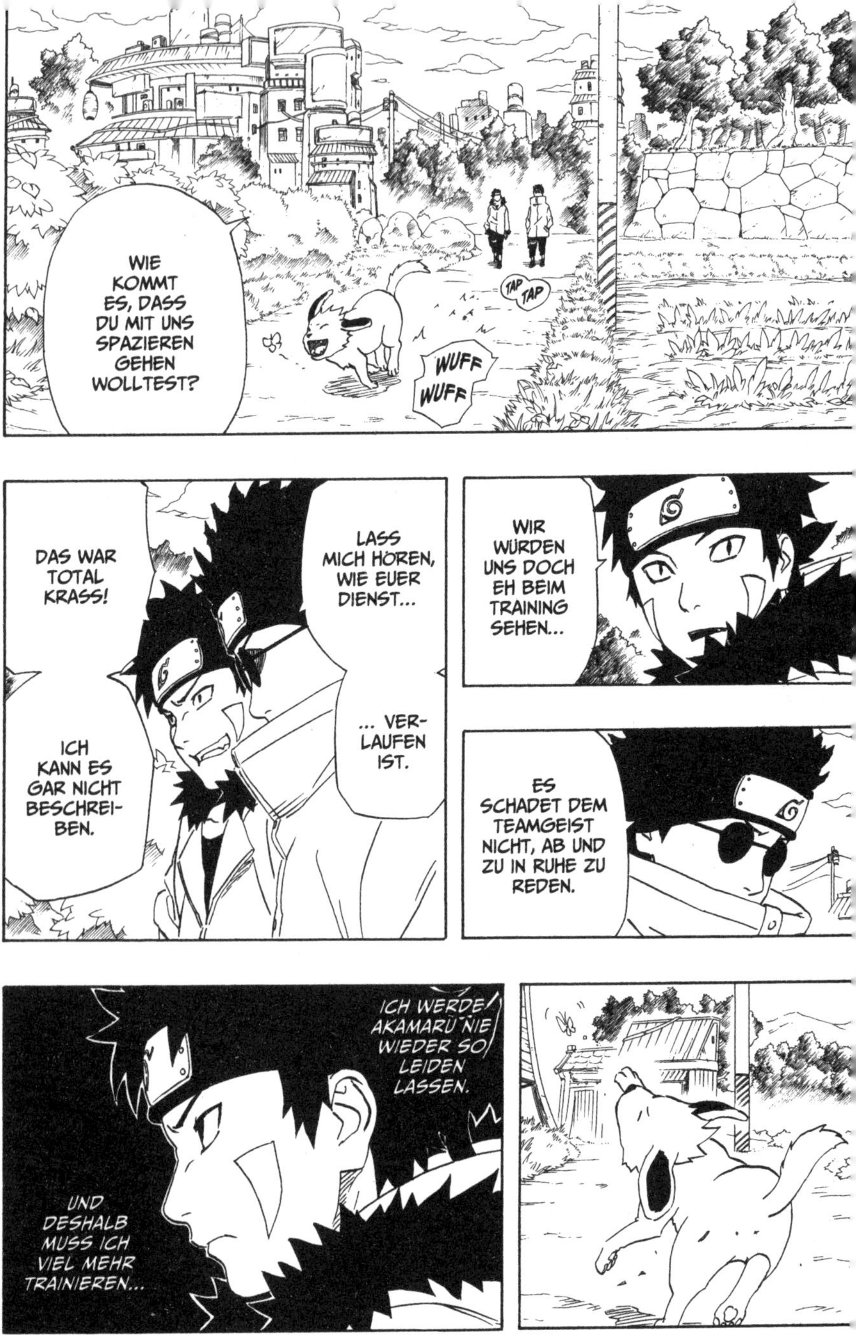

WIE KOMMT ES, DASS DU MIT UNS SPAZIEREN GEHEN WOLLTEST?
TAP TAP
WUFF WUFF
WIR WÜRDEN UNS DOCH EH BEIM TRAINING SEHEN...
LASS MICH HÖREN, WIE EUER DIENST...
DAS WAR TOTAL KRASS!
... VERLAUFEN IST.
ICH KANN ES GAR NICHT BESCHREIBEN.
ES SCHADET DEM TEAMGEIST NICHT, AB UND ZU IN RUHE ZU REDEN.
ICH WERDE AKAMARU NIE WIEDER SO LEIDEN LASSEN.
UND DESHALB MUSS ICH VIEL MEHR TRAINIEREN...

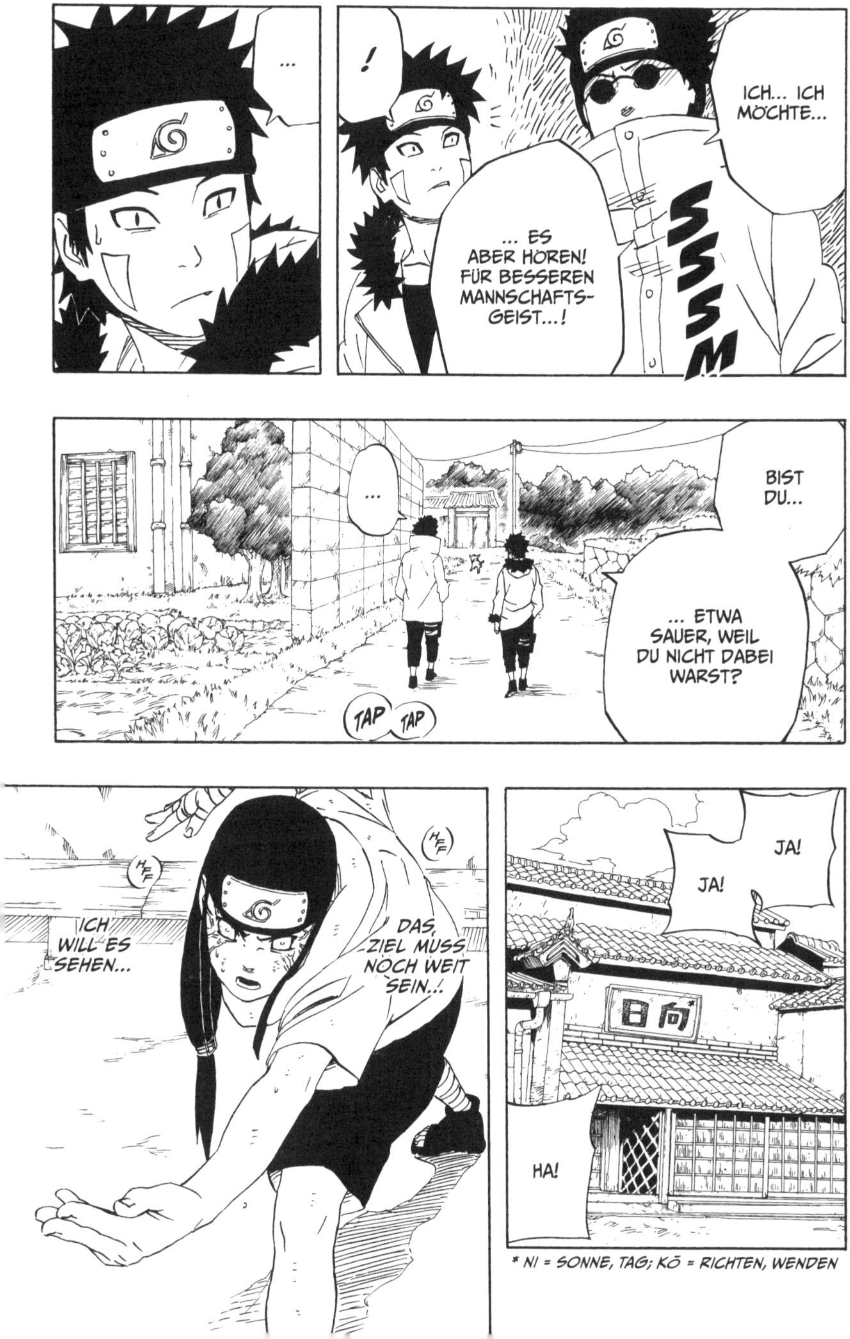

* NI = SONNE, TAG; KŌ = RICHTEN, WENDEN

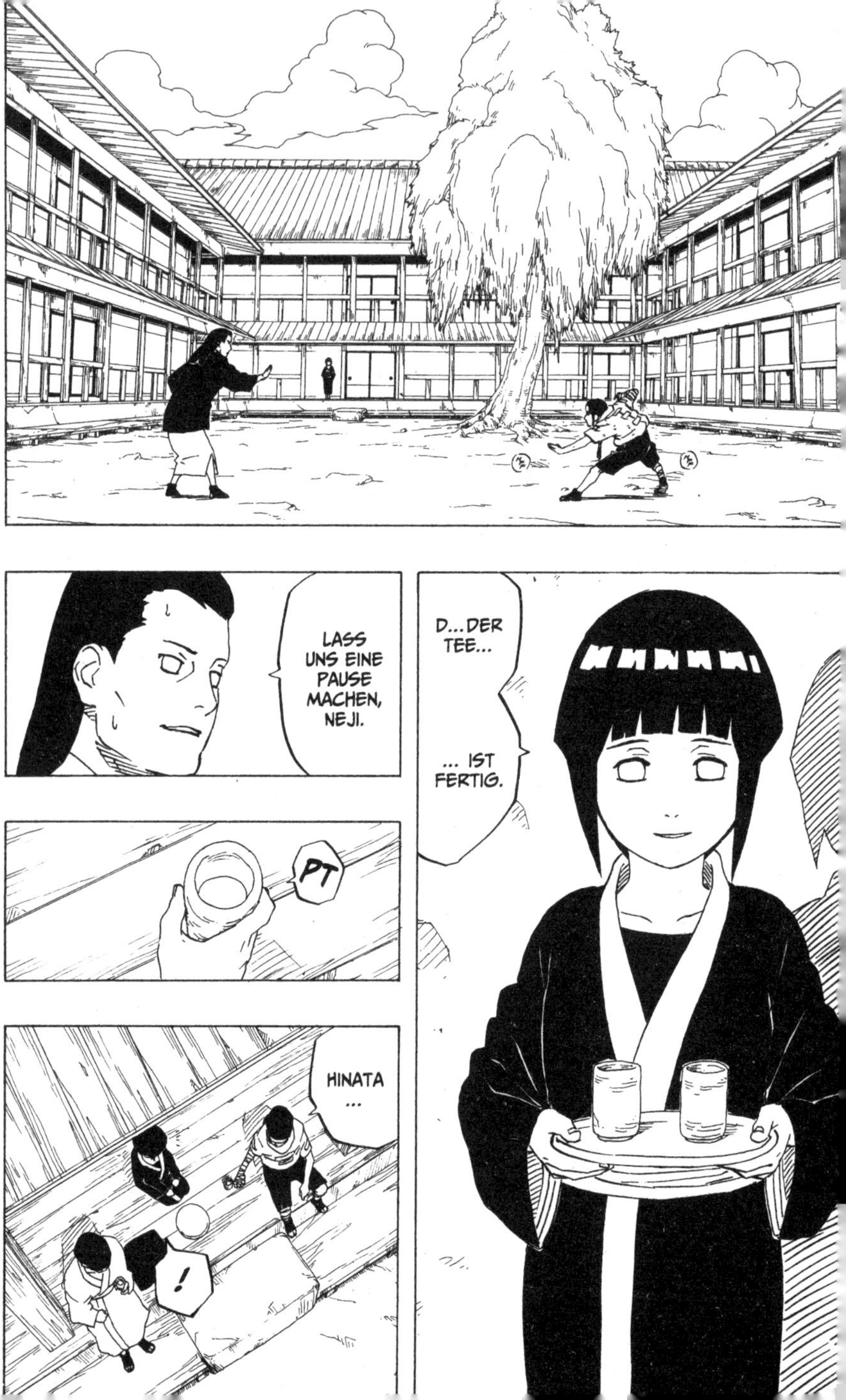

D...DER TEE...
... IST FERTIG.
LASS UNS EINE PAUSE MACHEN, NEJI.
PT
HINATA ...
!

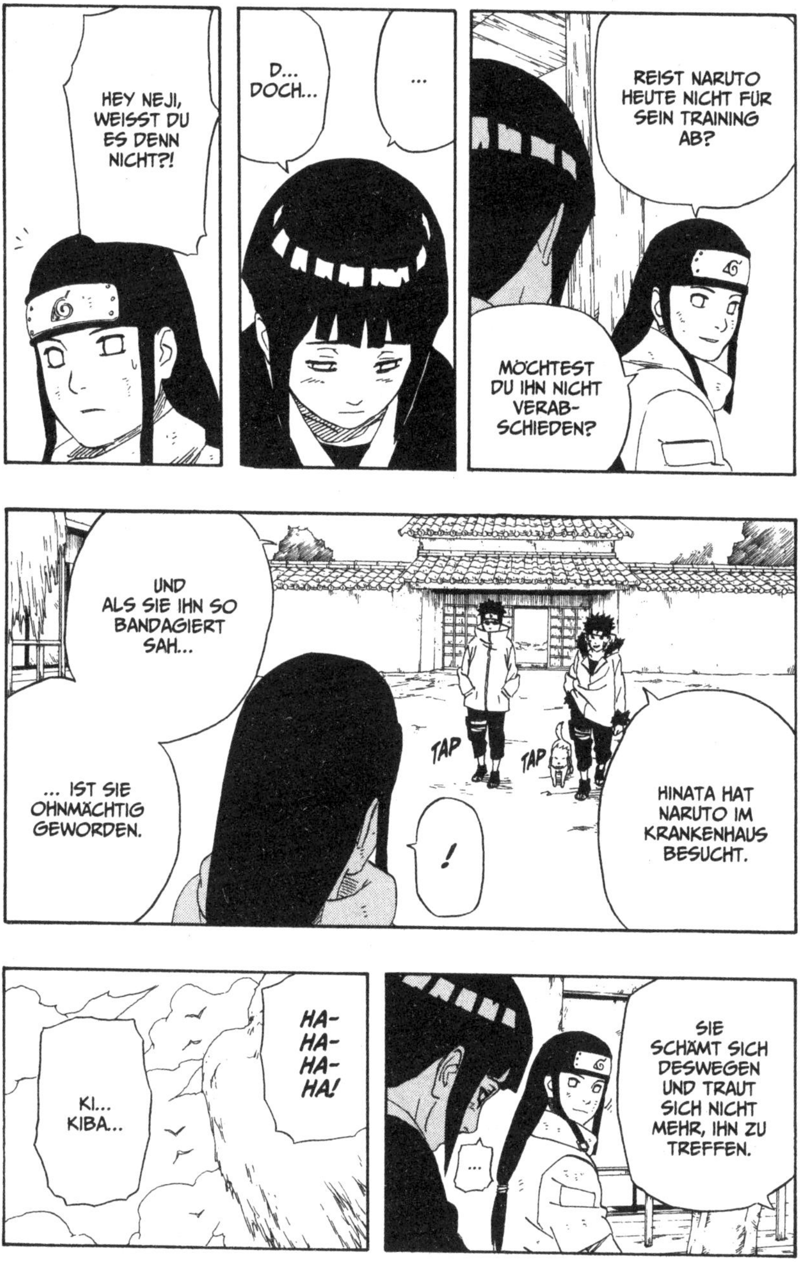
REIST NARUTO HEUTE NICHT FÜR SEIN TRAINING AB?
MÖCHTEST DU IHN NICHT VERAB-SCHIEDEN?
...
D... DOCH...
HEY NEJI, WEISST DU ES DENN NICHT?!
HINATA HAT NARUTO IM KRANKENHAUS BESUCHT.
TAP
TAP
!
UND ALS SIE IHN SO BANDAGIERT SAH...
... IST SIE OHNMÄCHTIG GEWORDEN.
SIE SCHÄMT SICH DESWEGEN UND TRAUT SICH NICHT MEHR, IHN ZU TREFFEN.
...
HA-HA-HA-HA!
KI... KIBA...

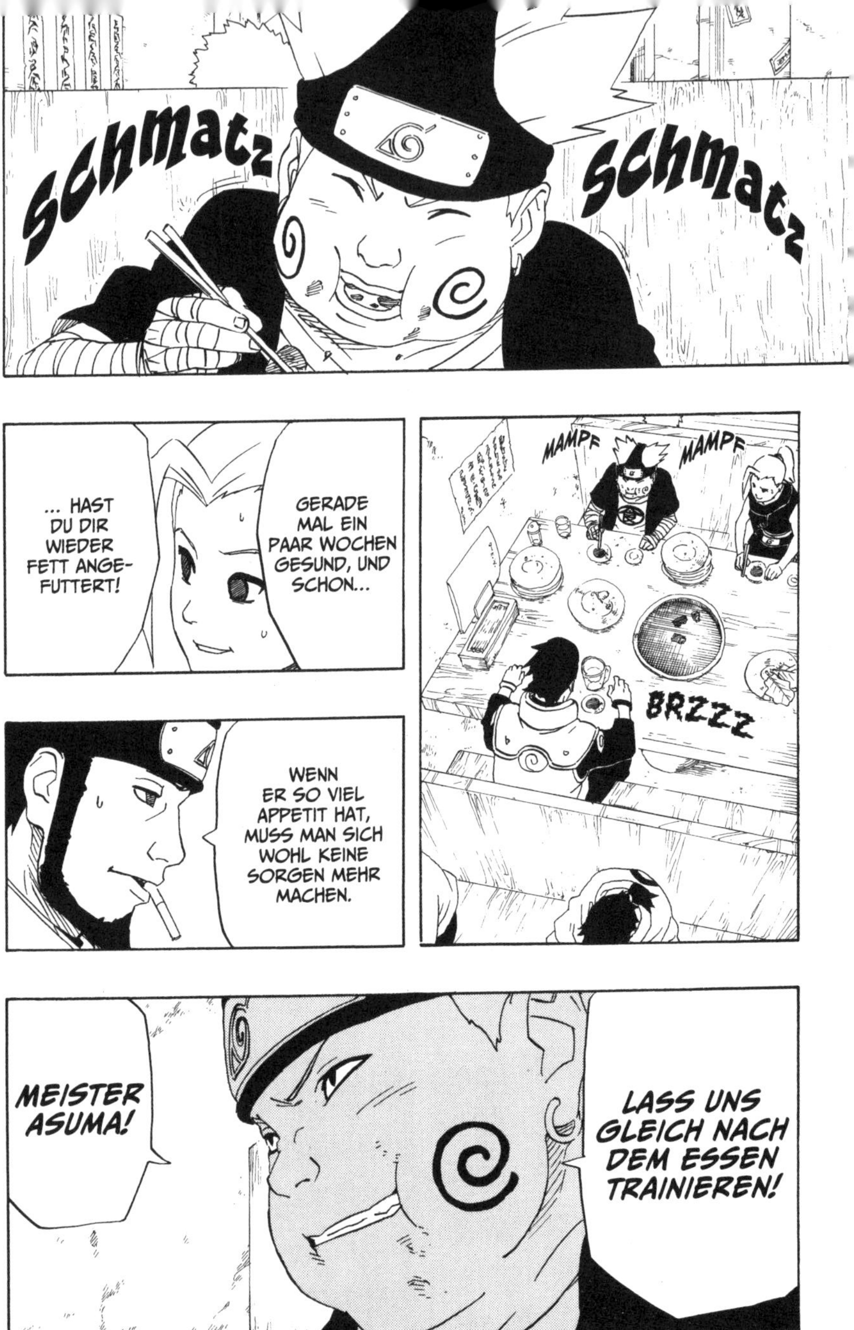
SCHMATZ
SCHMATZ
GERADE MAL EIN PAAR WOCHEN GESUND, UND SCHON...
... HAST DU DIR WIEDER FETT ANGE-FUTTERT!
MAMPF
MAMPF
BRZZZ
WENN ER SO VIEL APPETIT HAT, MUSS MAN SICH WOHL KEINE SORGEN MEHR MACHEN.
LASS UNS GLEICH NACH DEM ESSEN TRAINIEREN!
MEISTER ASUMA!

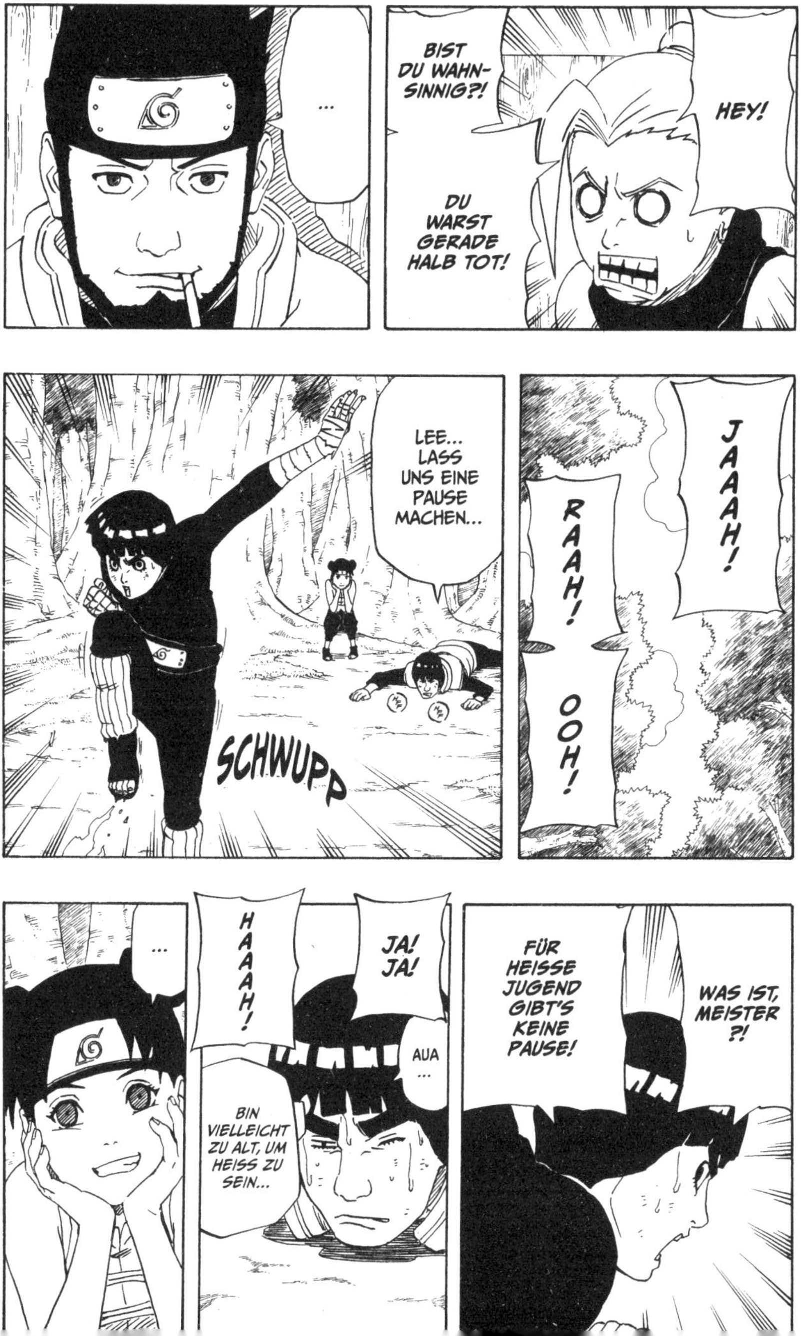
HEY!
BIST DU WAHN-SINNIG?!
DU WARST GERADE HALB TOT!
...
JAAAAH!
RAAAH! OOOH!
LEE... LASS UNS EINE PAUSE MACHEN...
SCHWUPP
WAS IST, MEISTER ?!
FÜR HEISSE JUGEND GIBT'S KEINE PAUSE!
JA! JA!
AUA ...
BIN VIELLEICHT ZU ALT, UM HEISS ZU SEIN...
HAAAAH!
...

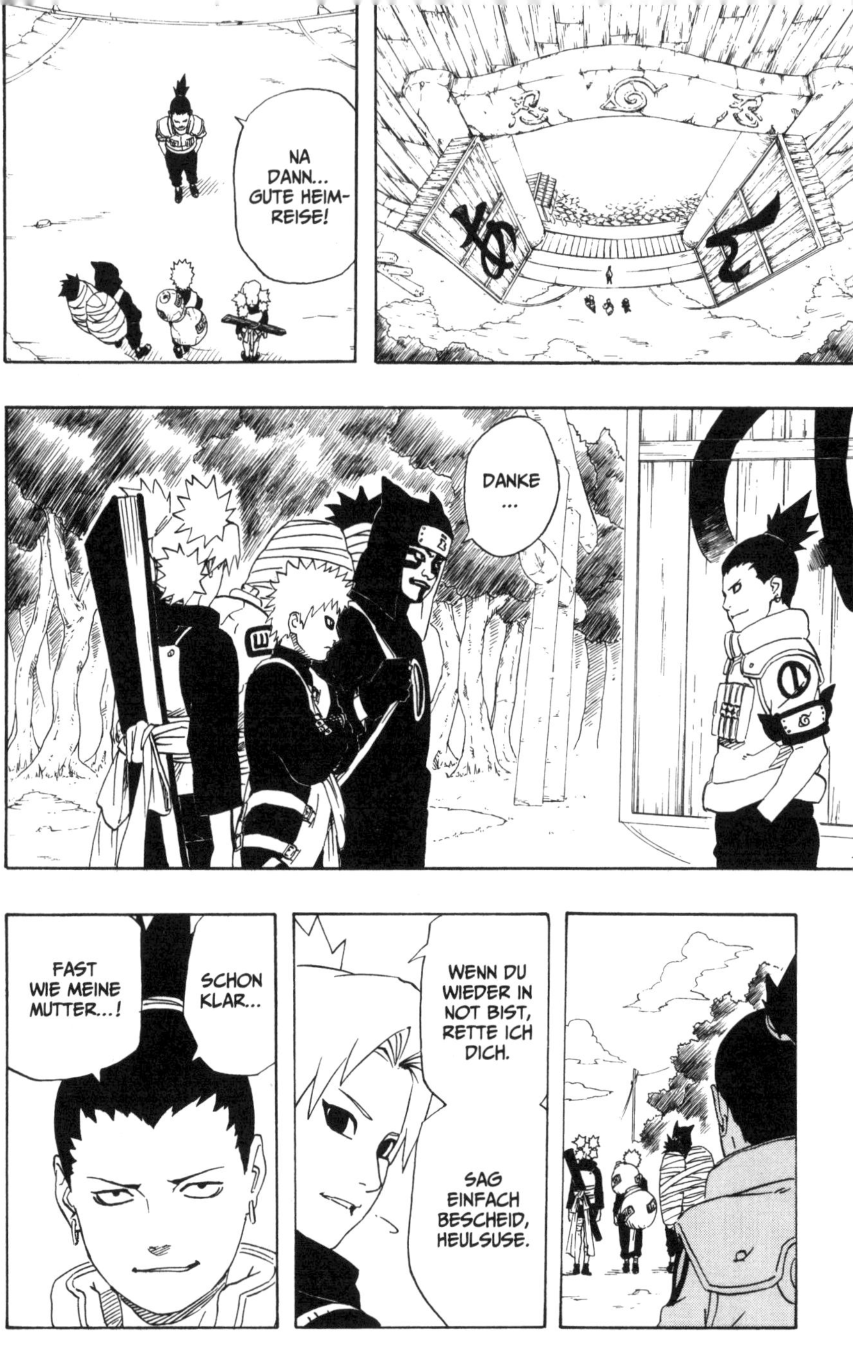
NA DANN... GUTE HEIM-REISE!
DANKE ...
WENN DU WIEDER IN NOT BIST, RETTE ICH DICH.
SAG EINFACH BESCHEID, HEULSUSE.
SCHON KLAR...
FAST WIE MEINE MUTTER...!

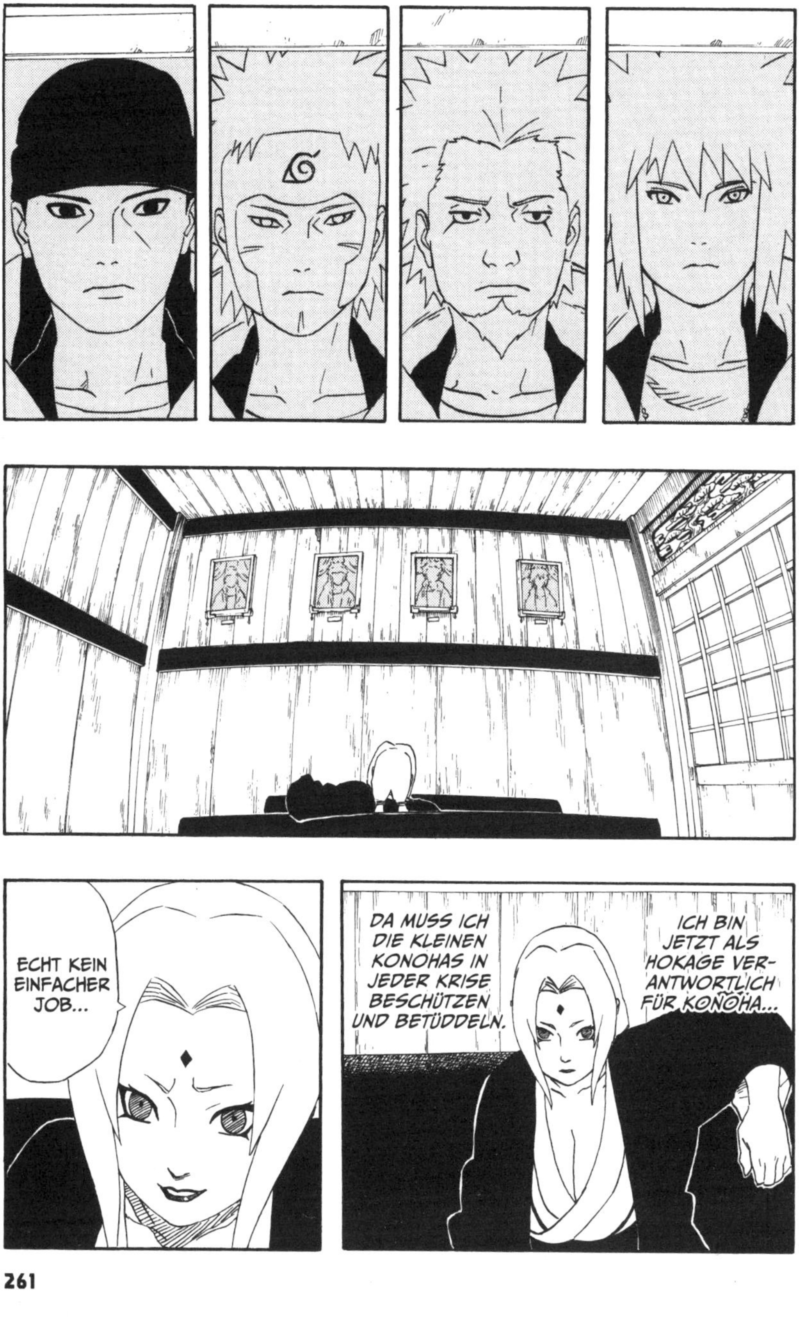
ICH BIN JETZT ALS HOKAGE VER-ANTWORTLICH FÜR KONOHA...
DA MUSS ICH DIE KLEINEN KONOHAS IN JEDER KRISE BESCHÜTZEN UND BETÜDDELN.
ECHT KEIN EINFACHER JOB...

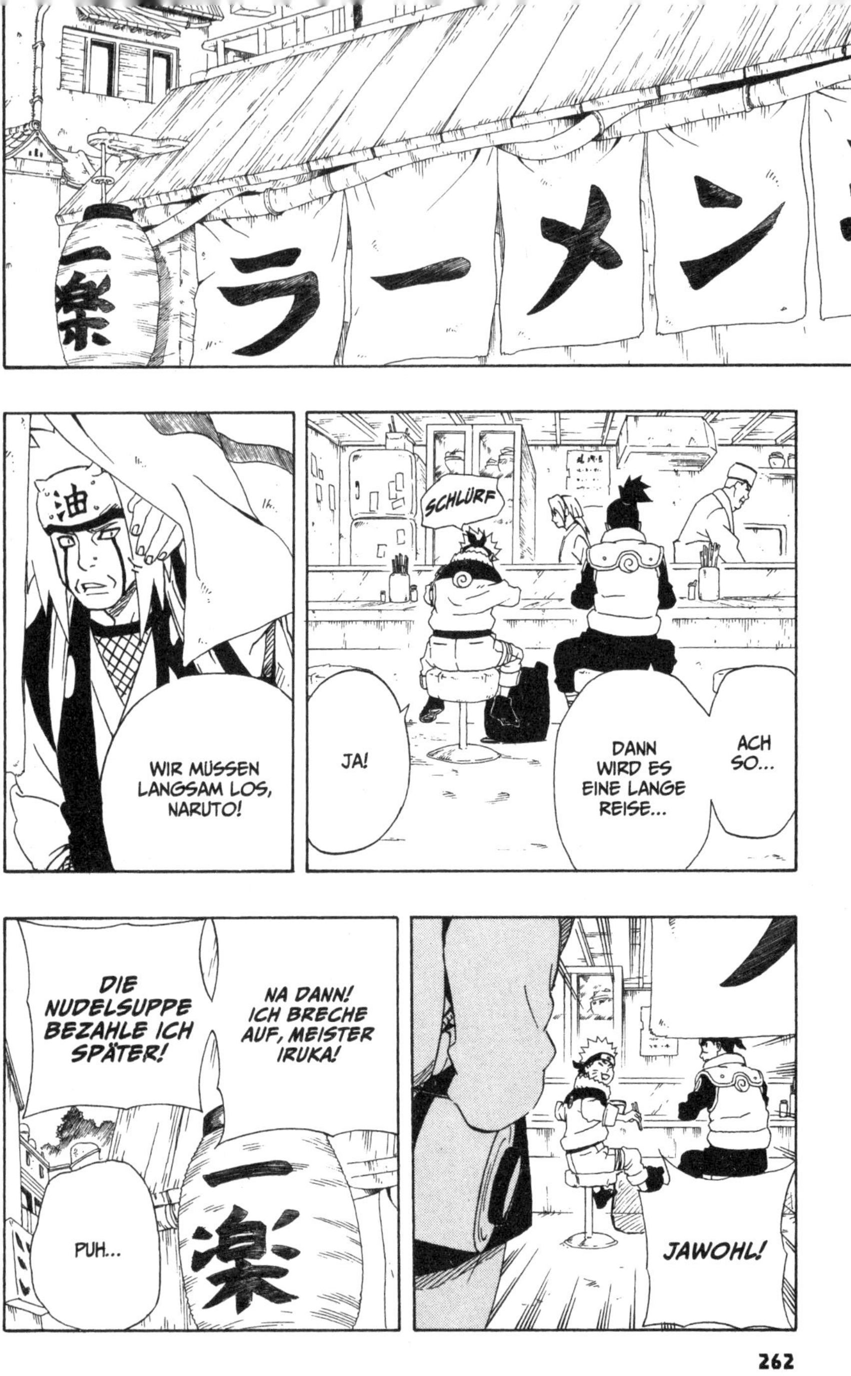
ラーメン
一楽
油
SCHLÜRF
ACH SO...
DANN WIRD ES EINE LANGE REISE...
JA!
WIR MÜSSEN LANGSAM LOS, NARUTO!
JAWOHL!
NA DANN! ICH BRECHE AUF, MEISTER IRUKA!
DIE NUDELSUPPE BEZAHLE ICH SPÄTER!
PUH...
一楽

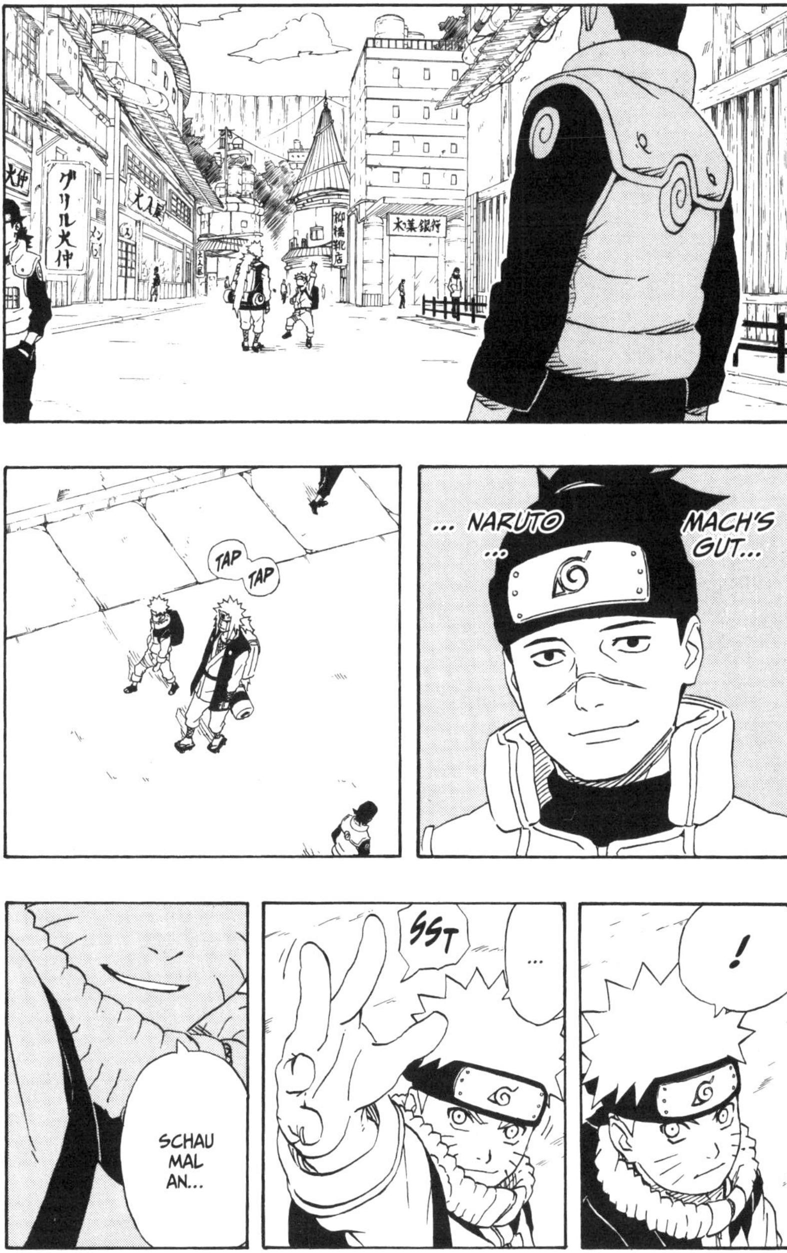
MACH'S GUT...
... NARUTO ...
TAP
TAP
!
...
SST
SCHAU MAL AN...

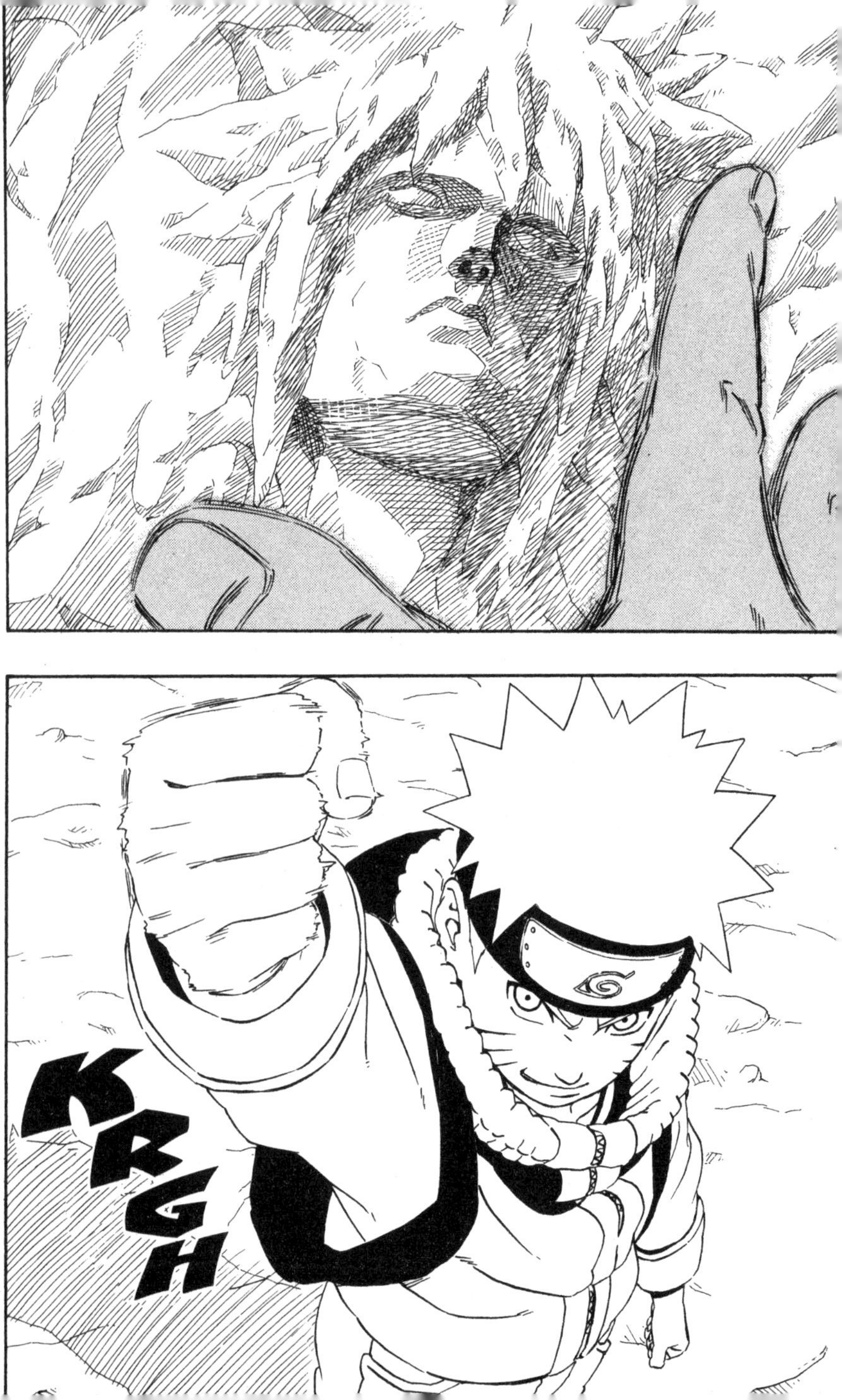
KRGH

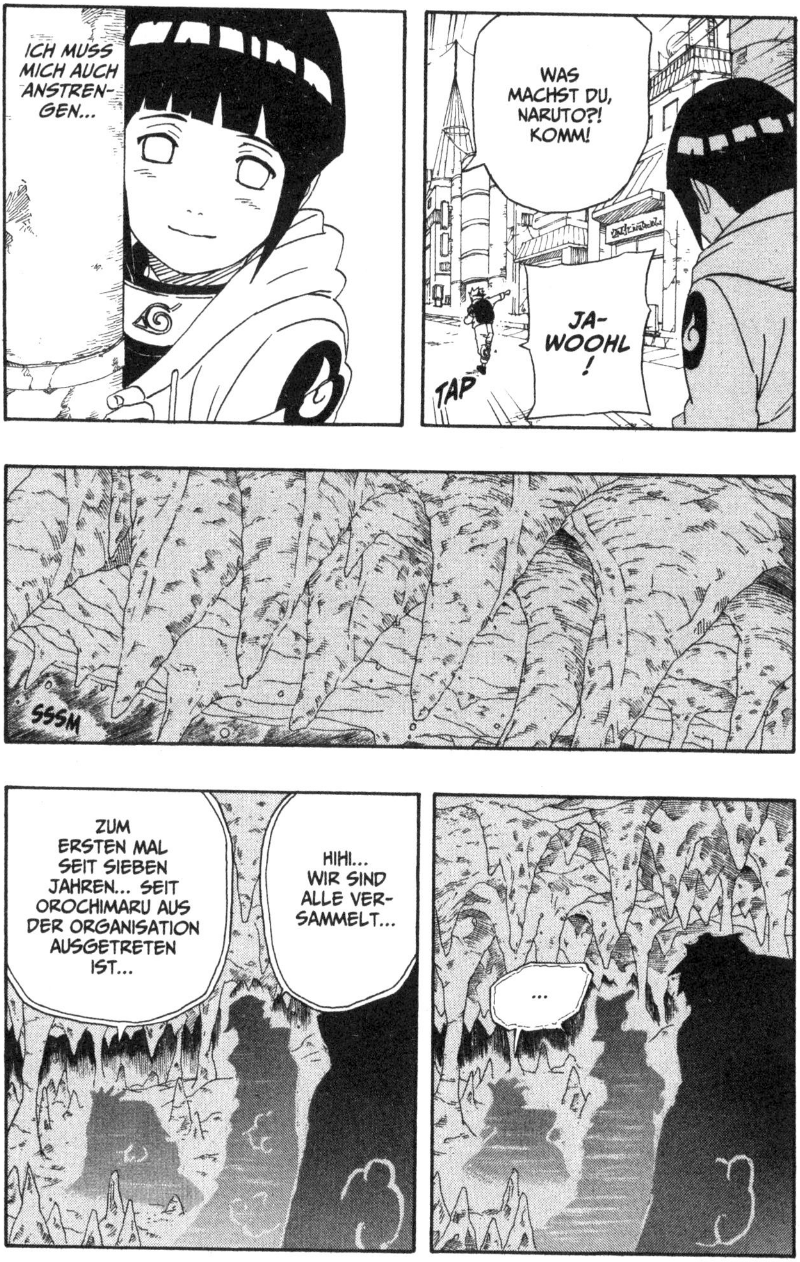
WAS MACHST DU, NARUTO?! KOMM!
JA-WOOHL!
TAP
ICH MUSS MICH AUCH ANSTRENGEN...
SSSM
...
HIHI... WIR SIND ALLE VERSAMMELT...
ZUM ERSTEN MAL SEIT SIEBEN JAHREN... SEIT OROCHIMARU AUS DER ORGANISATION AUSGETRETEN IST...

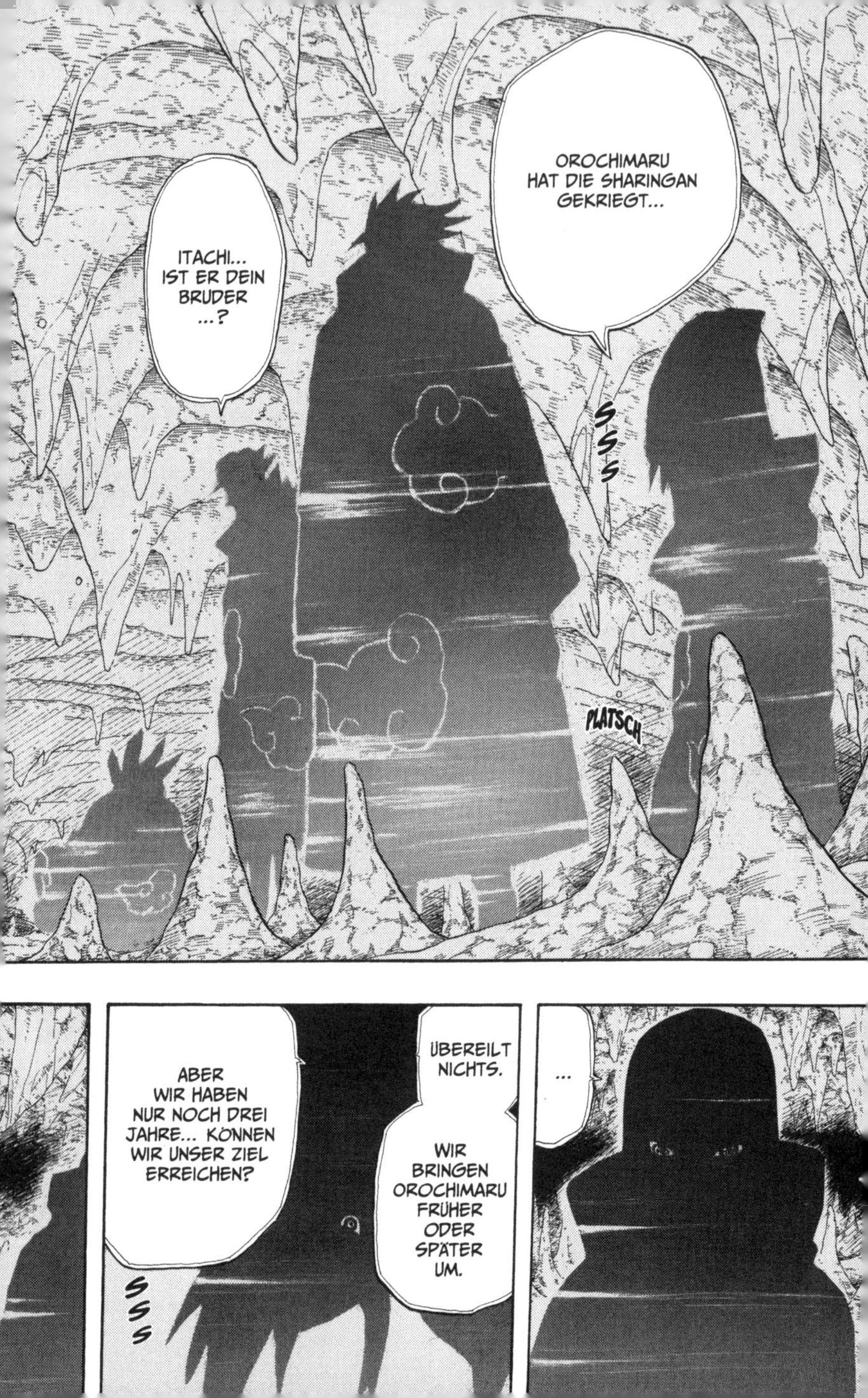
OROCHIMARU HAT DIE SHARINGAN GEKRIEGT...
ITACHI... IST ER DEIN BRUDER ...?
SSS
PLATSCH
...
ÜBEREILT NICHTS.
WIR BRINGEN OROCHIMARU FRÜHER ODER SPÄTER UM.
ABER WIR HABEN NUR NOCH DREI JAHRE... KÖNNEN WIR UNSER ZIEL ERREICHEN?
SSS

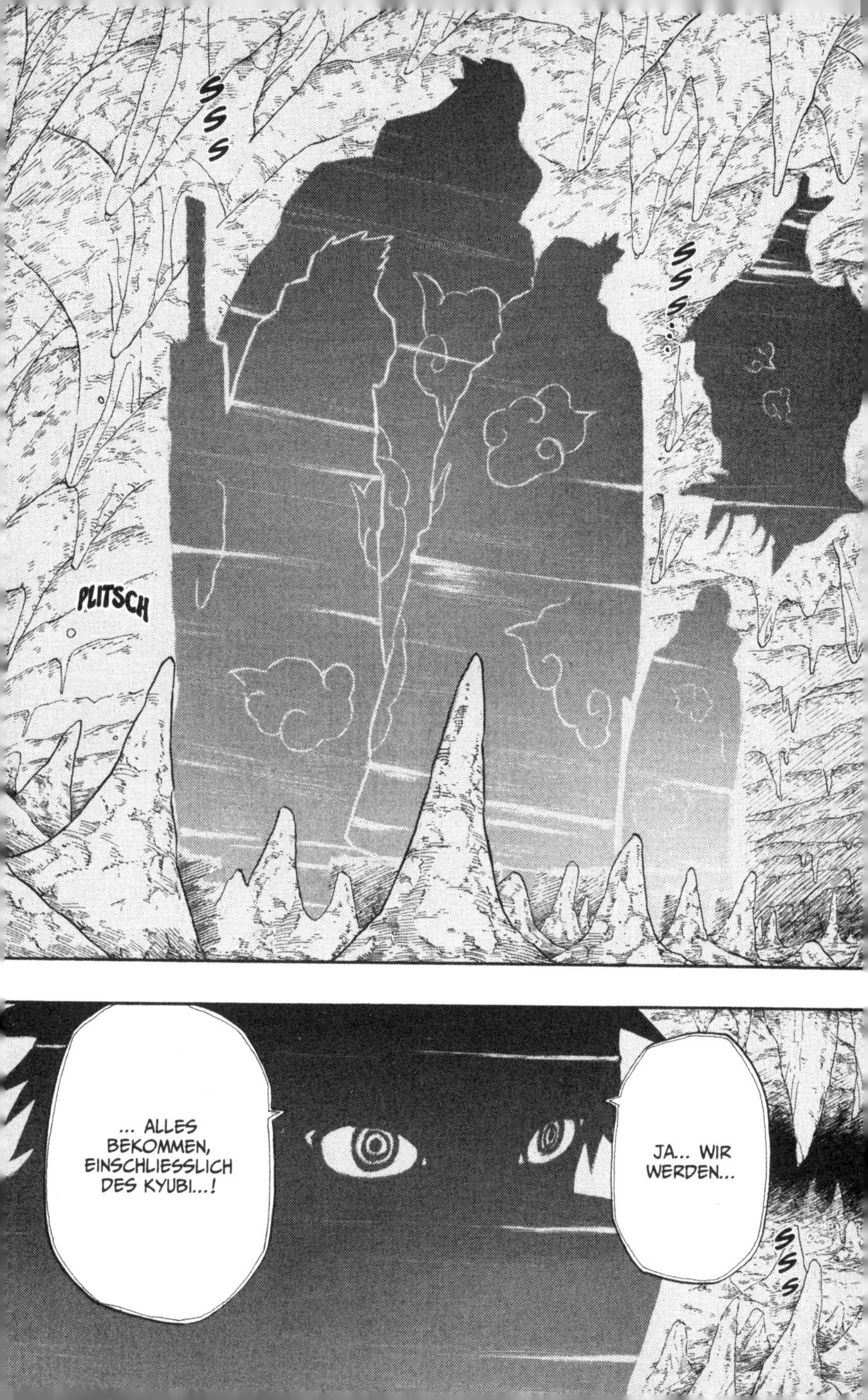
SSS...
SSS
PLITSCH
JA... WIR WERDEN...
... ALLES BEKOMMEN, EINSCHLIESSLICH DES KYUBI...!
SSS

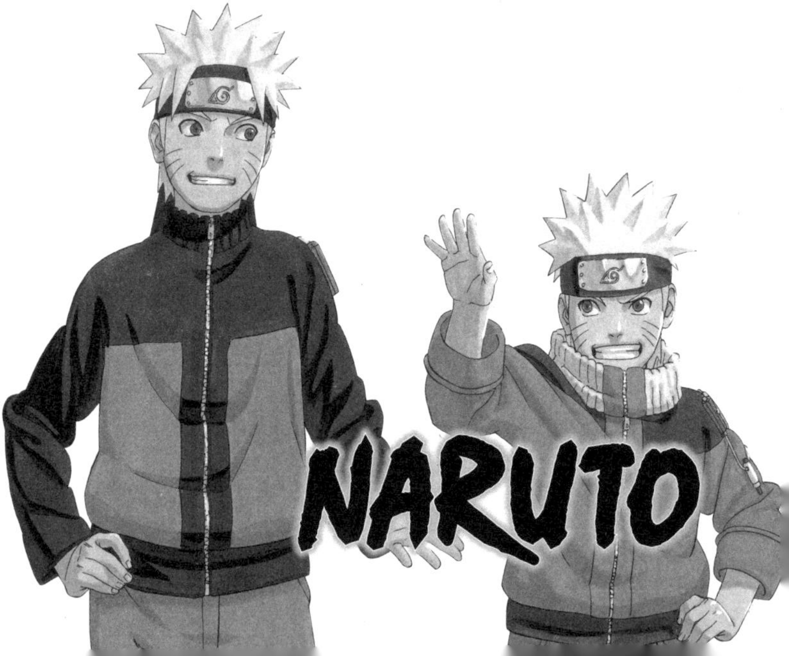
NARUTO

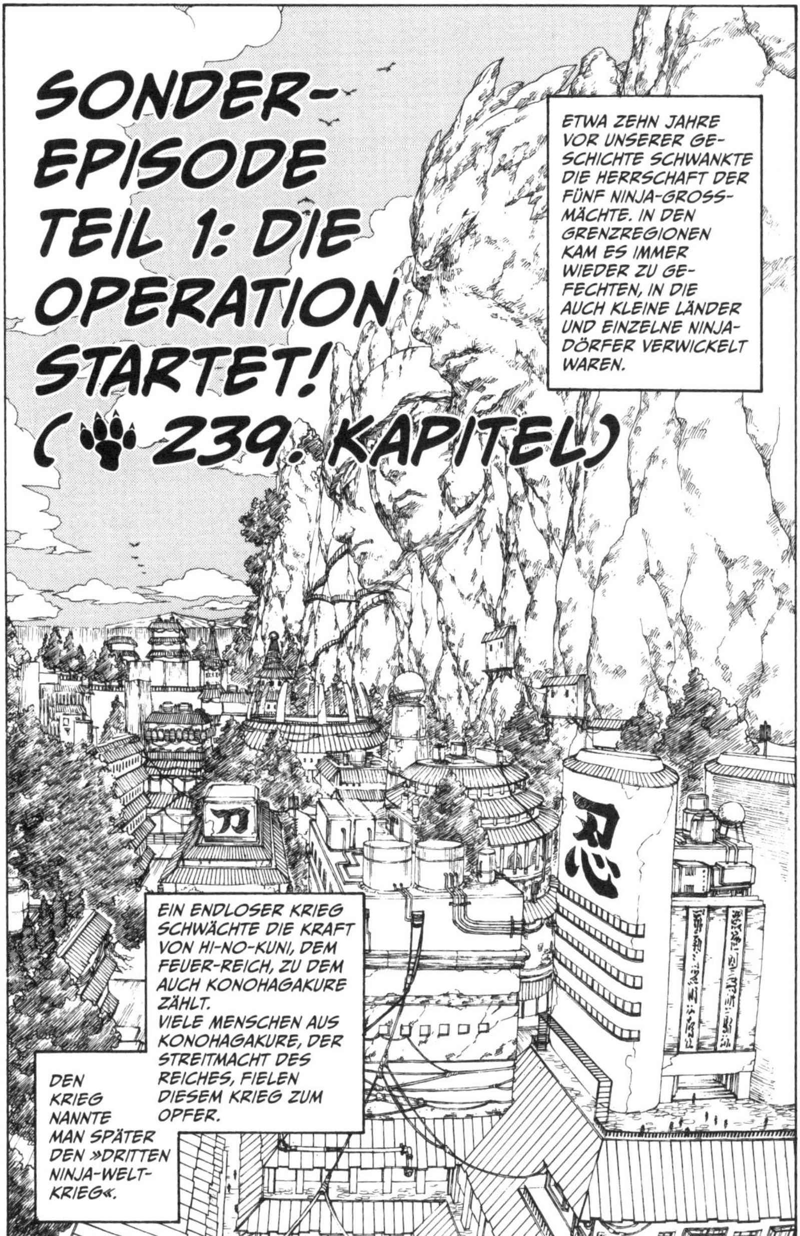
SONDER-EPISODE TEIL 1: DIE OPERATION STARTET! (239. KAPITEL)
ETWA ZEHN JAHRE VOR UNSERER GESCHICHTE SCHWANKTE DIE HERRSCHAFT DER FÜNF NINJA-GROSSMÄCHTE. IN DEN GRENZREGIONEN KAM ES IMMER WIEDER ZU GEFECHTEN, IN DIE AUCH KLEINE LÄNDER UND EINZELNE NINJA-DÖRFER VERWICKELT WAREN.
EIN ENDLOSER KRIEG SCHWÄCHTE DIE KRAFT VON HI-NO-KUNI, DEM FEUER-REICH, ZU DEM AUCH KONOHAGAKURE ZÄHLT. VIELE MENSCHEN AUS KONOHAGAKURE, DER STREITMACHT DES REICHES, FIELEN DIESEM KRIEG ZUM OPFER.
DEN KRIEG NANNTE MAN SPÄTER DEN »DRITTEN NINJA-WELTKRIEG«.
刀
忍

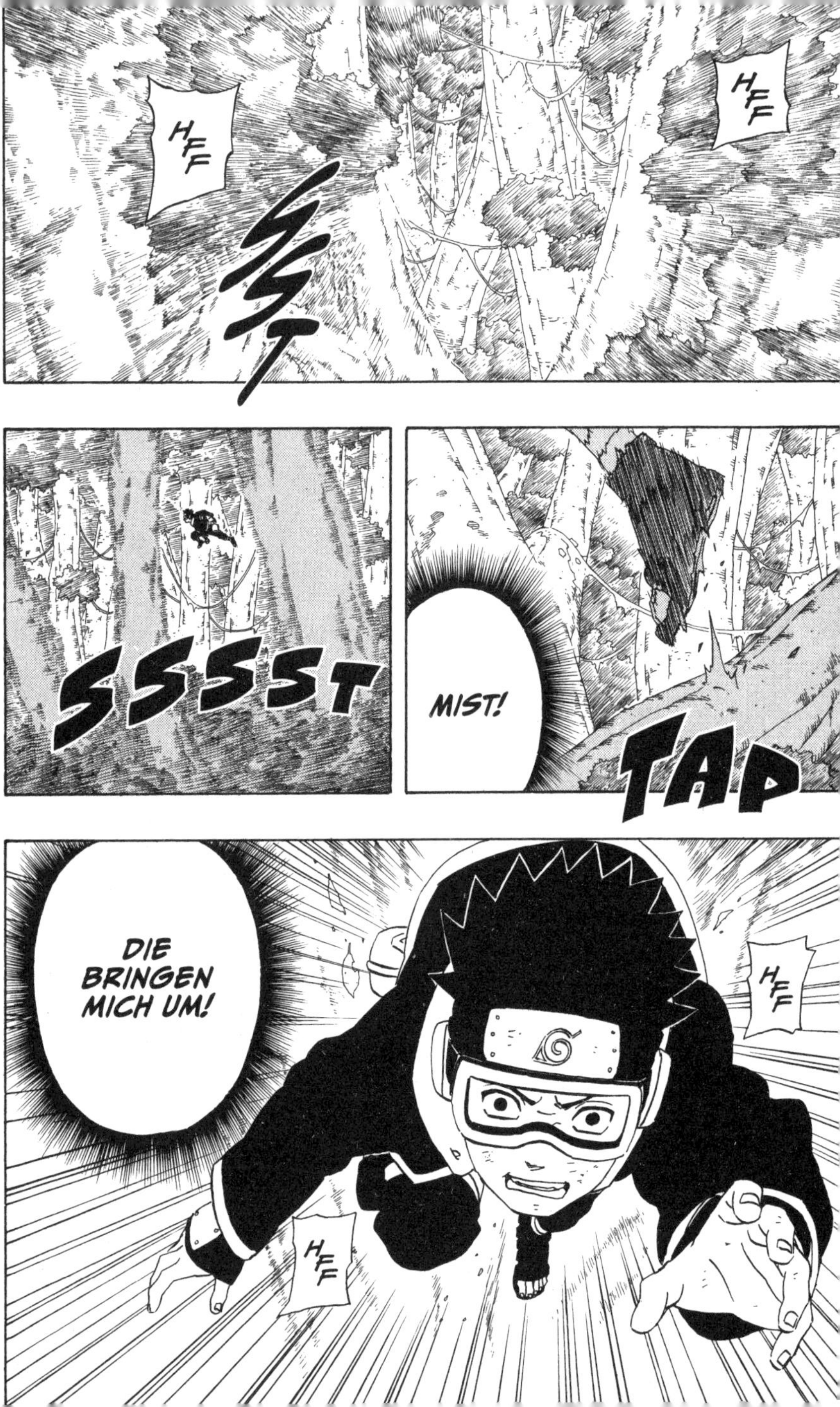
HFF
HFF
SST
MIST!
TAP
SSSST
HFF
DIE BRINGEN MICH UM!
HFF

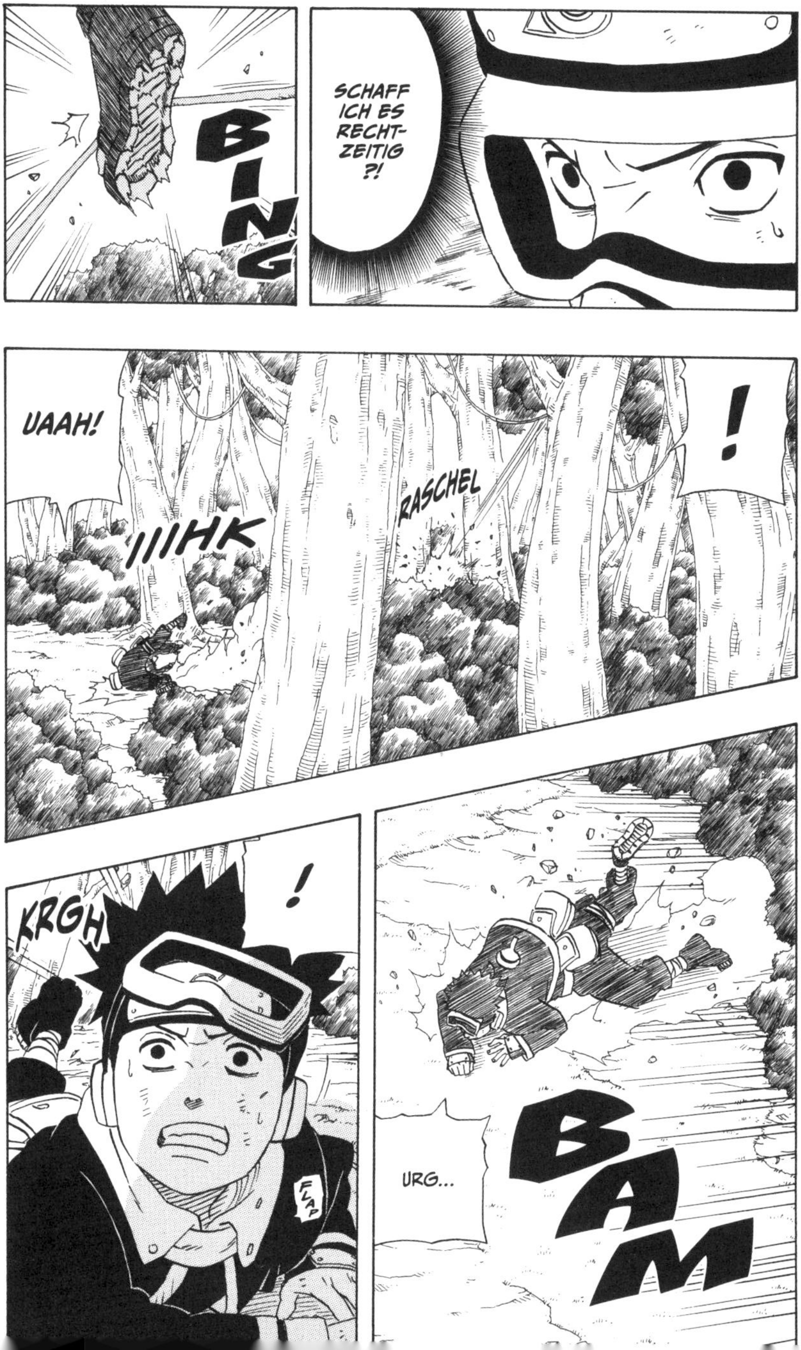
SCHAFF ICH ES RECHT-ZEITIG ?!
BING
!
RASCHEL
UAAH!
IIIIHK
BAM
URG...
!
KRGH
FLAP

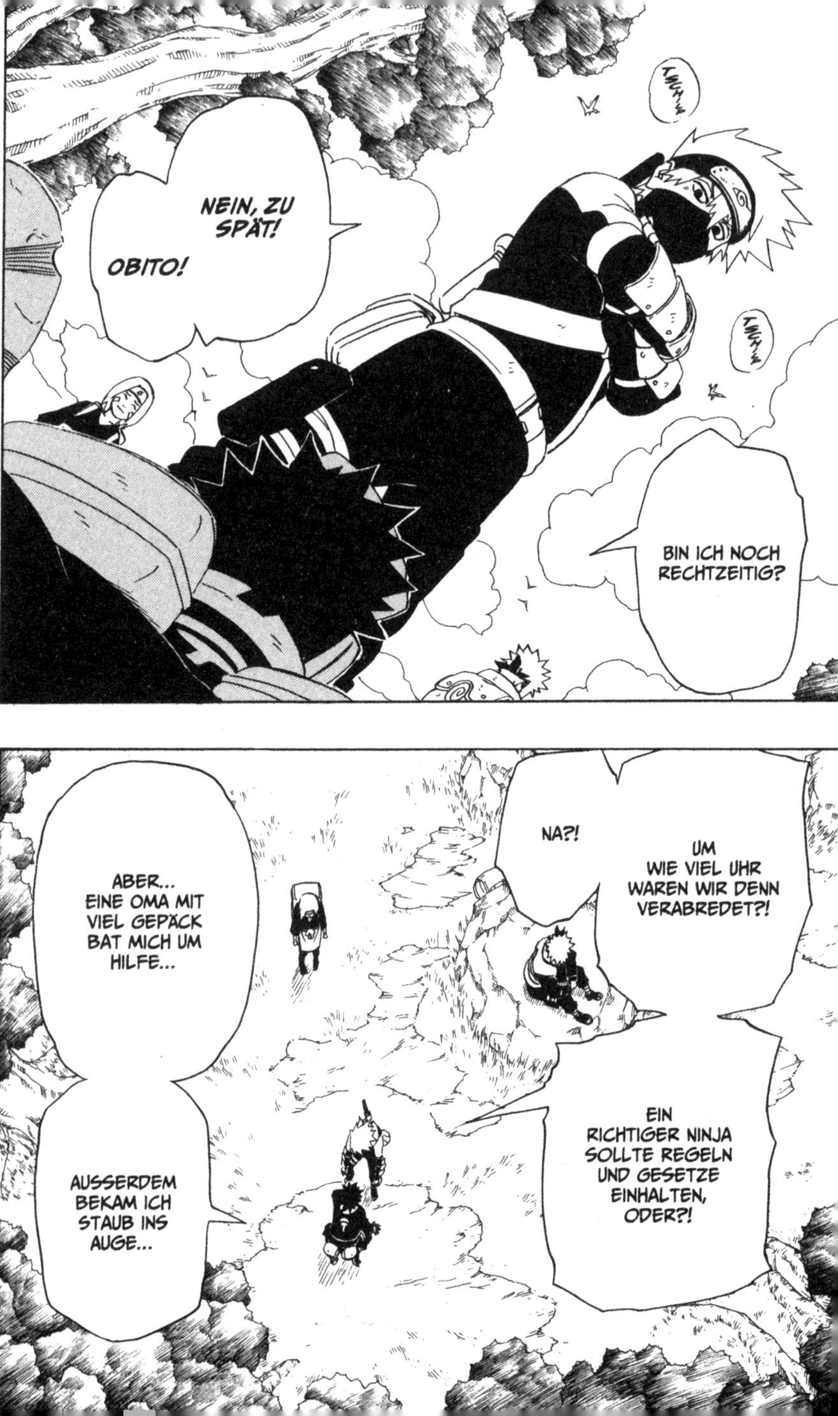
BIN ICH NOCH RECHTZEITIG?
NEIN, ZU SPÄT!
OBITO!
NA?!
UM WIE VIEL UHR WAREN WIR DENN VERABREDET?!
EIN RICHTIGER NINJA SOLLTE REGELN UND GESETZE EINHALTEN, ODER?!
ABER... EINE OMA MIT VIEL GEPÄCK BAT MICH UM HILFE...
AUSSERDEM BEKAM ICH STAUB INS AUGE...

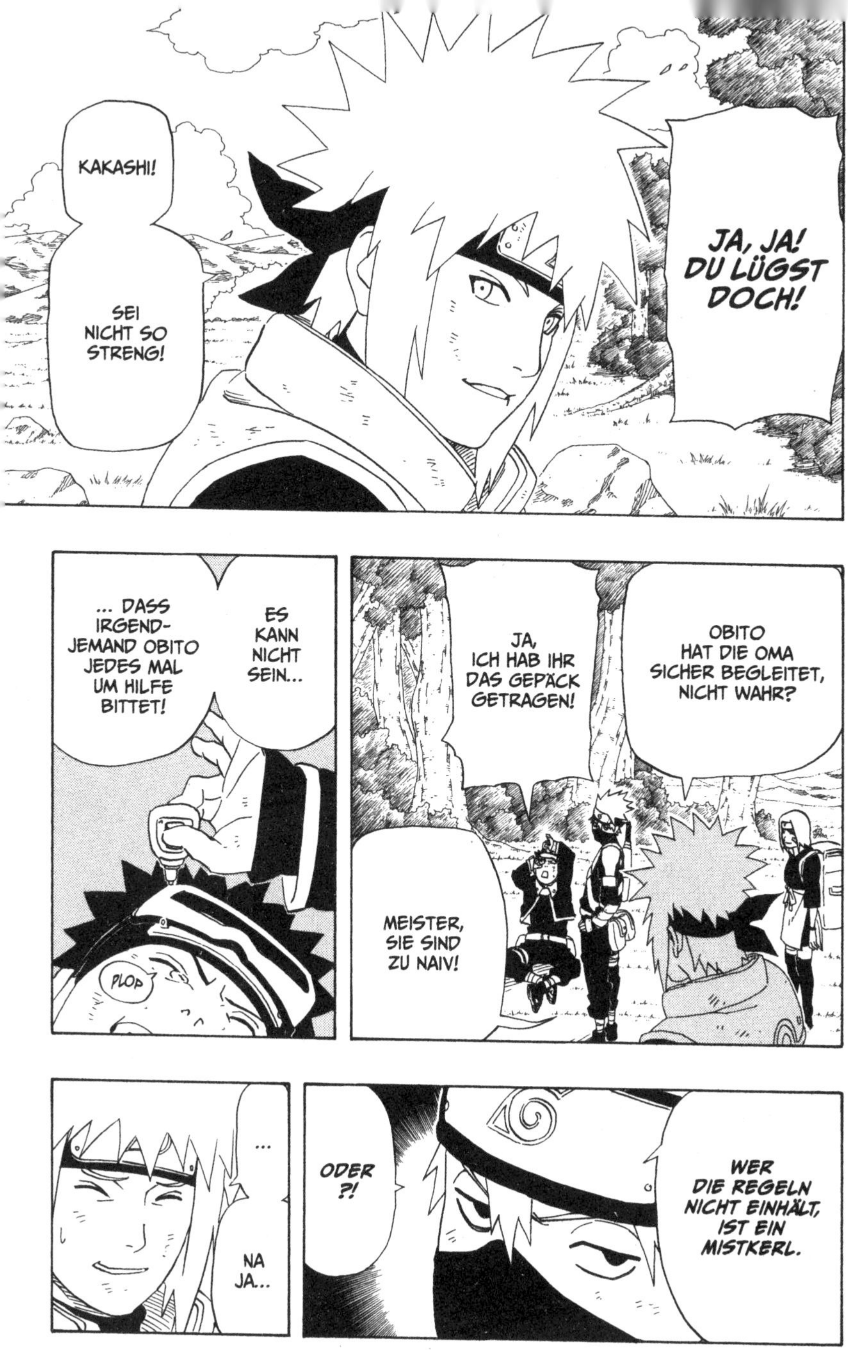
JA, JA! DU LÜGST DOCH!
KAKASHI!
SEI NICHT SO STRENG!
OBITO HAT DIE OMA SICHER BEGLEITET, NICHT WAHR?
JA, ICH HAB IHR DAS GEPÄCK GETRAGEN!
MEISTER, SIE SIND ZU NAIV!
ES KANN NICHT SEIN...
... DASS IRGEND-JEMAND OBITO JEDES MAL UM HILFE BITTET!
PLOP
WER DIE REGELN NICHT EINHÄLT, IST EIN MISTKERL.
ODER ?!
...
NA JA...

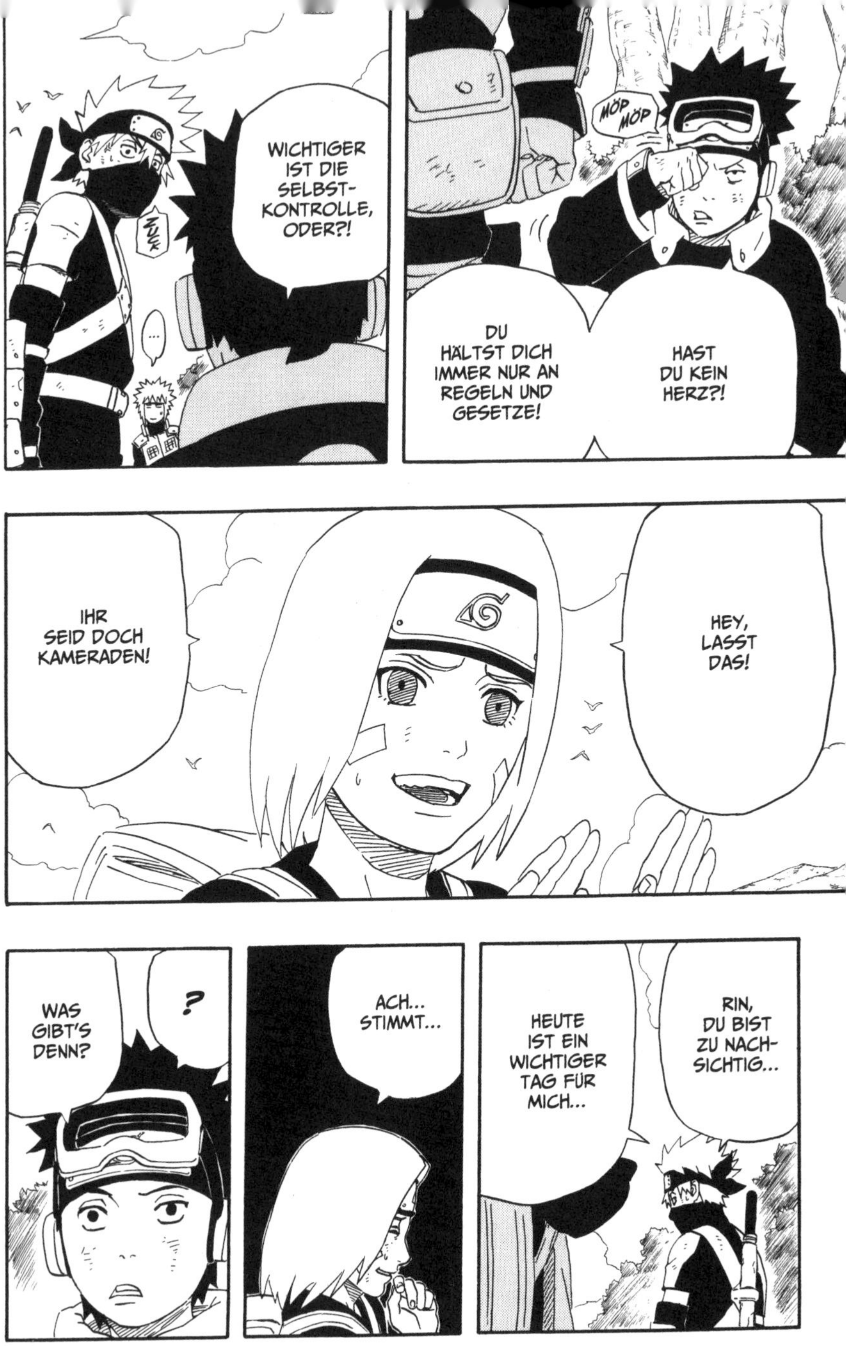
MÖP MÖP
HAST DU KEIN HERZ?!
DU HÄLTST DICH IMMER NUR AN REGELN UND GESETZE!
WICHTIGER IST DIE SELBST-KONTROLLE, ODER?!
ZUCK
...
HEY, LASST DAS!
IHR SEID DOCH KAMERADEN!
RIN, DU BIST ZU NACH-SICHTIG...
HEUTE IST EIN WICHTIGER TAG FÜR MICH...
ACH... STIMMT...
?
WAS GIBT'S DENN?

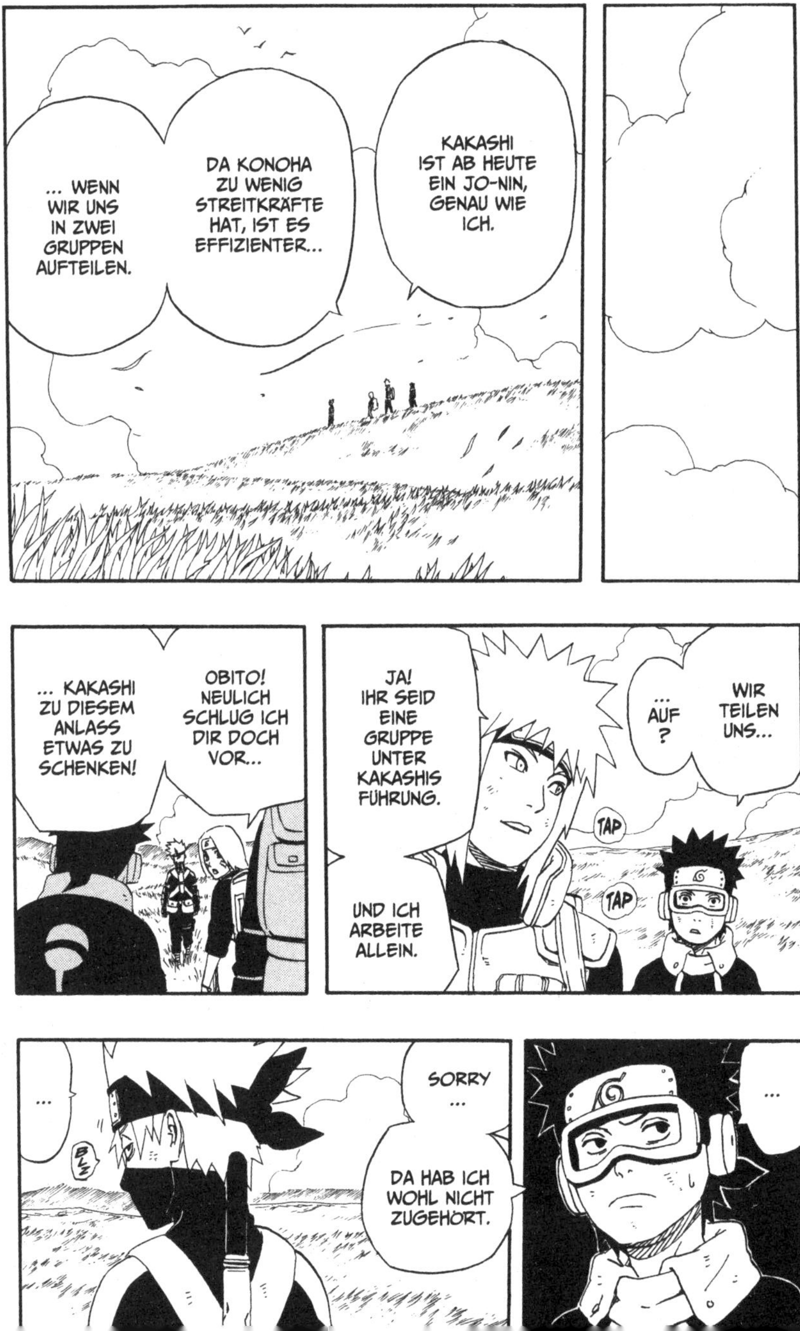

KAKASHI IST AB HEUTE EIN JO-NIN, GENAU WIE ICH.
DA KONOHA ZU WENIG STREITKRÄFTE HAT, IST ES EFFIZIENTER...
... WENN WIR UNS IN ZWEI GRUPPEN AUFTEILEN.
WIR TEILEN UNS...
... AUF ?
TAP
TAP
JA! IHR SEID EINE GRUPPE UNTER KAKASHIS FÜHRUNG.
UND ICH ARBEITE ALLEIN.
OBITO! NEULICH SCHLUG ICH DIR DOCH VOR...
... KAKASHI ZU DIESEM ANLASS ETWAS ZU SCHENKEN!
...
SORRY ...
DA HAB ICH WOHL NICHT ZUGEHÖRT.
...

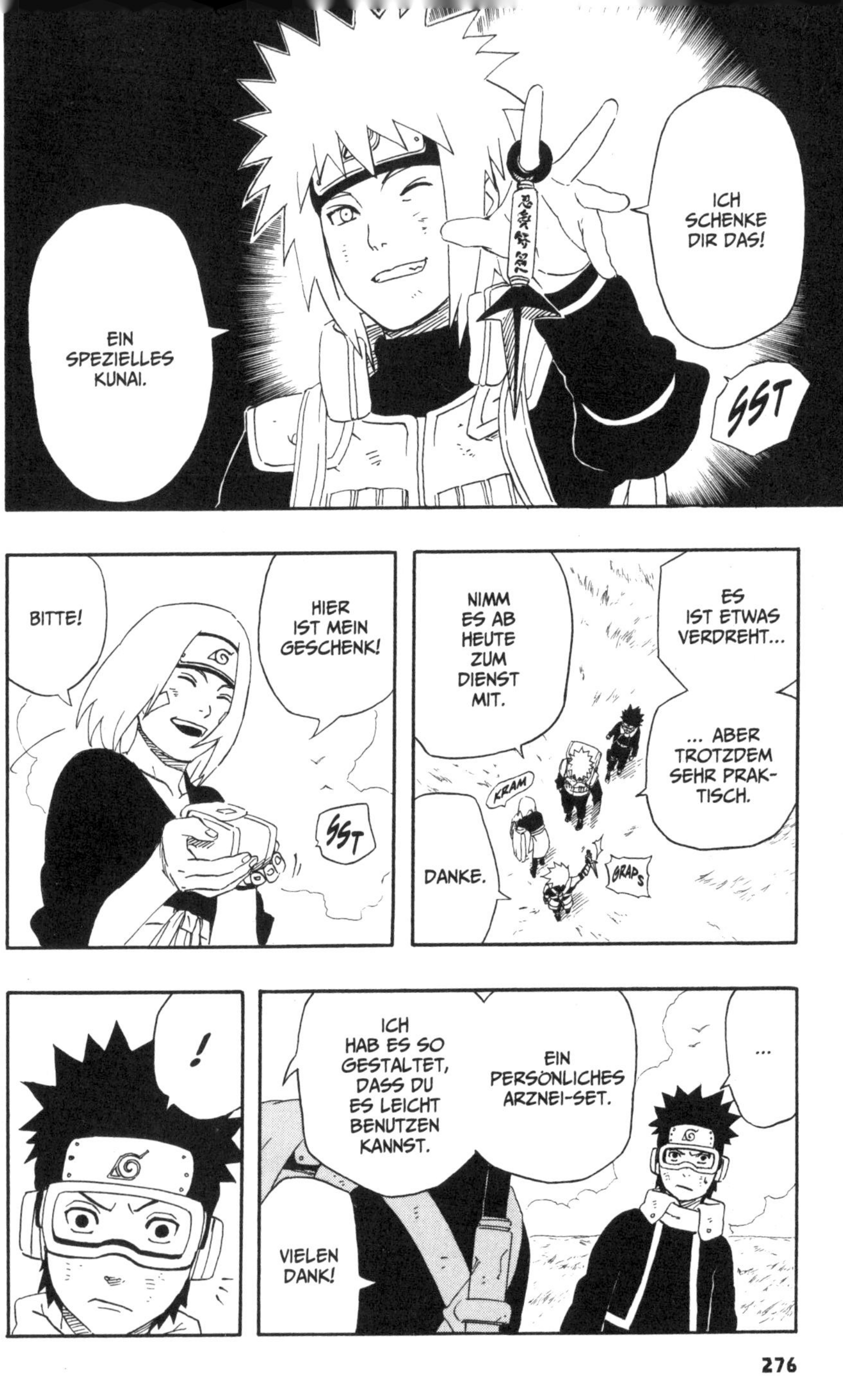
ICH SCHENKE DIR DAS!
SST
EIN SPEZIELLES KUNAI.
ES IST ETWAS VERDREHT...
... ABER TROTZDEM SEHR PRAKTISCH.
NIMM ES AB HEUTE ZUM DIENST MIT.
KRAM
GRAPS
DANKE.
HIER IST MEIN GESCHENK!
BITTE!
SST
...
EIN PERSÖNLICHES ARZNEI-SET.
ICH HAB ES SO GESTALTET, DASS DU ES LEICHT BENUTZEN KANNST.
VIELEN DANK!
!

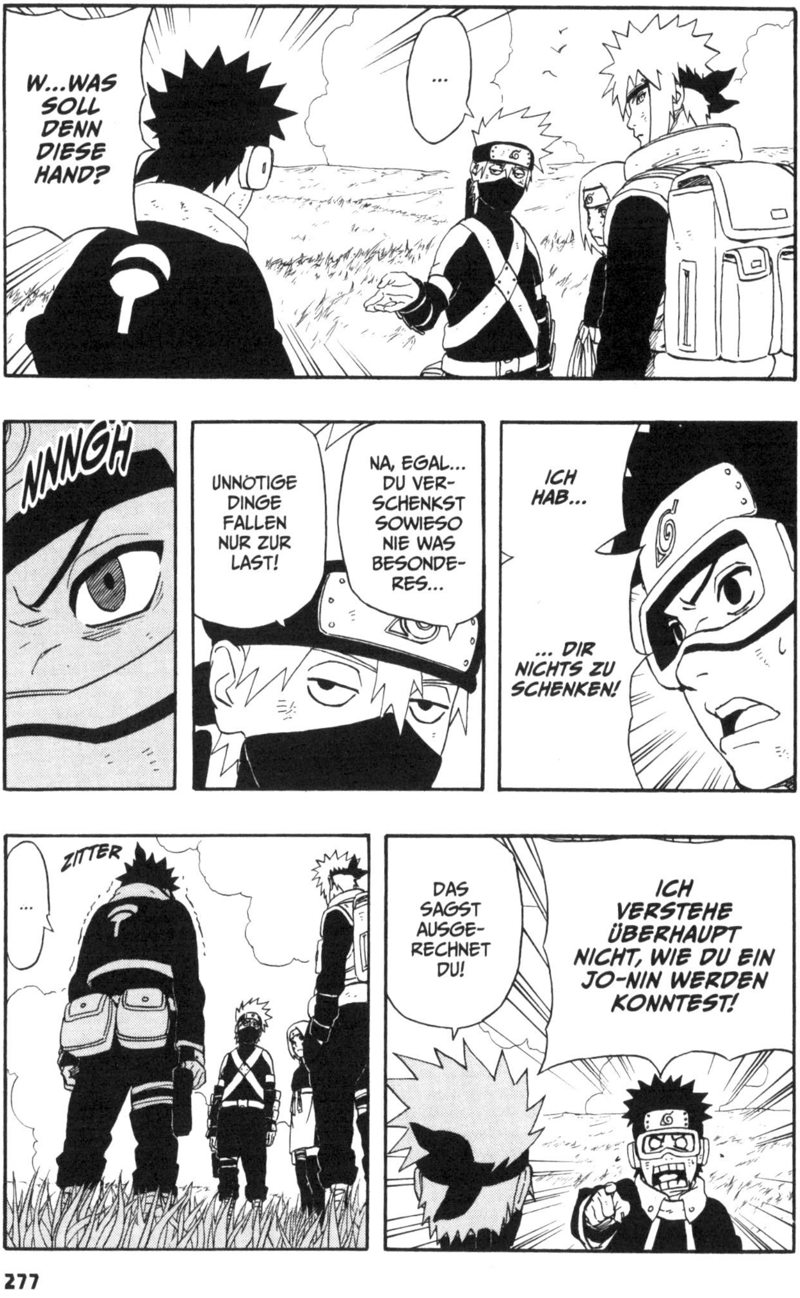
...
W...WAS SOLL DENN DIESE HAND?
ICH HAB...
... DIR NICHTS ZU SCHENKEN!
NA, EGAL... DU VER-SCHENKST SOWIESO NIE WAS BESONDE-RES...
UNNÖTIGE DINGE FALLEN NUR ZUR LAST!
NNNGH
ICH VERSTEHE ÜBERHAUPT NICHT, WIE DU EIN JO-NIN WERDEN KONNTEST!
DAS SAGST AUSGE-RECHNET DU!
ZITTER
...

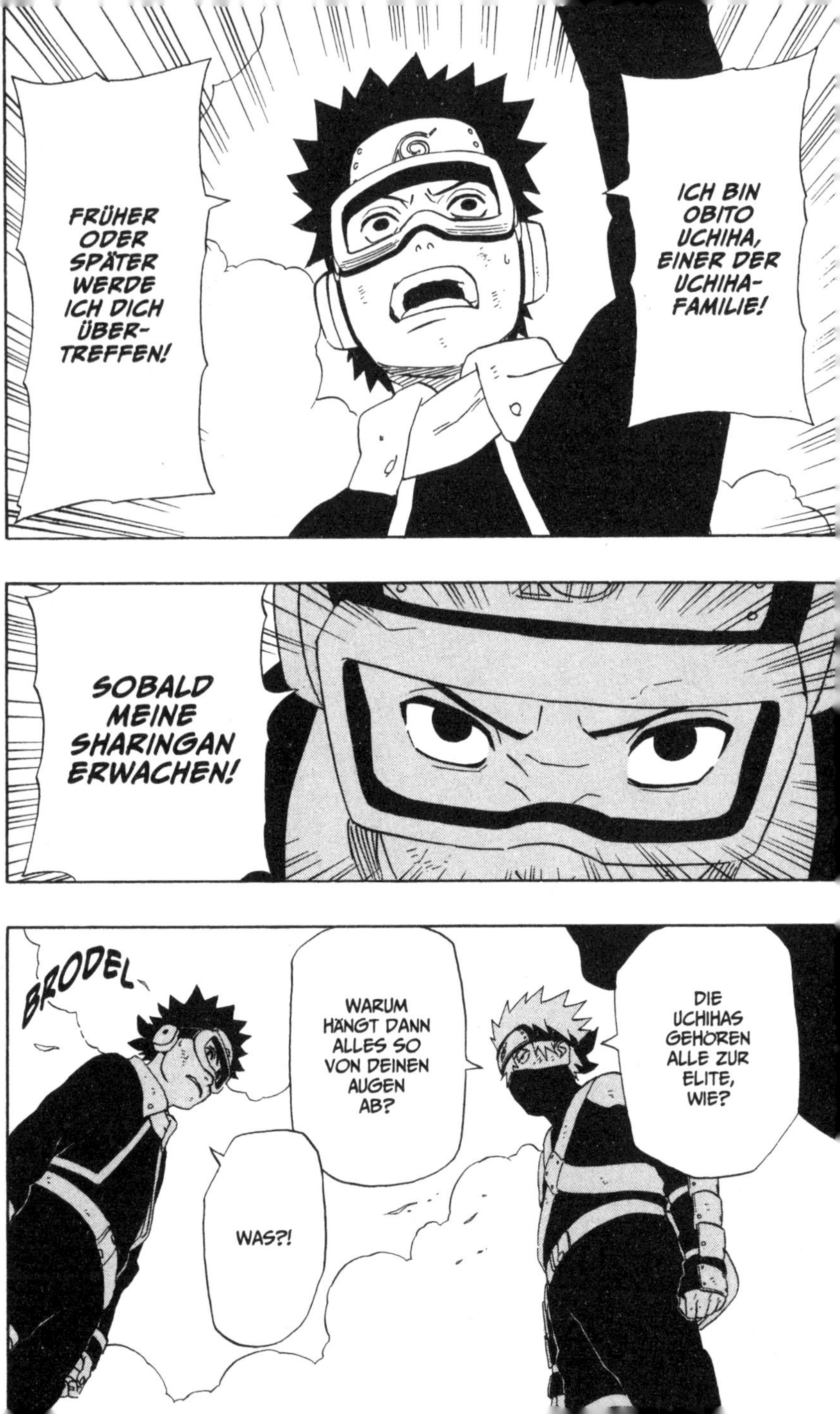
ICH BIN OBITO UCHIHA, EINER DER UCHIHA-FAMILIE!
FRÜHER ODER SPÄTER WERDE ICH DICH ÜBERTREFFEN!
SOBALD MEINE SHARINGAN ERWACHEN!
DIE UCHIHAS GEHÖREN ALLE ZUR ELITE, WIE?
WARUM HÄNGT DANN ALLES SO VON DEINEN AUGEN AB?
BRODEL
WAS?!

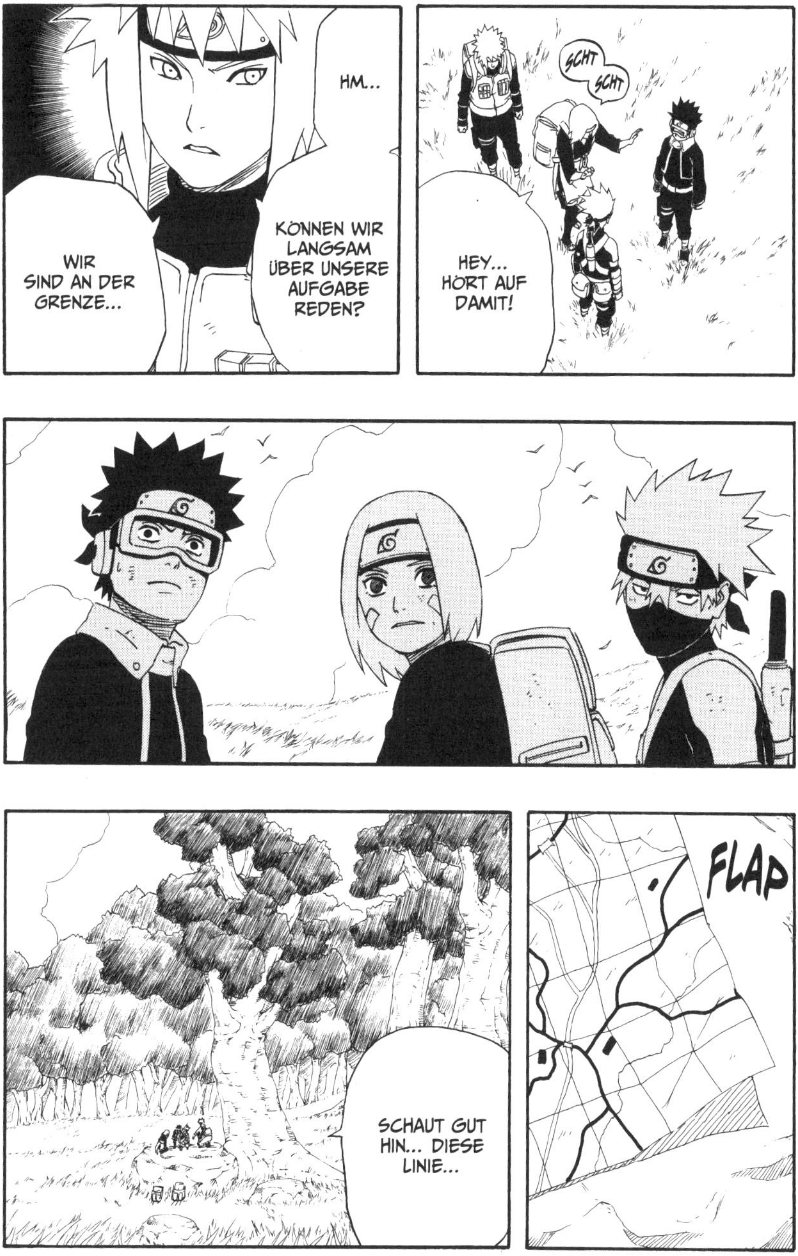
SCHT
SCHT
HEY... HÖRT AUF DAMIT!
HM...
KÖNNEN WIR LANGSAM ÜBER UNSERE AUFGABE REDEN?
WIR SIND AN DER GRENZE...
FLAP
SCHAUT GUT HIN... DIESE LINIE...

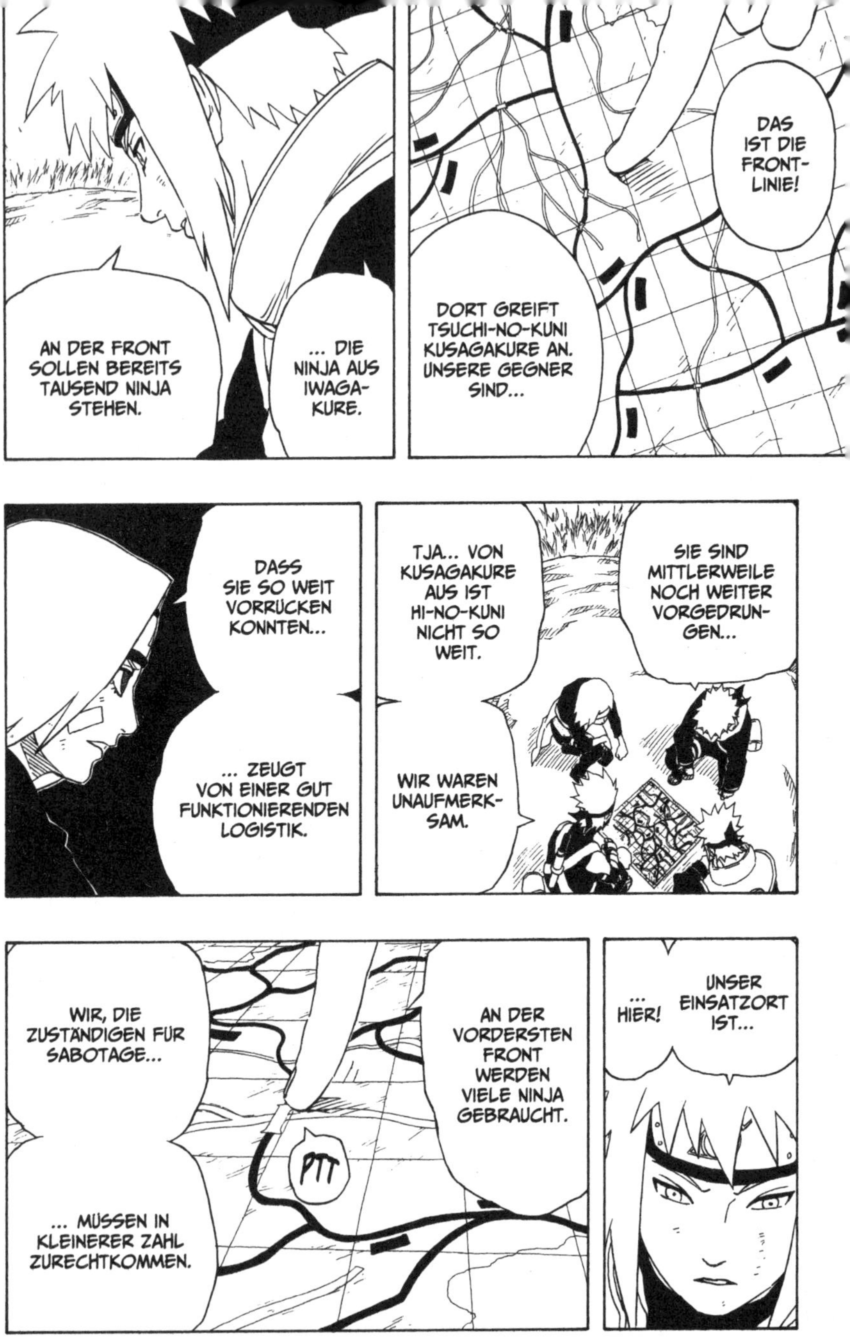
DAS IST DIE FRONTLINIE!
DORT GREIFT TSUCHI-NO-KUNI KUSAGAKURE AN. UNSERE GEGNER SIND...
... DIE NINJA AUS IWAGAKURE.
AN DER FRONT SOLLEN BEREITS TAUSEND NINJA STEHEN.
SIE SIND MITTLERWEILE NOCH WEITER VORGEDRUNGEN...
TJA... VON KUSAGAKURE AUS IST HI-NO-KUNI NICHT SO WEIT.
WIR WAREN UNAUFMERKSAM.
DASS SIE SO WEIT VORRÜCKEN KONNTEN...
... ZEUGT VON EINER GUT FUNKTIONIERENDEN LOGISTIK.
UNSER EINSATZORT IST...
... HIER!
AN DER VORDERSTEN FRONT WERDEN VIELE NINJA GEBRAUCHT.
PTT
WIR, DIE ZUSTÄNDIGEN FÜR SABOTAGE...
... MÜSSEN IN KLEINERER ZAHL ZURECHTKOMMEN.

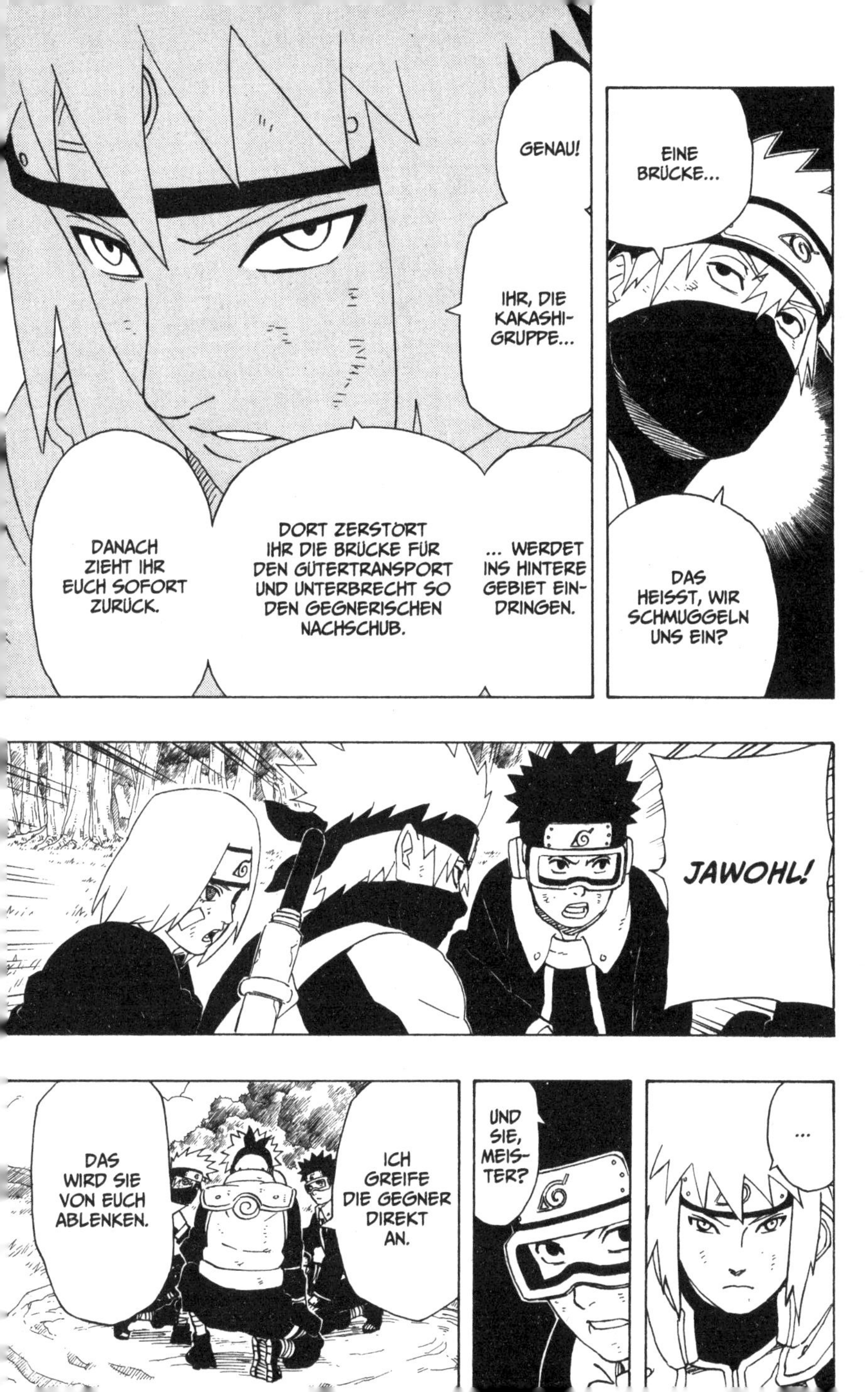
EINE BRÜCKE...
DAS HEISST, WIR SCHMUGGELN UNS EIN?
GENAU!
IHR, DIE KAKASHI-GRUPPE...
... WERDET INS HINTERE GEBIET EINDRINGEN.
DORT ZERSTÖRT IHR DIE BRÜCKE FÜR DEN GÜTERTRANSPORT UND UNTERBRECHT SO DEN GEGNERISCHEN NACHSCHUB.
DANACH ZIEHT IHR EUCH SOFORT ZURÜCK.
JAWOHL!
...
UND SIE, MEISTER?
ICH GREIFE DIE GEGNER DIREKT AN.
DAS WIRD SIE VON EUCH ABLENKEN.

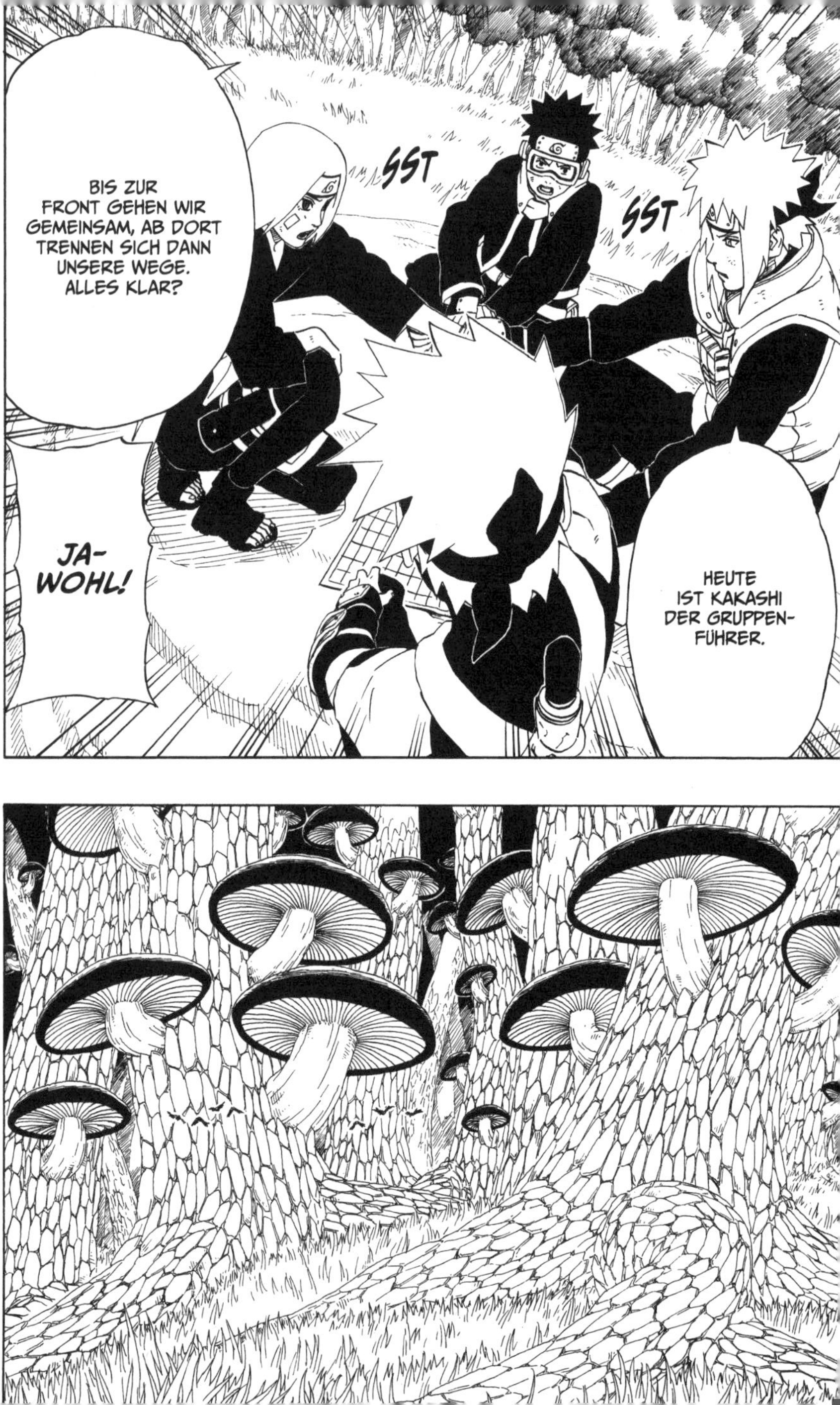
HEUTE IST KAKASHI DER GRUPPEN-FÜHRER.
SST
SST
BIS ZUR FRONT GEHEN WIR GEMEINSAM, AB DORT TRENNEN SICH DANN UNSERE WEGE. ALLES KLAR?
JA-WOHL!

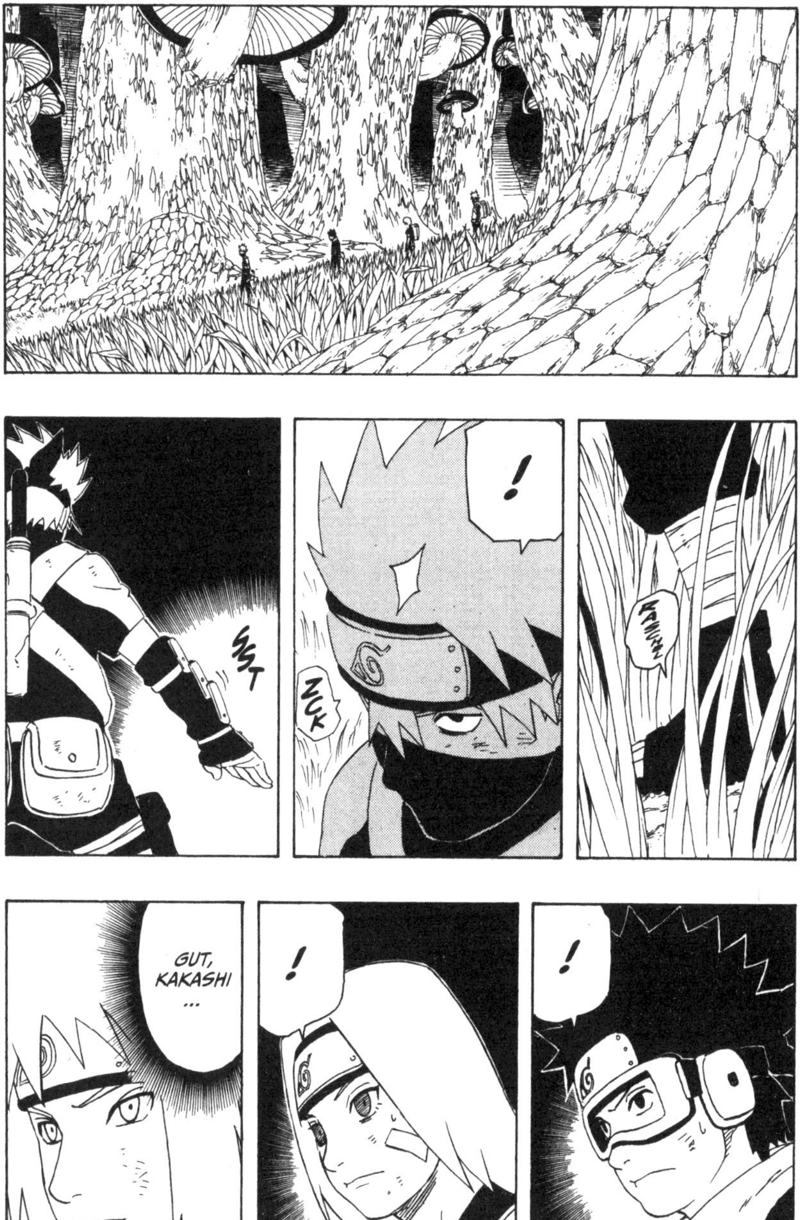

ZUCK
!
WST
!
!
GUT, KAKASHI ...

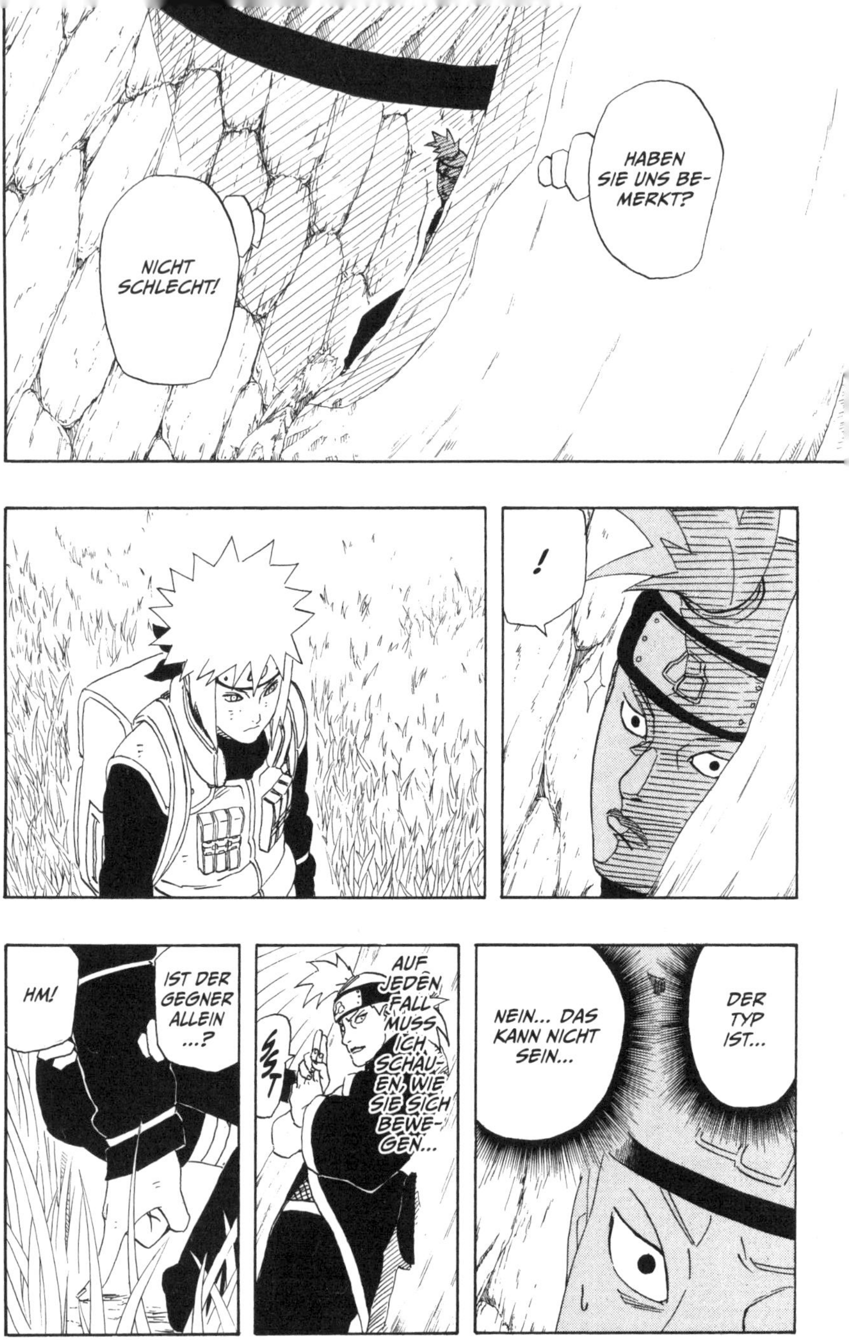
HABEN SIE UNS BEMERKT?
NICHT SCHLECHT!
!
DER TYP IST...
NEIN... DAS KANN NICHT SEIN...
AUF JEDEN FALL MUSS ICH SCHAUEN, WIE SIE SICH BEWEGEN...
SSST
IST DER GEGNER ALLEIN ...?
HM!

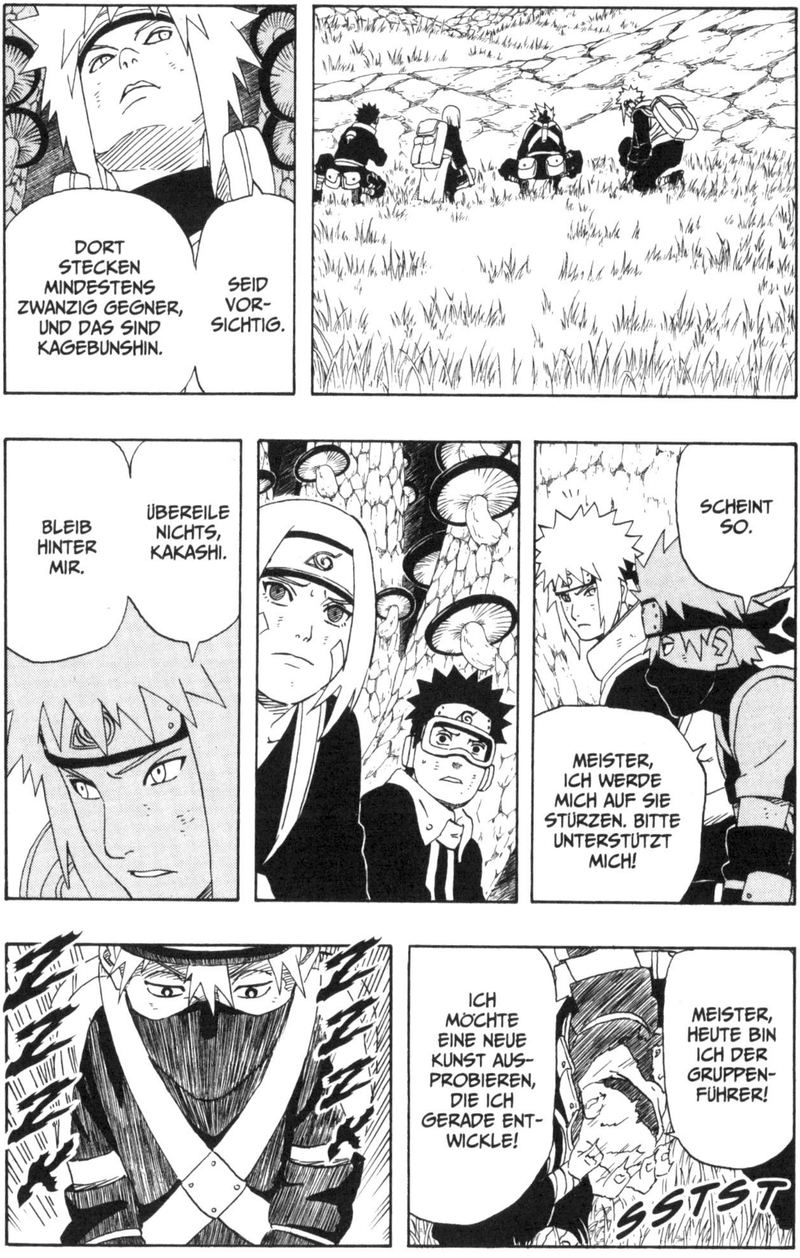
SEID VORSICHTIG.
DORT STECKEN MINDESTENS ZWANZIG GEGNER, UND DAS SIND KAGEBUNSHIN.
SCHEINT SO.
MEISTER, ICH WERDE MICH AUF SIE STÜRZEN. BITTE UNTERSTÜTZT MICH!
ÜBEREILE NICHTS, KAKASHI.
BLEIB HINTER MIR.
MEISTER, HEUTE BIN ICH DER GRUPPENFÜHRER!
ICH MÖCHTE EINE NEUE KUNST AUSPROBIEREN, DIE ICH GERADE ENTWICKLE!
SSTST

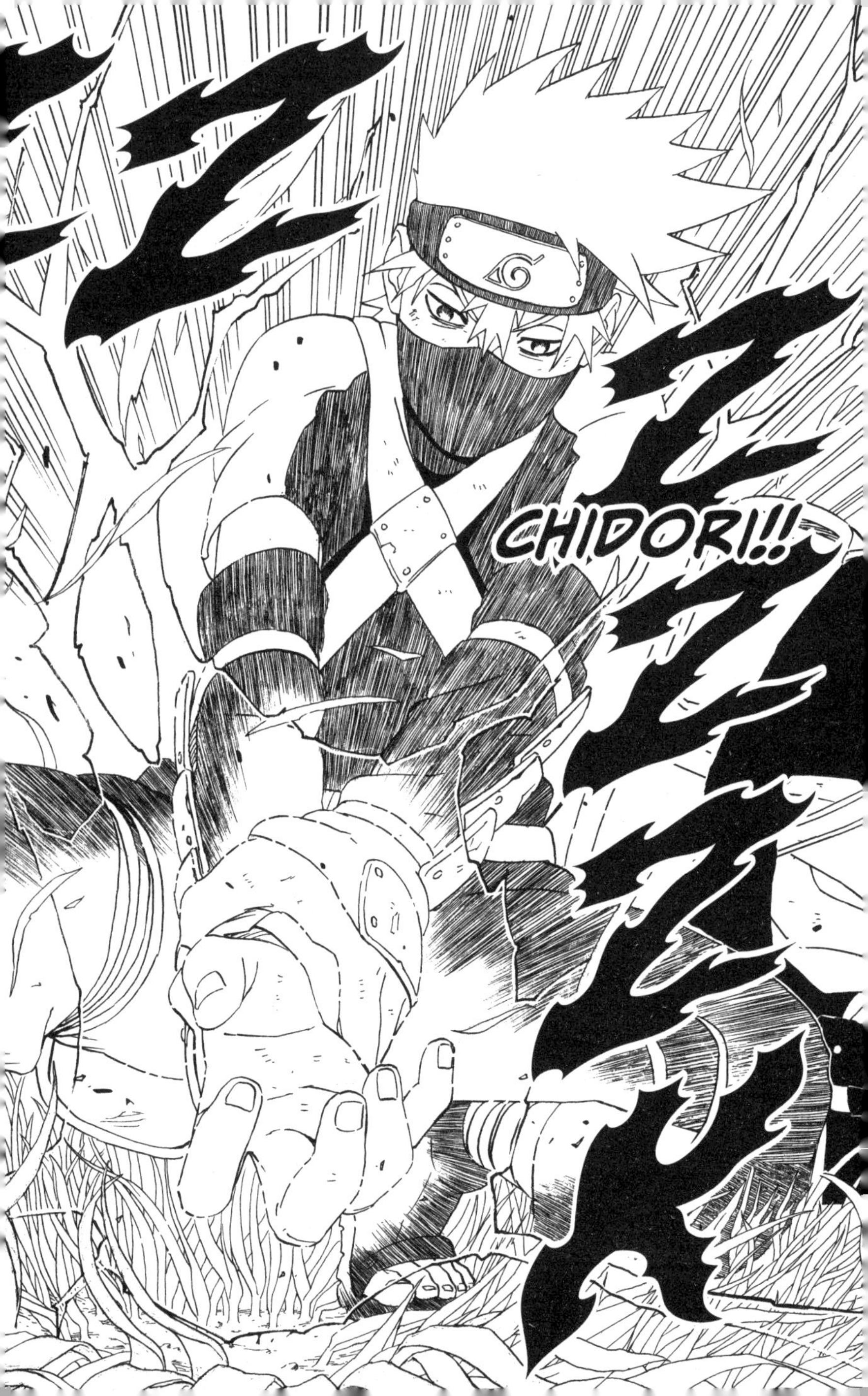
CHIDORI!!

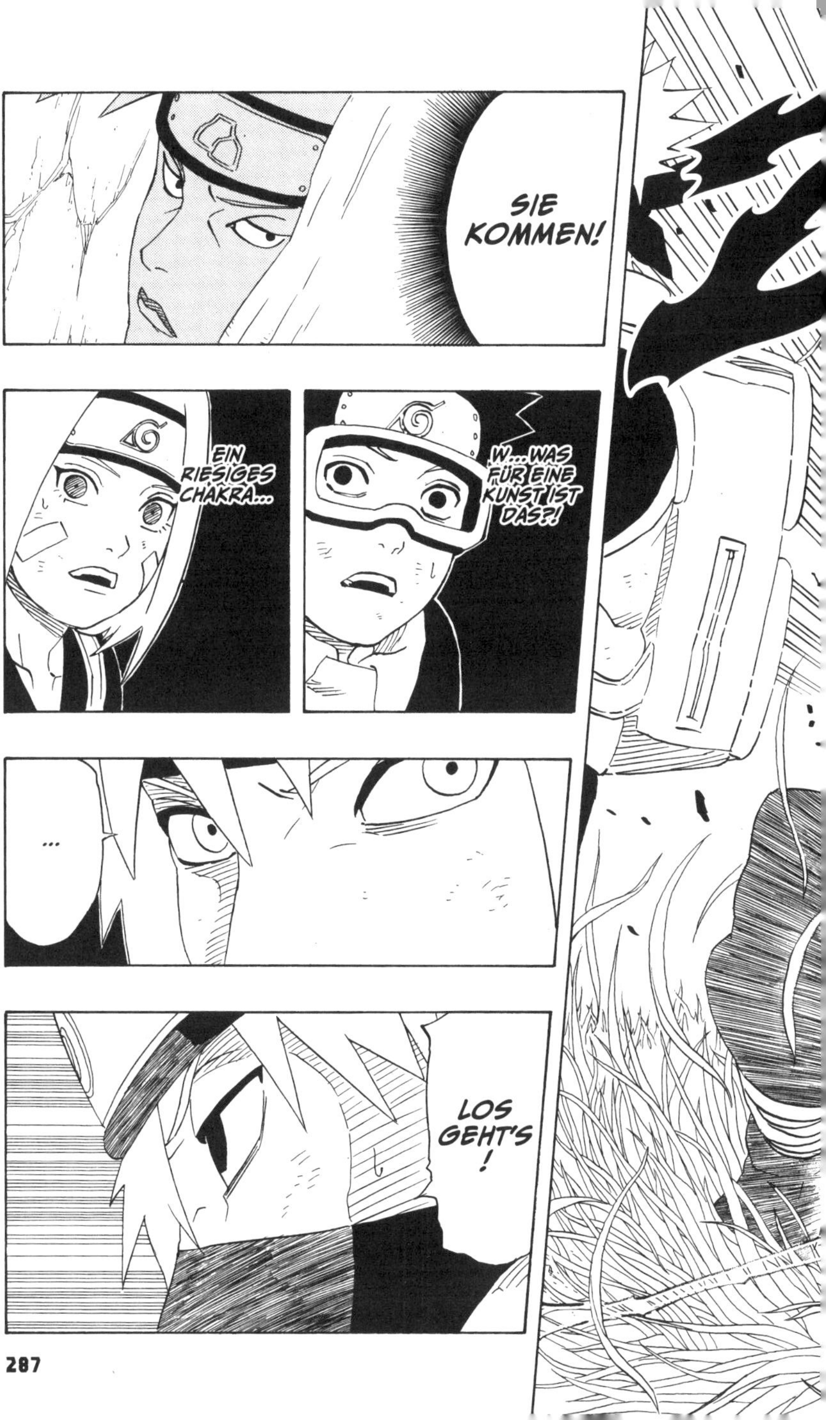
SIE KOMMEN!
W... WAS FÜR EINE KUNST IST DAS?!
EIN RIESIGES CHAKRA...
...
LOS GEHT'S!

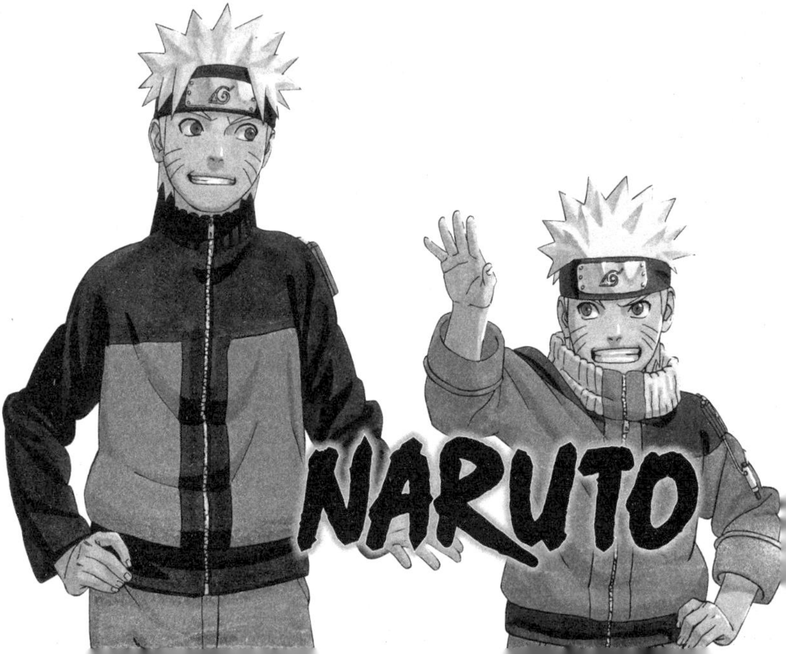
NARUTO

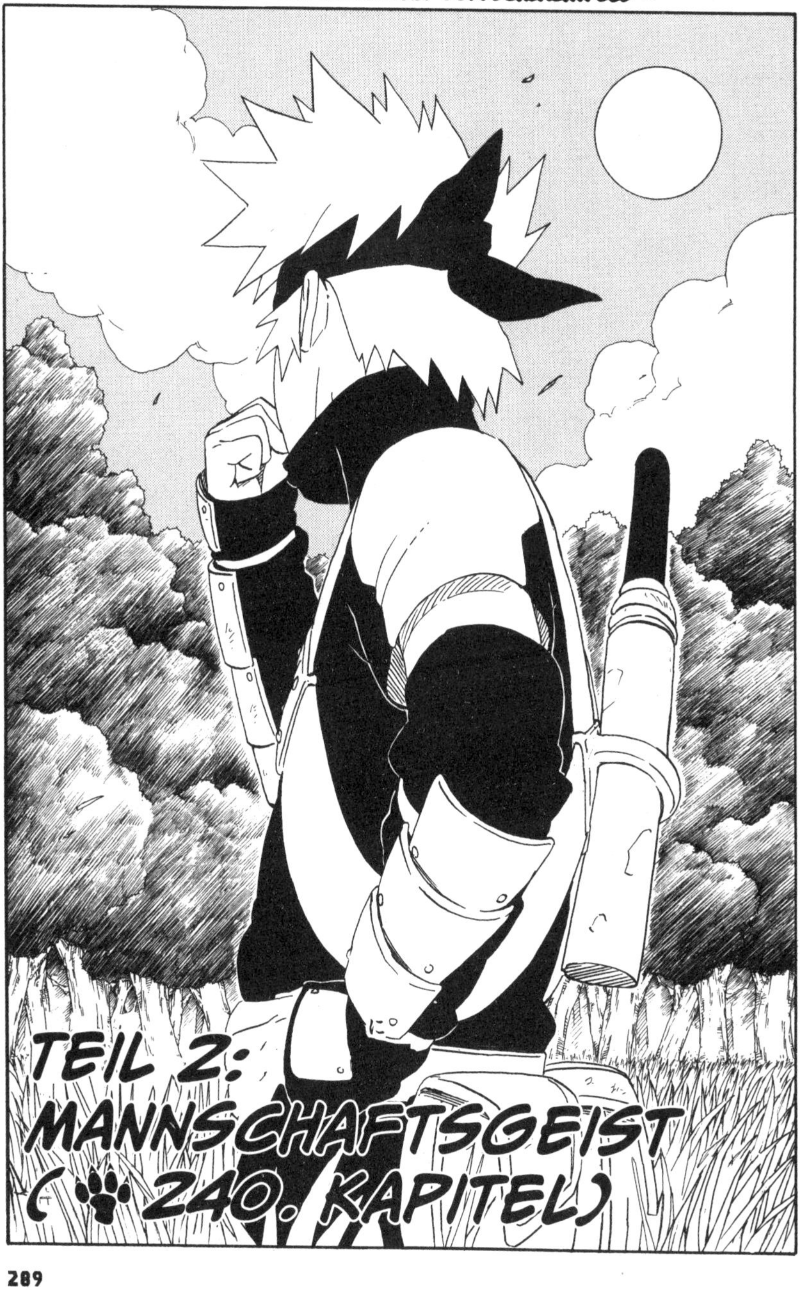
TEIL 2:
MANNSCHAFTSGEIST
(240. KAPITEL)

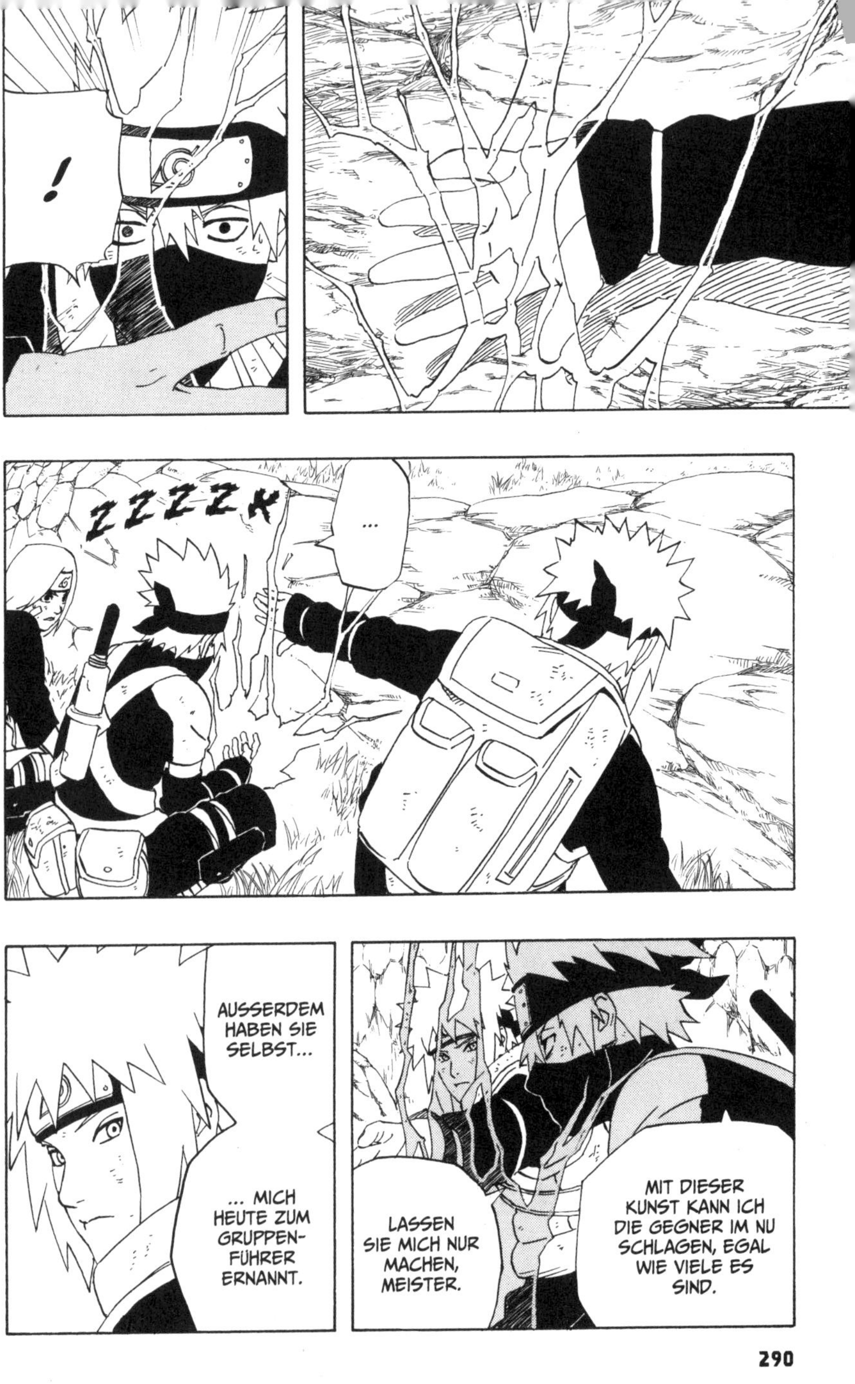
!
ZZZZK
...
MIT DIESER KUNST KANN ICH DIE GEGNER IM NU SCHLAGEN, EGAL WIE VIELE ES SIND.
LASSEN SIE MICH NUR MACHEN, MEISTER.
AUSSERDEM HABEN SIE SELBST...
... MICH HEUTE ZUM GRUPPEN-FÜHRER ERNANNT.

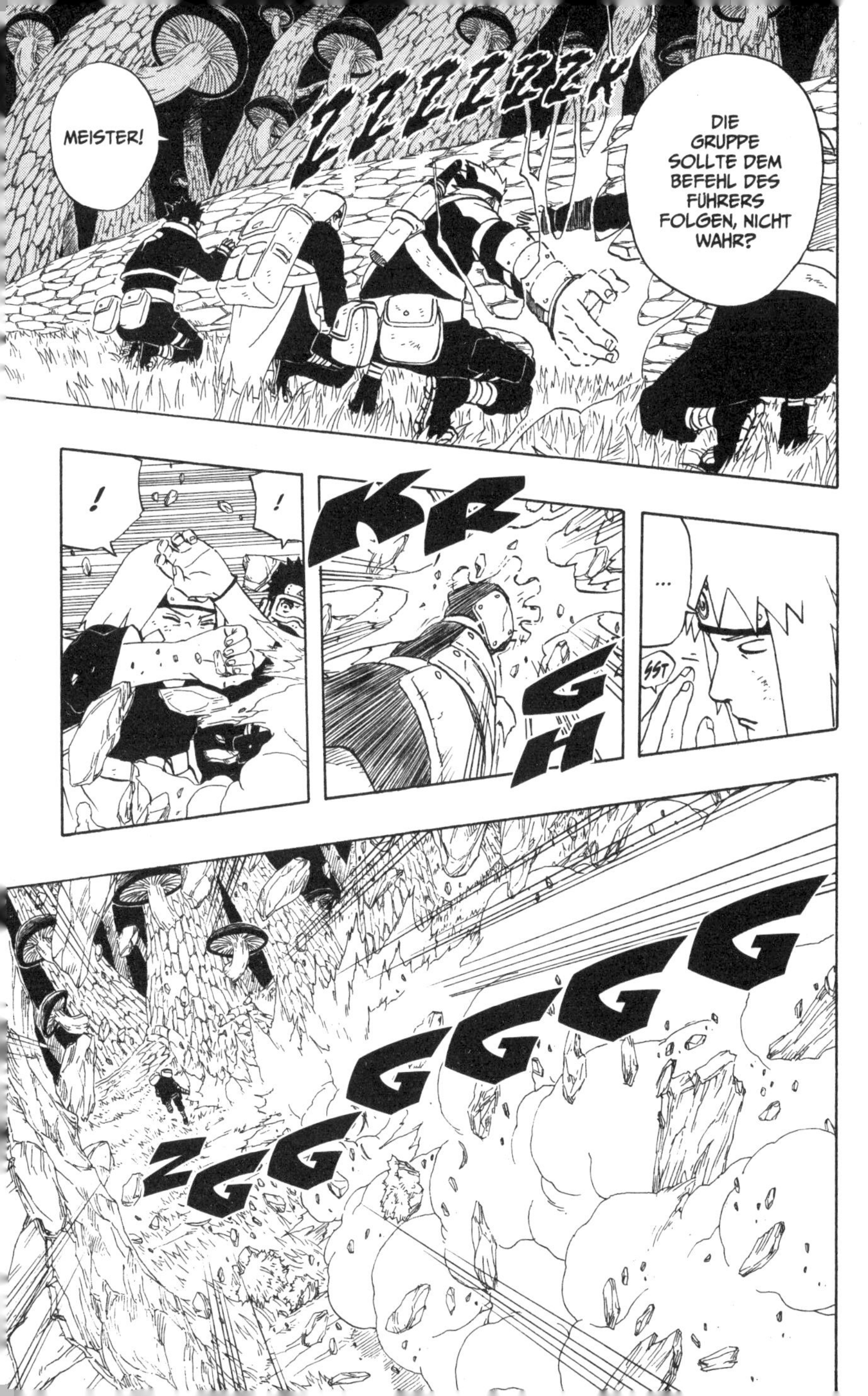
DIE GRUPPE SOLLTE DEM BEFEHL DES FÜHRERS FOLGEN, NICHT WAHR?
ZZZZZZK
MEISTER!
!
!
KR
G
H
...
SST
ZGGGGGGG

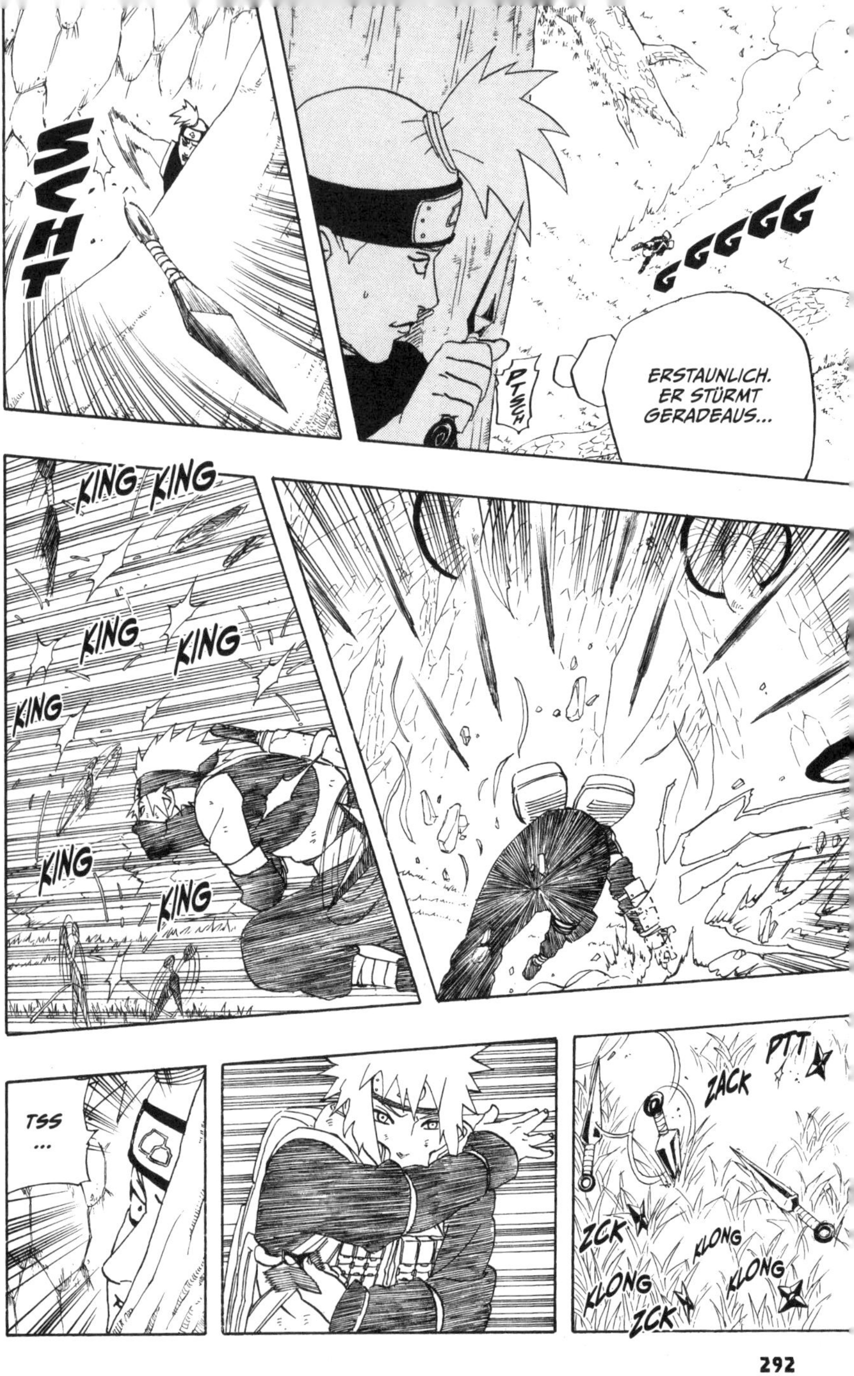
GGGGG
ERSTAUNLICH. ER STÜRMT GERADEAUS...
PTSCH
SCHT
KING KING
KING
KING
KING
KING
KING
PTT
ZACK
ZCK
KLONG
KLONG
KLONG
ZCK
TSS ...

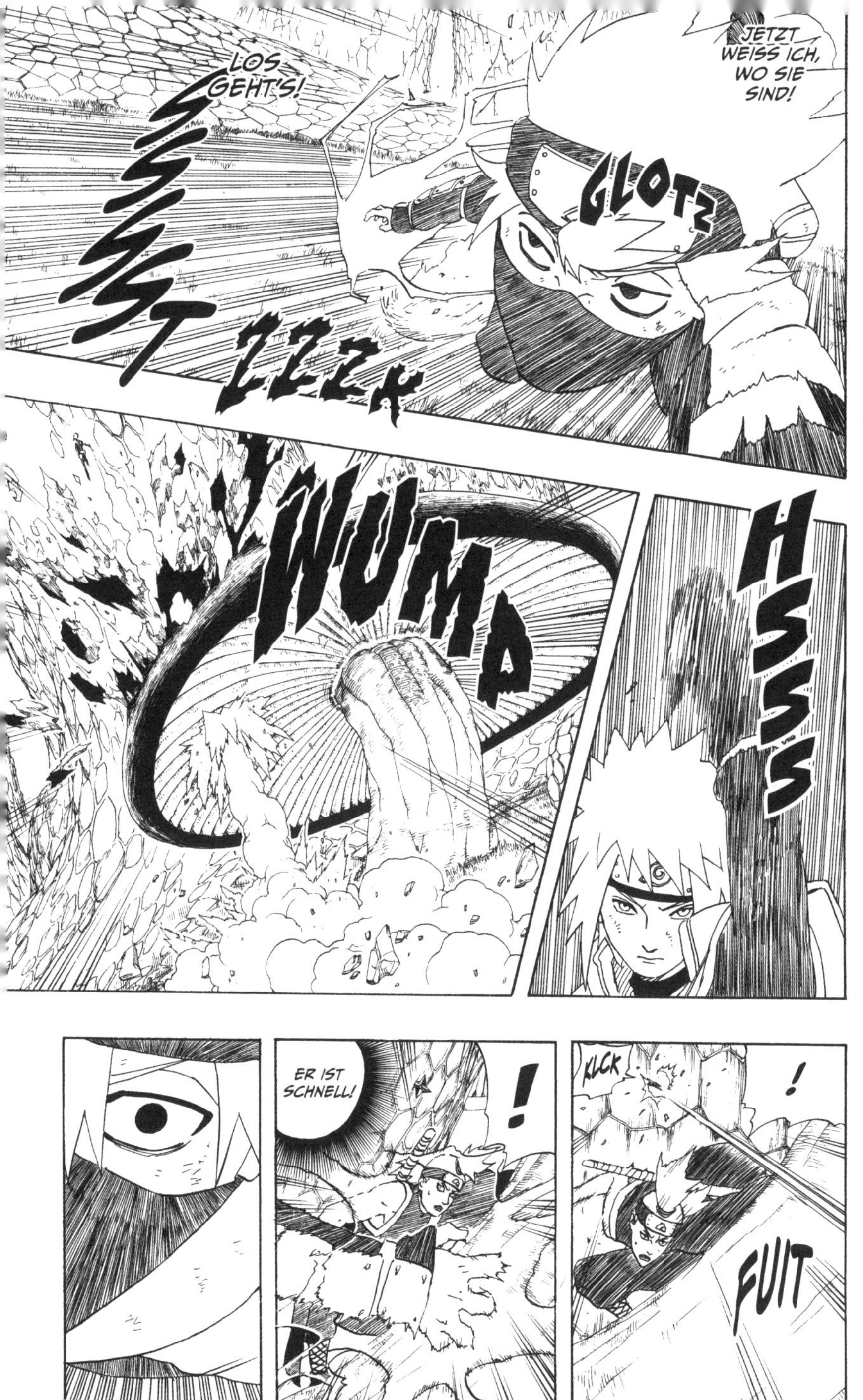
JETZT WEISS ICH, WO SIE SIND!
GLOTZ
LOS GEHT'S!
ZZZZK
HSSSS
WUMP
KLCK
!
FUIT
ER IST SCHNELL!
!

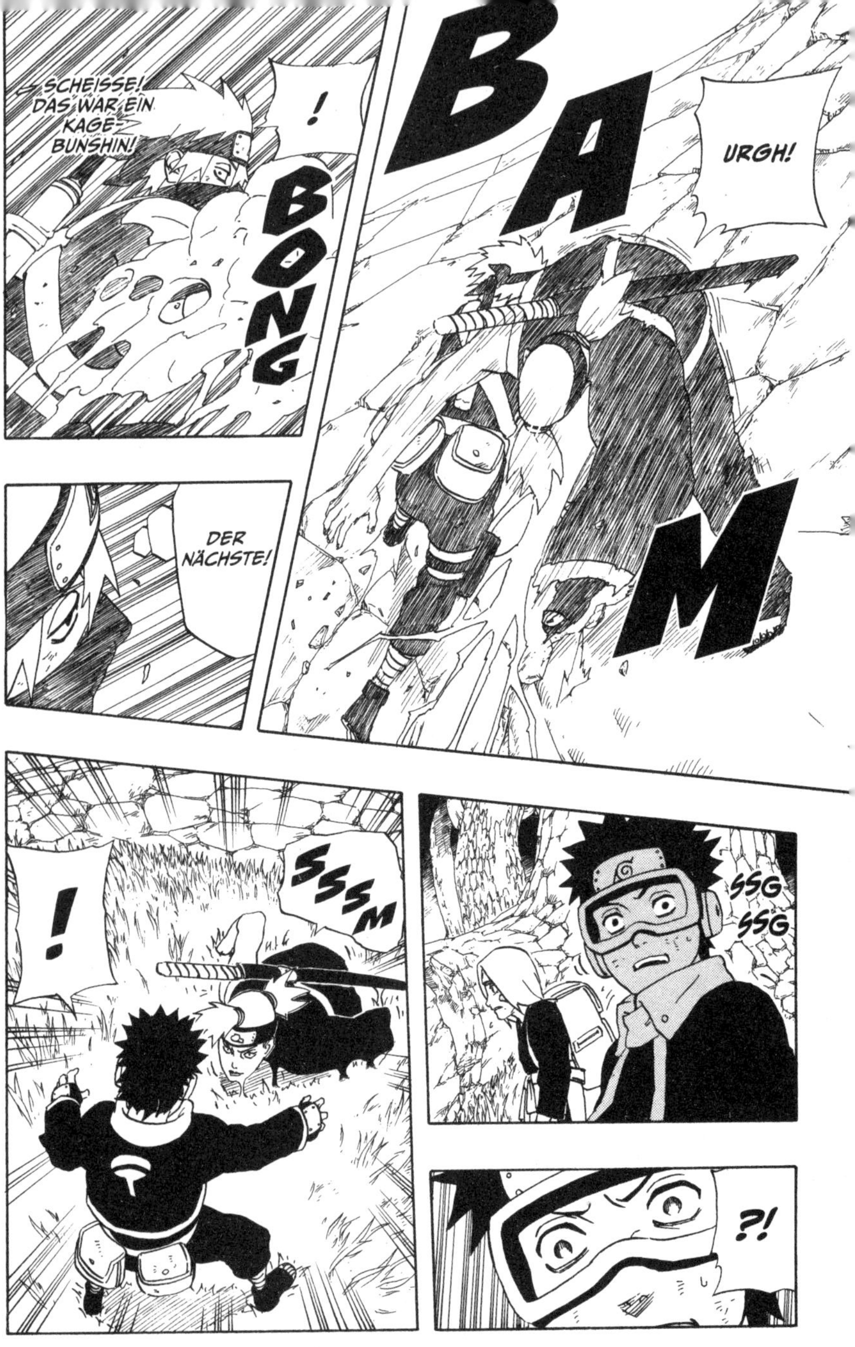

URGH!
BAM!
!
SCHEISSE! DAS WAR EIN KAGE-BUNSHIN!
BONG
DER NÄCHSTE!
SSG SSG
SSSM
!
?!

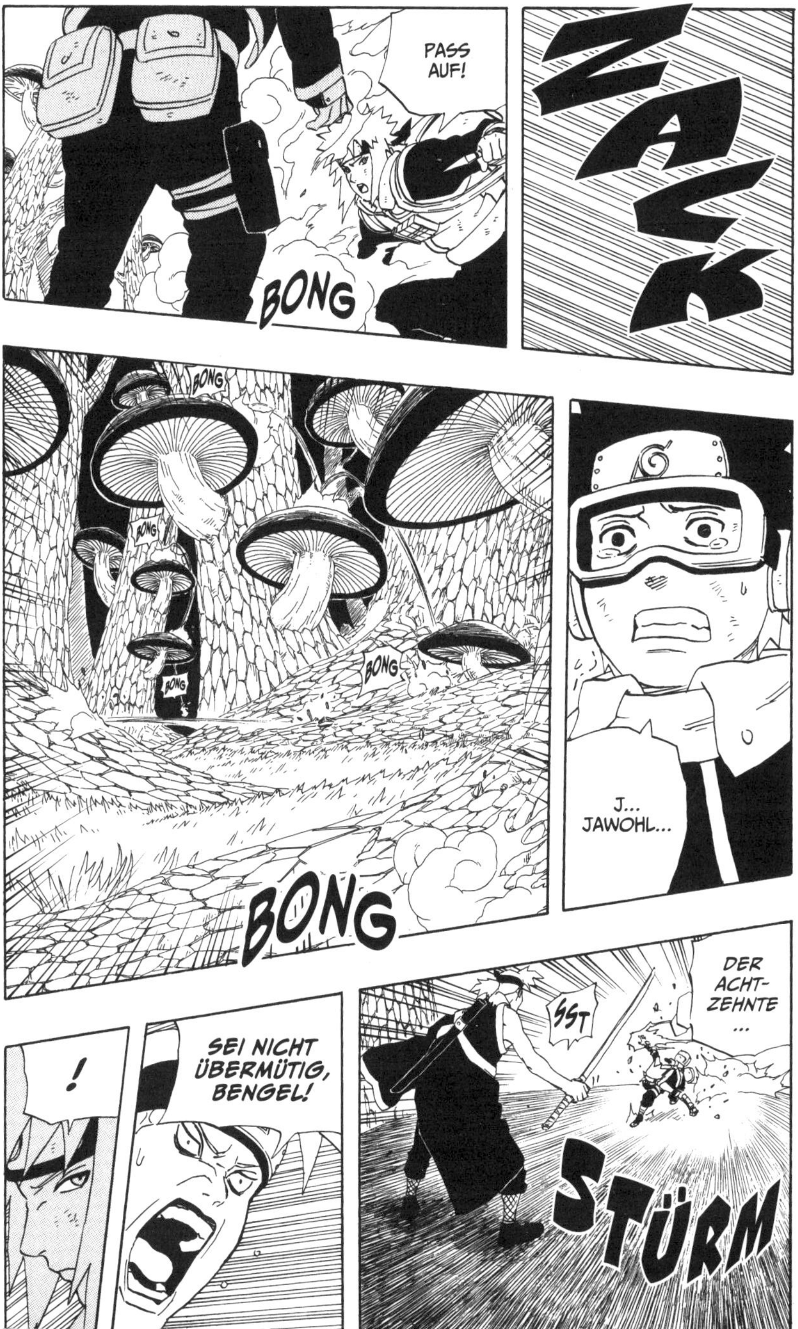
ZACK
PASS AUF!
BONG
J... JAWOHL...
BONG
BONG
BONG
BONG
BONG
BONG
DER ACHT-ZEHNTE ...
SST
STÜRM
SEI NICHT ÜBERMÜTIG, BENGEL!
!

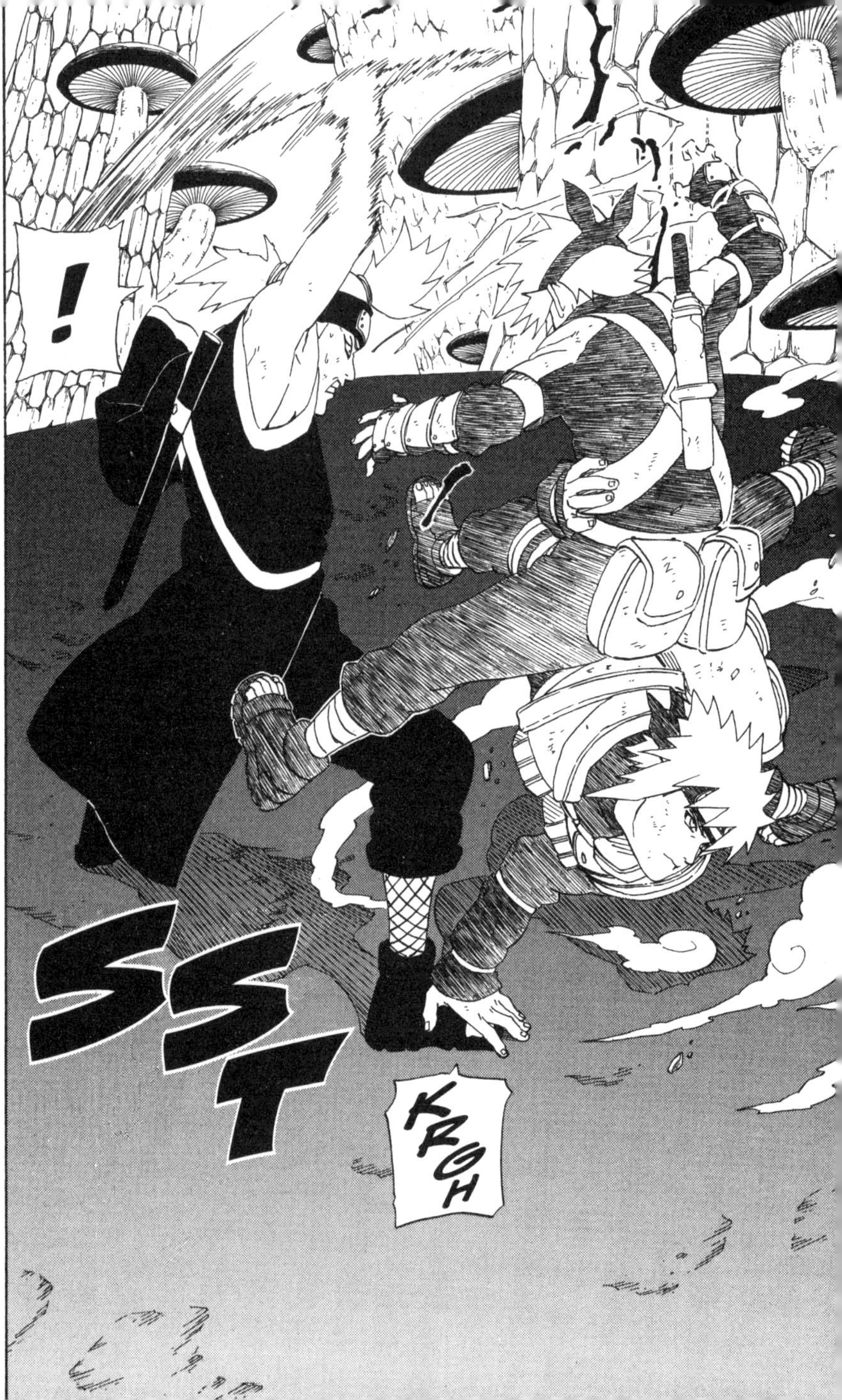
!
SST
KROH

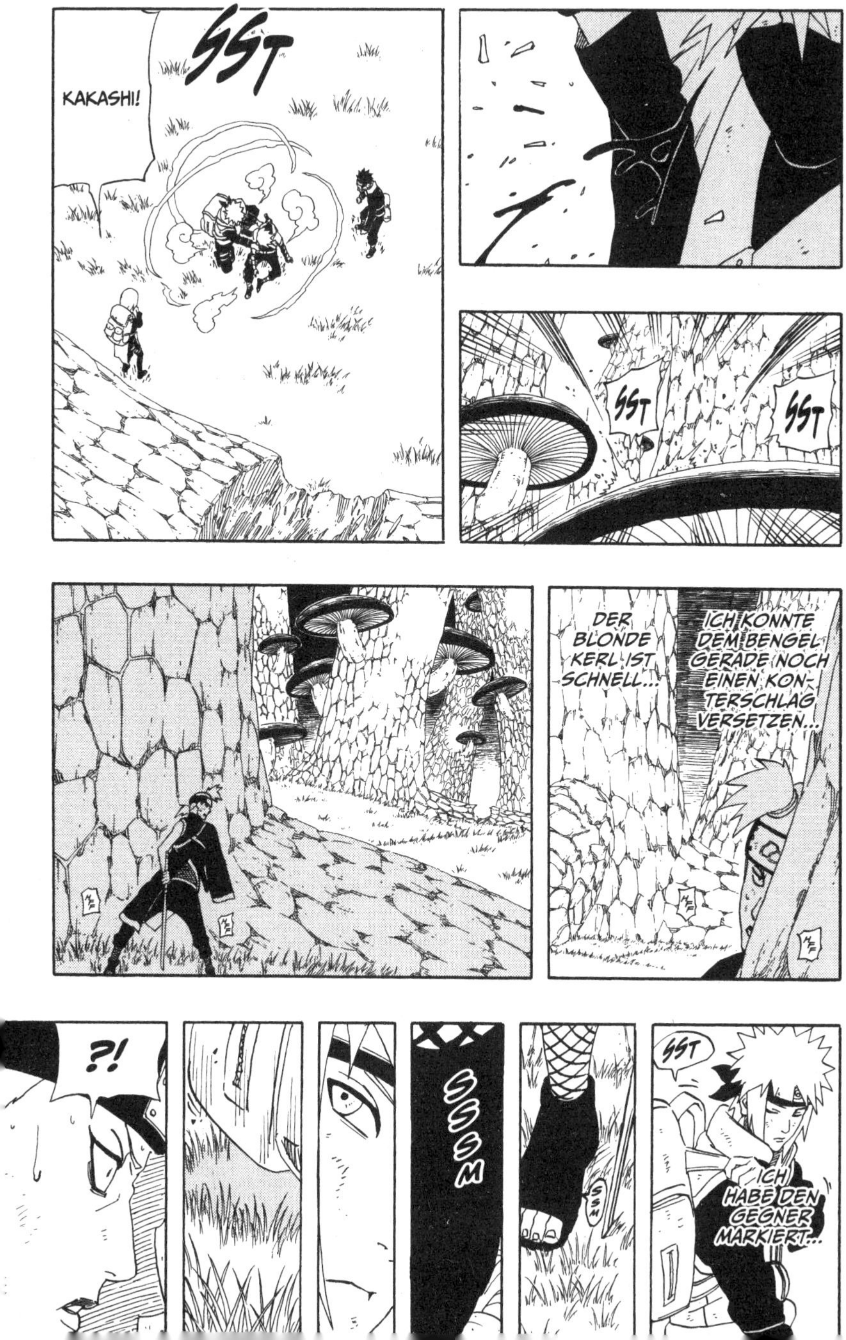
SST
KAKASHI!
SST
SST
ICH KONNTE DEM BENGEL GERADE NOCH EINEN KONTERSCHLAG VERSETZEN...
DER BLONDE KERL IST SCHNELL...
SST
ICH HABE DEN GEGNER MARKIERT...
SSM
SSSM
?!

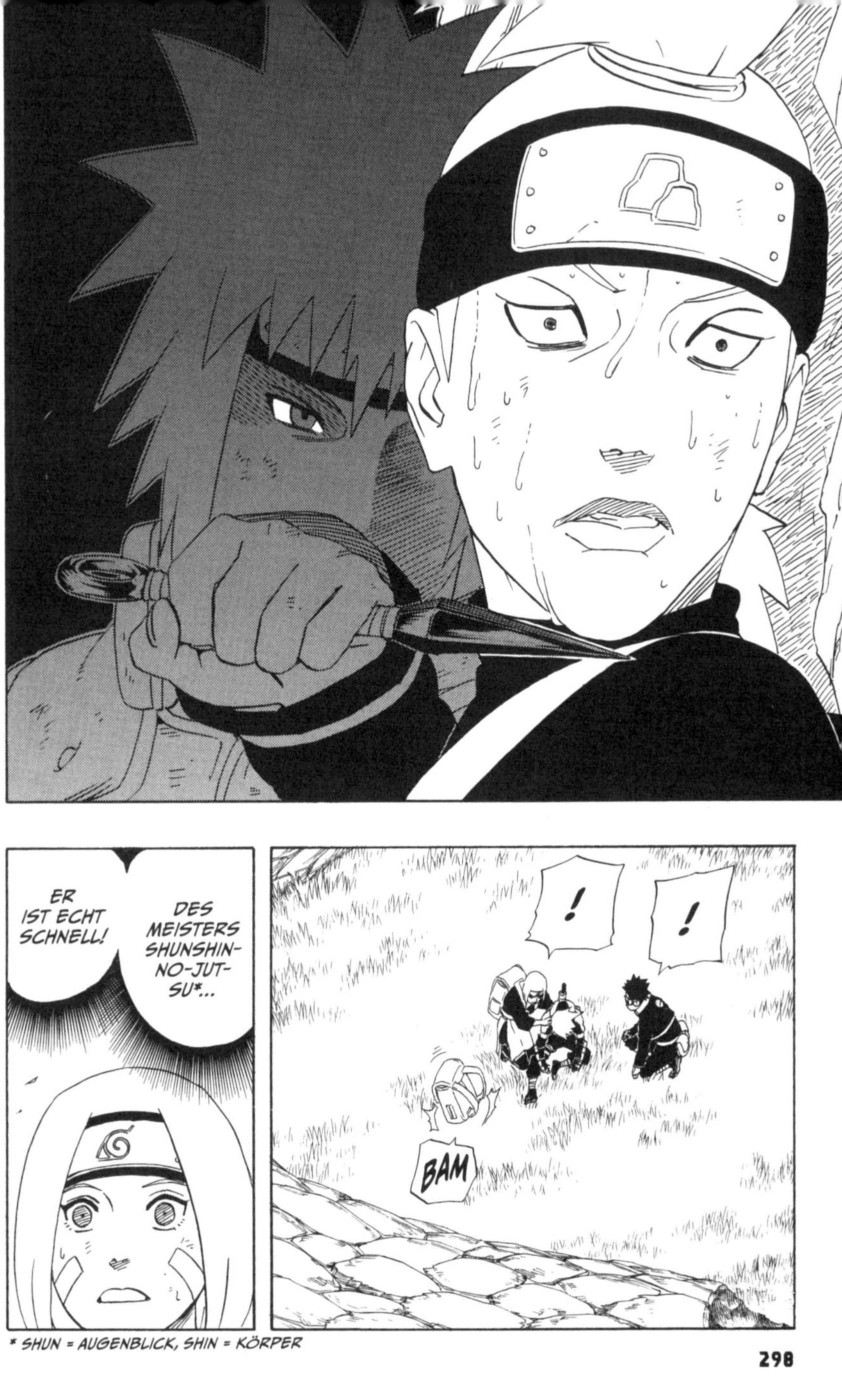

* SHUN = AUGENBLICK, SHIN = KÖRPER

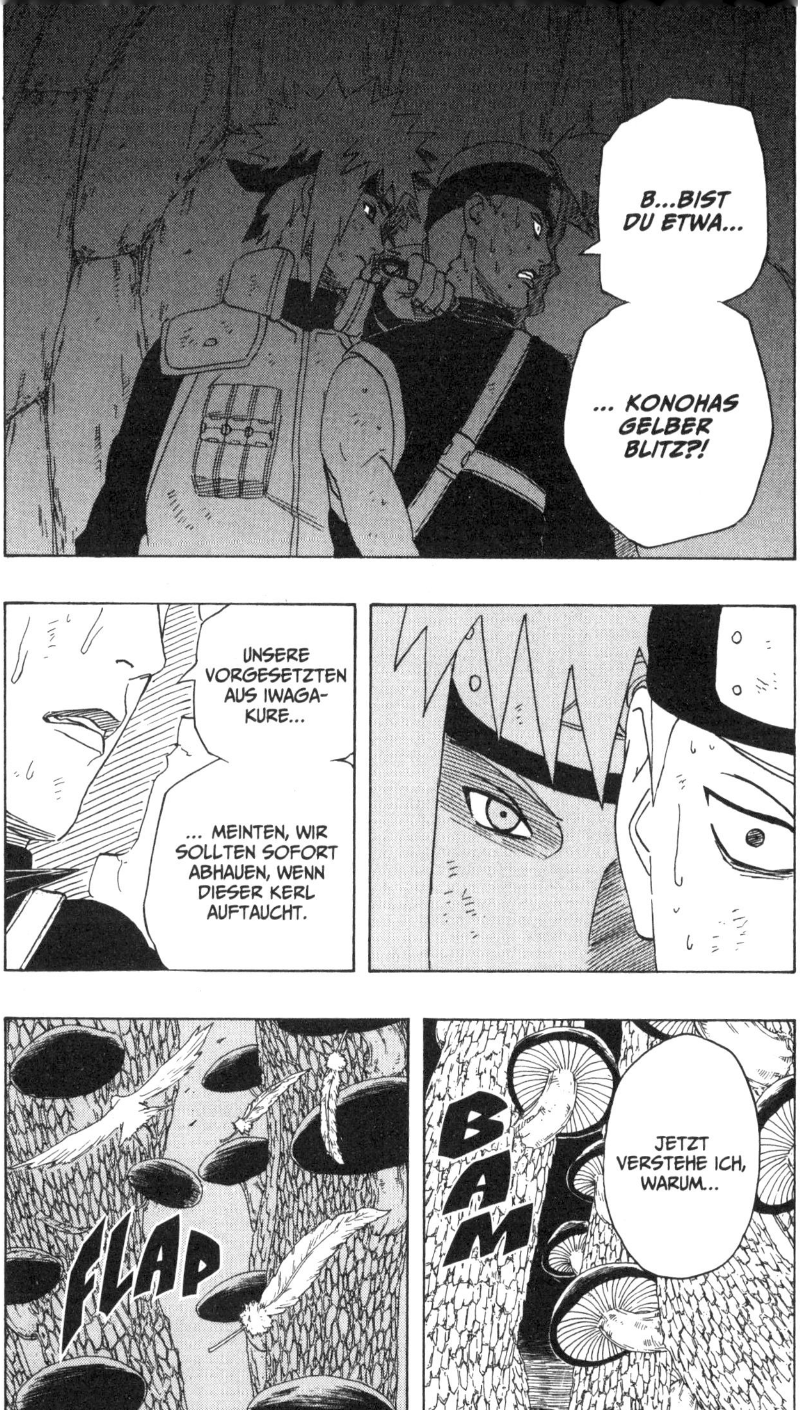
B...BIST DU ETWA...
... KONOHAS GELBER BLITZ?!
UNSERE VORGESETZTEN AUS IWAGAKURE...
... MEINTEN, WIR SOLLTEN SOFORT ABHAUEN, WENN DIESER KERL AUFTAUCHT.
BAM
JETZT VERSTEHE ICH, WARUM..
FLAP

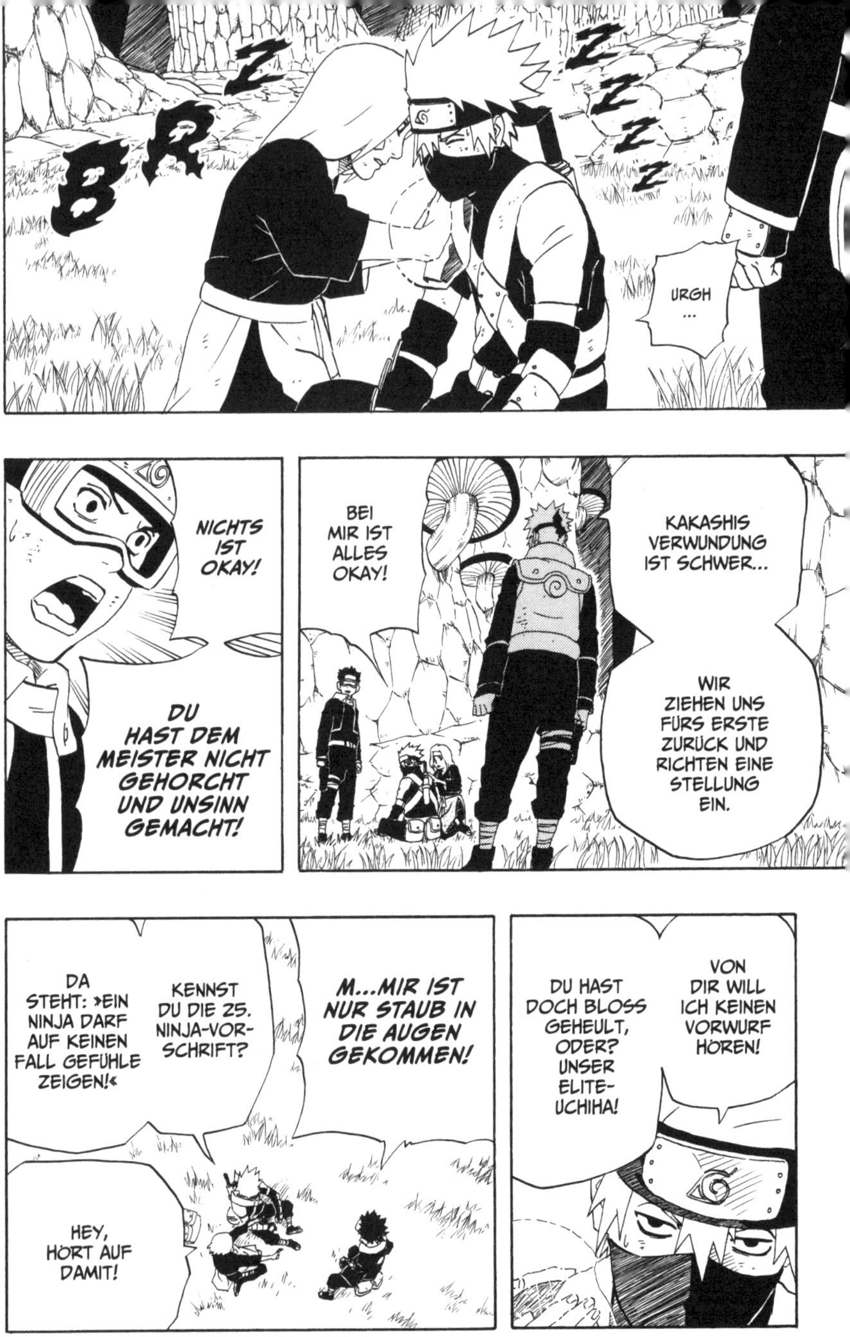
BRZZZZZ
URGH ...
KAKASHIS VERWUNDUNG IST SCHWER...
WIR ZIEHEN UNS FÜRS ERSTE ZURÜCK UND RICHTEN EINE STELLUNG EIN.
BEI MIR IST ALLES OKAY!
NICHTS IST OKAY!
DU HAST DEM MEISTER NICHT GEHORCHT UND UNSINN GEMACHT!
VON DIR WILL ICH KEINEN VORWURF HÖREN!
DU HAST DOCH BLOSS GEHEULT, ODER? UNSER ELITE-UCHIHA!
M...MIR IST NUR STAUB IN DIE AUGEN GEKOMMEN!
KENNST DU DIE 25. NINJA-VORSCHRIFT?
DA STEHT: »EIN NINJA DARF AUF KEINEN FALL GEFÜHLE ZEIGEN!«
HEY, HÖRT AUF DAMIT!

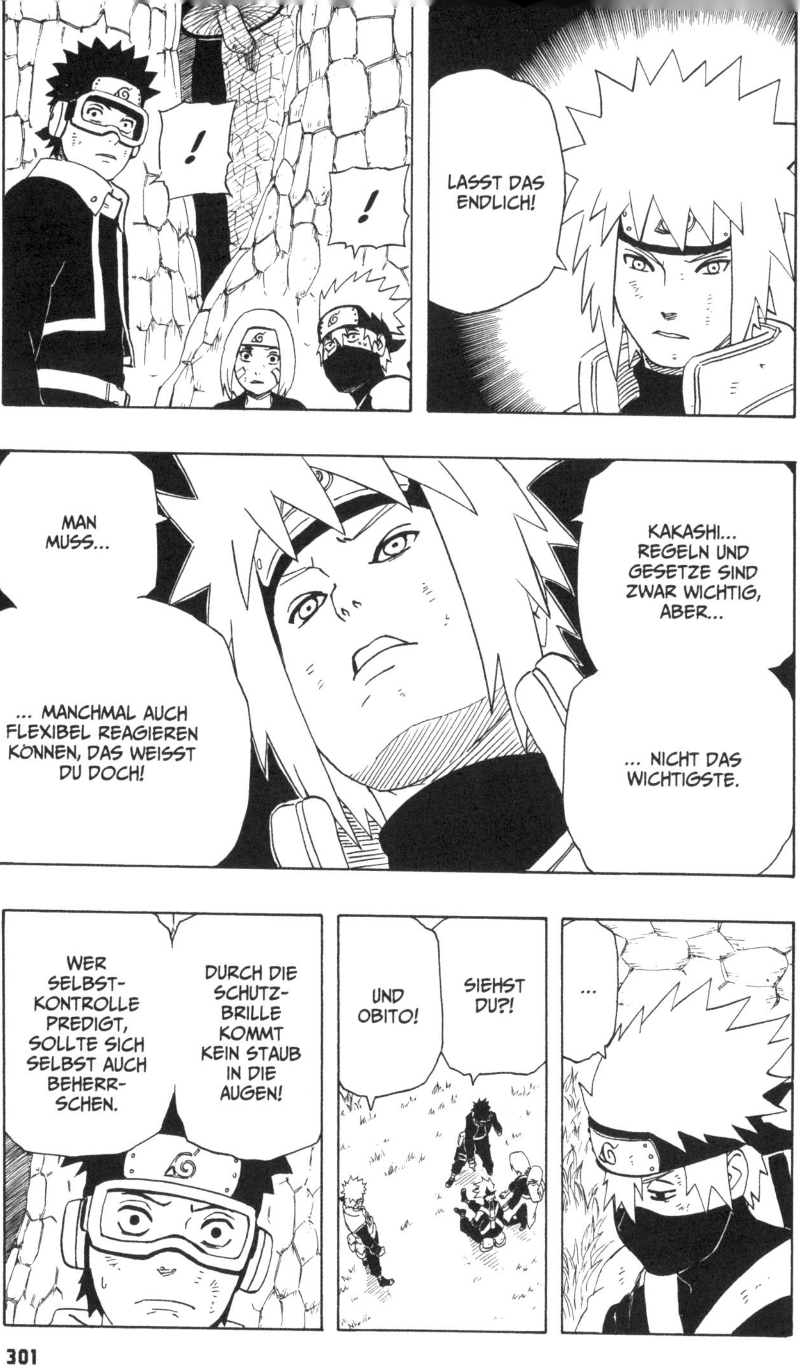
LASST DAS ENDLICH!
!
!
KAKASHI... REGELN UND GESETZE SIND ZWAR WICHTIG, ABER...
... NICHT DAS WICHTIGSTE.
MAN MUSS...
... MANCHMAL AUCH FLEXIBEL REAGIEREN KÖNNEN, DAS WEISST DU DOCH!
...
SIEHST DU?!
UND OBITO!
DURCH DIE SCHUTZ-BRILLE KOMMT KEIN STAUB IN DIE AUGEN!
WER SELBST-KONTROLLE PREDIGT, SOLLTE SICH SELBST AUCH BEHERR-SCHEN.

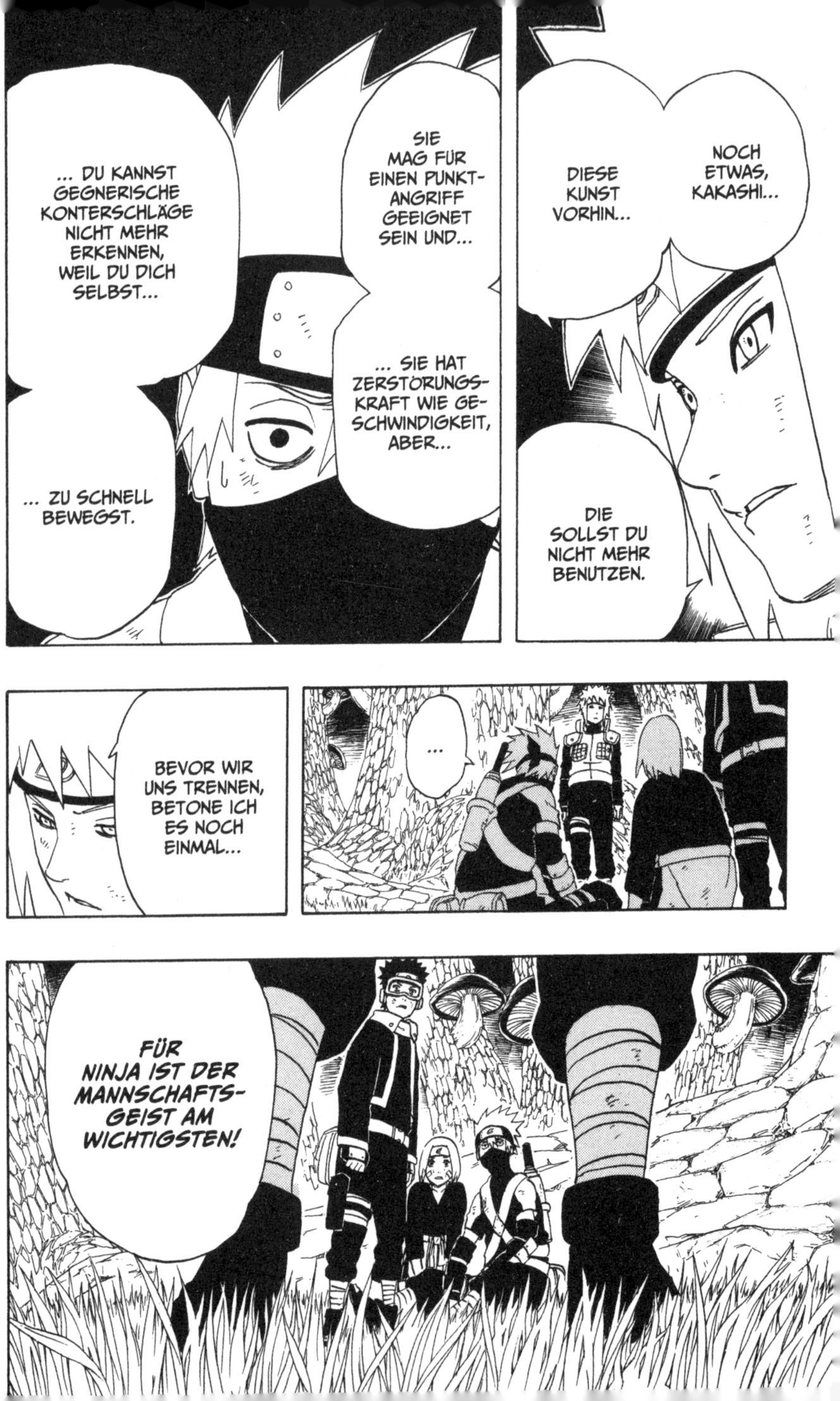
NOCH ETWAS, KAKASHI...
DIESE KUNST VORHIN...
DIE SOLLST DU NICHT MEHR BENUTZEN.
SIE MAG FÜR EINEN PUNKT-ANGRIFF GEEIGNET SEIN UND...
... SIE HAT ZERSTÖRUNGS-KRAFT WIE GE-SCHWINDIGKEIT, ABER...
... DU KANNST GEGNERISCHE KONTERSCHLÄGE NICHT MEHR ERKENNEN, WEIL DU DICH SELBST...
... ZU SCHNELL BEWEGST.
...
BEVOR WIR UNS TRENNEN, BETONE ICH ES NOCH EINMAL...
FÜR NINJA IST DER MANNSCHAFTS-GEIST AM WICHTIGSTEN!

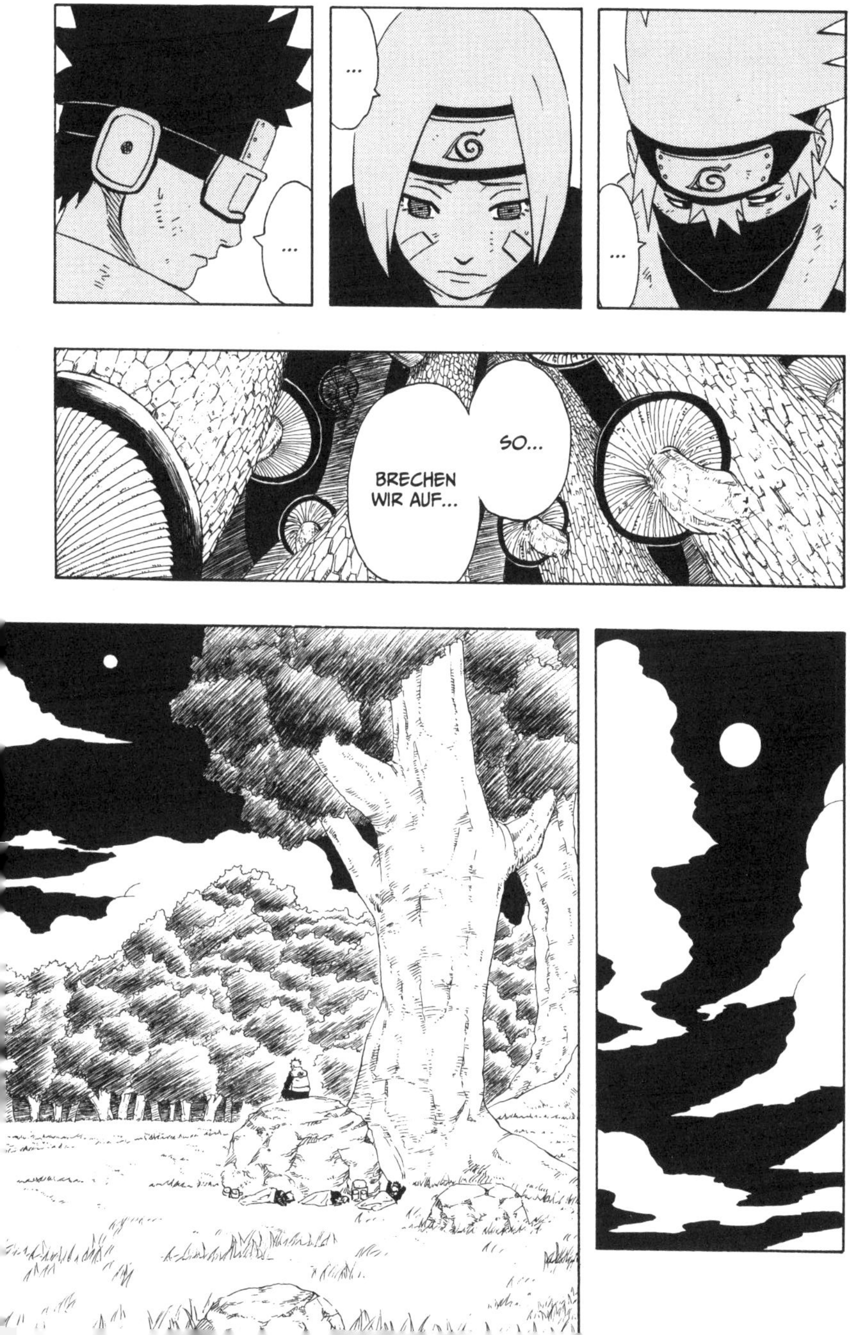
...
...
...
...
SO...
BRECHEN WIR AUF...

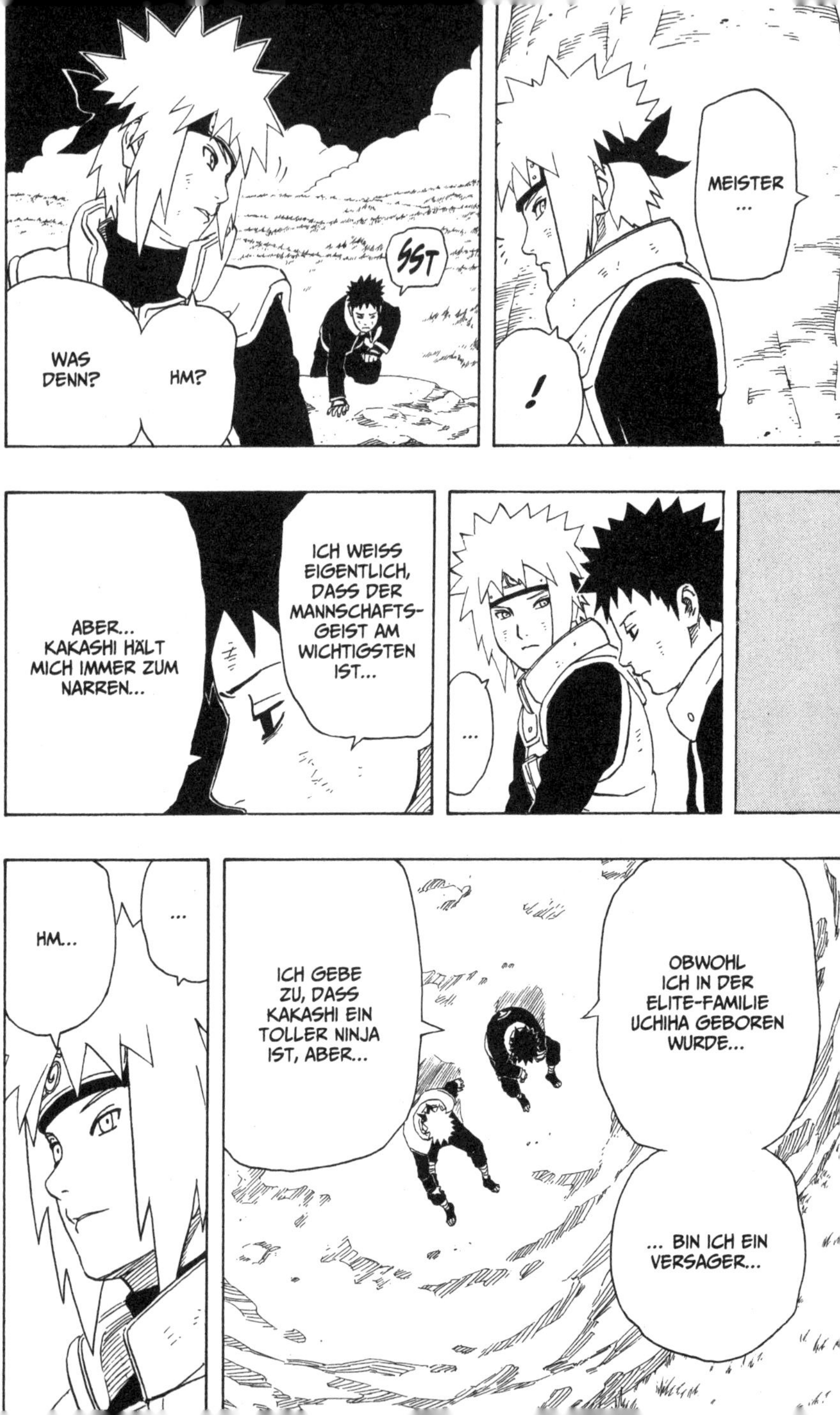
MEISTER ...
!
SST
HM?
WAS DENN?
...
ICH WEISS EIGENTLICH, DASS DER MANNSCHAFTS-GEIST AM WICHTIGSTEN IST...
ABER... KAKASHI HÄLT MICH IMMER ZUM NARREN...
OBWOHL ICH IN DER ELITE-FAMILIE UCHIHA GEBOREN WURDE...
... BIN ICH EIN VERSAGER...
ICH GEBE ZU, DASS KAKASHI EIN TOLLER NINJA IST, ABER...
...
HM...

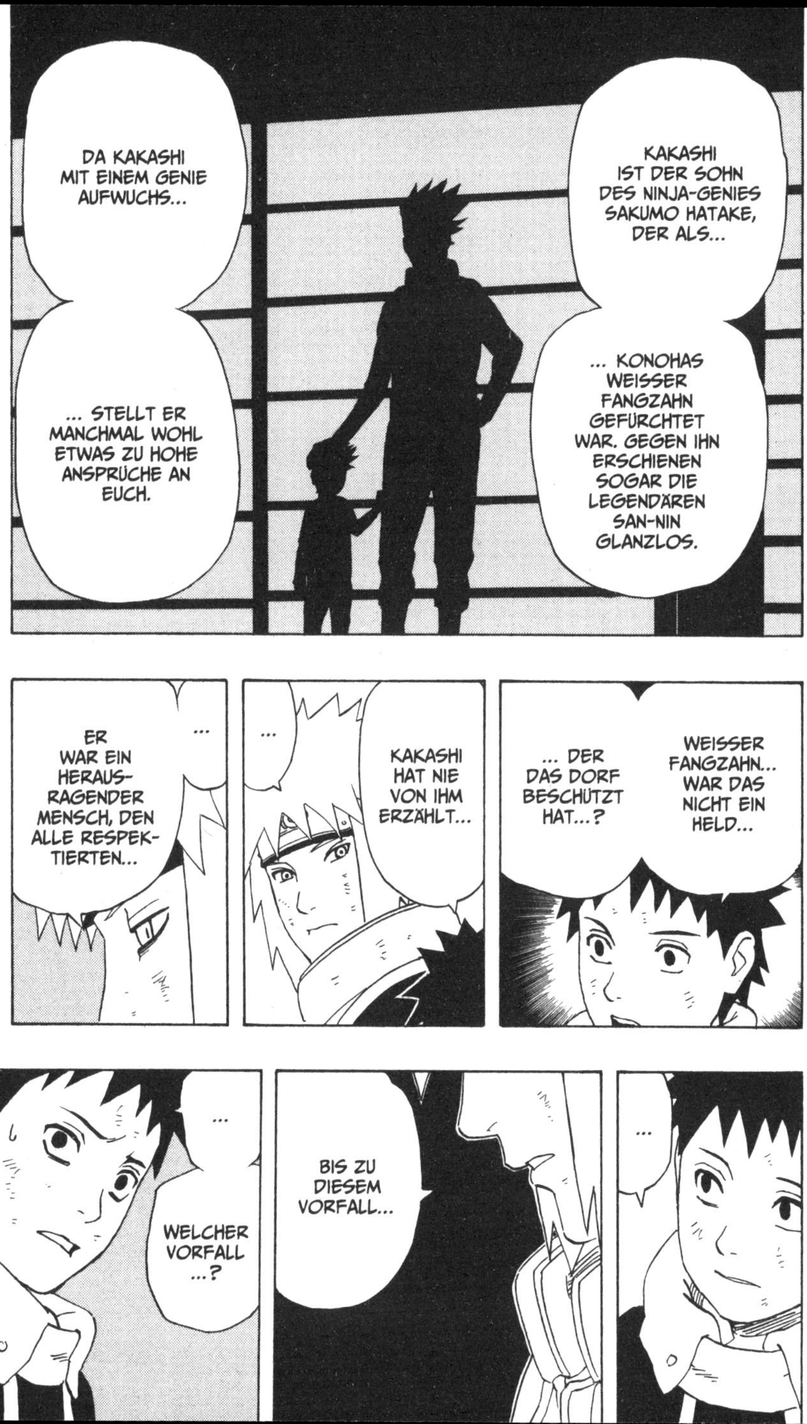
KAKASHI IST DER SOHN DES NINJA-GENIES SAKUMO HATAKE, DER ALS...
... KONOHAS WEISSER FANGZAHN GEFÜRCHTET WAR. GEGEN IHN ERSCHIENEN SOGAR DIE LEGENDÄREN SAN-NIN GLANZLOS.
DA KAKASHI MIT EINEM GENIE AUFWUCHS...
... STELLT ER MANCHMAL WOHL ETWAS ZU HOHE ANSPRÜCHE AN EUCH.
WEISSER FANGZAHN... WAR DAS NICHT EIN HELD...
... DER DAS DORF BESCHÜTZT HAT...?
KAKASHI HAT NIE VON IHM ERZÄHLT...
...
...
ER WAR EIN HERAUS-RAGENDER MENSCH, DEN ALLE RESPEK-TIERTEN...
...
BIS ZU DIESEM VORFALL...
...
WELCHER VORFALL ...?

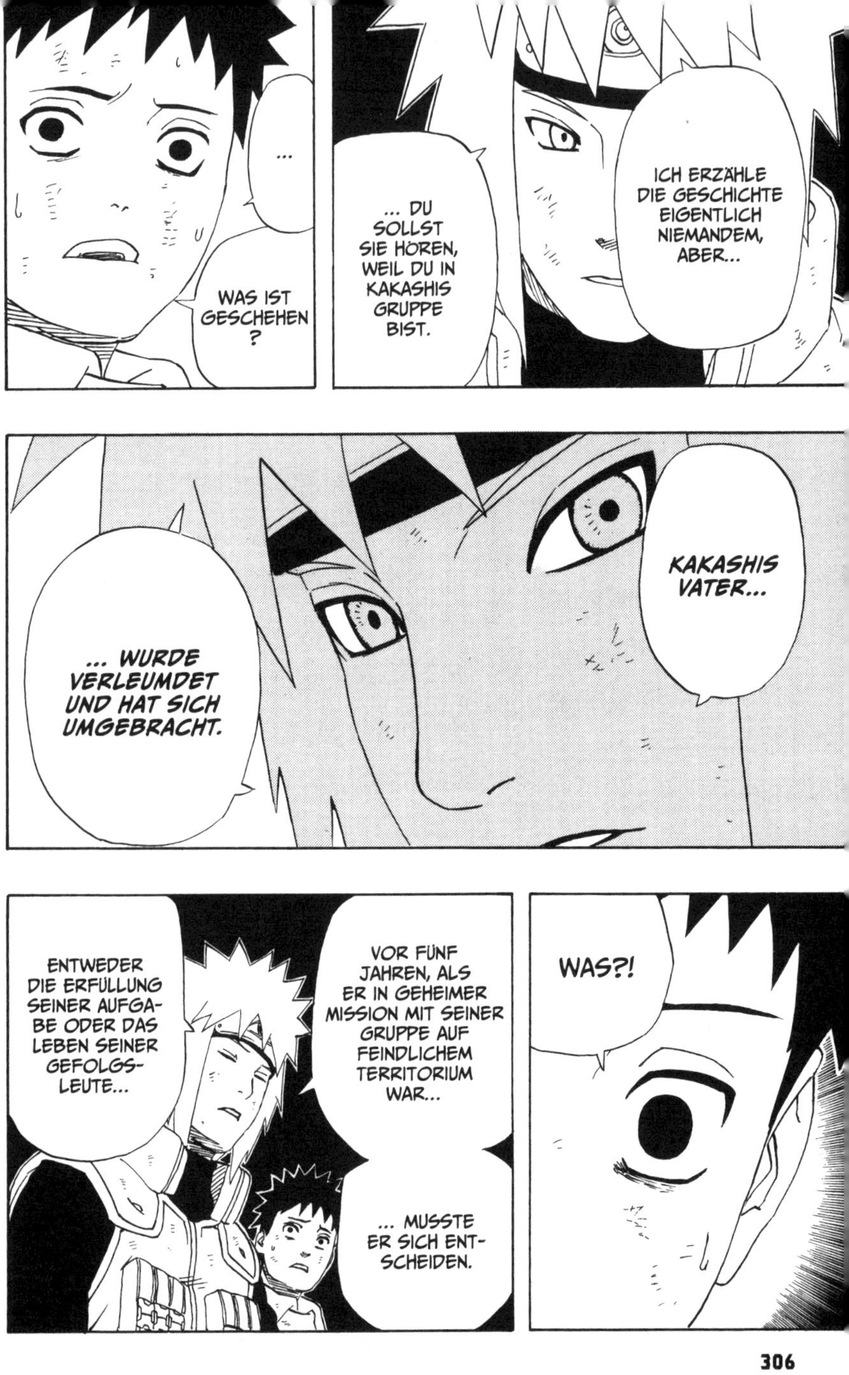
ICH ERZÄHLE DIE GESCHICHTE EIGENTLICH NIEMANDEM, ABER...
... DU SOLLST SIE HÖREN, WEIL DU IN KAKASHIS GRUPPE BIST.
...
WAS IST GESCHEHEN?
KAKASHIS VATER...
... WURDE VERLEUMDET UND HAT SICH UMGEBRACHT.
WAS?!
VOR FÜNF JAHREN, ALS ER IN GEHEIMER MISSION MIT SEINER GRUPPE AUF FEINDLICHEM TERRITORIUM WAR...
ENTWEDER DIE ERFÜLLUNG SEINER AUFGABE ODER DAS LEBEN SEINER GEFOLGSLEUTE...
... MUSSTE ER SICH ENTSCHEIDEN.

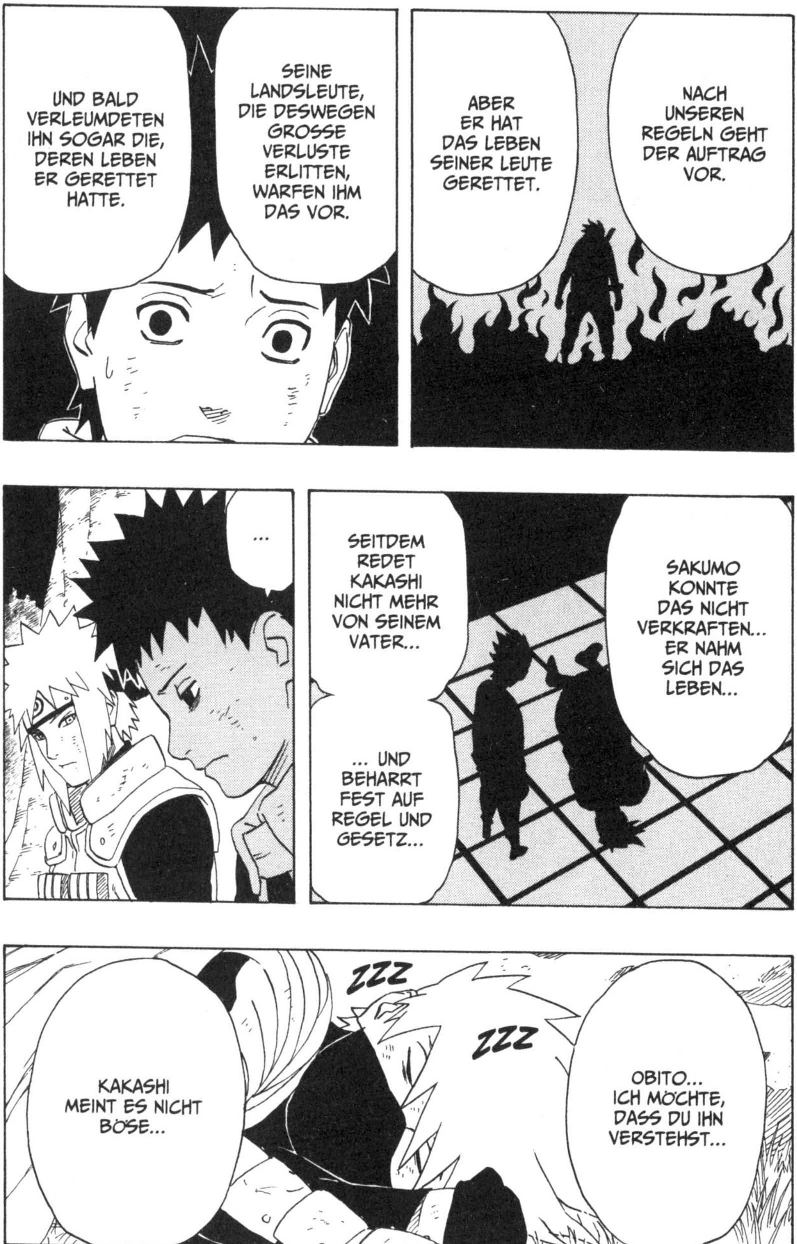
NACH UNSEREN REGELN GEHT DER AUFTRAG VOR.
ABER ER HAT DAS LEBEN SEINER LEUTE GERETTET.
SEINE LANDSLEUTE, DIE DESWEGEN GROSSE VERLUSTE ERLITTEN, WARFEN IHM DAS VOR.
UND BALD VERLEUMDETEN IHN SOGAR DIE, DEREN LEBEN ER GERETTET HATTE.
SAKUMO KONNTE DAS NICHT VERKRAFTEN... ER NAHM SICH DAS LEBEN...
SEITDEM REDET KAKASHI NICHT MEHR VON SEINEM VATER...
... UND BEHARRT FEST AUF REGEL UND GESETZ...
...
OBITO... ICH MÖCHTE, DASS DU IHN VERSTEHST...
ZZZ
ZZZ
KAKASHI MEINT ES NICHT BÖSE...

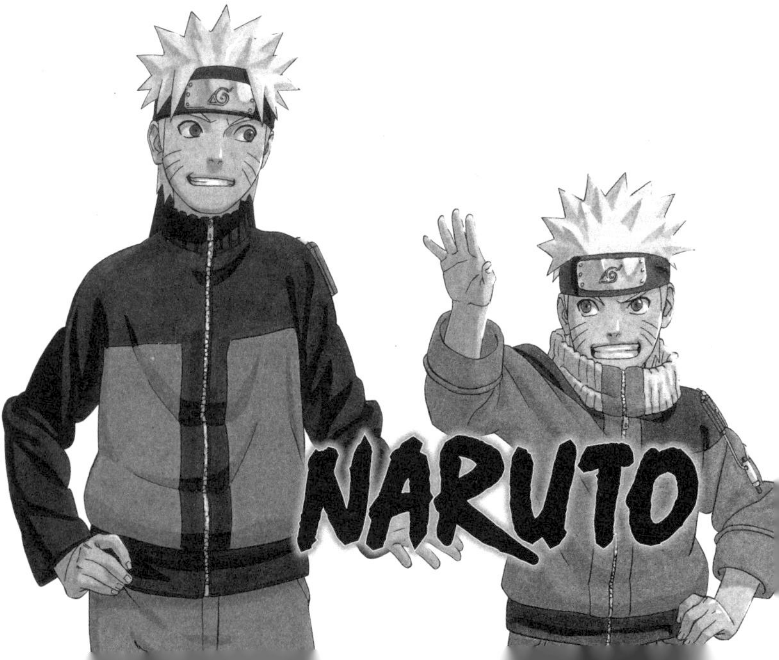
NARUTO

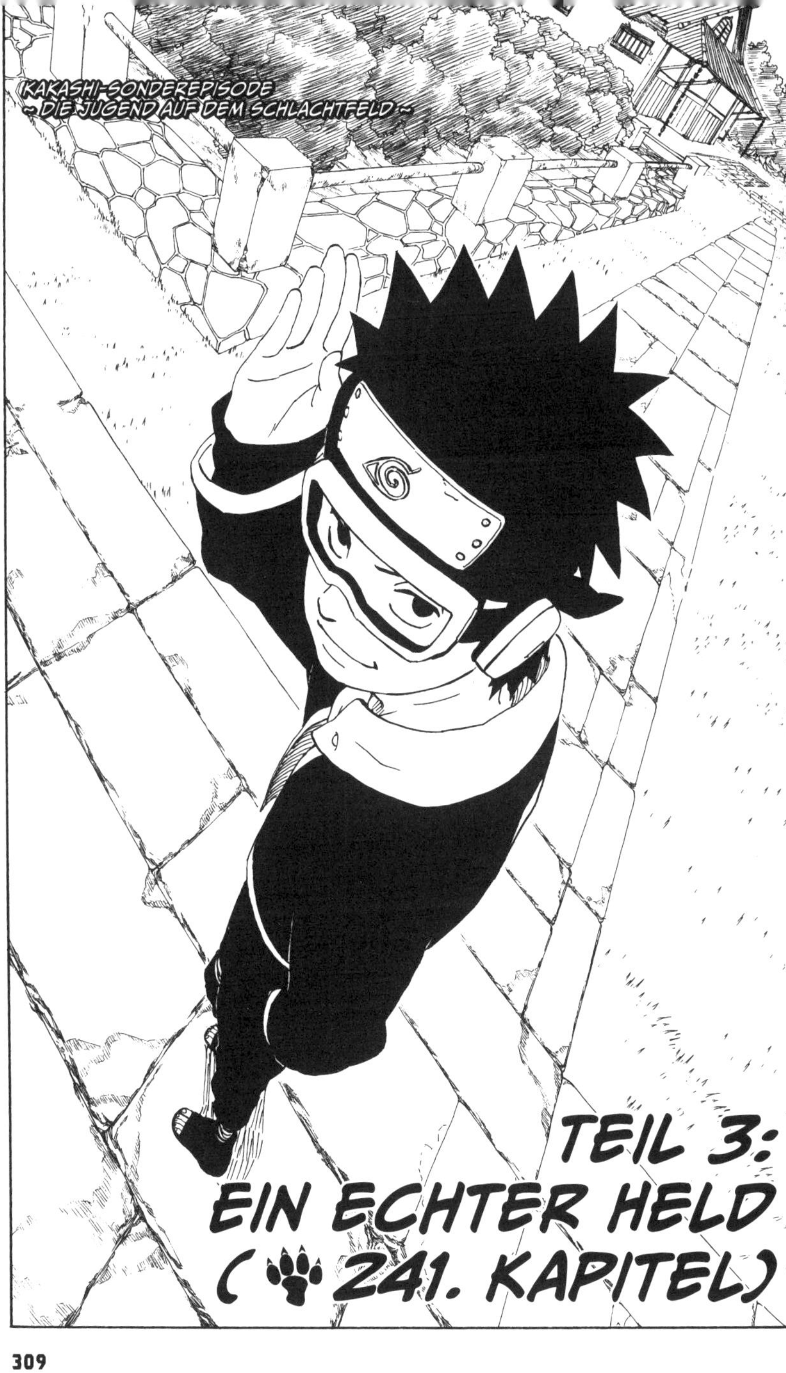
KAKASHI-SONDEREPISODE
~ DIE JUGEND AUF DEM SCHLACHTFELD ~
TEIL 3:
EIN ECHTER HELD
(241. KAPITEL)

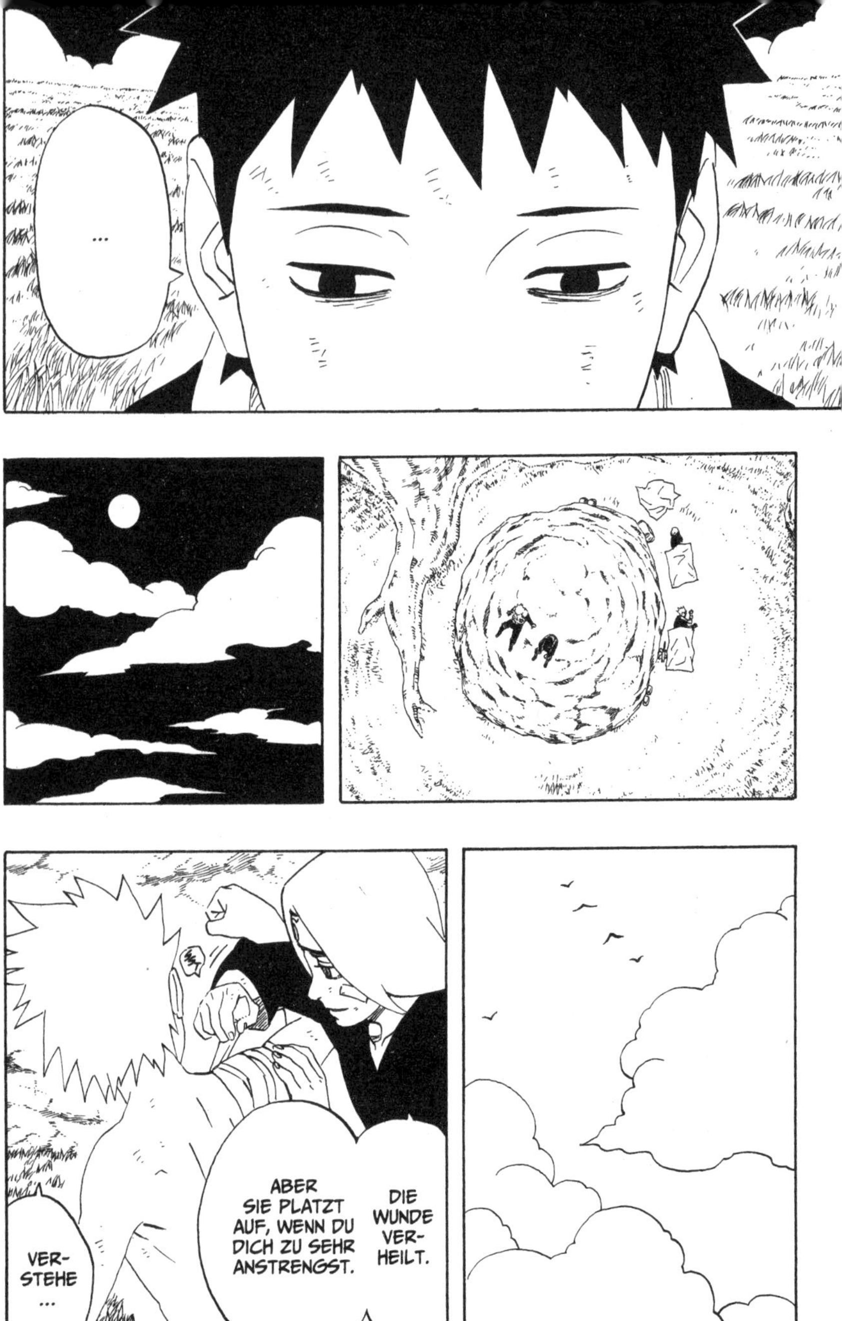
...
DIE WUNDE VER-HEILT.
ABER SIE PLATZT AUF, WENN DU DICH ZU SEHR ANSTRENGST.
VER-STEHE ...

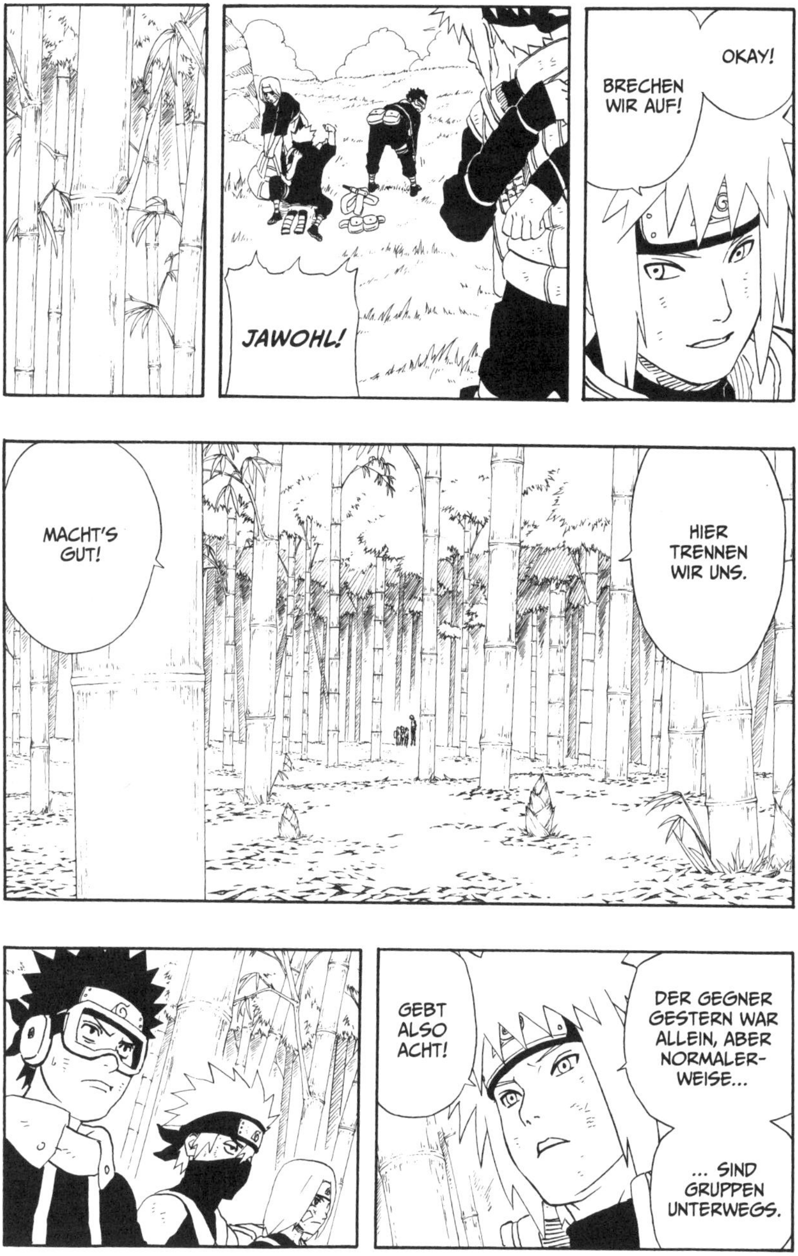
OKAY!
BRECHEN WIR AUF!
JAWOHL!
HIER TRENNEN WIR UNS.
MACHT'S GUT!
DER GEGNER GESTERN WAR ALLEIN, ABER NORMALER-WEISE...
... SIND GRUPPEN UNTERWEGS.
GEBT ALSO ACHT!

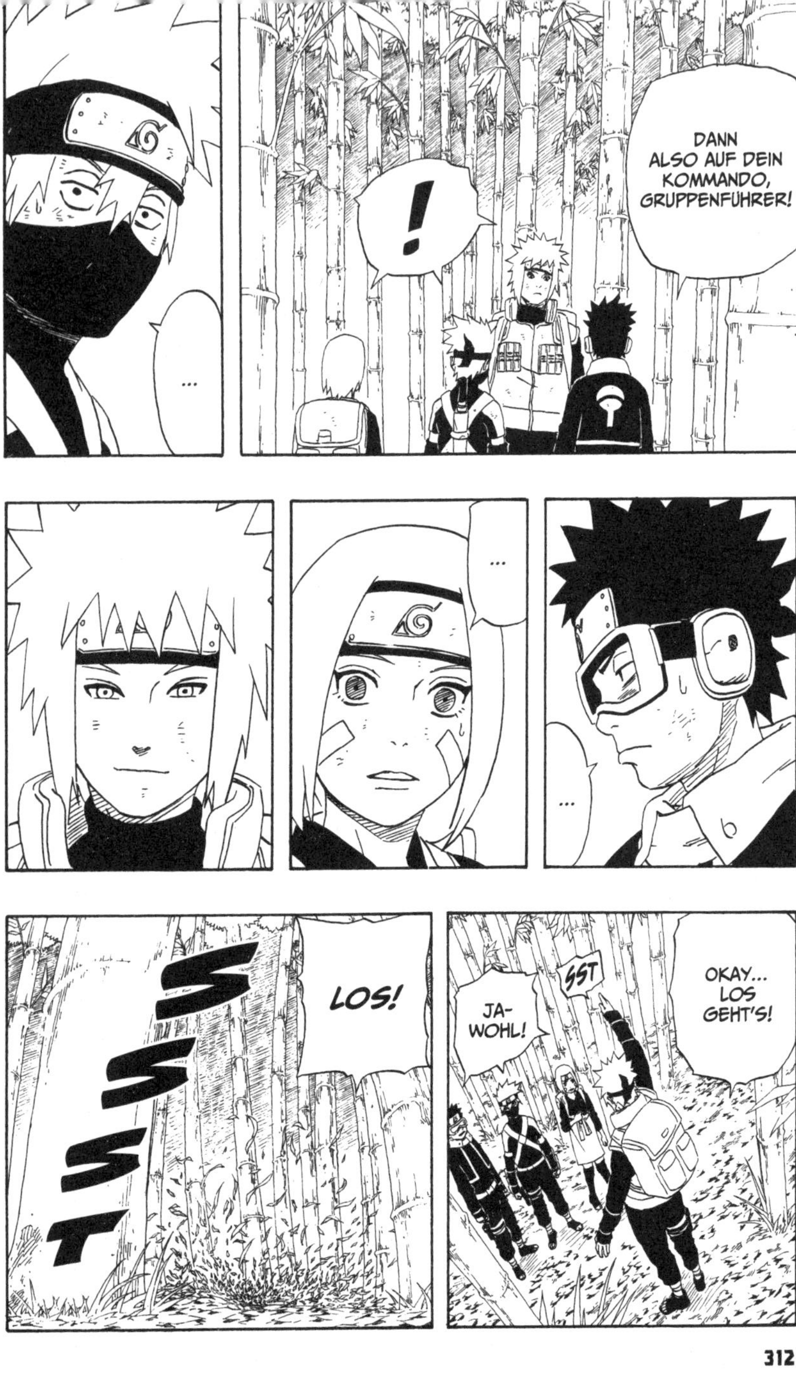

DANN ALSO AUF DEIN KOMMANDO, GRUPPENFÜHRER!
!
...
...
...
OKAY... LOS GEHT'S!
SST
JA-WOHL!
LOS!
SSSST

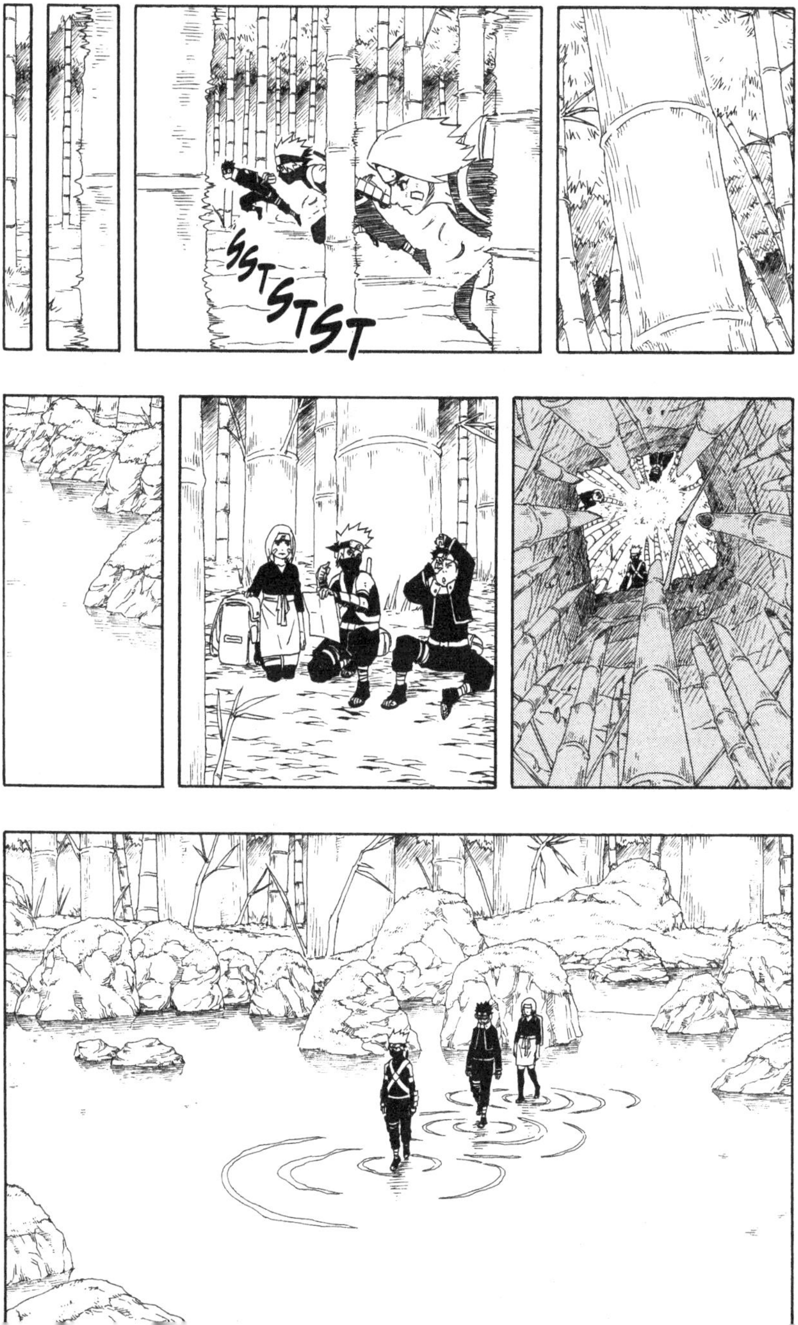
SSTSTST

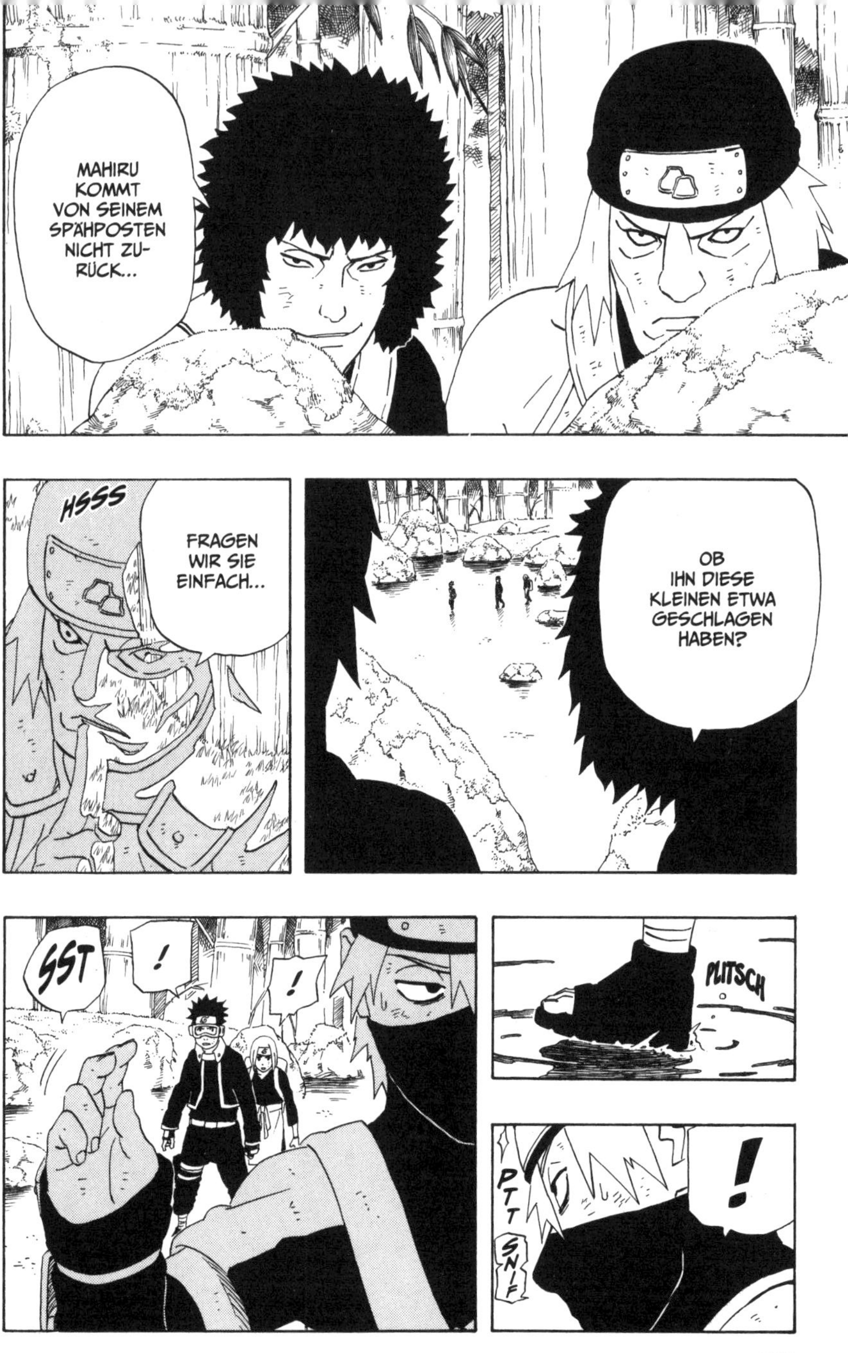
MAHIRU KOMMT VON SEINEM SPÄHPOSTEN NICHT ZURÜCK...
OB IHN DIESE KLEINEN ETWA GESCHLAGEN HABEN?
HSSS
FRAGEN WIR SIE EINFACH...
PLITSCH
SST
!
!
!
PTT
SNIF

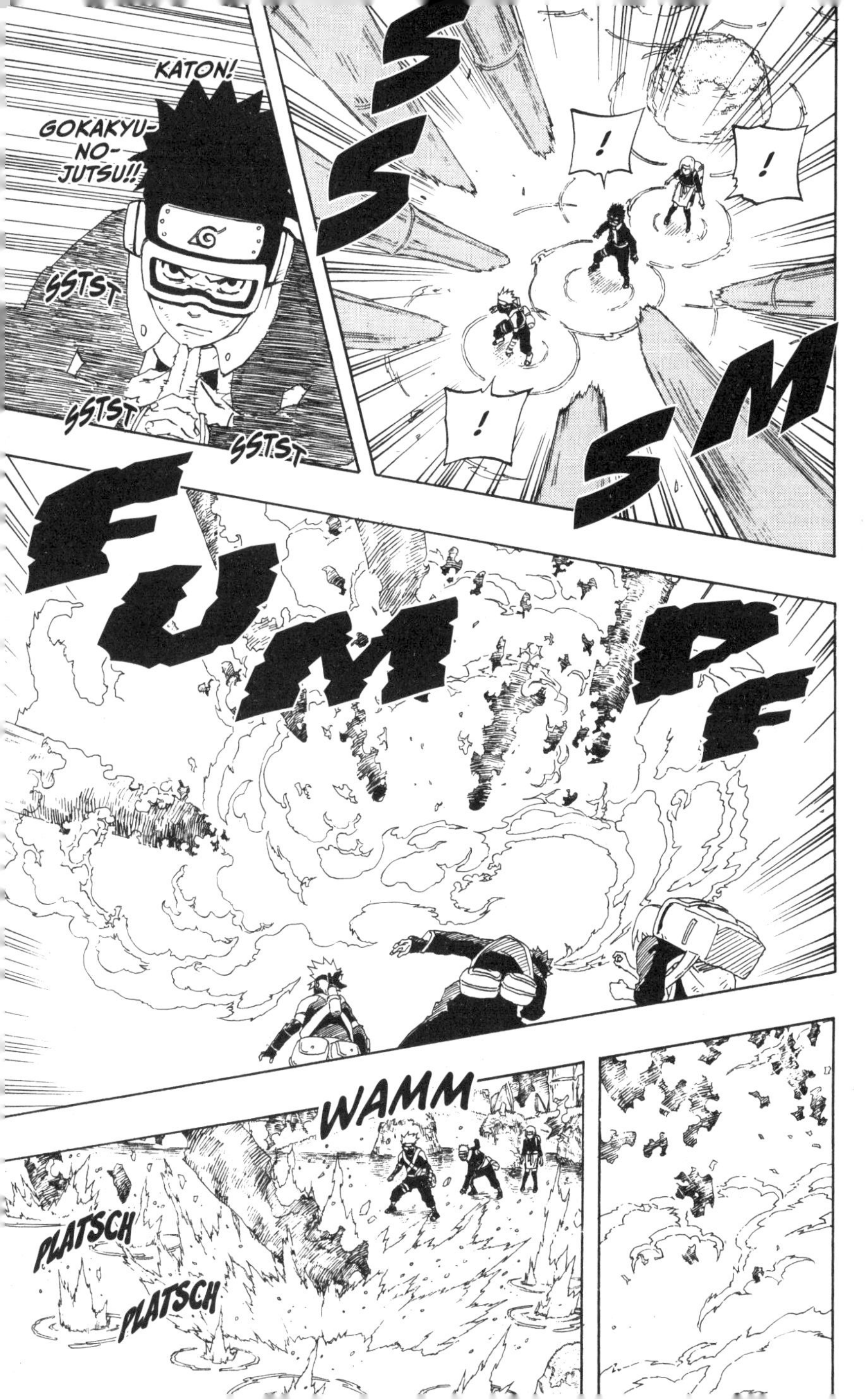
SSSM
!
!
!
KATON!
GOKAKYU-NO-JUTSU!!
SSTST
SSTST
SSTST
FUMPF
WAMM
PLATSCH
PLATSCH

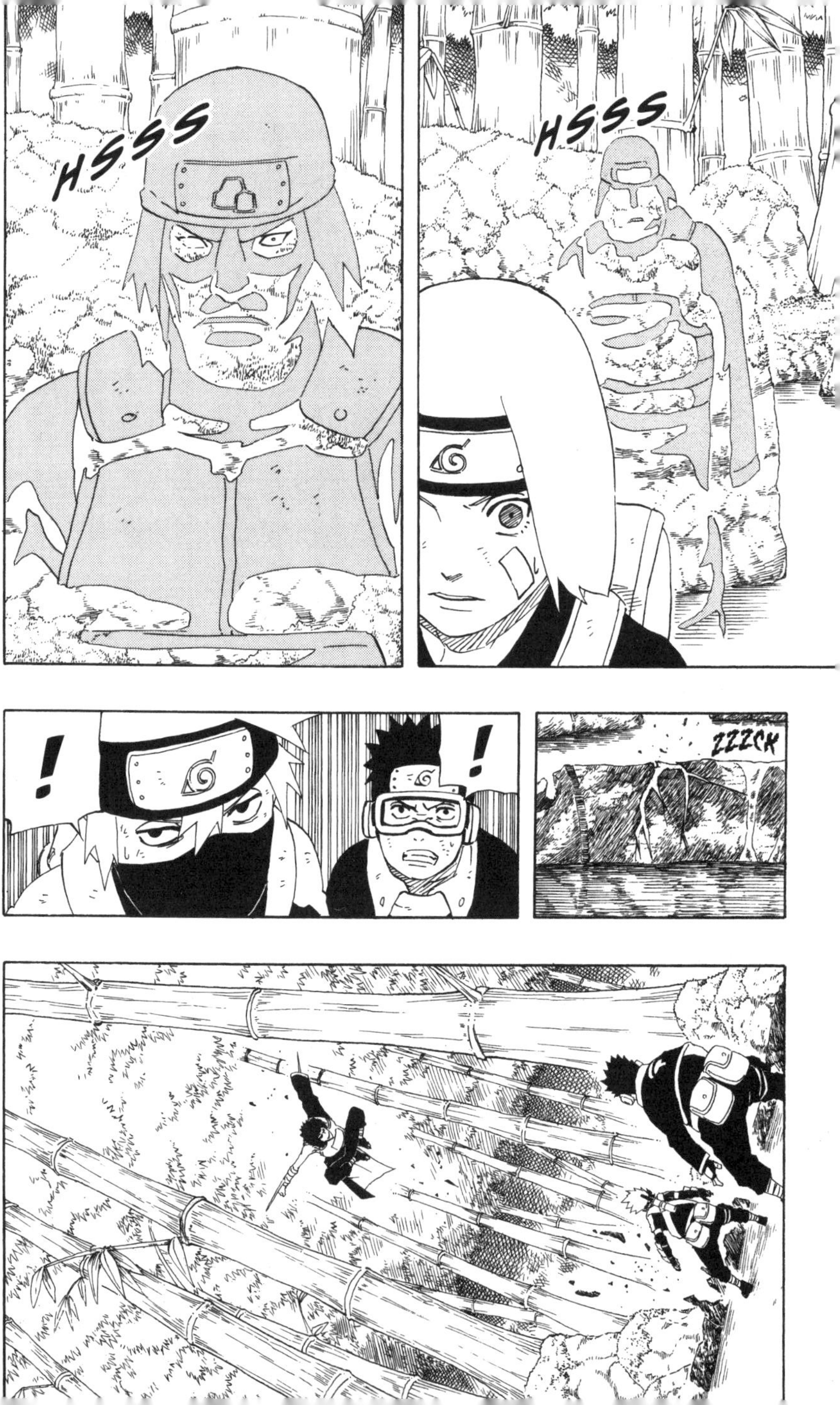
HSSS
HSSS
!
!
ZZZCK

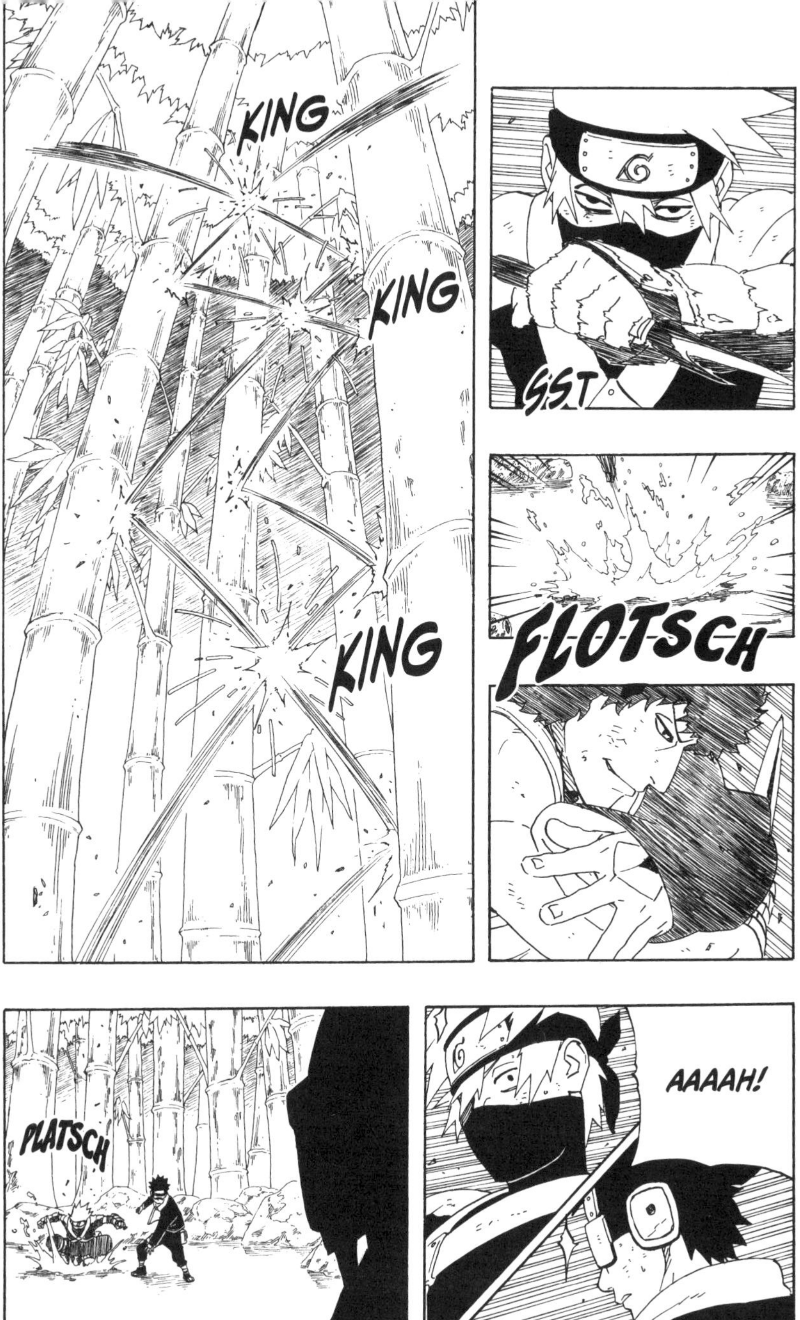
SST
FLOTSCH
KING
KING
KING
AAAAH!
PLATSCH

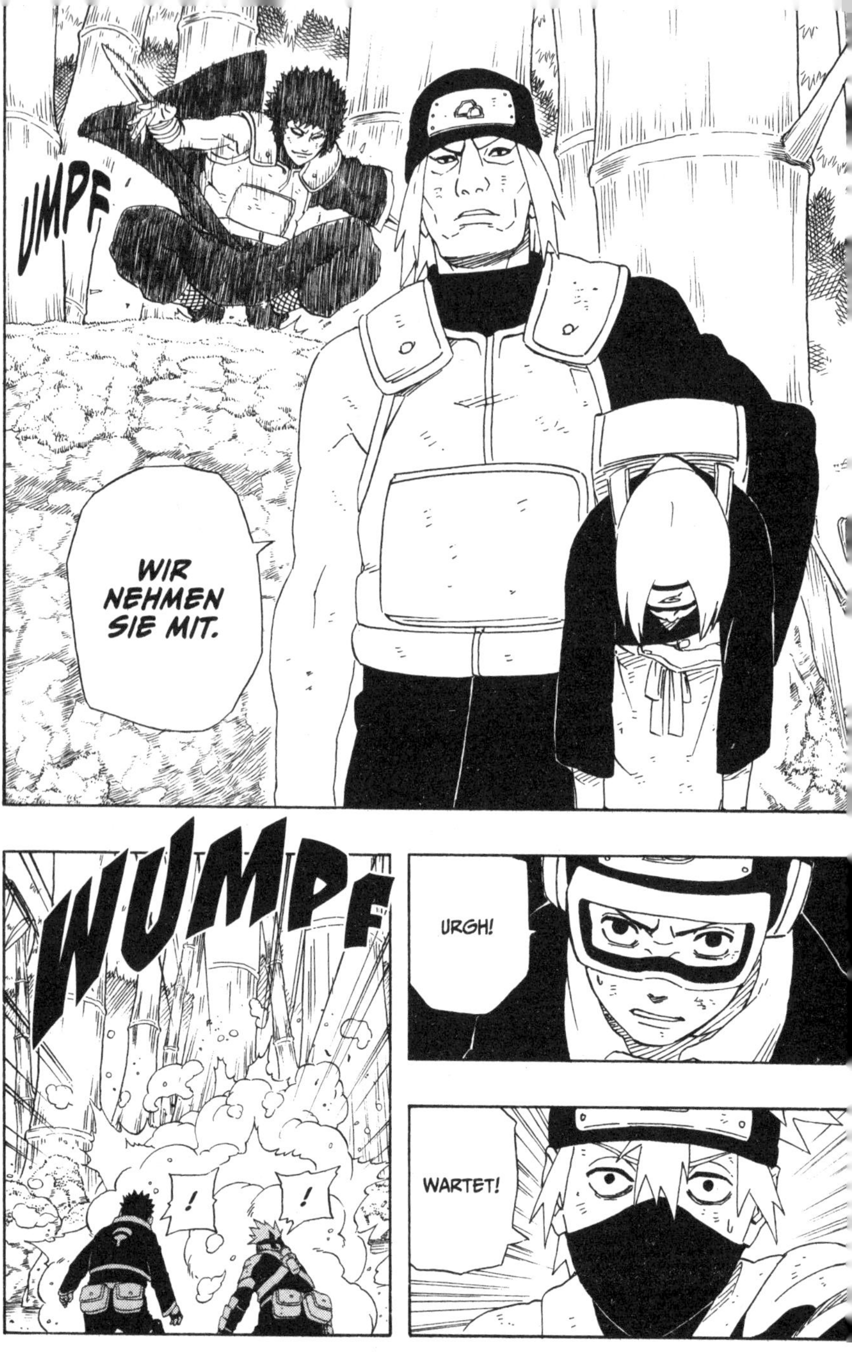
UMPF
WIR NEHMEN SIE MIT.
WUMPF
!
!
URGH!
WARTET!

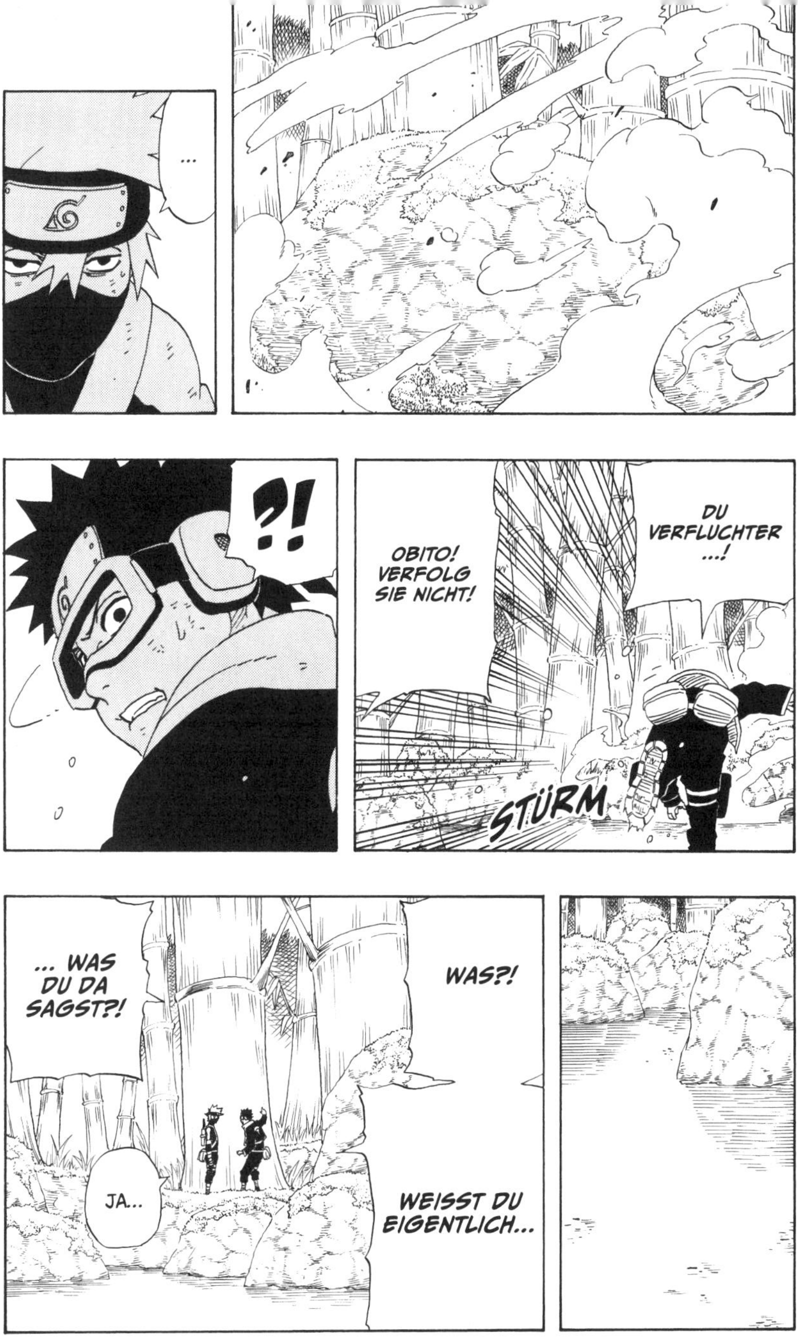
...
?!
DU VERFLUCHTER ...!
OBITO! VERFOLG SIE NICHT!
STÜRM
WAS?!
... WAS DU DA SAGST?!
WEISST DU EIGENTLICH...
JA...

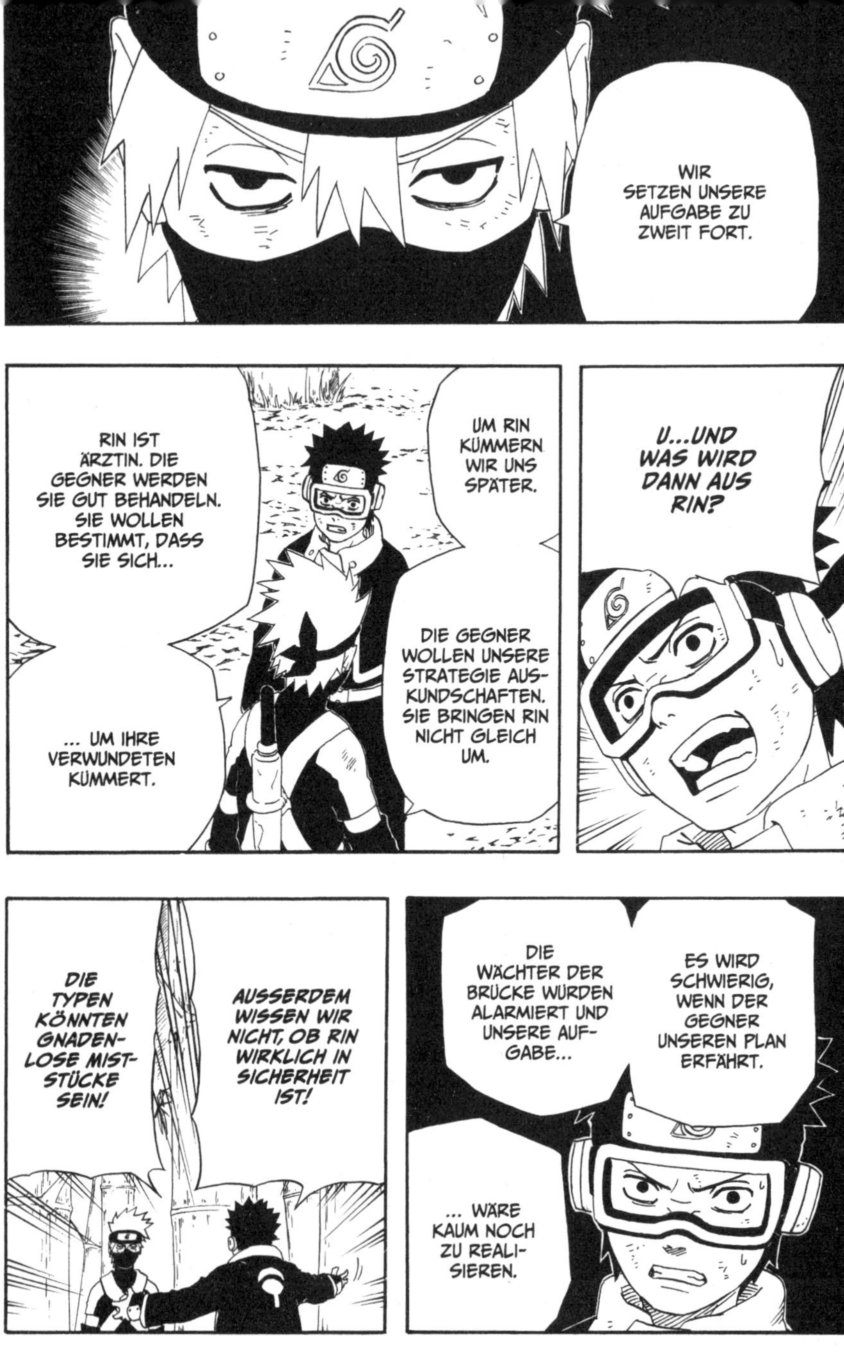
WIR SETZEN UNSERE AUFGABE ZU ZWEIT FORT.
U...UND WAS WIRD DANN AUS RIN?
UM RIN KÜMMERN WIR UNS SPÄTER.
DIE GEGNER WOLLEN UNSERE STRATEGIE AUS-KUNDSCHAFTEN. SIE BRINGEN RIN NICHT GLEICH UM.
RIN IST ÄRZTIN. DIE GEGNER WERDEN SIE GUT BEHANDELN. SIE WOLLEN BESTIMMT, DASS SIE SICH...
... UM IHRE VERWUNDETEN KÜMMERT.
ES WIRD SCHWIERIG, WENN DER GEGNER UNSEREN PLAN ERFÄHRT.
DIE WÄCHTER DER BRÜCKE WÜRDEN ALARMIERT UND UNSERE AUF-GABE...
... WÄRE KAUM NOCH ZU REALI-SIEREN.
AUSSERDEM WISSEN WIR NICHT, OB RIN WIRKLICH IN SICHERHEIT IST!
DIE TYPEN KÖNNTEN GNADEN-LOSE MIST-STÜCKE SEIN!

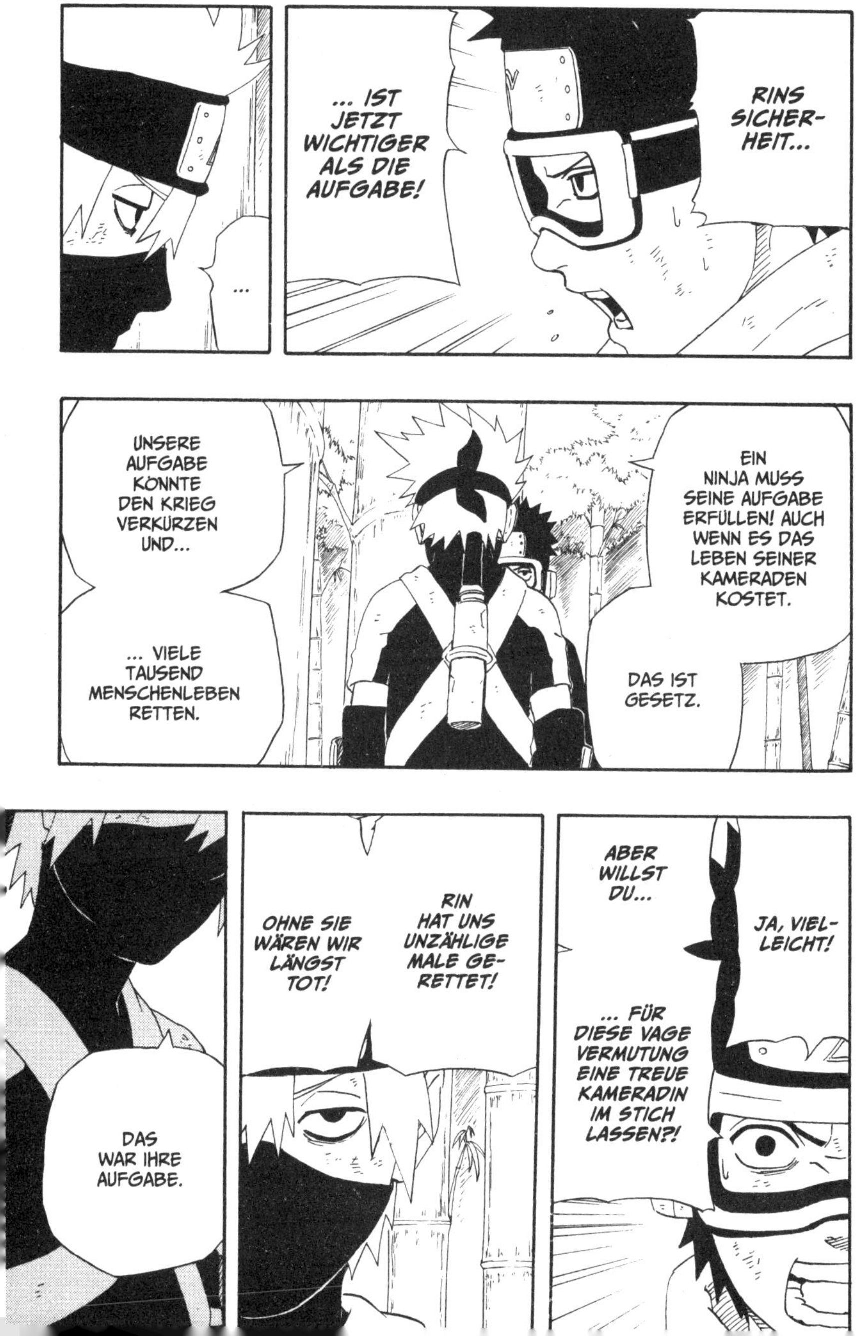
RINS SICHER-HEIT...
... IST JETZT WICHTIGER ALS DIE AUFGABE!
...
EIN NINJA MUSS SEINE AUFGABE ERFÜLLEN! AUCH WENN ES DAS LEBEN SEINER KAMERADEN KOSTET.
DAS IST GESETZ.
UNSERE AUFGABE KÖNNTE DEN KRIEG VERKÜRZEN UND...
... VIELE TAUSEND MENSCHENLEBEN RETTEN.
JA, VIEL-LEICHT!
ABER WILLST DU...
... FÜR DIESE VAGE VERMUTUNG EINE TREUE KAMERADIN IM STICH LASSEN?!
RIN HAT UNS UNZÄHLIGE MALE GE-RETTET!
OHNE SIE WÄREN WIR LÄNGST TOT!
DAS WAR IHRE AUFGABE.

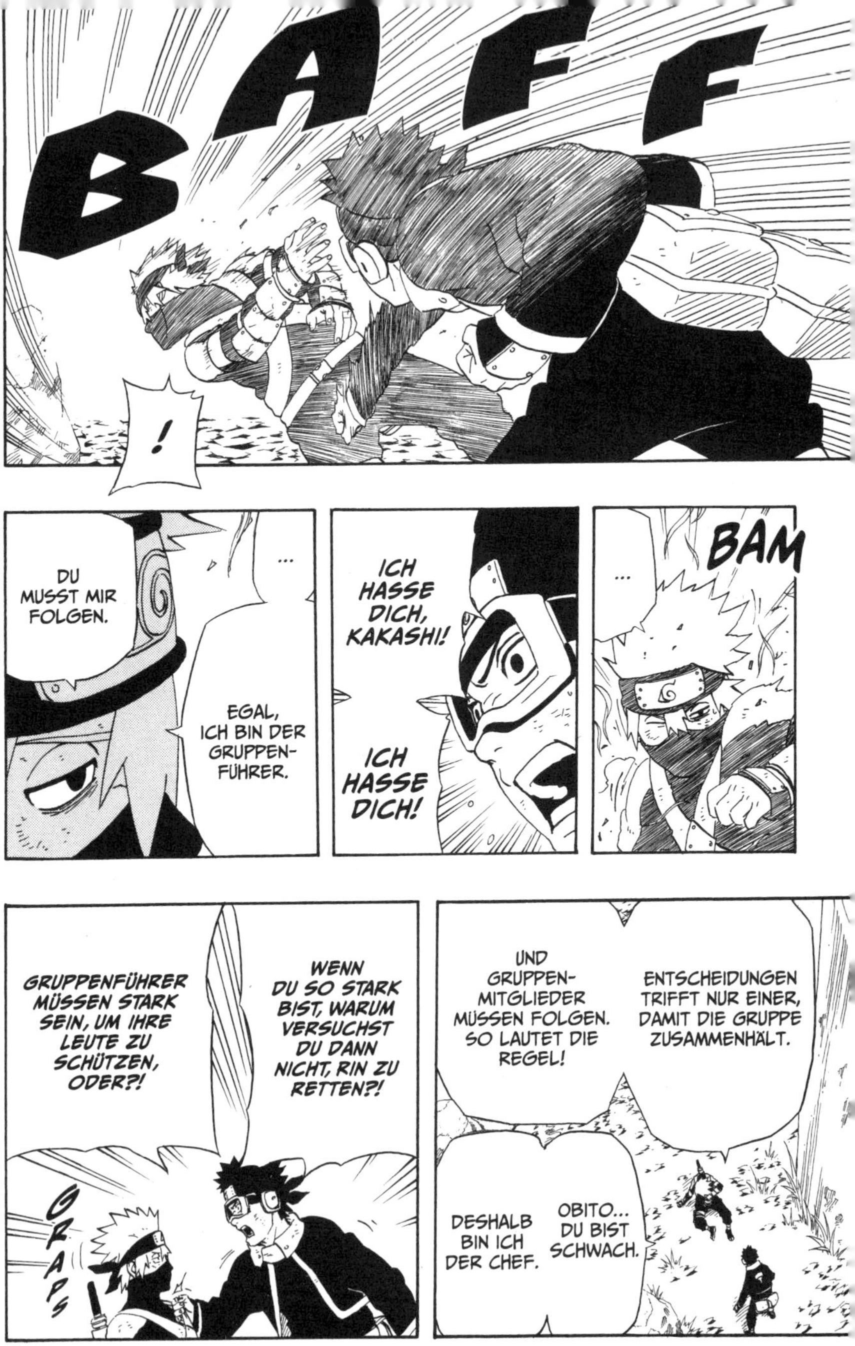
BAFF
!
BAM
...
ICH HASSE DICH, KAKASHI!
ICH HASSE DICH!
...
DU MUSST MIR FOLGEN.
EGAL, ICH BIN DER GRUPPENFÜHRER.
ENTSCHEIDUNGEN TRIFFT NUR EINER, DAMIT DIE GRUPPE ZUSAMMENHÄLT.
UND GRUPPENMITGLIEDER MÜSSEN FOLGEN. SO LAUTET DIE REGEL!
OBITO... DU BIST SCHWACH.
DESHALB BIN ICH DER CHEF.
WENN DU SO STARK BIST, WARUM VERSUCHST DU DANN NICHT, RIN ZU RETTEN?!
GRUPPENFÜHRER MÜSSEN STARK SEIN, UM IHRE LEUTE ZU SCHÜTZEN, ODER?!
GRAPS

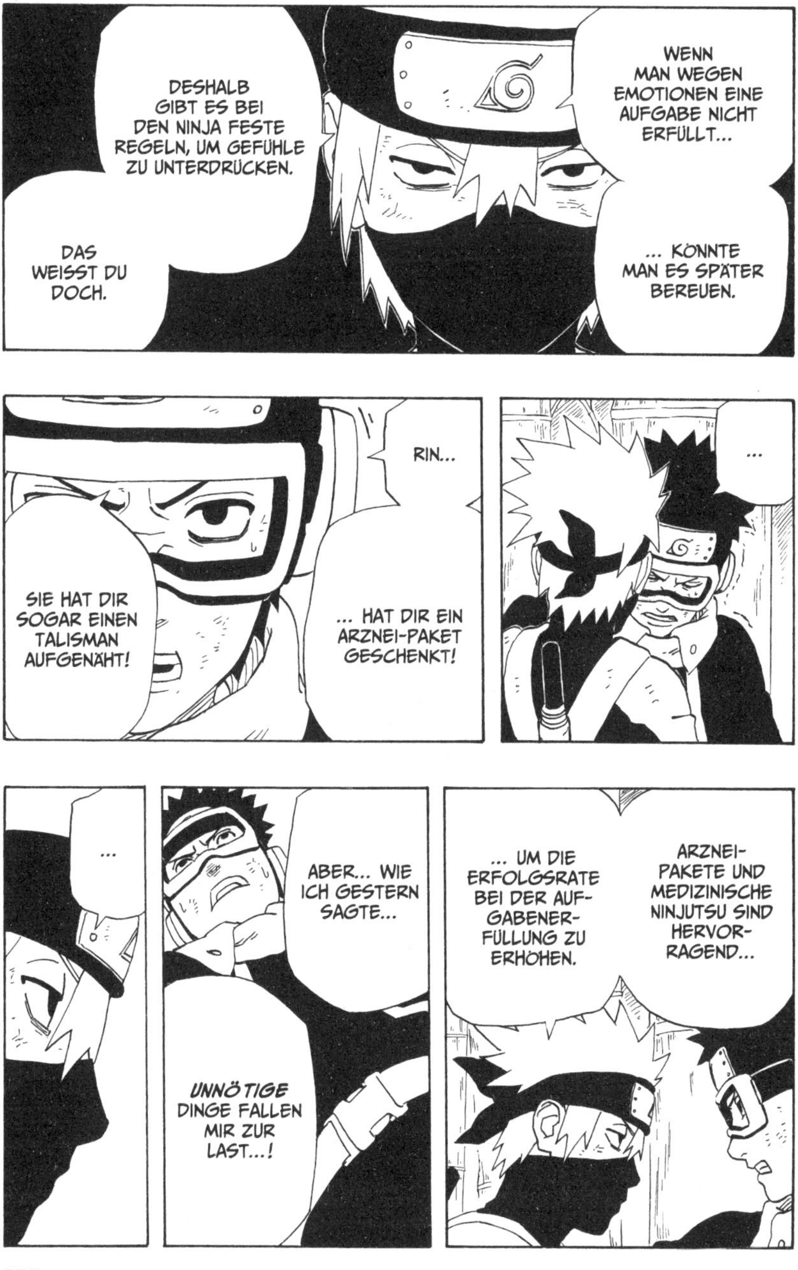
WENN MAN WEGEN EMOTIONEN EINE AUFGABE NICHT ERFÜLLT...
... KÖNNTE MAN ES SPÄTER BEREUEN.
DESHALB GIBT ES BEI DEN NINJA FESTE REGELN, UM GEFÜHLE ZU UNTERDRÜCKEN.
DAS WEISST DU DOCH.
...
RIN...
... HAT DIR EIN ARZNEI-PAKET GESCHENKT!
SIE HAT DIR SOGAR EINEN TALISMAN AUFGENÄHT!
ARZNEI-PAKETE UND MEDIZINISCHE NINJUTSU SIND HERVORRAGEND...
... UM DIE ERFOLGSRATE BEI DER AUFGABENERFÜLLUNG ZU ERHÖHEN.
ABER... WIE ICH GESTERN SAGTE...
UNNÖTIGE DINGE FALLEN MIR ZUR LAST...!
...

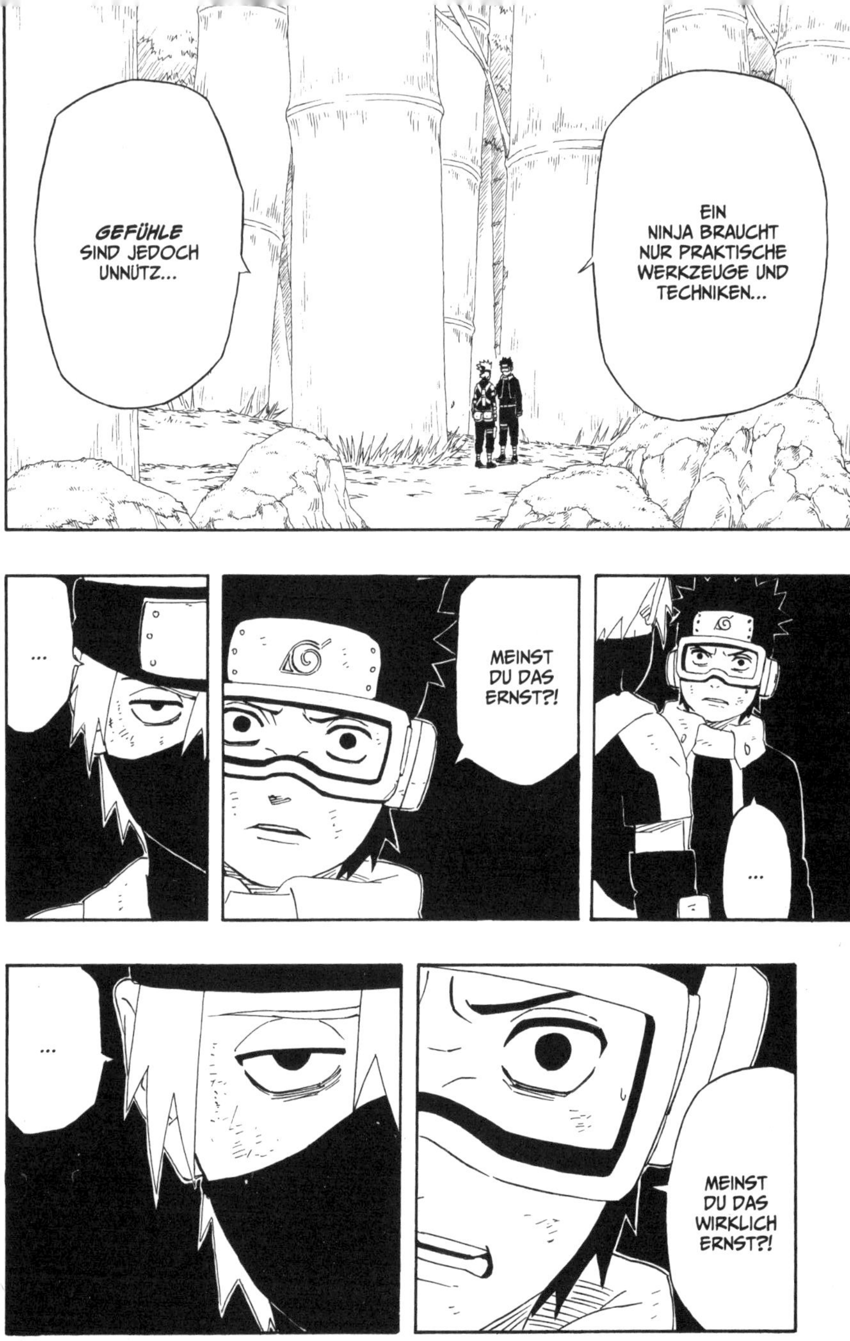
EIN NINJA BRAUCHT NUR PRAKTISCHE WERKZEUGE UND TECHNIKEN...
GEFÜHLE SIND JEDOCH UNNÜTZ...
...
MEINST DU DAS ERNST?!
...
MEINST DU DAS WIRKLICH ERNST?!
...

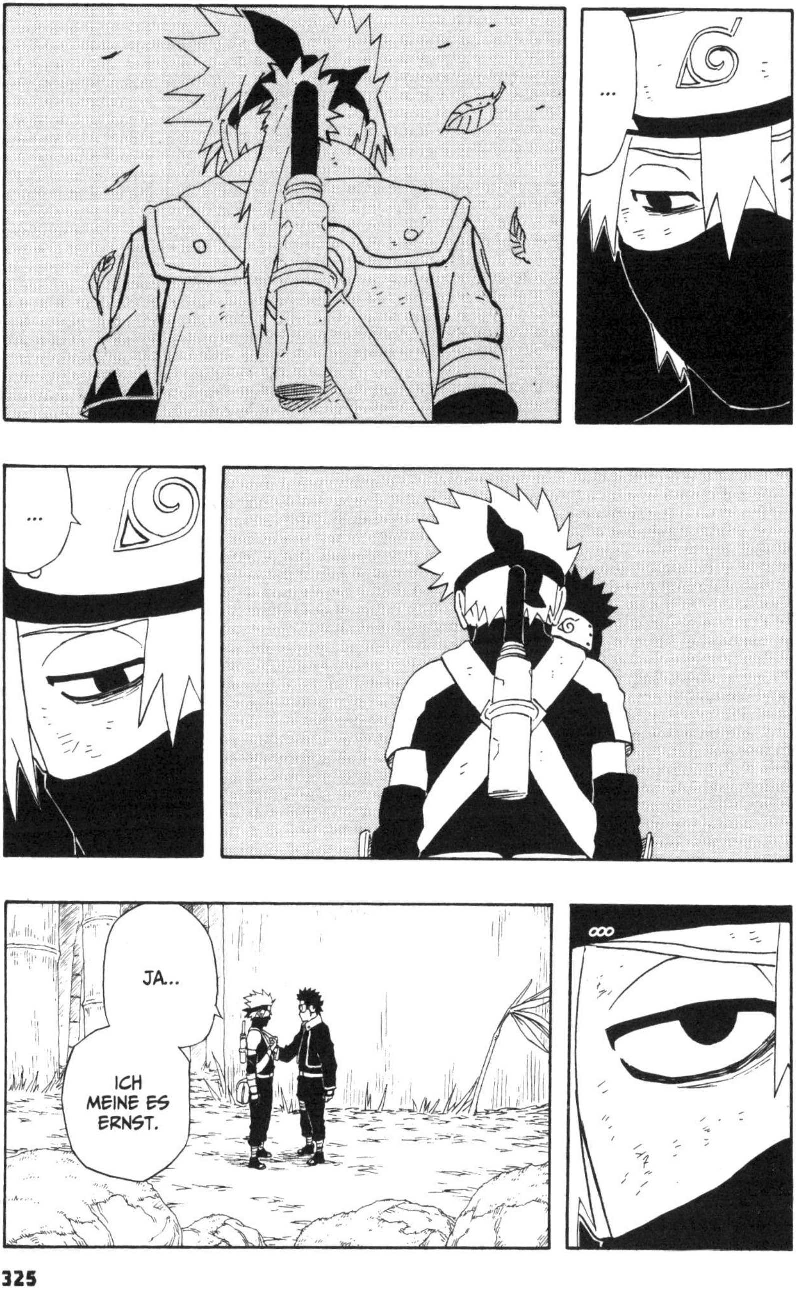
...
...
JA...
ICH MEINE ES ERNST.

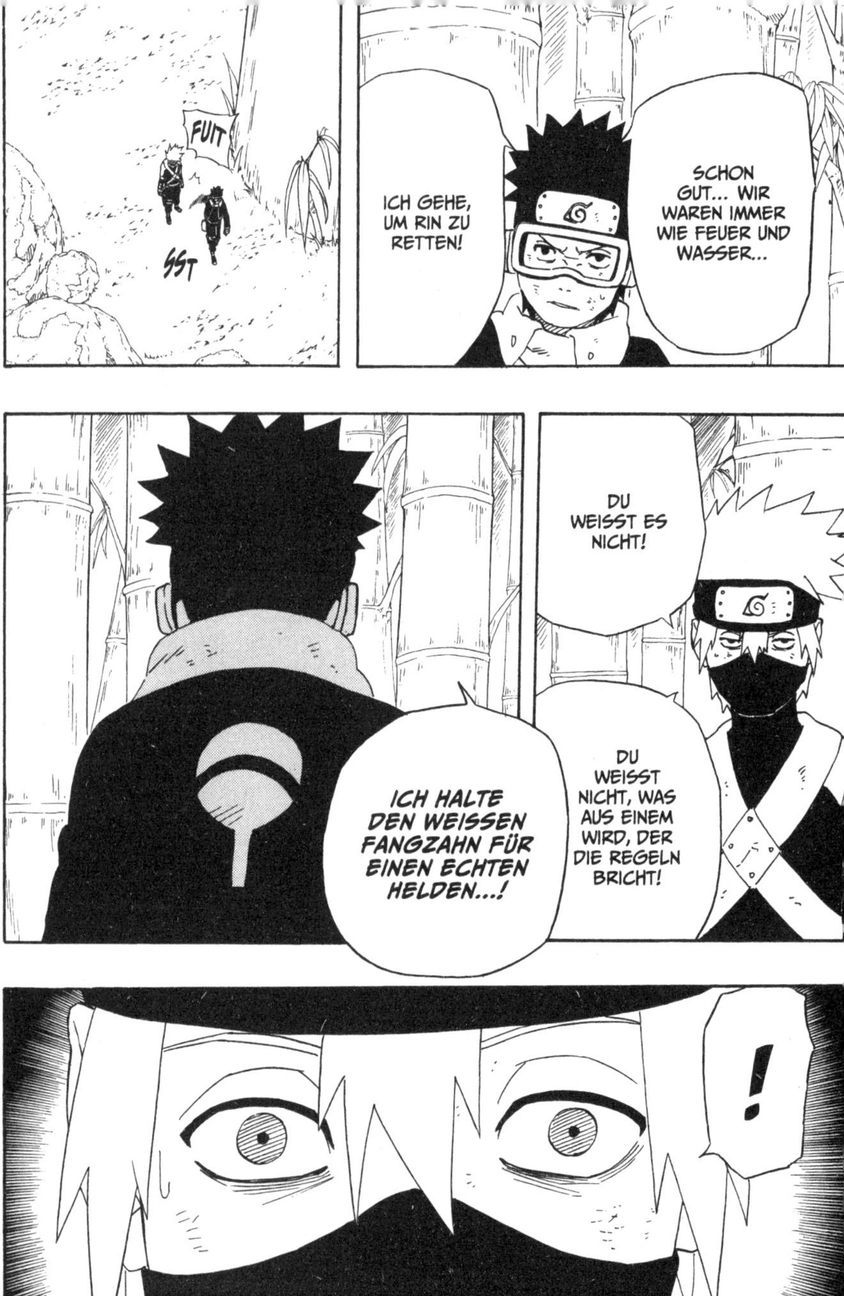
SCHON GUT... WIR WAREN IMMER WIE FEUER UND WASSER...
ICH GEHE, UM RIN ZU RETTEN!
FUIT
SST
DU WEISST ES NICHT!
DU WEISST NICHT, WAS AUS EINEM WIRD, DER DIE REGELN BRICHT!
ICH HALTE DEN WEISSEN FANGZAHN FÜR EINEN ECHTEN HELDEN...!
!

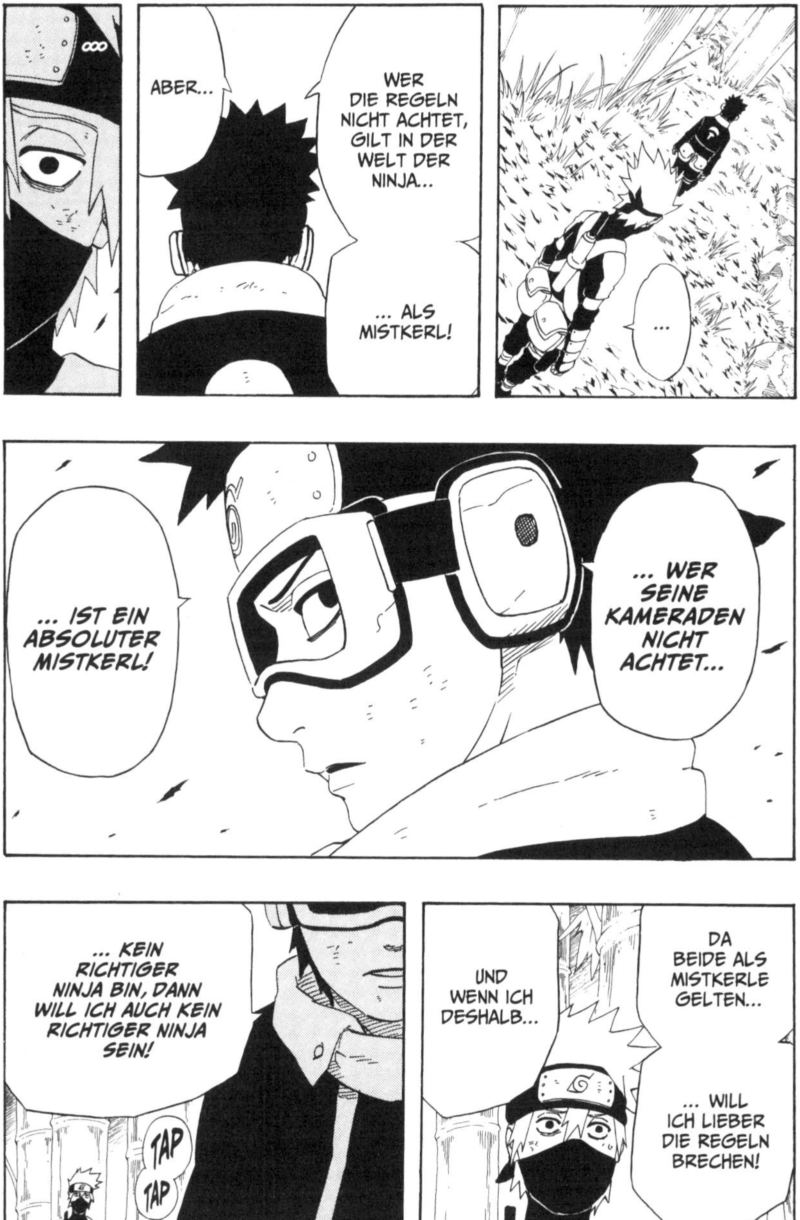
...
WER DIE REGELN NICHT ACHTET, GILT IN DER WELT DER NINJA...
... ALS MISTKERL!
ABER...
... WER SEINE KAMERADEN NICHT ACHTET...
... IST EIN ABSOLUTER MISTKERL!
DA BEIDE ALS MISTKERLE GELTEN...
... WILL ICH LIEBER DIE REGELN BRECHEN!
UND WENN ICH DESHALB...
... KEIN RICHTIGER NINJA BIN, DANN WILL ICH AUCH KEIN RICHTIGER NINJA SEIN!
TAP
TAP

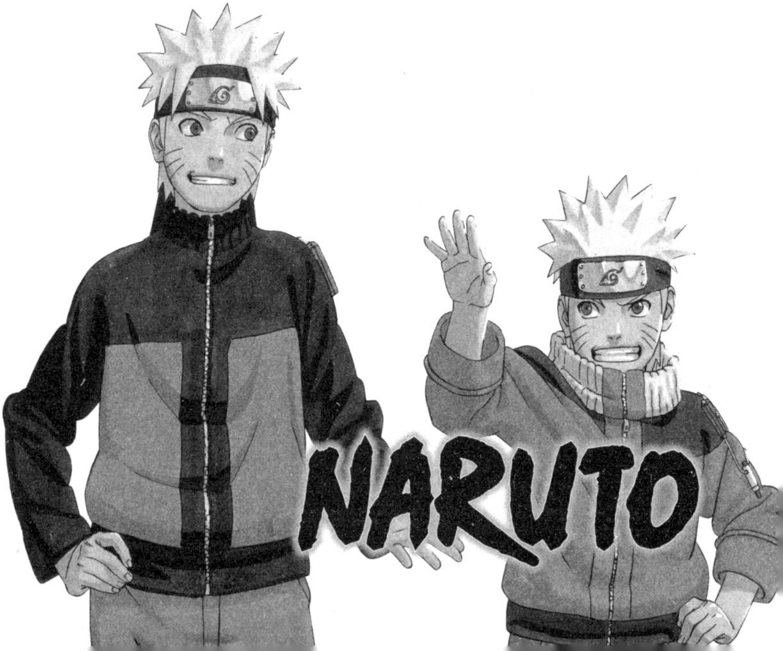
NARUTO

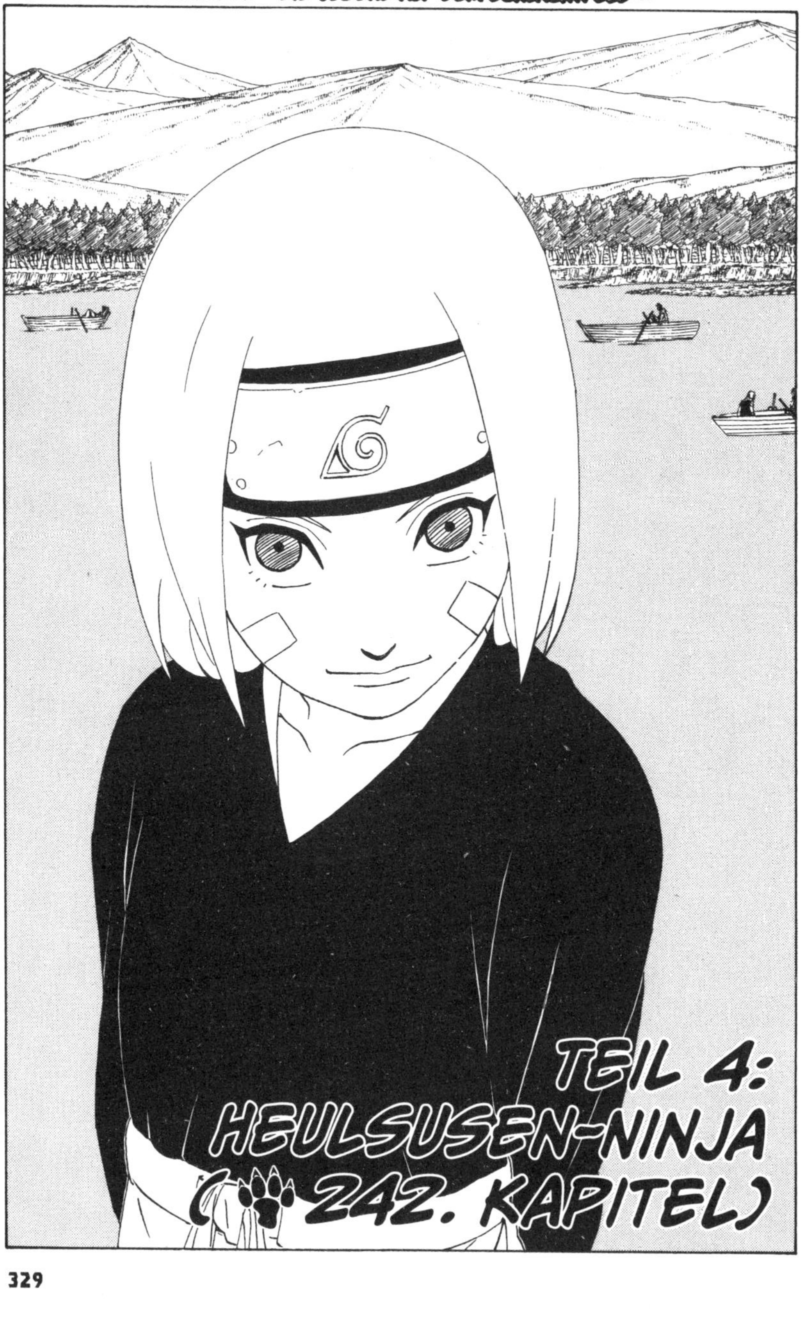
TEIL 4:
HEULSUSEN-NINJA
(242. KAPITEL)

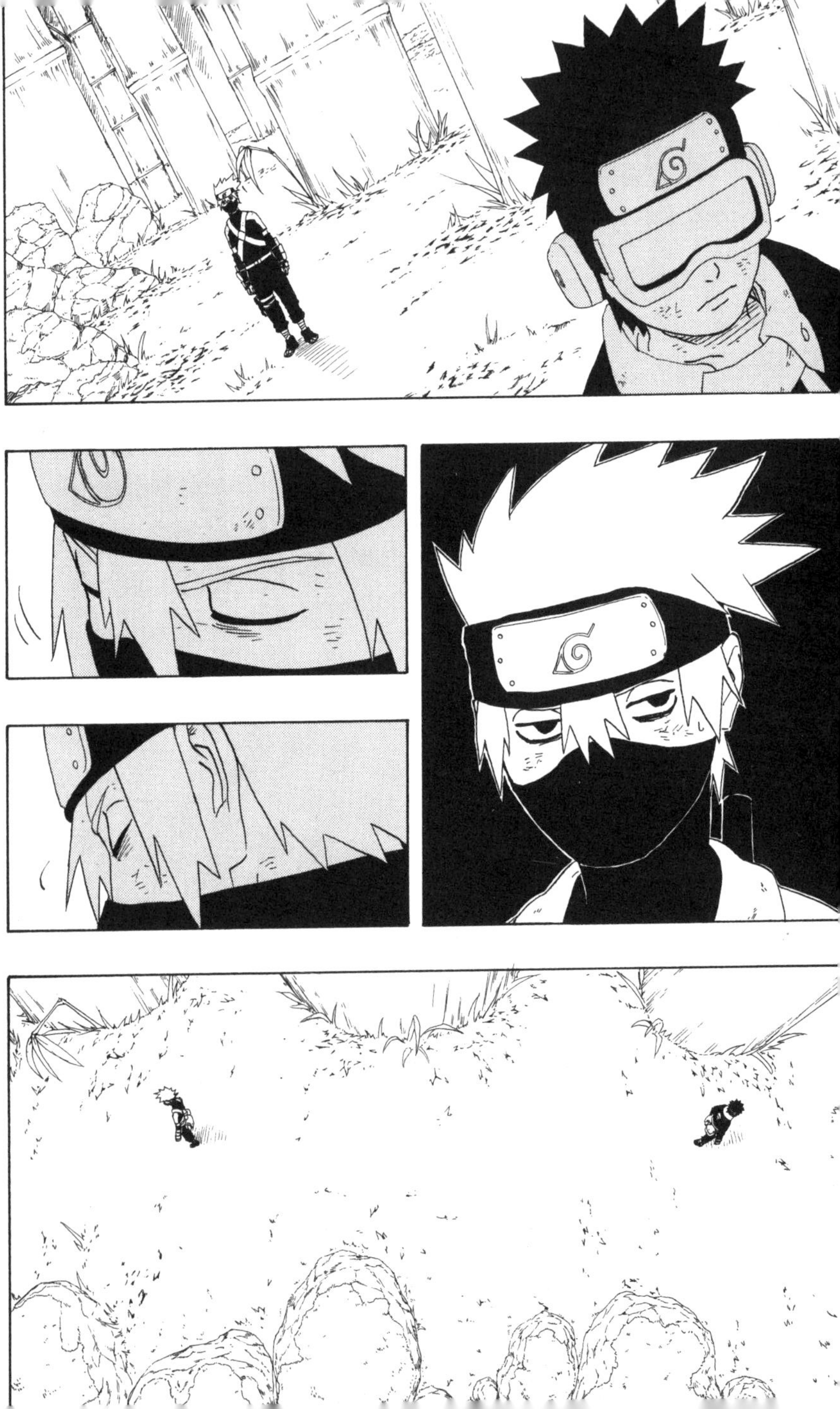

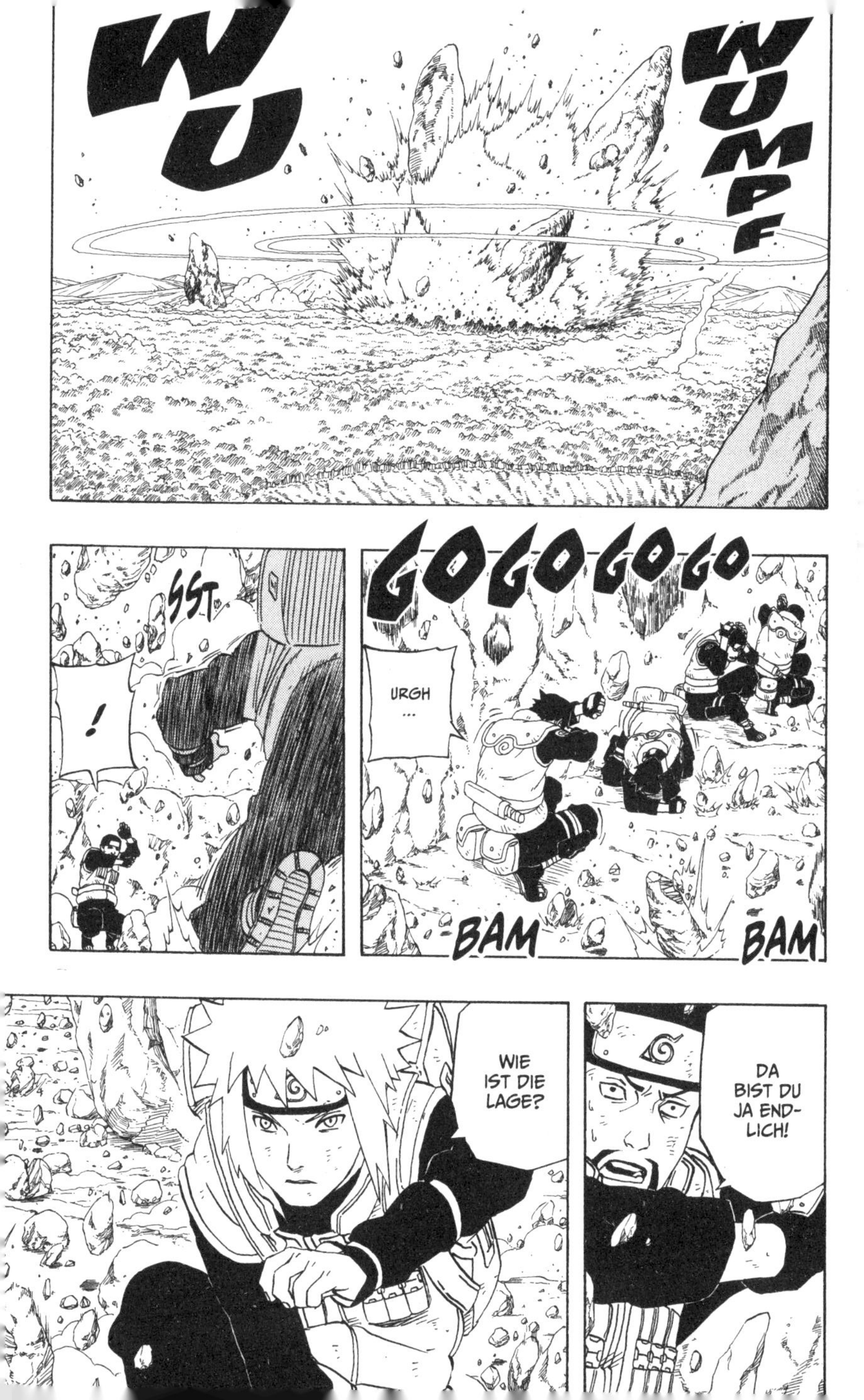
WUMPF
WU
GOGOGOGO
URGH ...
BAM
BAM
SST
!
DA BIST DU JA END-LICH!
WIE IST DIE LAGE?

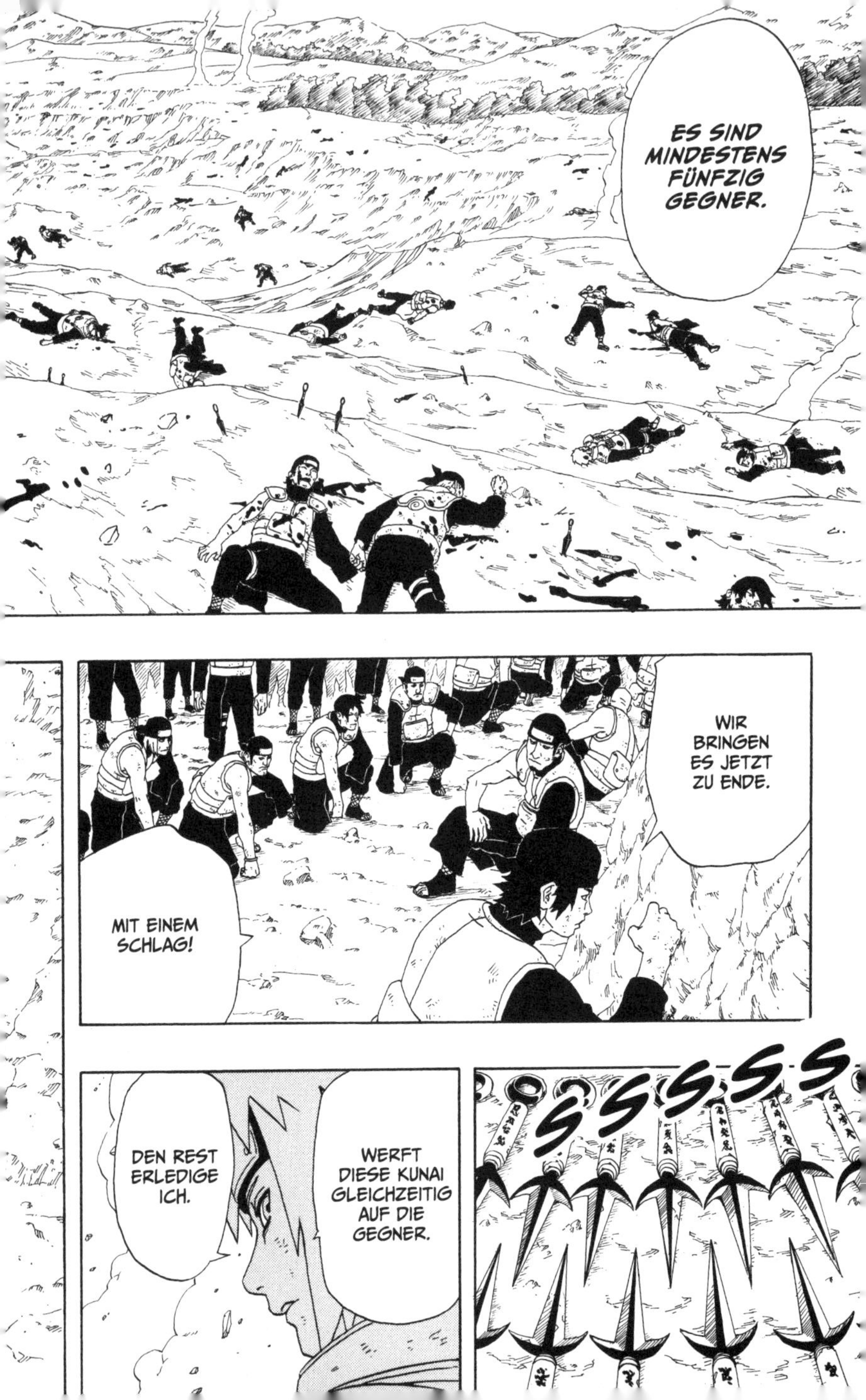
ES SIND MINDESTENS FÜNFZIG GEGNER.
WIR BRINGEN ES JETZT ZU ENDE.
MIT EINEM SCHLAG!
SSSSSS
WERFT DIESE KUNAI GLEICHZEITIG AUF DIE GEGNER.
DEN REST ERLEDIGE ICH.

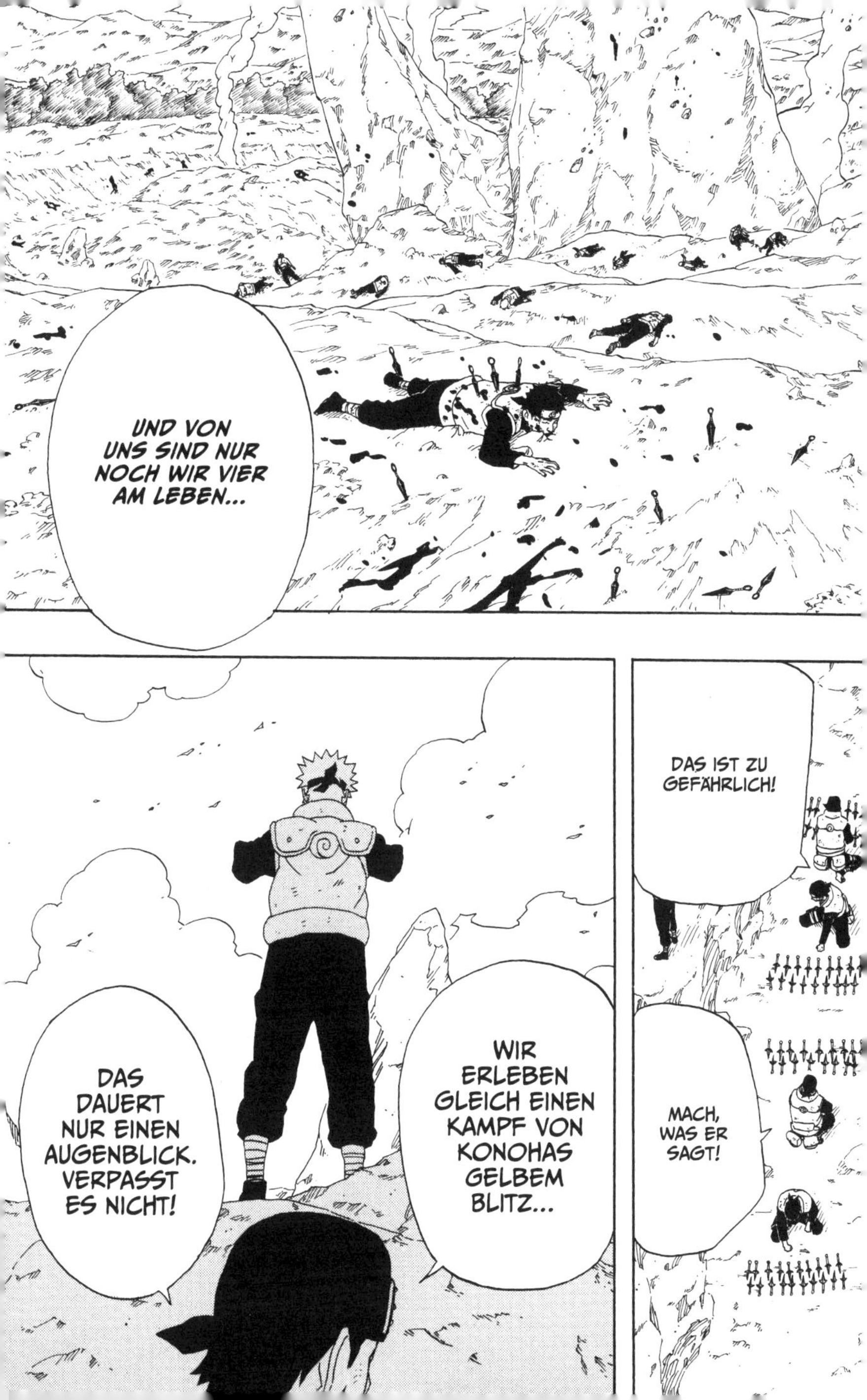
UND VON UNS SIND NUR NOCH WIR VIER AM LEBEN...
DAS IST ZU GEFÄHRLICH!
MACH, WAS ER SAGT!
WIR ERLEBEN GLEICH EINEN KAMPF VON KONOHAS GELBEM BLITZ...
DAS DAUERT NUR EINEN AUGENBLICK. VERPASST ES NICHT!

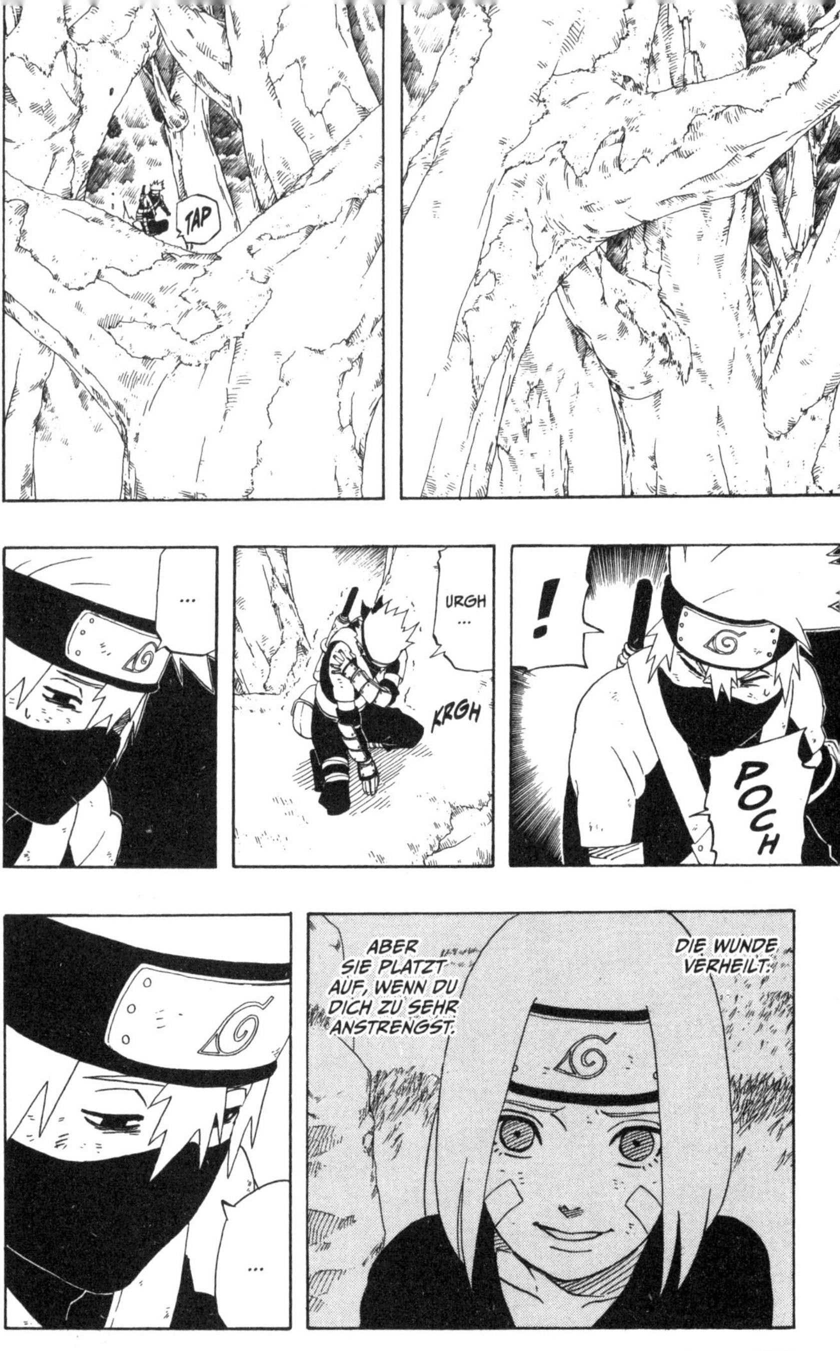
TAP
!
POCH
URGH ...
KRGH
...
DIE WUNDE VERHEILT.
ABER SIE PLATZT AUF, WENN DU DICH ZU SEHR ANSTRENGST.
...

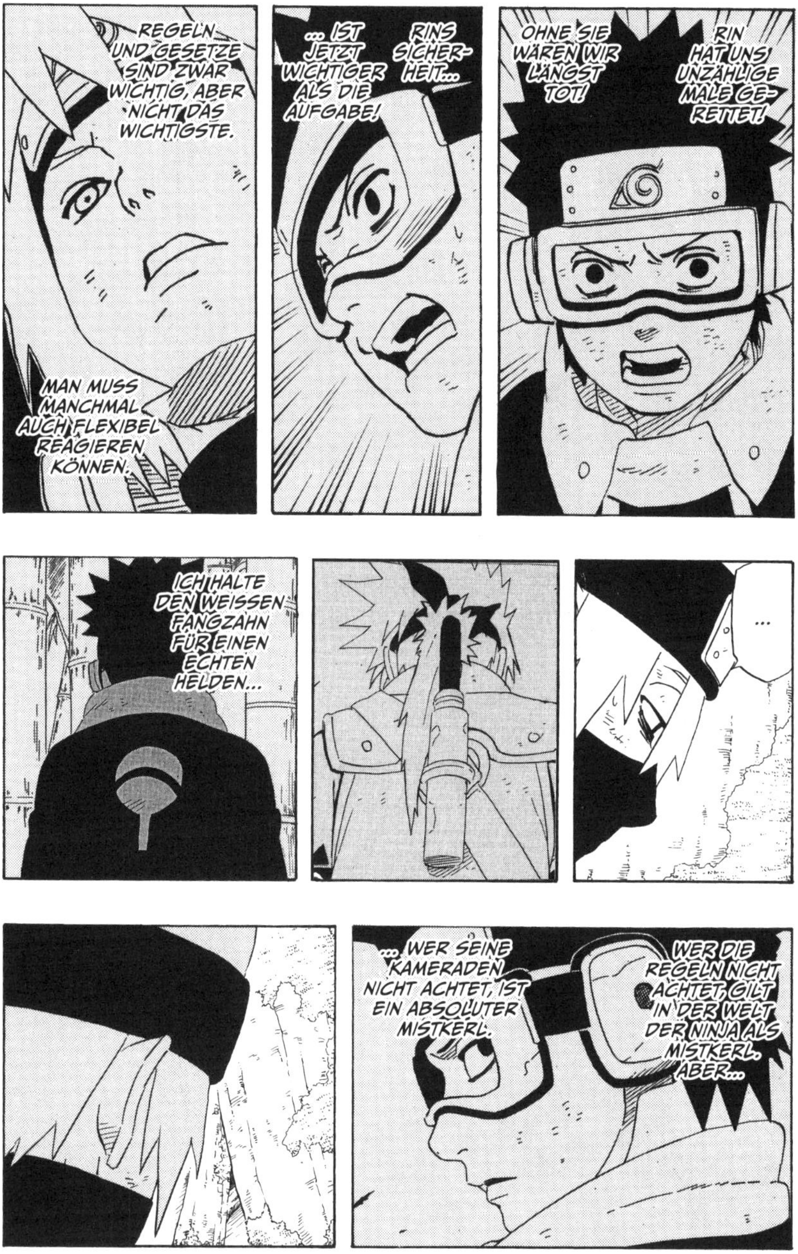
RIN HAT UNS UNZÄHLIGE MALE GERETTET!
OHNE SIE WÄREN WIR LÄNGST TOT!
RINS SICHERHEIT...
... IST JETZT WICHTIGER ALS DIE AUFGABE!
REGELN UND GESETZE SIND ZWAR WICHTIG, ABER NICHT DAS WICHTIGSTE.
MAN MUSS MANCHMAL AUCH FLEXIBEL REAGIEREN KÖNNEN.
...
ICH HALTE DEN WEISSEN FANGZAHN FÜR EINEN ECHTEN HELDEN...
WER DIE REGELN NICHT ACHTET, GILT IN DER WELT DER NINJA ALS MISTKERL. ABER...
... WER SEINE KAMERADEN NICHT ACHTET, IST EIN ABSOLUTER MISTKERL.

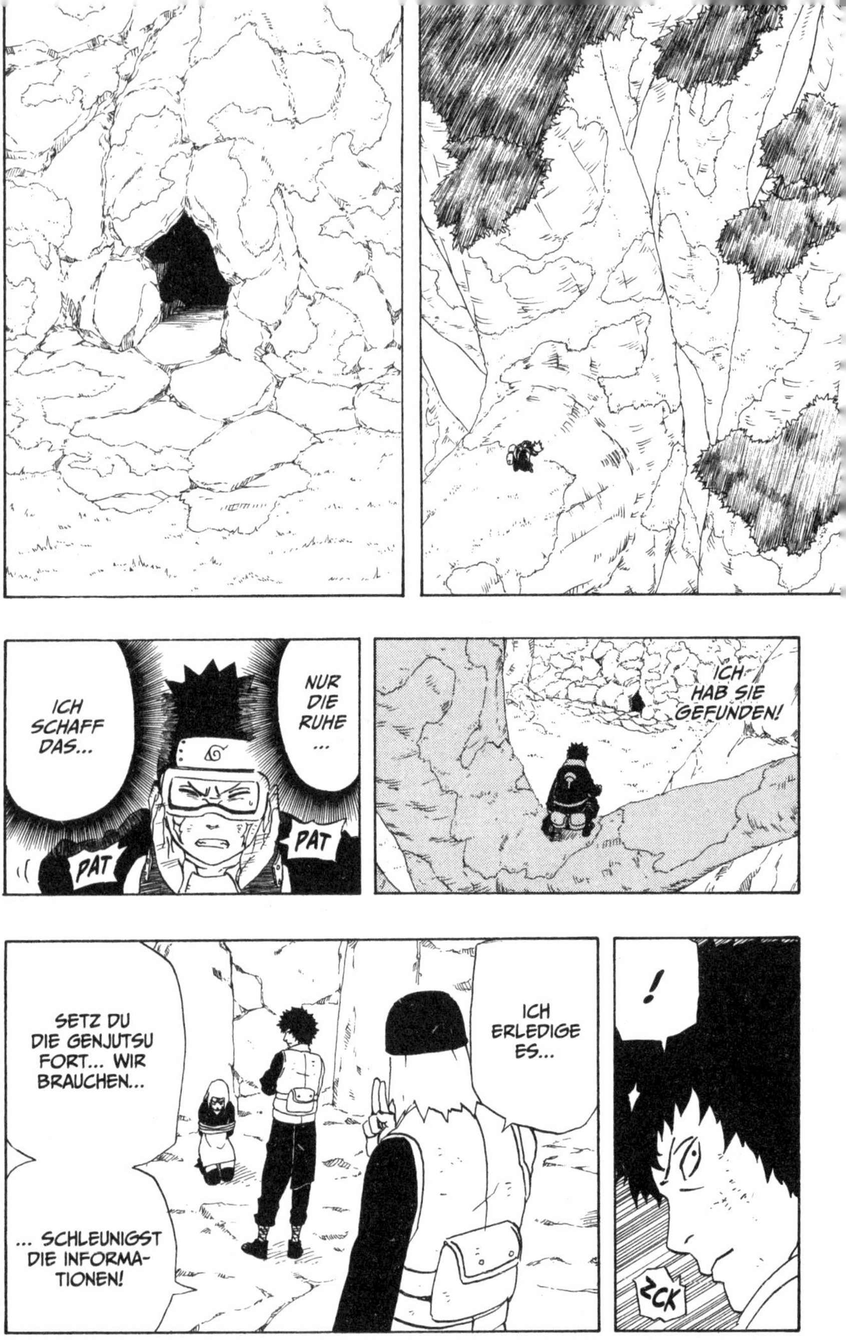
NUR
DIE
RUHE
...
ICH
SCHAFF
DAS...
PAT
PAT
ICH
HAB SIE
GEFUNDEN!
ICH
ERLEDIGE
ES...
SETZ DU
DIE GENJUTSU
FORT... WIR
BRAUCHEN...
... SCHLEUNIGST
DIE INFORMA-
TIONEN!
!
ZCK

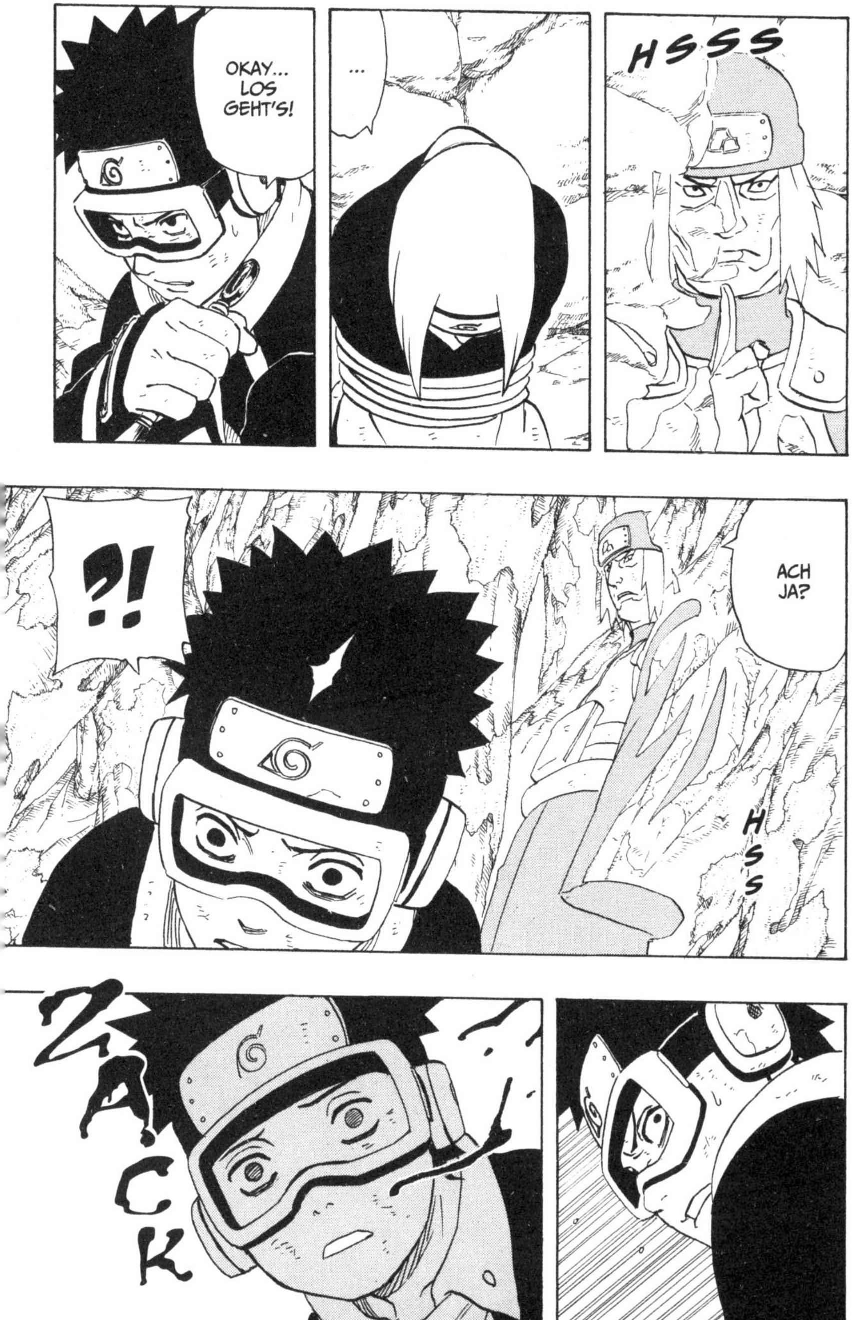
HSSS
...
OKAY... LOS GEHT'S!
ACH JA?
HSS
?!
ZACK

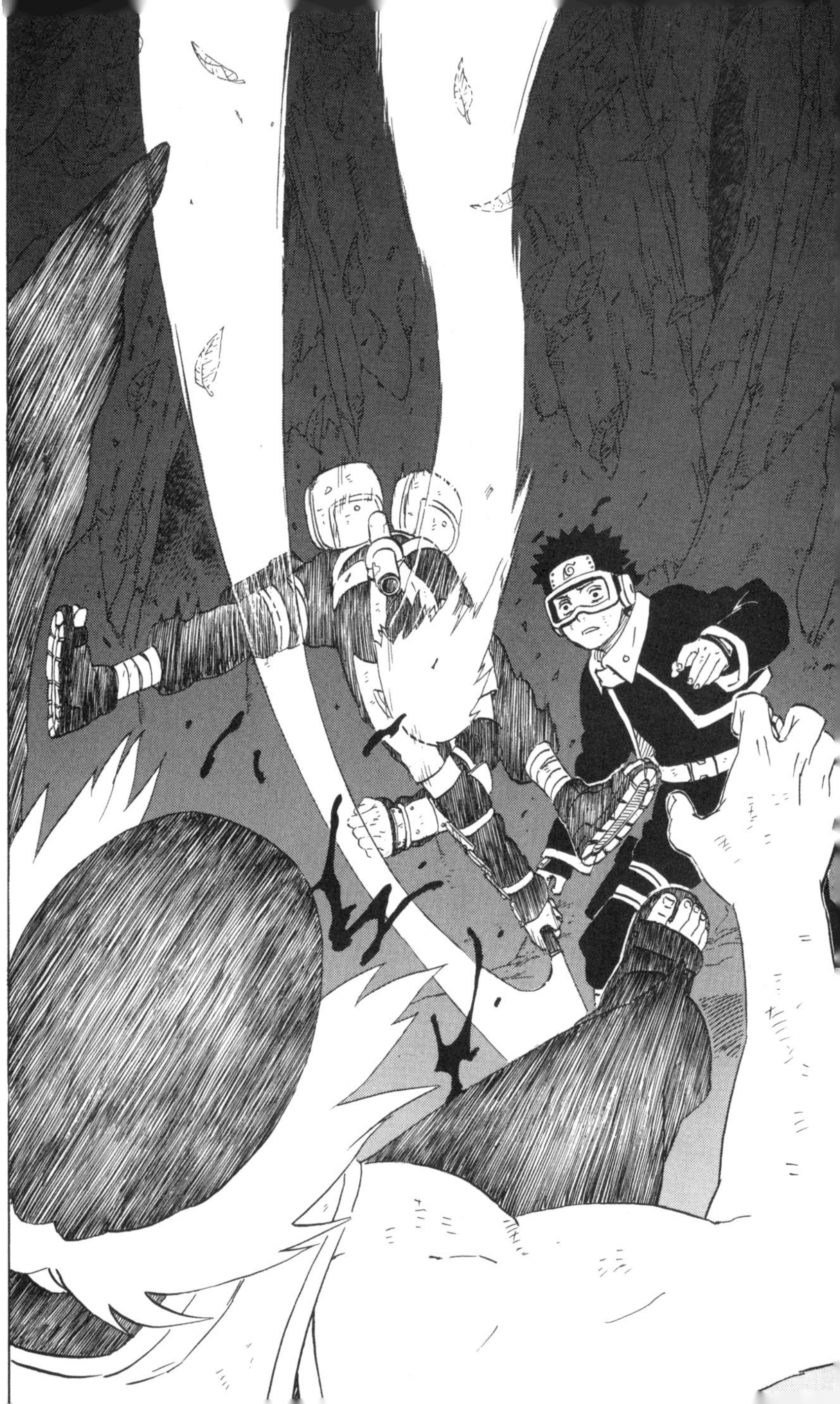

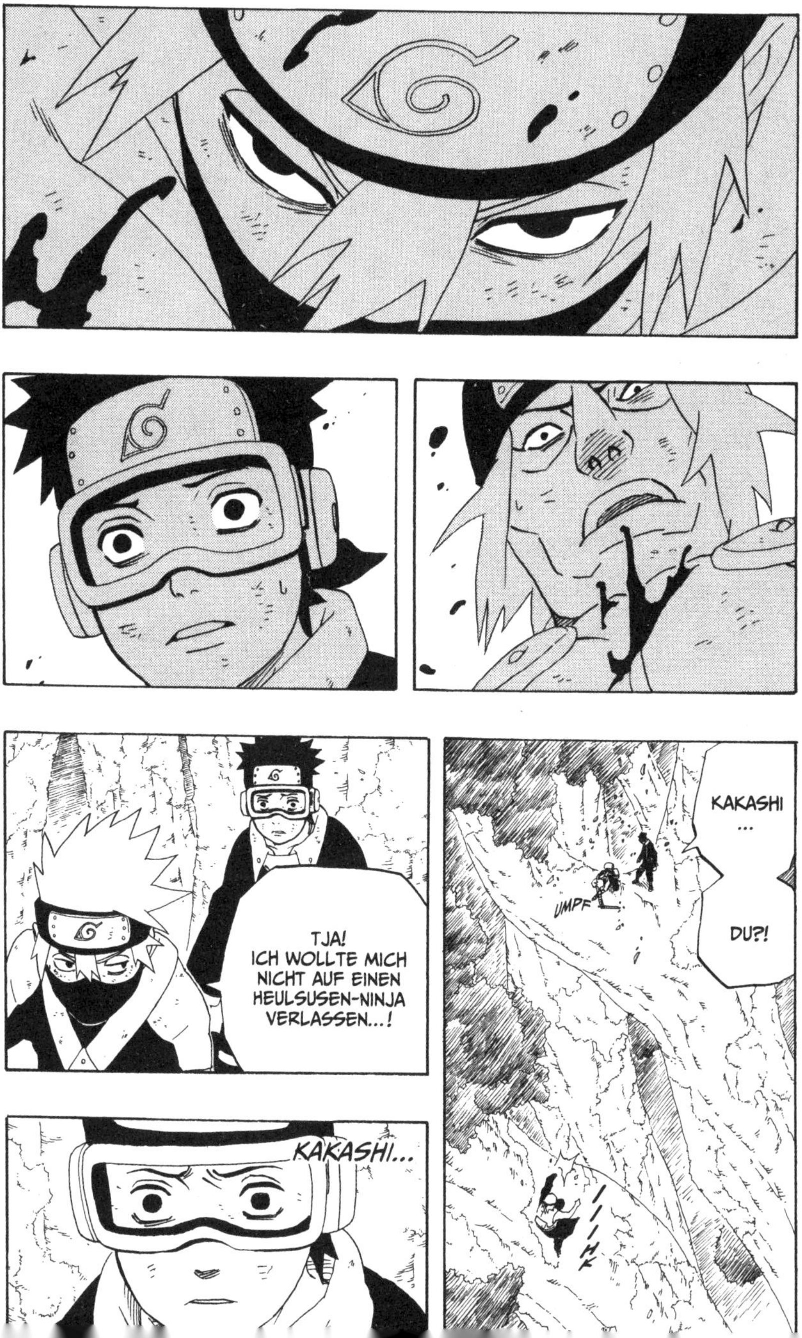
KAKASHI ... DU?!
UMPF
TJA! ICH WOLLTE MICH NICHT AUF EINEN HEULSUSEN-NINJA VERLASSEN...!
KAKASHI...

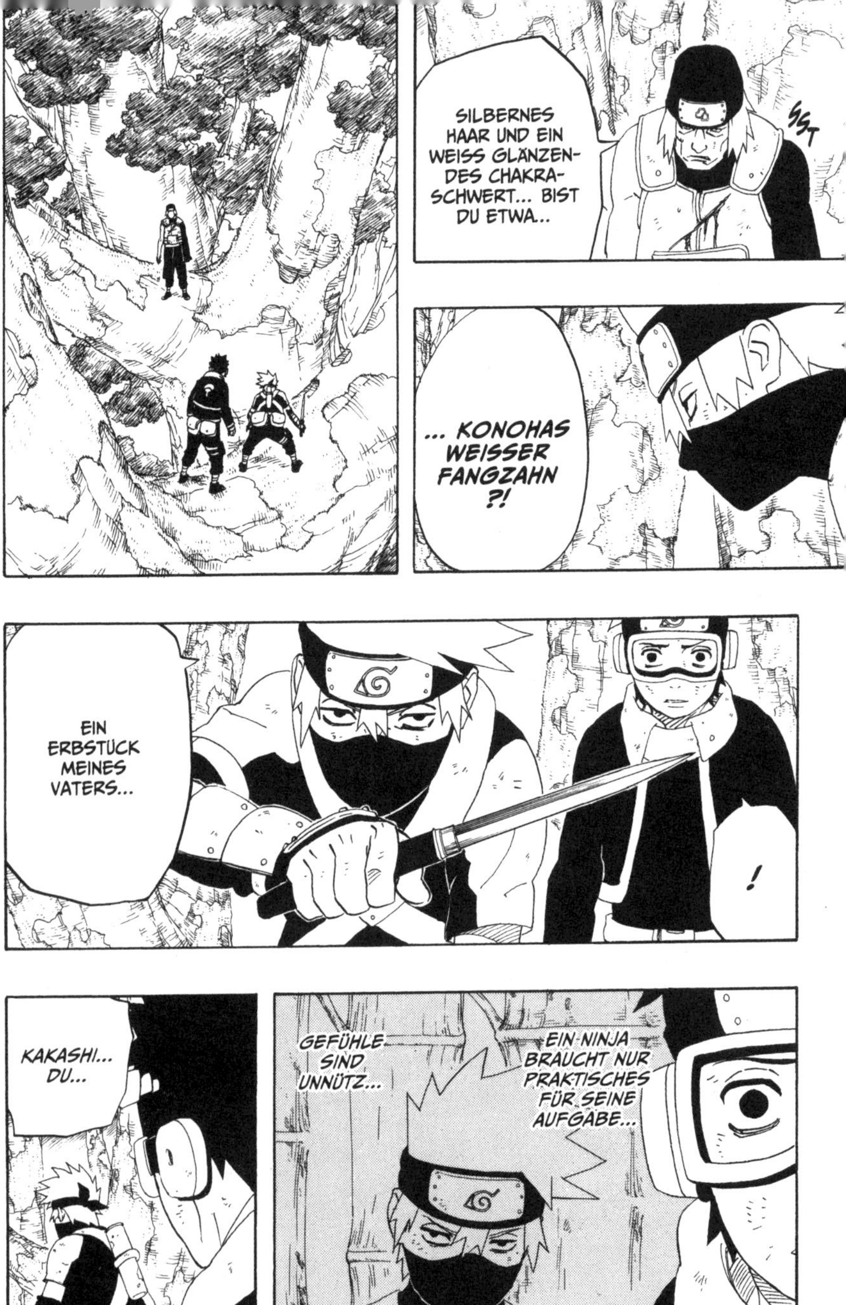
SILBERNES HAAR UND EIN WEISS GLÄNZENDES CHAKRA-SCHWERT... BIST DU ETWA...
SST
... KONOHAS WEISSER FANGZAHN ?!
EIN ERBSTÜCK MEINES VATERS...
!
KAKASHI... DU...
GEFÜHLE SIND UNNÜTZ...
EIN NINJA BRAUCHT NUR PRAKTISCHES FÜR SEINE AUFGABE...

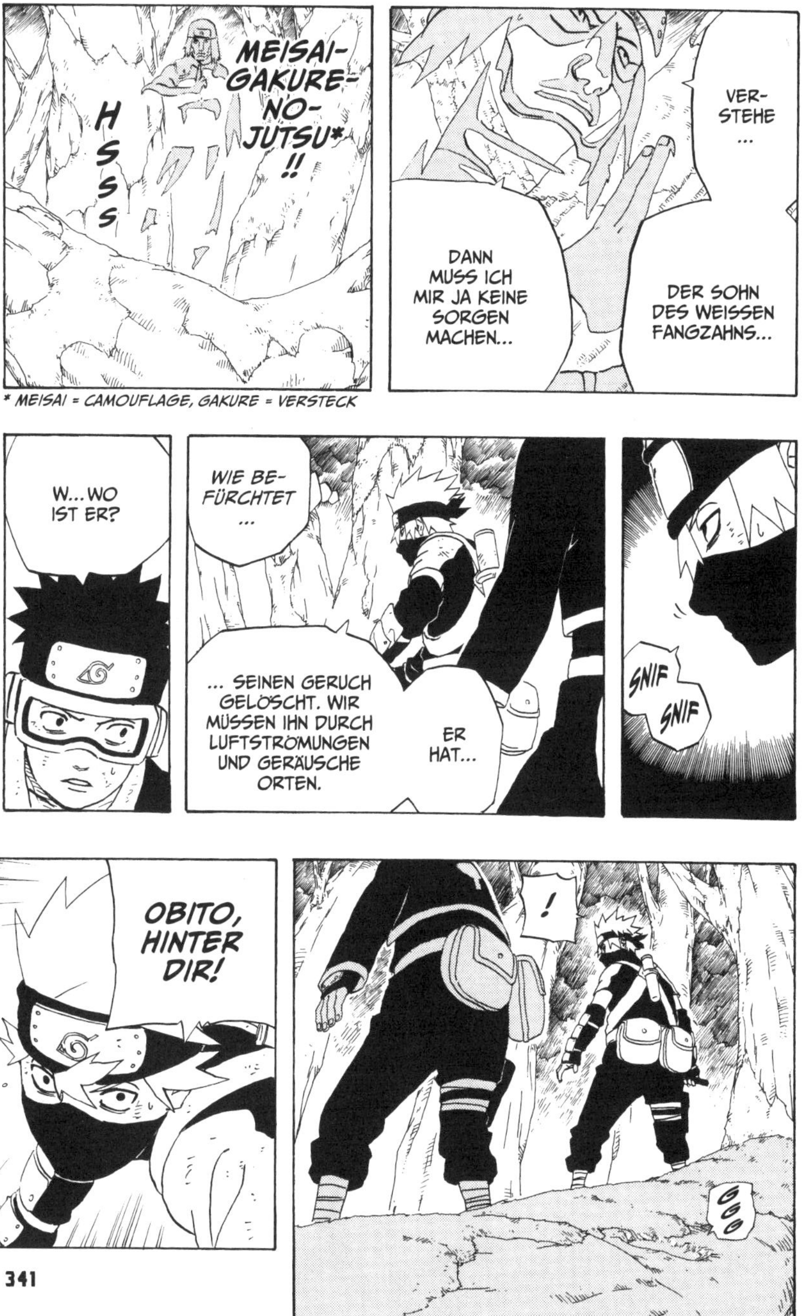

* MEISAI = CAMOUFLAGE, GAKURE = VERSTECK

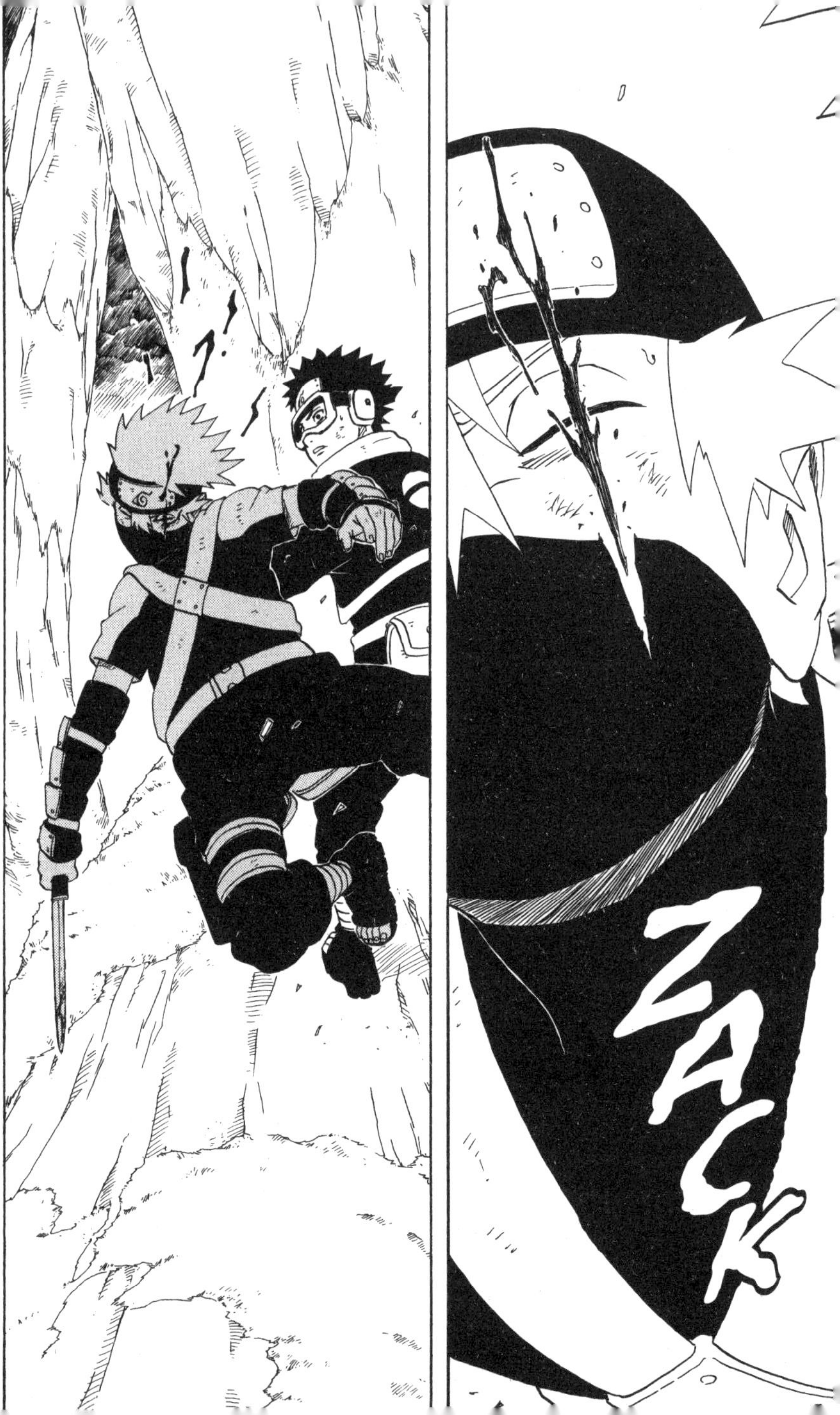
ZACK

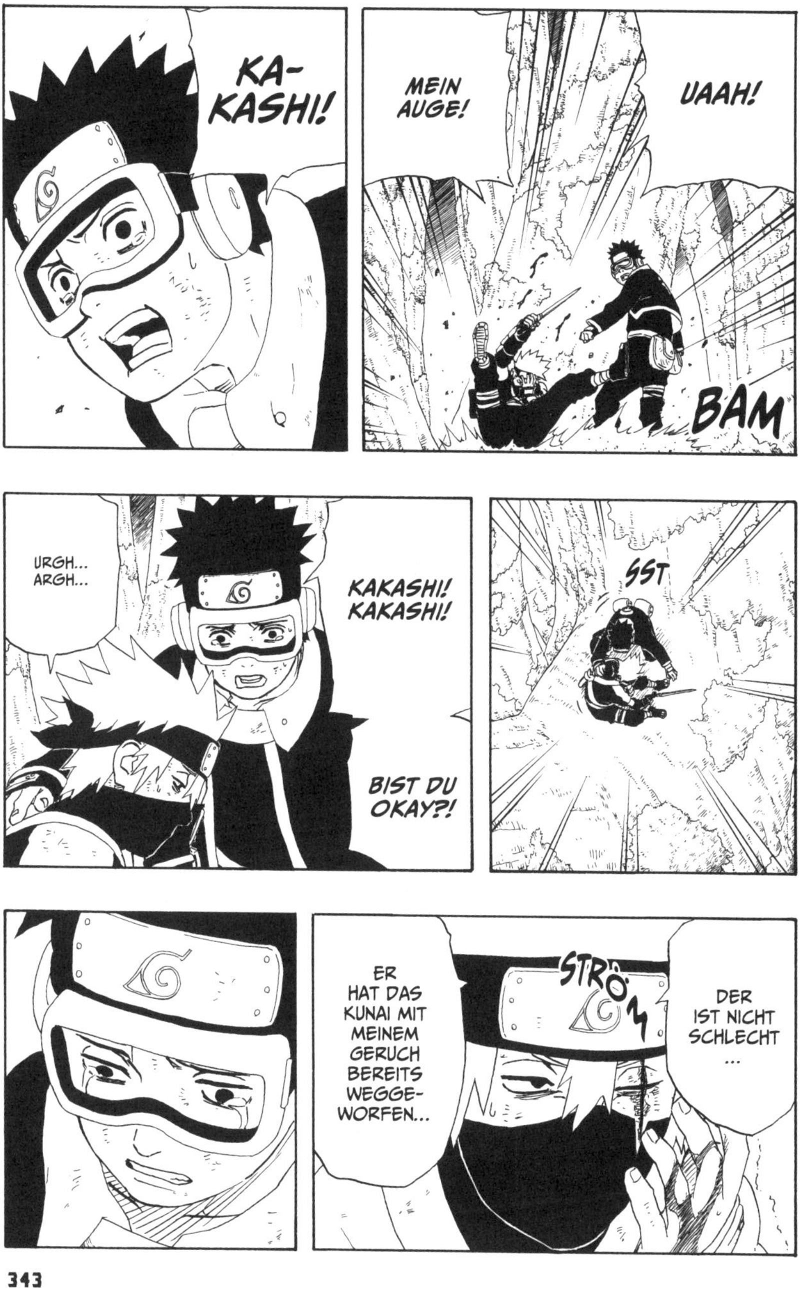
UAAH!
MEIN AUGE!
BAM
KA-KASHI!
SST
KAKASHI! KAKASHI!
BIST DU OKAY?!
URGH... ARGH...
DER IST NICHT SCHLECHT ...
STRÖM
ER HAT DAS KUNAI MIT MEINEM GERUCH BEREITS WEGGE-WORFEN...

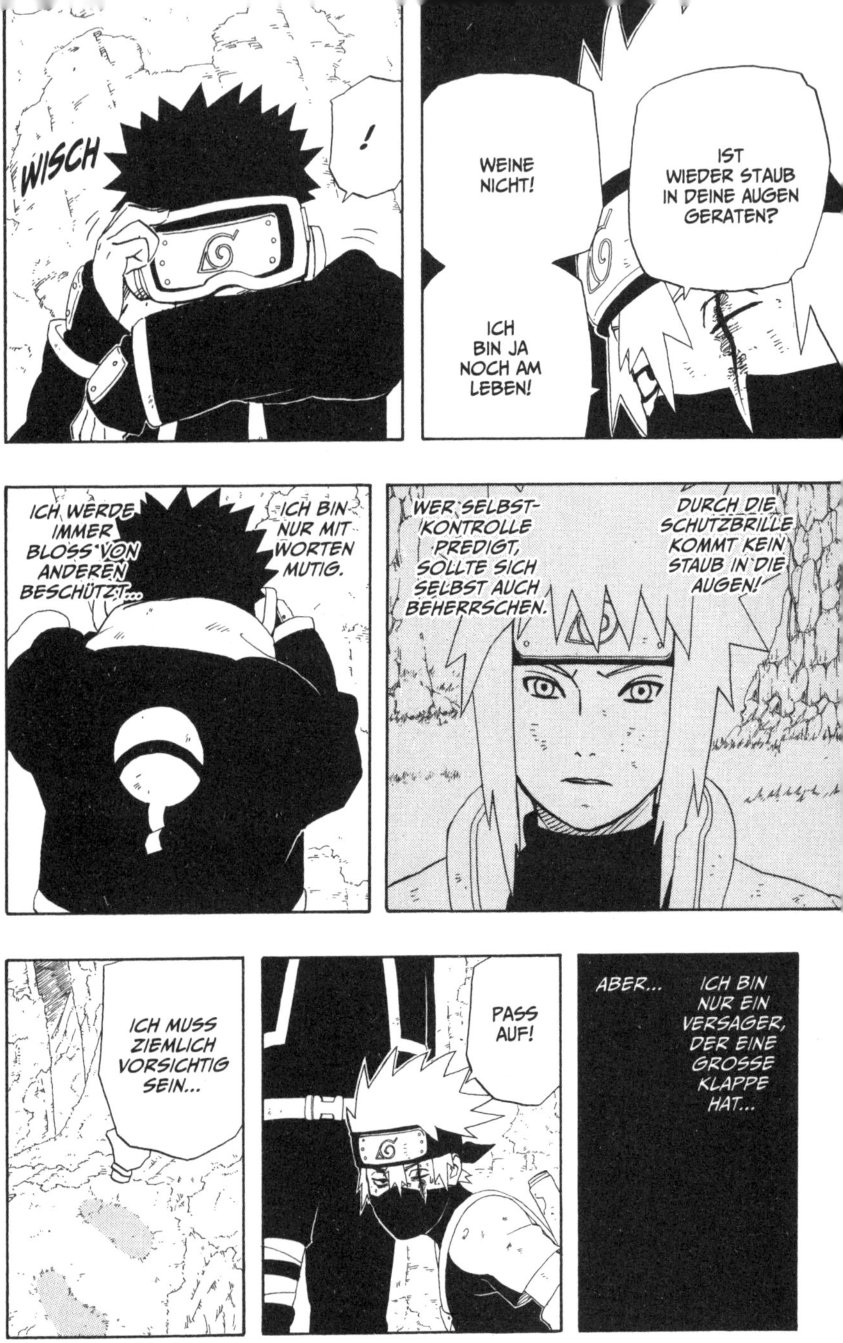
IST WIEDER STAUB IN DEINE AUGEN GERATEN?
WEINE NICHT!
ICH BIN JA NOCH AM LEBEN!
!
WISCH
DURCH DIE SCHUTZBRILLE KOMMT KEIN STAUB IN DIE AUGEN!
WER SELBST-KONTROLLE PREDIGT, SOLLTE SICH SELBST AUCH BEHERRSCHEN.
ICH BIN NUR MIT WORTEN MUTIG.
ICH WERDE IMMER BLOSS VON ANDEREN BESCHÜTZT...
ABER...
ICH BIN NUR EIN VERSAGER, DER EINE GROSSE KLAPPE HAT...
PASS AUF!
ICH MUSS ZIEMLICH VORSICHTIG SEIN...

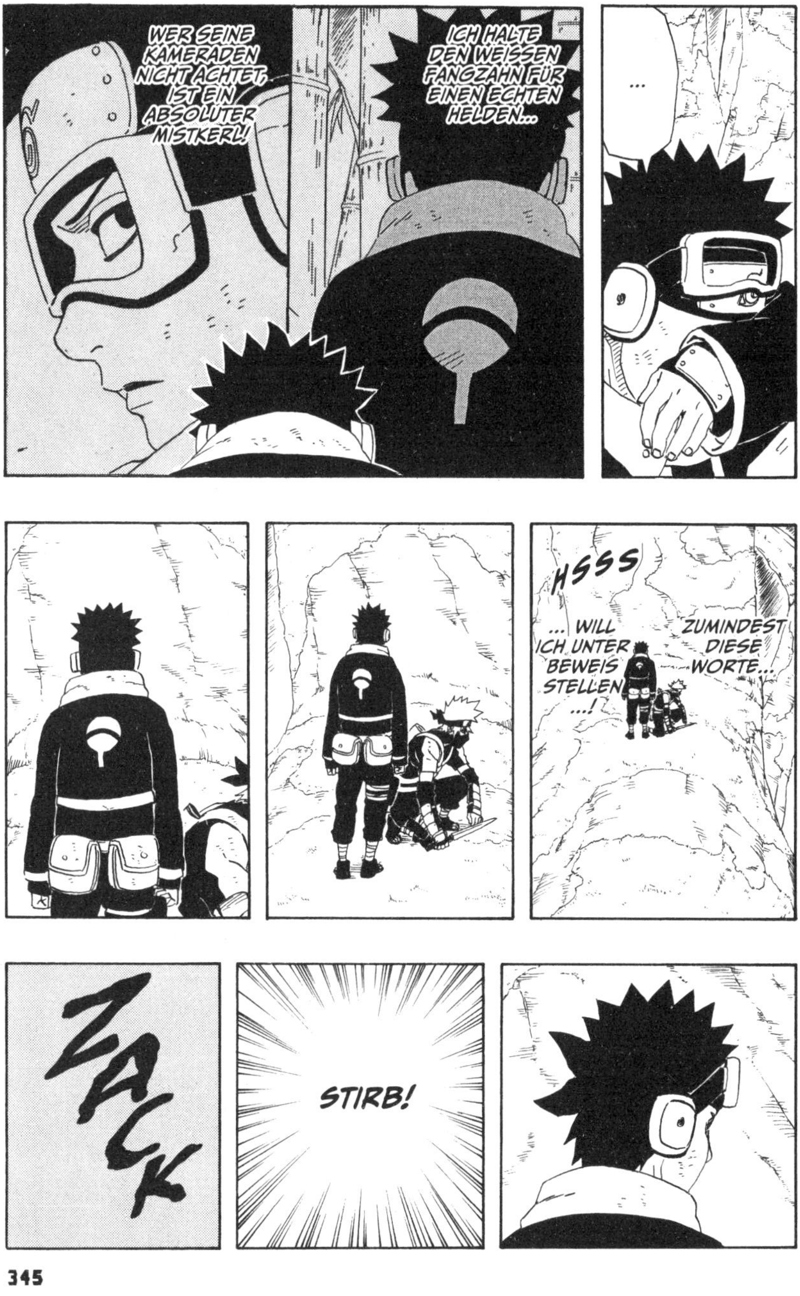
...
ICH HALTE DEN WEISSEN FANGZAHN FÜR EINEN ECHTEN HELDEN...
WER SEINE KAMERADEN NICHT ACHTET, IST EIN ABSOLUTER MISTKERL!
HSSS
ZUMINDEST DIESE WORTE...
... WILL ICH UNTER BEWEIS STELLEN ...!
STIRB!
ZACK

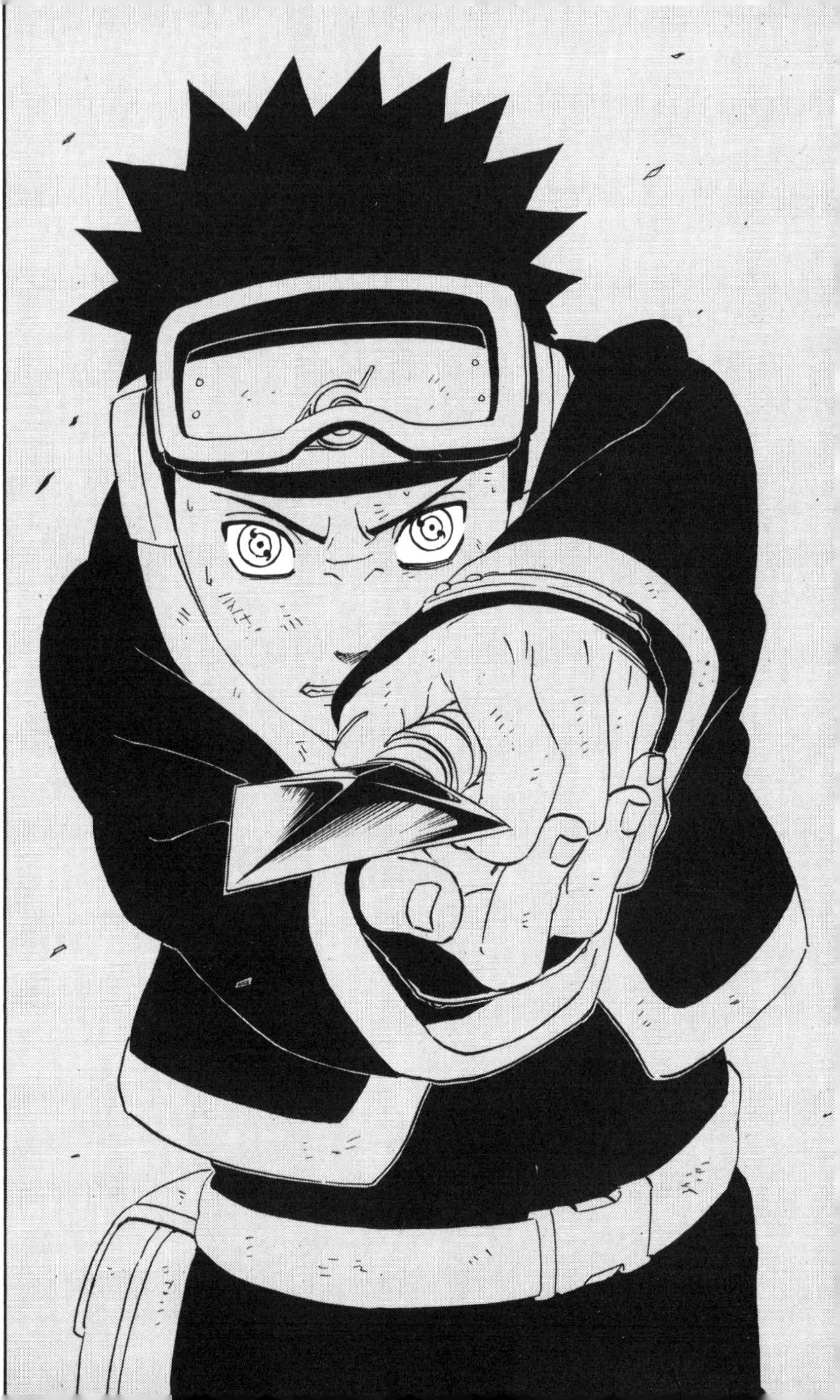

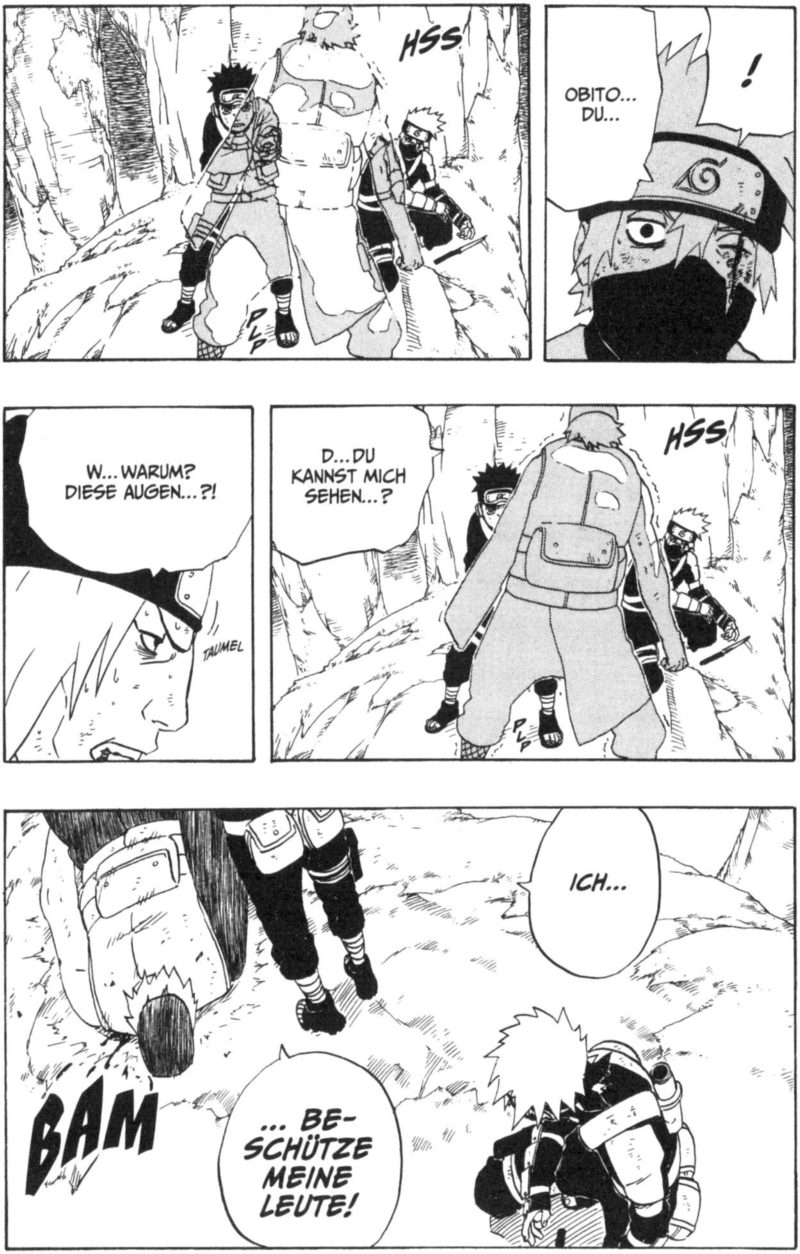
HSS
PLP
!
OBITO... DU...
HSS
D...DU KANNST MICH SEHEN...?
PLP
W...WARUM? DIESE AUGEN...?!
TAUMEL
ICH...
... BESCHÜTZE MEINE LEUTE!
BAM

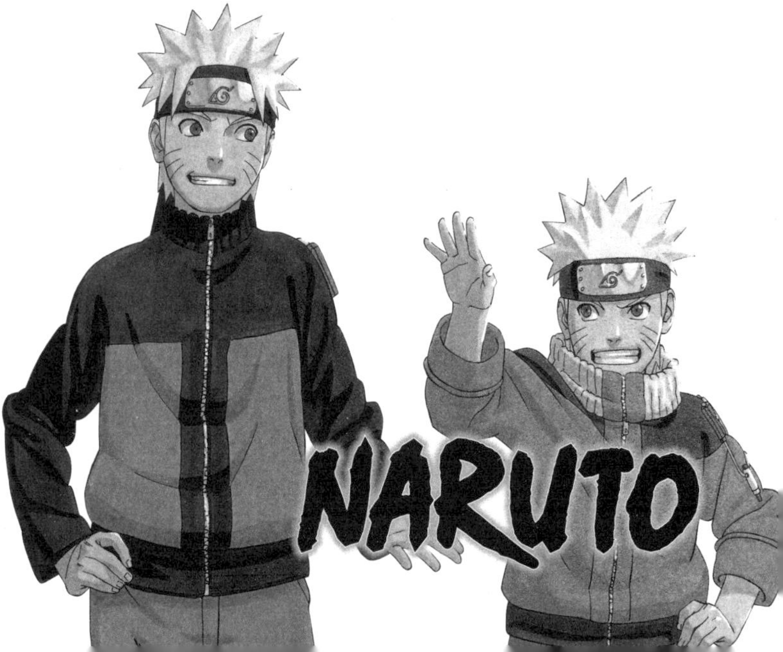
NARUTO

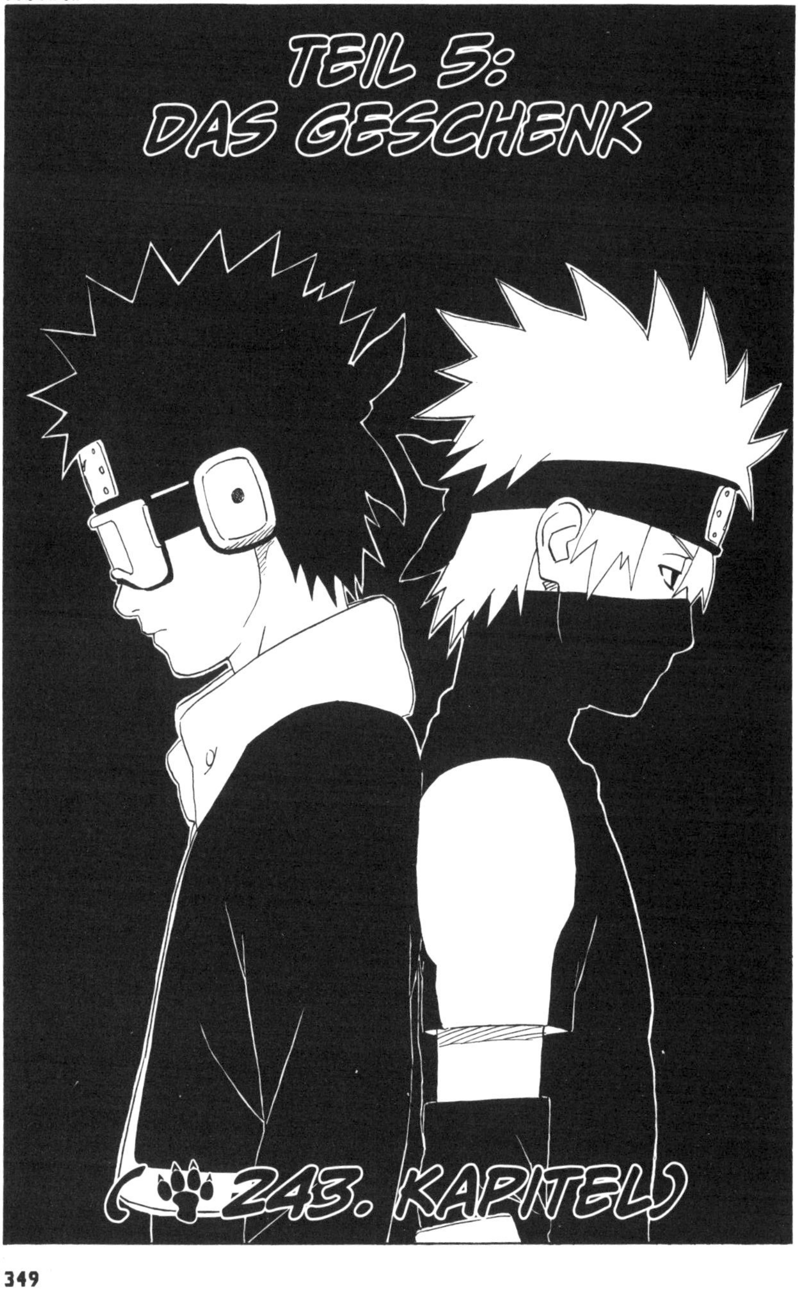
TEIL 5:
DAS GESCHENK
(243. KAPITEL)

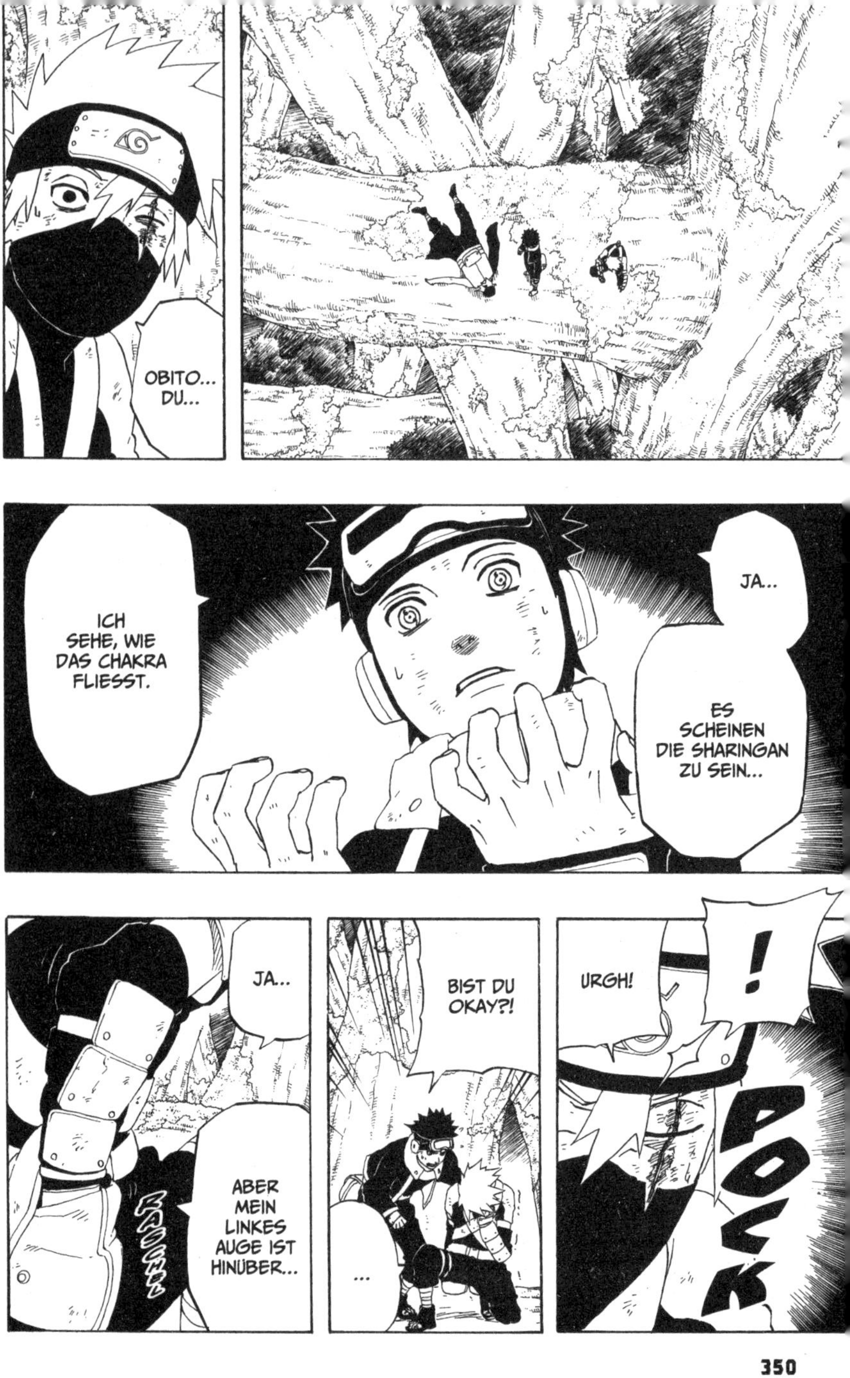
OBITO... DU...
JA...
ES SCHEINEN DIE SHARINGAN ZU SEIN...
ICH SEHE, WIE DAS CHAKRA FLIESST.
!
POCK
URGH!
BIST DU OKAY?!
...
JA...
ABER MEIN LINKES AUGE IST HINÜBER...

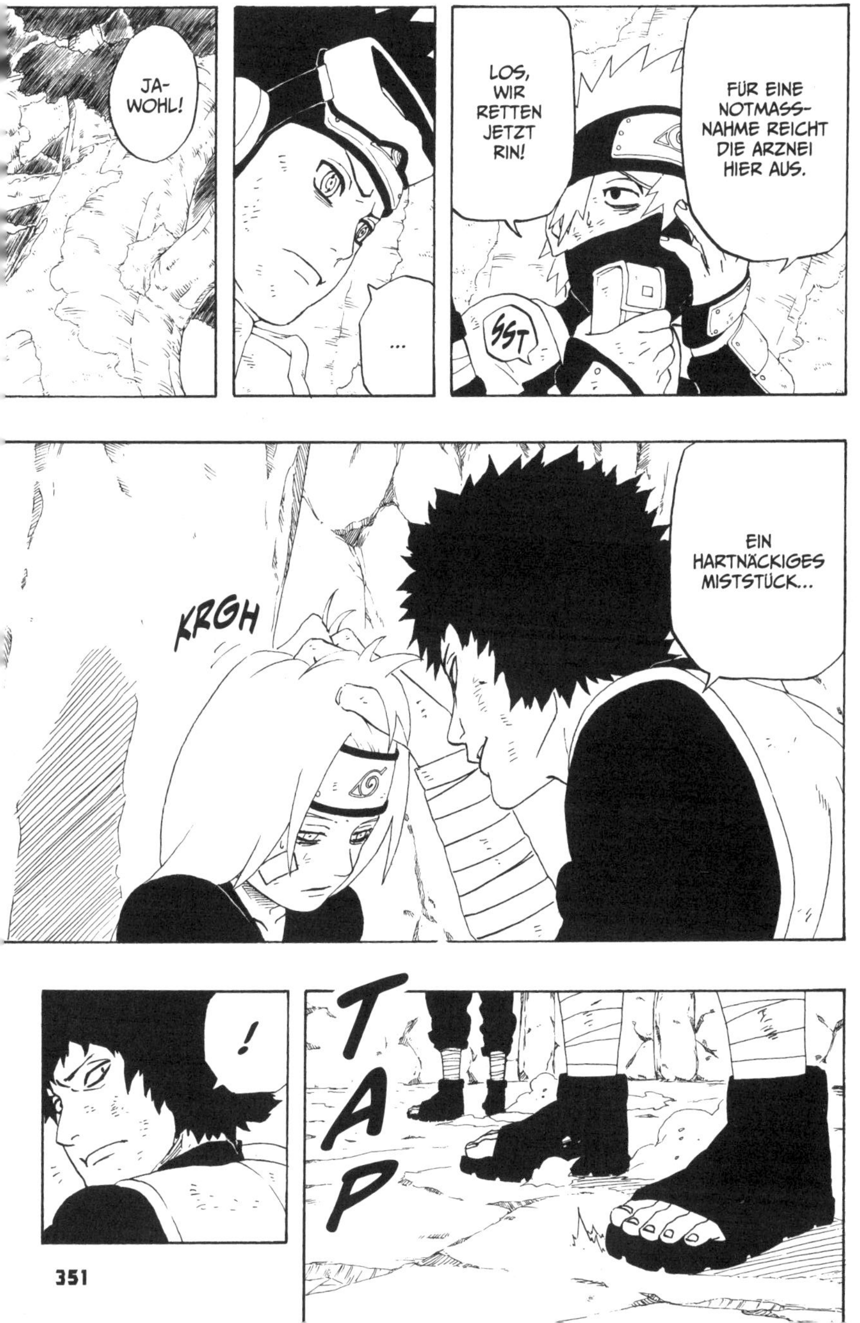
FÜR EINE NOTMASS-NAHME REICHT DIE ARZNEI HIER AUS.
SST
LOS, WIR RETTEN JETZT RIN!
...
JA-WOHL!
EIN HARTNÄCKIGES MISTSTÜCK...
KRGH
TAP
!

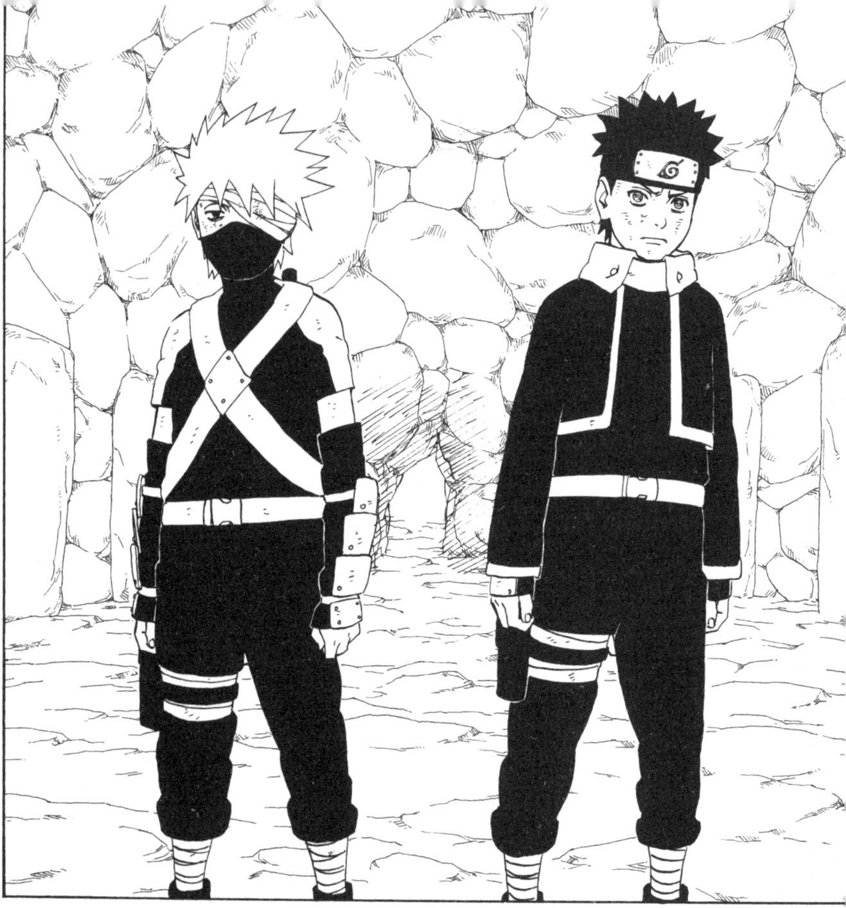

TJA...
MEINE KUMPEL
SIND ECHT
NUTZLOS...
SST

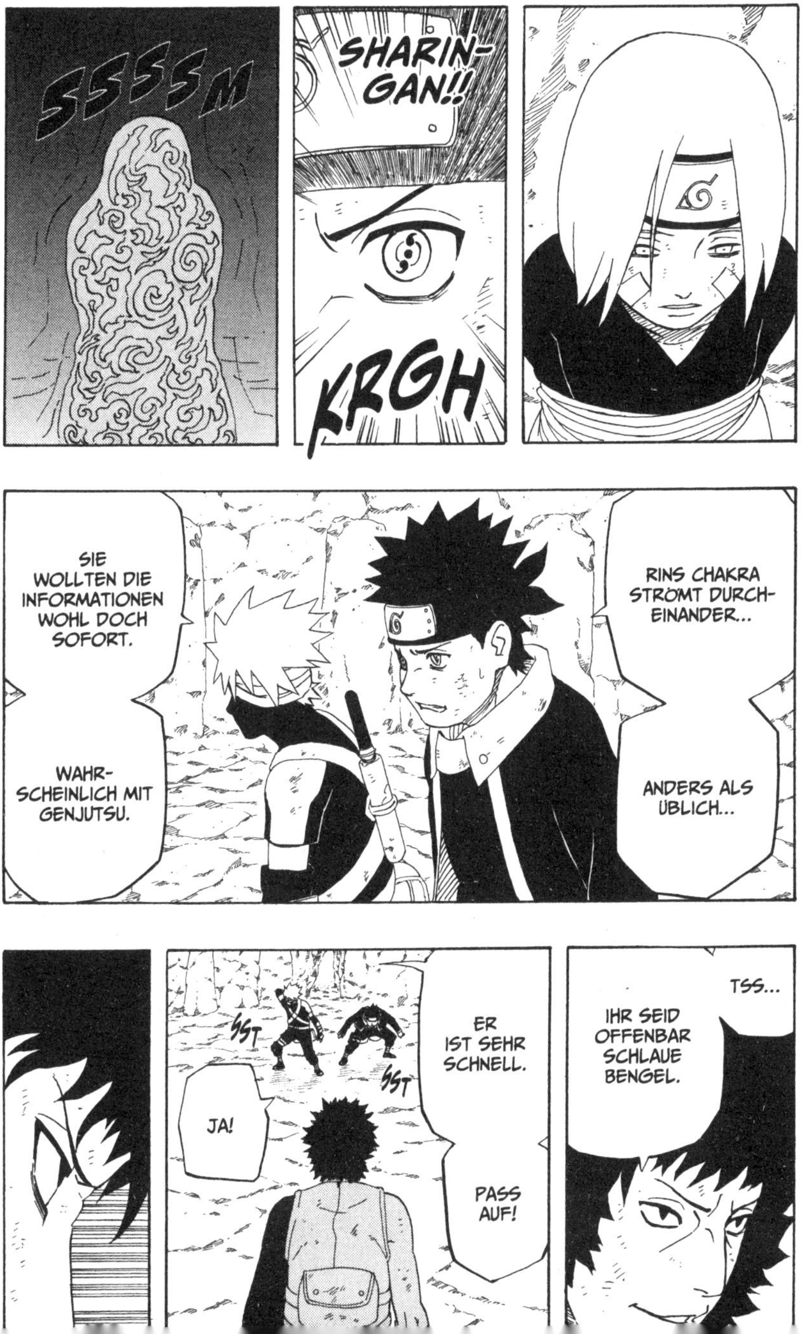
SHARIN-GAN!!
KRGH
SSSSM
RINS CHAKRA STRÖMT DURCH-EINANDER...
ANDERS ALS ÜBLICH...
SIE WOLLTEN DIE INFORMATIONEN WOHL DOCH SOFORT.
WAHR-SCHEINLICH MIT GENJUTSU.
TSS...
IHR SEID OFFENBAR SCHLAUE BENGEL.
ER IST SEHR SCHNELL.
PASS AUF!
SST
SST
JA!

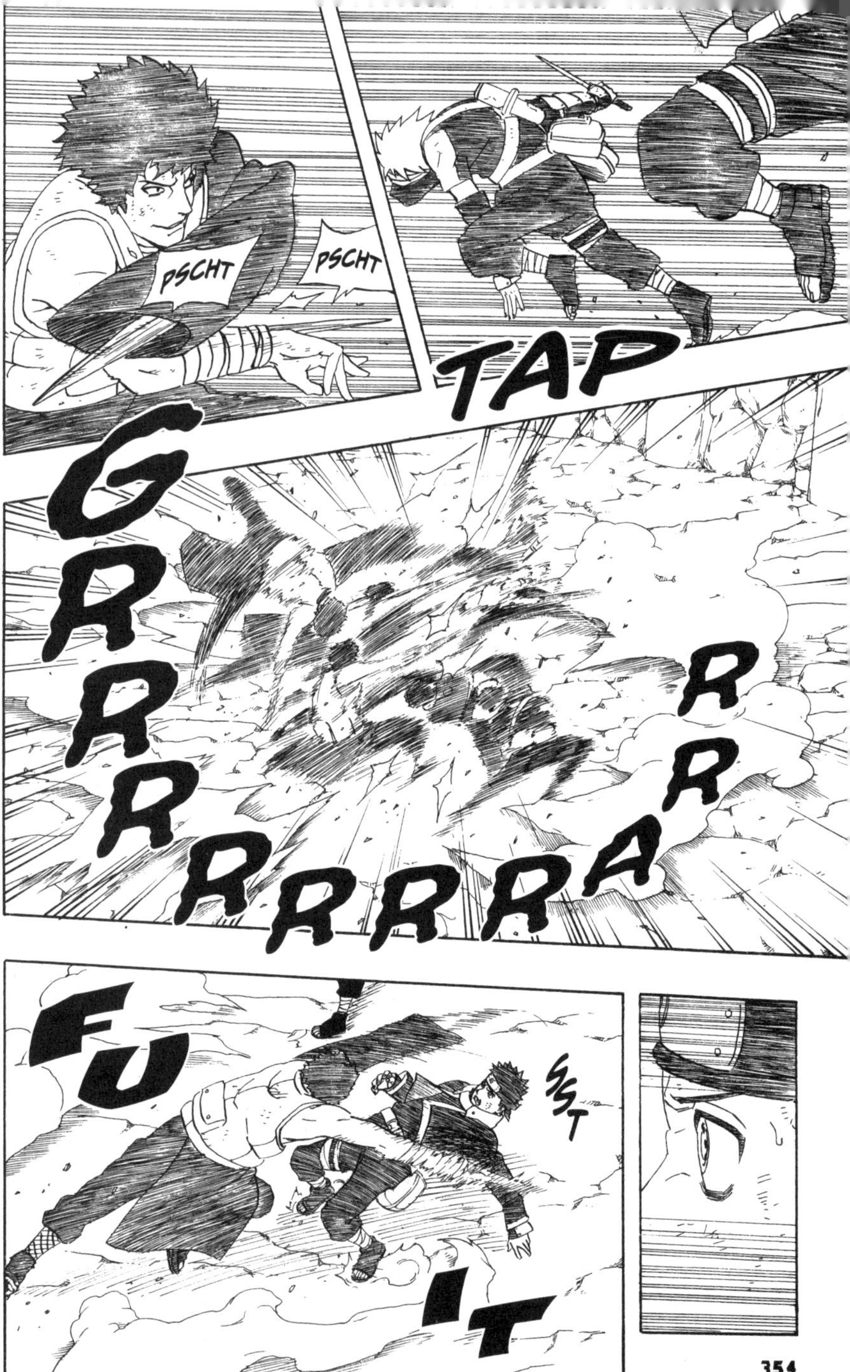
PSCHT
PSCHT
TAP
GRRRRRRRRRAR R
FU
SST
IT

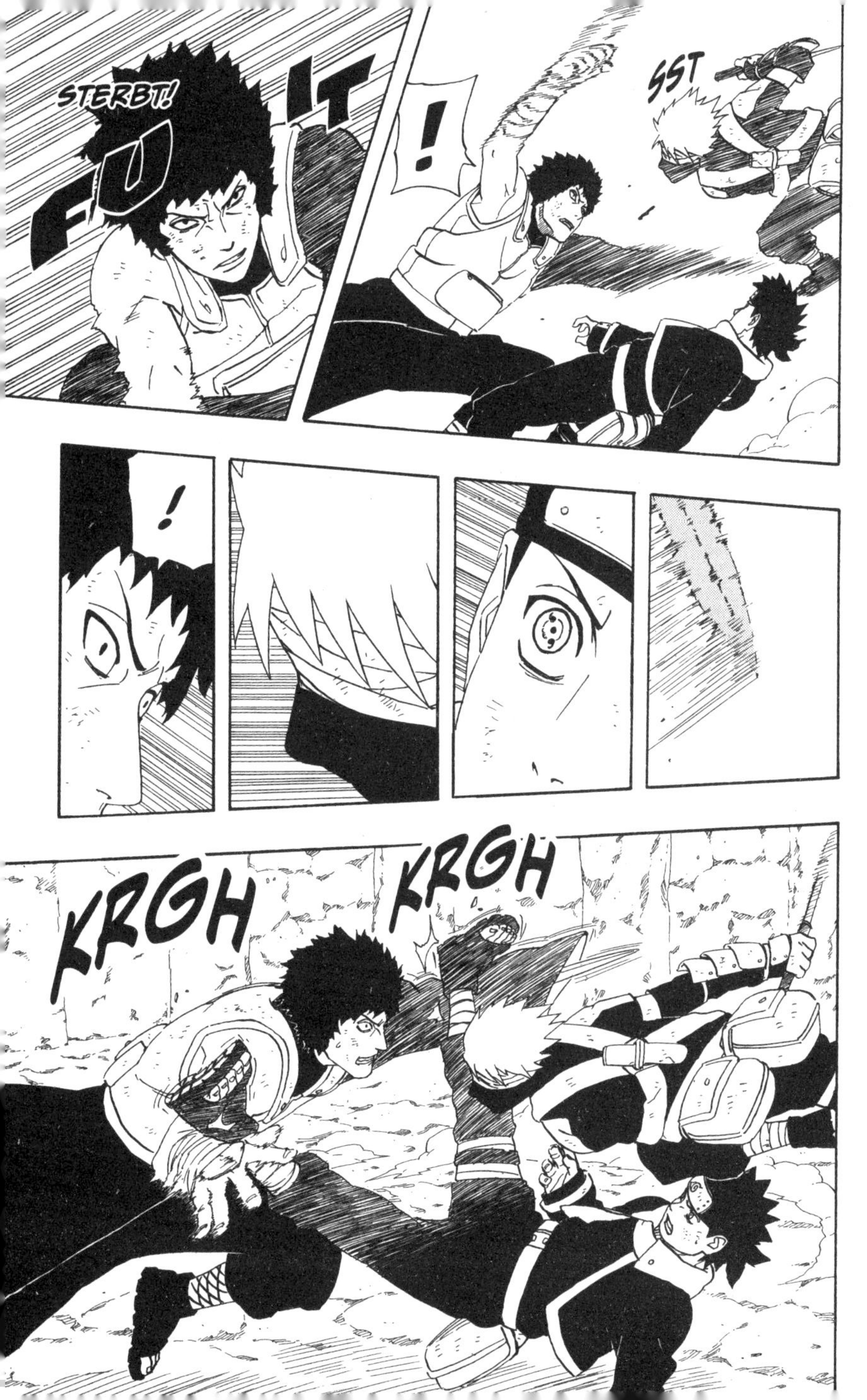
SST
!
STERBT!
FUIT
!
KRGH
KRGH

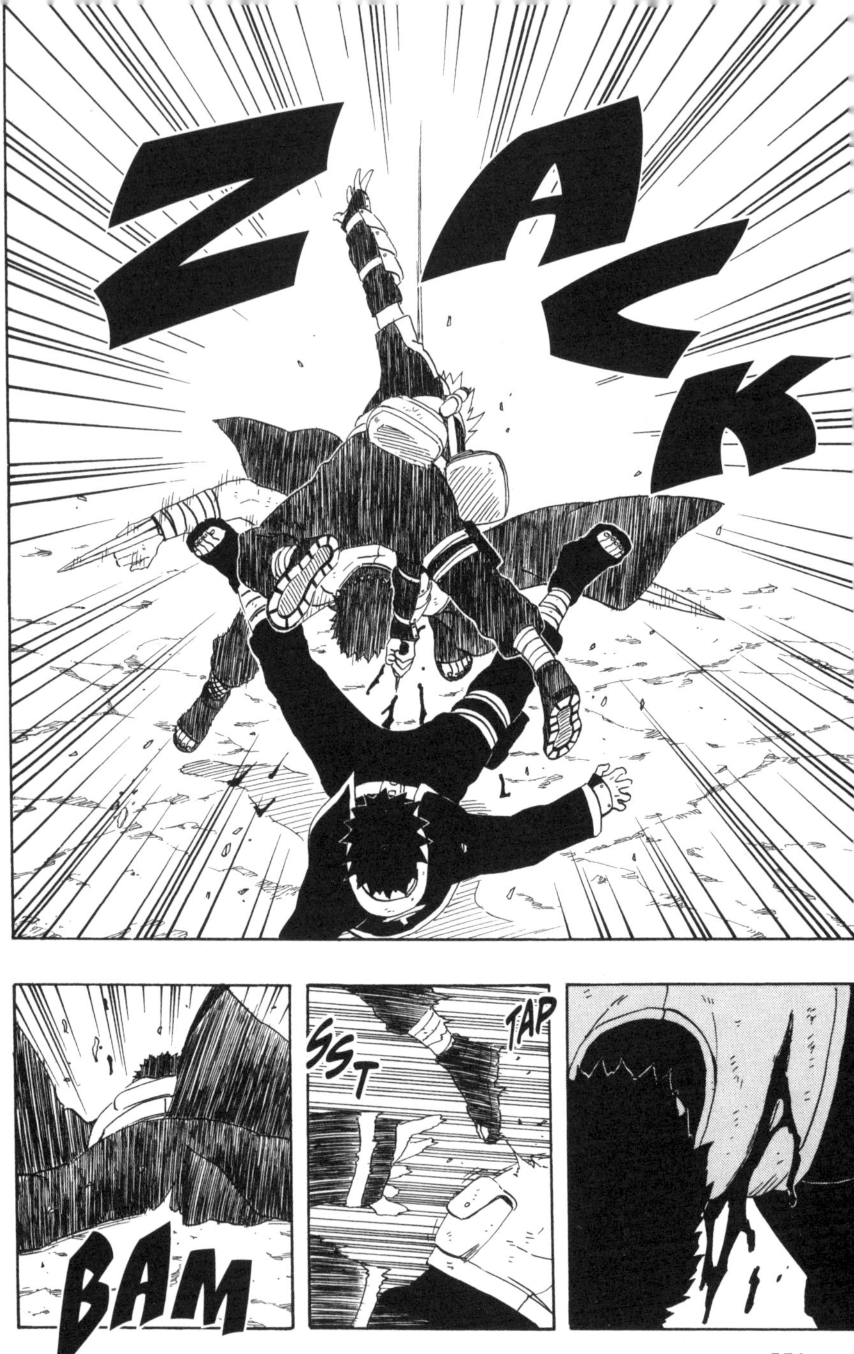
ZACK
TAP
SST
BAM

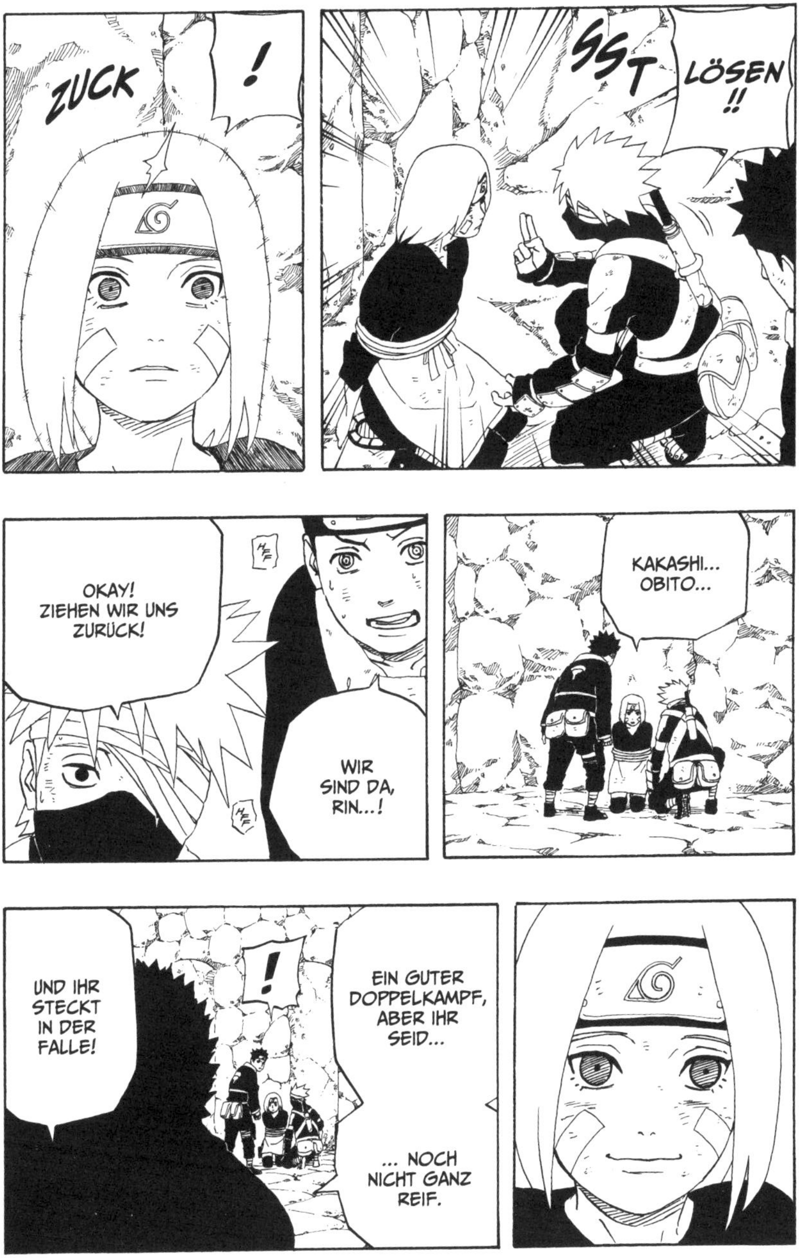
SST
LÖSEN!!
ZUCK
!
KAKASHI... OBITO...
OKAY! ZIEHEN WIR UNS ZURÜCK!
WIR SIND DA, RIN...!
EIN GUTER DOPPELKAMPF, ABER IHR SEID...
!
... NOCH NICHT GANZ REIF.
UND IHR STECKT IN DER FALLE!

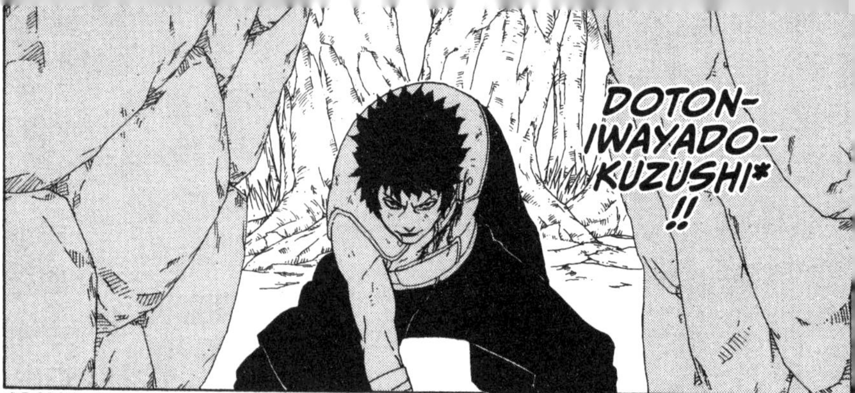

* DOTON = ERDVERSTECK, IWA = FELSEN, YADO = HERBERGE, KUZUSHI = ZERSTÖREN

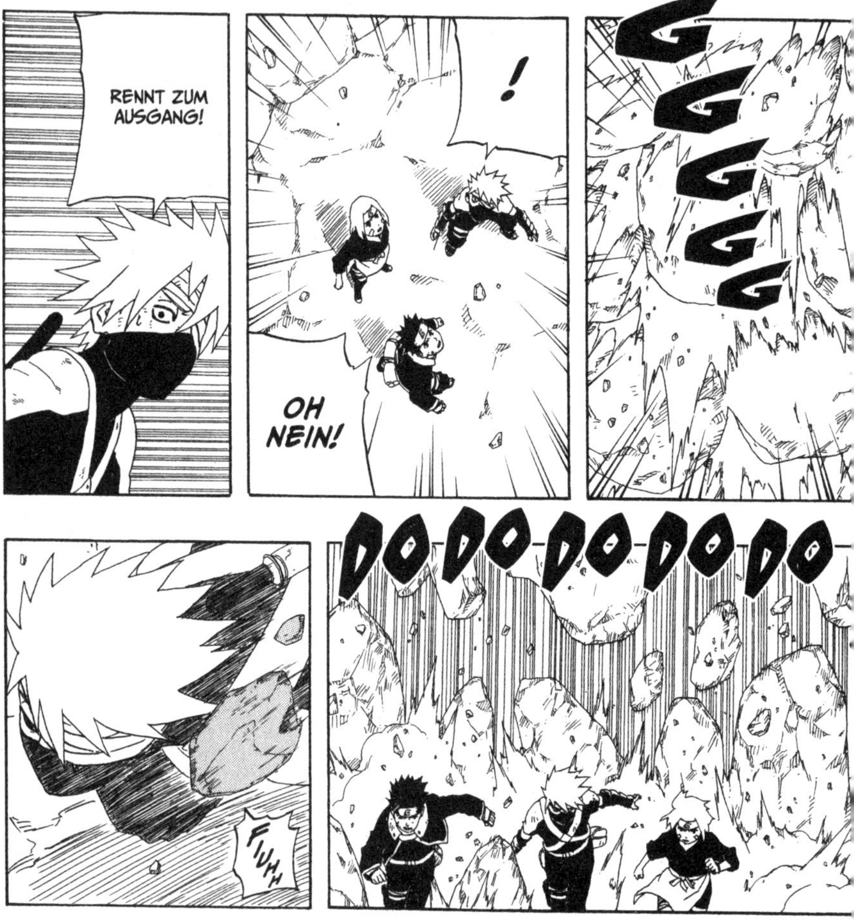

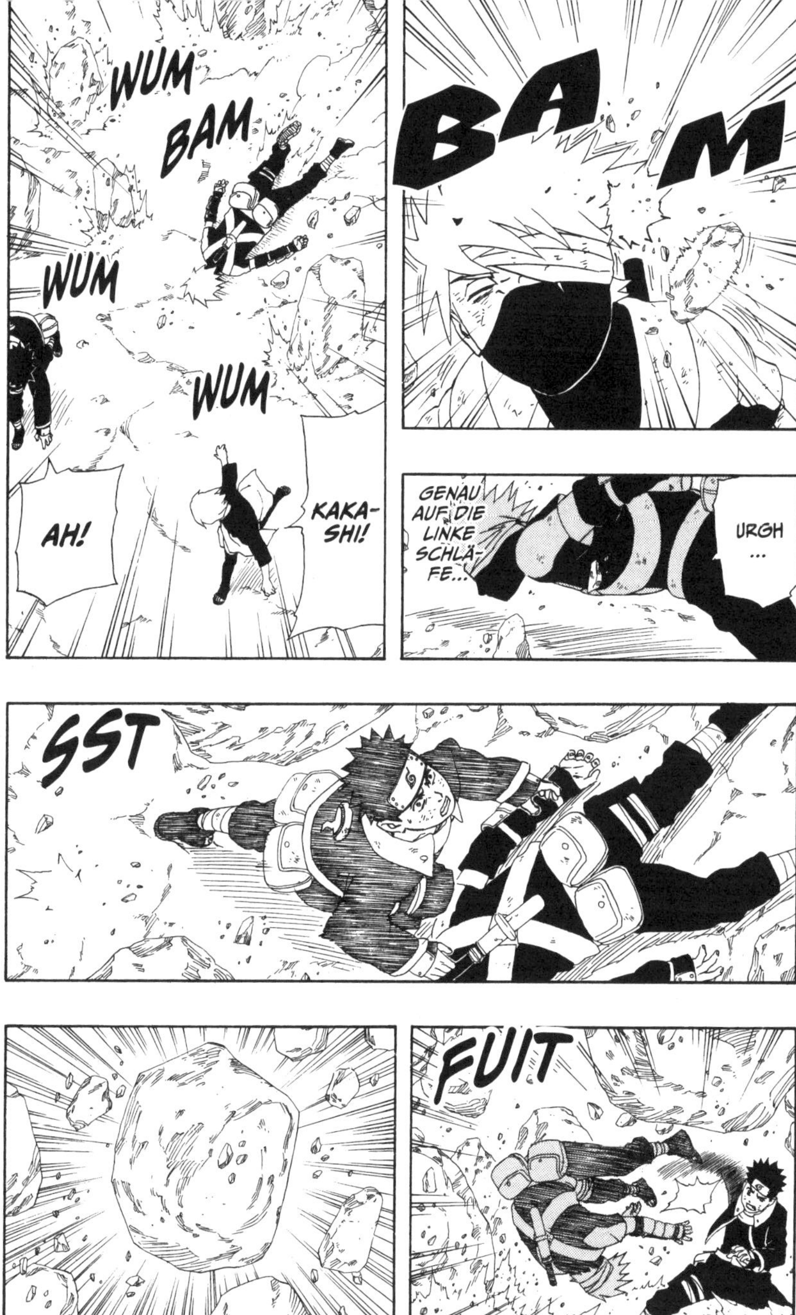
BAM
WUM
BAM
WUM
WUM
KAKA-
SHI!
AH!
URGH
...
GENAU
AUF DIE
LINKE
SCHLÄ-
FE...
SST
FUIT

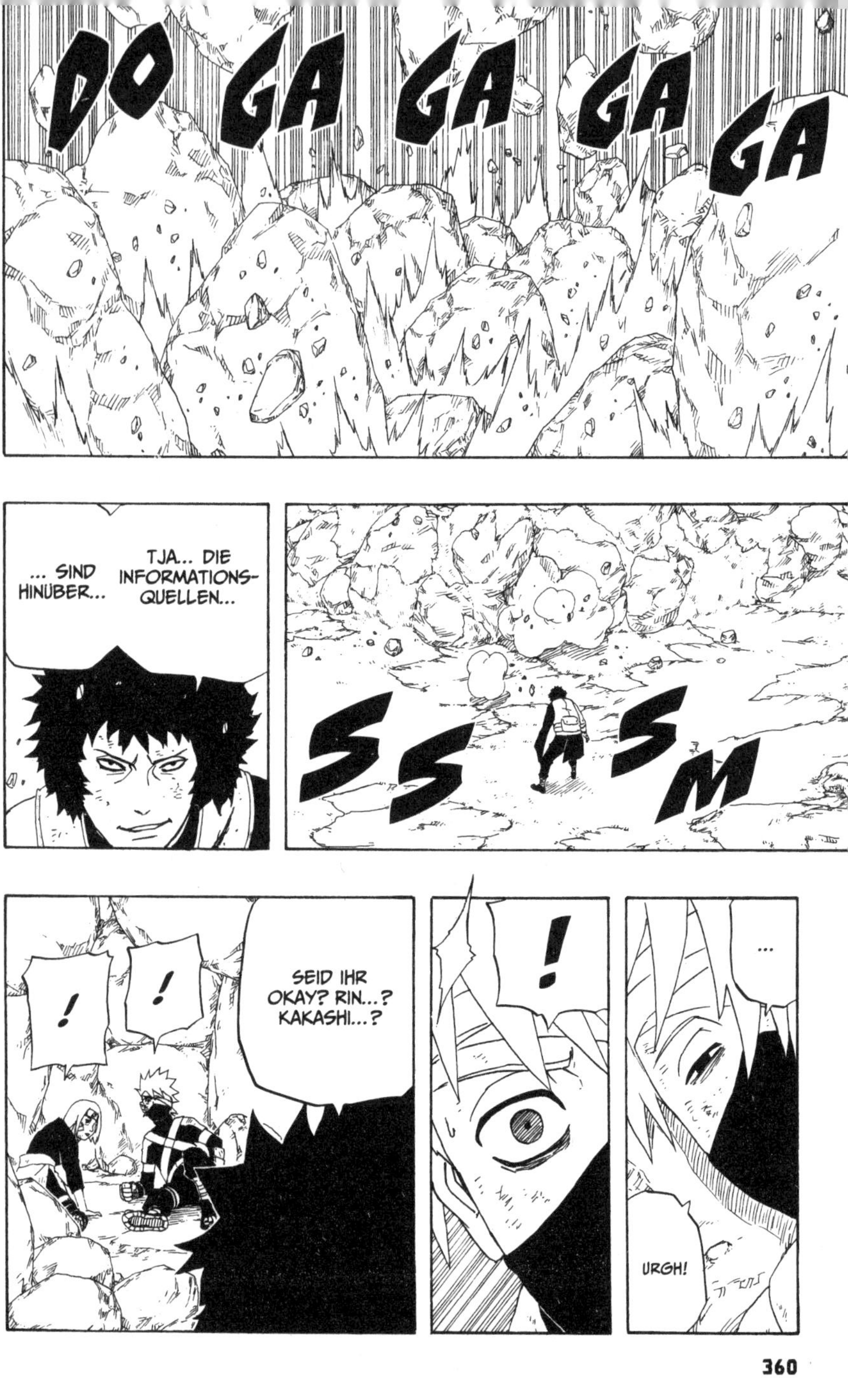
DO GA GA GA GA
SSSM
TJA... DIE INFORMATIONS-QUELLEN...
... SIND HINÜBER...
...
URGH!
!
SEID IHR OKAY? RIN...? KAKASHI...?
!
!

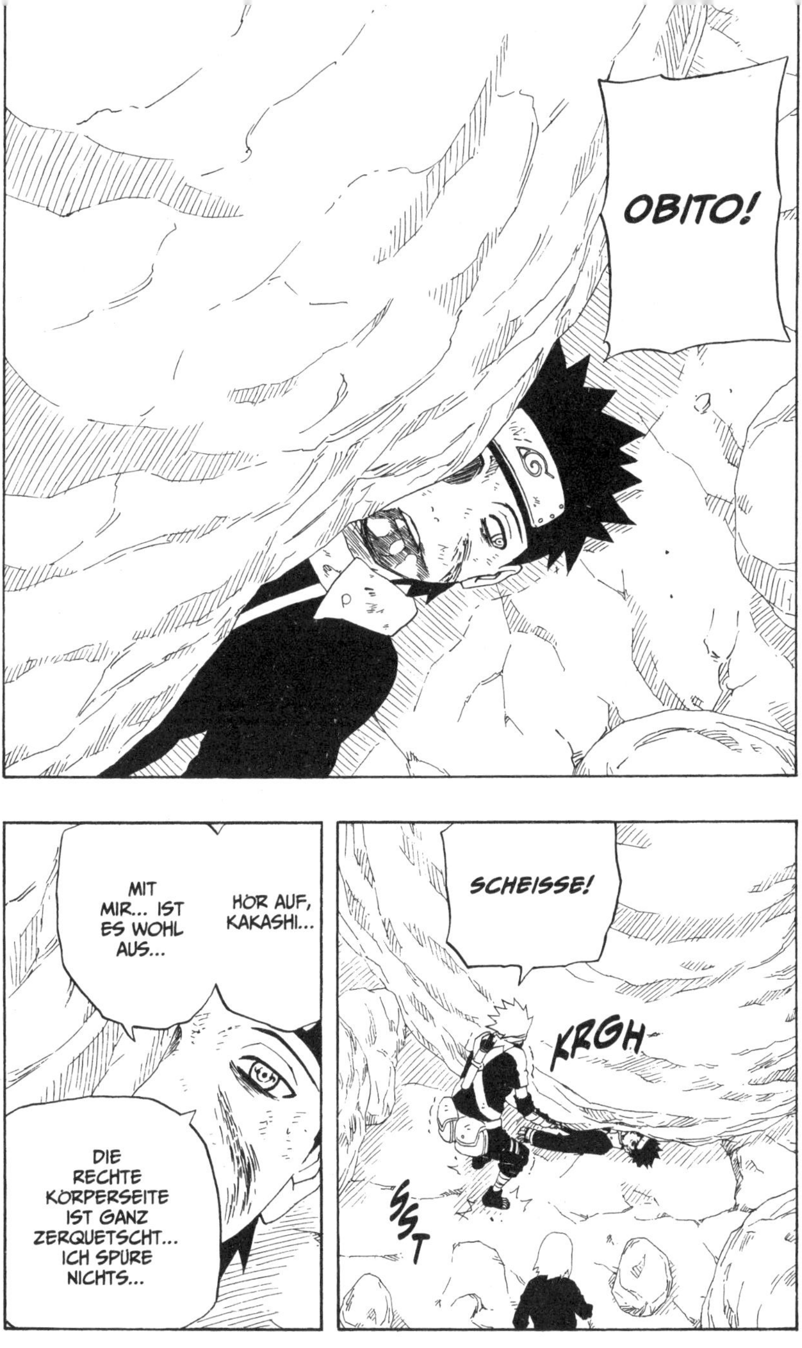
OBITO!
SCHEISSE!
KRGH
SST
HÖR AUF, KAKASHI...
MIT MIR... IST ES WOHL AUS...
DIE RECHTE KÖRPERSEITE IST GANZ ZERQUETSCHT... ICH SPÜRE NICHTS...

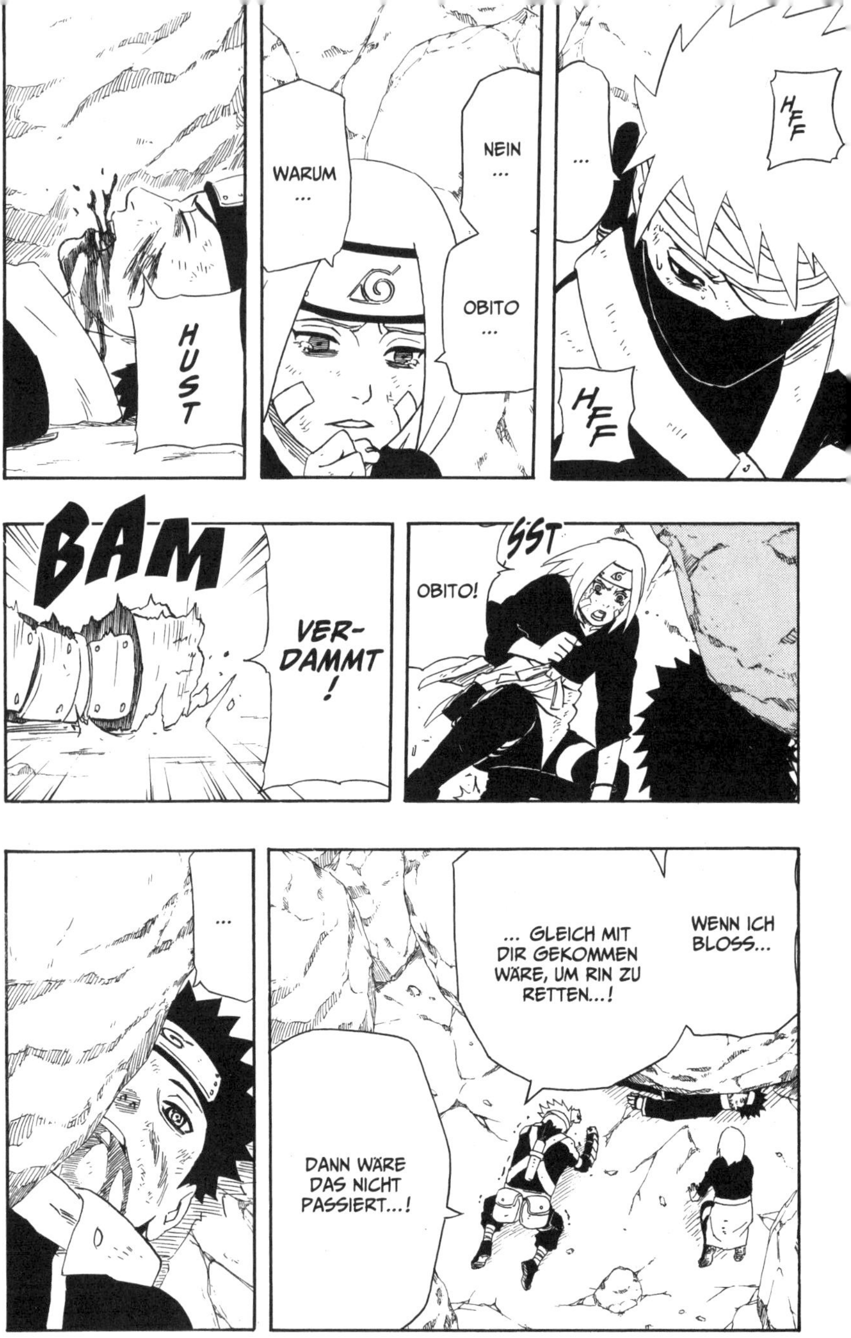
HFF
HFF
...
NEIN ...
OBITO ...
WARUM ...
HUST
OBITO!
SST
VER-DAMMT!
BAM
WENN ICH BLOSS...
... GLEICH MIT DIR GEKOMMEN WÄRE, UM RIN ZU RETTEN...!
DANN WÄRE DAS NICHT PASSIERT...!
...

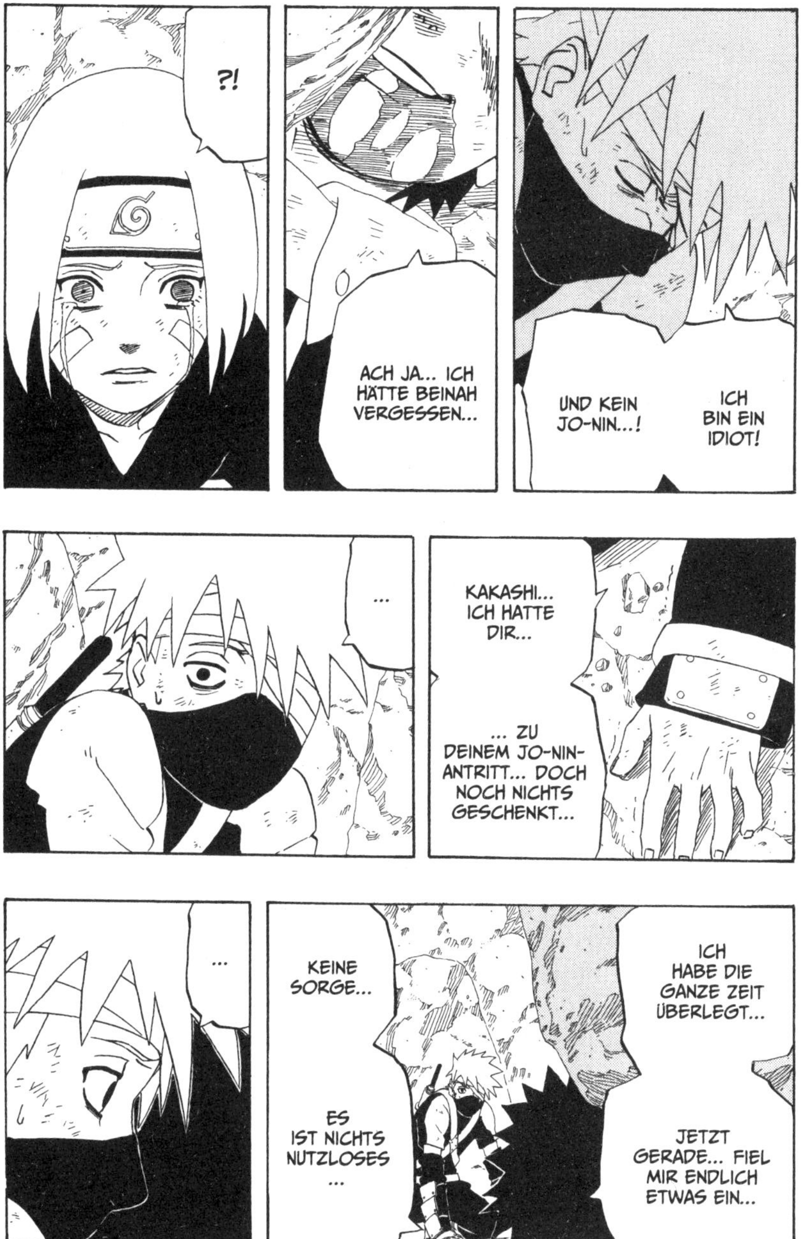
?!
ACH JA... ICH HÄTTE BEINAH VERGESSEN...
ICH BIN EIN IDIOT!
UND KEIN JO-NIN...!
KAKASHI... ICH HATTE DIR...
... ZU DEINEM JO-NIN-ANTRITT... DOCH NOCH NICHTS GESCHENKT...
...
ICH HABE DIE GANZE ZEIT ÜBERLEGT...
JETZT GERADE... FIEL MIR ENDLICH ETWAS EIN...
KEINE SORGE...
ES IST NICHTS NUTZLOSES ...
...

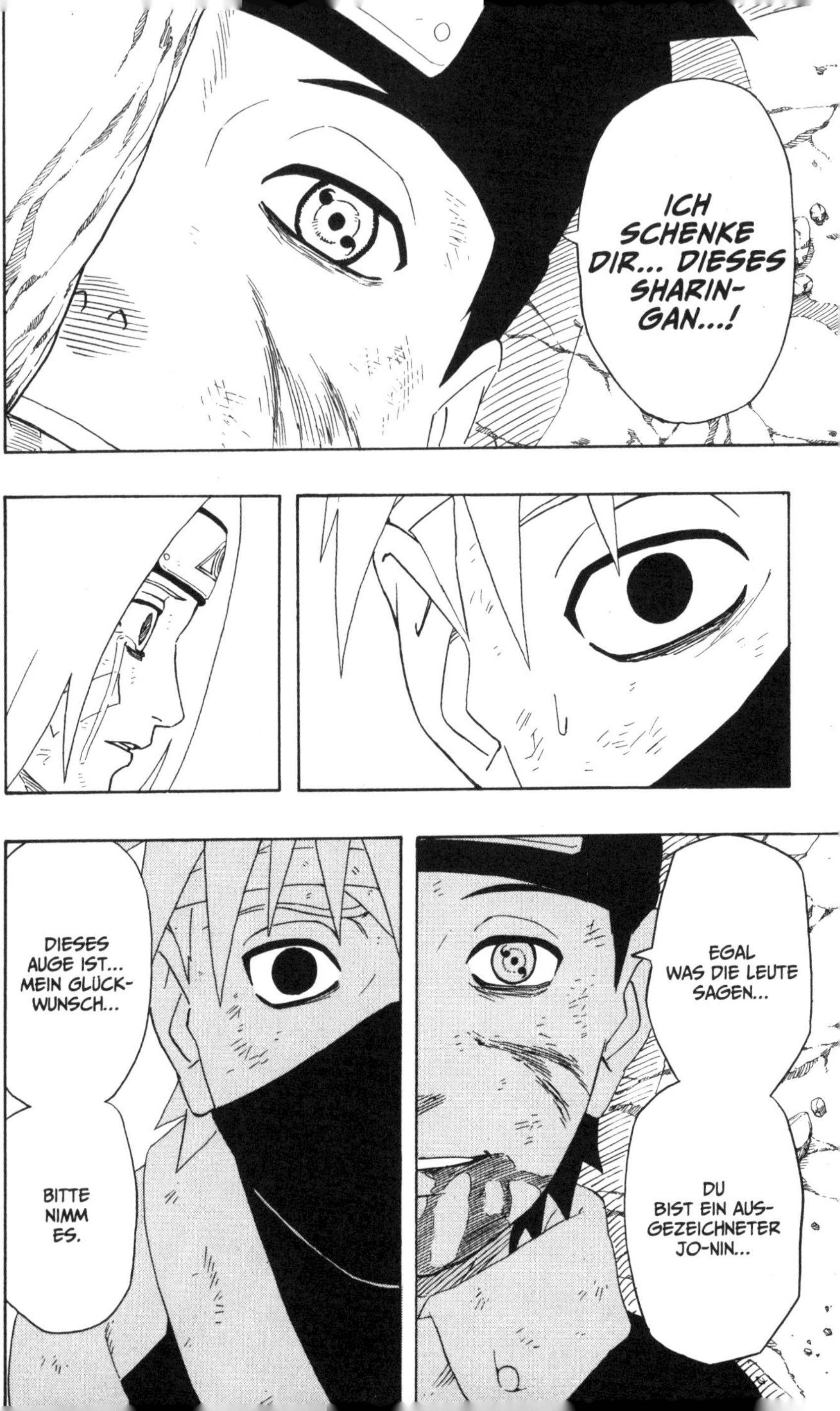
ICH SCHENKE DIR... DIESES SHARIN-GAN...!
EGAL WAS DIE LEUTE SAGEN...
DU BIST EIN AUS-GEZEICHNETER JO-NIN...
DIESES AUGE IST... MEIN GLÜCK-WUNSCH...
BITTE NIMM ES.

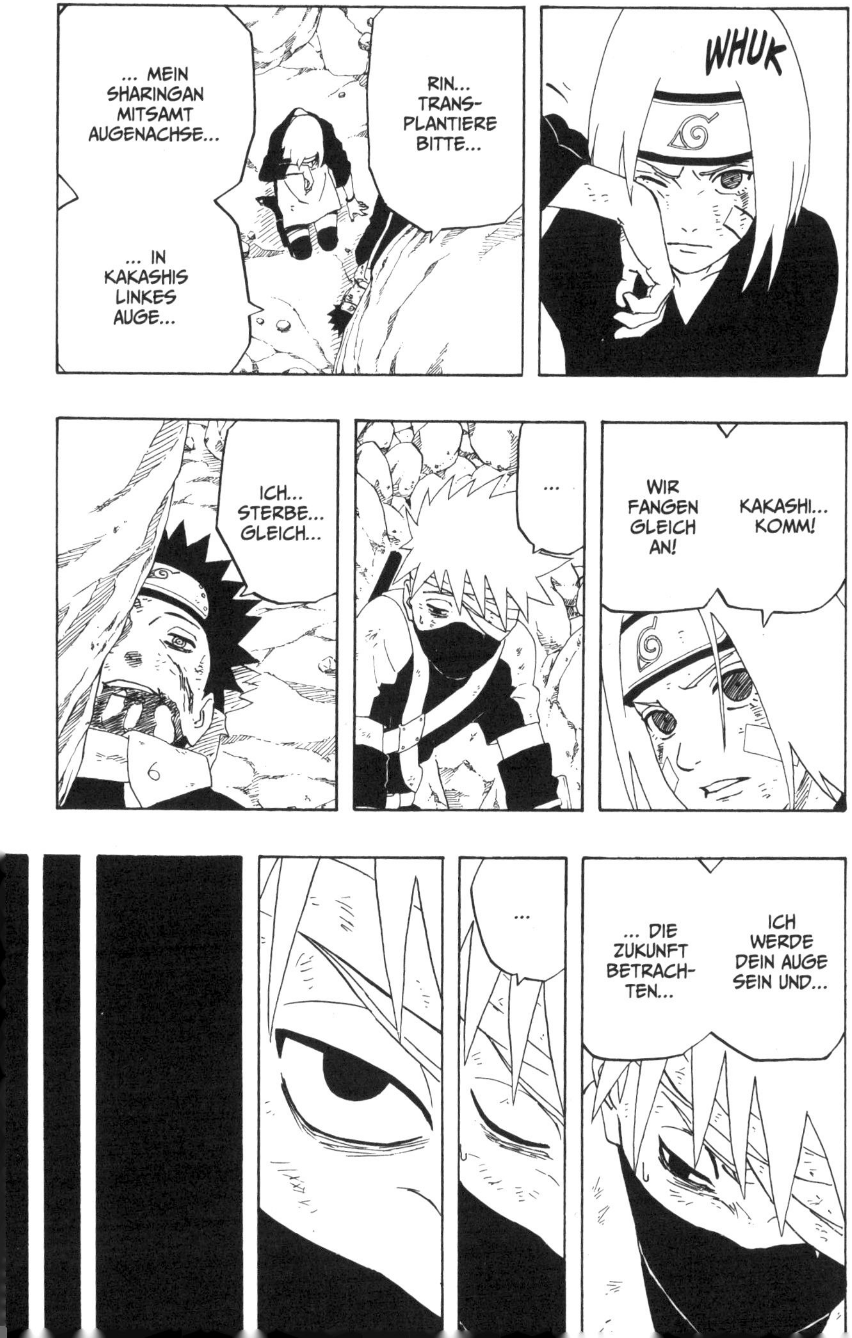
WHUK
RIN... TRANS-PLANTIERE BITTE...
... MEIN SHARINGAN MITSAMT AUGENACHSE...
... IN KAKASHIS LINKES AUGE...
KAKASHI... KOMM!
WIR FANGEN GLEICH AN!
...
ICH... STERBE... GLEICH...
ICH WERDE DEIN AUGE SEIN UND...
... DIE ZUKUNFT BETRACHTEN...
...

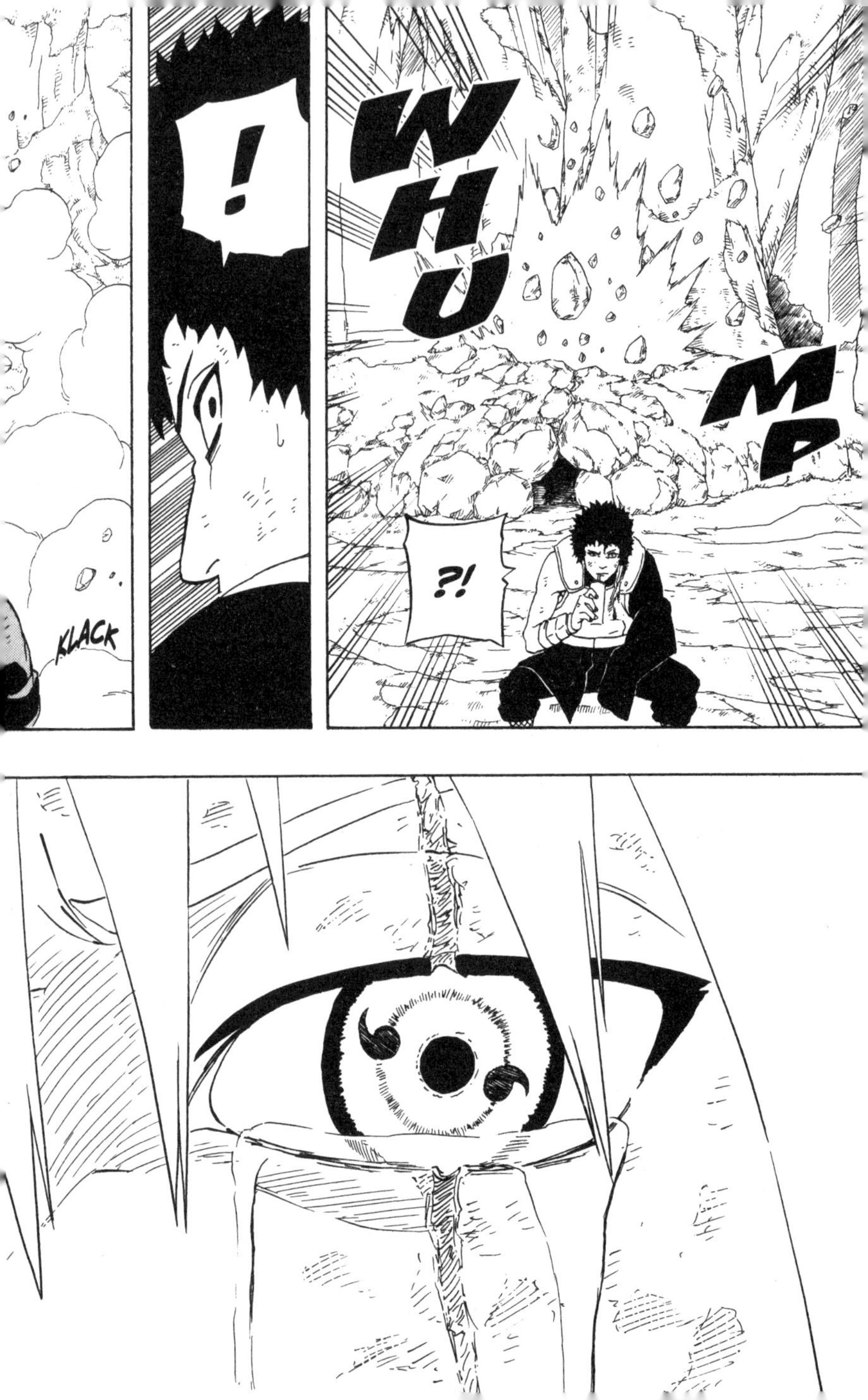

!
WHUMP
?!
KLACK

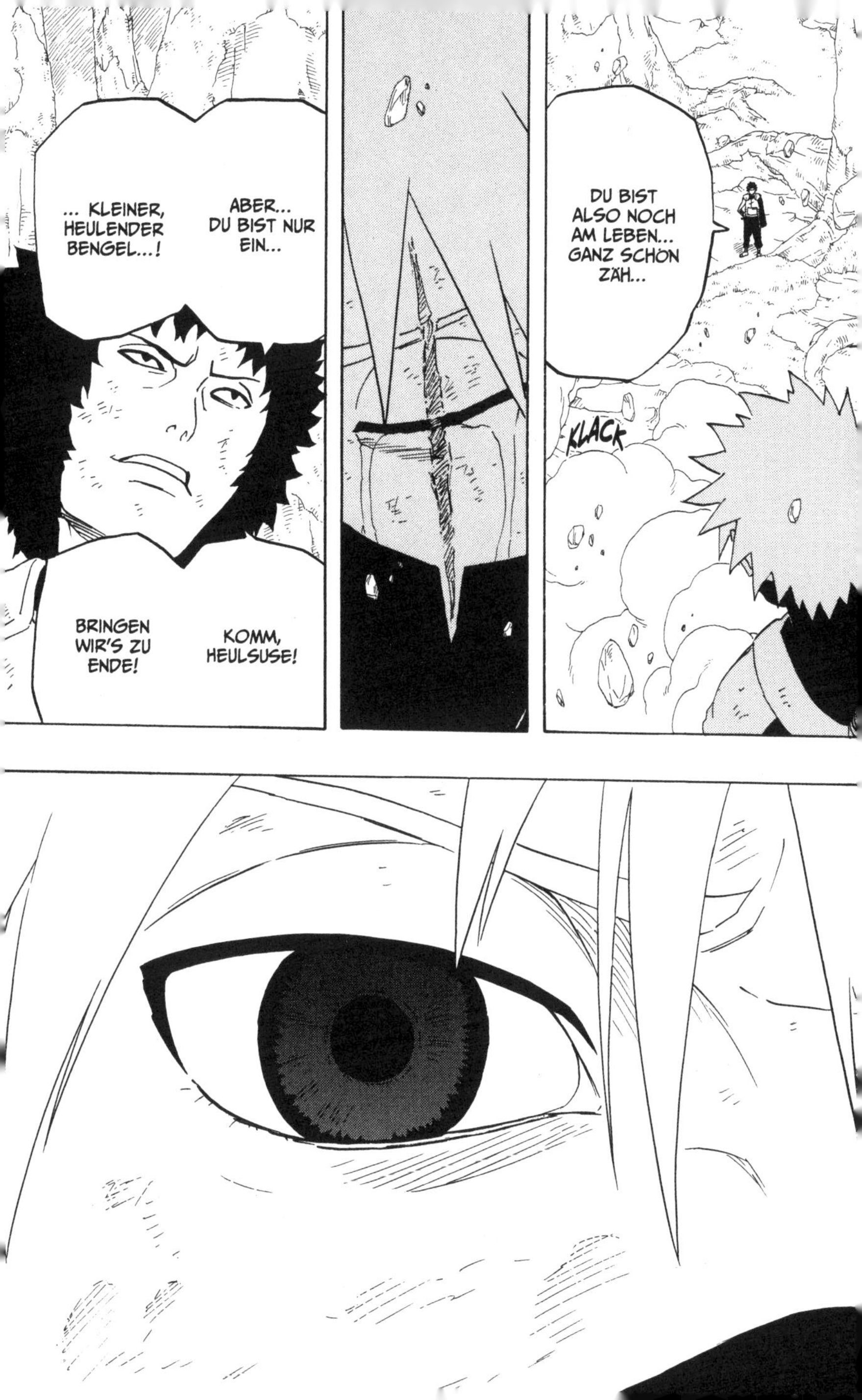
DU BIST ALSO NOCH AM LEBEN... GANZ SCHÖN ZÄH...
KLACK
ABER... DU BIST NUR EIN...
... KLEINER, HEULENDER BENGEL...!
KOMM, HEULSUSE!
BRINGEN WIR'S ZU ENDE!

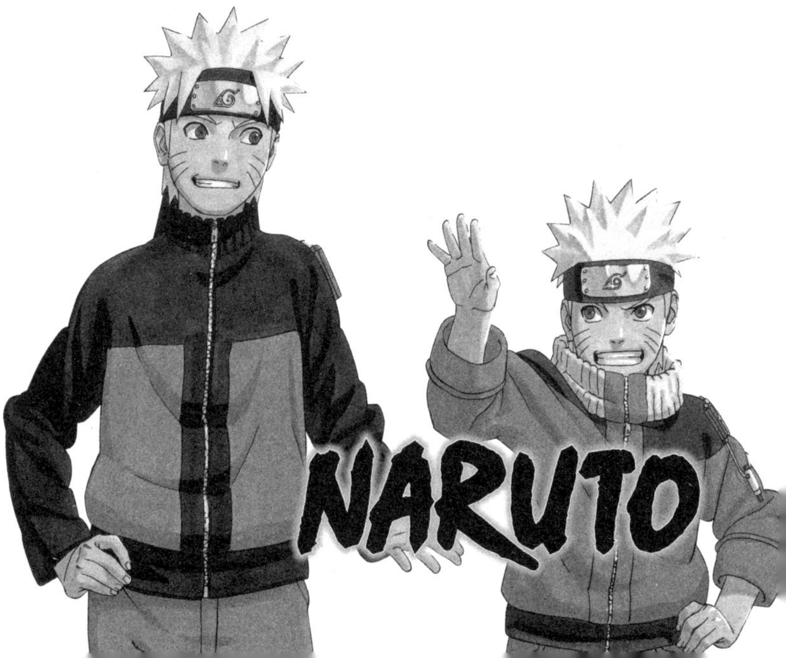
NARUTO

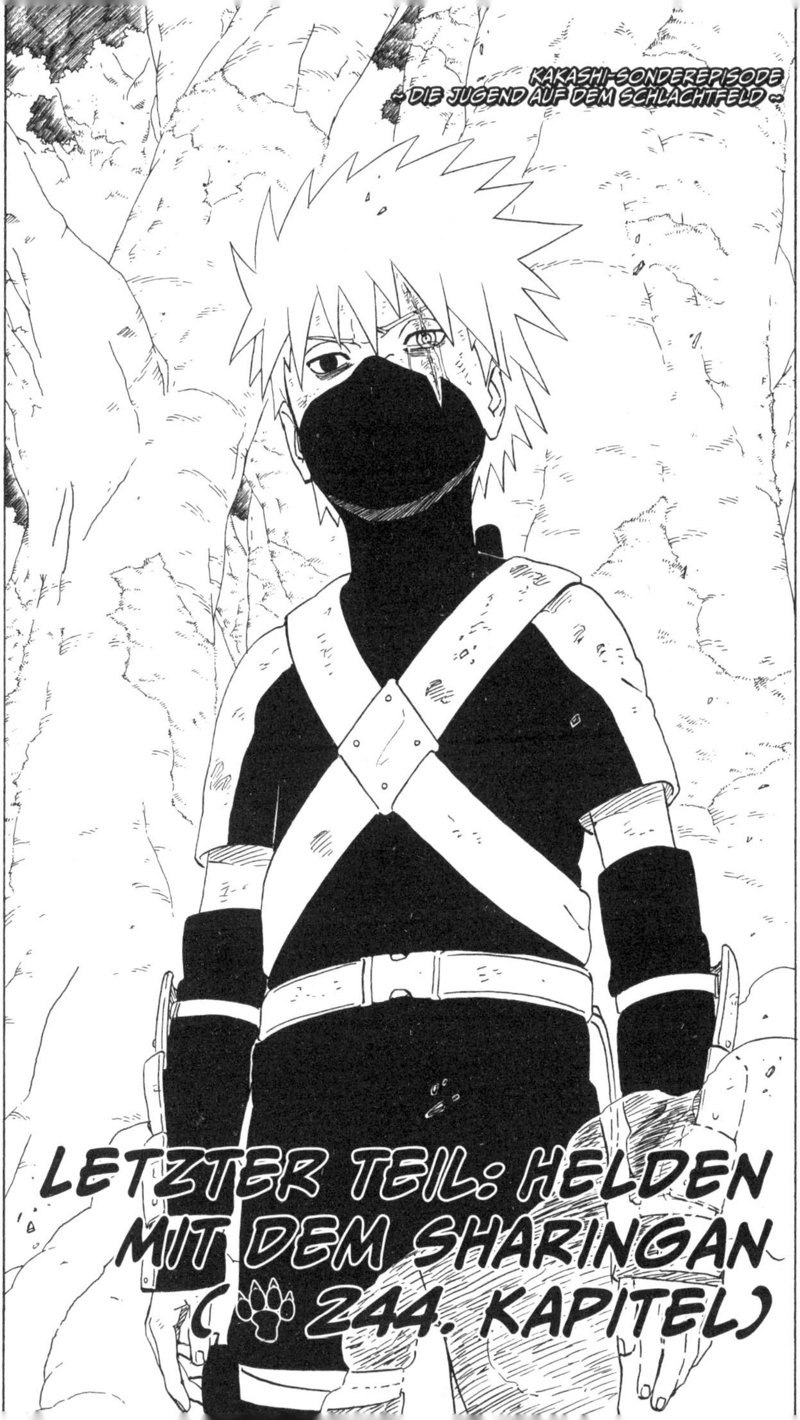
KAKASHI-SONDEREPISODE
~ DIE JUGEND AUF DEM SCHLACHTFELD ~
LETZTER TEIL: HELDEN MIT DEM SHARINGAN
(244. KAPITEL)

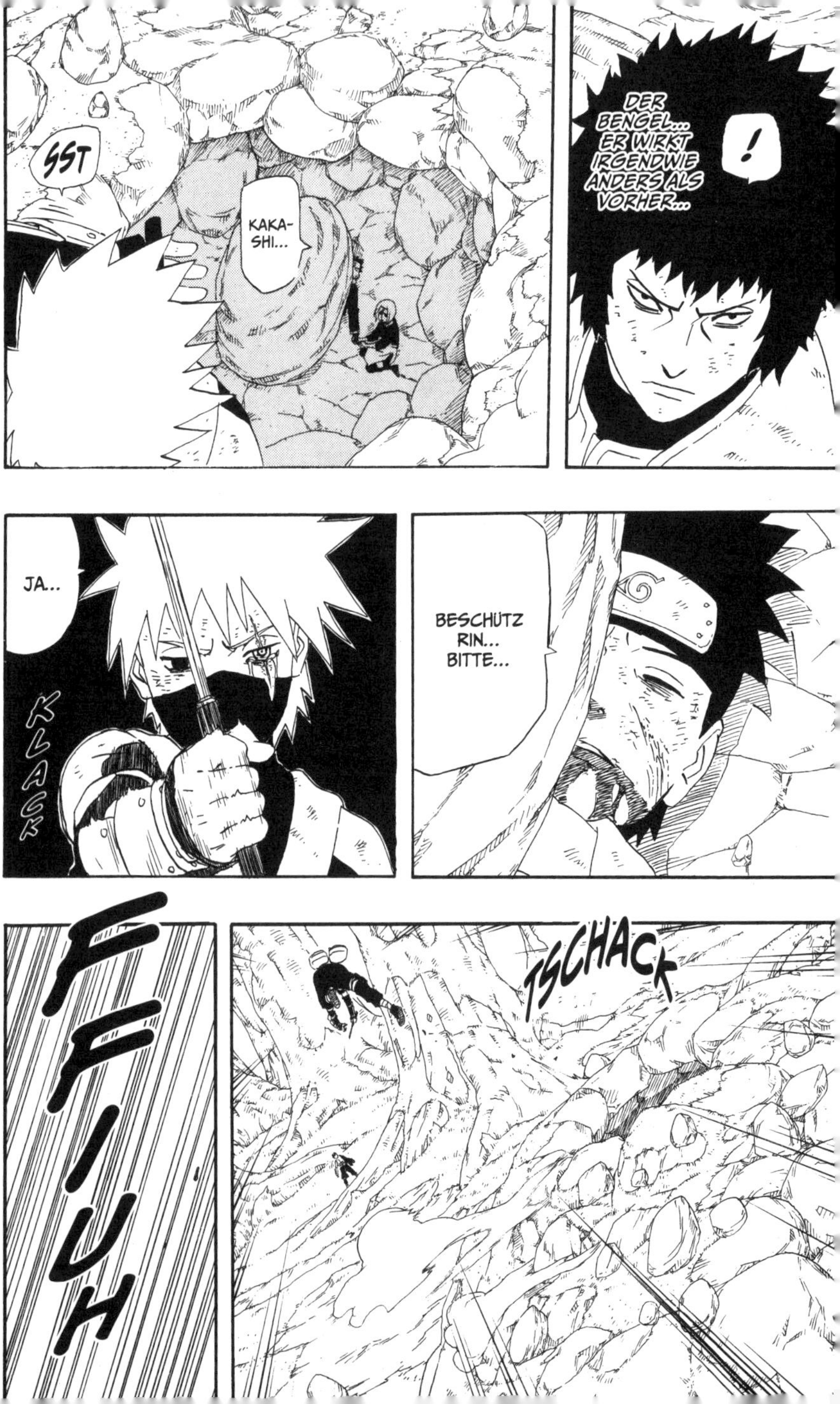
!
DER BENGEL... ER WIRKT IRGENDWIE ANDERS ALS VORHER...
KAKA-SHI...
SST
BESCHÜTZ RIN... BITTE...
JA...
KLACK
TSCHACK
FFIUH

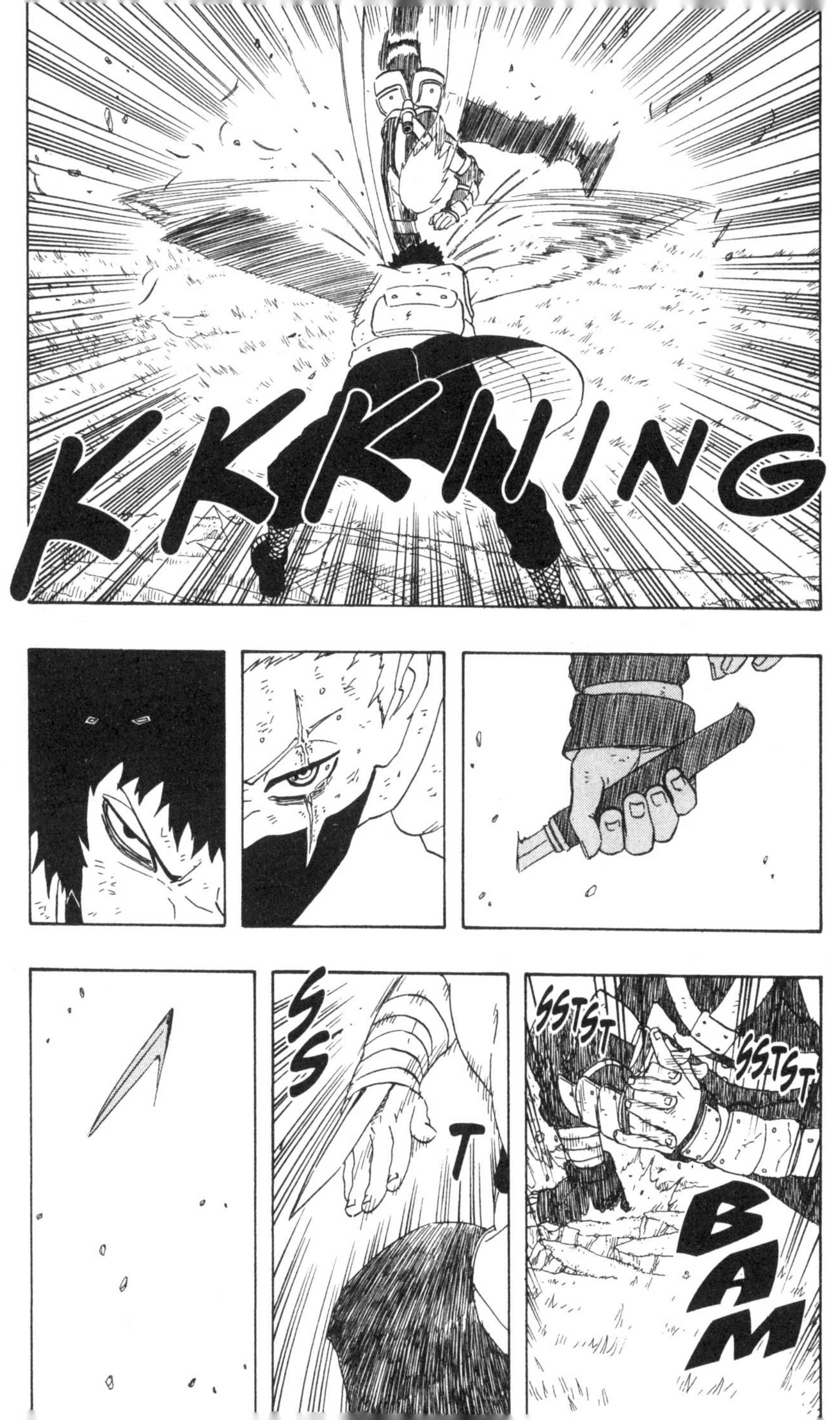
KKKIIING
SS
T
SSTST
SSTST
BAM

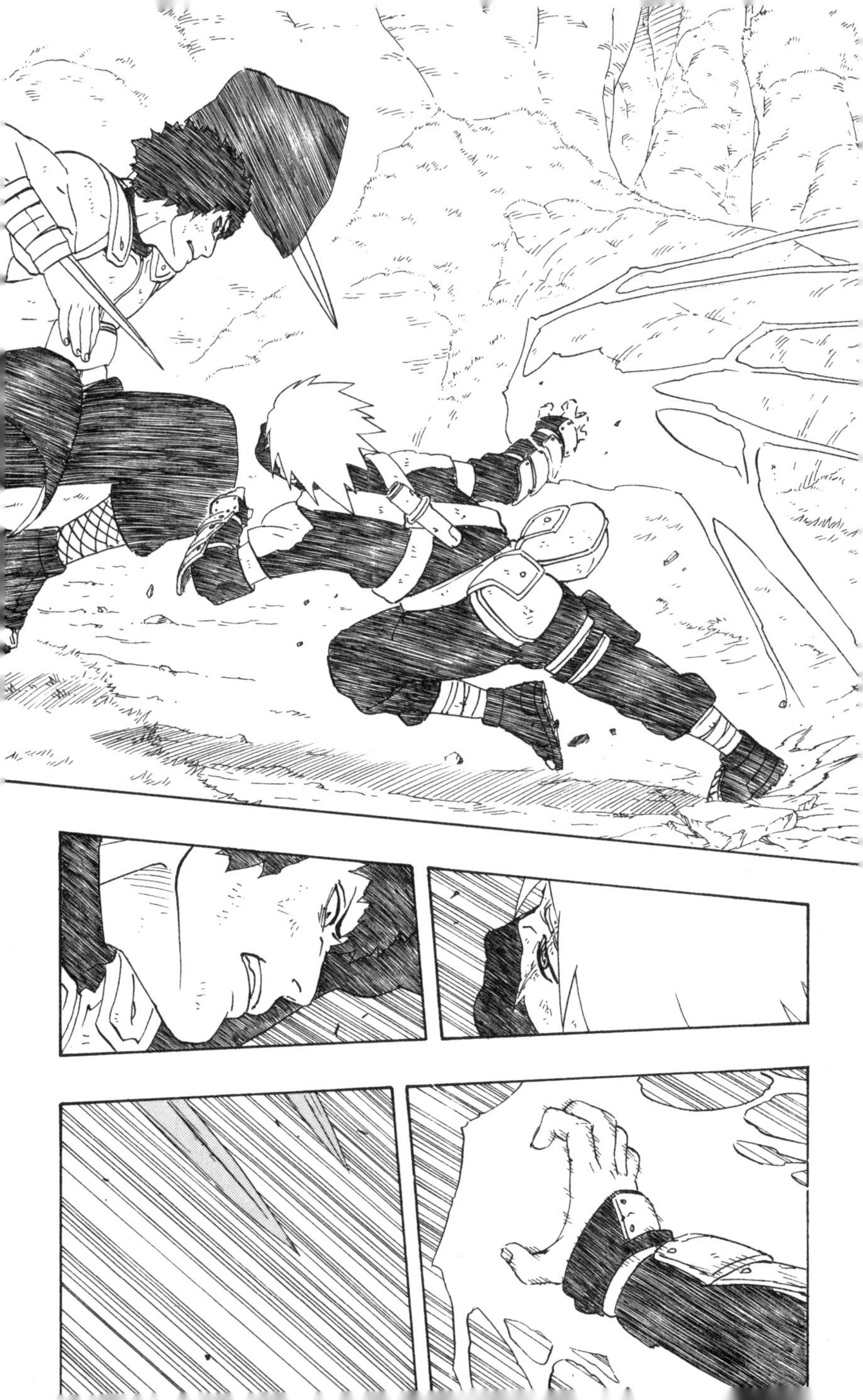

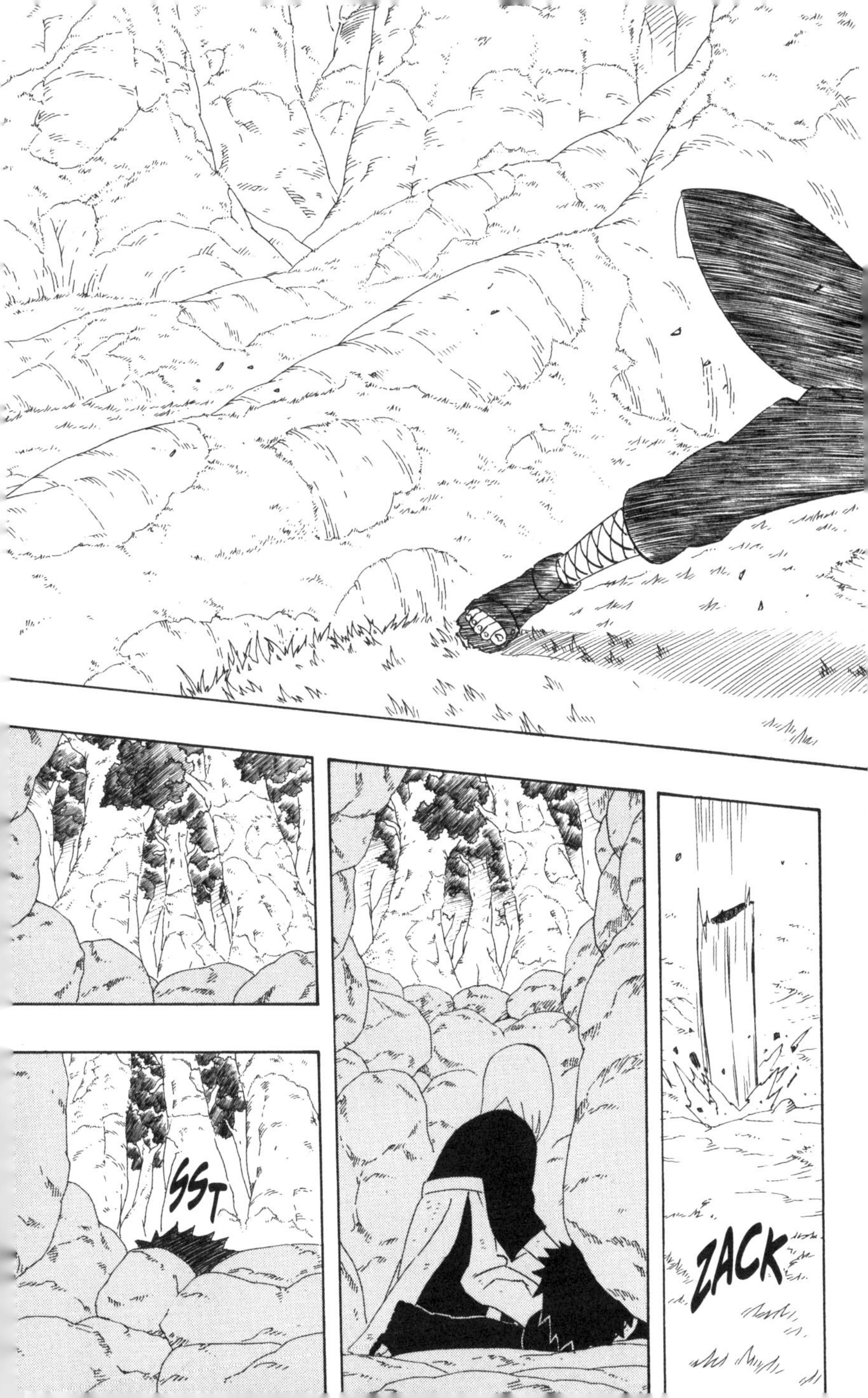
SST
ZACK

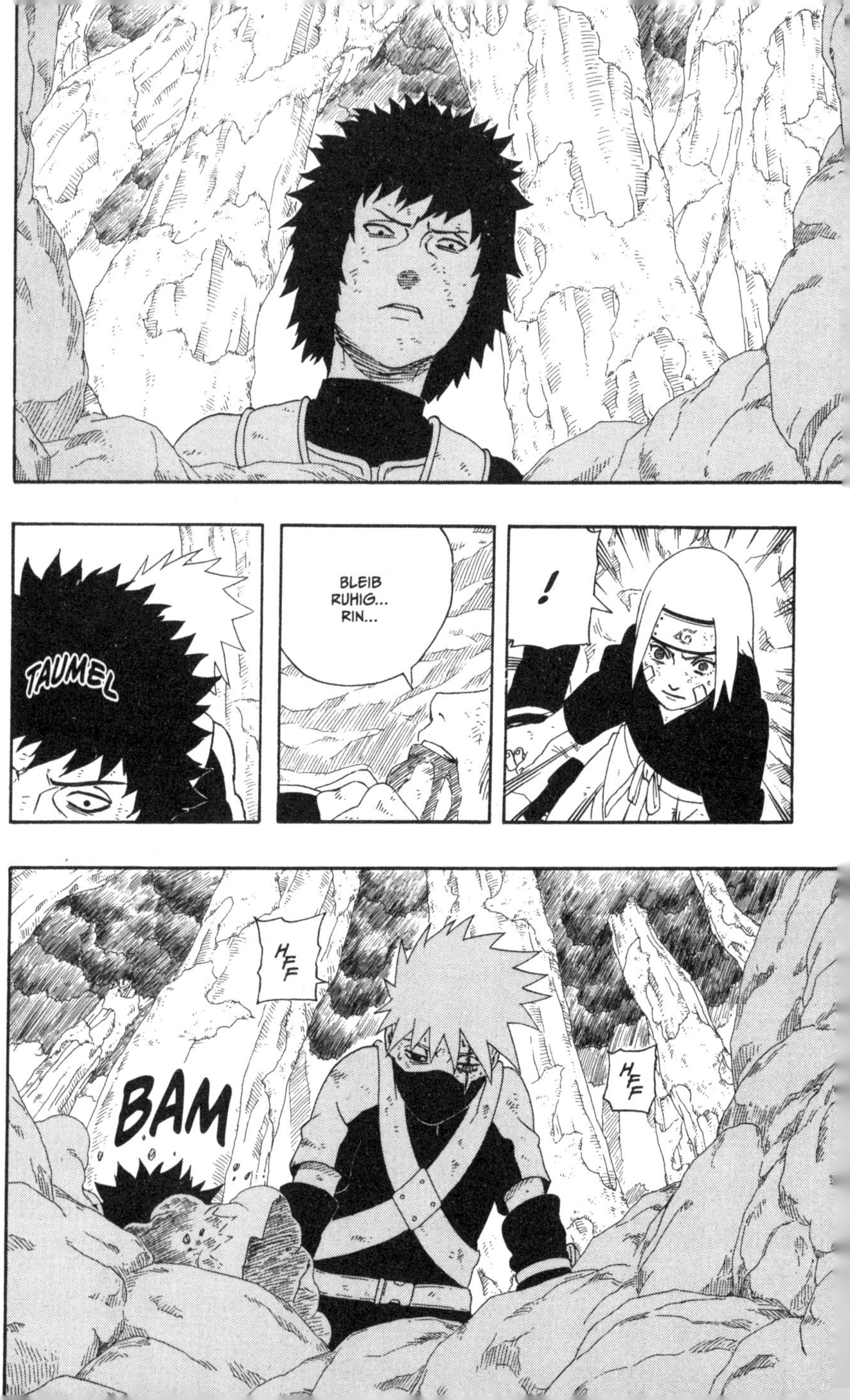
!
BLEIB RUHIG... RIN...
TAUMEL
HFF
HFF
BAM

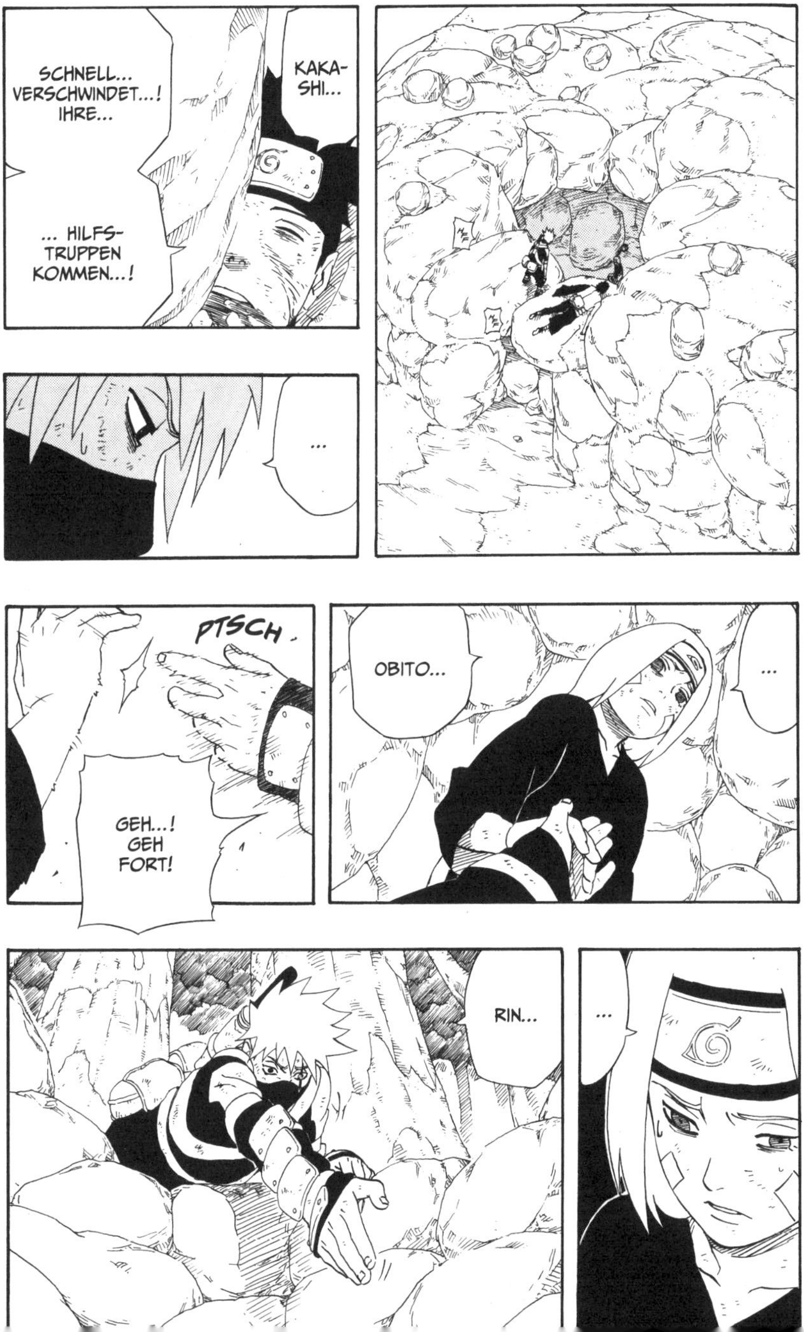
KAKA-SHI...
SCHNELL... VERSCHWINDET...! IHRE...
... HILFS-TRUPPEN KOMMEN...!
...
...
OBITO...
PTSCH
GEH...! GEH FORT!
...
RIN...

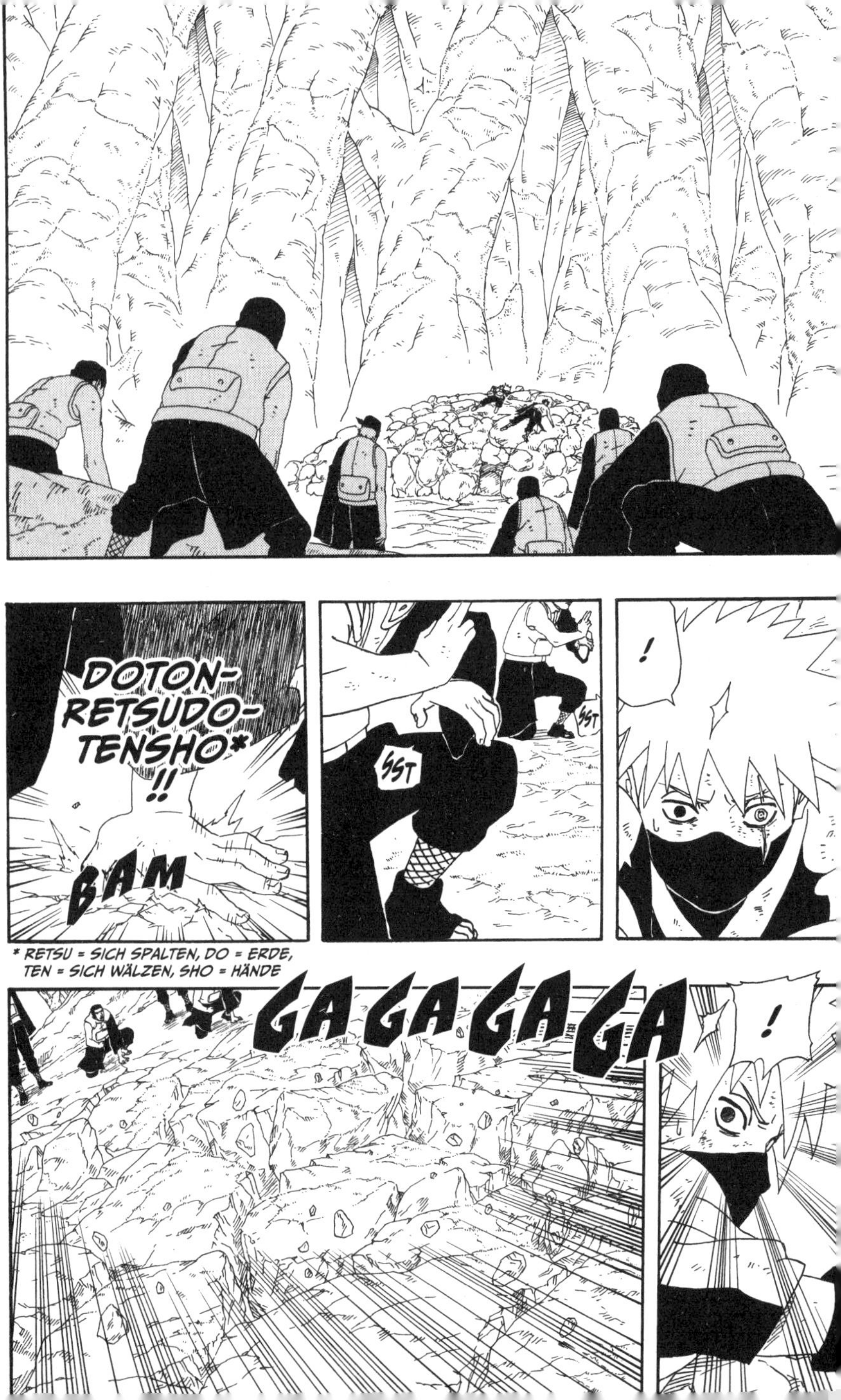
DOTON-RETSUDO-TENSHO*!!
BAM
SST
SST
!
* RETSU = SICH SPALTEN, DO = ERDE, TEN = SICH WÄLZEN, SHO = HÄNDE
GA GA GA GA
!

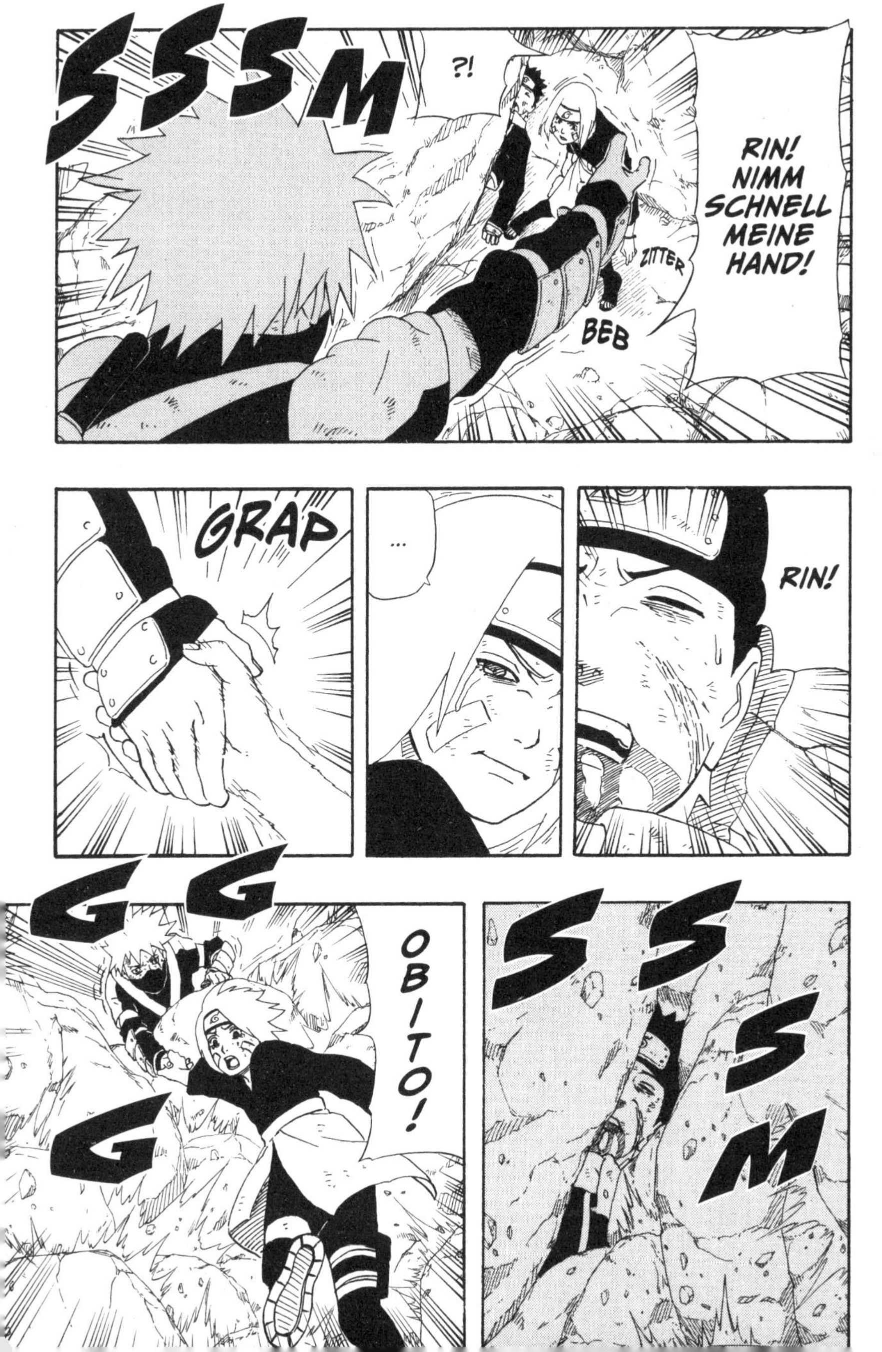
SSSM
?!
RIN! NIMM SCHNELL MEINE HAND!
ZITTER
BEB
GRAP
...
RIN!
GGG
OBITO!
SSSSM

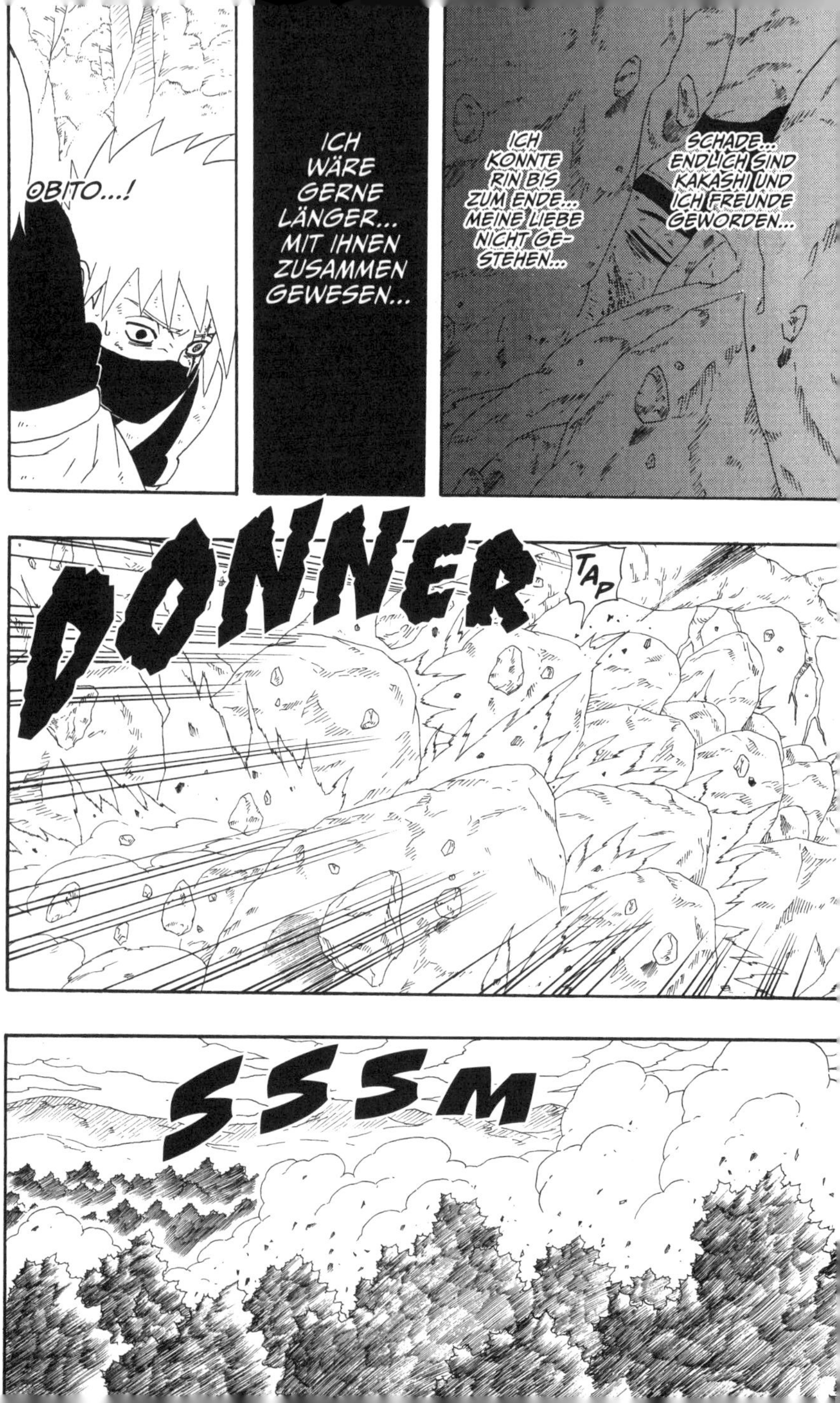
SCHADE... ENDLICH SIND KAKASHI UND ICH FREUNDE GEWORDEN...
ICH KONNTE RIN BIS ZUM ENDE... MEINE LIEBE NICHT GE-STEHEN...
ICH WÄRE GERNE LÄNGER... MIT IHNEN ZUSAMMEN GEWESEN...
OBITO...!
TAP
DONNER
SSSM

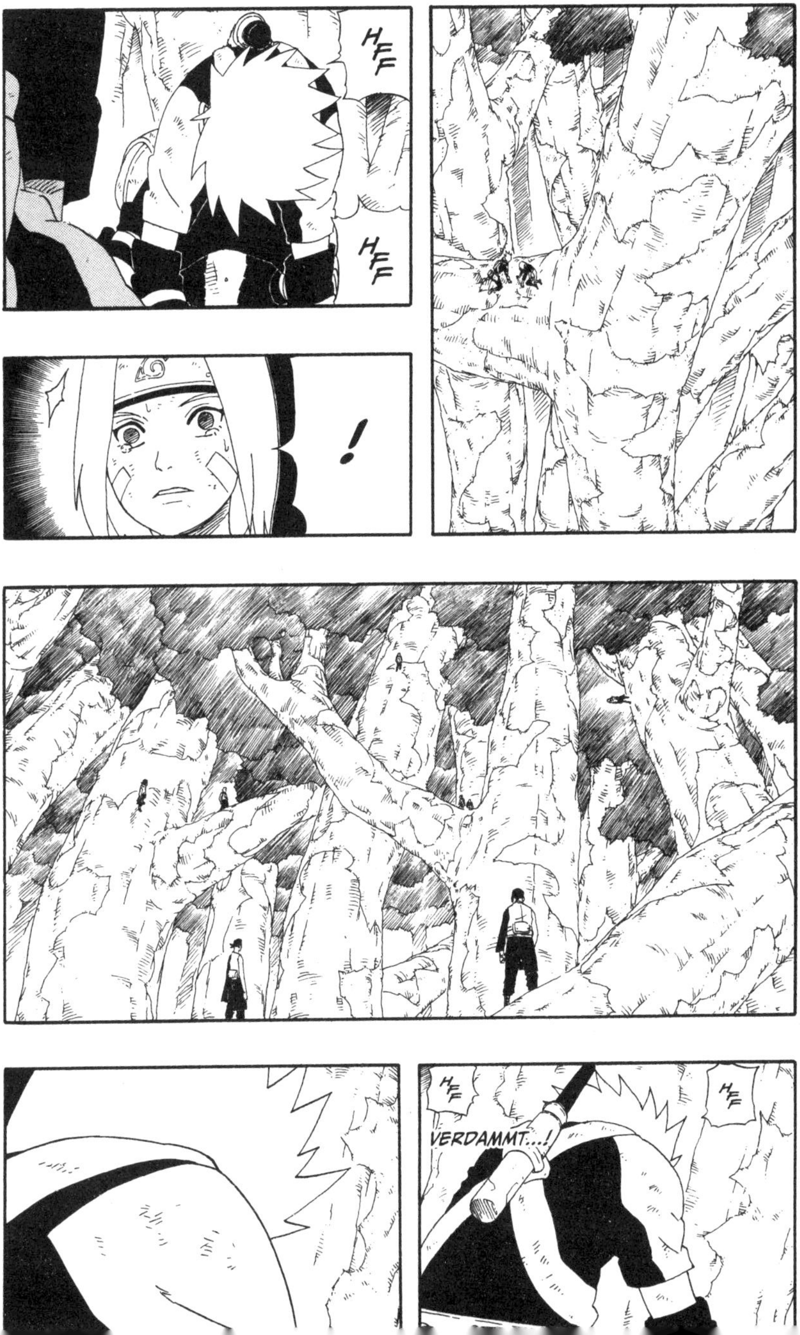
HFF
HFF
!
HFF
HFF
VERDAMMT...!

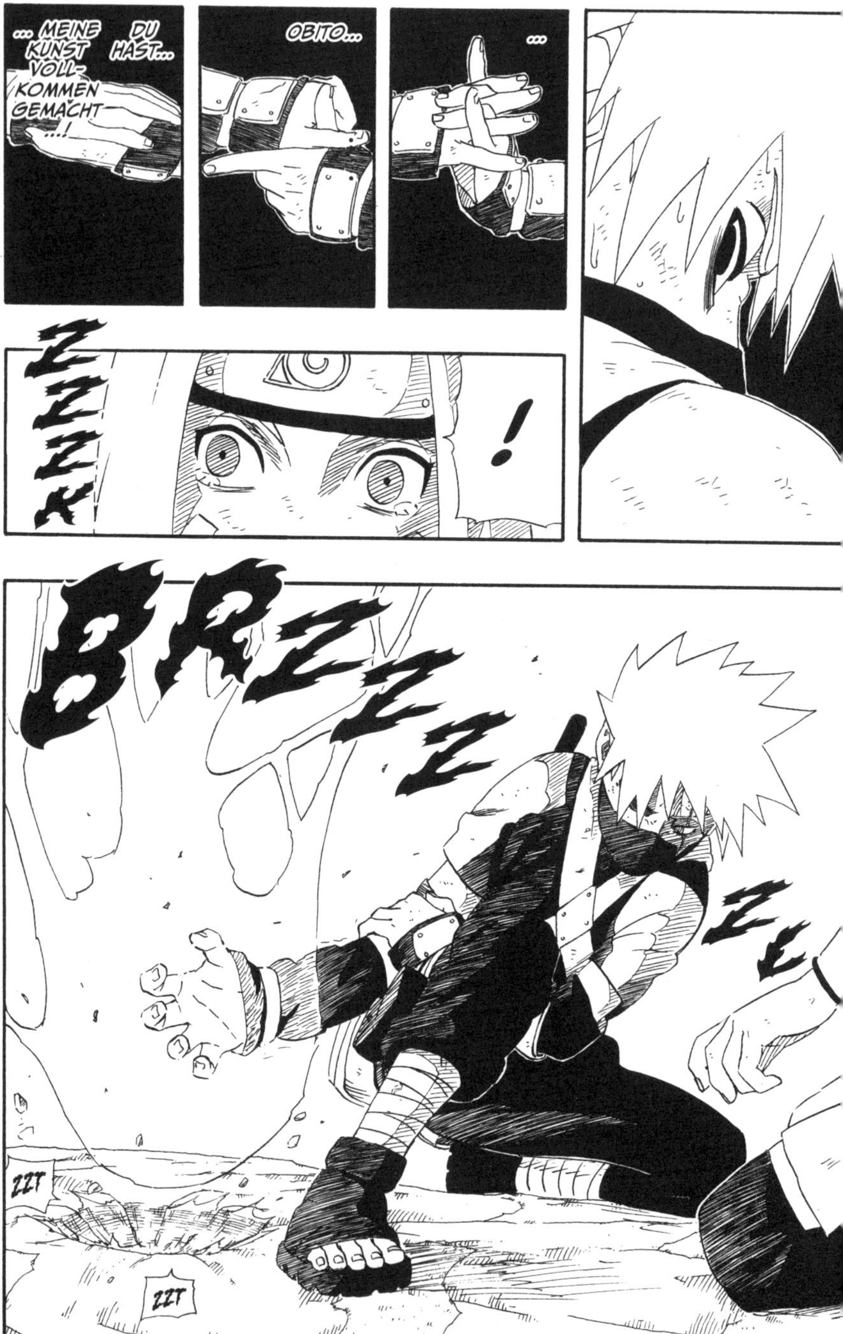
...
OBITO...
DU HAST...
... MEINE KUNST VOLL-KOMMEN GEMACHT ...!
!
ZZZZZK
BRZZZZ
ZZ
ZZT
ZZT

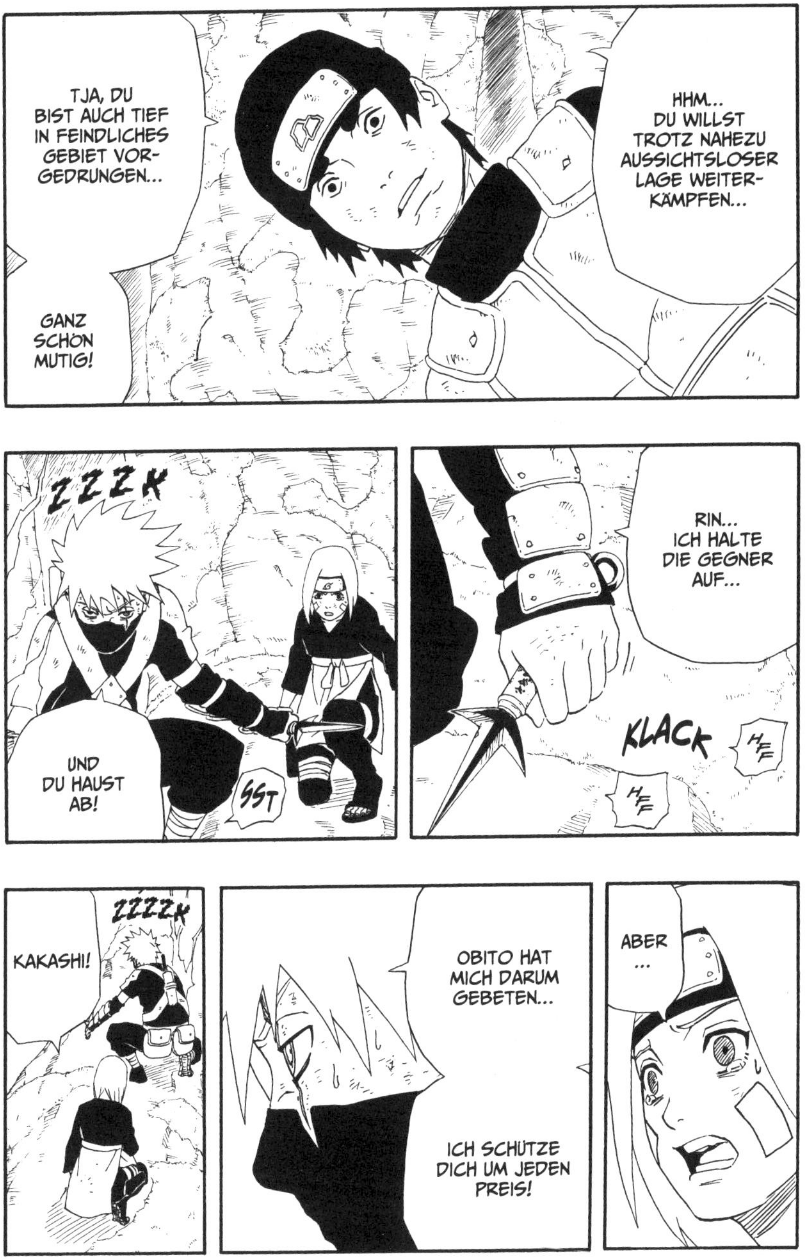
HHM... DU WILLST TROTZ NAHEZU AUSSICHTSLOSER LAGE WEITER-KÄMPFEN...
TJA, DU BIST AUCH TIEF IN FEINDLICHES GEBIET VOR-GEDRUNGEN...
GANZ SCHÖN MUTIG!
RIN... ICH HALTE DIE GEGNER AUF...
HFF
KLACK
HFF
ZZZK
UND DU HAUST AB!
SST
ABER ...
OBITO HAT MICH DARUM GEBETEN...
ICH SCHÜTZE DICH UM JEDEN PREIS!
ZZZZK
KAKASHI!

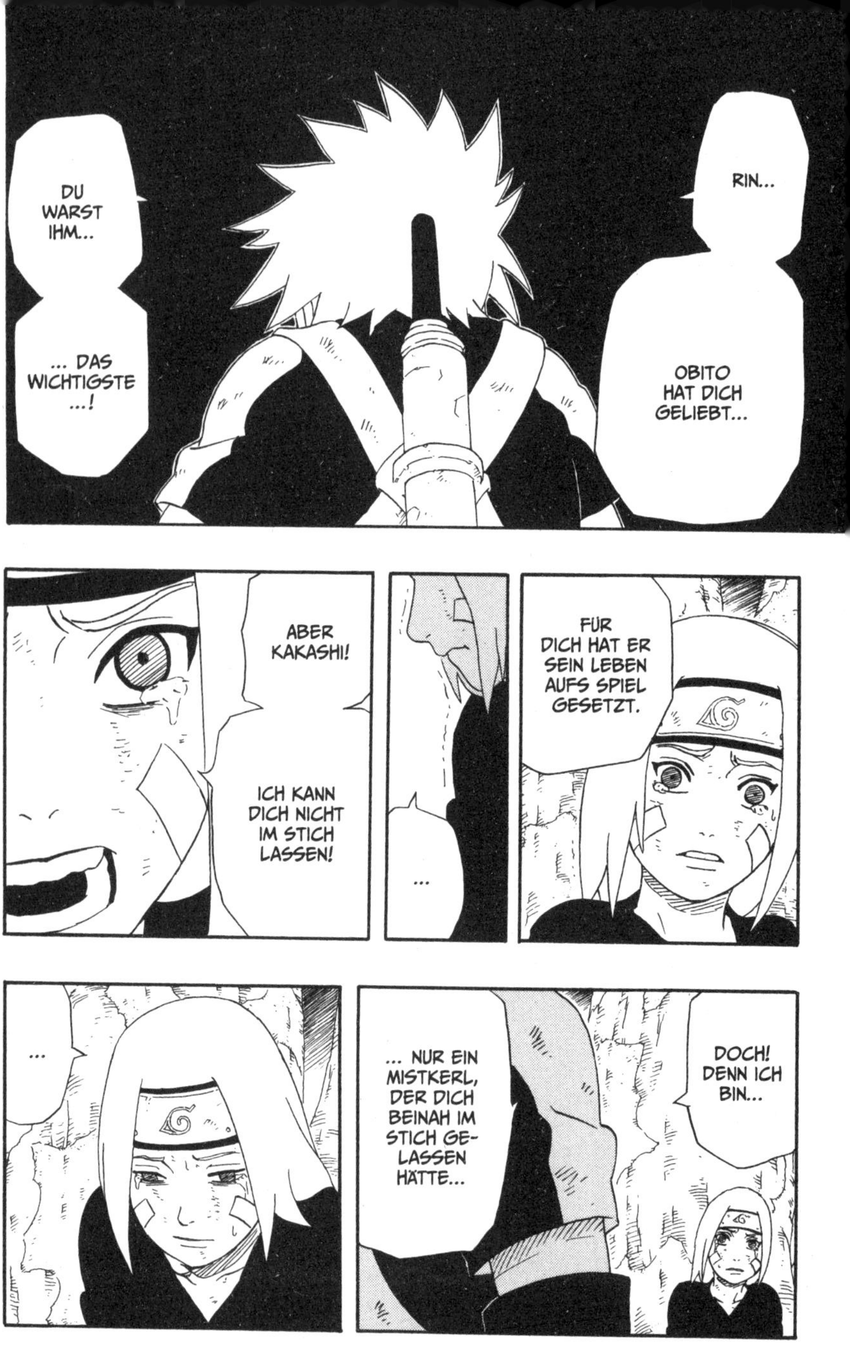
RIN...
OBITO HAT DICH GELIEBT...
DU WARST IHM...
... DAS WICHTIGSTE ...!
FÜR DICH HAT ER SEIN LEBEN AUFS SPIEL GESETZT.
...
ABER KAKASHI!
ICH KANN DICH NICHT IM STICH LASSEN!
DOCH! DENN ICH BIN...
... NUR EIN MISTKERL, DER DICH BEINAH IM STICH GELASSEN HÄTTE...
...

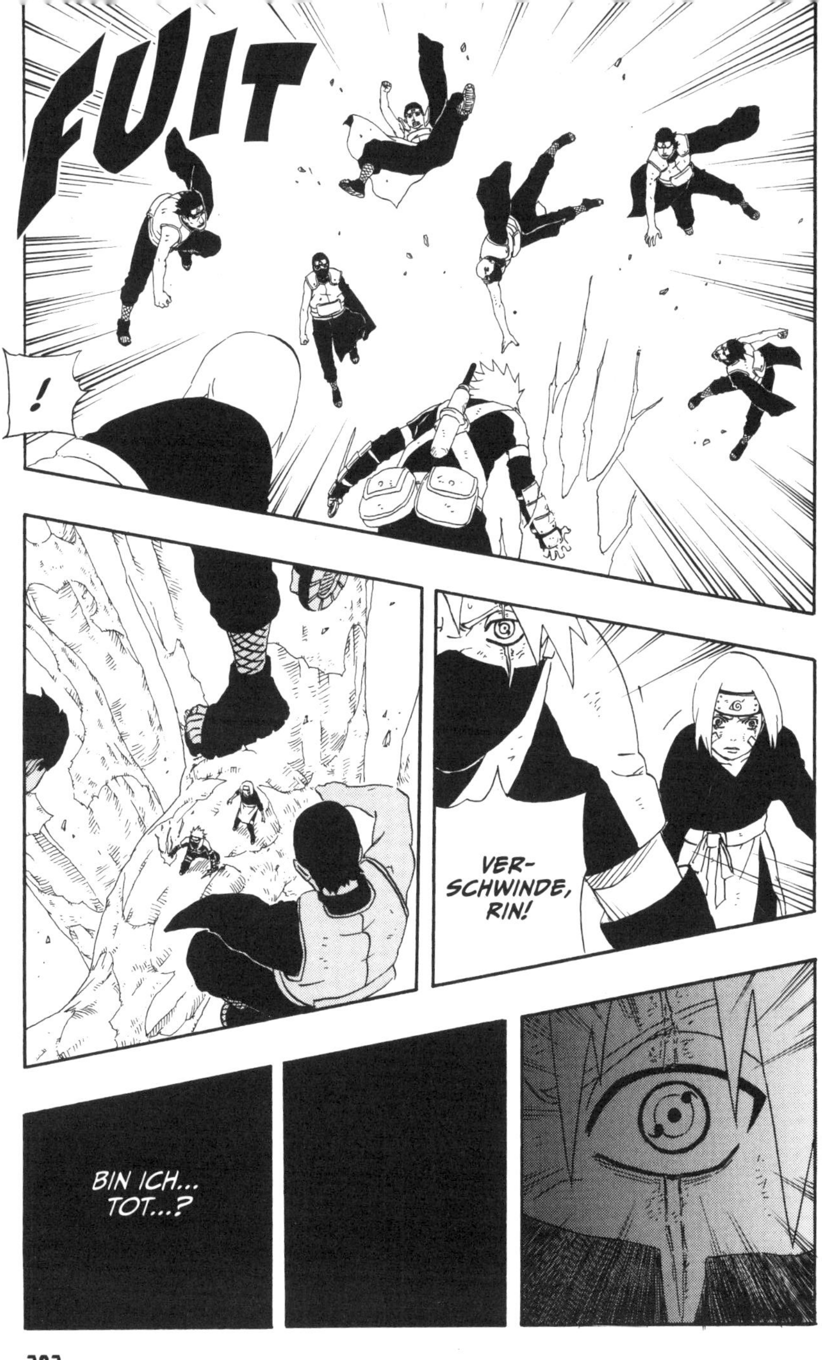
FUIT
!
VER-
SCHWINDE,
RIN!
BIN ICH...
TOT...?

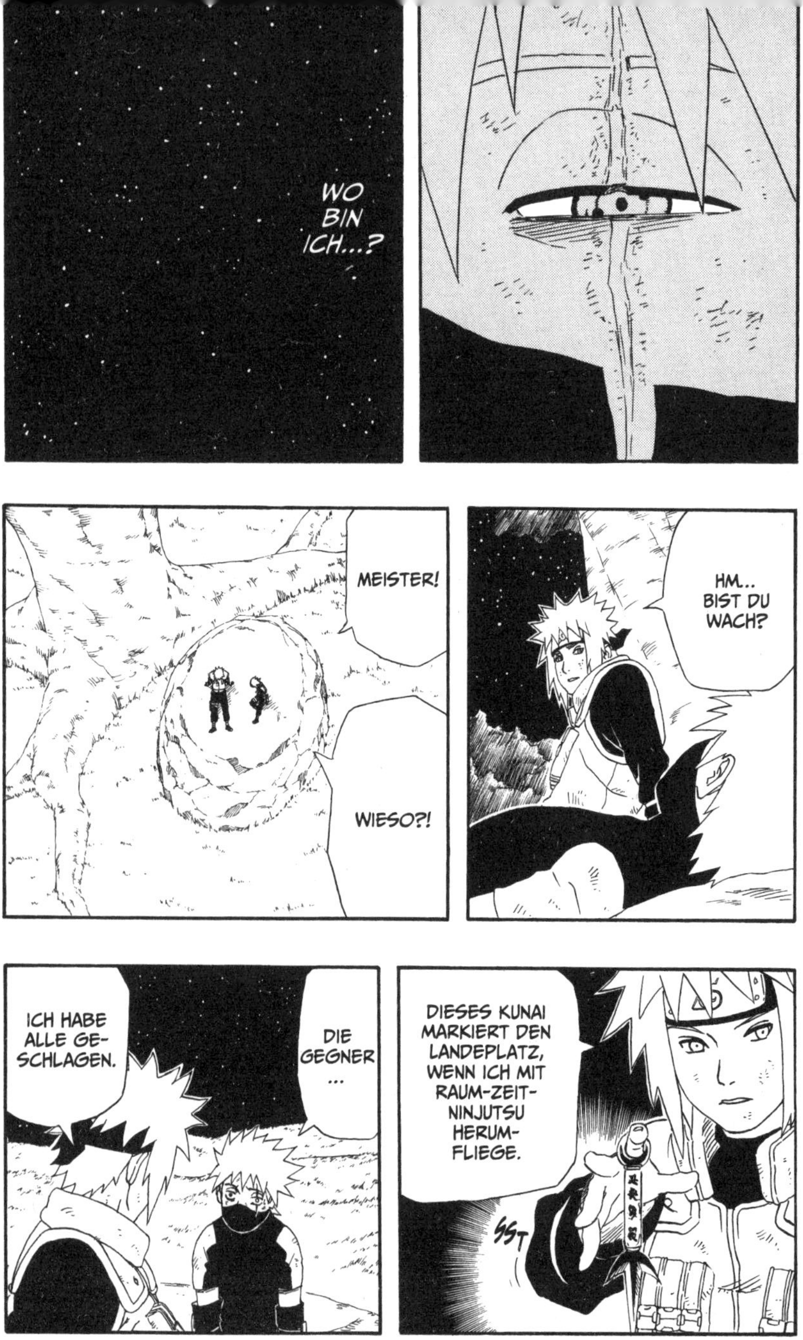

WO BIN ICH...?
MEISTER!
WIESO?!
HM... BIST DU WACH?
DIE GEGNER ...
ICH HABE ALLE GE-SCHLAGEN.
DIESES KUNAI MARKIERT DEN LANDEPLATZ, WENN ICH MIT RAUM-ZEIT-NINJUTSU HERUM-FLIEGE.
SST

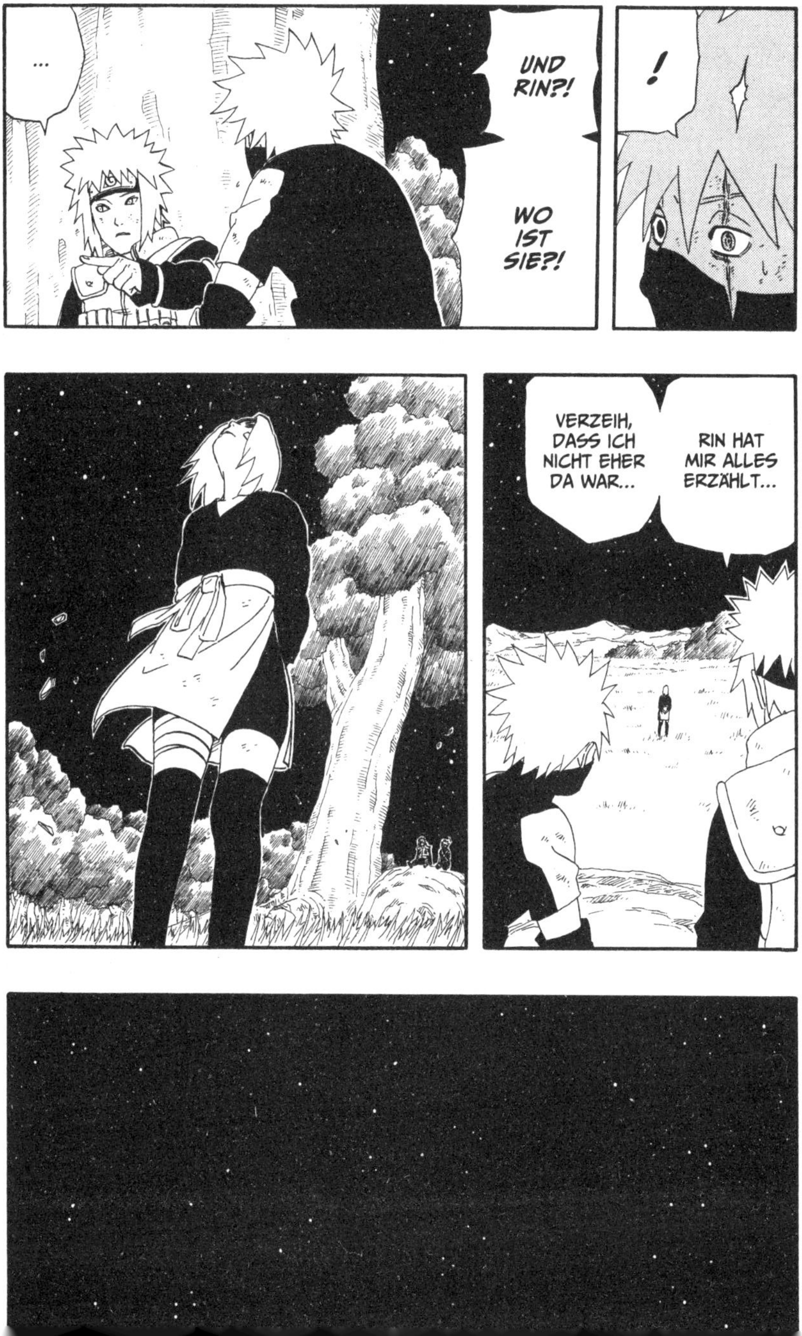
!
UND RIN?!
WO IST SIE?!
...
RIN HAT MIR ALLES ERZÄHLT...
VERZEIH, DASS ICH NICHT EHER DA WAR...

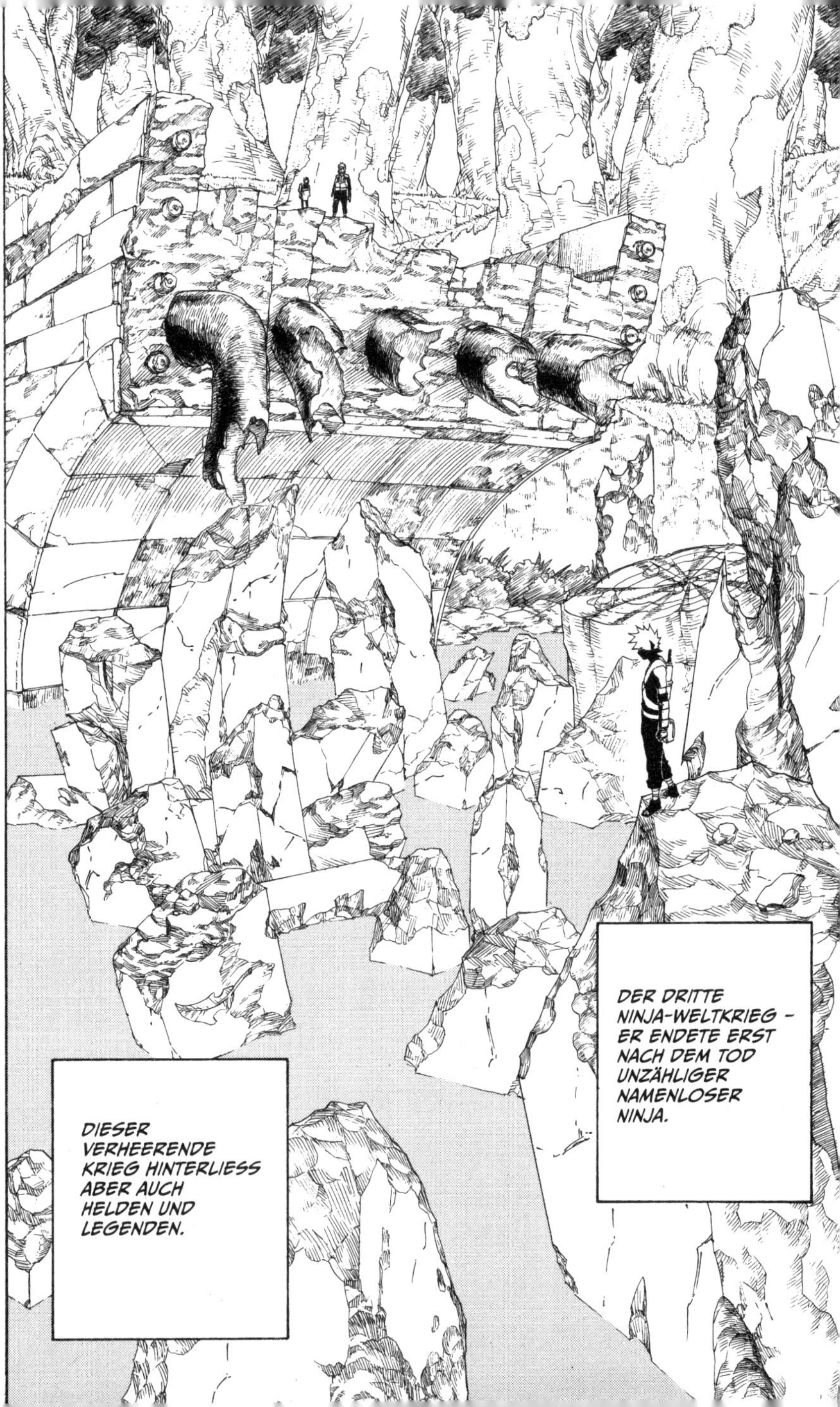
DER DRITTE NINJA-WELTKRIEG – ER ENDETE ERST NACH DEM TOD UNZÄHLIGER NAMENLOSER NINJA.
DIESER VERHEERENDE KRIEG HINTERLIESS ABER AUCH HELDEN UND LEGENDEN.

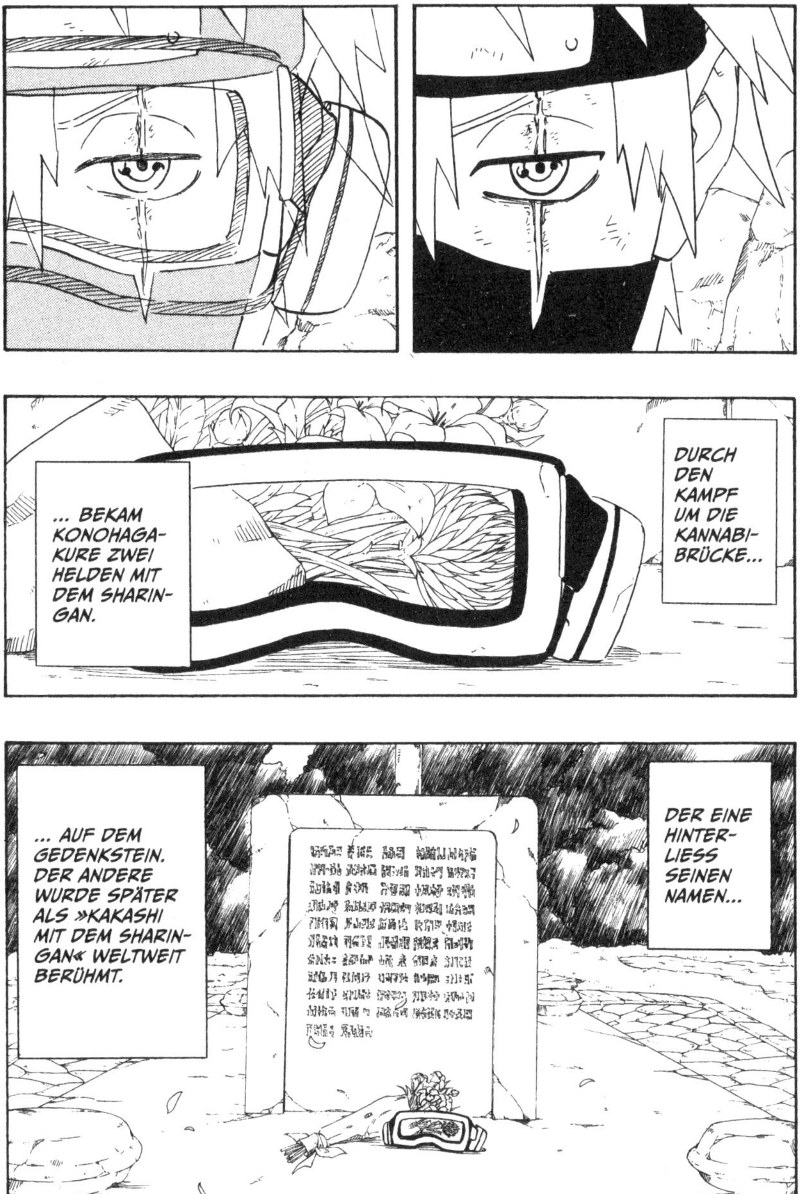
DURCH DEN KAMPF UM DIE KANNABI-BRÜCKE...
... BEKAM KONOHAGAKURE ZWEI HELDEN MIT DEM SHARINGAN.
DER EINE HINTERLIESS SEINEN NAMEN...
... AUF DEM GEDENKSTEIN. DER ANDERE WURDE SPÄTER ALS »KAKASHI MIT DEM SHARINGAN« WELTWEIT BERÜHMT.

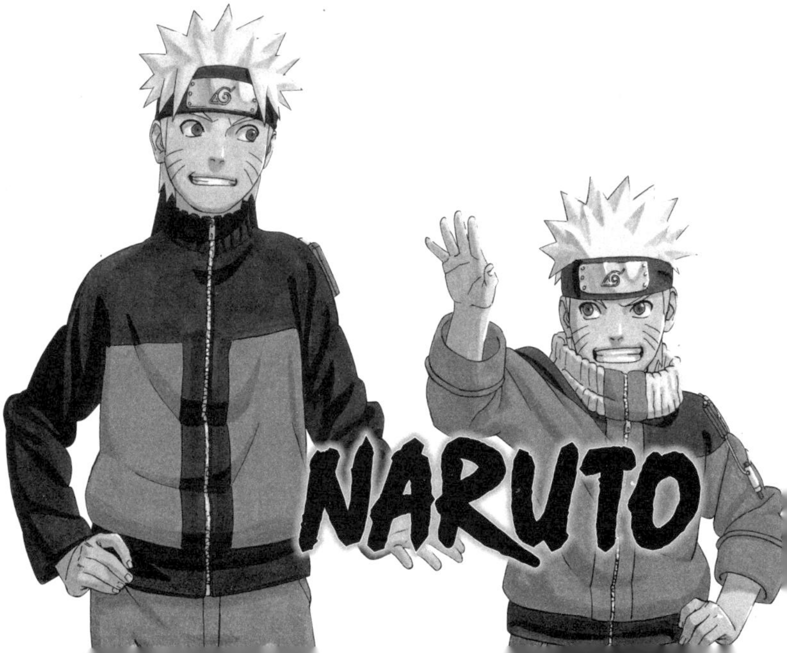
NARUTO

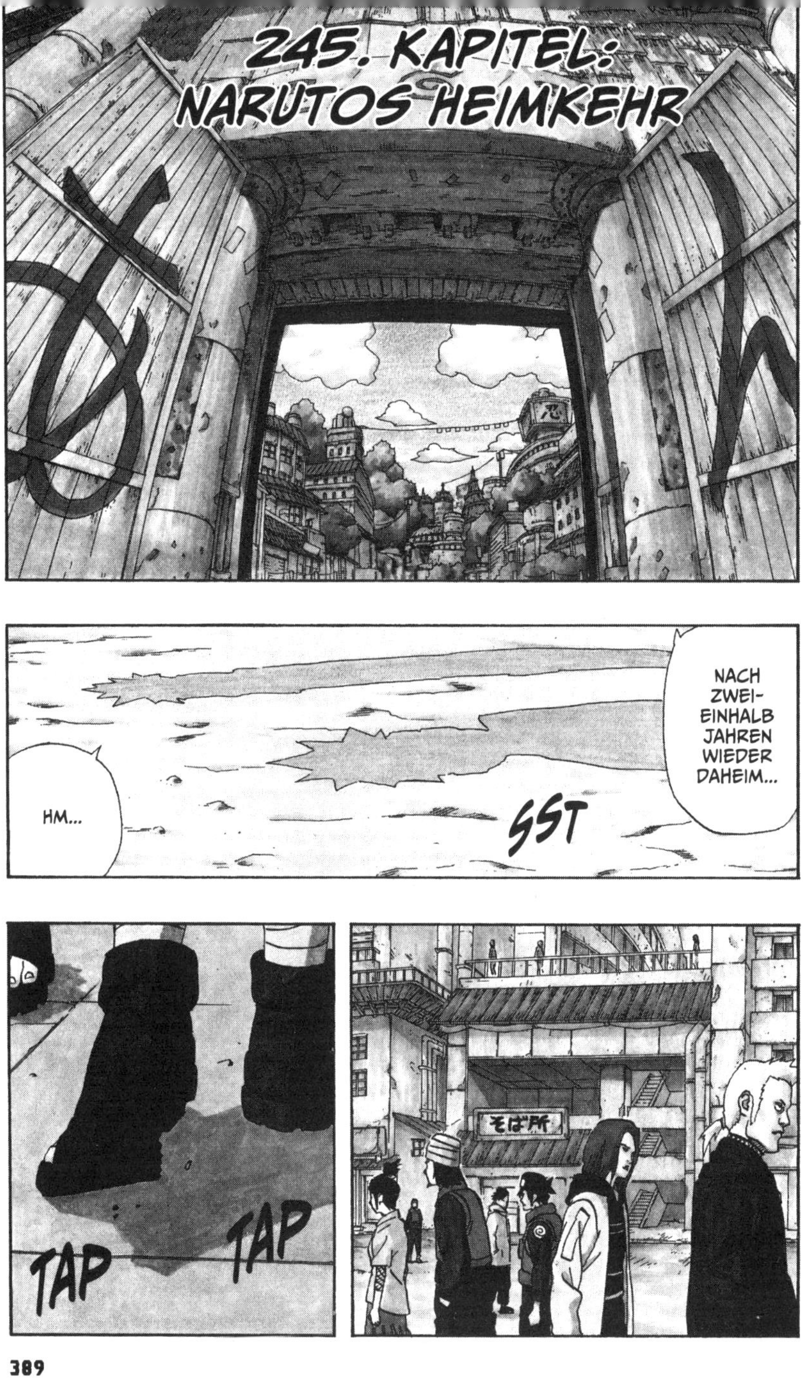
245. KAPITEL: NARUTOS HEIMKEHR
NACH ZWEI-EINHALB JAHREN WIEDER DAHEIM...
SST
HM...
そば所
TAP
TAP

Leserumfrage

die beliebtesten Künste: Bekanntgabe der Ergebnisse!

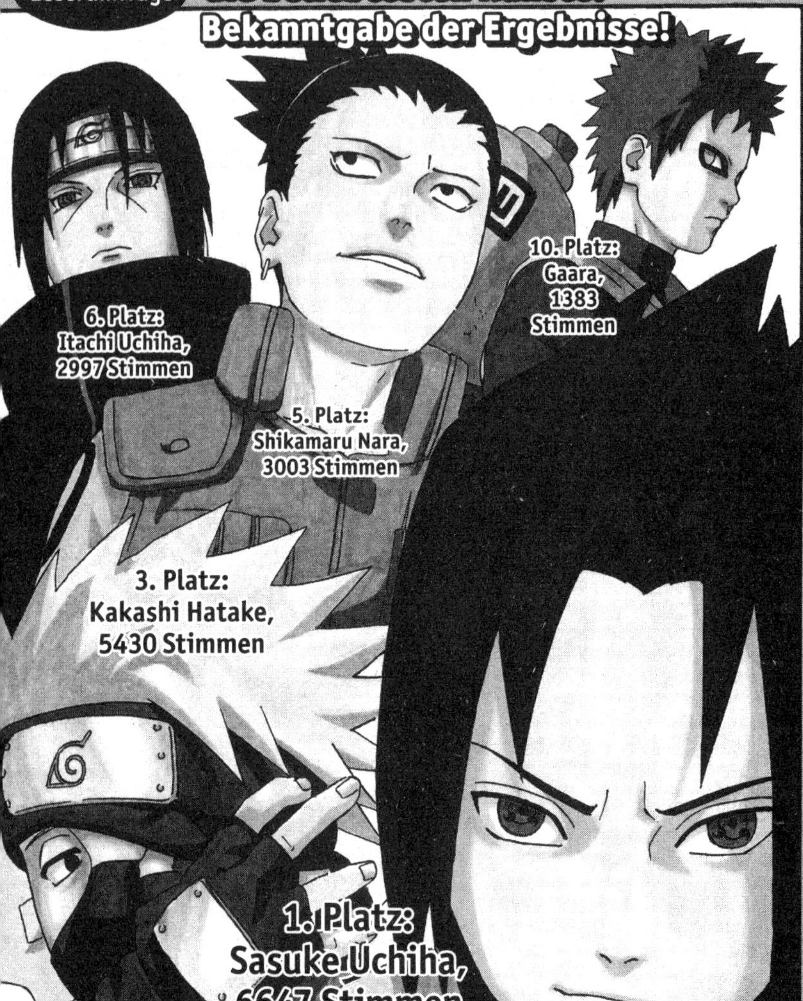

• Die beliebtesten Künste •

1. Platz: **Rasengan**, 6354 Stimmen
2. Platz: **Chidori**, 5665 Stimmen
3. Platz: **Raikiri**, 5188 Stimmen
4. Platz: **Tsukuyomi**, 3447 Stimmen
5. Platz: **Hakke-Rokujuyon-Sho**, 1624 Stimmen
6. Platz: **Kuchiyose-no-Jutsu**, 1611 Stimmen
7. Platz: **Kagemane-no-Jutsu**, 1575 Stimmen
8. Platz: **Sharingan**, 1531 Stimmen
9. Platz: **Byakugan**, 1197 Stimmen
10. Platz: **Mangekyo-Sharingan**, 670 Stimmen
11. Platz: **Kage-Kubishibari-no-Jutsu**, 653 Stimmen
12. Platz: **Oiroke-no-Jutsu**, 617 Stimmen
13. Platz: **Shishi-Rendan**, 616 Stimmen
14. Platz: **Kuchiyose-Kirikirimai**, 576 Stimmen
15. Platz: **Shintenshin-no-Jutsu**, 535 Stimmen
16. Platz: **Urarenge**, 513 Stimmen
17. Platz: **Sakura-Fubuki-no-Jutsu***, 511 Stimmen
18. Platz: **Harem-no-Jutsu**, 509 Stimmen
19. Platz: **Kagebunshin-no-Jutsu**, 499 Stimmen
20. Platz: **Sennen-Goroshi**, 490 Stimmen

**Diese Kunst von Sakura ist speziell für den Anime entwickelt worden.*

Leserumfrage **Die beliebtesten Charaktere &**

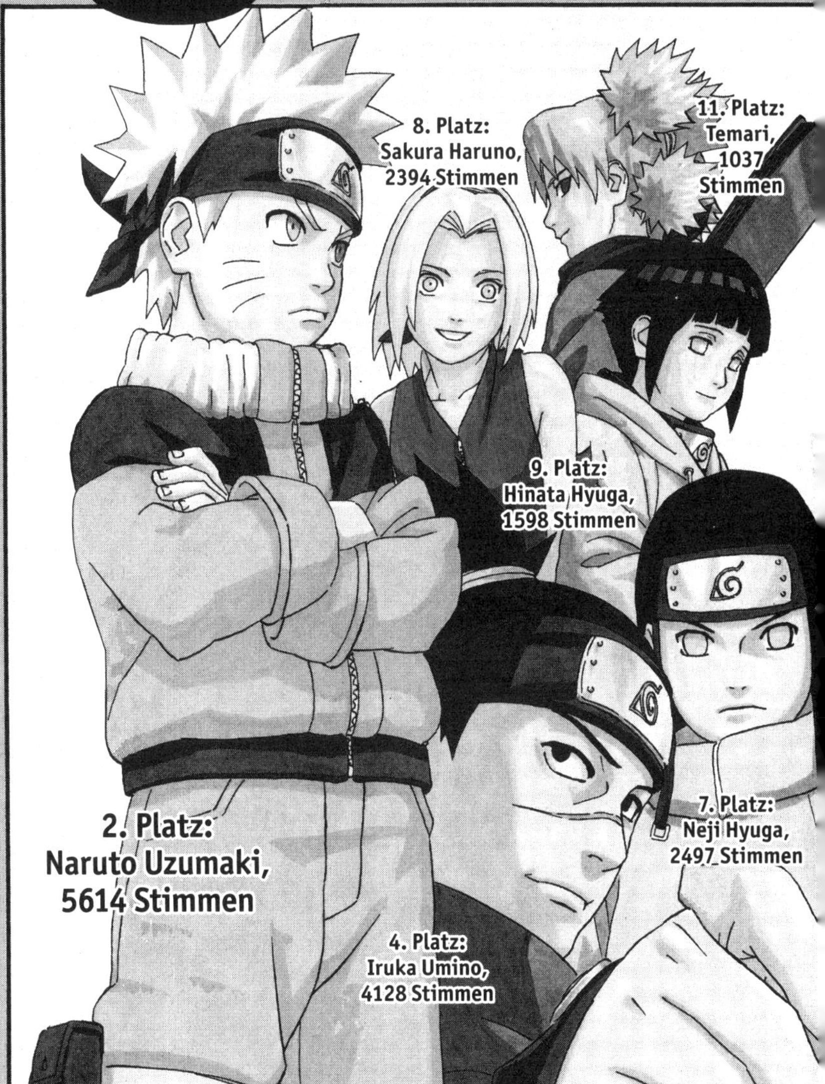

• Die Ergebnisse ab dem 12. Platz •

12. Platz: **Kiba Inuzuka**, 788 Stimmen
13. Platz: **Rock Lee**, 722 Stimmen
14. Platz: **Ino Yamanaka**, 717 Stimmen
15. Platz: **Haku**, 706 Stimmen
16. Platz: **Tsunade**, 595 Stimmen
17. Platz: **Maito Gai**, 559 Stimmen
18. Platz: **Kimimaro**, 478 Stimmen
19. Platz: **Kabuto Yakushi**, 473 Stimmen
20. Platz: **Hayate Gekko**, 434 Stimmen
21. Platz: **Shino Aburame**, 377 Stimmen
22. Platz: **Hokage der Vierte**, 345 Stimmen
23. Platz: **Jiraiya**, 317 Stimmen
24. Platz: **Tenten**, 280 Stimmen
25. Platz: **Tayuya**, 225 Stimmen
26. Platz: **Asuma Sarutobi**, 221 Stimmen
27. Platz: **Orochimaru**, 211 Stimmen
28. Platz: **Kisame Hoshigaki**, 202 Stimmen
29. Platz: **Shizune**, 163 Stimmen
30. Platz: **Kankuro**, 117 Stimmen

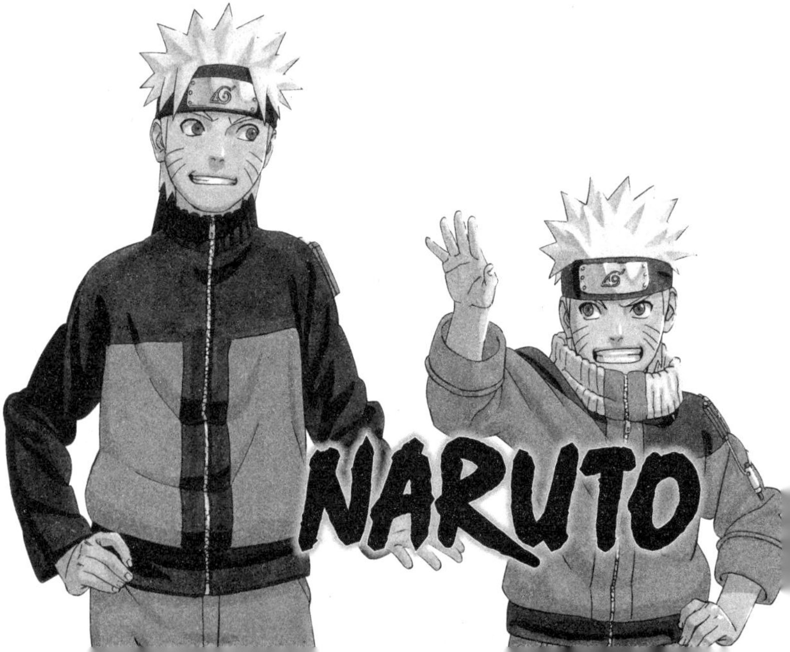
NARUTO

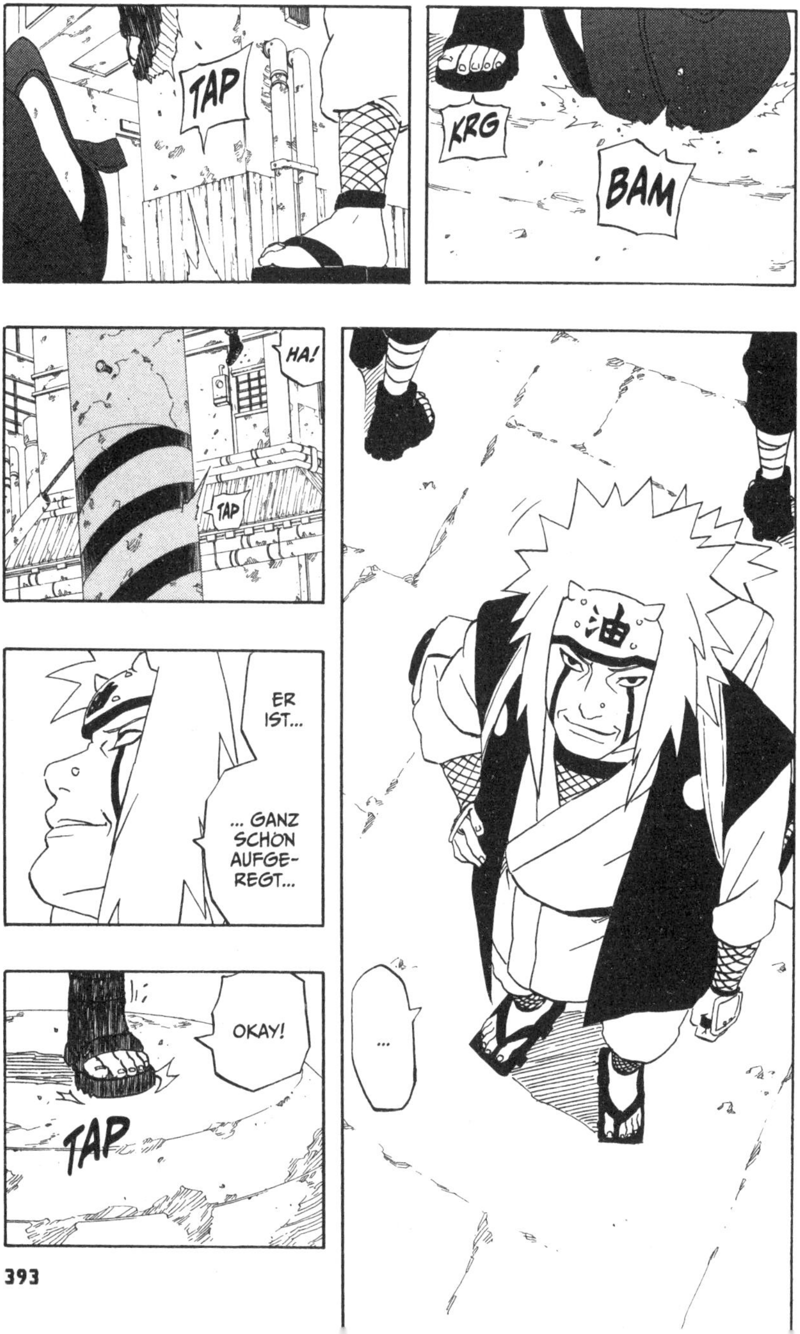
KRG
BAM
TAP
HA!
TAP
ER IST...
... GANZ SCHÖN AUFGE-REGT...
OKAY!
TAP
...

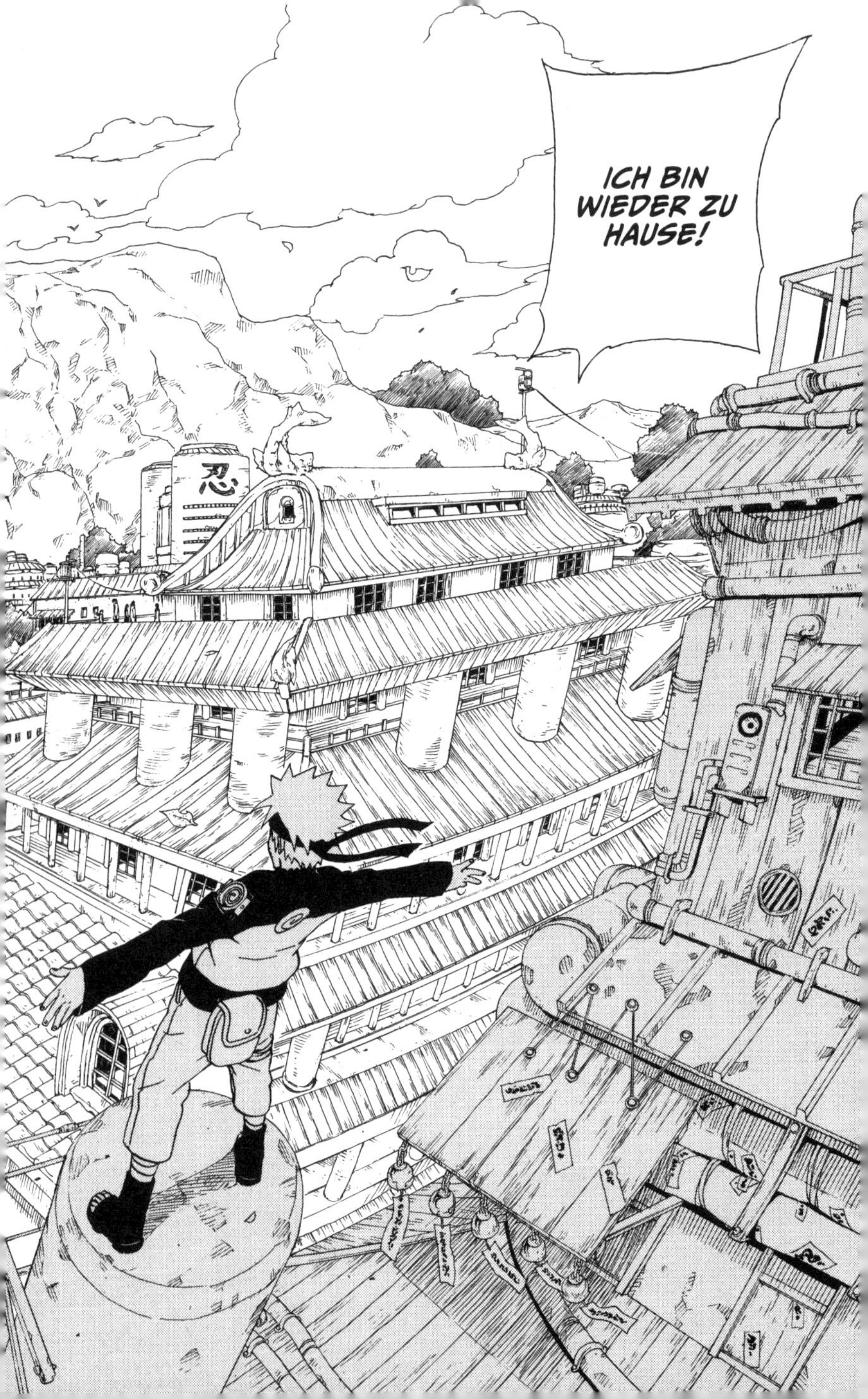
ICH BIN WIEDER ZU HAUSE!

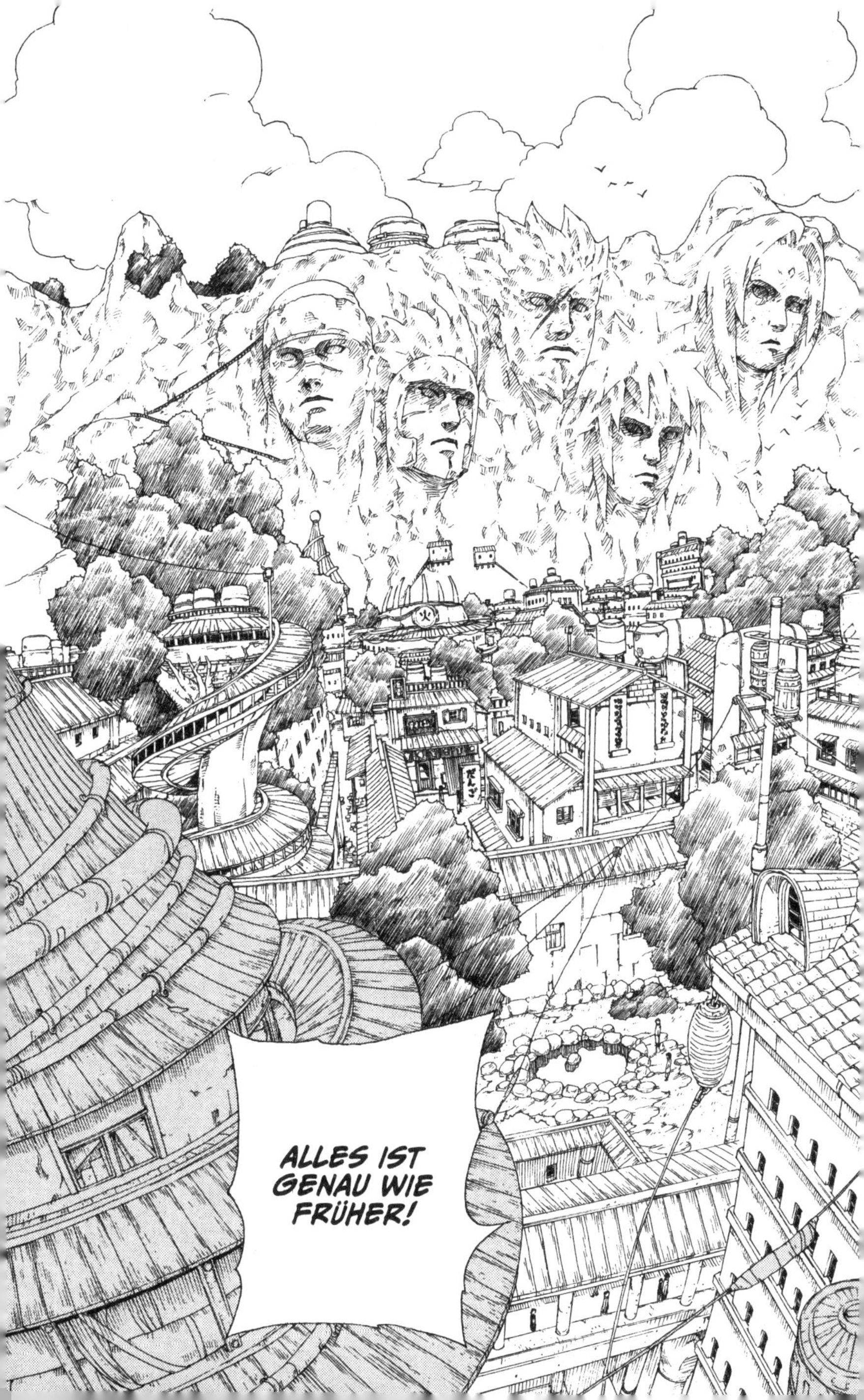
ALLES IST GENAU WIE FRÜHER!

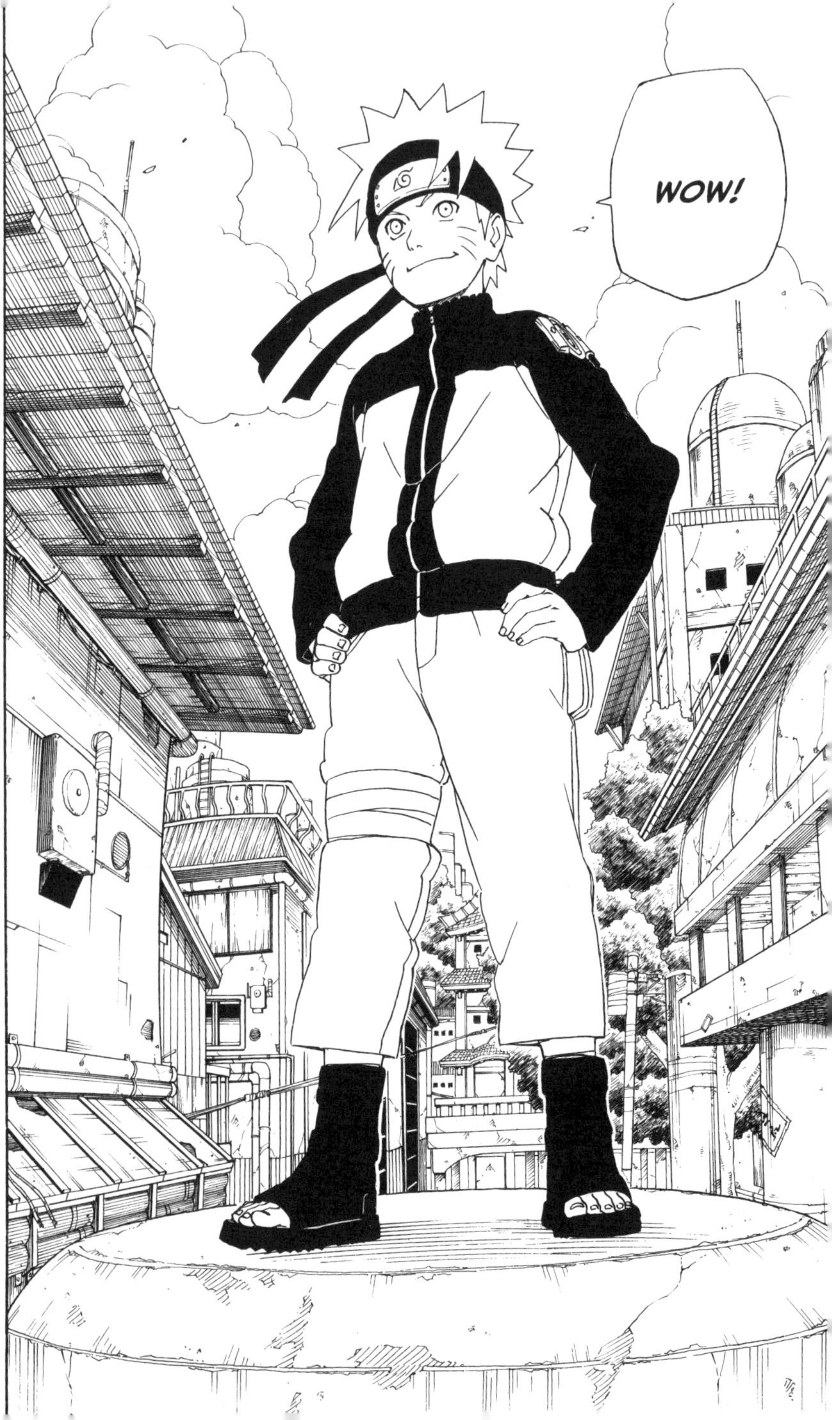
WOW!

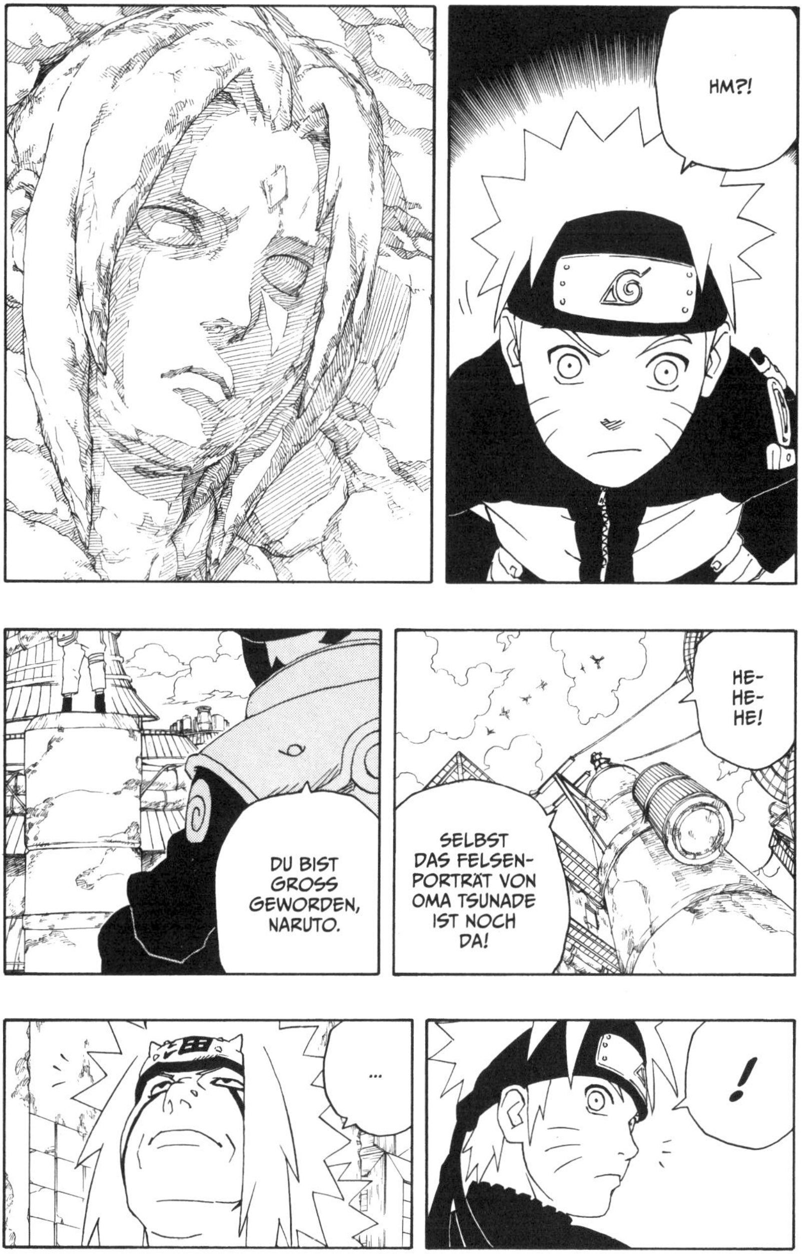
HM?!
DU BIST GROSS GEWORDEN, NARUTO.
SELBST DAS FELSEN-PORTRÄT VON OMA TSUNADE IST NOCH DA!
HE-HE-HE!
...
!

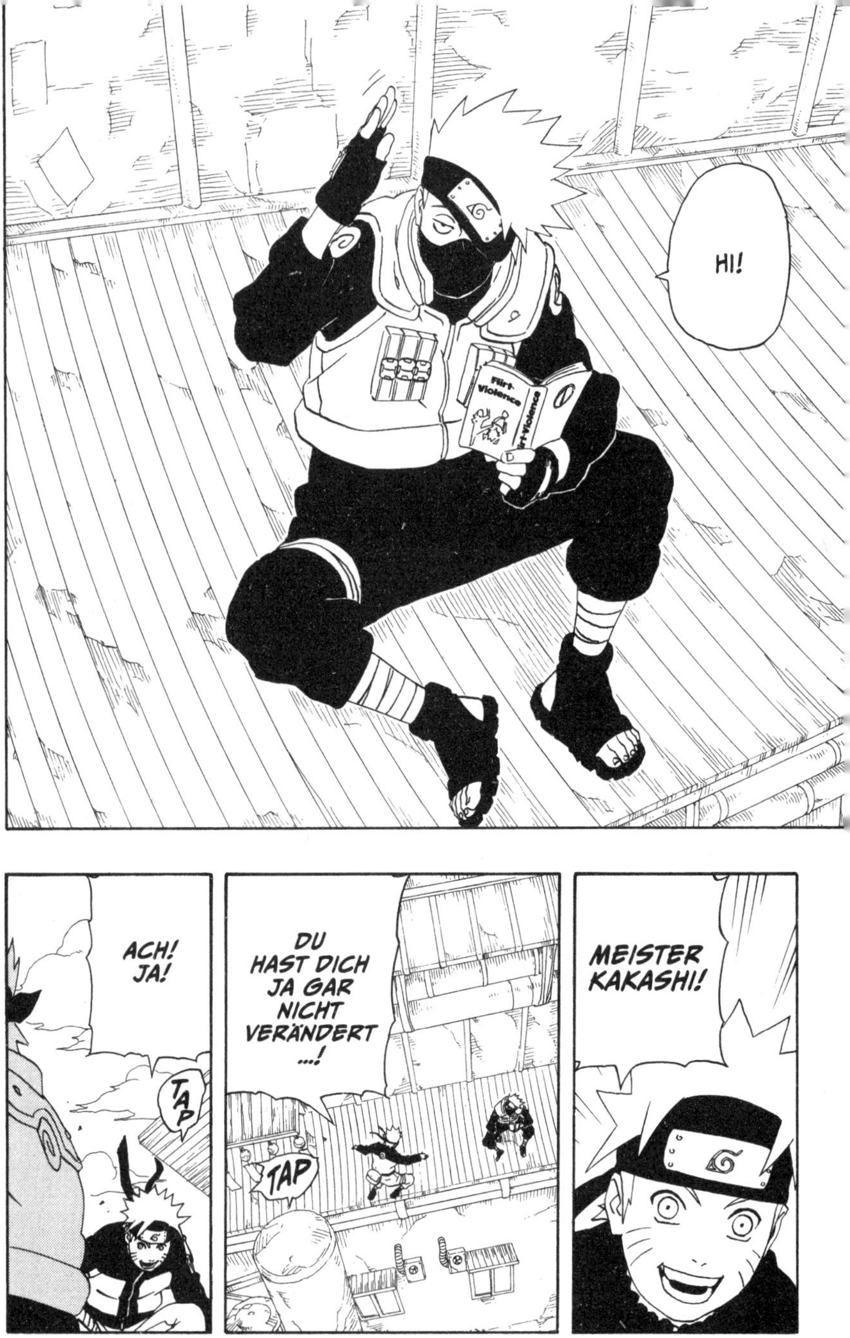
HI!
Flirt-Violence
MEISTER KAKASHI!
DU HAST DICH JA GAR NICHT VERÄNDERT ...!
TAP
ACH! JA!
TAP

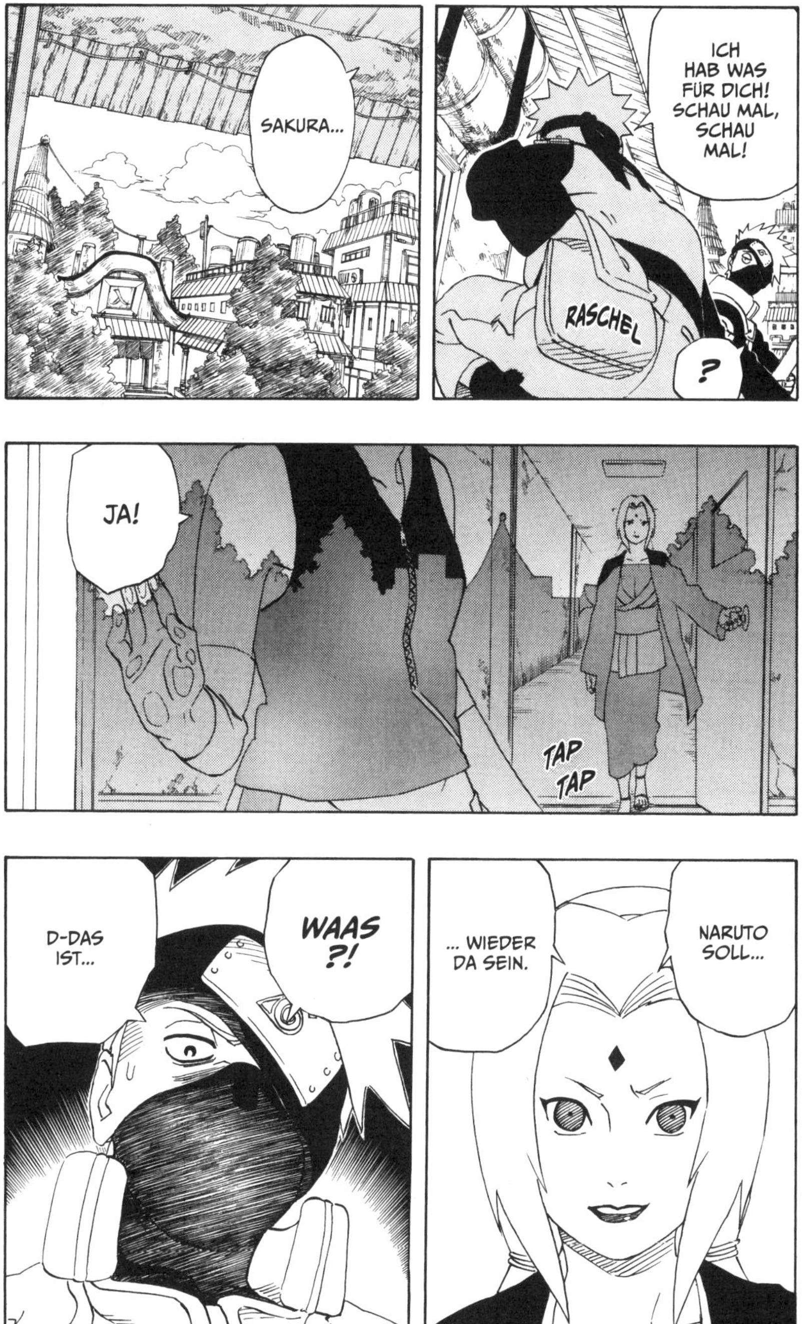
ICH HAB WAS FÜR DICH! SCHAU MAL, SCHAU MAL!
RASCHEL
?
SAKURA...
JA!
TAP TAP
NARUTO SOLL...
... WIEDER DA SEIN.
WAAS ?!
D-DAS IST...

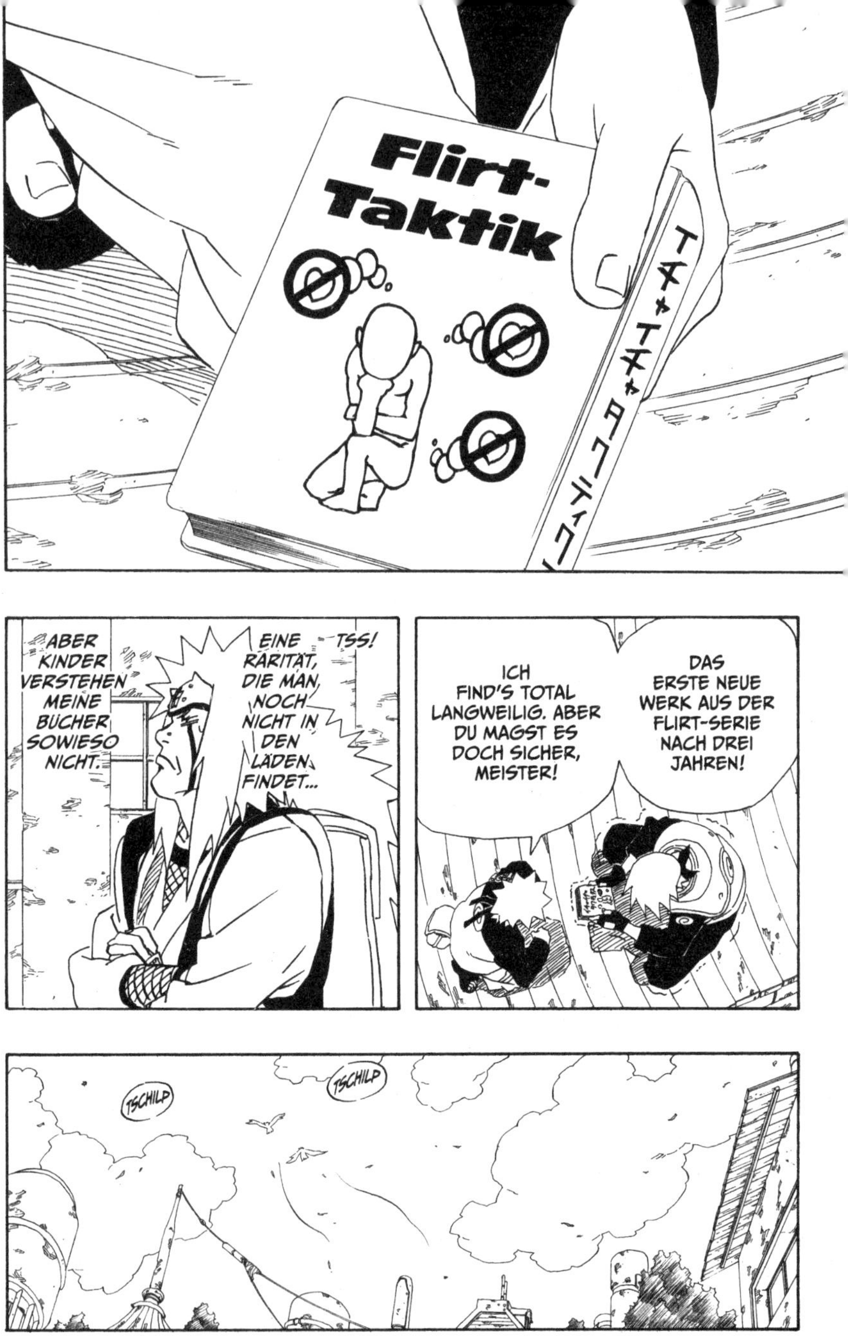
Flirt-Taktik
DAS ERSTE NEUE WERK AUS DER FLIRT-SERIE NACH DREI JAHREN!
ICH FIND'S TOTAL LANGWEILIG. ABER DU MAGST ES DOCH SICHER, MEISTER!
TSS!
EINE RARITÄT, DIE MAN NOCH NICHT IN DEN LÄDEN FINDET...
ABER KINDER VERSTEHEN MEINE BÜCHER SOWIESO NICHT.
TSCHILP
TSCHILP

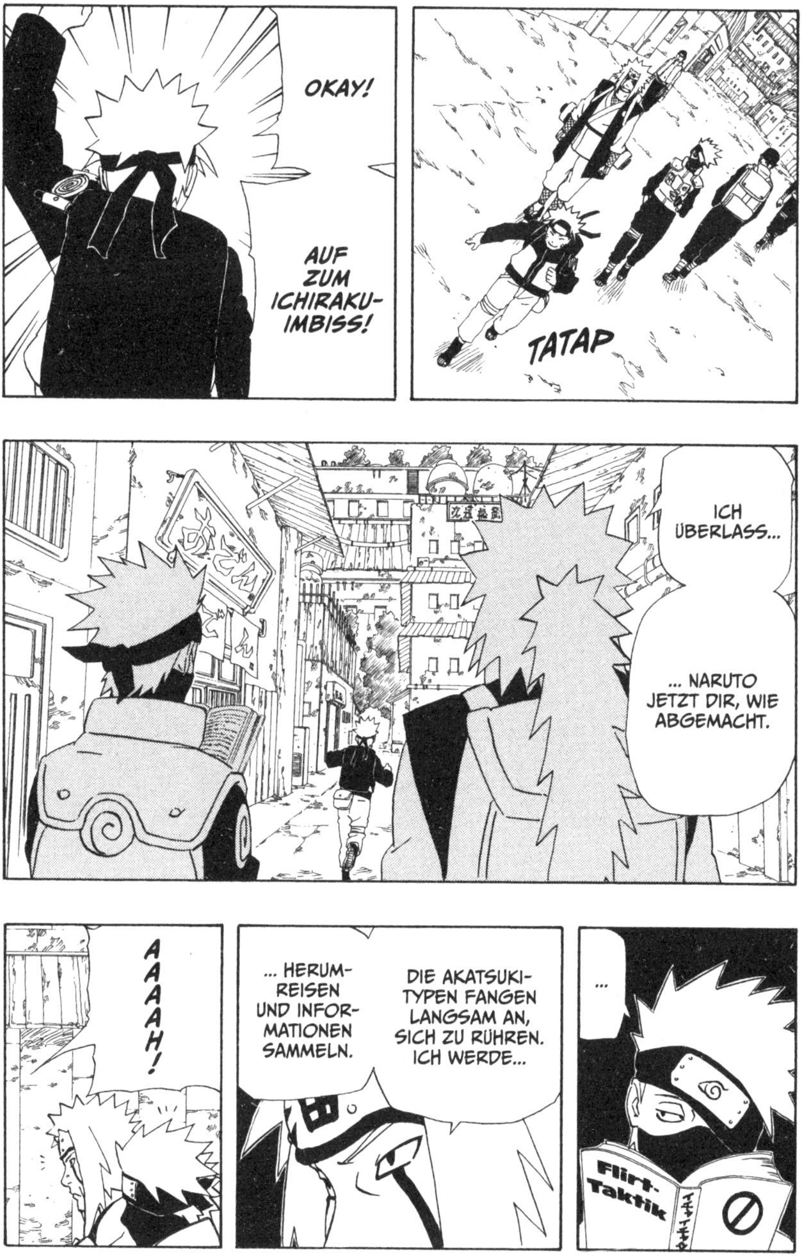
TATAP
OKAY!
AUF ZUM ICHIRAKU-IMBISS!
ICH ÜBERLASS...
... NARUTO JETZT DIR, WIE ABGEMACHT.
...
DIE AKATSUKI-TYPEN FANGEN LANGSAM AN, SICH ZU RÜHREN. ICH WERDE...
... HERUM-REISEN UND INFOR-MATIONEN SAMMELN.
AAAAAH!
Flirt-Taktik

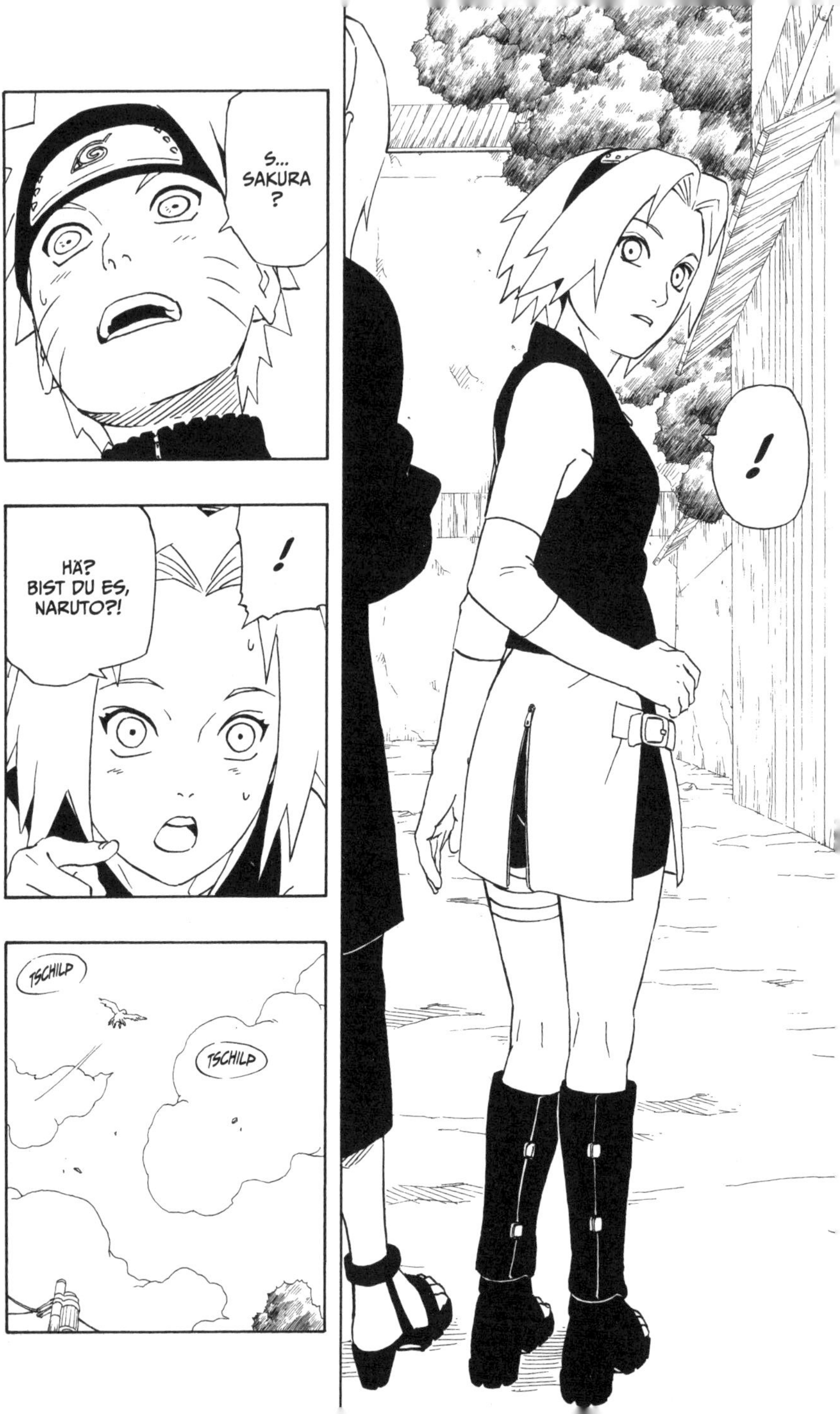
!
S... SAKURA ?
!
HÄ? BIST DU ES, NARUTO?!
TSCHILP
TSCHILP

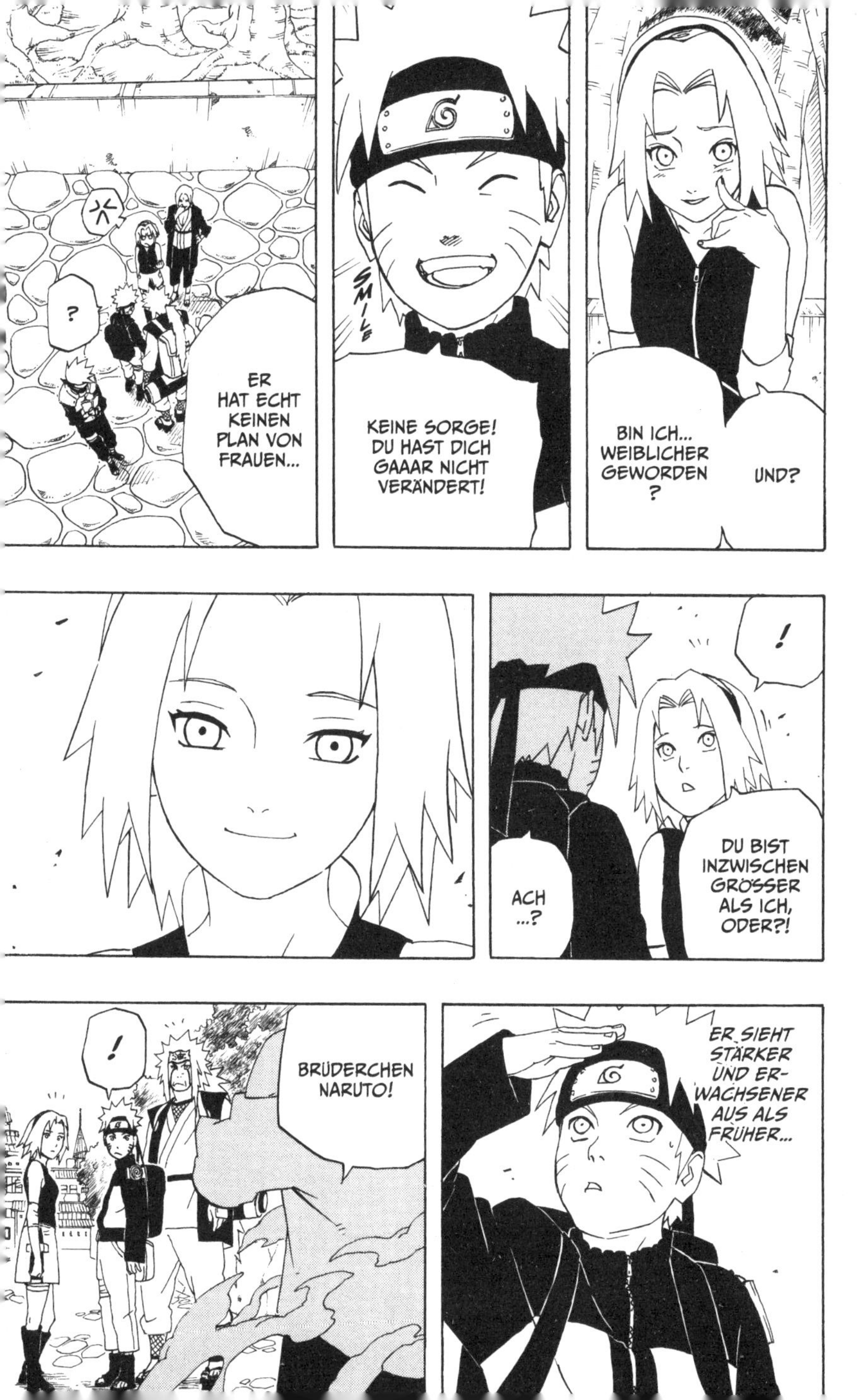
UND?
BIN ICH... WEIBLICHER GEWORDEN?
KEINE SORGE! DU HAST DICH GAAAR NICHT VERÄNDERT!
SMILE
?
ER HAT ECHT KEINEN PLAN VON FRAUEN...
!
DU BIST INZWISCHEN GRÖSSER ALS ICH, ODER?!
ACH ...?
ER SIEHT STÄRKER UND ERWACHSENER AUS ALS FRÜHER...
BRÜDERCHEN NARUTO!
!

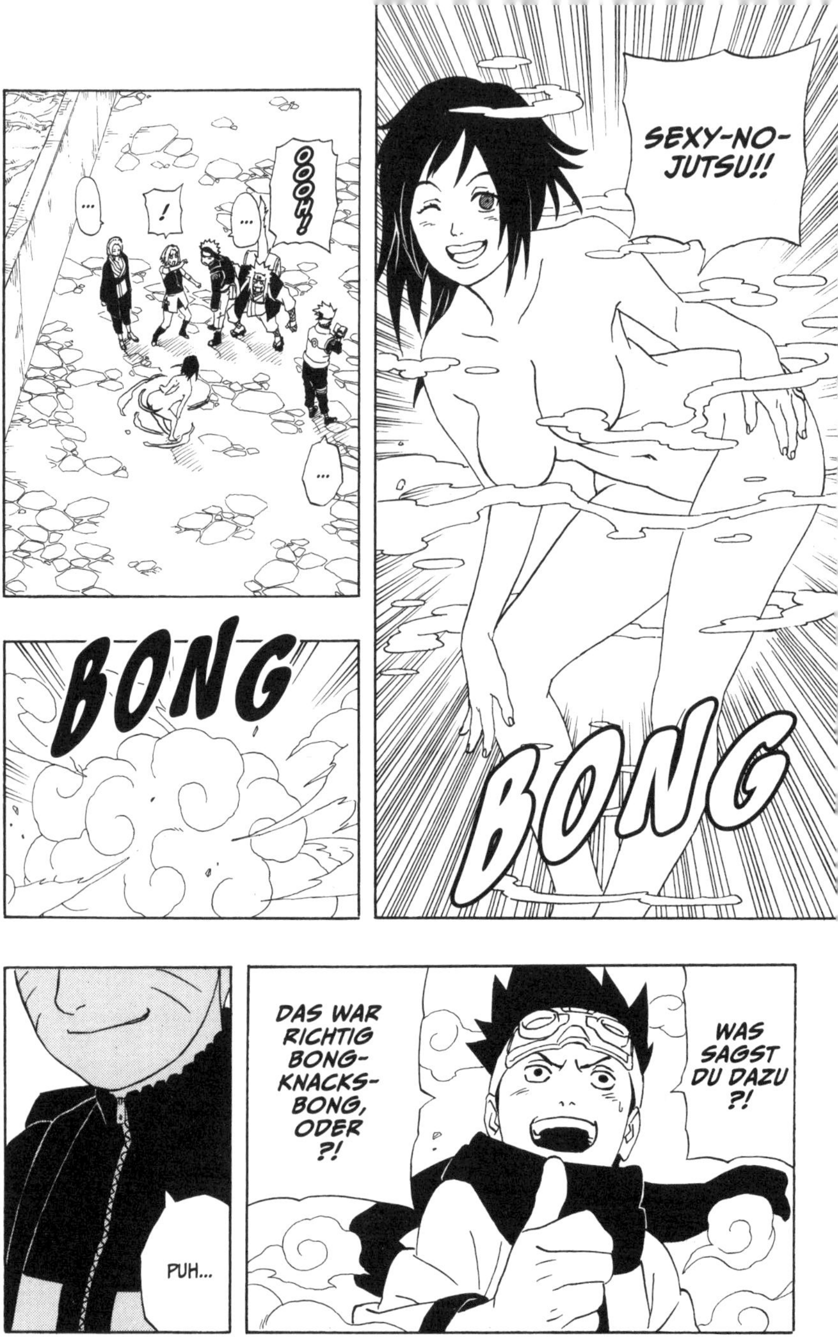
SEXY-NO-JUTSU!!
BONG
OOOH!
...
!
...
...
BONG
WAS SAGST DU DAZU ?!
DAS WAR RICHTIG BONG-KNACKS-BONG, ODER ?!
PUH...

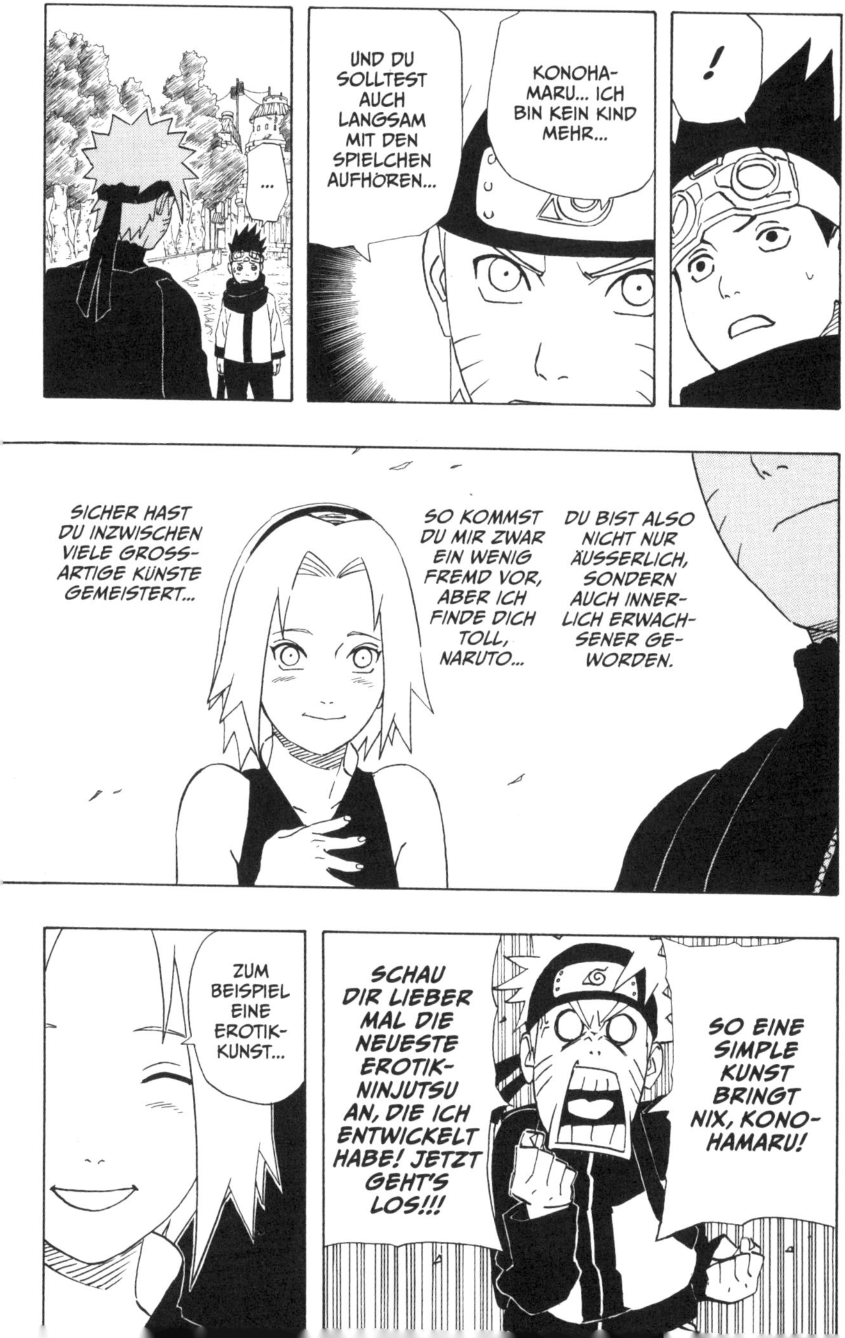
!
KONOHA-MARU... ICH BIN KEIN KIND MEHR...
UND DU SOLLTEST AUCH LANGSAM MIT DEN SPIELCHEN AUFHÖREN...
...
DU BIST ALSO NICHT NUR ÄUSSERLICH, SONDERN AUCH INNERLICH ERWACHSENER GEWORDEN.
SO KOMMST DU MIR ZWAR EIN WENIG FREMD VOR, ABER ICH FINDE DICH TOLL, NARUTO...
SICHER HAST DU INZWISCHEN VIELE GROSS-ARTIGE KÜNSTE GEMEISTERT...
SO EINE SIMPLE KUNST BRINGT NIX, KONO-HAMARU!
SCHAU DIR LIEBER MAL DIE NEUESTE EROTIK-NINJUTSU AN, DIE ICH ENTWICKELT HABE! JETZT GEHT'S LOS!!!
ZUM BEISPIEL EINE EROTIK-KUNST...

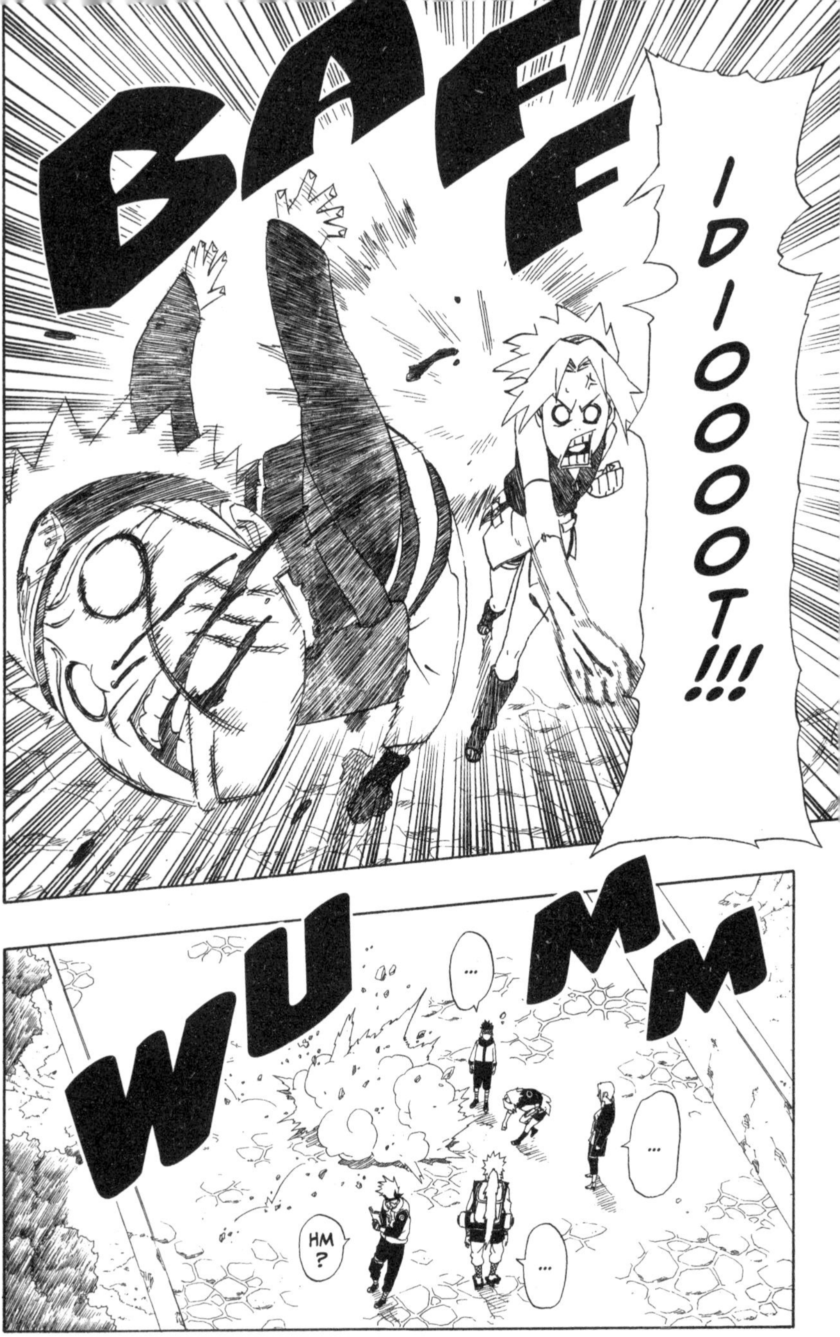
BAFF
IDIOOOOOT!!!
WUMM
...
...
...
HM ?

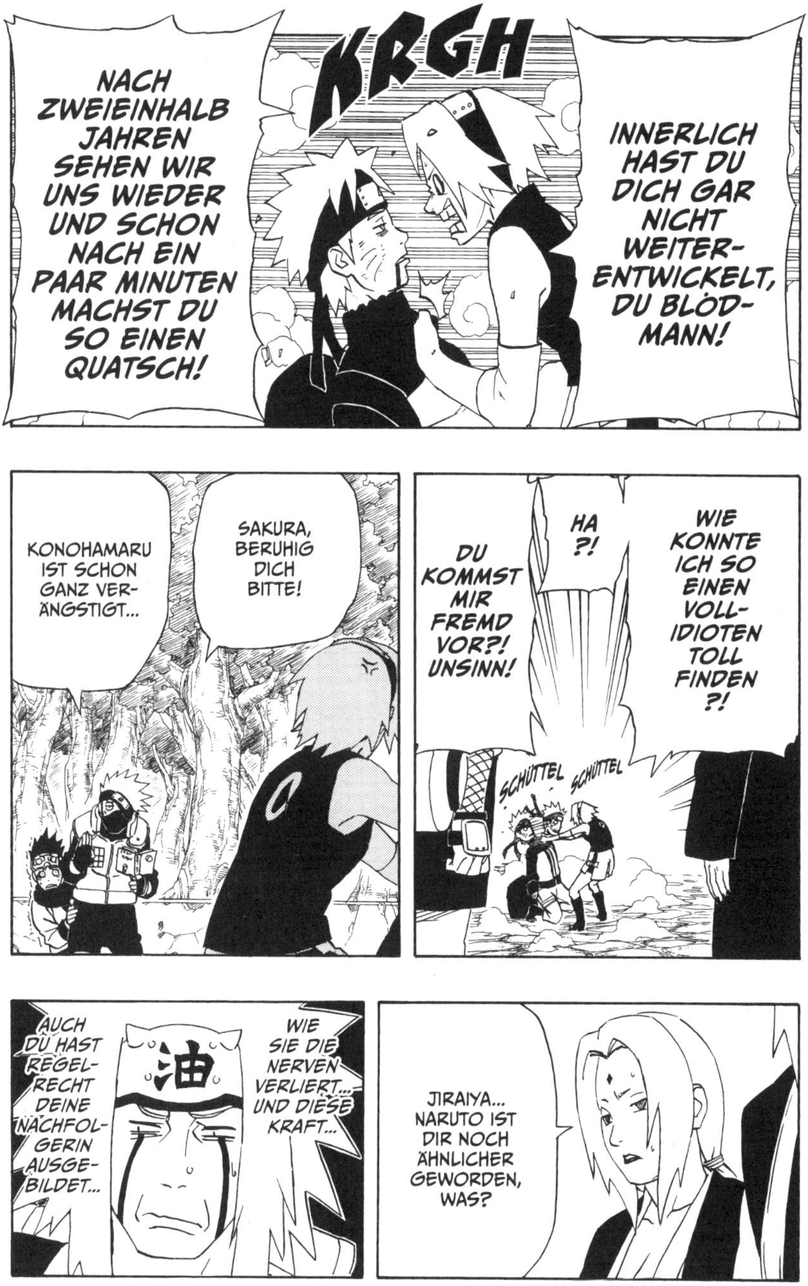
INNERLICH HAST DU DICH GAR NICHT WEITER-ENTWICKELT, DU BLÖD-MANN!
KRGH
NACH ZWEIEINHALB JAHREN SEHEN WIR UNS WIEDER UND SCHON NACH EIN PAAR MINUTEN MACHST DU SO EINEN QUATSCH!
WIE KONNTE ICH SO EINEN VOLL-IDIOTEN TOLL FINDEN ?!
HA ?!
DU KOMMST MIR FREMD VOR?! UNSINN!
SCHÜTTEL
SCHÜTTEL
SAKURA, BERUHIG DICH BITTE!
KONOHAMARU IST SCHON GANZ VER-ÄNGSTIGT...
JIRAIYA... NARUTO IST DIR NOCH ÄHNLICHER GEWORDEN, WAS?
WIE SIE DIE NERVEN VERLIERT... UND DIESE KRAFT...
AUCH DU HAST REGEL-RECHT DEINE NACHFOL-GERIN AUSGE-BILDET...

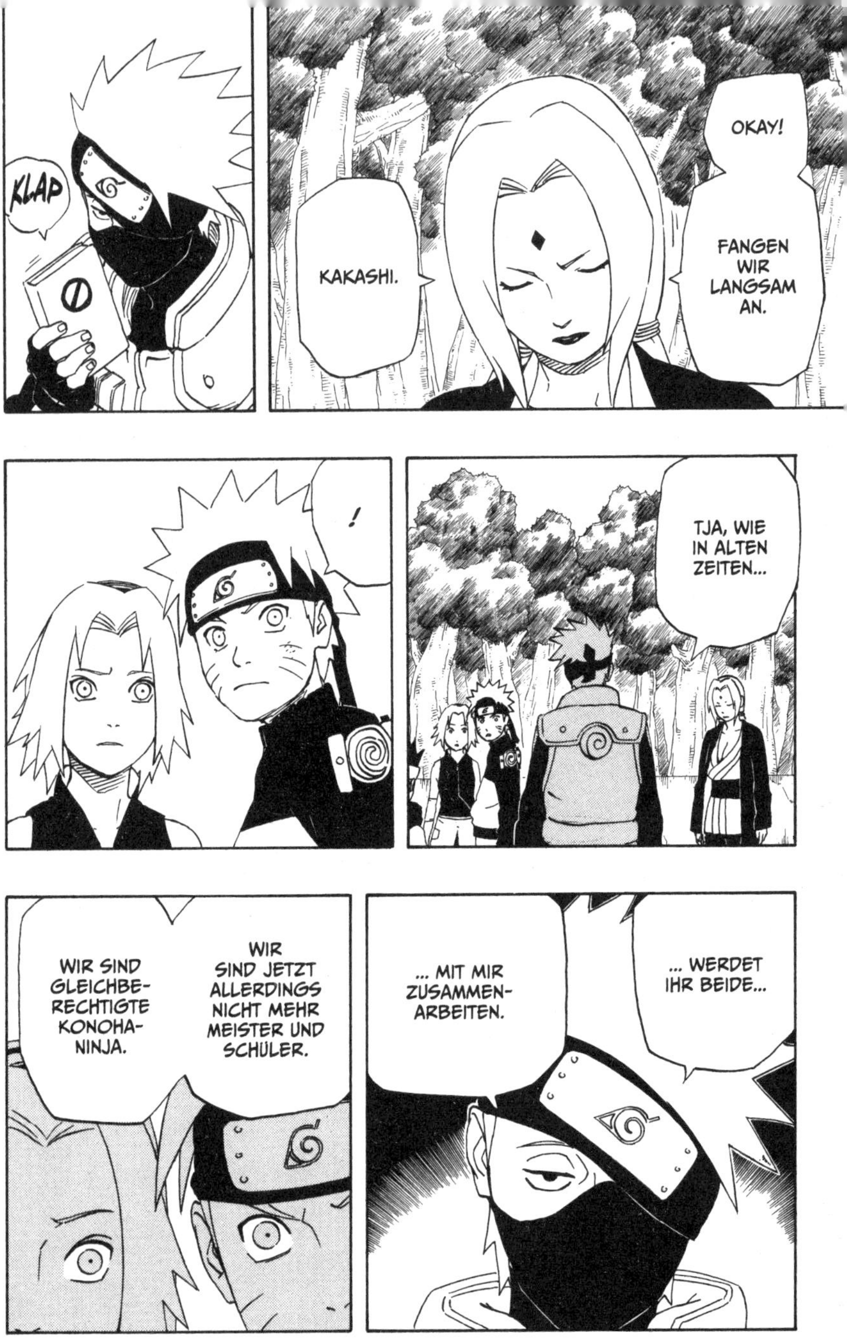
OKAY!
FANGEN WIR LANGSAM AN.
KAKASHI.
KLAP
TJA, WIE IN ALTEN ZEITEN...
!
... WERDET IHR BEIDE...
... MIT MIR ZUSAMMENARBEITEN.
WIR SIND JETZT ALLERDINGS NICHT MEHR MEISTER UND SCHÜLER.
WIR SIND GLEICHBERECHTIGTE KONOHA-NINJA.

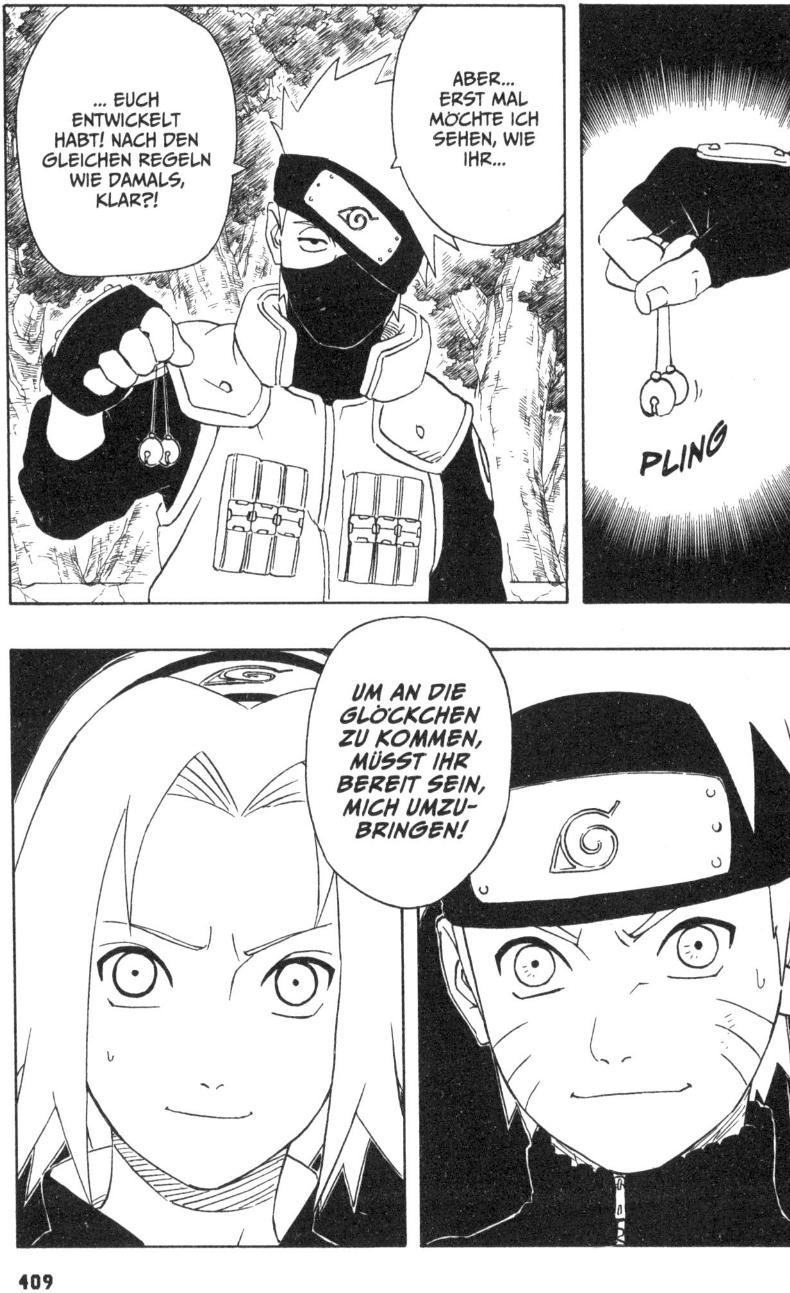
PLING
ABER... ERST MAL MÖCHTE ICH SEHEN, WIE IHR...
... EUCH ENTWICKELT HABT! NACH DEN GLEICHEN REGELN WIE DAMALS, KLAR?!
UM AN DIE GLÖCKCHEN ZU KOMMEN, MÜSST IHR BEREIT SEIN, MICH UMZU-BRINGEN!

MASASHI KISHIMOTOS ASSISTENTEN-VORSTELLUNG / TEIL 9
ASSISTENT NR. 9: MASAKI MURAKAMI

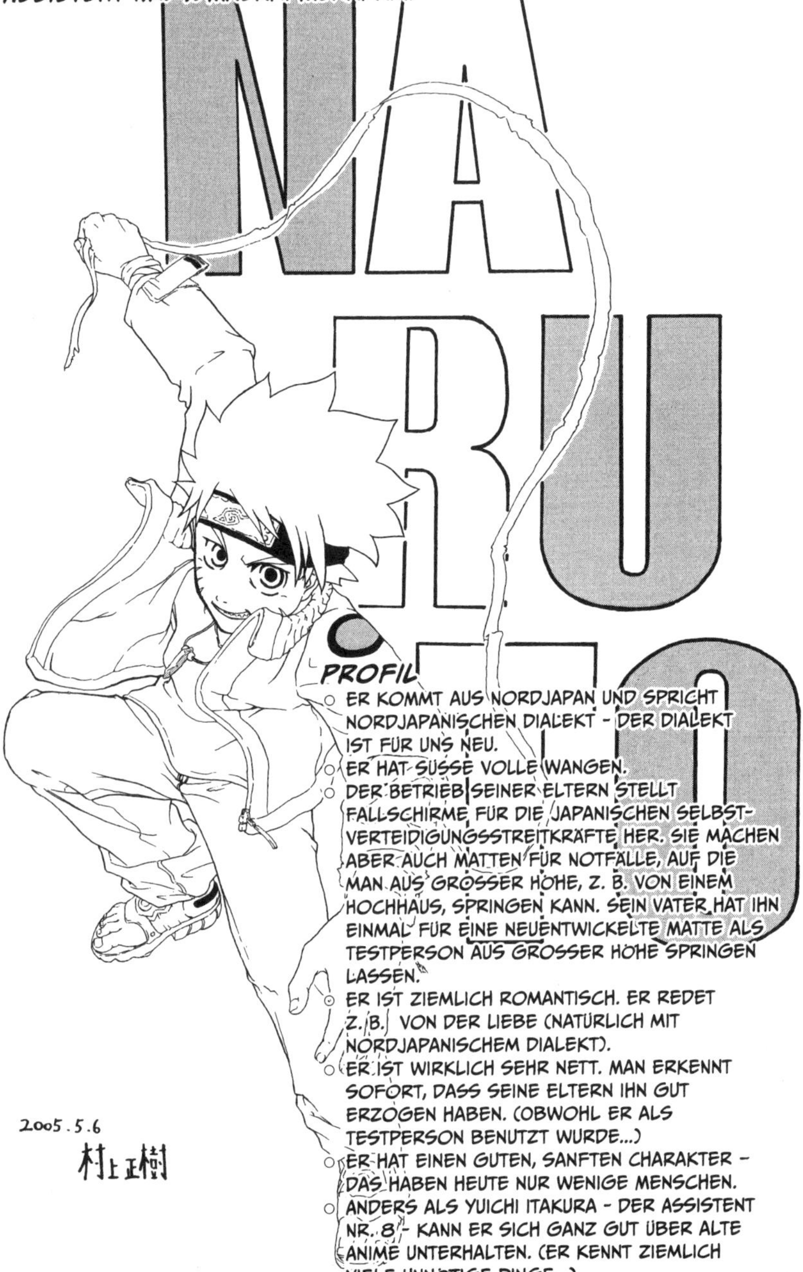

PROFIL

- ER KOMMT AUS NORDJAPAN UND SPRICHT NORDJAPANISCHEN DIALEKT - DER DIALEKT IST FÜR UNS NEU.
- ER HAT SÜSSE VOLLE WANGEN.
- DER BETRIEB SEINER ELTERN STELLT FALLSCHIRME FÜR DIE JAPANISCHEN SELBSTVERTEIDIGUNGSSTREITKRÄFTE HER. SIE MACHEN ABER AUCH MATTEN FÜR NOTFÄLLE, AUF DIE MAN AUS GROSSER HÖHE, Z. B. VON EINEM HOCHHAUS, SPRINGEN KANN. SEIN VATER HAT IHN EINMAL FÜR <u>EINE NEUENTWICKELTE</u> MATTE ALS TESTPERSON AUS GROSSER HÖHE SPRINGEN LASSEN.
- ER IST ZIEMLICH ROMANTISCH. ER REDET Z. B. VON DER LIEBE (NATÜRLICH MIT NORDJAPANISCHEM DIALEKT).
- ER IST WIRKLICH SEHR NETT. MAN ERKENNT SOFORT, DASS SEINE ELTERN IHN GUT ERZOGEN HABEN. (OBWOHL ER ALS TESTPERSON BENUTZT WURDE...)
- ER HAT EINEN GUTEN, SANFTEN CHARAKTER - DAS HABEN HEUTE NUR WENIGE MENSCHEN.
- ANDERS ALS YUICHI ITAKURA - DER ASSISTENT NR. 8 - KANN ER SICH GANZ GUT ÜBER ALTE ANIME UNTERHALTEN. (ER KENNT ZIEMLICH VIELE UNNÖTIGE DINGE...)

2005.5.6
村上正樹

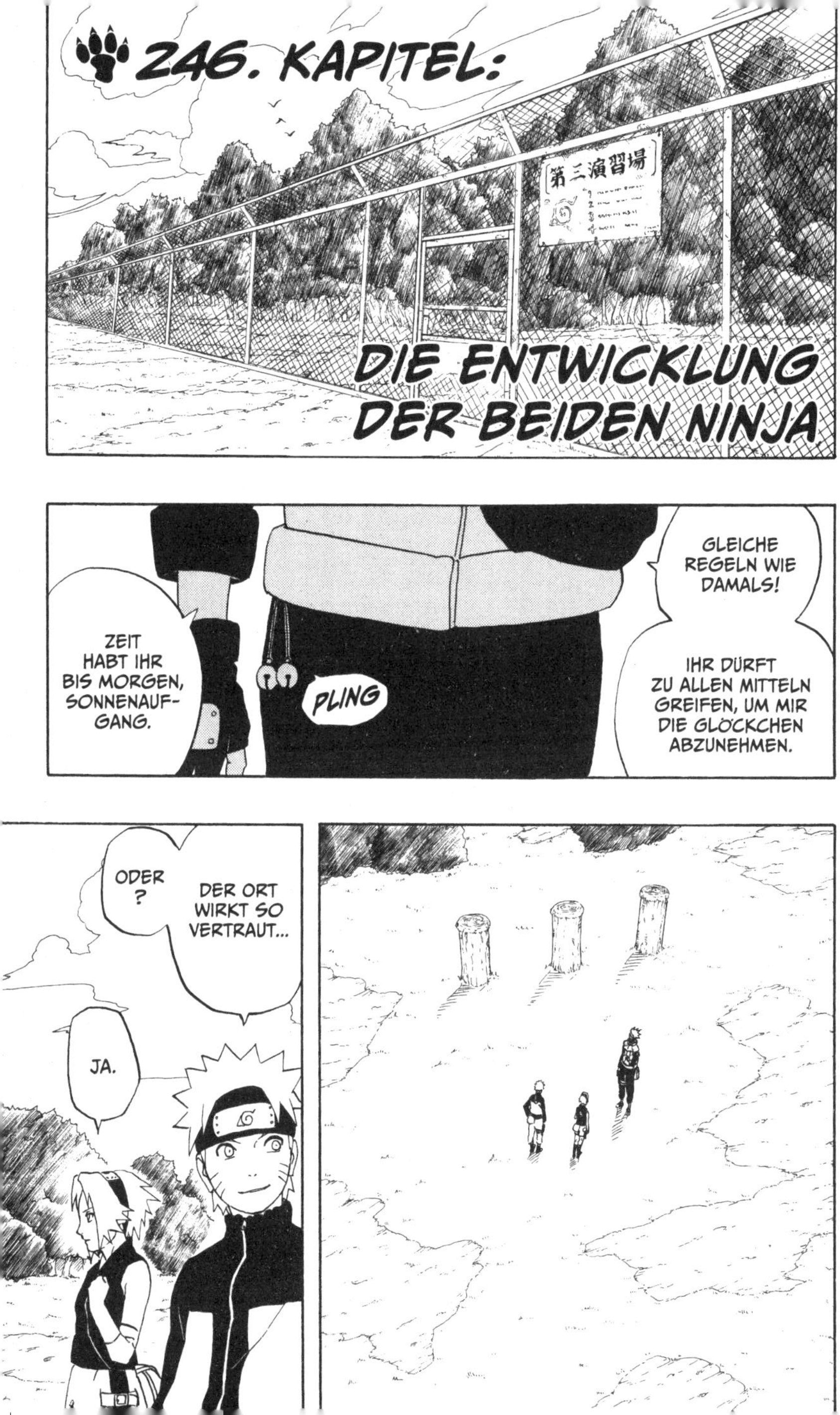
246. KAPITEL:
第三演習場
DIE ENTWICKLUNG DER BEIDEN NINJA
GLEICHE REGELN WIE DAMALS!
IHR DÜRFT ZU ALLEN MITTELN GREIFEN, UM MIR DIE GLÖCKCHEN ABZUNEHMEN.
PLING
ZEIT HABT IHR BIS MORGEN, SONNENAUFGANG.
DER ORT WIRKT SO VERTRAUT...
ODER ?
JA.

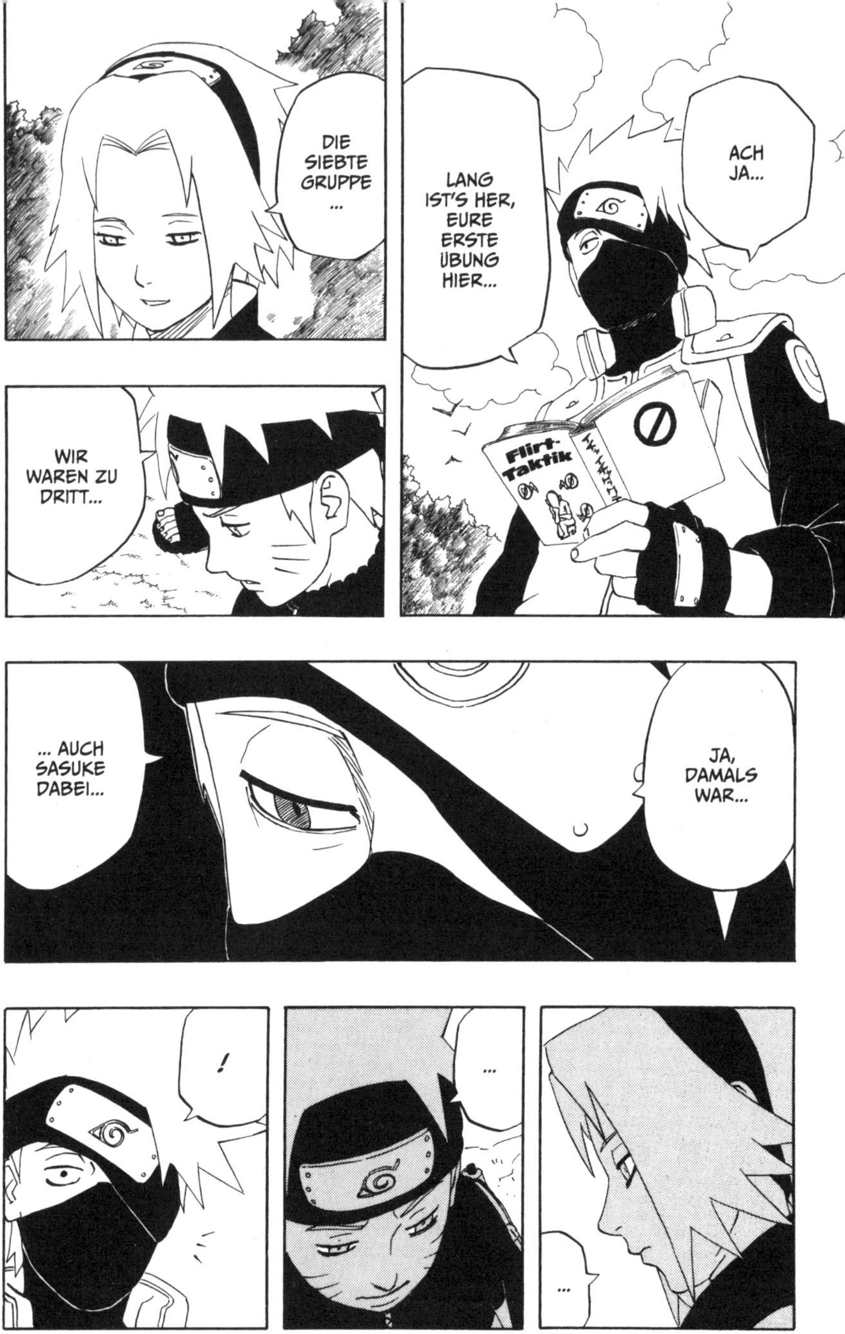
ACH JA...
LANG IST'S HER, EURE ERSTE ÜBUNG HIER...
Flirt-Taktik
DIE SIEBTE GRUPPE ...
WIR WAREN ZU DRITT...
JA, DAMALS WAR...
... AUCH SASUKE DABEI...
...
...
!

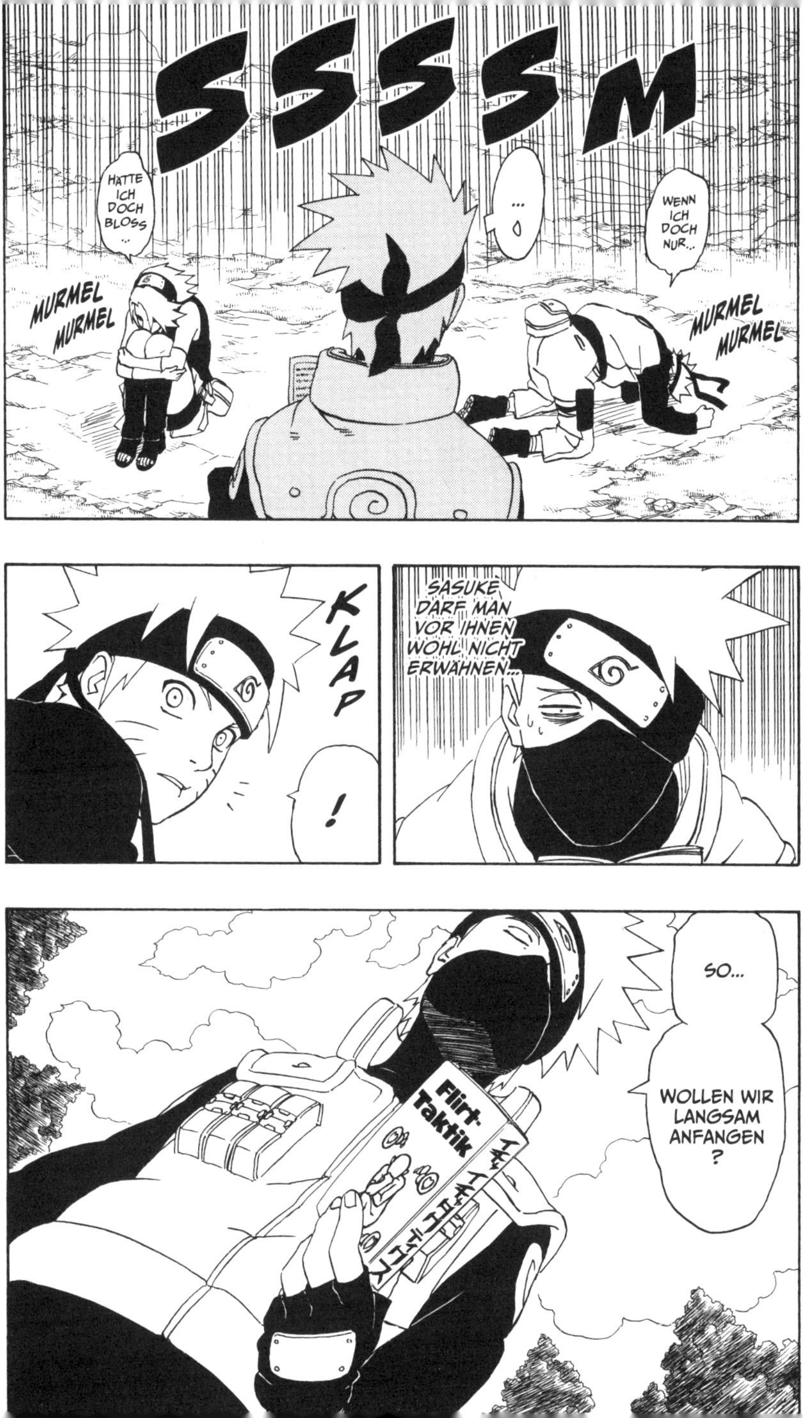
SSSSM
WENN ICH DOCH NUR...
MURMEL MURMEL
...
HÄTTE ICH DOCH BLOSS ...
MURMEL MURMEL
SASUKE DARF MAN VOR IHNEN WOHL NICHT ERWÄHNEN...
KLAP
!
SO...
WOLLEN WIR LANGSAM ANFANGEN ?
Flirt-Taktik

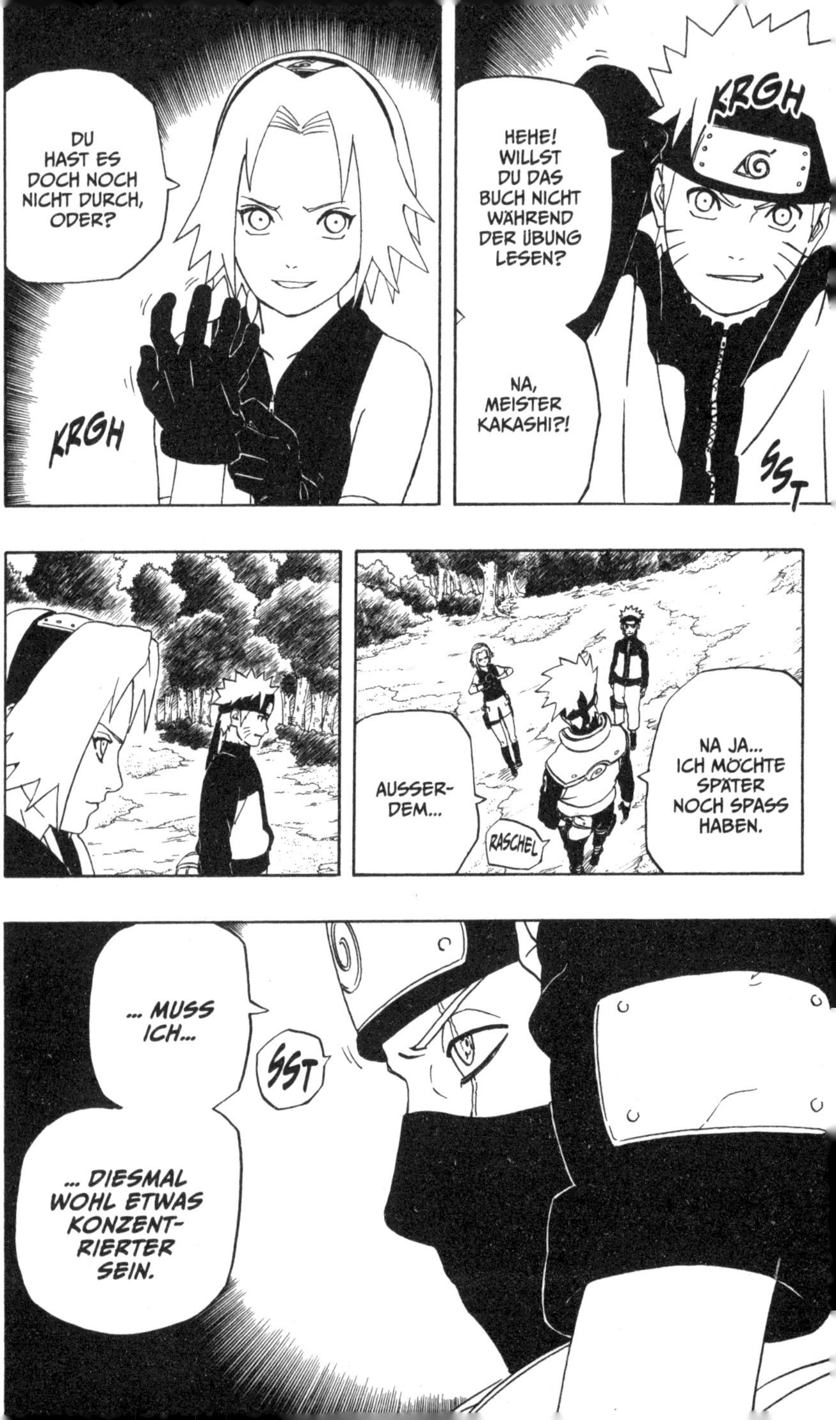
KRGH
HEHE! WILLST DU DAS BUCH NICHT WÄHREND DER ÜBUNG LESEN?
NA, MEISTER KAKASHI?!
SST
DU HAST ES DOCH NOCH NICHT DURCH, ODER?
KRGH
NA JA... ICH MÖCHTE SPÄTER NOCH SPASS HABEN.
AUSSER-DEM...
RASCHEL
... MUSS ICH...
SST
... DIESMAL WOHL ETWAS KONZENT-RIERTER SEIN.

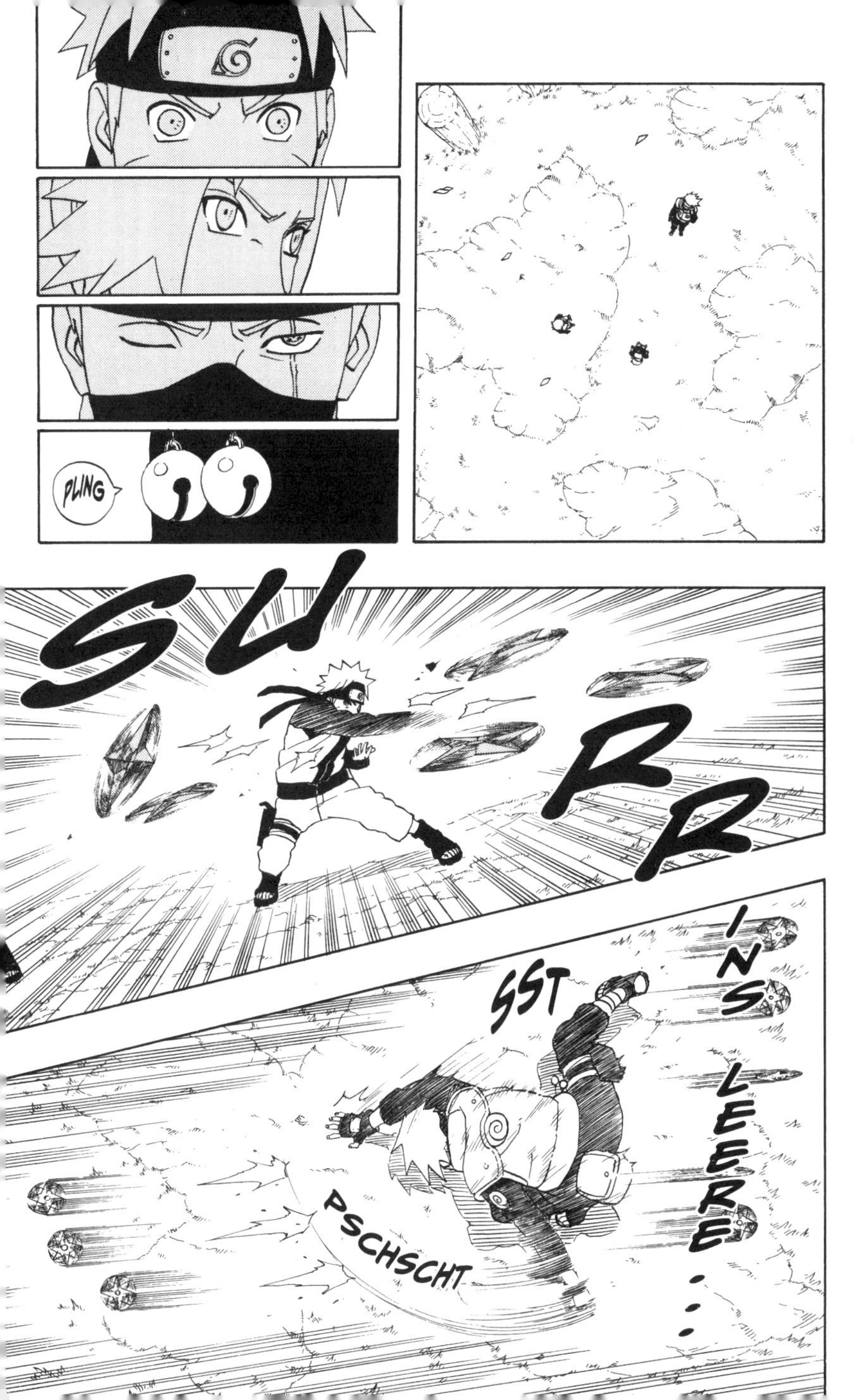
PLING
SURR
SST
INS LEERE...
PSCHSCHT

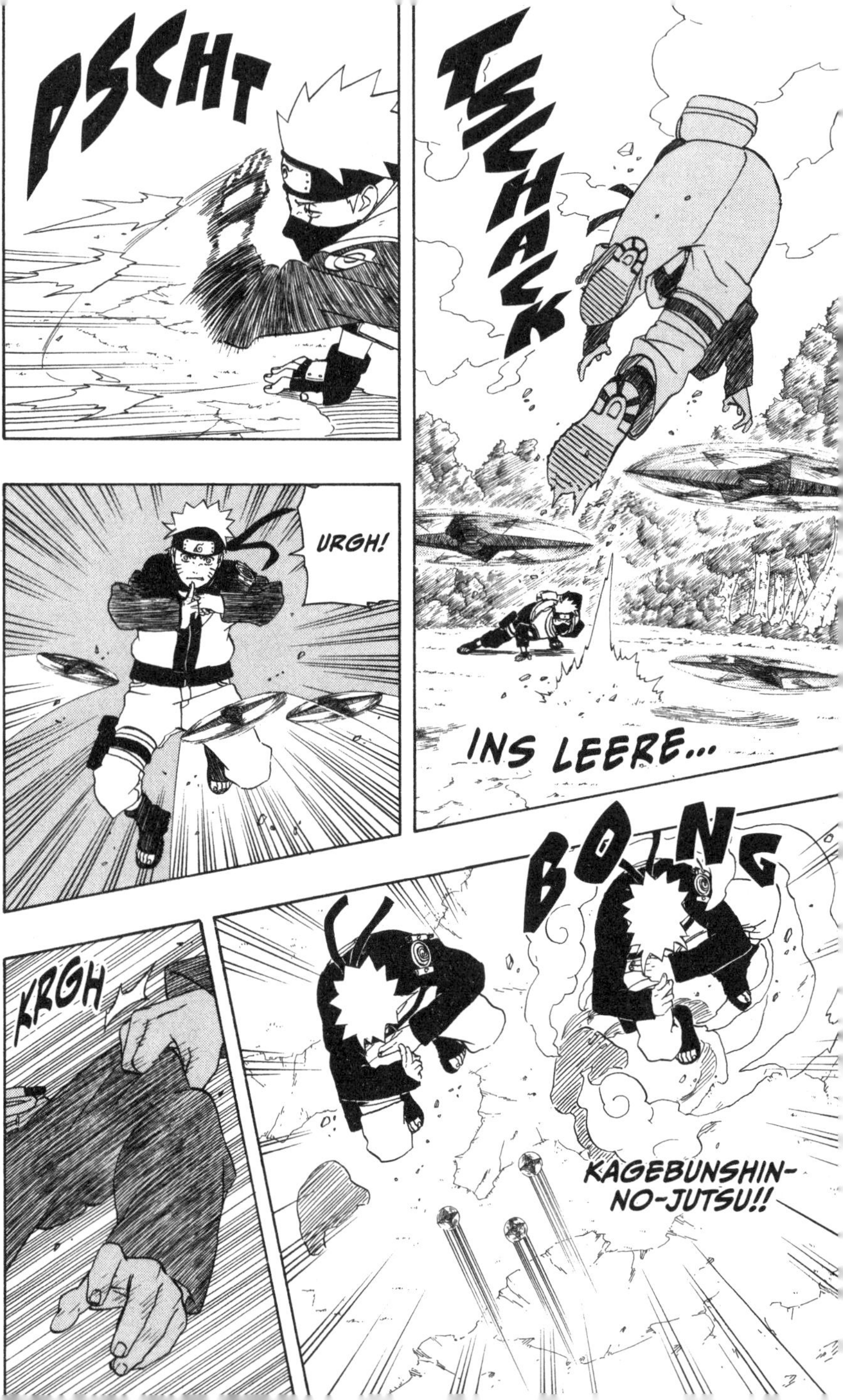

TSCHACK
PSCHT
INS LEERE...
URGH!
BOING
KAGEBUNSHIN-
NO-JUTSU!!
KRGH

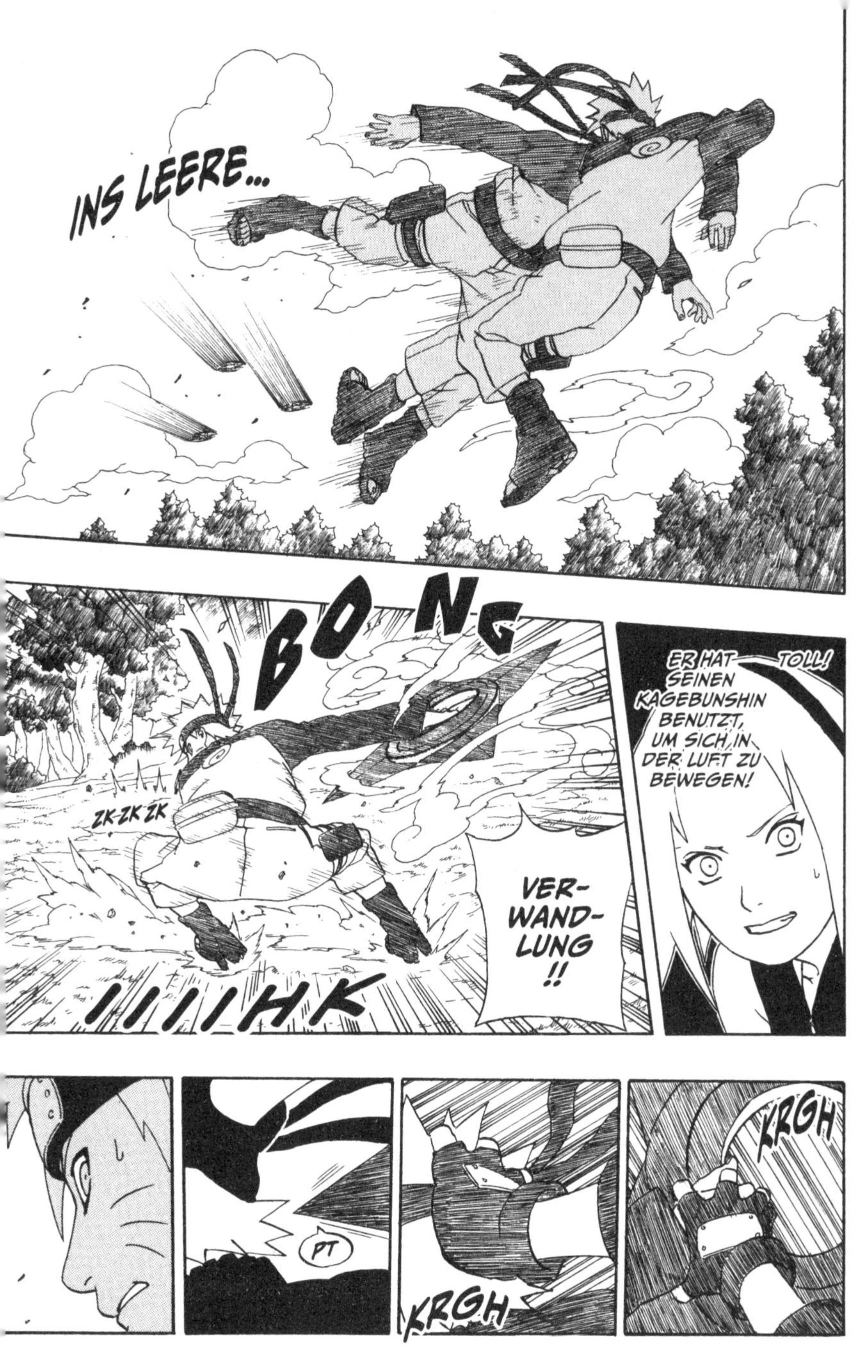
INS LEERE...
TOLL!
ER HAT SEINEN KAGEBUNSHIN BENUTZT, UM SICH IN DER LUFT ZU BEWEGEN!
BO N G
VER-WAND-LUNG!!
ZK ZK ZK
IIIIIHK
KRGH
KRGH
PT

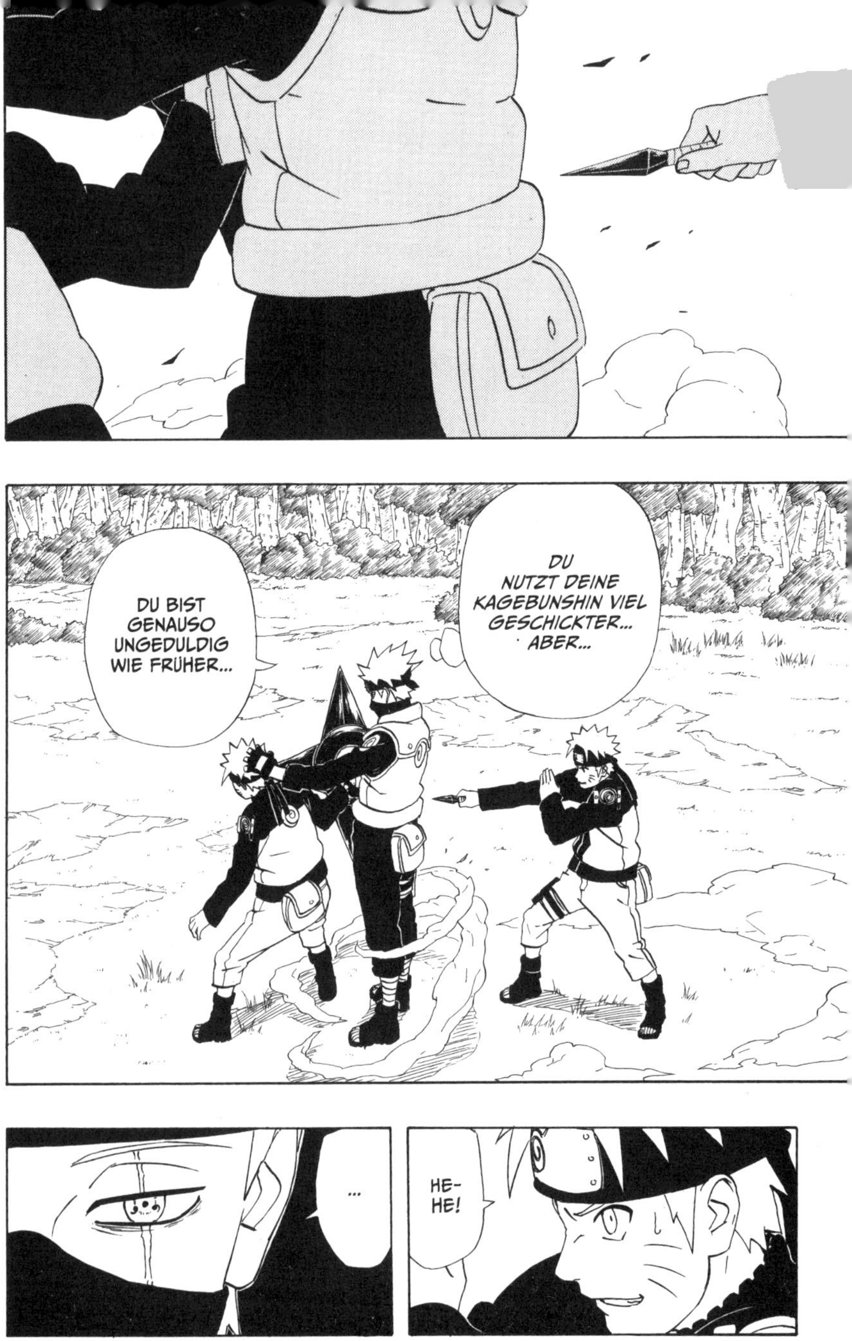
DU NUTZT DEINE KAGEBUNSHIN VIEL GESCHICKTER... ABER...
DU BIST GENAUSO UNGEDULDIG WIE FRÜHER...
HE-HE!
...

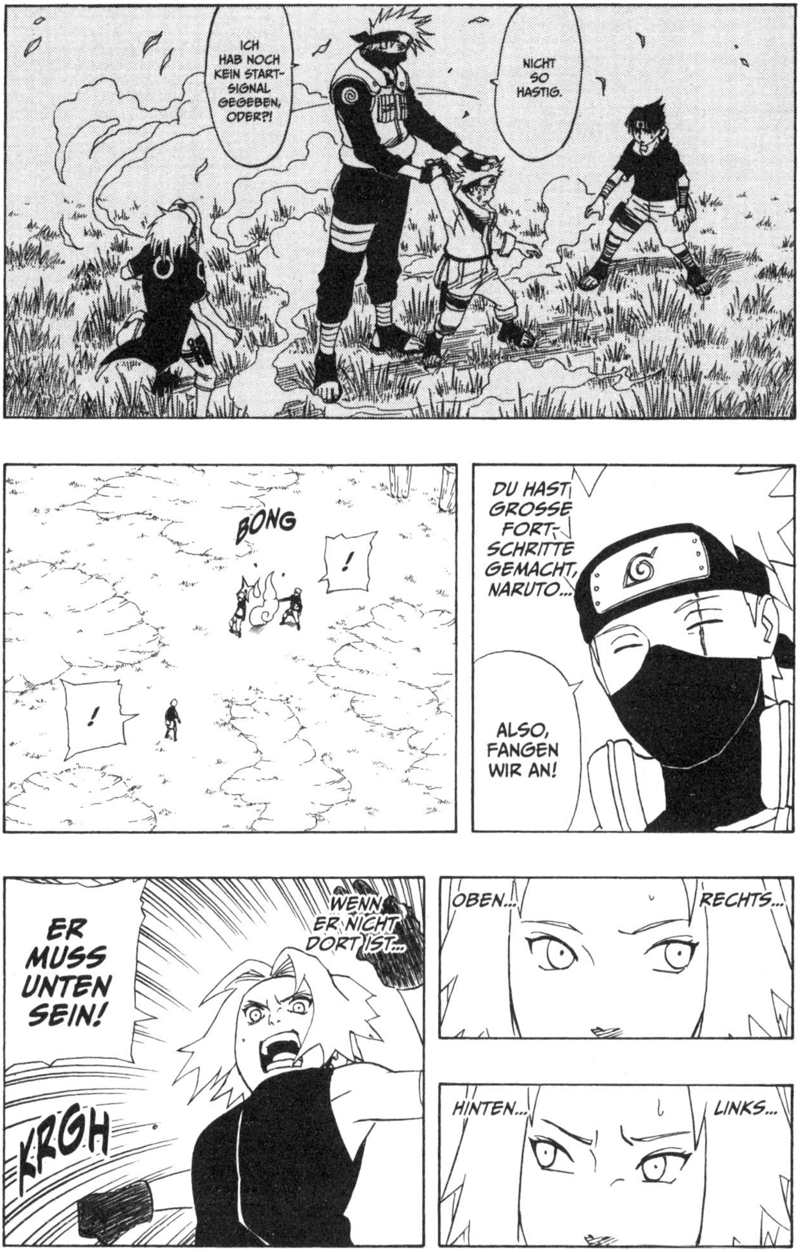
NICHT SO HASTIG.
ICH HAB NOCH KEIN START-SIGNAL GEGEBEN, ODER?!
DU HAST GROSSE FORT-SCHRITTE GEMACHT, NARUTO...
ALSO, FANGEN WIR AN!
BONG
!
!
OBEN...
RECHTS...
HINTEN...
LINKS...
WENN ER NICHT DORT IST...
ER MUSS UNTEN SEIN!
KRGH

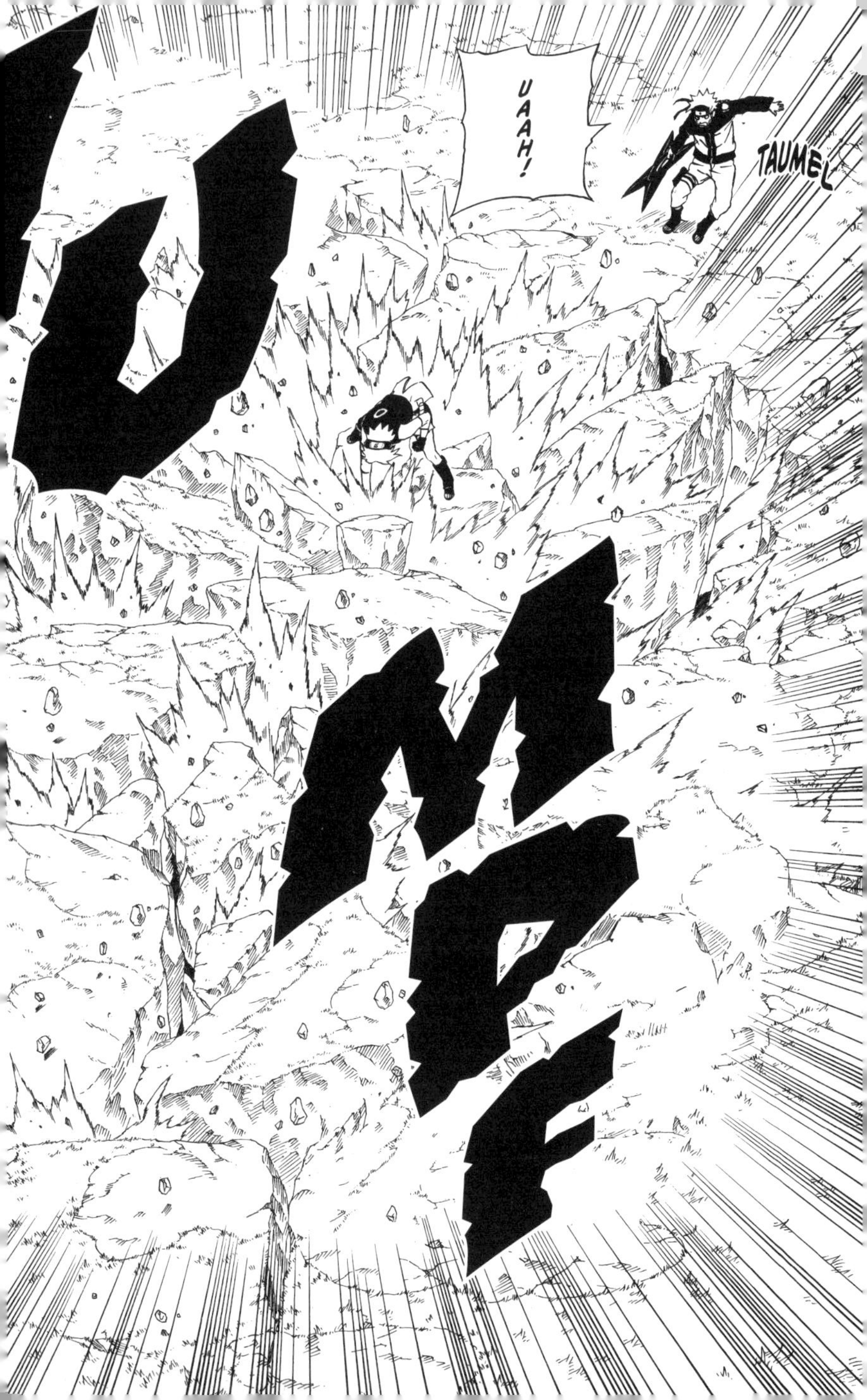
UAAAH!
TAUMEL
UMPF

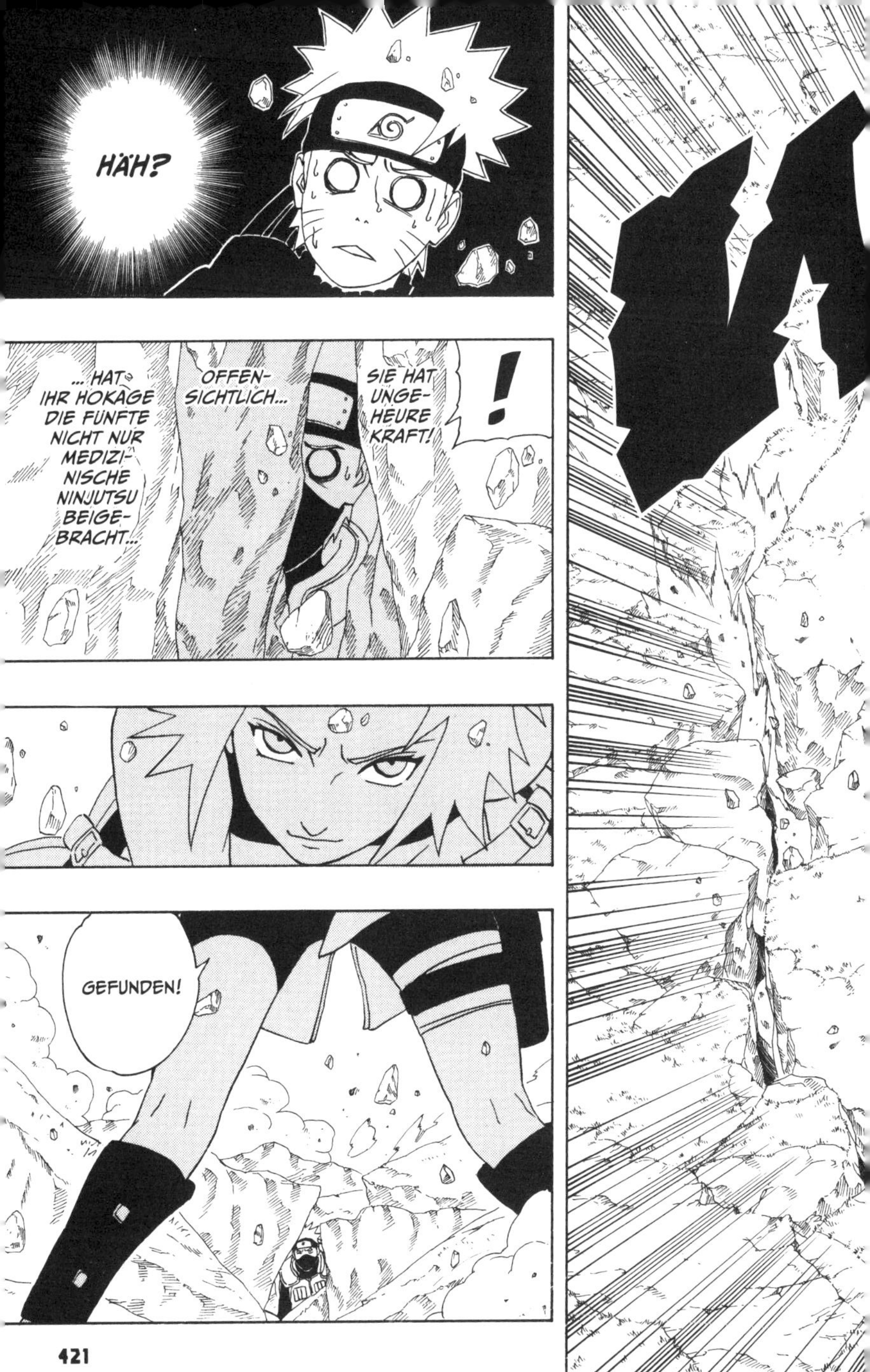
HÄH?
!
SIE HAT UNGE-HEURE KRAFT!
OFFEN-SICHTLICH...
... HAT IHR HOKAGE DIE FÜNFTE NICHT NUR MEDIZI-NISCHE NINJUTSU BEIGE-BRACHT...
GEFUNDEN!

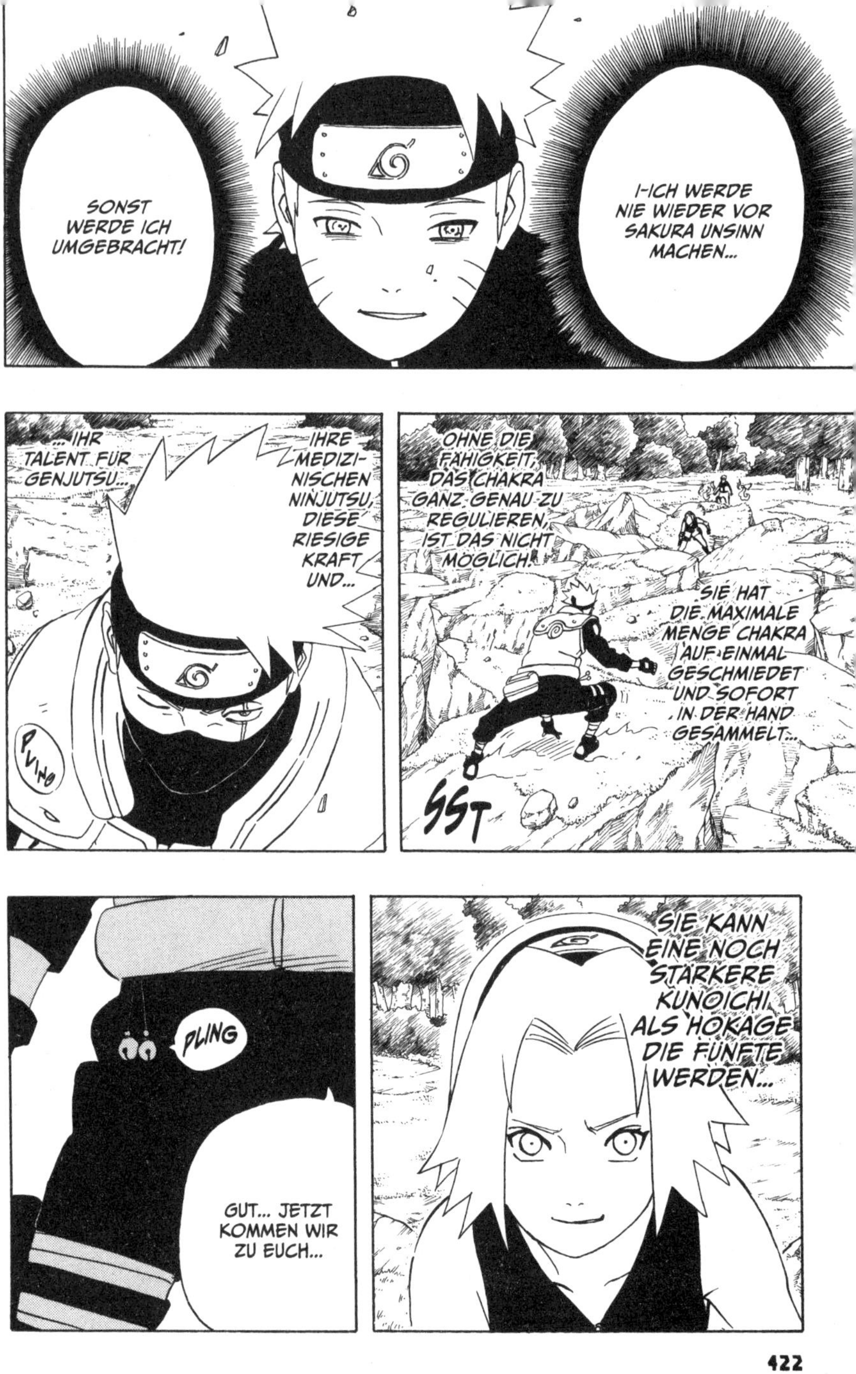
I-ICH WERDE NIE WIEDER VOR SAKURA UNSINN MACHEN...
SONST WERDE ICH UMGEBRACHT!
OHNE DIE FÄHIGKEIT, DAS CHAKRA GANZ GENAU ZU REGULIEREN, IST DAS NICHT MÖGLICH.
SIE HAT DIE MAXIMALE MENGE CHAKRA AUF EINMAL GESCHMIEDET UND SOFORT IN DER HAND GESAMMELT...
SST
IHRE MEDIZINISCHEN NINJUTSU, DIESE RIESIGE KRAFT UND...
...IHR TALENT FÜR GENJUTSU...
SIE KANN EINE NOCH STÄRKERE KUNOICHI ALS HOKAGE DIE FÜNFTE WERDEN...
PLING
GUT... JETZT KOMMEN WIR ZU EUCH...

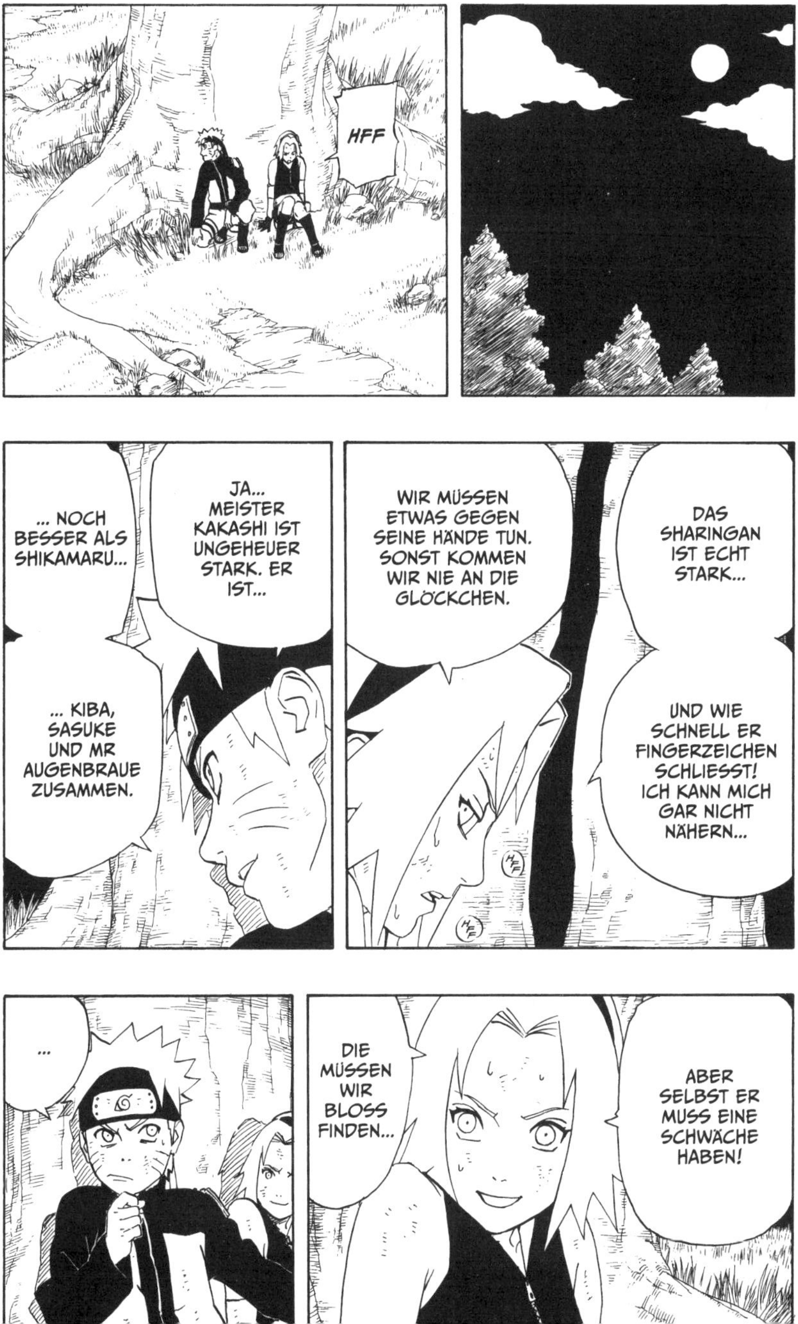
HFF
DAS SHARINGAN IST ECHT STARK...
UND WIE SCHNELL ER FINGERZEICHEN SCHLIESST! ICH KANN MICH GAR NICHT NÄHERN...
HF
HF
WIR MÜSSEN ETWAS GEGEN SEINE HÄNDE TUN. SONST KOMMEN WIR NIE AN DIE GLÖCKCHEN.
JA... MEISTER KAKASHI IST UNGEHEUER STARK. ER IST...
... NOCH BESSER ALS SHIKAMARU...
... KIBA, SASUKE UND MR AUGENBRAUE ZUSAMMEN.
ABER SELBST ER MUSS EINE SCHWÄCHE HABEN!
DIE MÜSSEN WIR BLOSS FINDEN...
...

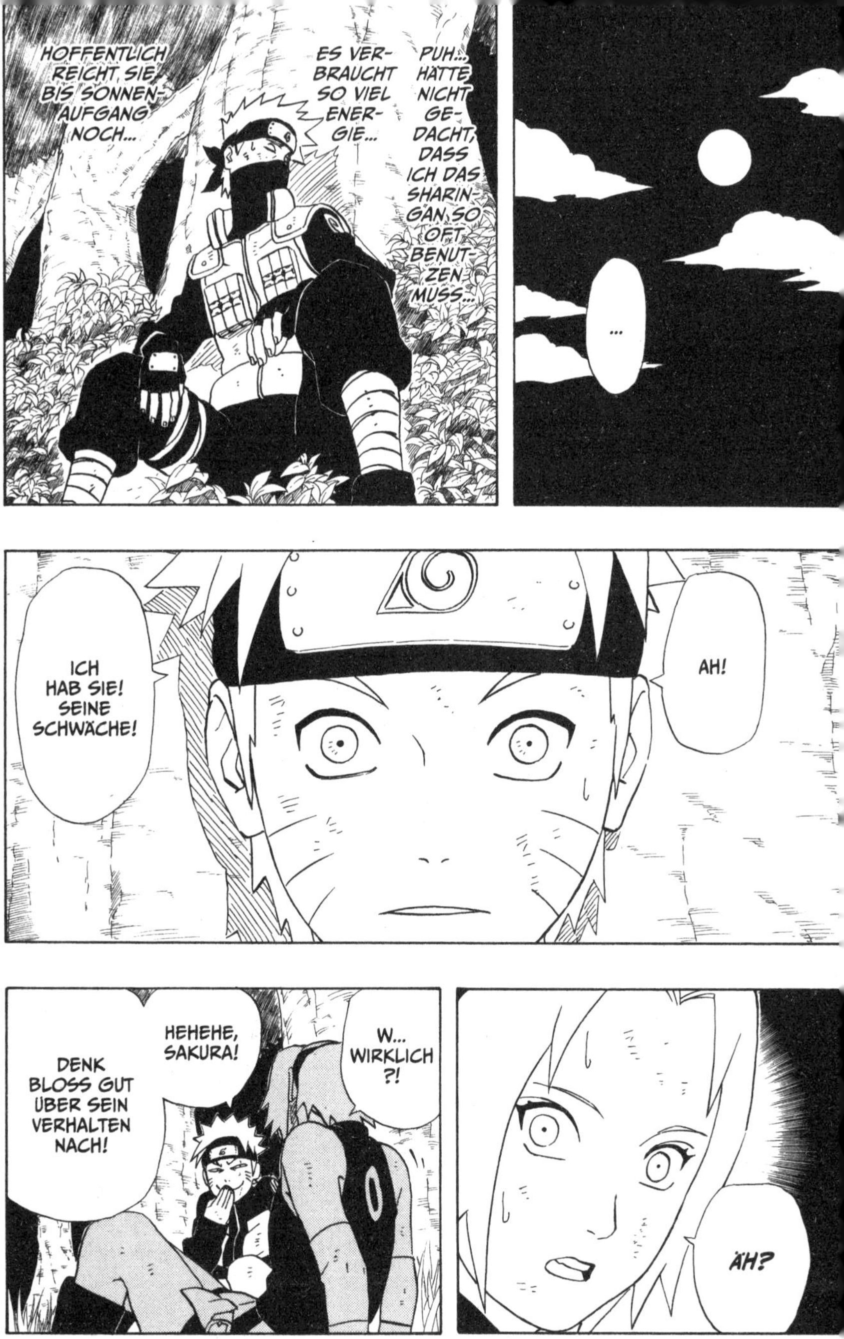

...
PUH... HÄTTE NICHT GEDACHT, DASS ICH DAS SHARINGAN SO OFT BENUTZEN MUSS...
ES VERBRAUCHT SO VIEL ENERGIE...
HOFFENTLICH REICHT SIE BIS SONNENAUFGANG NOCH...
AH!
ICH HAB SIE! SEINE SCHWÄCHE!
ÄH?
W... WIRKLICH ?!
HEHEHE, SAKURA!
DENK BLOSS GUT ÜBER SEIN VERHALTEN NACH!

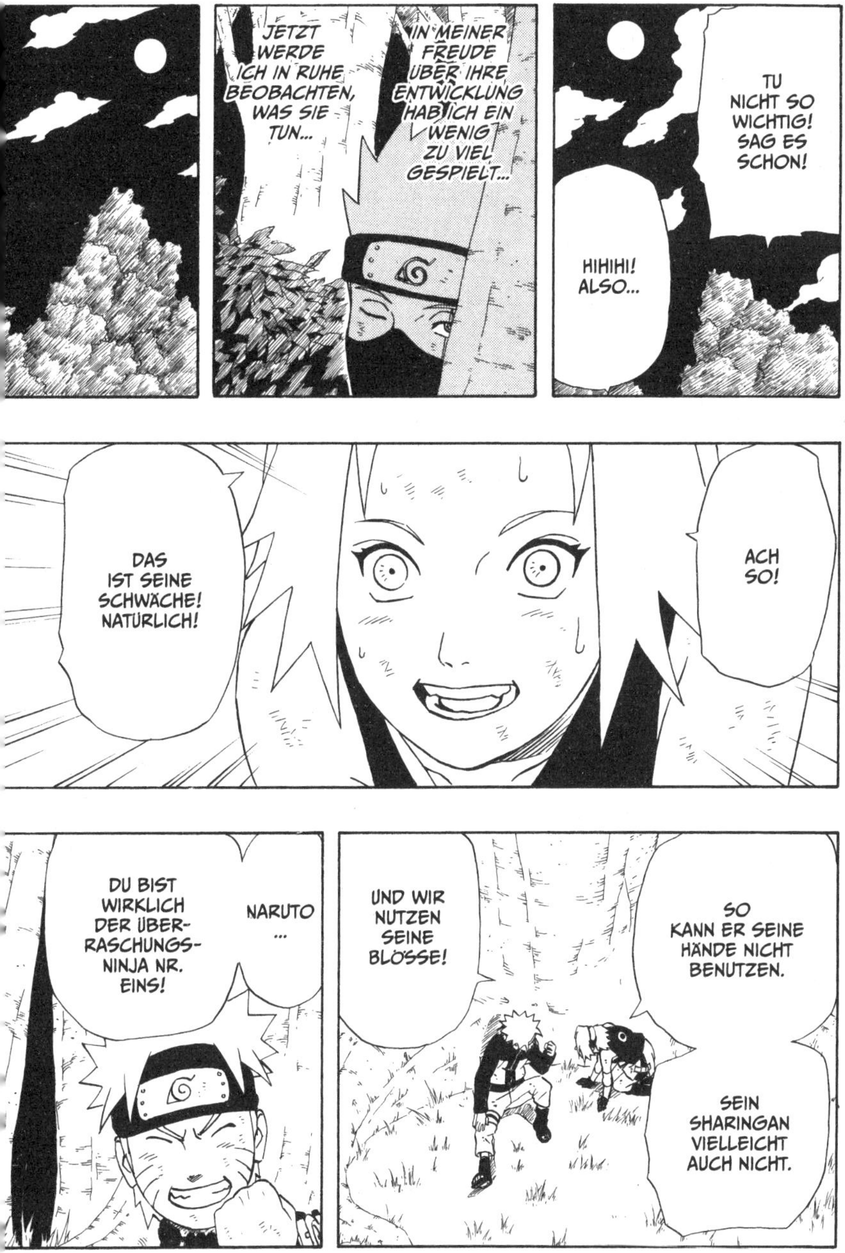
JETZT WERDE ICH IN RUHE BEOBACHTEN, WAS SIE TUN...
IN MEINER FREUDE ÜBER IHRE ENTWICKLUNG HAB ICH EIN WENIG ZU VIEL GESPIELT...
TU NICHT SO WICHTIG! SAG ES SCHON!
HIHIHI! ALSO...
ACH SO!
DAS IST SEINE SCHWÄCHE! NATÜRLICH!
SO KANN ER SEINE HÄNDE NICHT BENUTZEN.
SEIN SHARINGAN VIELLEICHT AUCH NICHT.
UND WIR NUTZEN SEINE BLÖSSE!
NARUTO ...
DU BIST WIRKLICH DER ÜBER-RASCHUNGS-NINJA NR. EINS!

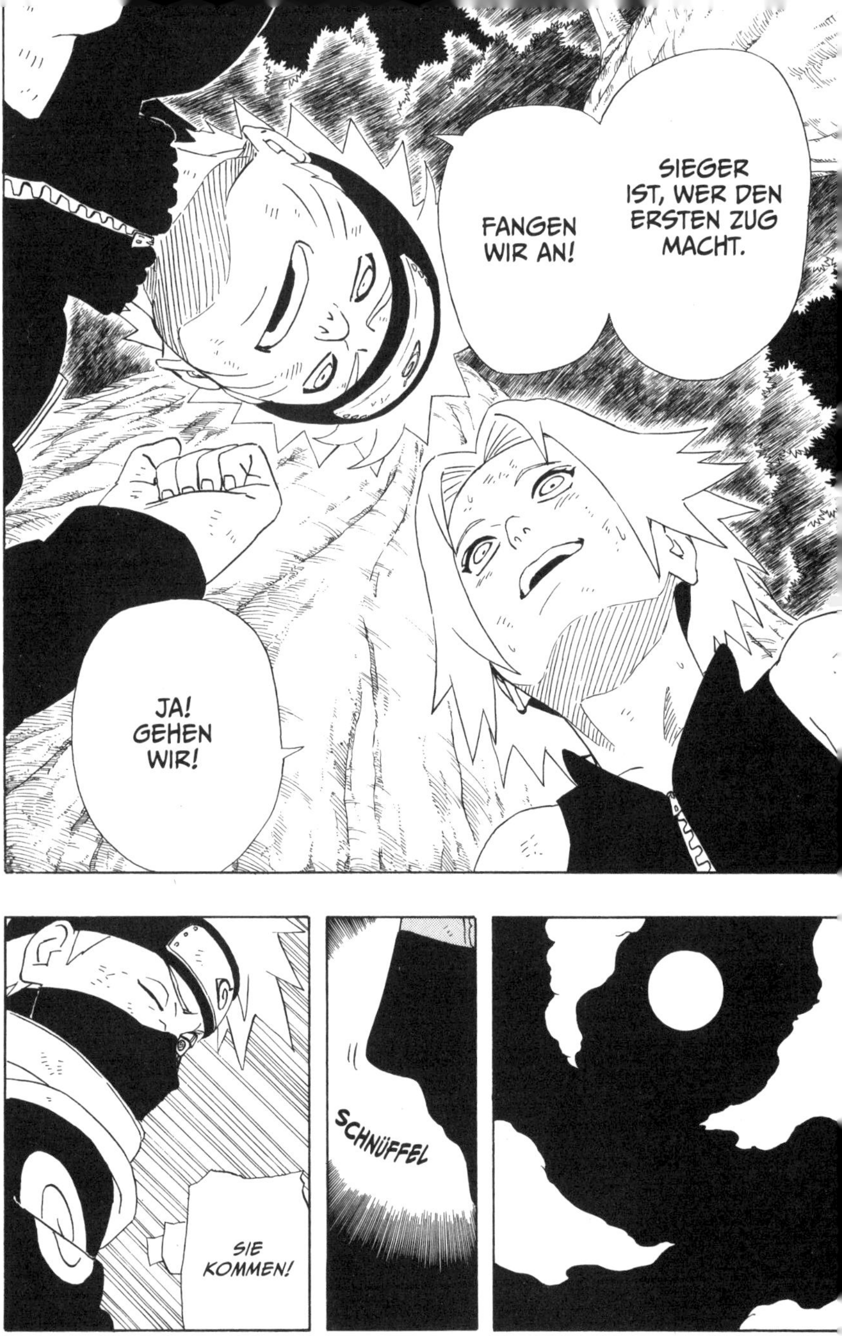
SIEGER IST, WER DEN ERSTEN ZUG MACHT.
FANGEN WIR AN!
JA! GEHEN WIR!
SIE KOMMEN!
SCHNÜFFEL

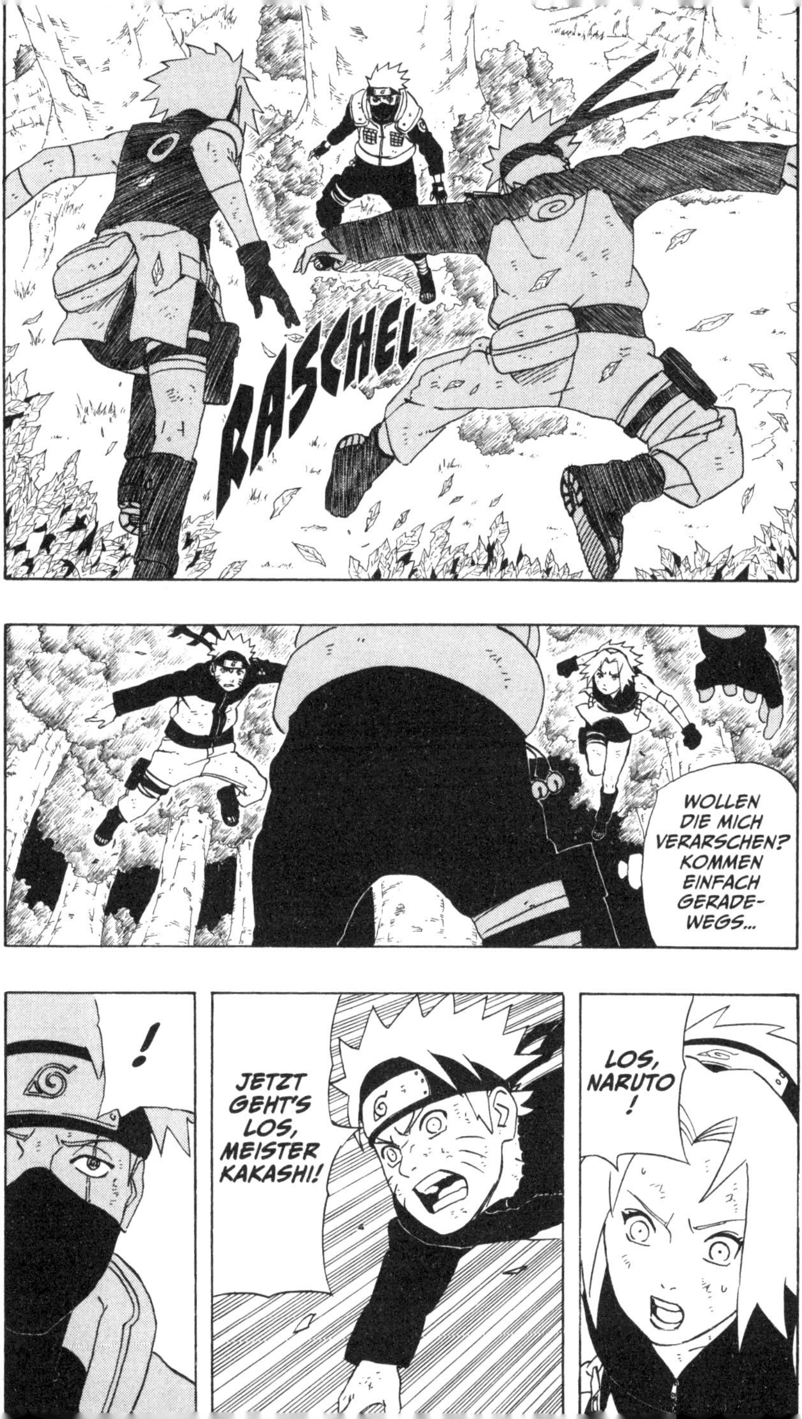
RASCHEL
WOLLEN DIE MICH VERARSCHEN? KOMMEN EINFACH GERADE-WEGS...
!
JETZT GEHT'S LOS, MEISTER KAKASHI!
LOS, NARUTO!

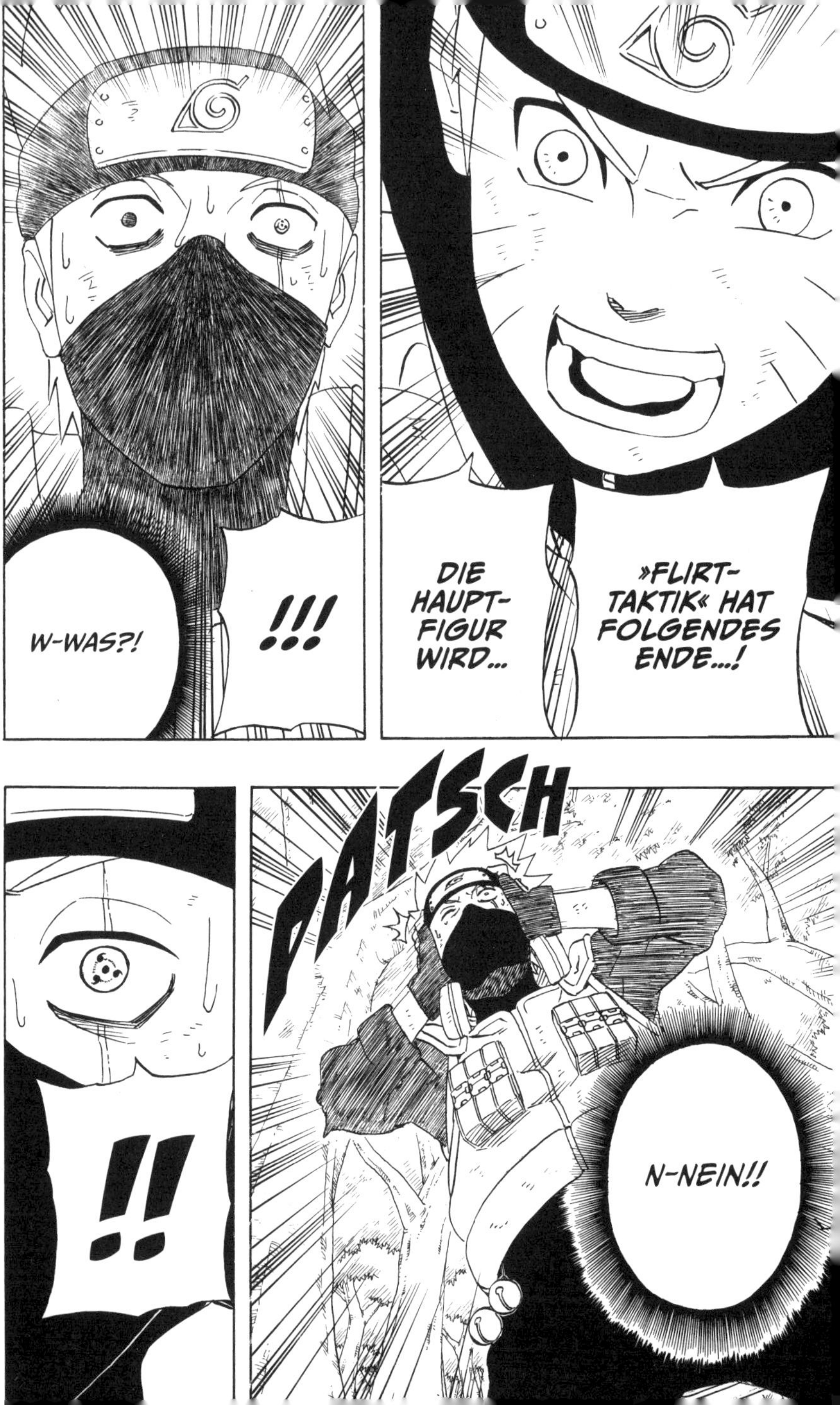
»FLIRT-TAKTIK« HAT FOLGENDES ENDE...!
DIE HAUPT-FIGUR WIRD...
!!!
W-WAS?!
PATSCH
N-NEIN!!
!!

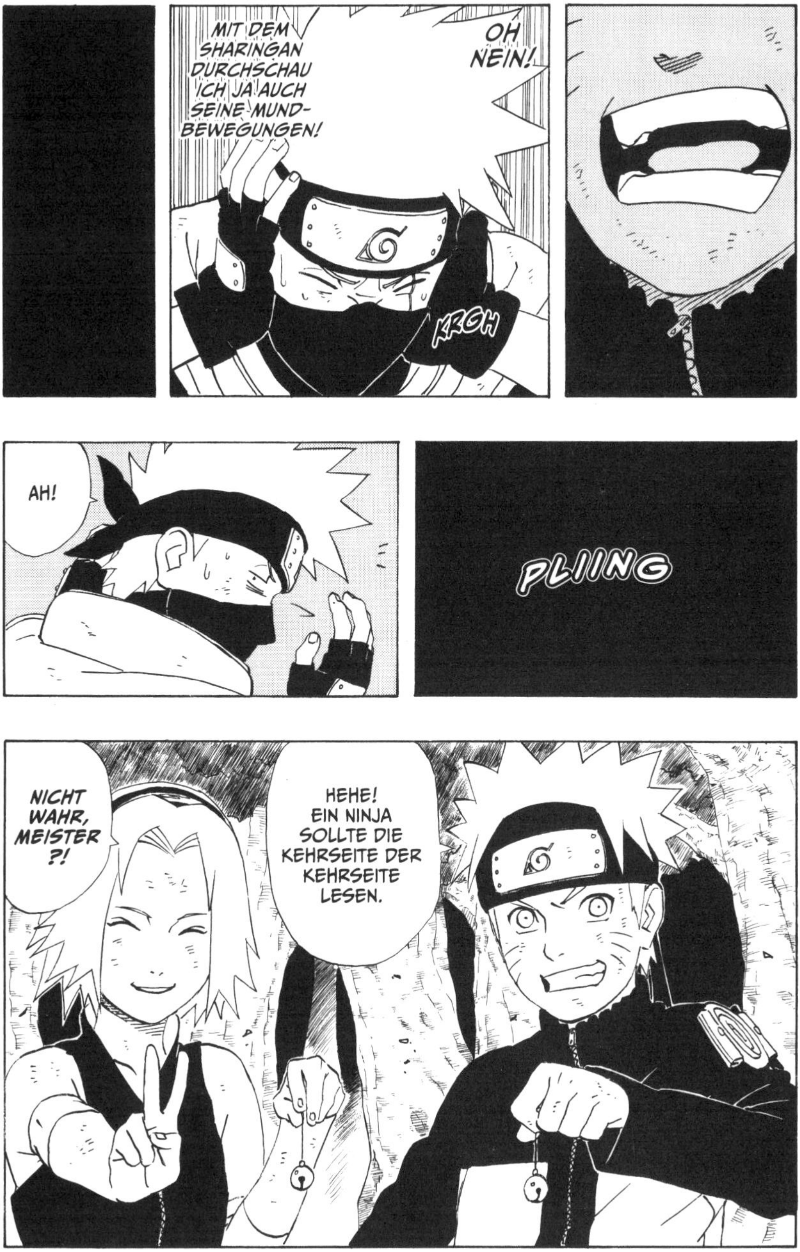
OH NEIN!
MIT DEM SHARINGAN DURCHSCHAU ICH JA AUCH SEINE MUND-BEWEGUNGEN!
KRGH
PLIING
AH!
HEHE! EIN NINJA SOLLTE DIE KEHRSEITE DER KEHRSEITE LESEN.
NICHT WAHR, MEISTER?!

MASASHI KISHIMOTOS WELT LEBENSGESCHICHTE: VIDEOSPIELE – TEIL 1

NEULICH BEI DER ARBEIT HAB ICH MICH GEFRAGT, OB ICH IN MEINEM LEBEN JEMALS ETWAS ANDERES MIT LEIDENSCHAFT GEMACHT HABE AUSSER ZEICHNEN. ICH MUSSTE GUT NACHDENKEN UND DA FIEL MIR EINES EIN: VIDEOSPIELE.

SCHON IN DER KINDHEIT SPIELTE ICH GENAUSO GERNE WIE ICH ZEICHNETE. MEINE FREUNDE SPIELTEN AUCH GERNE, EBENSO MEINE ELTERN. SELBSTVERSTÄNDLICH SPIELTEN WIR DAMALS MIT EINEM FAMILY COMPUTER, KURZ FAMICOM*.

** ANMERKUNG: 8 BIT-VIDEOSPIELKONSOLE VON NINTENDO, IN EUROPA ALS NINTENDO ENTERTAINMENT SYSTEM (NES) BEKANNT.*

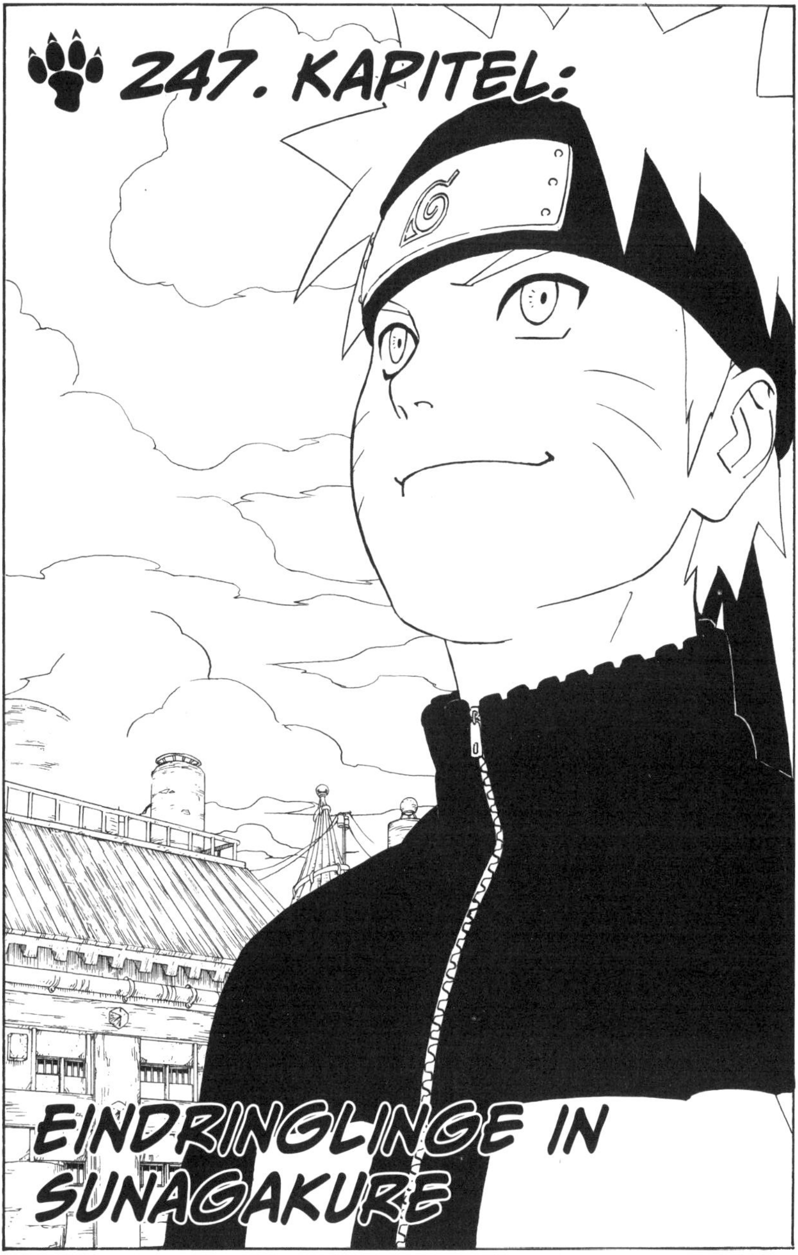
247. KAPITEL:
EINDRINGLINGE IN SUNAGAKURE

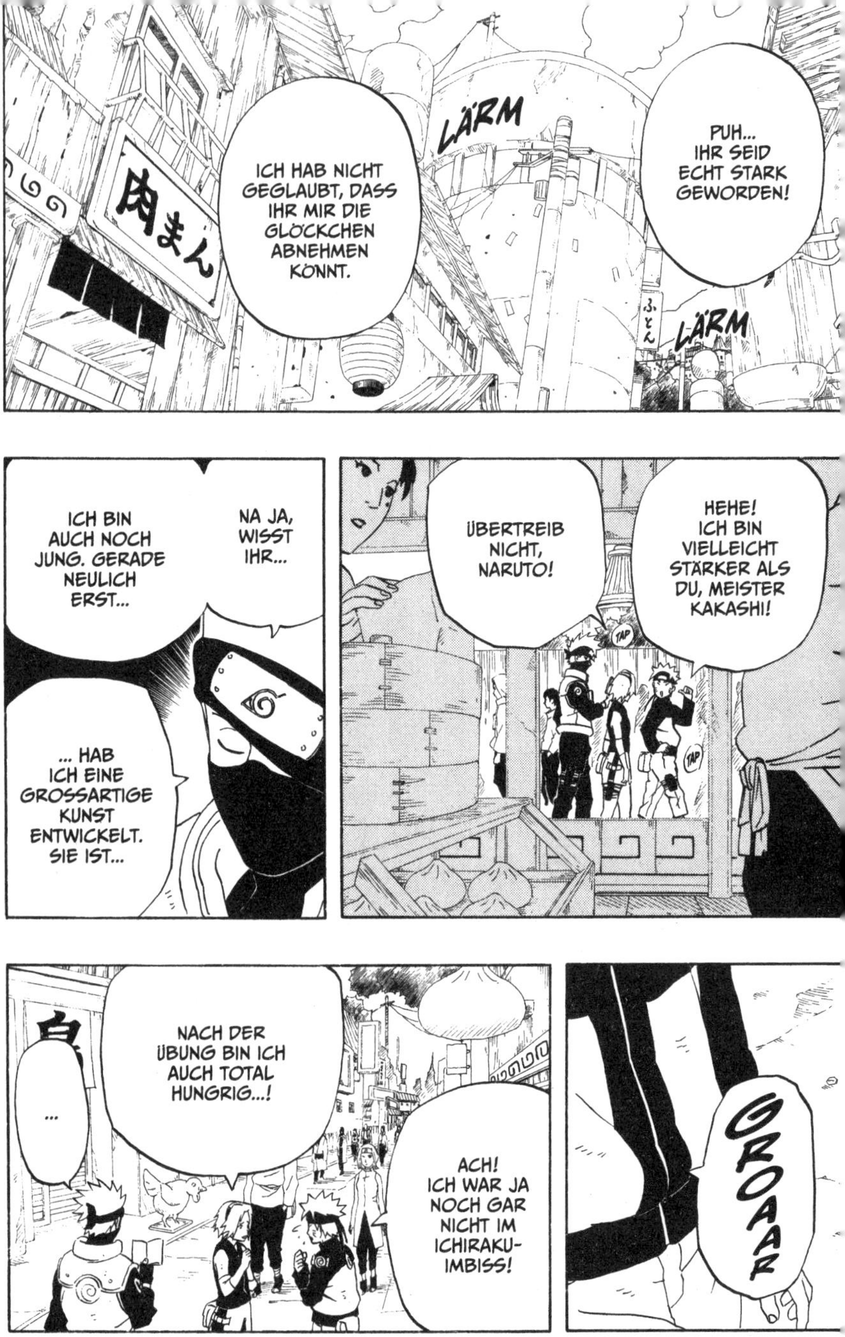
PUH... IHR SEID ECHT STARK GEWORDEN!
LÄRM
LÄRM
ICH HAB NICHT GEGLAUBT, DASS IHR MIR DIE GLÖCKCHEN ABNEHMEN KÖNNT.
肉まん
ふとん
HEHE! ICH BIN VIELLEICHT STÄRKER ALS DU, MEISTER KAKASHI!
TAP
TAP
ÜBERTREIB NICHT, NARUTO!
NA JA, WISST IHR...
ICH BIN AUCH NOCH JUNG. GERADE NEULICH ERST...
... HAB ICH EINE GROSSARTIGE KUNST ENTWICKELT. SIE IST...
GROAAR
ACH! ICH WAR JA NOCH GAR NICHT IM ICHIRAKU-IMBISS!
NACH DER ÜBUNG BIN ICH AUCH TOTAL HUNGRIG...!
...

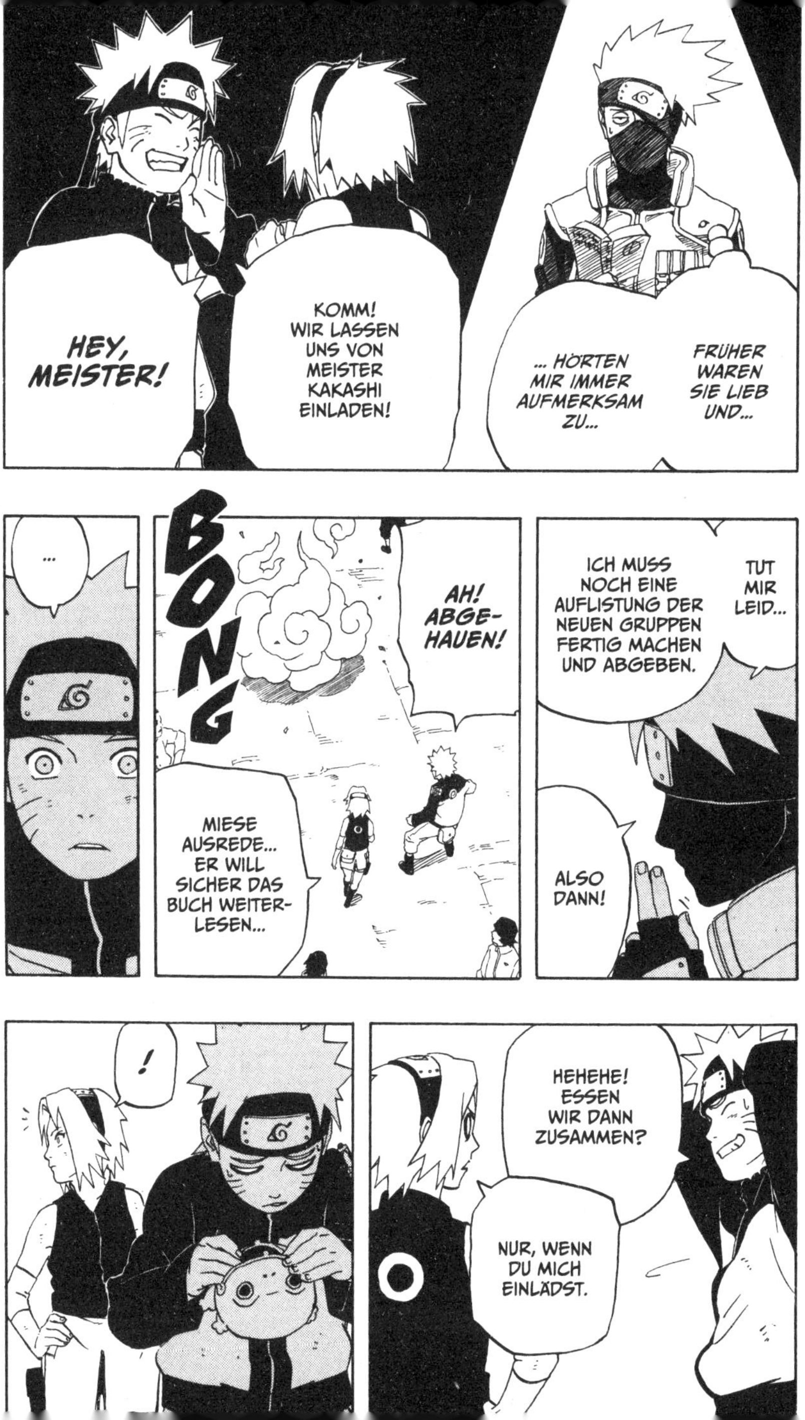
FRÜHER WAREN SIE LIEB UND...
... HÖRTEN MIR IMMER AUFMERKSAM ZU...
KOMM! WIR LASSEN UNS VON MEISTER KAKASHI EINLADEN!
HEY, MEISTER!
TUT MIR LEID...
ICH MUSS NOCH EINE AUFLISTUNG DER NEUEN GRUPPEN FERTIG MACHEN UND ABGEBEN.
ALSO DANN!
BONG
AH! ABGE-HAUEN!
MIESE AUSREDE... ER WILL SICHER DAS BUCH WEITER-LESEN...
...
HEHEHE! ESSEN WIR DANN ZUSAMMEN?
NUR, WENN DU MICH EINLÄDST.
!

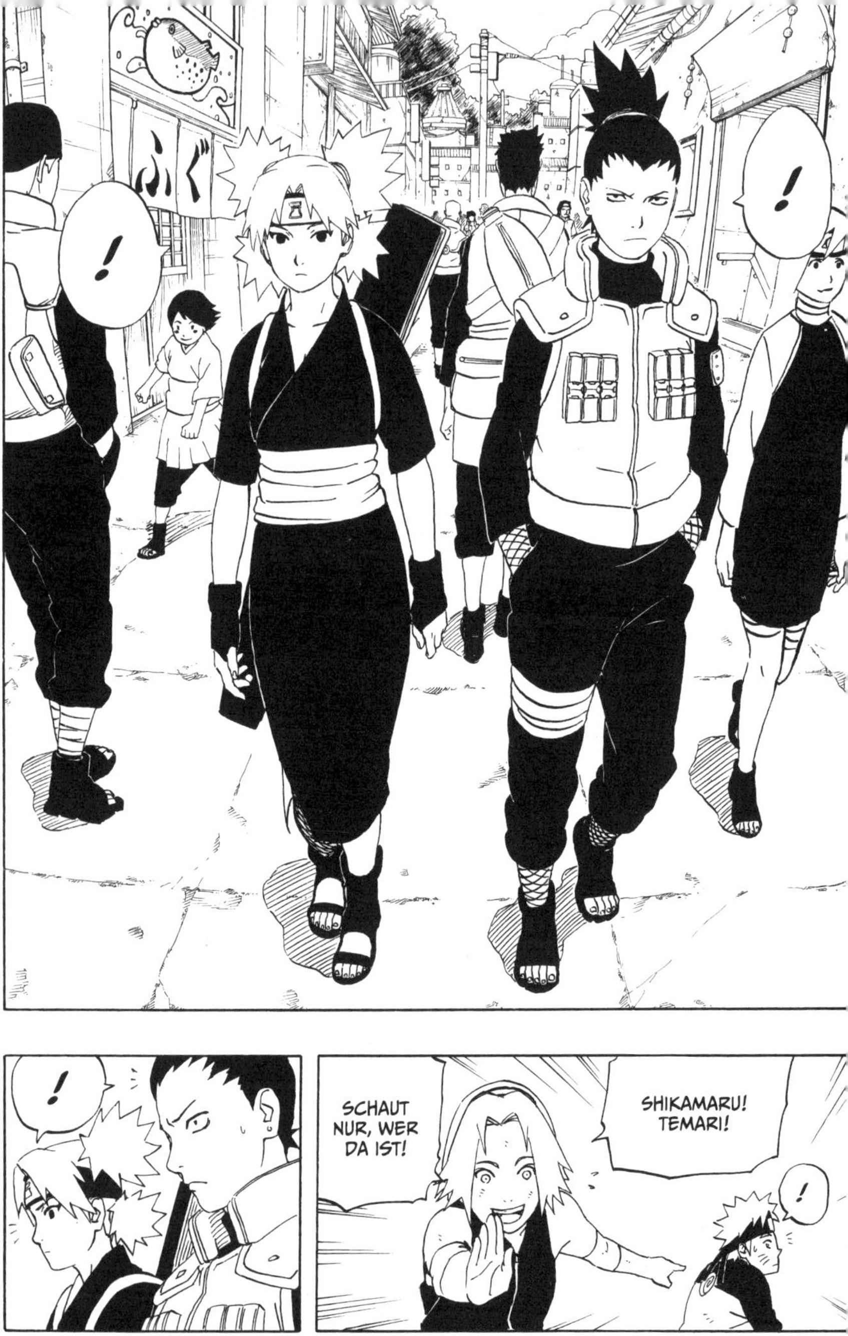
SHIKAMARU! TEMARI!
SCHAUT NUR, WER DA IST!

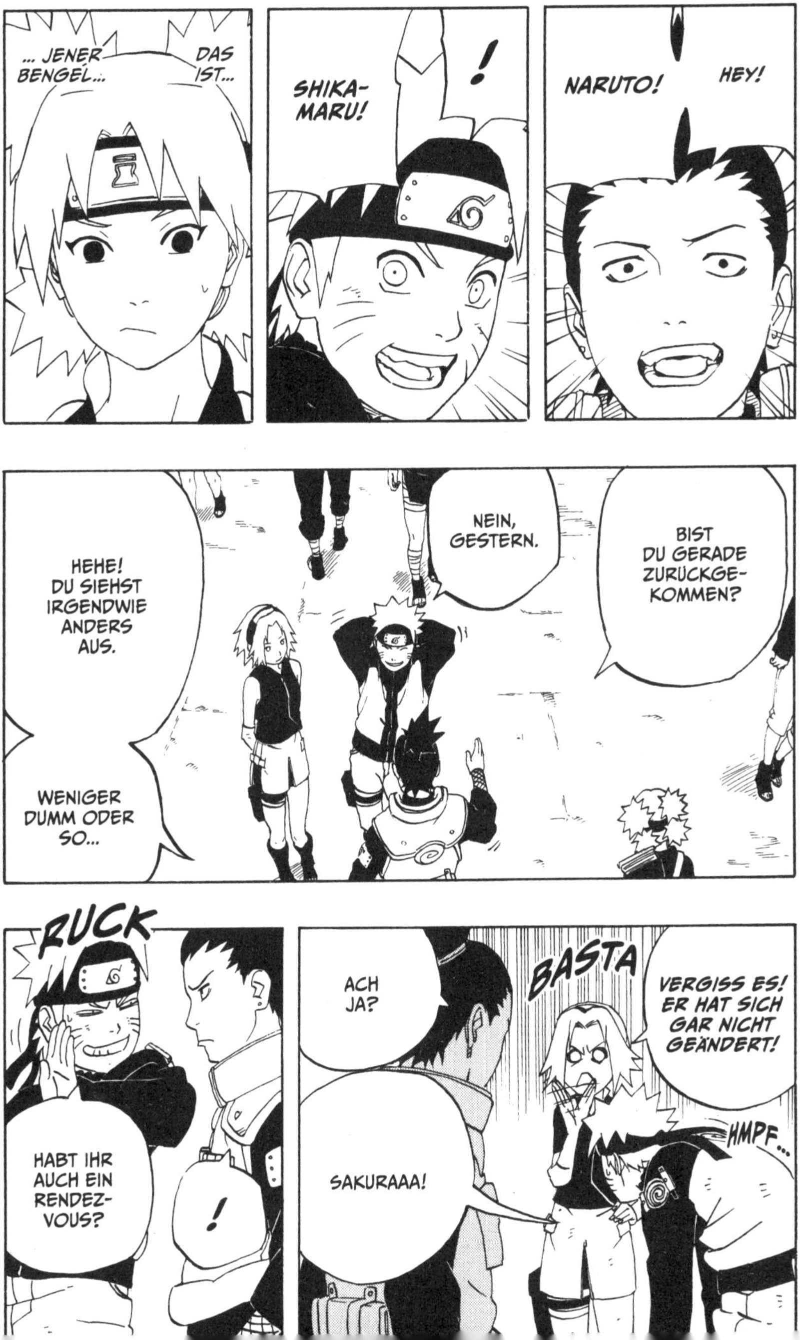
HEY!
NARUTO!
!
SHIKA-MARU!
DAS IST...
... JENER BENGEL...
BIST DU GERADE ZURÜCKGE-KOMMEN?
NEIN, GESTERN.
HEHE! DU SIEHST IRGENDWIE ANDERS AUS.
WENIGER DUMM ODER SO...
VERGISS ES! ER HAT SICH GAR NICHT GEÄNDERT!
BASTA
ACH JA?
SAKURAAA!
HMPF...
RUCK
HABT IHR AUCH EIN RENDEZ-VOUS?
!

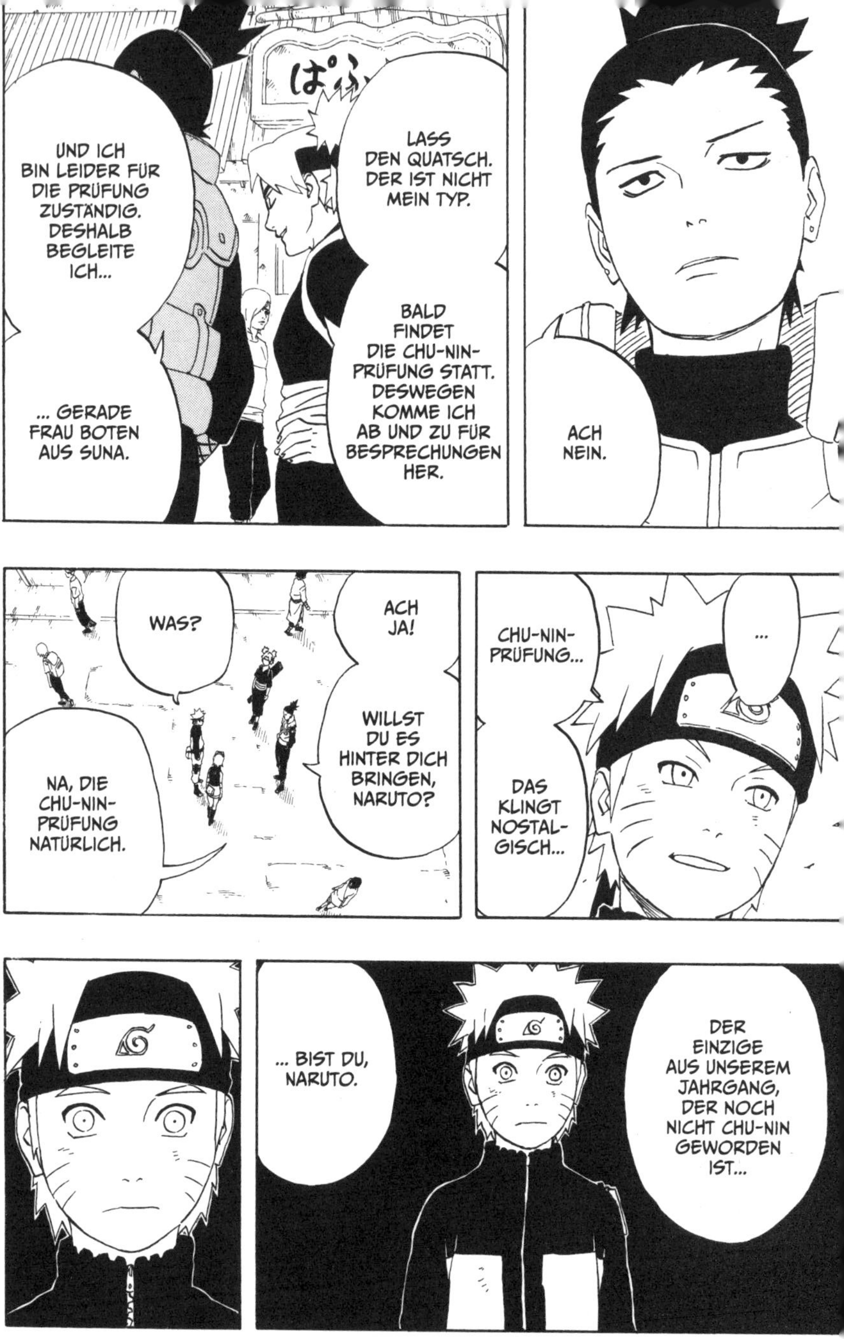
ACH NEIN.
LASS DEN QUATSCH. DER IST NICHT MEIN TYP.
BALD FINDET DIE CHU-NIN-PRÜFUNG STATT. DESWEGEN KOMME ICH AB UND ZU FÜR BESPRECHUNGEN HER.
UND ICH BIN LEIDER FÜR DIE PRÜFUNG ZUSTÄNDIG. DESHALB BEGLEITE ICH...
... GERADE FRAU BOTEN AUS SUNA.
...
CHU-NIN-PRÜFUNG...
DAS KLINGT NOSTALGISCH...
ACH JA!
WILLST DU ES HINTER DICH BRINGEN, NARUTO?
WAS?
NA, DIE CHU-NIN-PRÜFUNG NATÜRLICH.
DER EINZIGE AUS UNSEREM JAHRGANG, DER NOCH NICHT CHU-NIN GEWORDEN IST...
... BIST DU, NARUTO.

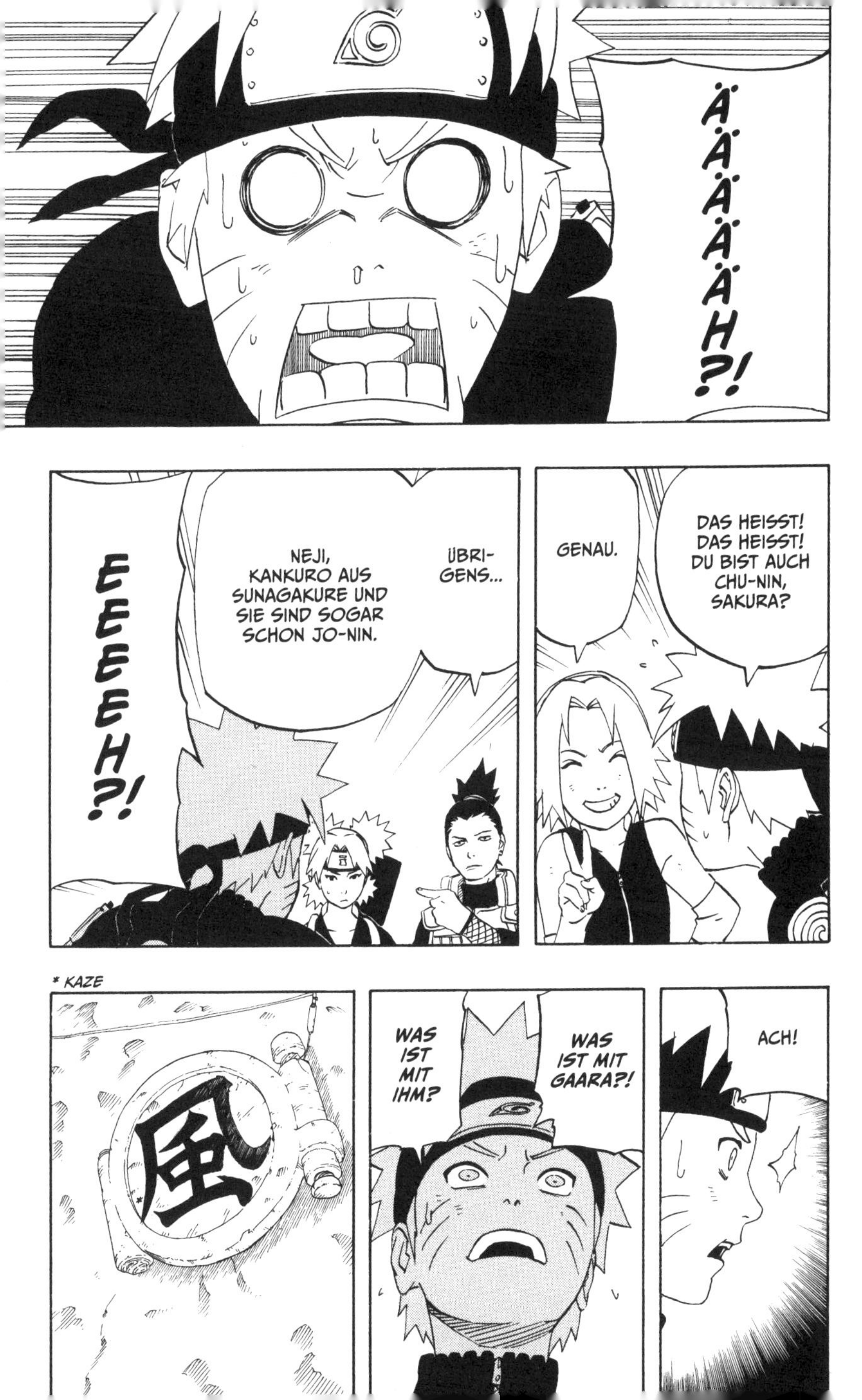
ÄÄÄÄÄÄH?!
DAS HEISST! DAS HEISST! DU BIST AUCH CHU-NIN, SAKURA?
GENAU.
ÜBRIGENS...
NEJI, KANKURO AUS SUNAGAKURE UND SIE SIND SOGAR SCHON JO-NIN.
EEEEEH?!
ACH!
WAS IST MIT GAARA?!
WAS IST MIT IHM?
風
* KAZE

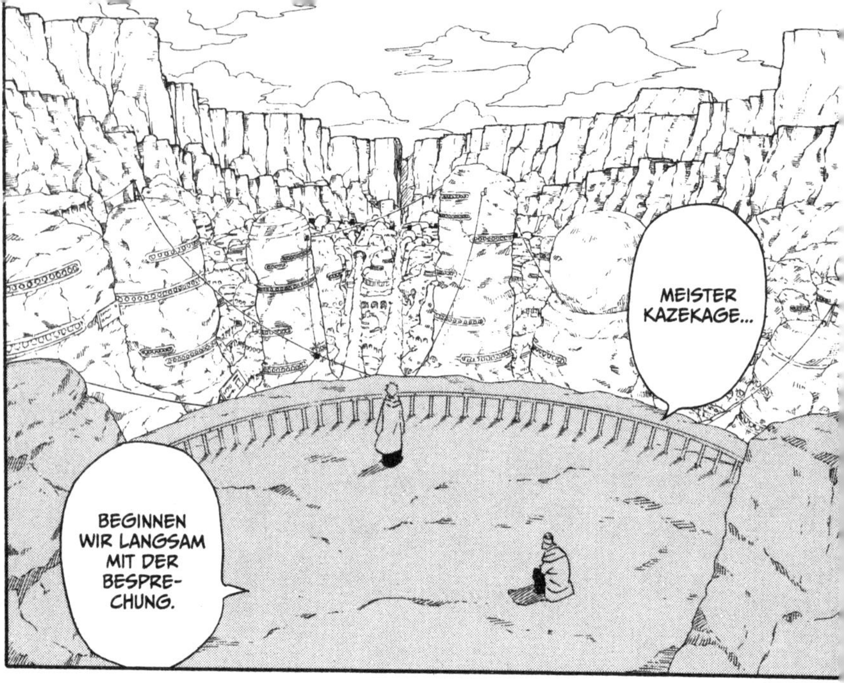
MEISTER KAZEKAGE...
BEGINNEN WIR LANGSAM MIT DER BESPRE-CHUNG.

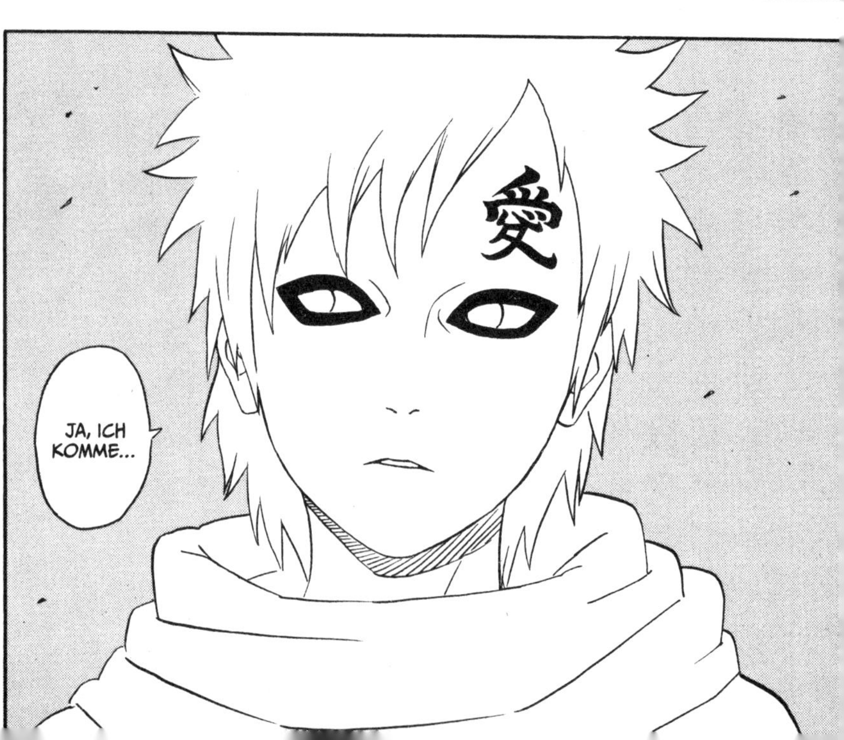
JA, ICH KOMME...

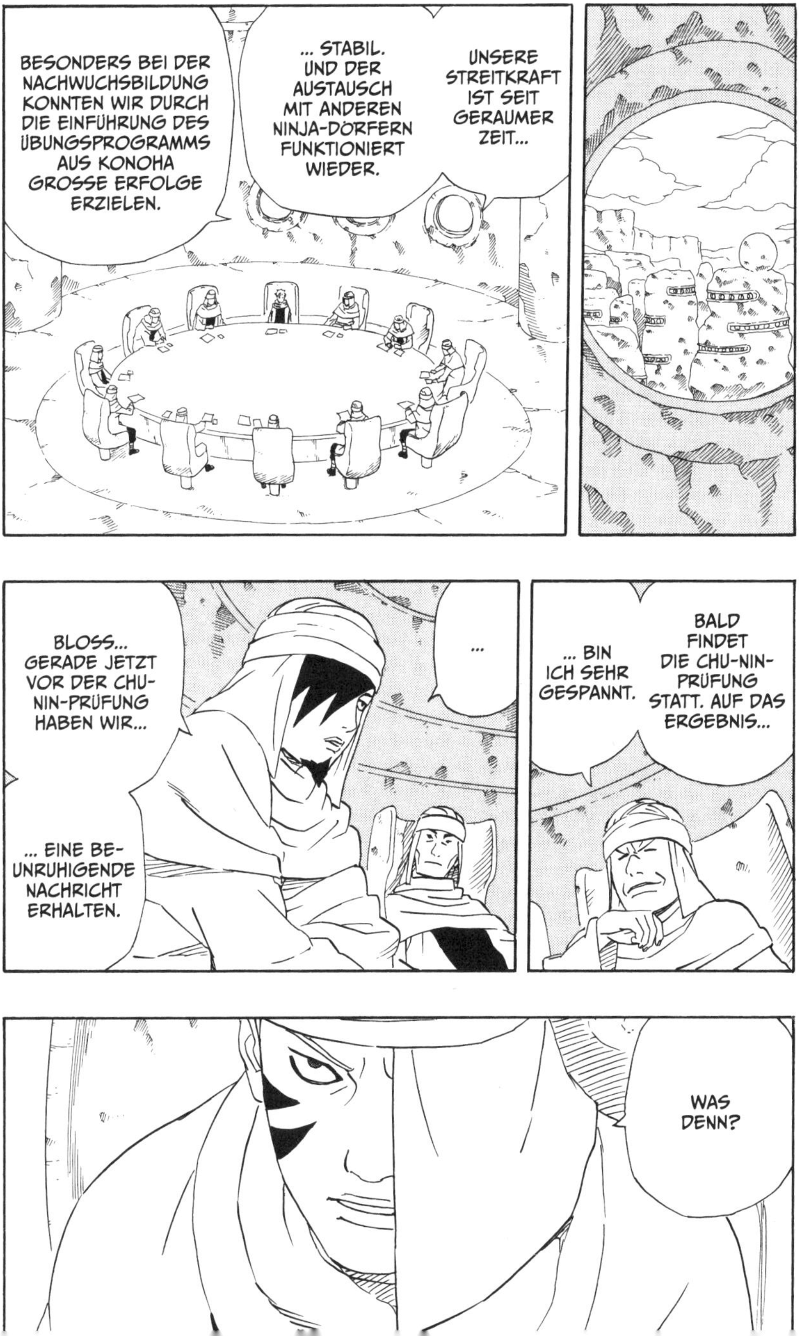
UNSERE STREITKRAFT IST SEIT GERAUMER ZEIT...
... STABIL. UND DER AUSTAUSCH MIT ANDEREN NINJA-DÖRFERN FUNKTIONIERT WIEDER.
BESONDERS BEI DER NACHWUCHSBILDUNG KONNTEN WIR DURCH DIE EINFÜHRUNG DES ÜBUNGSPROGRAMMS AUS KONOHA GROSSE ERFOLGE ERZIELEN.
BALD FINDET DIE CHU-NIN-PRÜFUNG STATT. AUF DAS ERGEBNIS...
... BIN ICH SEHR GESPANNT.
...
BLOSS... GERADE JETZT VOR DER CHU-NIN-PRÜFUNG HABEN WIR...
... EINE BE-UNRUHIGENDE NACHRICHT ERHALTEN.
WAS DENN?

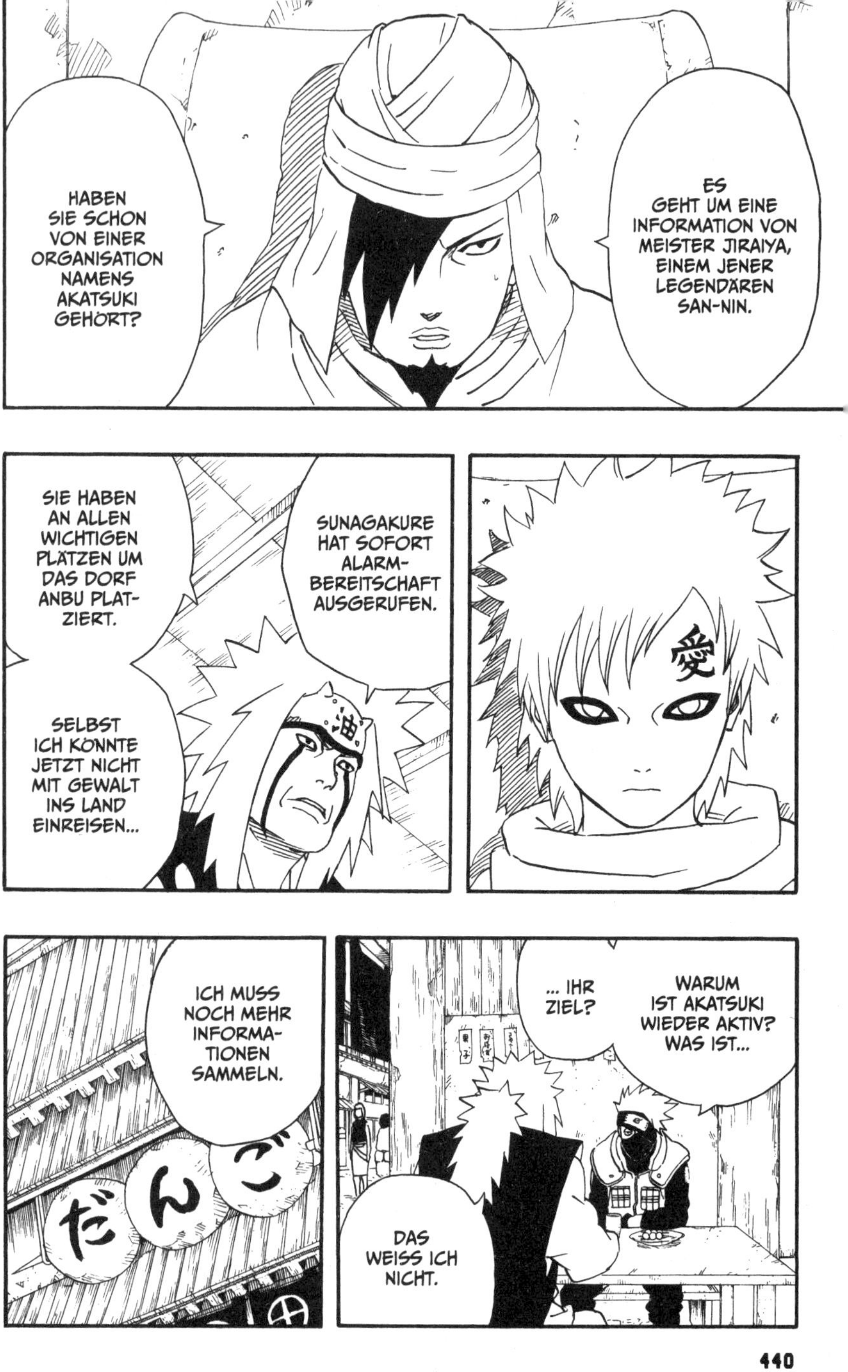

ES GEHT UM EINE INFORMATION VON MEISTER JIRAIYA, EINEM JENER LEGENDÄREN SAN-NIN.
HABEN SIE SCHON VON EINER ORGANISATION NAMENS AKATSUKI GEHÖRT?
SUNAGAKURE HAT SOFORT ALARMBEREITSCHAFT AUSGERUFEN.
SIE HABEN AN ALLEN WICHTIGEN PLÄTZEN UM DAS DORF ANBU PLATZIERT.
SELBST ICH KÖNNTE JETZT NICHT MIT GEWALT INS LAND EINREISEN...
WARUM IST AKATSUKI WIEDER AKTIV? WAS IST...
... IHR ZIEL?
DAS WEISS ICH NICHT.
ICH MUSS NOCH MEHR INFORMATIONEN SAMMELN.
だんご

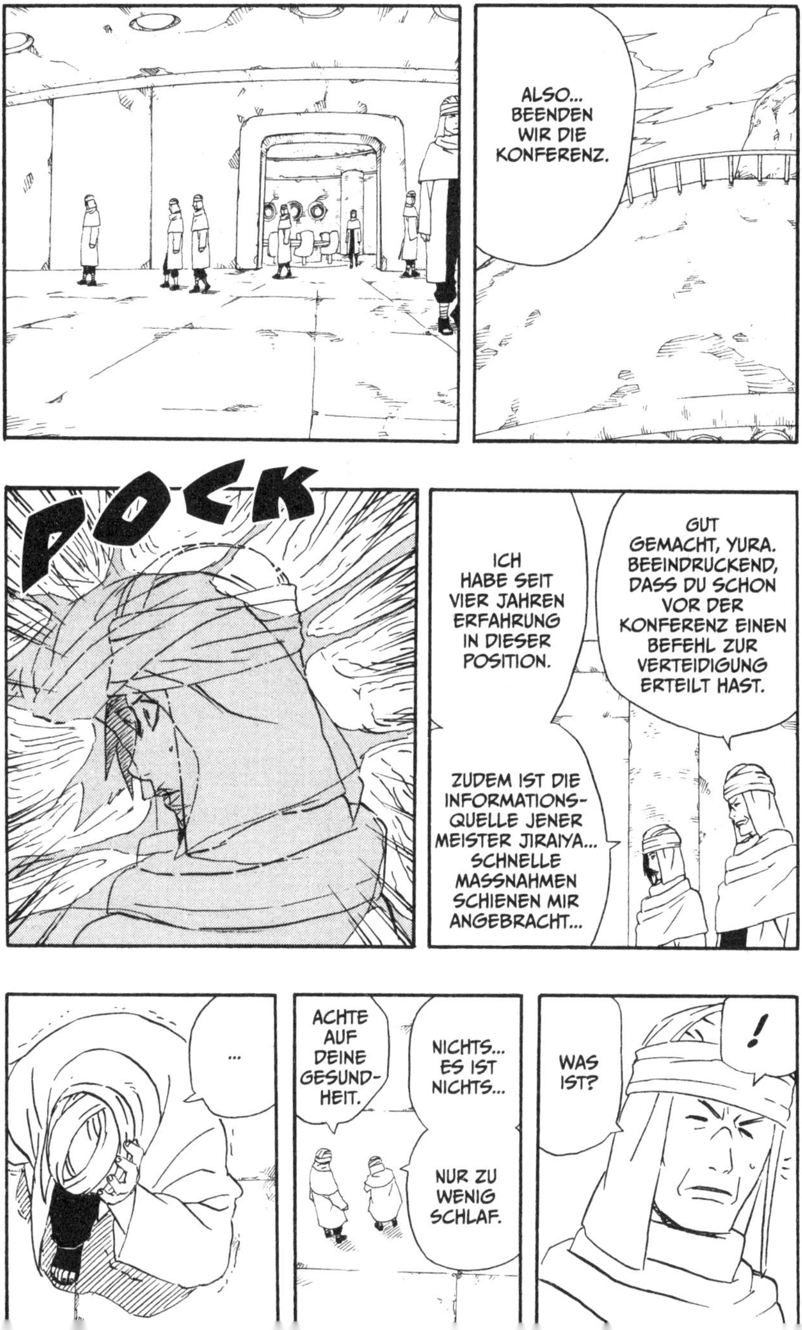
ALSO... BEENDEN WIR DIE KONFERENZ.
GUT GEMACHT, YURA. BEEINDRUCKEND, DASS DU SCHON VOR DER KONFERENZ EINEN BEFEHL ZUR VERTEIDIGUNG ERTEILT HAST.
ICH HABE SEIT VIER JAHREN ERFAHRUNG IN DIESER POSITION.
ZUDEM IST DIE INFORMATIONS-QUELLE JENER MEISTER JIRAIYA... SCHNELLE MASSNAHMEN SCHIENEN MIR ANGEBRACHT...
DOCK
!
WAS IST?
NICHTS... ES IST NICHTS...
NUR ZU WENIG SCHLAF.
ACHTE AUF DEINE GESUND-HEIT.
...

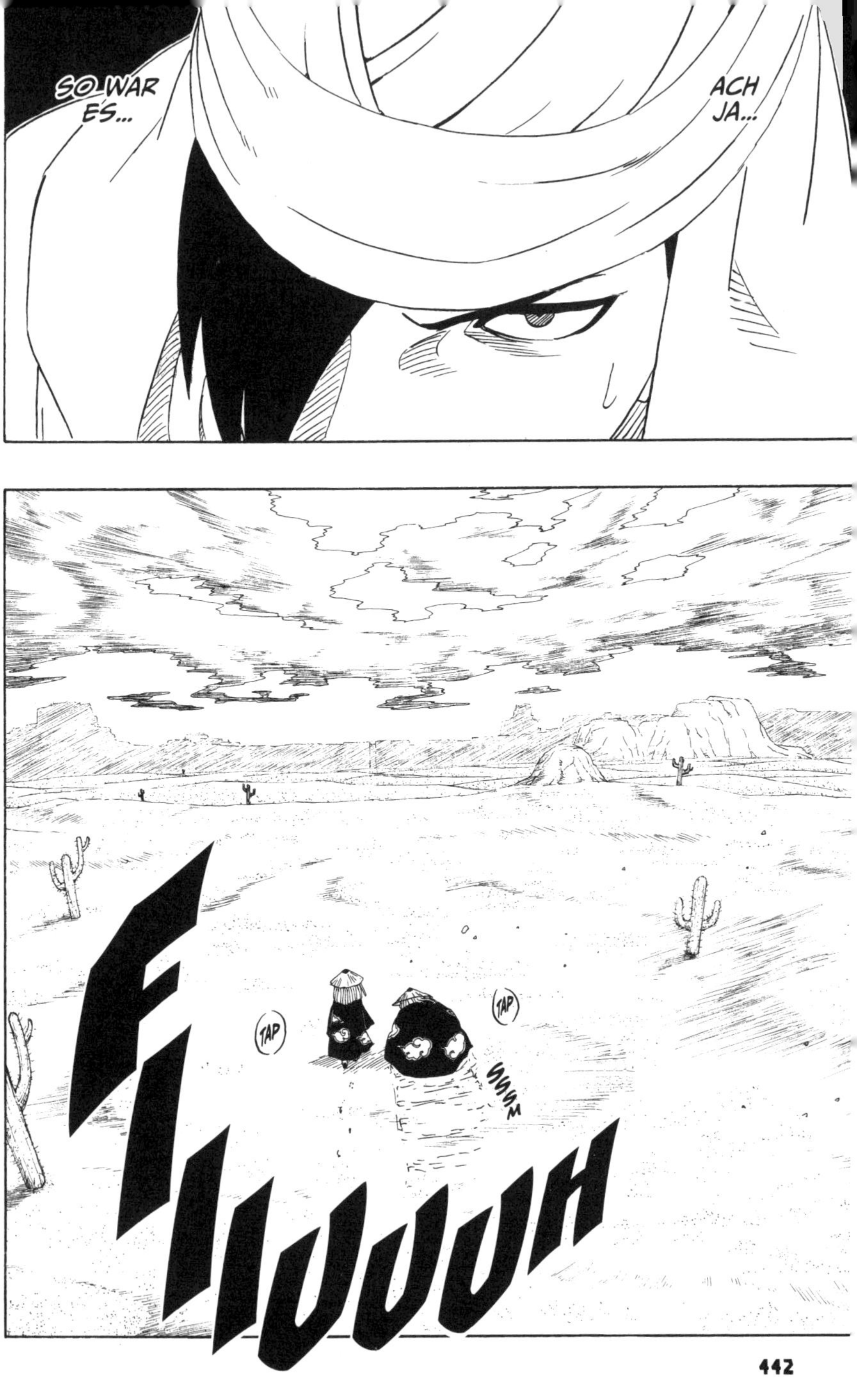
ACH JA...
SO WAR ES...
TAP
TAP
SSSM
FIIUUUUH

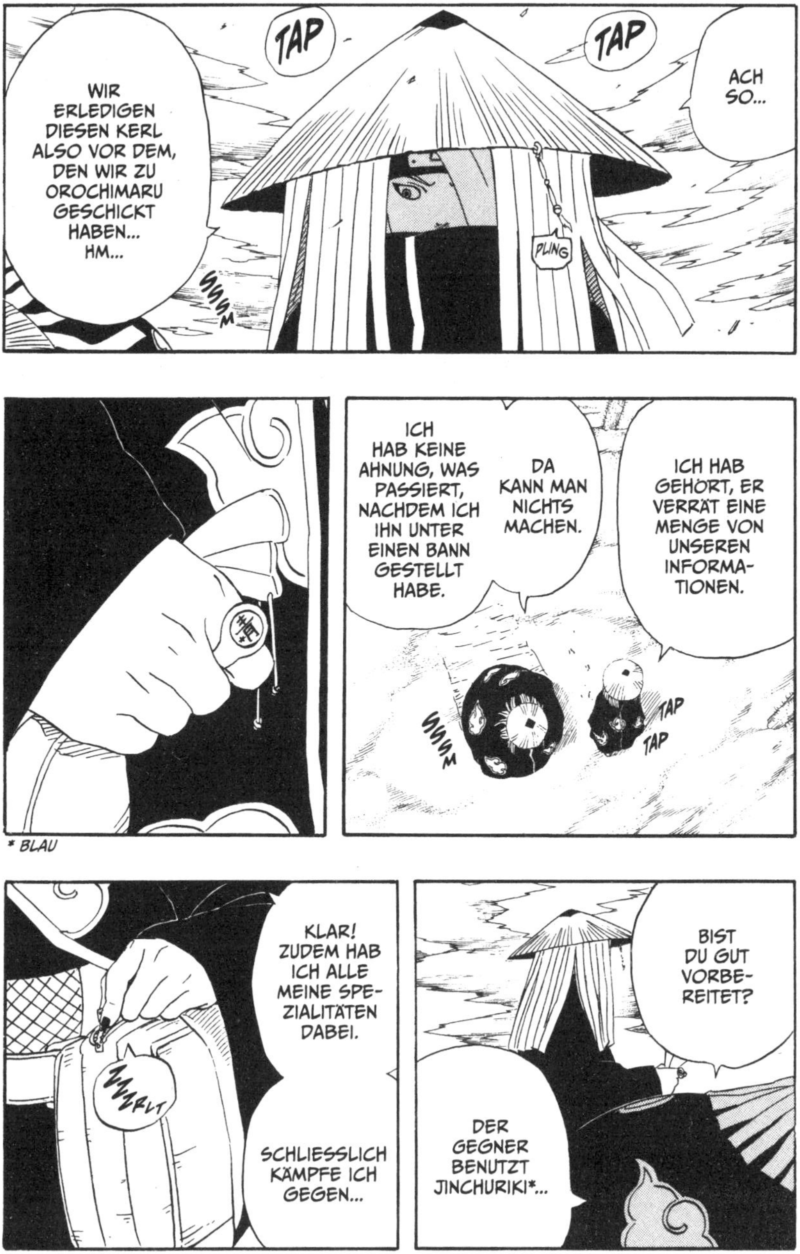

* BLAU

* JIN = MENSCH, CHU = SÄULE, JINCHU = MENSCHENOPFER, RIKI = KRAFT

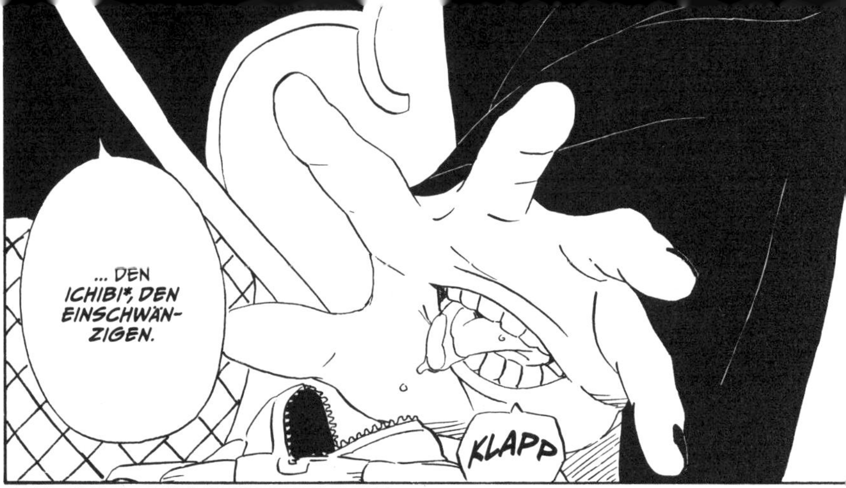

* ICHI = EINS, BI = SCHWANZ: DER EINSCHWÄNZIGE

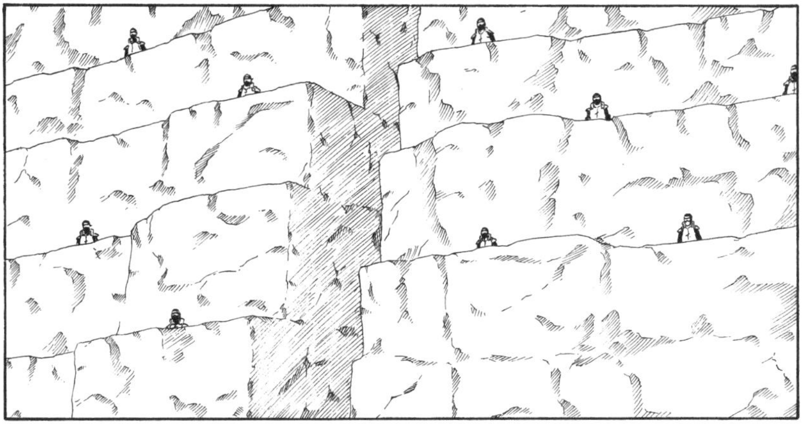

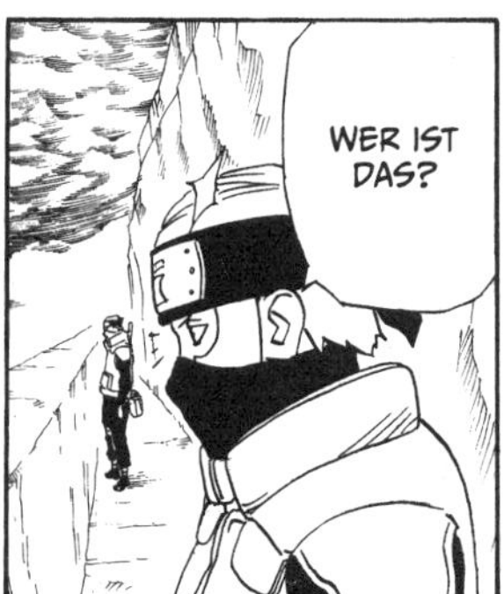

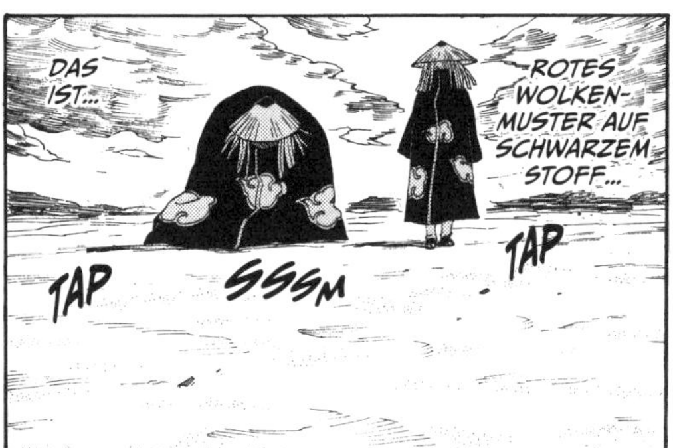

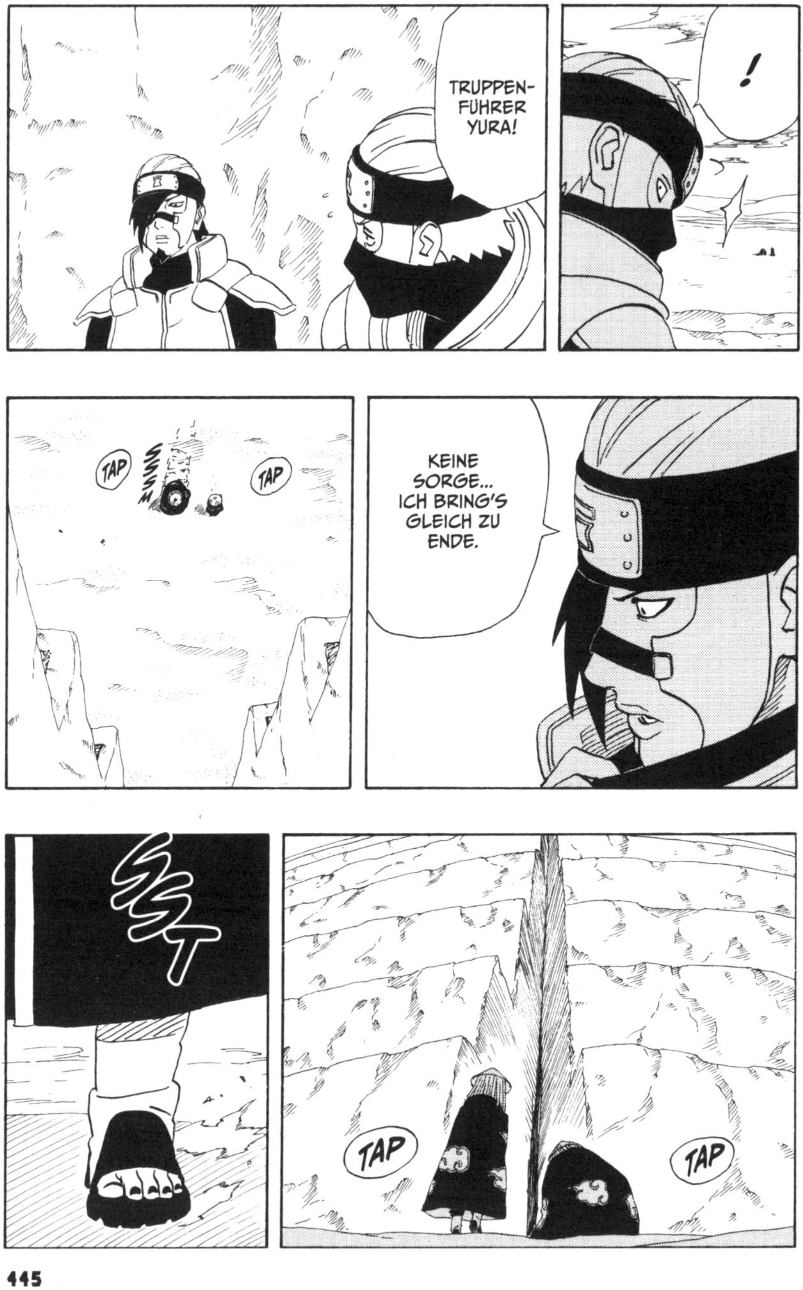
!
TRUPPEN-
FÜHRER
YURA!
KEINE
SORGE...
ICH BRING'S
GLEICH ZU
ENDE.
TAP
SSSM
TAP
TAP
TAP
SST

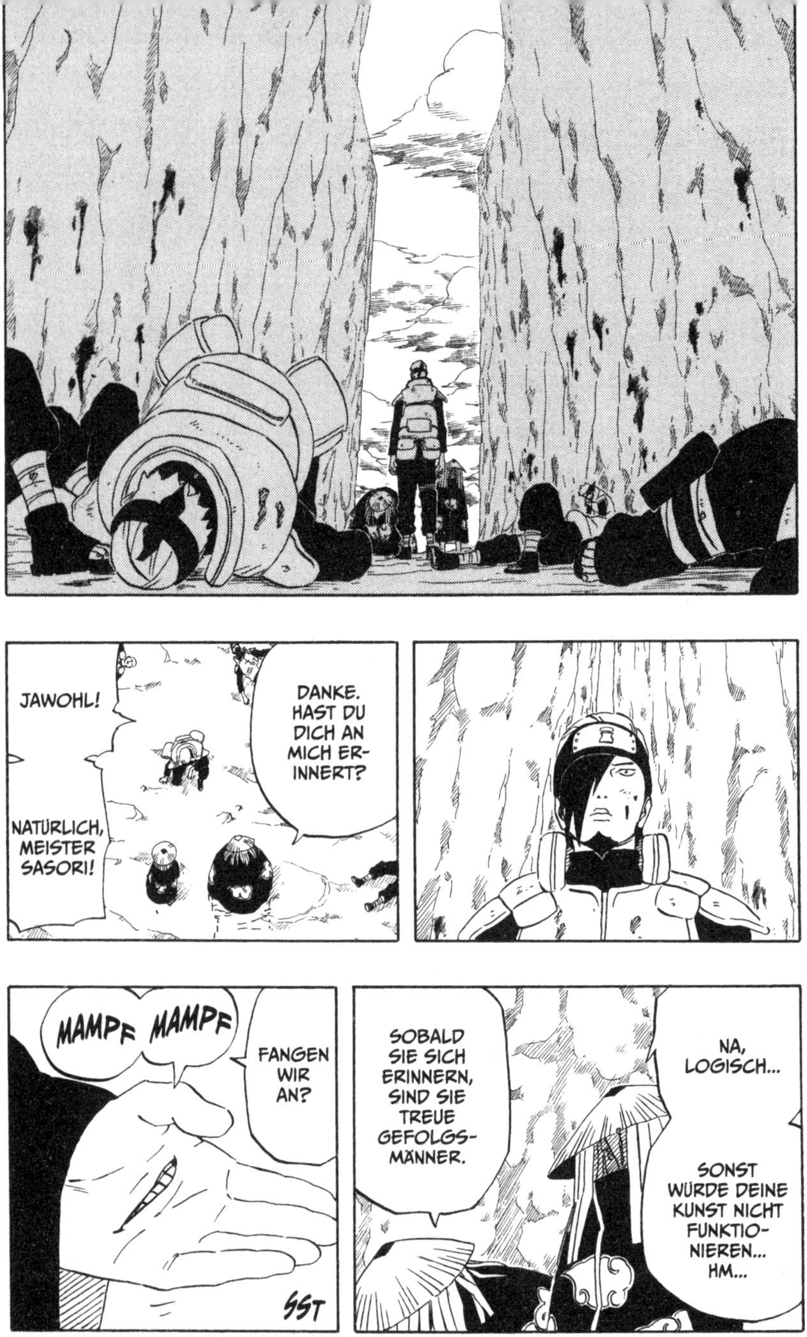

DANKE. HAST DU DICH AN MICH ERINNERT?
JAWOHL!
NATÜRLICH, MEISTER SASORI!
NA, LOGISCH...
SONST WÜRDE DEINE KUNST NICHT FUNKTIONIEREN... HM...
SOBALD SIE SICH ERINNERN, SIND SIE TREUE GEFOLGSMÄNNER.
FANGEN WIR AN?
MAMPF MAMPF
SST

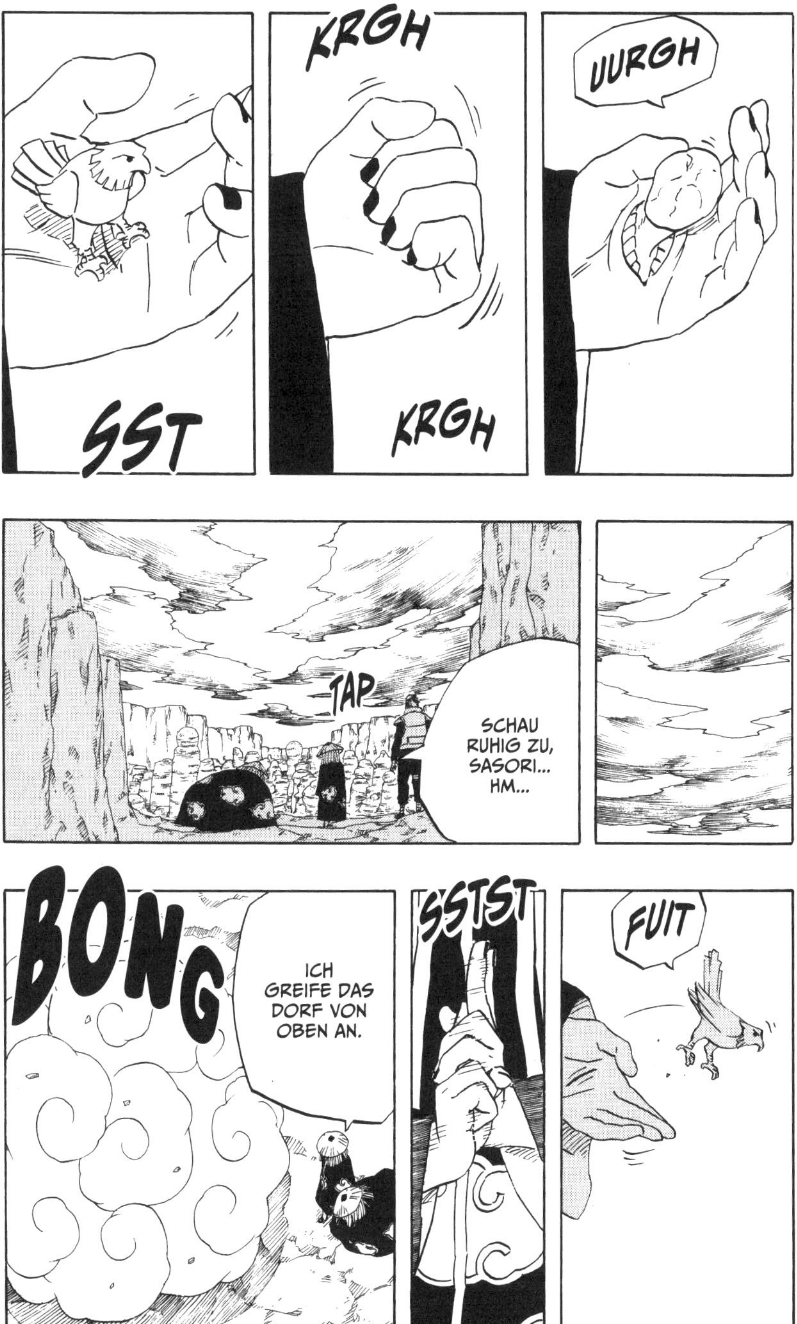
SST
KRGH
KRGH
UURGH
TAP
SCHAU RUHIG ZU, SASORI... HM...
BONG
ICH GREIFE DAS DORF VON OBEN AN.
SSTST
FUIT

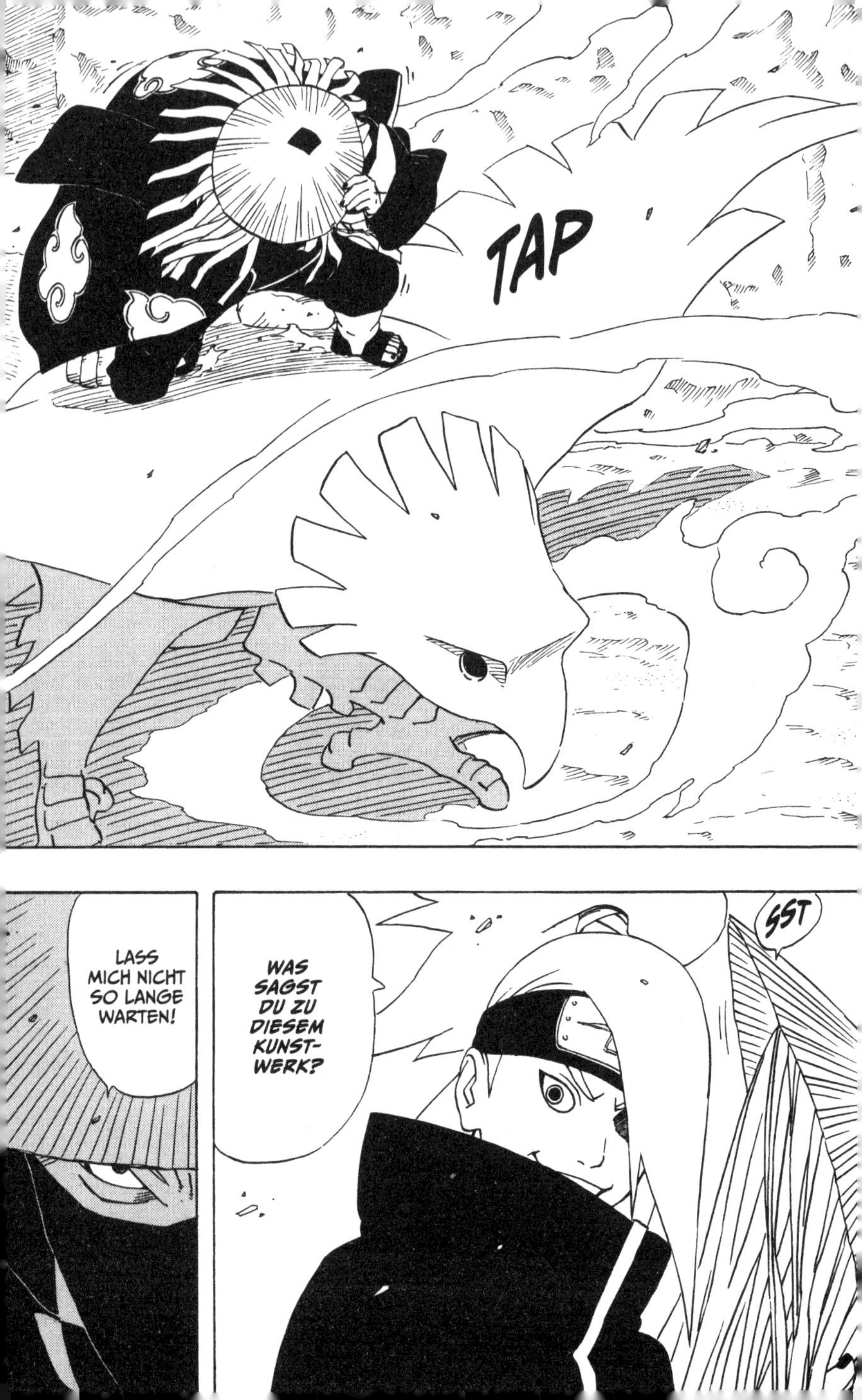
TAP
SST
WAS SAGST DU ZU DIESEM KUNST-WERK?
LASS MICH NICHT SO LANGE WARTEN!

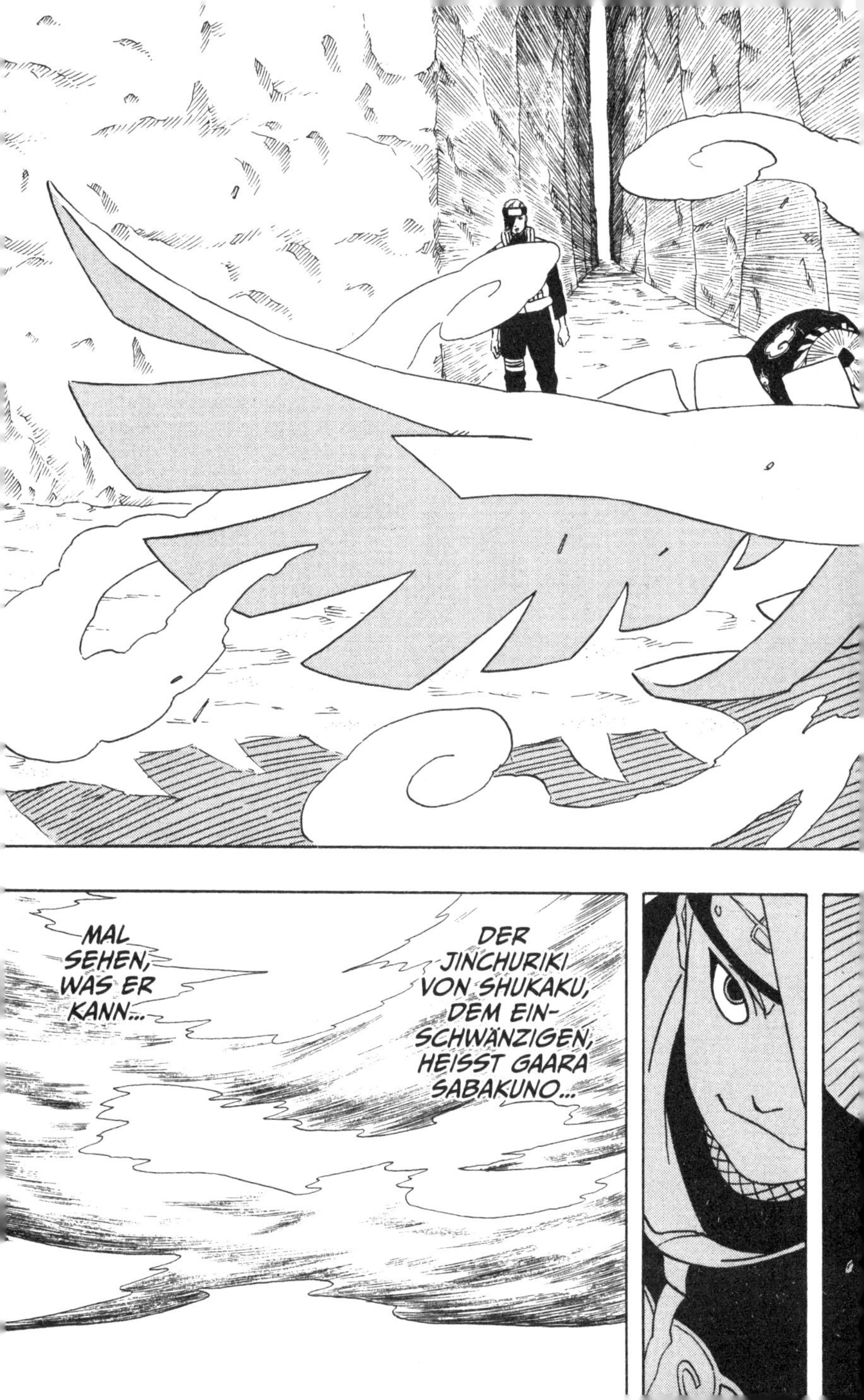
DER JINCHURIKI VON SHUKAKU, DEM EIN-SCHWÄNZIGEN, HEISST GAARA SABAKUNO...
MAL SEHEN, WAS ER KANN...

MASASHI KISHIMOTOS WELT LEBENSGESCHICHTE: VIDEOSPIELE – TEIL 2

SPIELE MIT DISK SYSTEM MOCHTE ICH BESONDERS - SPIELE MIT SAVE- UND LOAD-SYSTEM WIE DIE »ZELDA«-SPIELE, »NAZO NO MURASAME JO« (MYSTERY OF MURASAME CASTLE), »PARUTENA NO KAGAMI« (KID ICARUS), »DORAKYURA« (CASTLEVANIA) ODER »METOROIDO« (METROID) FAND ICH TOLL. DIESE SPIELE WURDEN KÜRZLICH FÜR DEN GAME BOY WIEDERVERÖFFENTLICHT UND ICH HABE SIE ALLE NOCH MAL AUSPROBIERT. ES MACHT GENAUSO VIEL SPASS WIE FRÜHER!

DIE MEISTEN MEINER ASSISTENTEN GEHÖREN AUCH ZUR FAMICOM-GENERATION. WIR REDEN OFT DARÜBER. UND DANN FRAGEN WIR UNS IMMER GEGENSEITIG, WORAUF WIR MEHR STEHEN: AUF »DRAGON QUEST« ODER AUF »FINAL FANTASY«. (WAHRSCHEINLICH SEID AUCH IHR FANS VON EINER DER BEIDEN SERIEN.) DANN SAGT JEDES MAL JEMAND SO ETWAS VERWIRRENDES WIE ETWA, DASS ER FF-FAN (ALSO FINAL FANTASY-FAN) MIT EINER VORLIEBE FÜR DORAKUE (ALSO DORAGON KUESUTO BZW. DRAGON QUEST) SEI, ODER DASS ER DORAKUE-FAN MIT EINER VORLIEBE FÜR FF SEI. SCHLIESSLICH FRAGEN MEINE ASSISTENTEN, WORAUF ICH MEHR STEHE. ICH MAG DIE ZEICHNUNGEN VON TORIYAMA SENSEI. DAS ERSTE SPIEL, DAS ICH MIR SELBST GEKAUFT HABE, WAR DRAGON QUEST. ALSO KÖNNTE ICH SAGEN, DASS ICH AUF DORAKUE STEHE. ABER ANDERERSEITS MUSSTE ICH BEI FF 4 VOR RÜHRUNG HEULEN, ALS ES UM DIE ZWILLINGE PAROMU UND POROMU GING. UND FF 7 WAR SEHR BEEINDRUCKEND MIT DEN BILDERN AUS POLYGONEN, DIE ANSTATT DER BILDER AUS DOTS VERWENDET WURDEN. DAS HEISST, ICH MAG AUCH FF SEHR. ABER MIR GEFÄLLT EBEN AUCH, WAS FÜR EINE GUTE BALANCE DRAGON QUEST ZEIGT. UND DIE MUSIK ZUM PASSWORT GEFIEL MIR BEI DRAGON QUEST AM BESTEN...

ICH KANN LETZTLICH NICHT SAGEN, WORAUF ICH MEHR STEHE. UND AUCH MEINE ASSISTENTEN KÖNNEN SICH AM ENDE NIE ENTSCHEIDEN. ABER ZUMINDEST SIND WIR UNS EINIG, DASS WIR ALLE CHRONO TRIGGER GROSSARTIG FINDEN! WAS ICH EIGENTLICH NUR SAGEN WOLLTE, IST: WIR ALLE MÖGEN SPIELE!

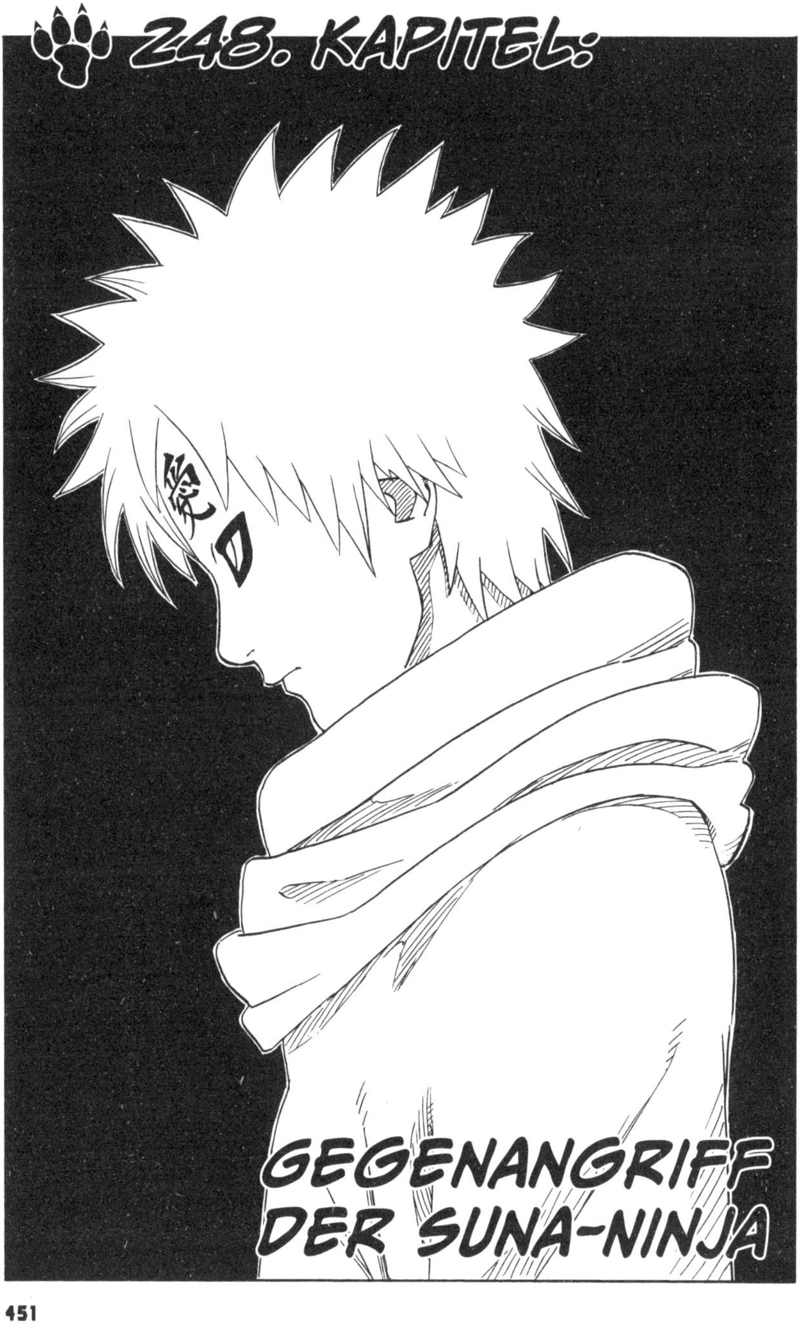
248. KAPITEL:
GEGENANGRIFF DER SUNA-NINJA

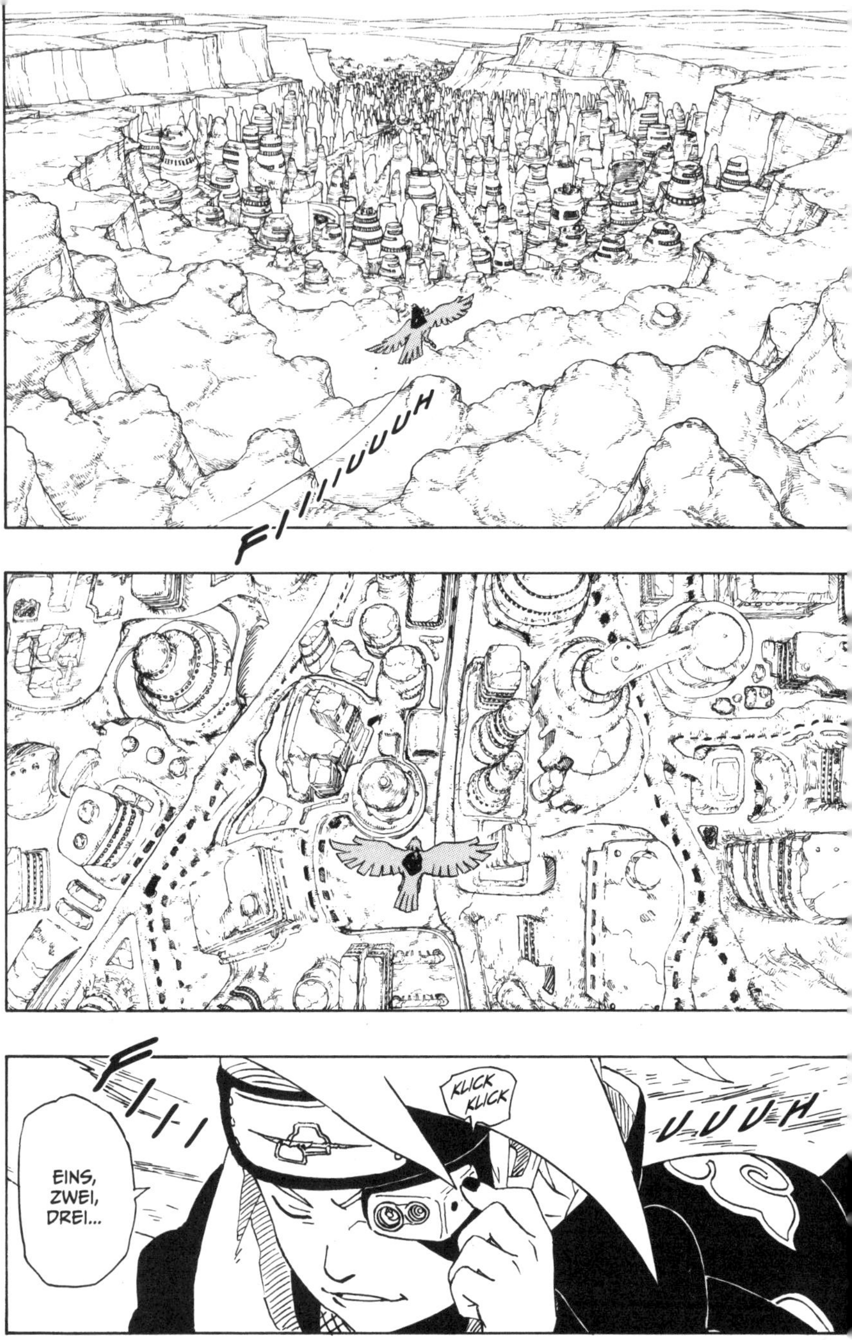
FIIIIUUUUH
FIIII UUUH
KLICK KLICK
EINS, ZWEI, DREI...

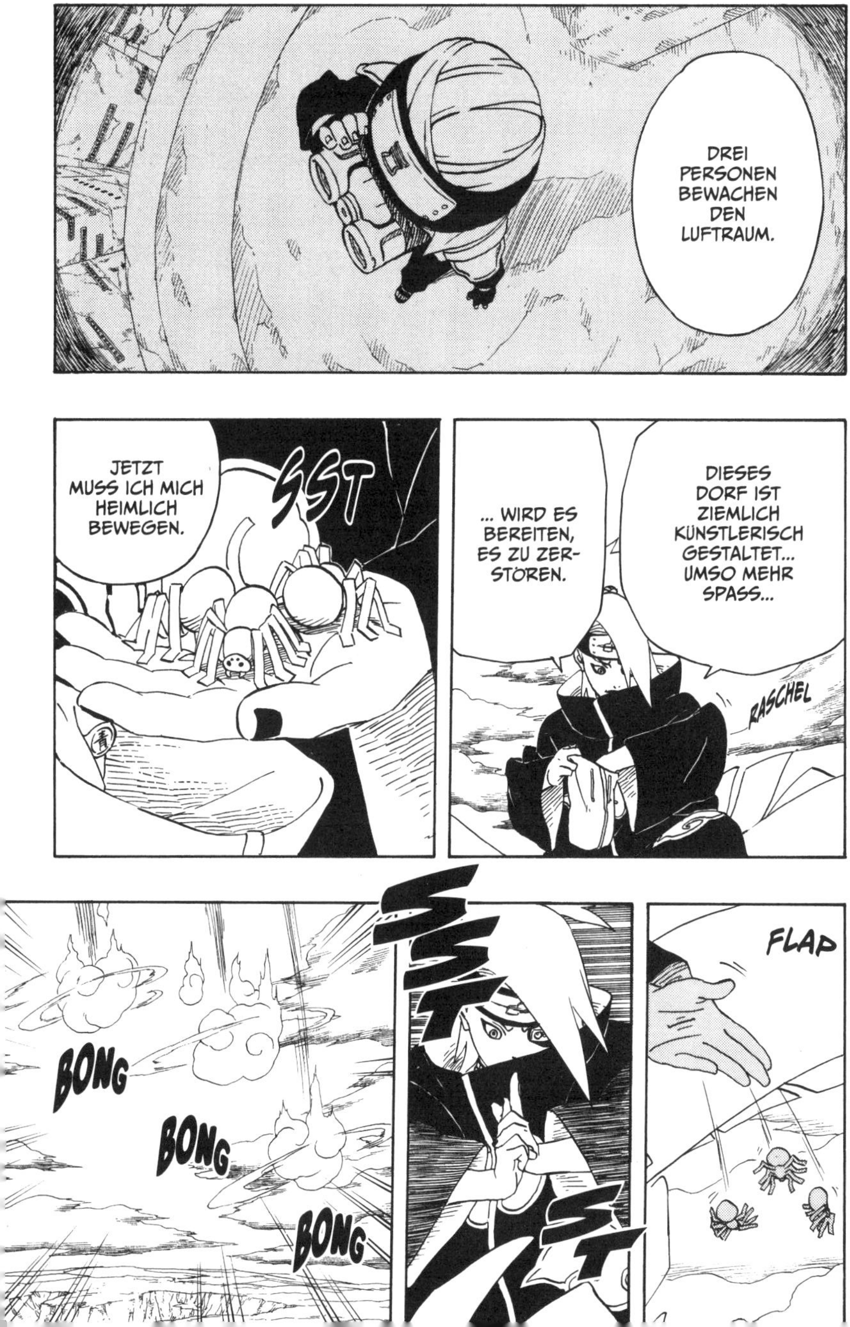
DREI PERSONEN BEWACHEN DEN LUFTRAUM.
DIESES DORF IST ZIEMLICH KÜNSTLERISCH GESTALTET... UMSO MEHR SPASS...
... WIRD ES BEREITEN, ES ZU ZERSTÖREN.
RASCHEL
JETZT MUSS ICH MICH HEIMLICH BEWEGEN.
SST
FLAP
SST
BONG
BONG
BONG

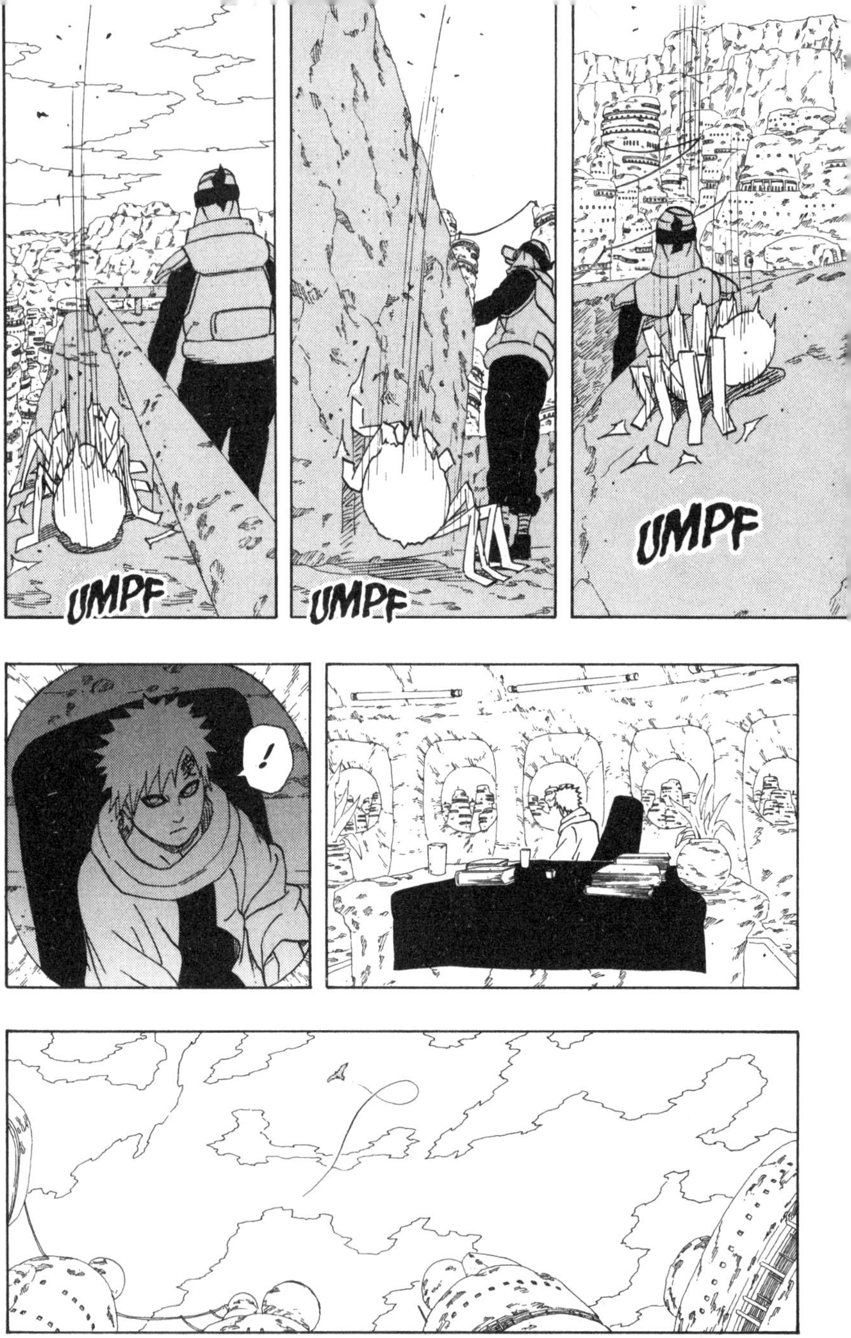

UMPF
UMPF
UMPF
!

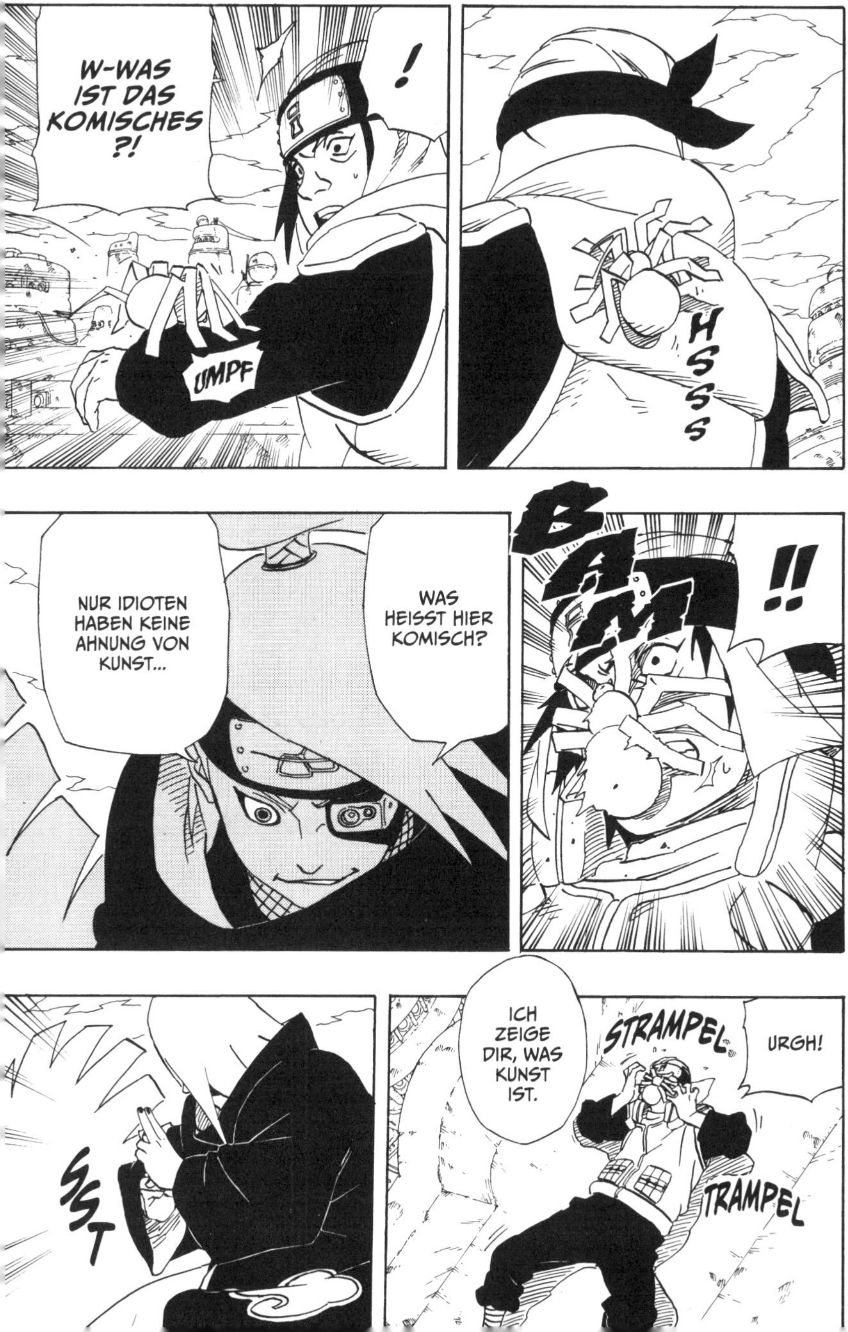
!
W-WAS IST DAS KOMISCHES ?!
UMPF
HSSS
WAS HEISST HIER KOMISCH?
NUR IDIOTEN HABEN KEINE AHNUNG VON KUNST...
BAM!!
URGH!
STRAMPEL
TRAMPEL
ICH ZEIGE DIR, WAS KUNST IST.
SST

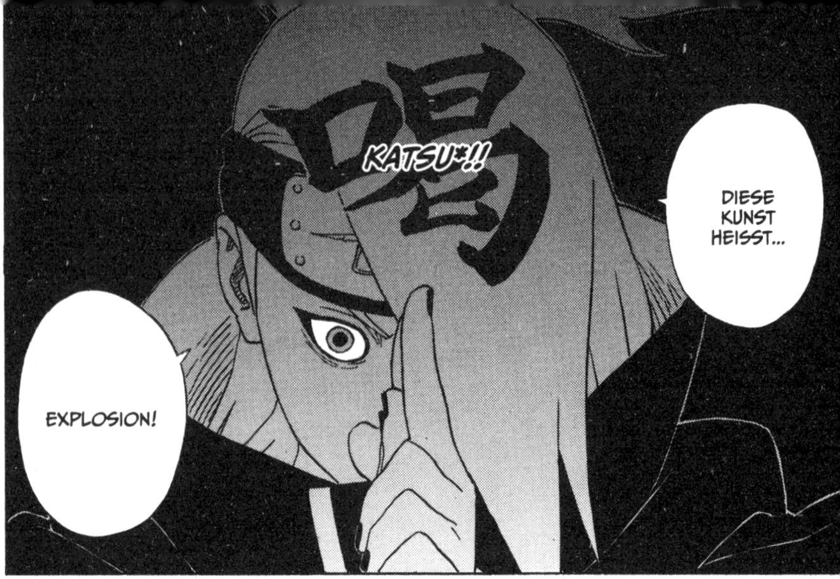

* KATSU = LAUTES SCHREIEN

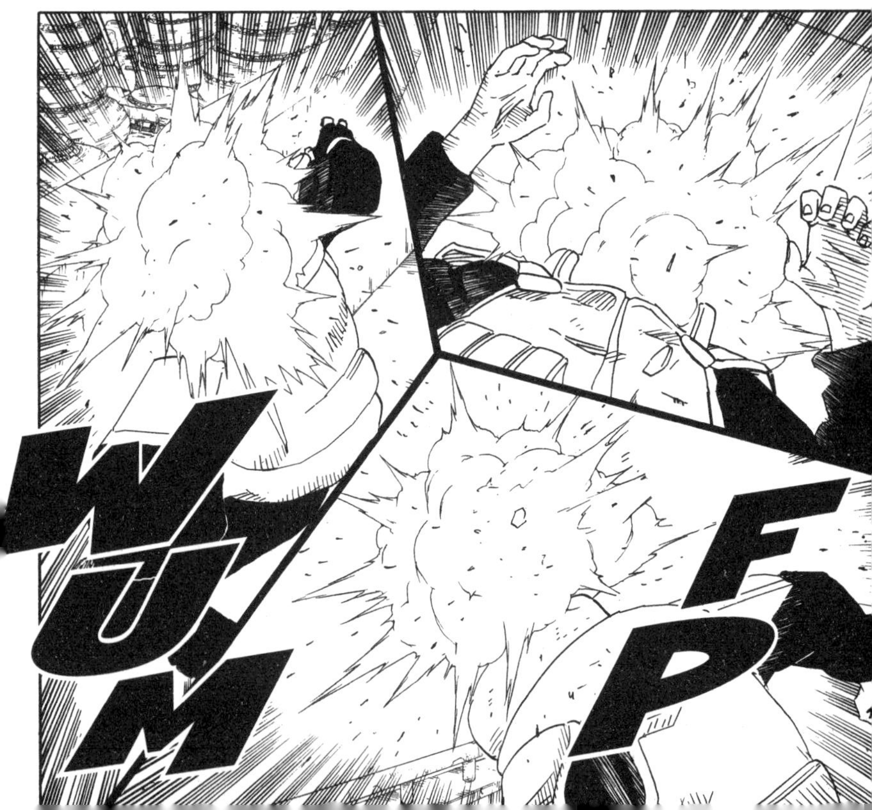

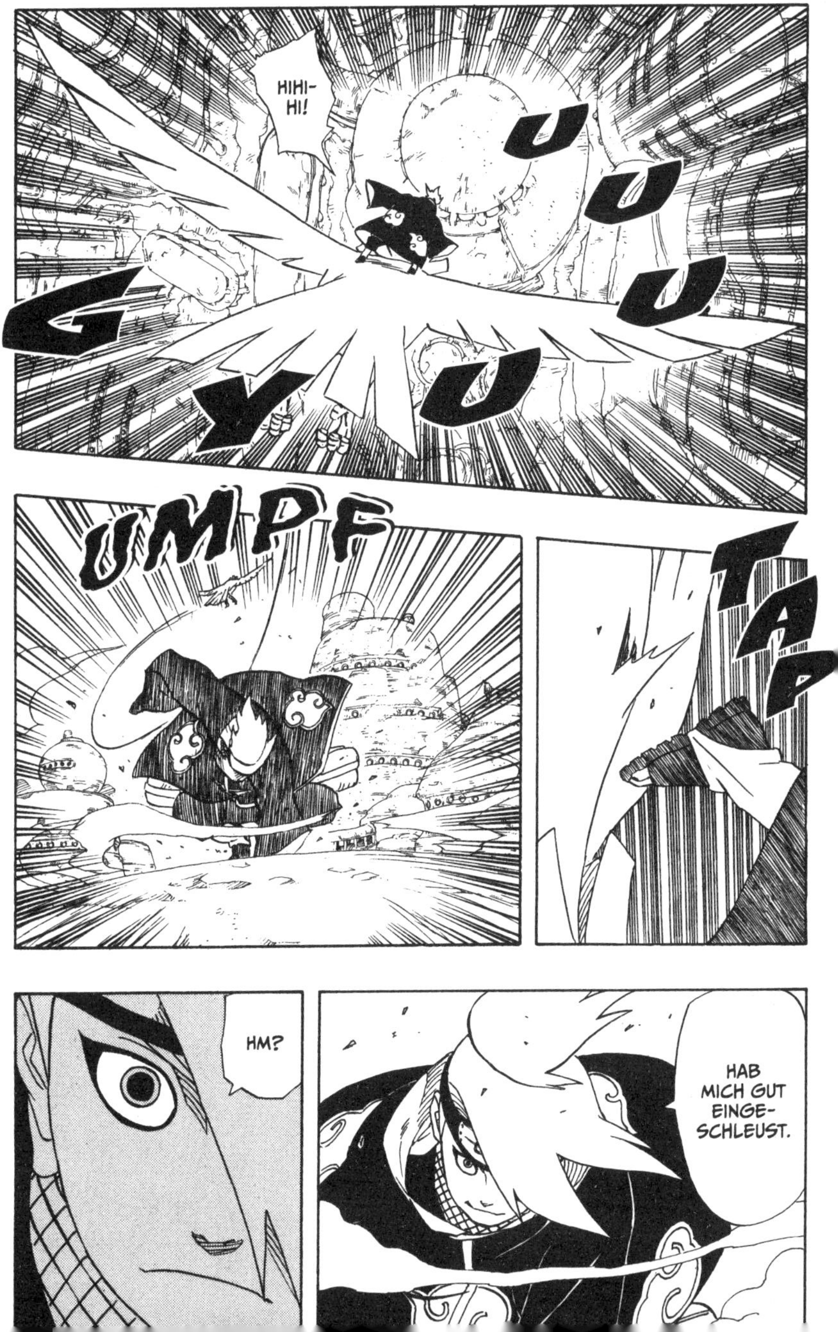
HIHI-
HI!
GYUUUUU
UMPF
TAP
HM?
HAB MICH GUT EINGE-SCHLEUST.

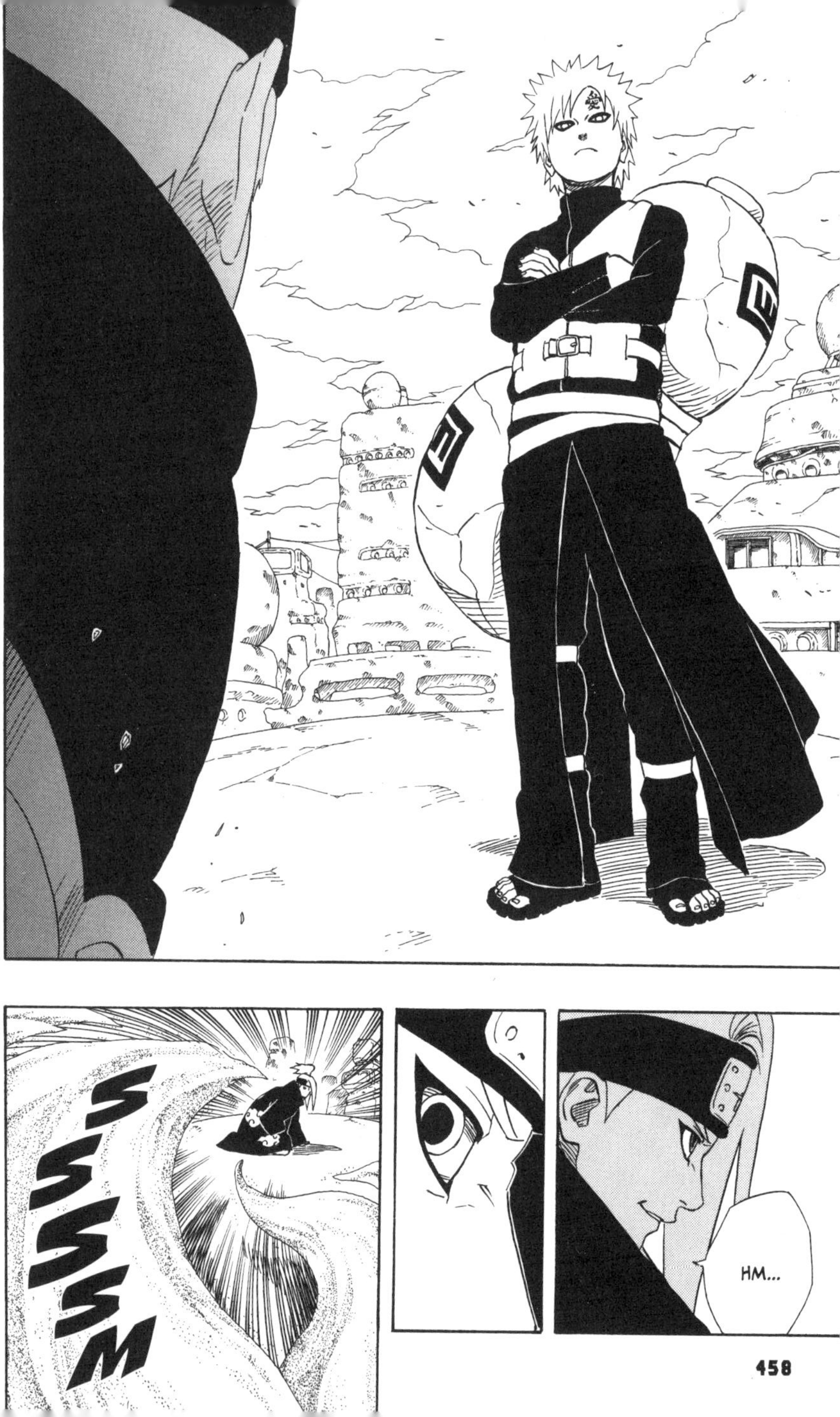
SSSSM
HM...

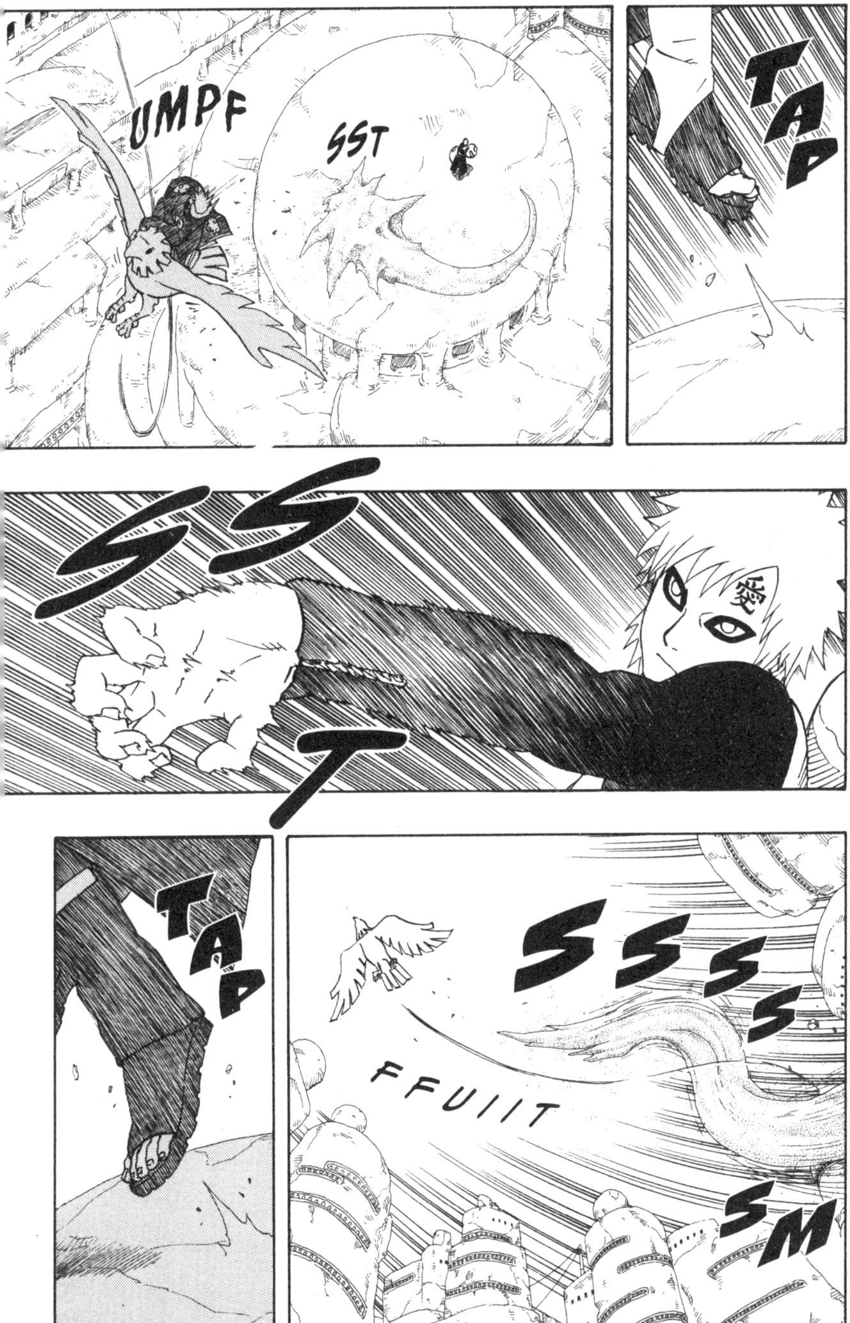
TAP
UMPF
SST
SST
SSSSS
FFUIIT
SM
TAP

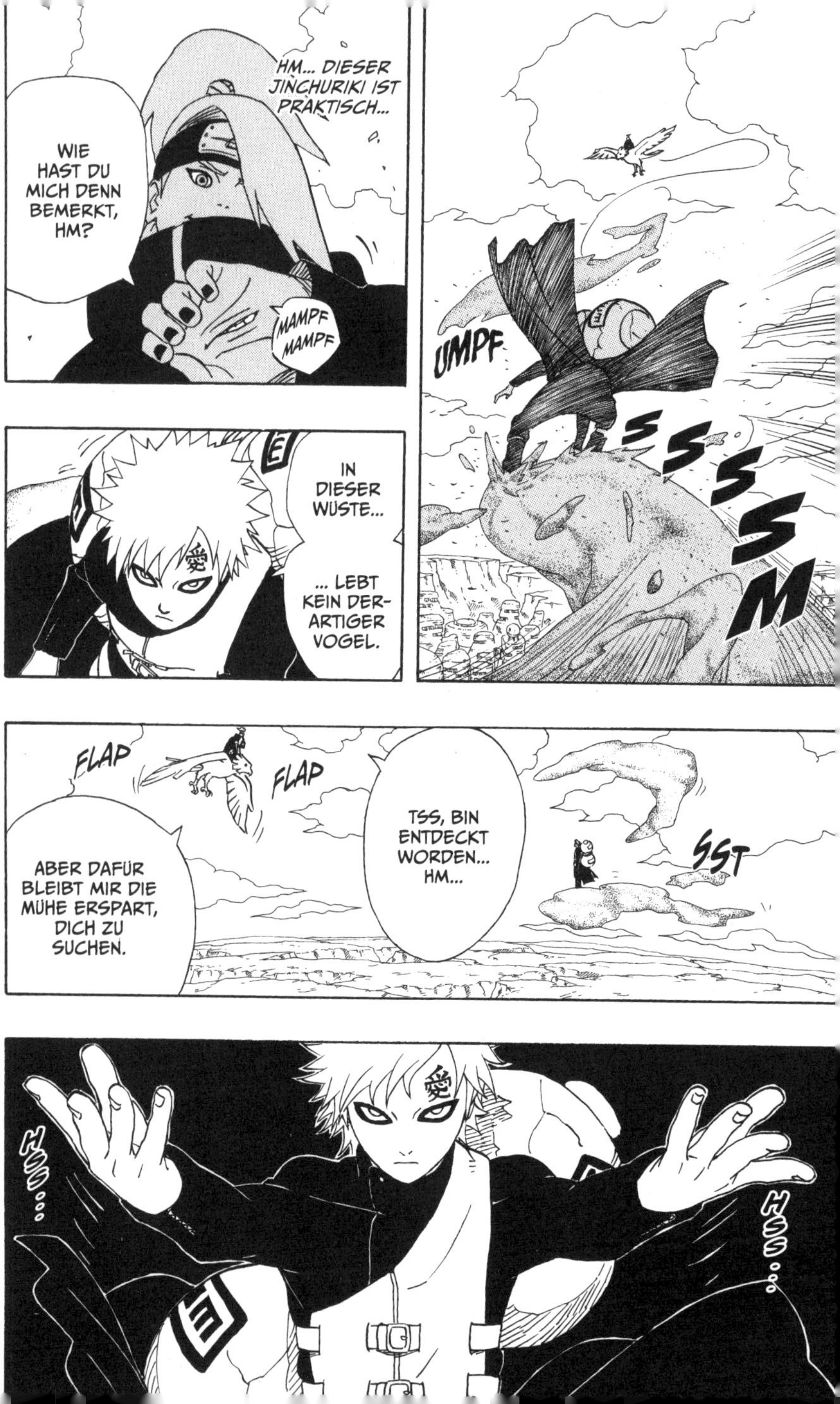
UMPF
SSSSSM
HM... DIESER JINCHURIKI IST PRAKTISCH...
WIE HAST DU MICH DENN BEMERKT, HM?
MAMPF MAMPF
IN DIESER WÜSTE...
... LEBT KEIN DERARTIGER VOGEL.
SST
TSS, BIN ENTDECKT WORDEN... HM...
FLAP
FLAP
ABER DAFÜR BLEIBT MIR DIE MÜHE ERSPART, DICH ZU SUCHEN.
HSS...
HSS...

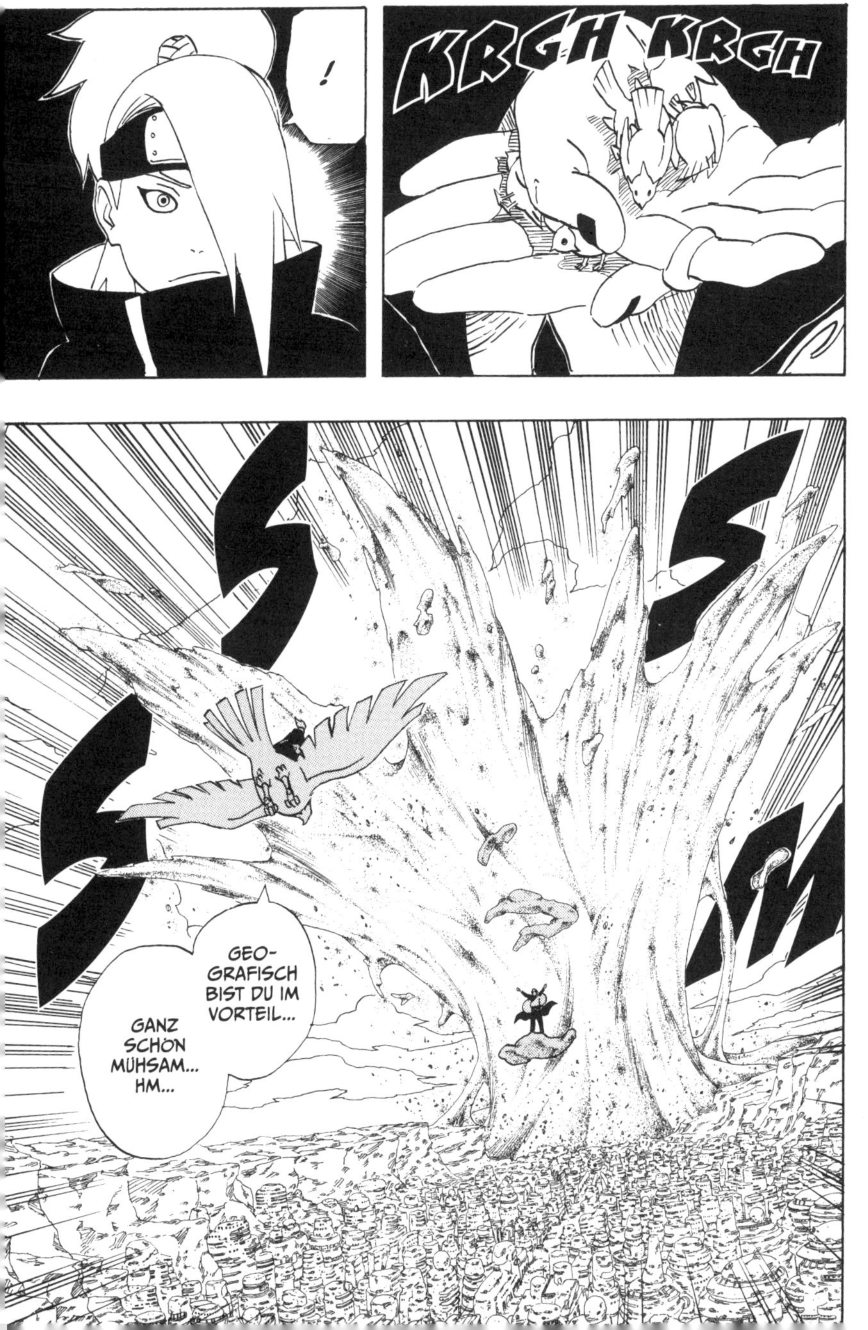
KRGH KRGH
!
GEO-GRAFISCH BIST DU IM VORTEIL...
GANZ SCHÖN MÜHSAM... HM...

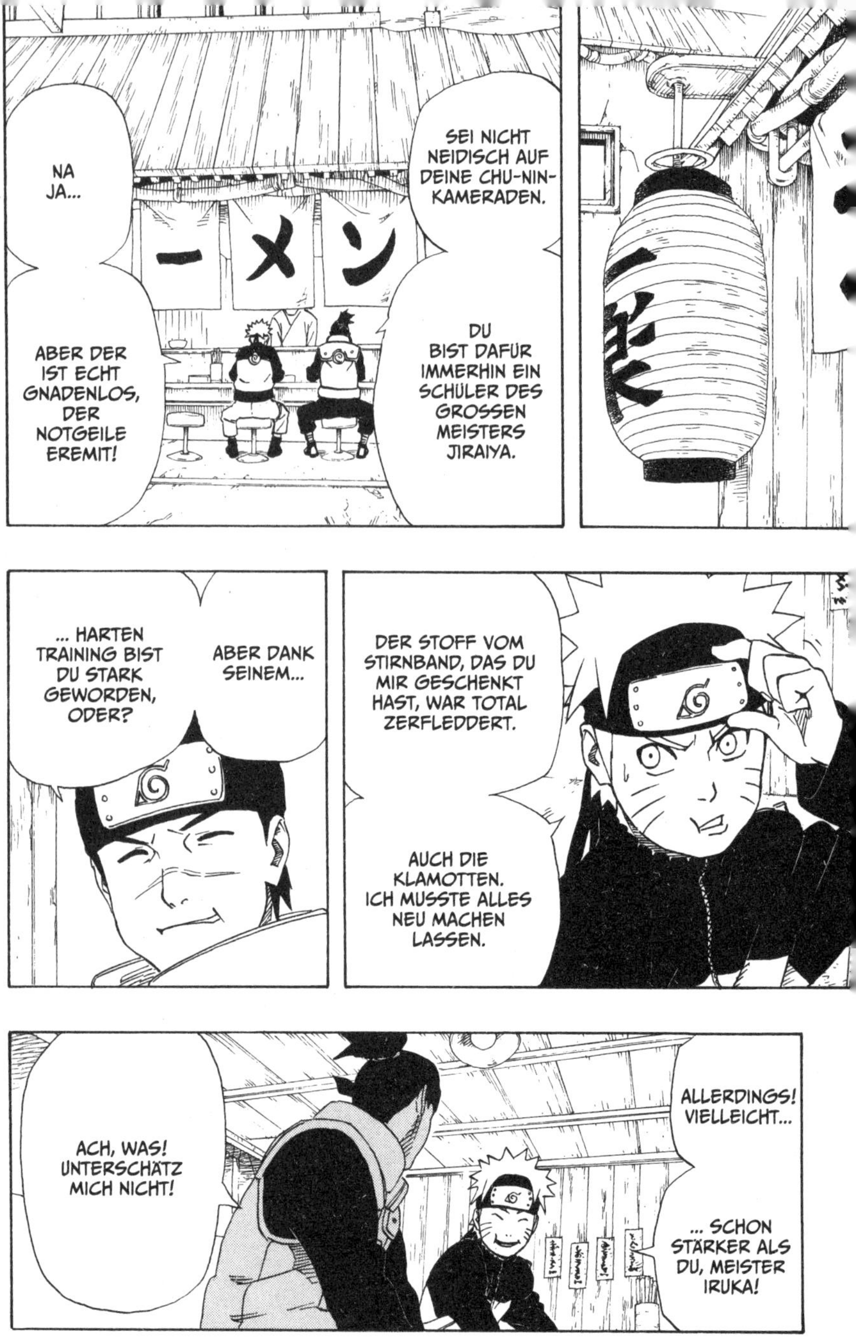
SEI NICHT NEIDISCH AUF DEINE CHU-NIN-KAMERADEN.
DU BIST DAFÜR IMMERHIN EIN SCHÜLER DES GROSSEN MEISTERS JIRAIYA.
NA JA...
ABER DER IST ECHT GNADENLOS, DER NOTGEILE EREMIT!
DER STOFF VOM STIRNBAND, DAS DU MIR GESCHENKT HAST, WAR TOTAL ZERFLEDDERT.
AUCH DIE KLAMOTTEN. ICH MUSSTE ALLES NEU MACHEN LASSEN.
ABER DANK SEINEM...
... HARTEN TRAINING BIST DU STARK GEWORDEN, ODER?
ALLERDINGS! VIELLEICHT...
... SCHON STÄRKER ALS DU, MEISTER IRUKA!
ACH, WAS! UNTERSCHÄTZ MICH NICHT!

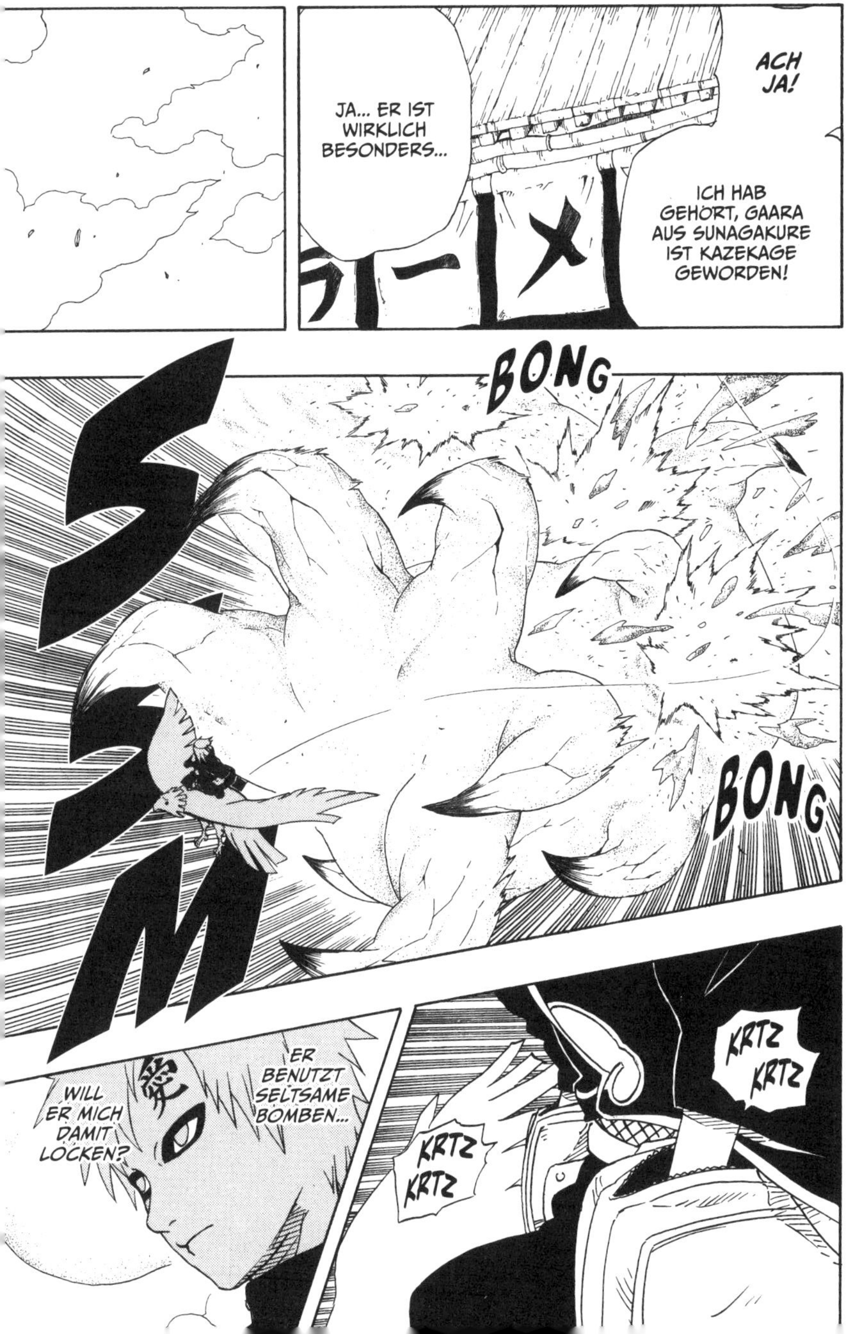
ACH JA!
ICH HAB GEHÖRT, GAARA AUS SUNAGAKURE IST KAZEKAGE GEWORDEN!
JA... ER IST WIRKLICH BESONDERS...
BONG
BONG
KRTZ KRTZ
KRTZ KRTZ
ER BENUTZT SELTSAME BOMBEN...
WILL ER MICH DAMIT LOCKEN?

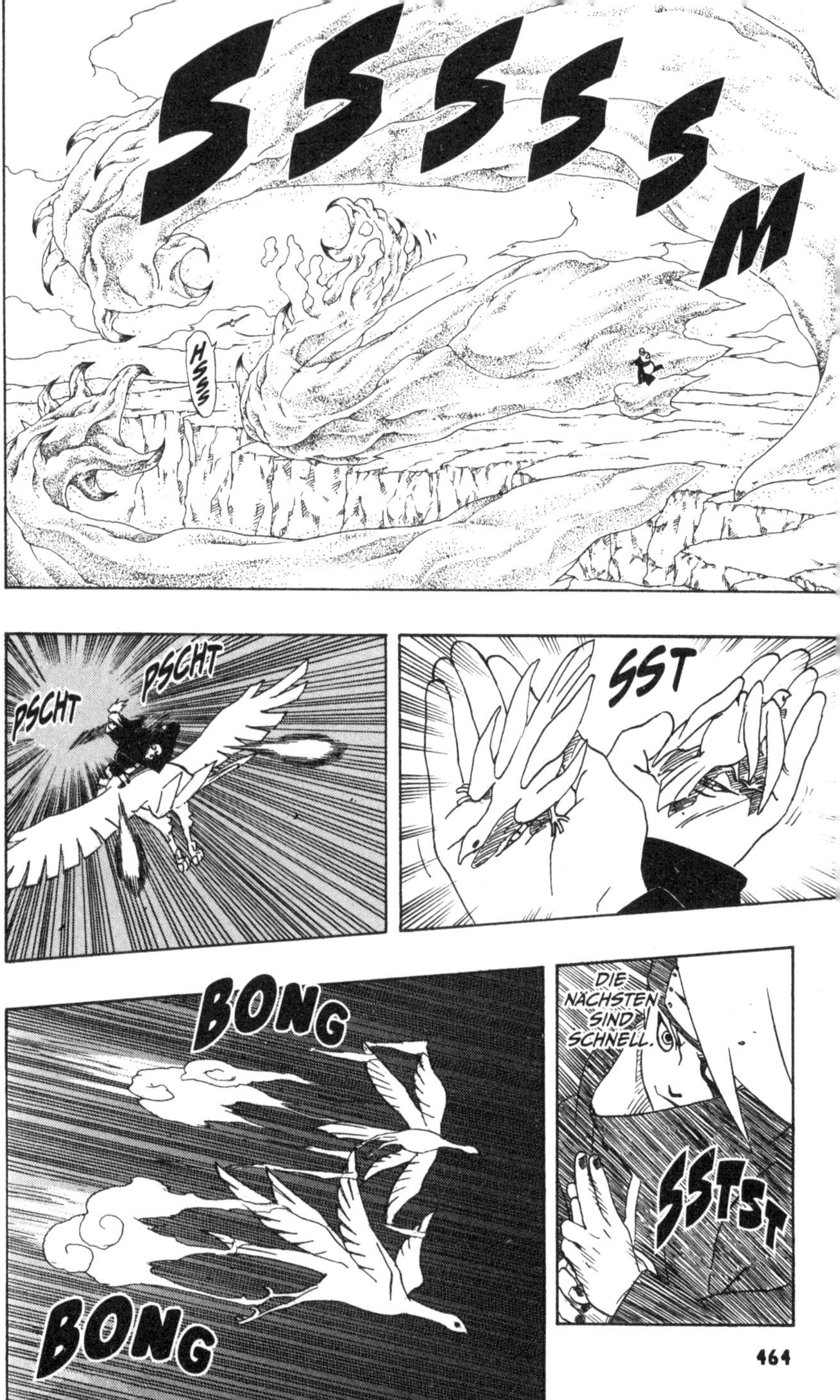
SSSSSM
HSSS
SST
PSCHT
PSCHT
DIE NÄCHSTEN SIND SCHNELL.
SSTST
BONG
BONG

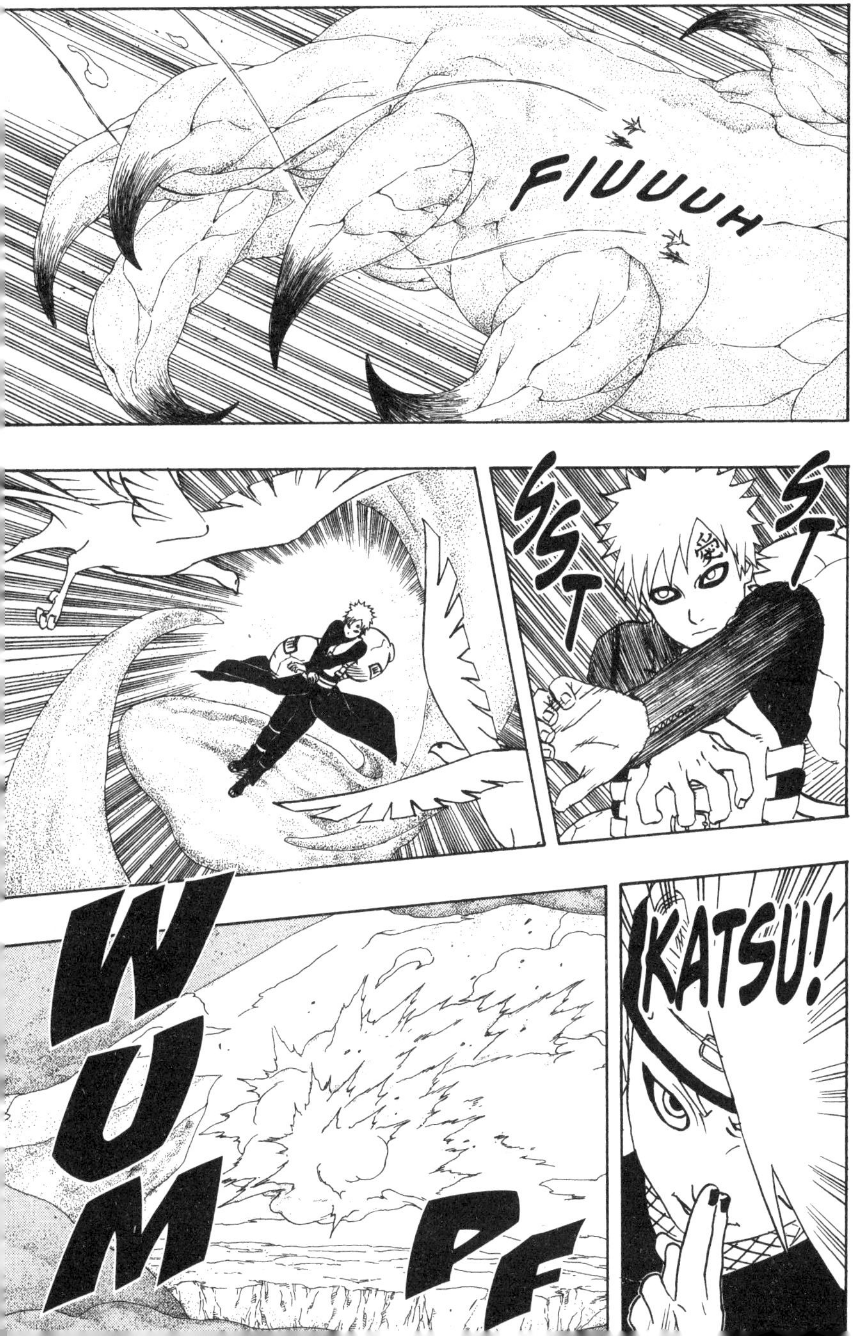
FIUUUUH
ST
SST
KATSU!
WUUM
PF

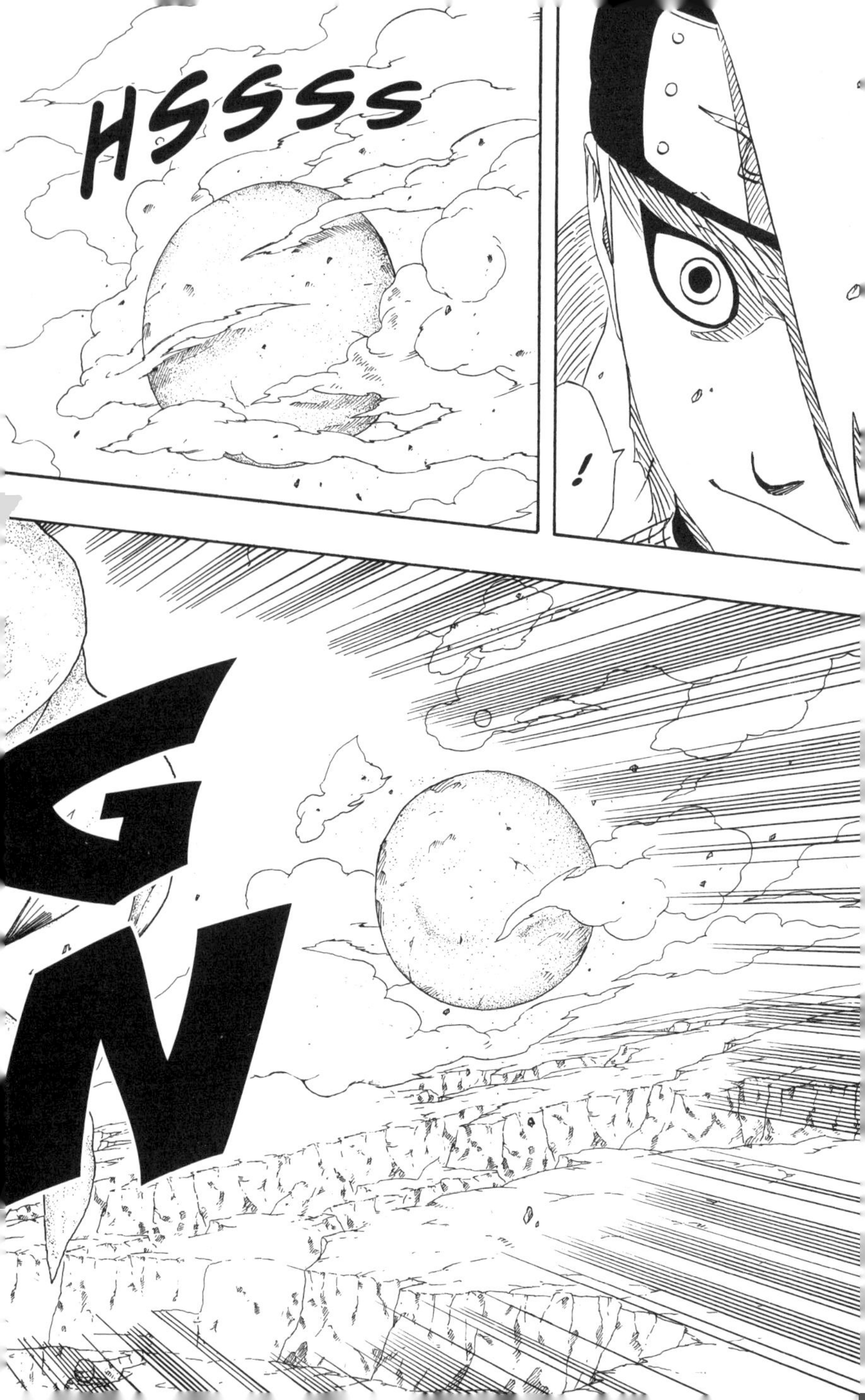
!
HSSSS
G
N

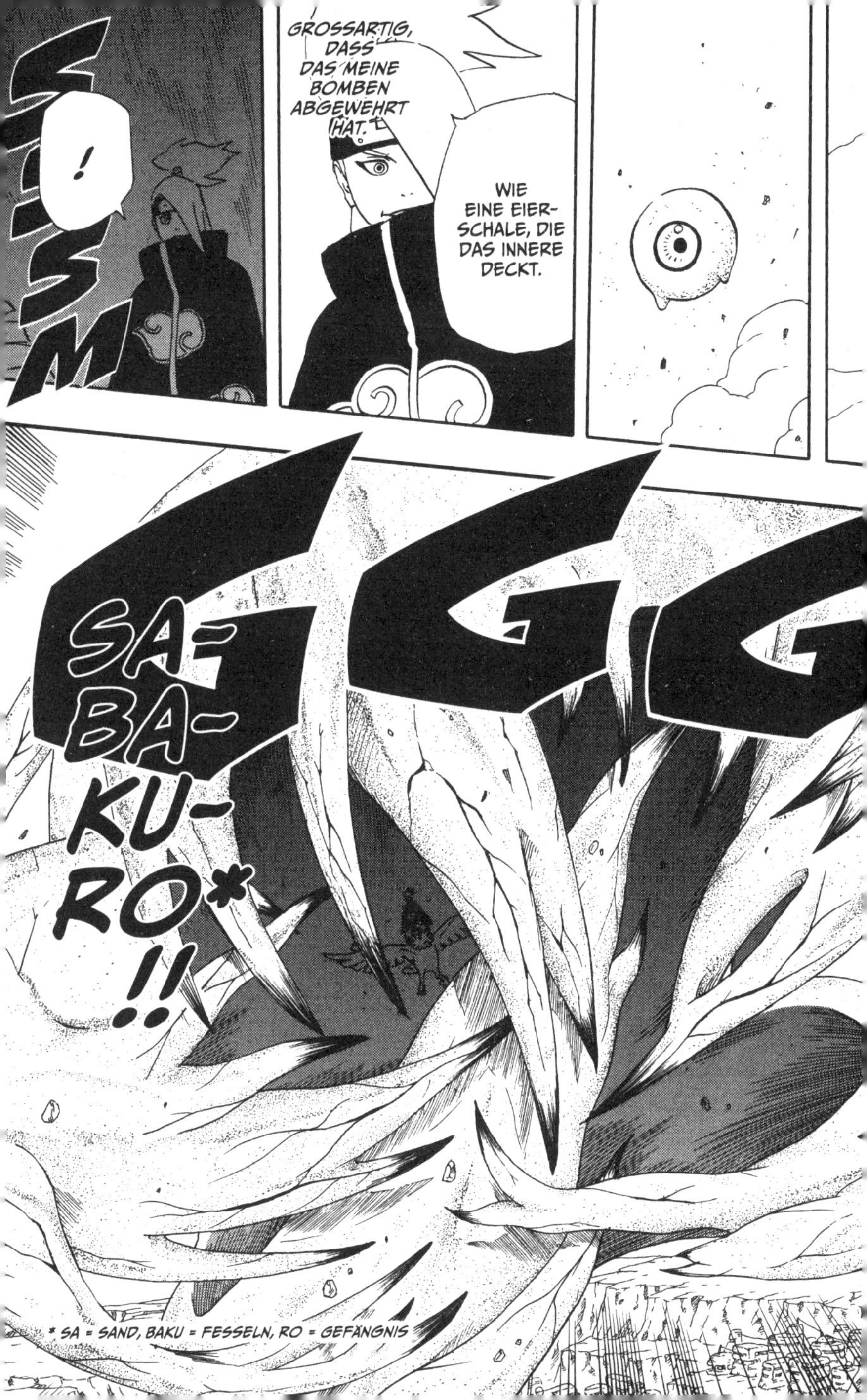
GROSSARTIG, DASS DAS MEINE BOMBEN ABGEWEHRT HAT.
WIE EINE EIER-SCHALE, DIE DAS INNERE DECKT.
!
GGG
SA-BA-KU-RO*!!
* SA = SAND, BAKU = FESSELN, RO = GEFÄNGNIS

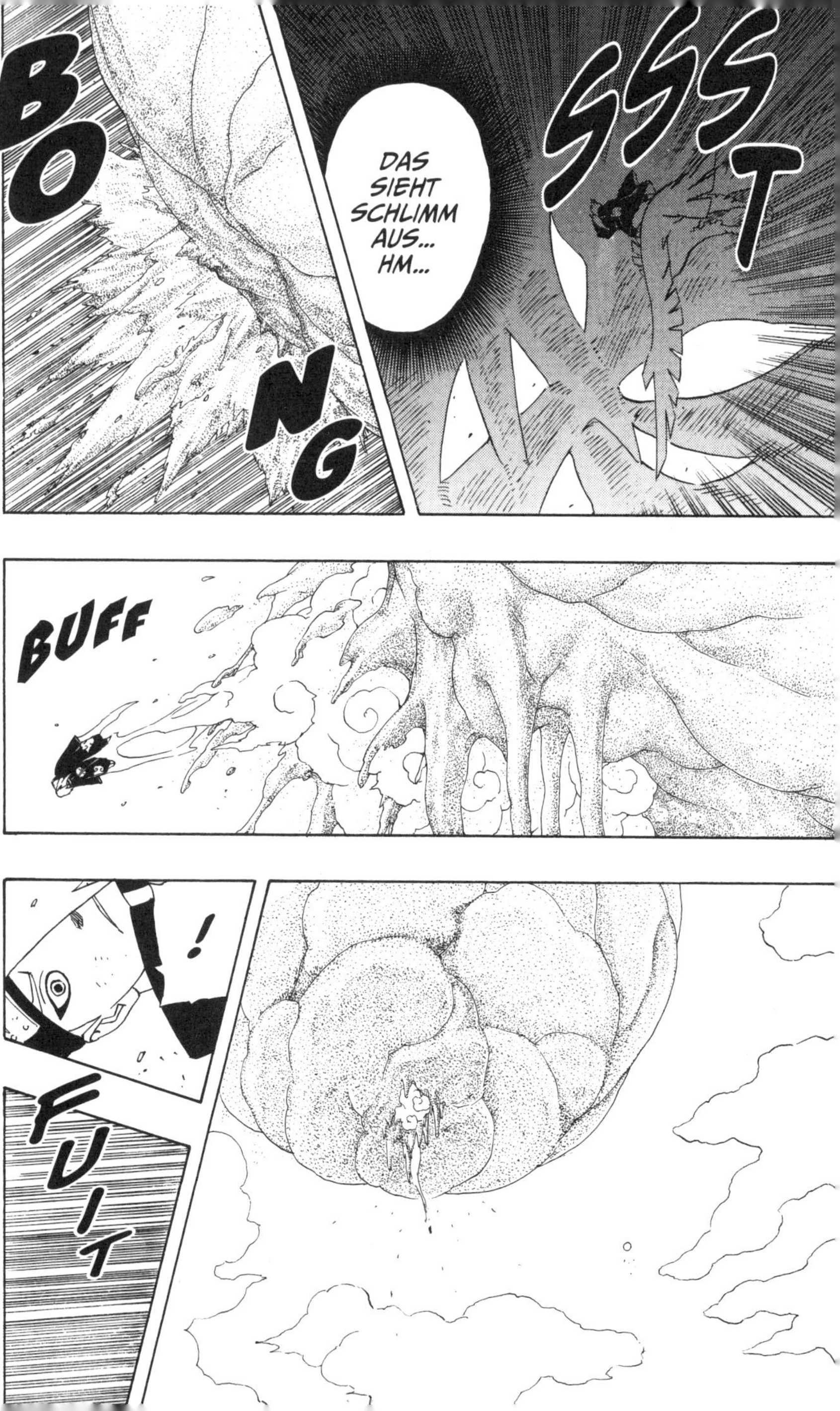
SSST
DAS SIEHT SCHLIMM AUS... HM...
BONG
BUFF
!
FUIT

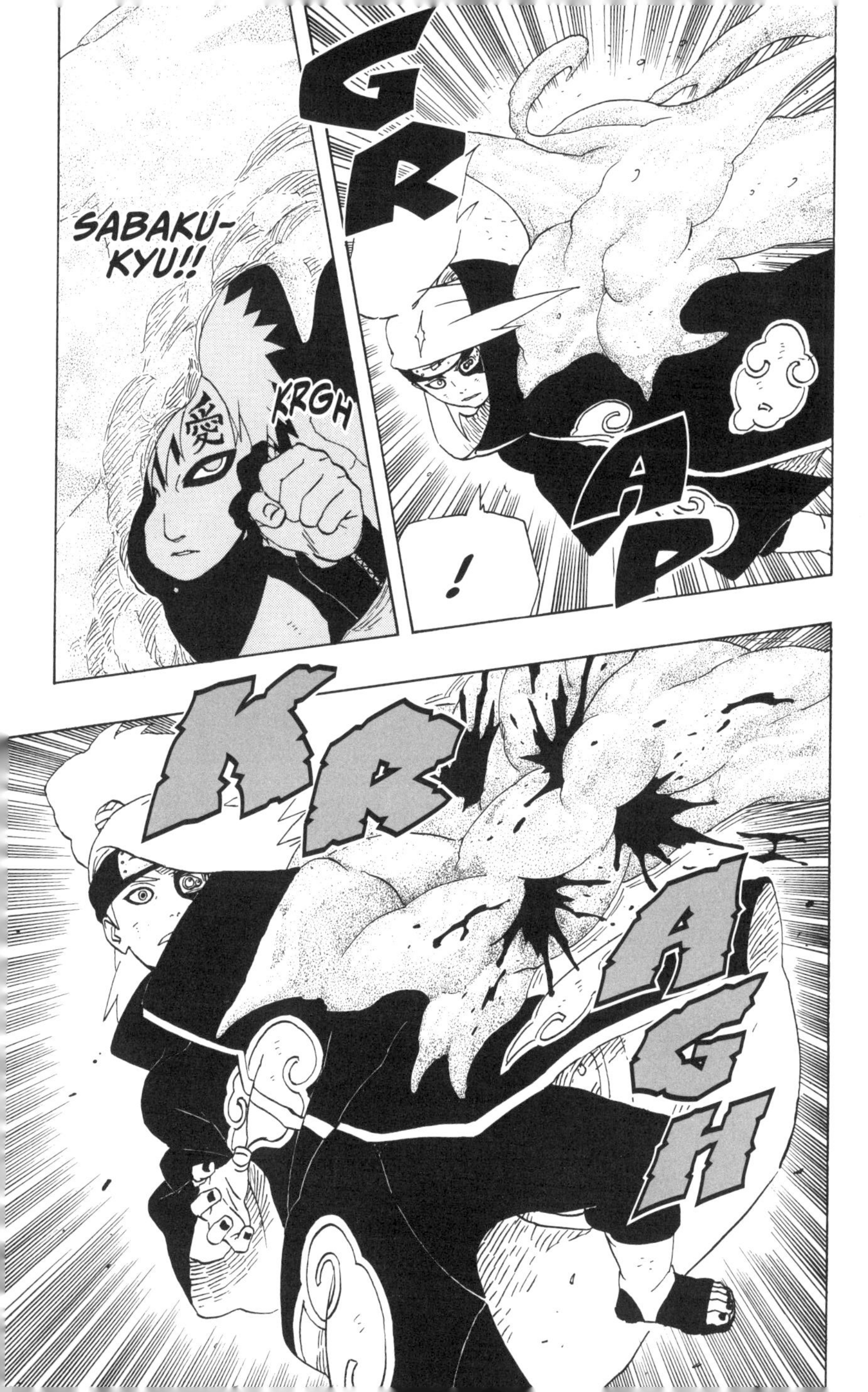

GRAP
SABAKU-KYU!!
KRGH
!
KRAAGH

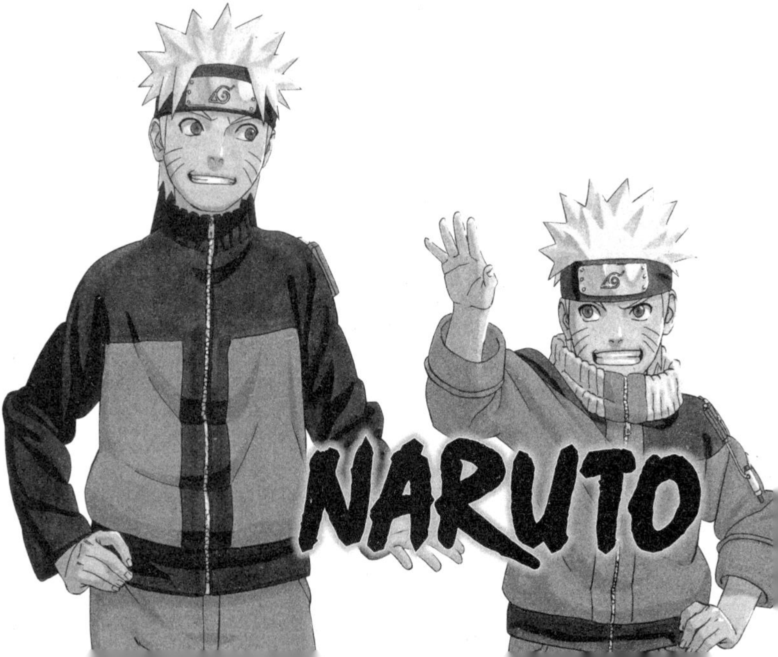
NARUTO

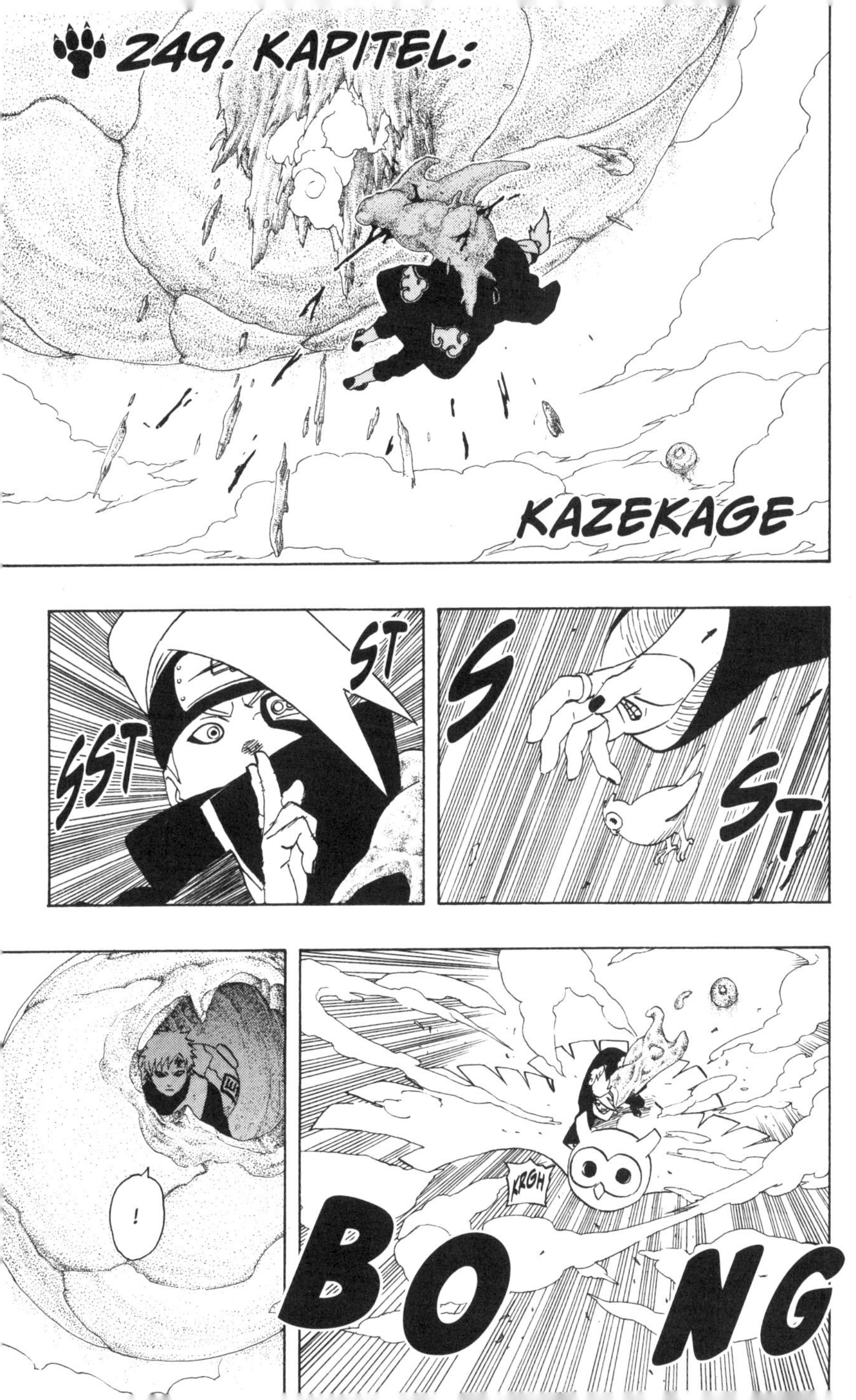
249. KAPITEL:
KAZEKAGE
S
ST
ST
SST
KRGH
BONG
!

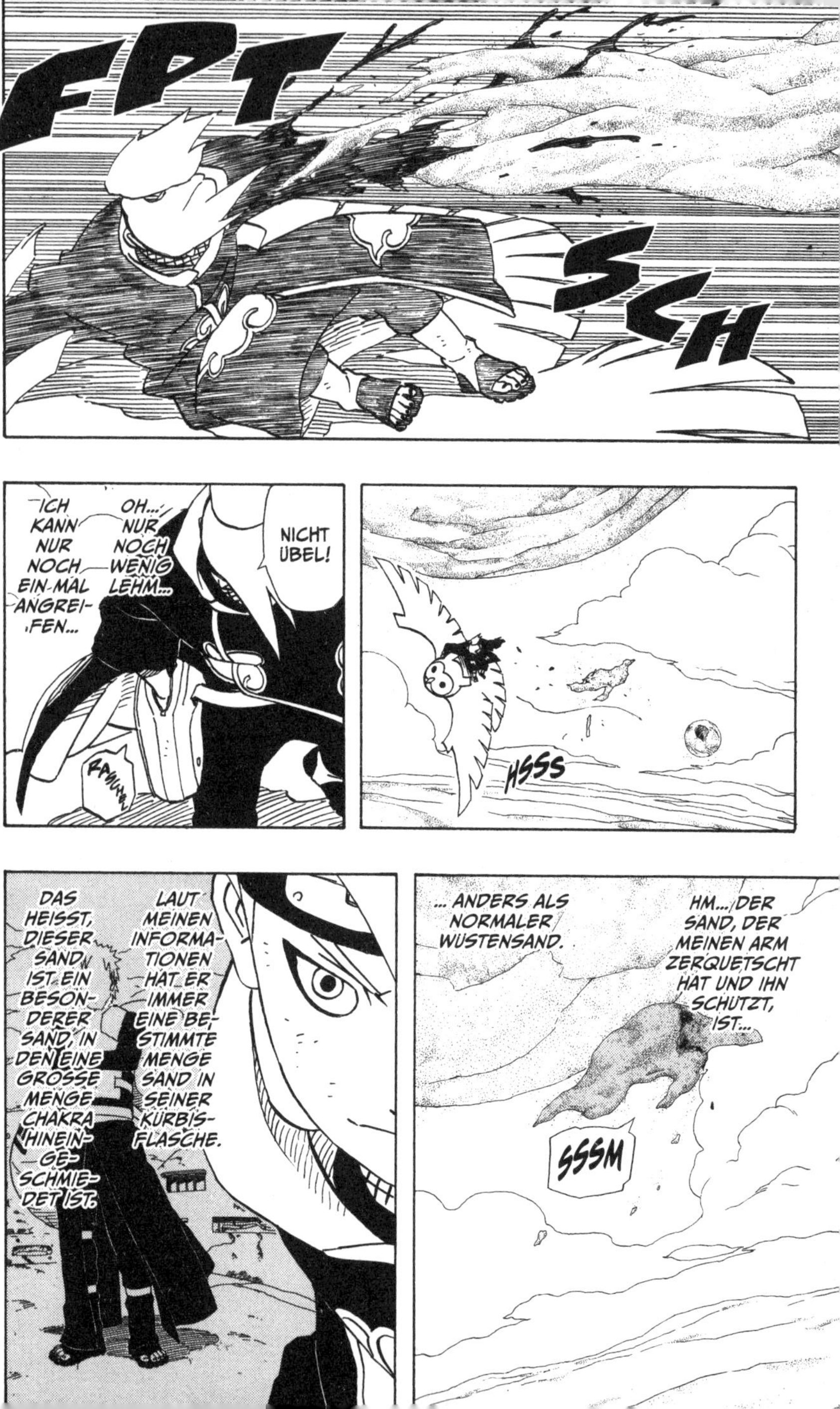
FPT
SCH
HSSS
NICHT ÜBEL!
OH... NUR NOCH WENIG LEHM...
ICH KANN NUR NOCH EIN MAL ANGREIFEN...
RASCHEL
HM... DER SAND, DER MEINEN ARM ZERQUETSCHT HAT UND IHN SCHÜTZT, IST...
... ANDERS ALS NORMALER WÜSTENSAND.
SSSM
LAUT MEINEN INFORMATIONEN HAT ER IMMER EINE BESTIMMTE MENGE SAND IN SEINER KÜRBISFLASCHE.
DAS HEISST, DIESER SAND IST EIN BESONDERER SAND, IN DEN EINE GROSSE MENGE CHAKRA HINEINGESCHMIEDET IST.

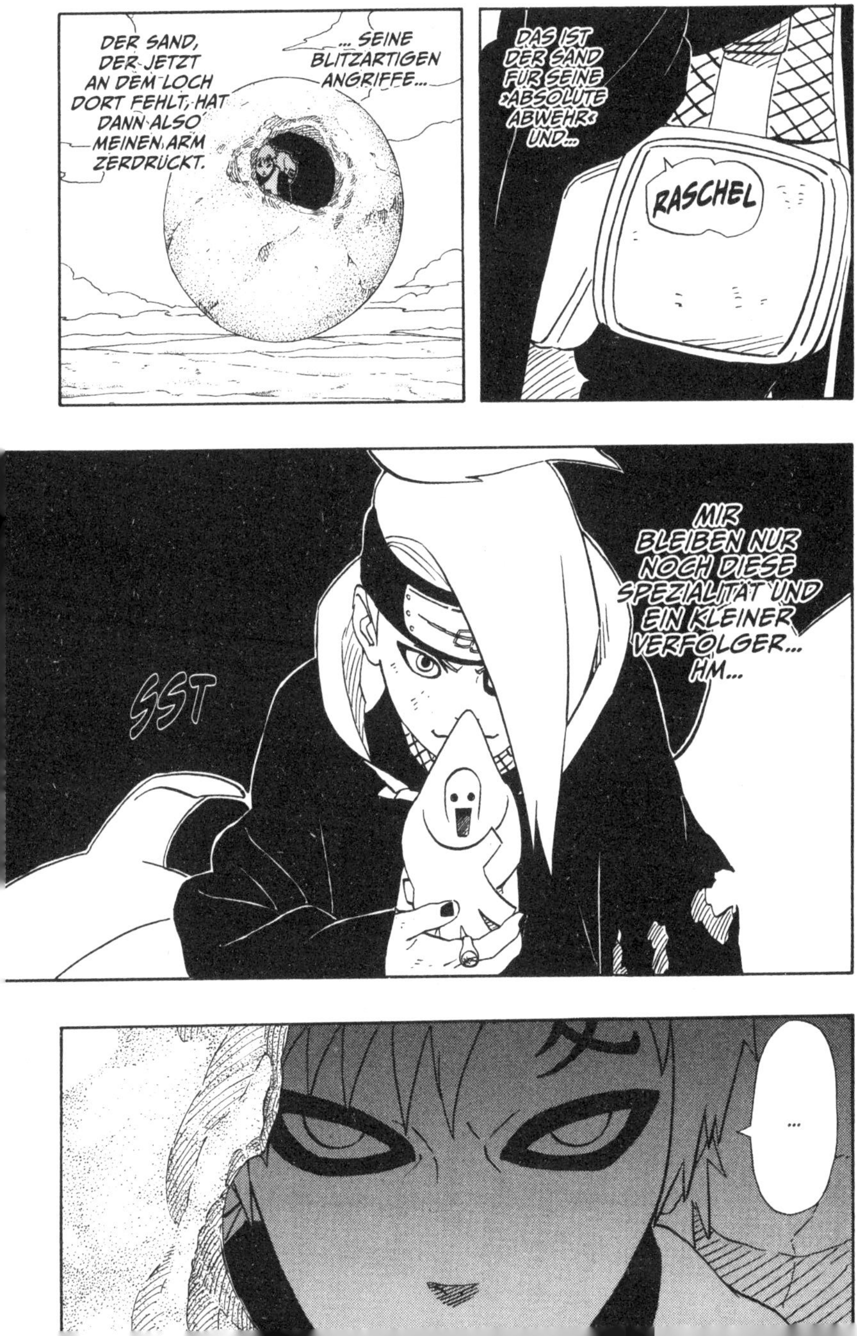
DAS IST DER SAND FÜR SEINE »ABSOLUTE ABWEHR« UND...
RASCHEL
... SEINE BLITZARTIGEN ANGRIFFE...
DER SAND, DER JETZT AN DEM LOCH DORT FEHLT, HAT DANN ALSO MEINEN ARM ZERDRÜCKT.
MIR BLEIBEN NUR NOCH DIESE SPEZIALITÄT UND EIN KLEINER VERFOLGER... HM...
SST
...

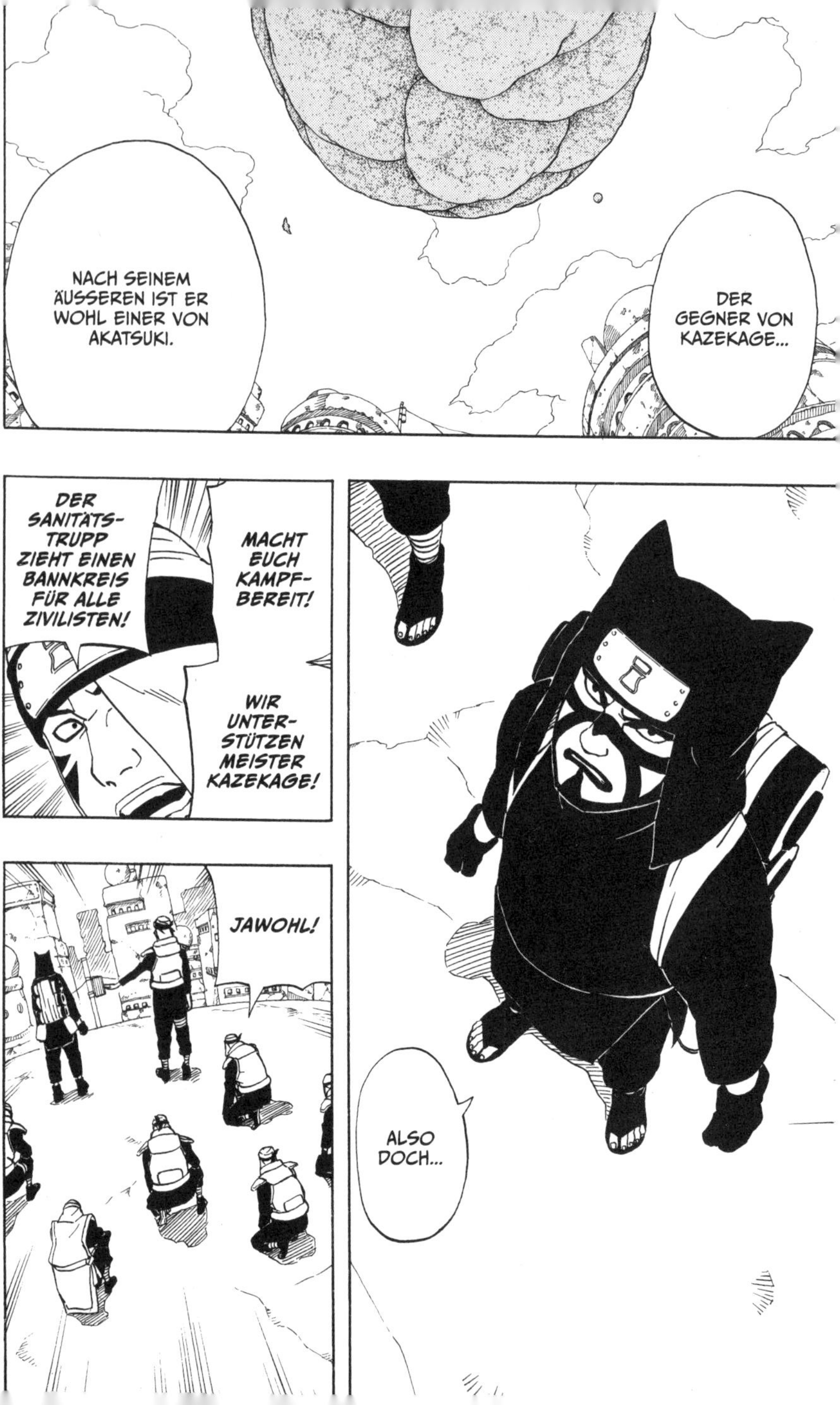

DER GEGNER VON KAZEKAGE...
NACH SEINEM ÄUSSEREN IST ER WOHL EINER VON AKATSUKI.
ALSO DOCH...
MACHT EUCH KAMPFBEREIT!
DER SANITÄTSTRUPP ZIEHT EINEN BANNKREIS FÜR ALLE ZIVILISTEN!
WIR UNTERSTÜTZEN MEISTER KAZEKAGE!
JAWOHL!

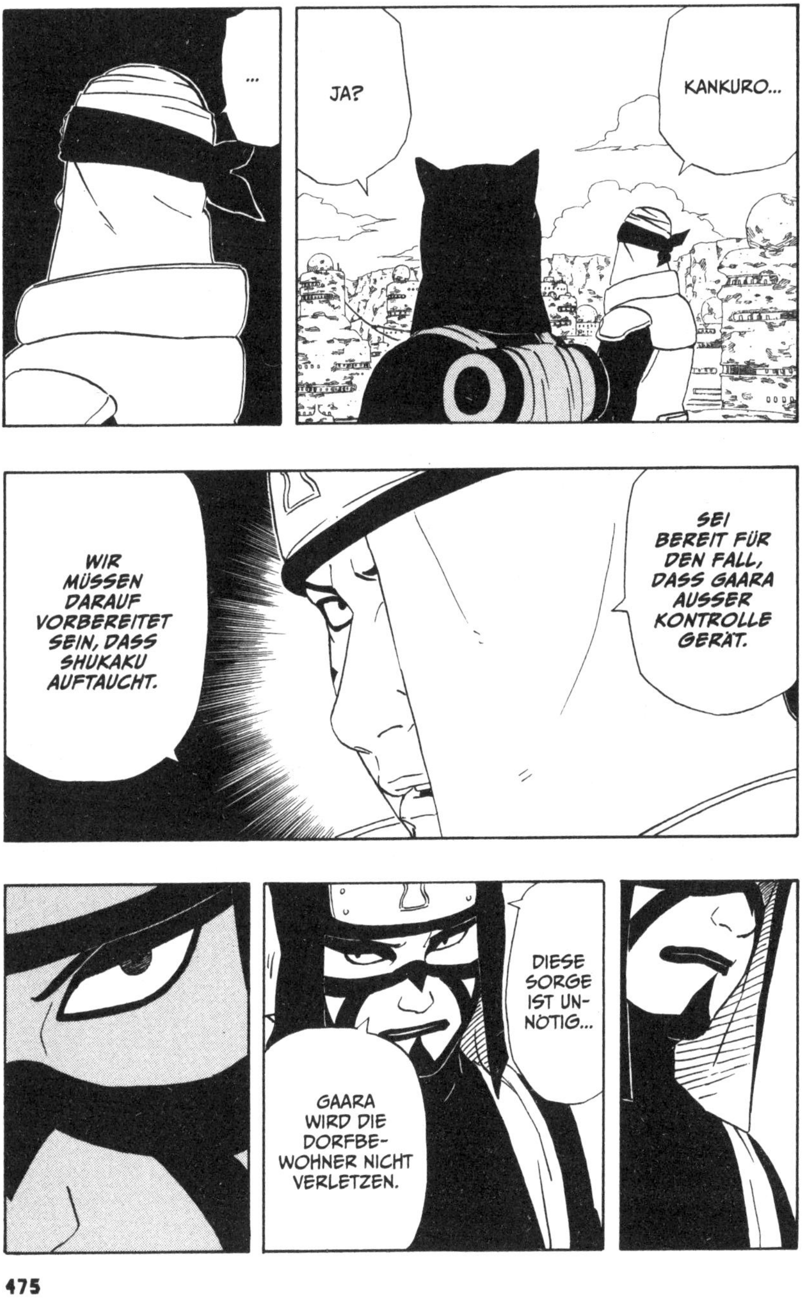
KANKURO...
JA?
...
SEI BEREIT FÜR DEN FALL, DASS GAARA AUSSER KONTROLLE GERÄT.
WIR MÜSSEN DARAUF VORBEREITET SEIN, DASS SHUKAKU AUFTAUCHT.
DIESE SORGE IST UNNÖTIG...
GAARA WIRD DIE DORFBEWOHNER NICHT VERLETZEN.

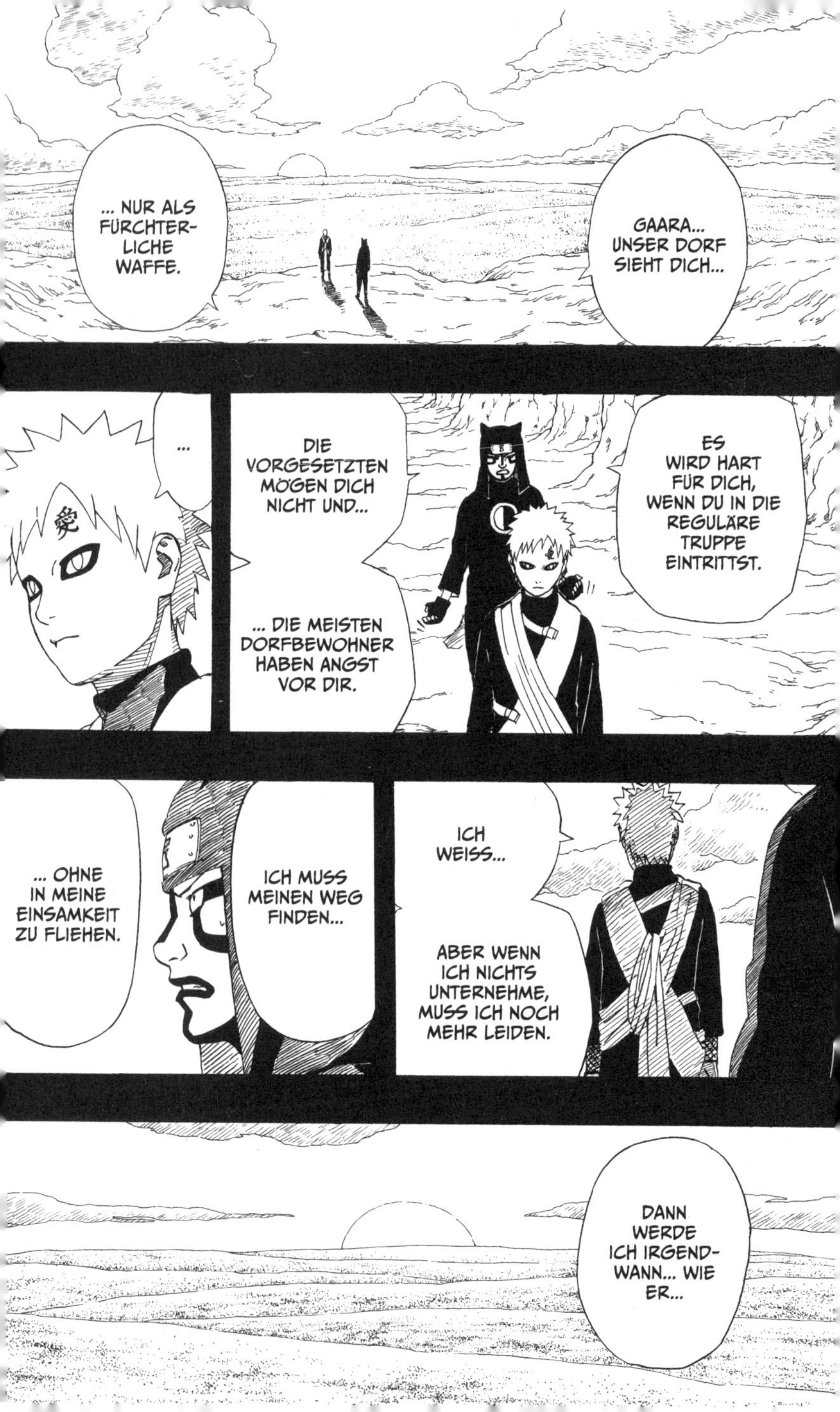
GAARA... UNSER DORF SIEHT DICH...
... NUR ALS FÜRCHTERLICHE WAFFE.
ES WIRD HART FÜR DICH, WENN DU IN DIE REGULÄRE TRUPPE EINTRITTST.
DIE VORGESETZTEN MÖGEN DICH NICHT UND...
... DIE MEISTEN DORFBEWOHNER HABEN ANGST VOR DIR.
...
ICH WEISS...
ABER WENN ICH NICHTS UNTERNEHME, MUSS ICH NOCH MEHR LEIDEN.
ICH MUSS MEINEN WEG FINDEN...
... OHNE IN MEINE EINSAMKEIT ZU FLIEHEN.
DANN WERDE ICH IRGENDWANN... WIE ER...

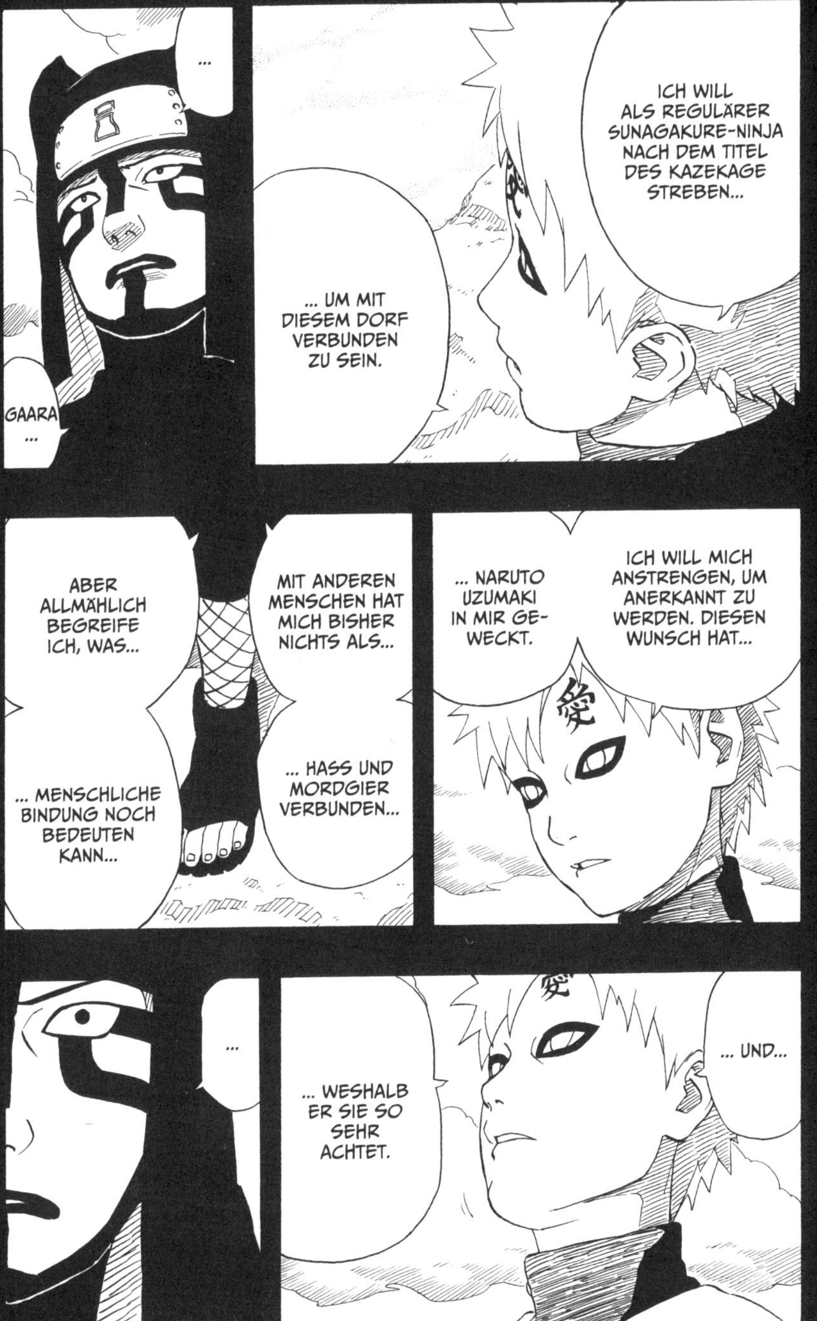
ICH WILL ALS REGULÄRER SUNAGAKURE-NINJA NACH DEM TITEL DES KAZEKAGE STREBEN...
... UM MIT DIESEM DORF VERBUNDEN ZU SEIN.
...
GAARA ...
ICH WILL MICH ANSTRENGEN, UM ANERKANNT ZU WERDEN. DIESEN WUNSCH HAT...
... NARUTO UZUMAKI IN MIR GEWECKT.
MIT ANDEREN MENSCHEN HAT MICH BISHER NICHTS ALS...
... HASS UND MORDGIER VERBUNDEN...
ABER ALLMÄHLICH BEGREIFE ICH, WAS...
... MENSCHLICHE BINDUNG NOCH BEDEUTEN KANN...
... UND...
... WESHALB ER SIE SO SEHR ACHTET.
...

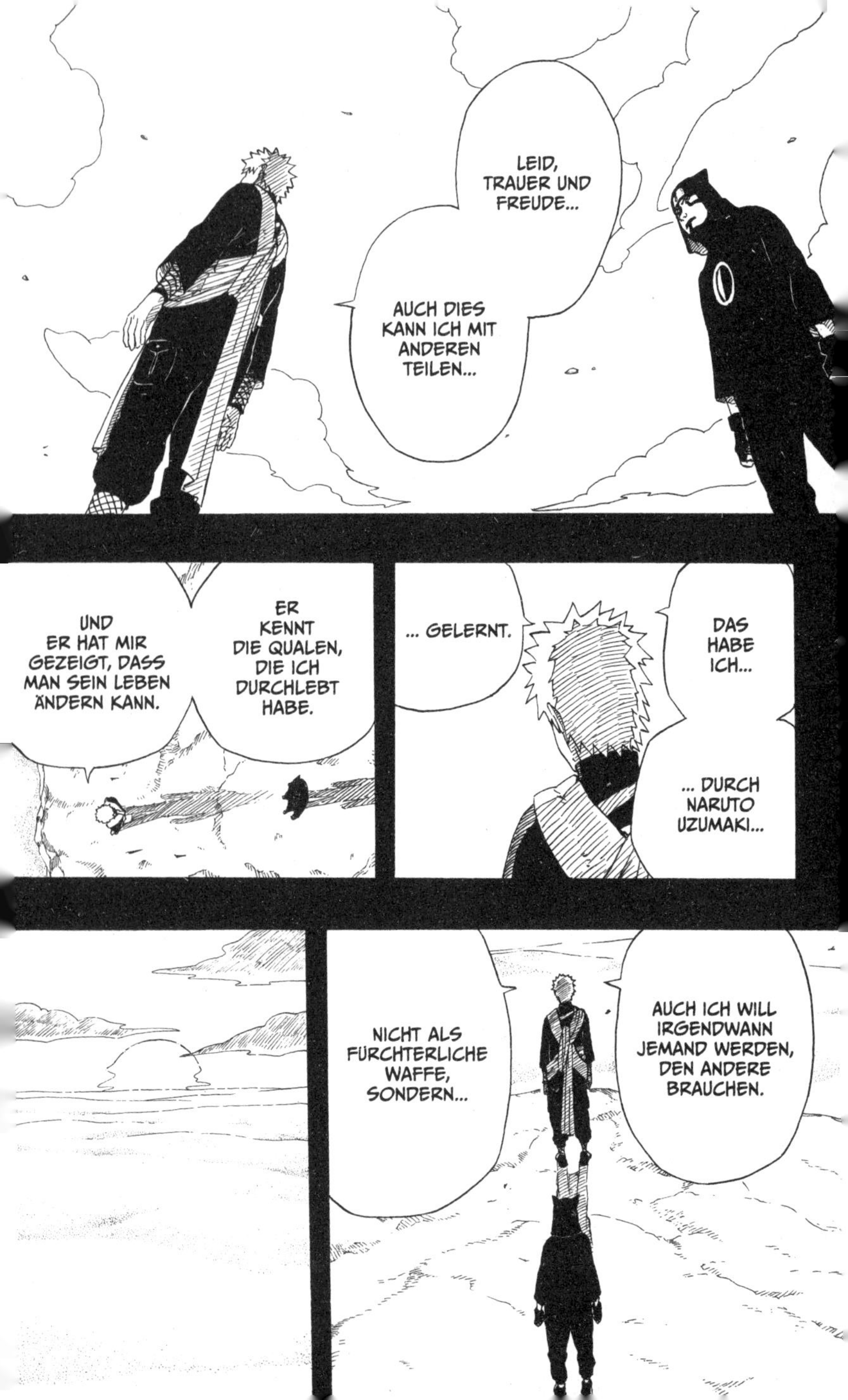
LEID, TRAUER UND FREUDE...
AUCH DIES KANN ICH MIT ANDEREN TEILEN...
DAS HABE ICH...
... DURCH NARUTO UZUMAKI...
... GELERNT.
ER KENNT DIE QUALEN, DIE ICH DURCHLEBT HABE.
UND ER HAT MIR GEZEIGT, DASS MAN SEIN LEBEN ÄNDERN KANN.
AUCH ICH WILL IRGENDWANN JEMAND WERDEN, DEN ANDERE BRAUCHEN.
NICHT ALS FÜRCHTERLICHE WAFFE, SONDERN...

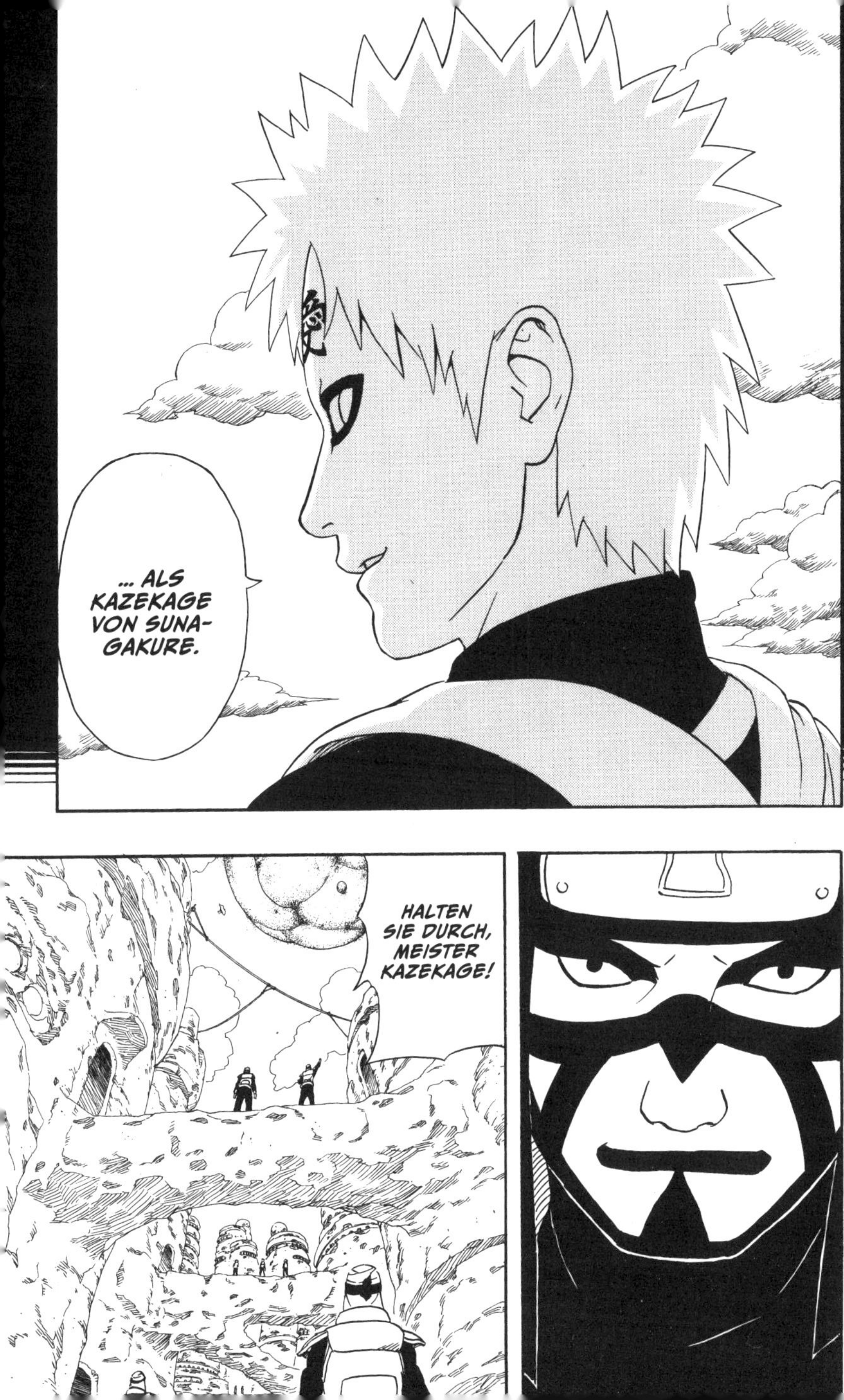
... ALS KAZEKAGE VON SUNA-GAKURE.
HALTEN SIE DURCH, MEISTER KAZEKAGE!

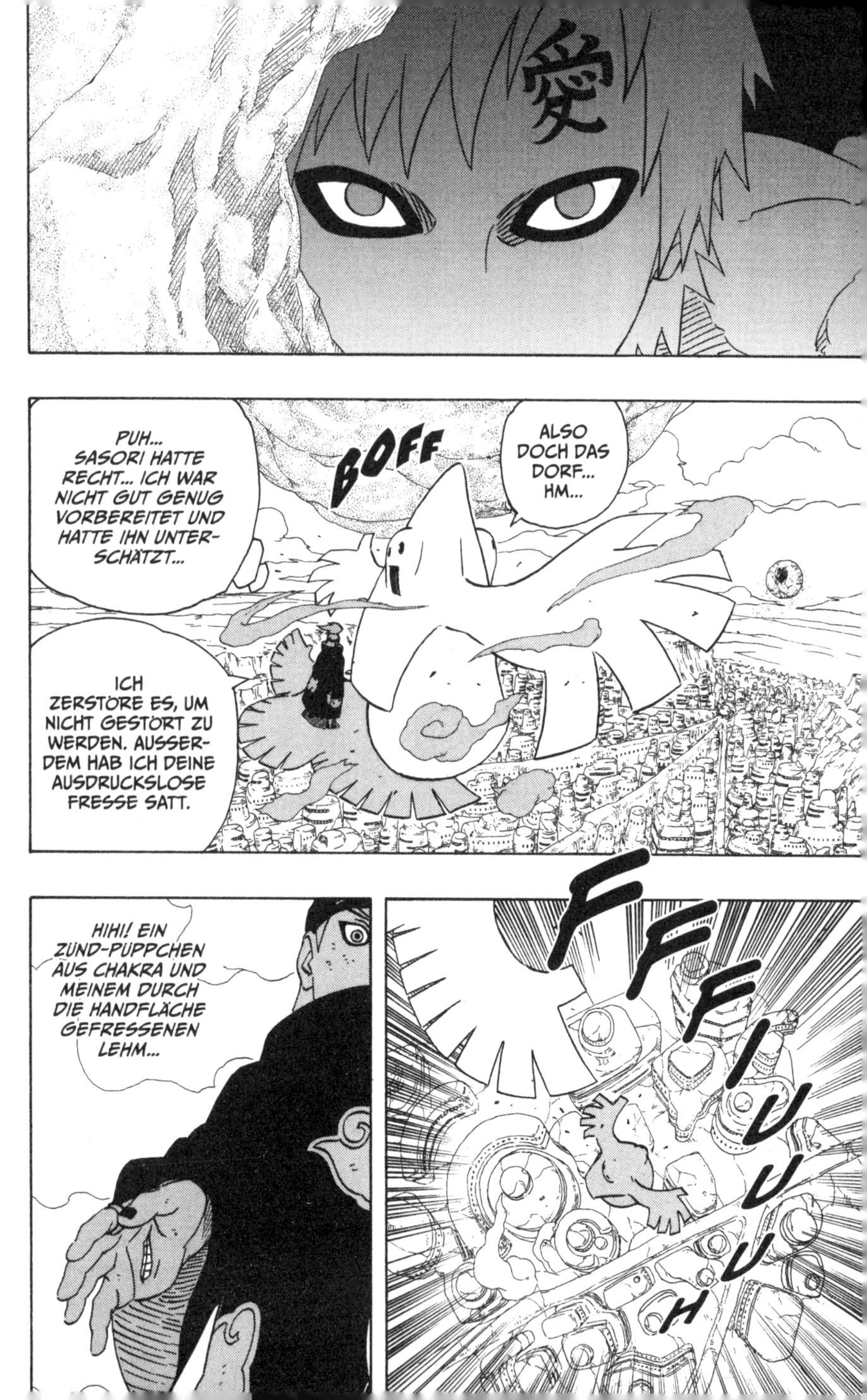

ALSO DOCH DAS DORF... HM...
BOFF
PUH... SASORI HATTE RECHT... ICH WAR NICHT GUT GENUG VORBEREITET UND HATTE IHN UNTERSCHÄTZT...
ICH ZERSTÖRE ES, UM NICHT GESTÖRT ZU WERDEN. AUSSERDEM HAB ICH DEINE AUSDRUCKSLOSE FRESSE SATT.
FFFIUUUUH
HIHI! EIN ZÜND-PÜPPCHEN AUS CHAKRA UND MEINEM DURCH DIE HANDFLÄCHE GEFRESSENEN LEHM...

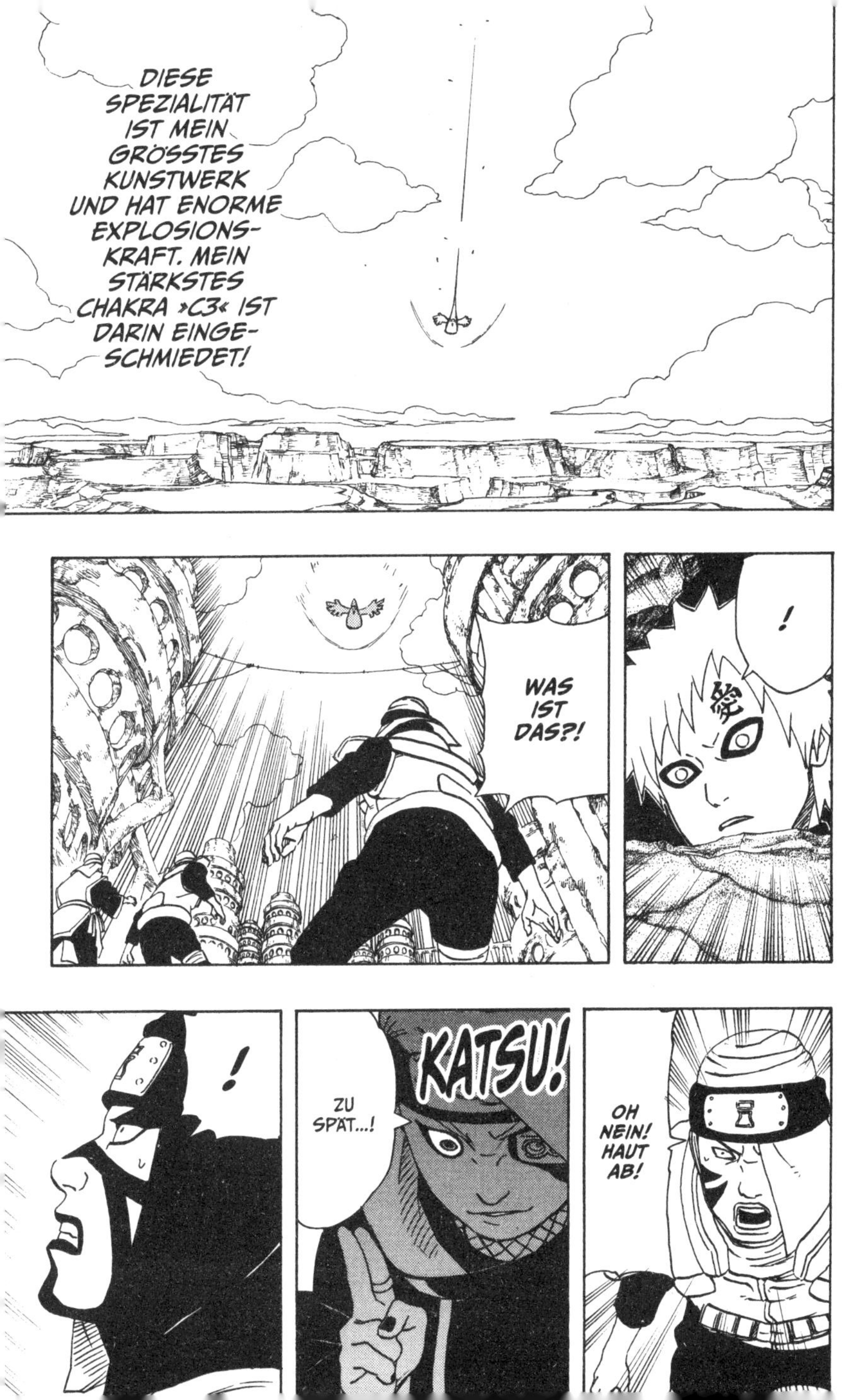
DIESE SPEZIALITÄT IST MEIN GRÖSSTES KUNSTWERK UND HAT ENORME EXPLOSIONS-KRAFT. MEIN STÄRKSTES CHAKRA »C3« IST DARIN EINGE-SCHMIEDET!
!
WAS IST DAS?!
!
KATSU!
ZU SPÄT...!
OH NEIN! HAUT AB!

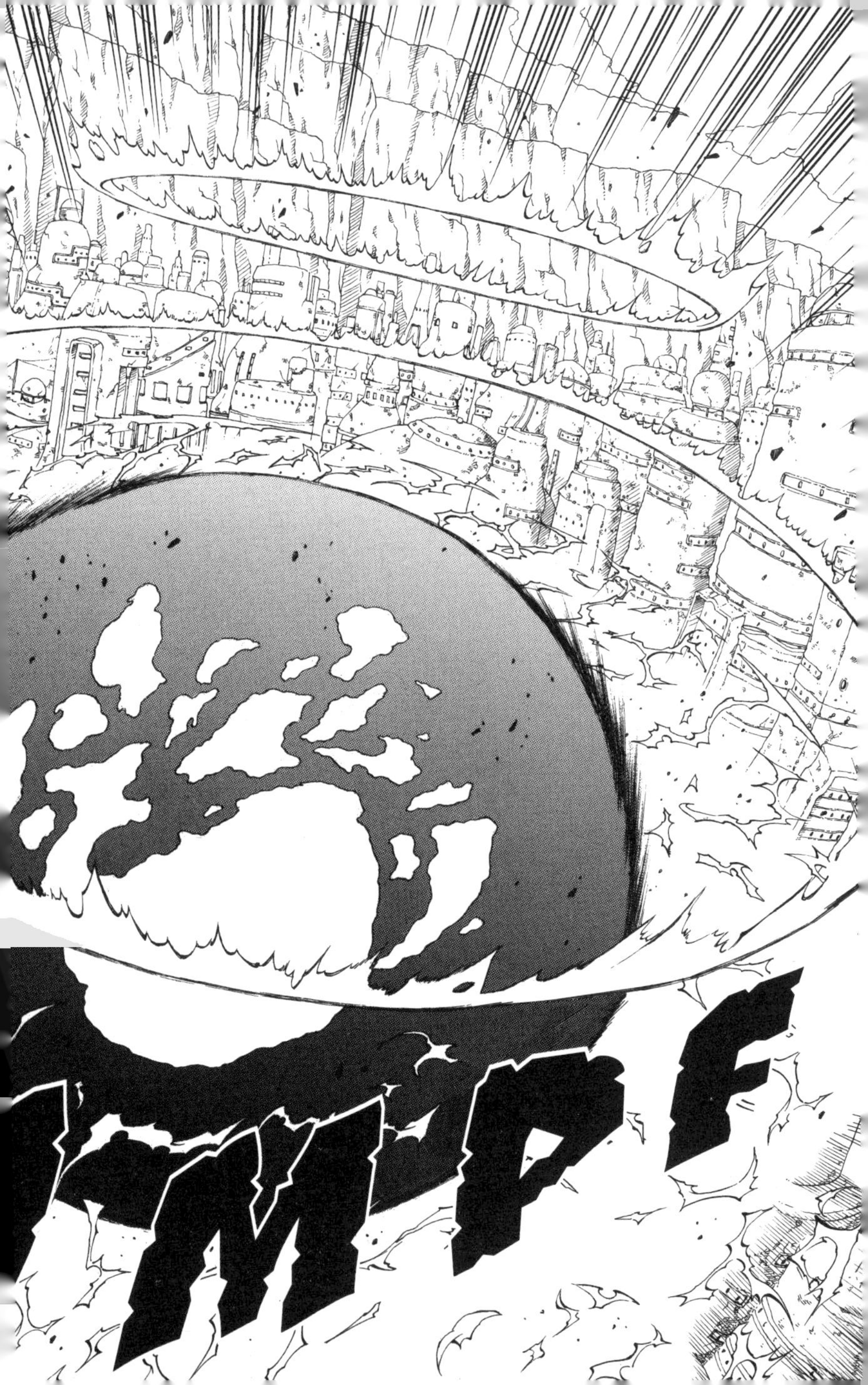
MPF

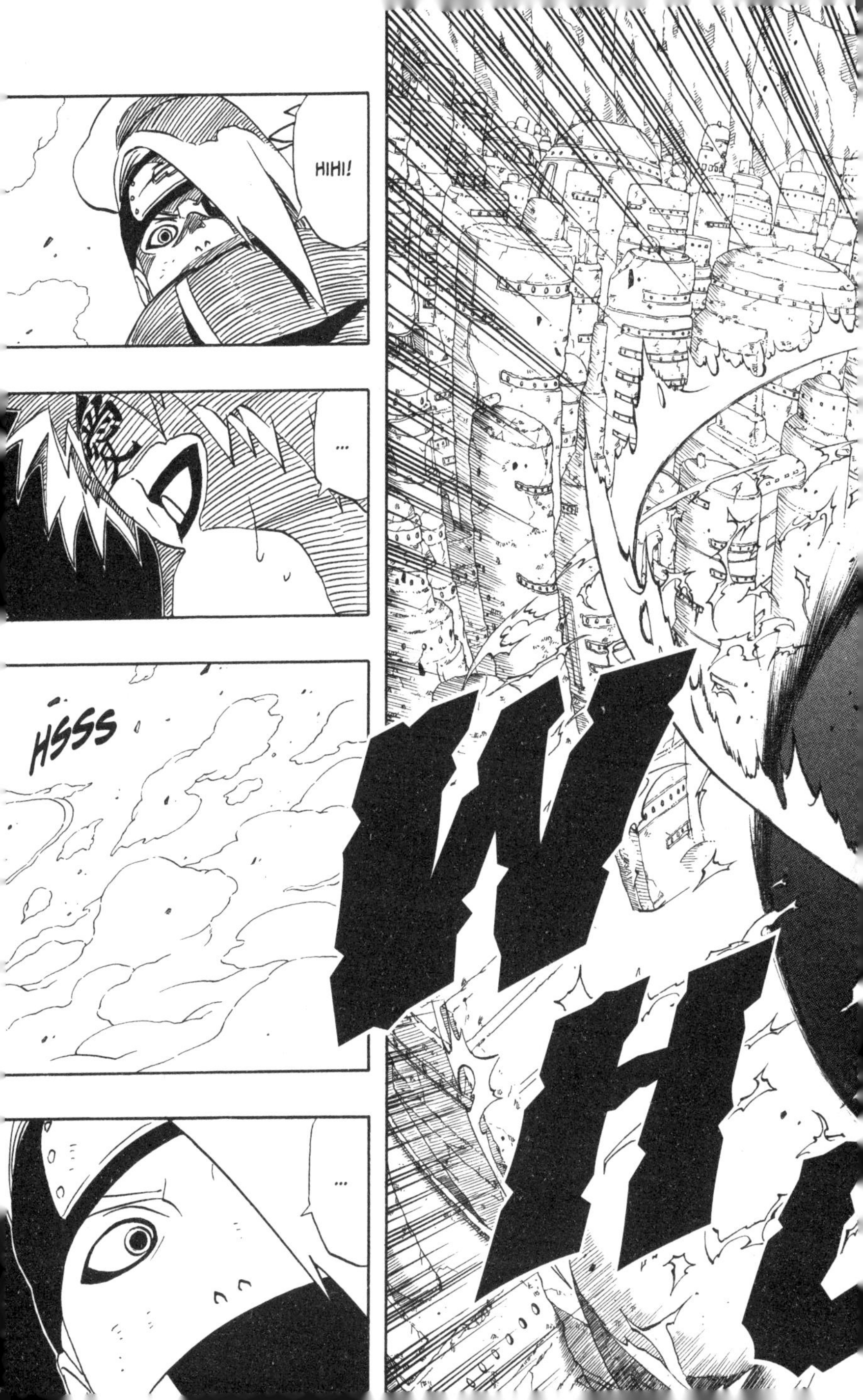

HIHI!
...
HSSS
...

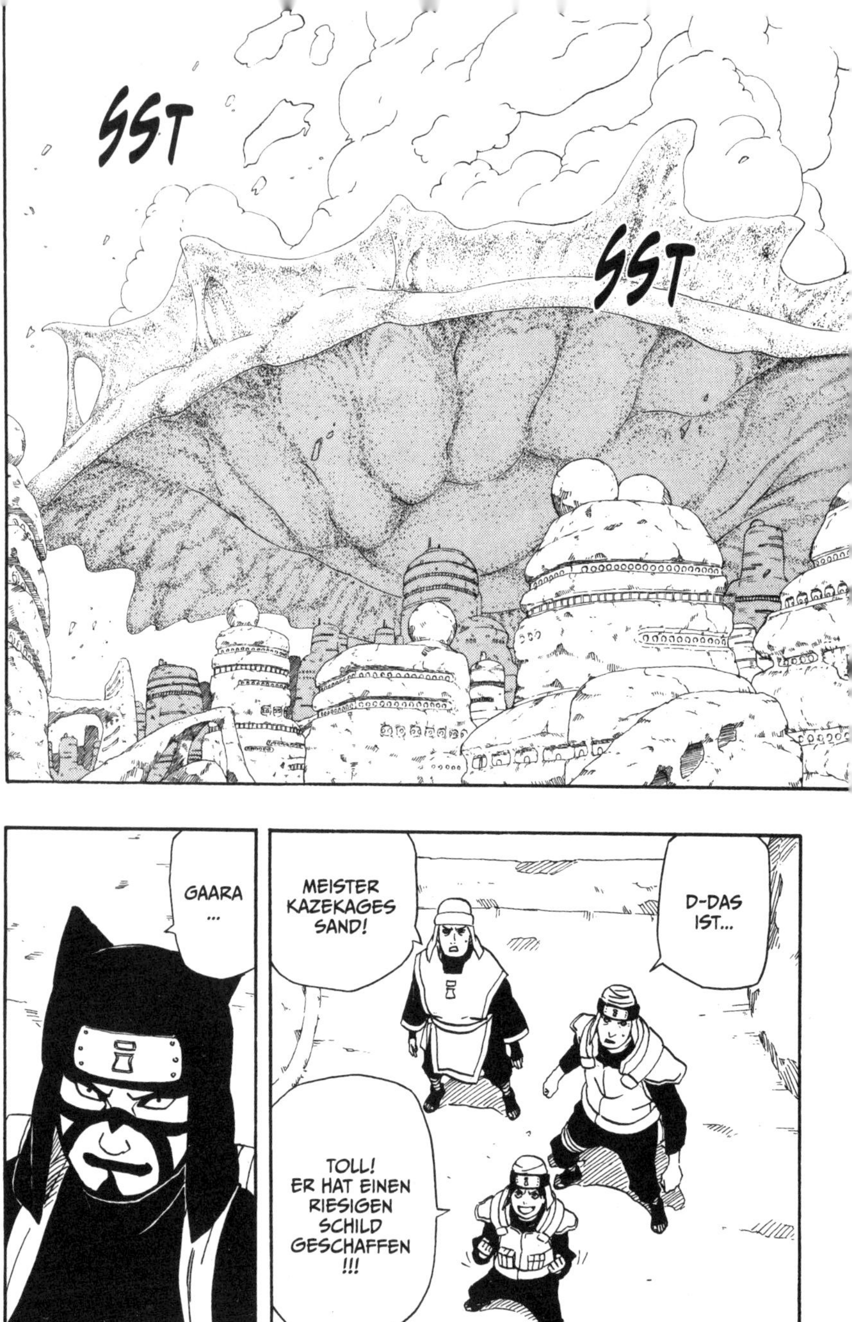
SST
SST
D-DAS IST...
MEISTER KAZEKAGES SAND!
TOLL! ER HAT EINEN RIESIGEN SCHILD GESCHAFFEN !!!
GAARA ...

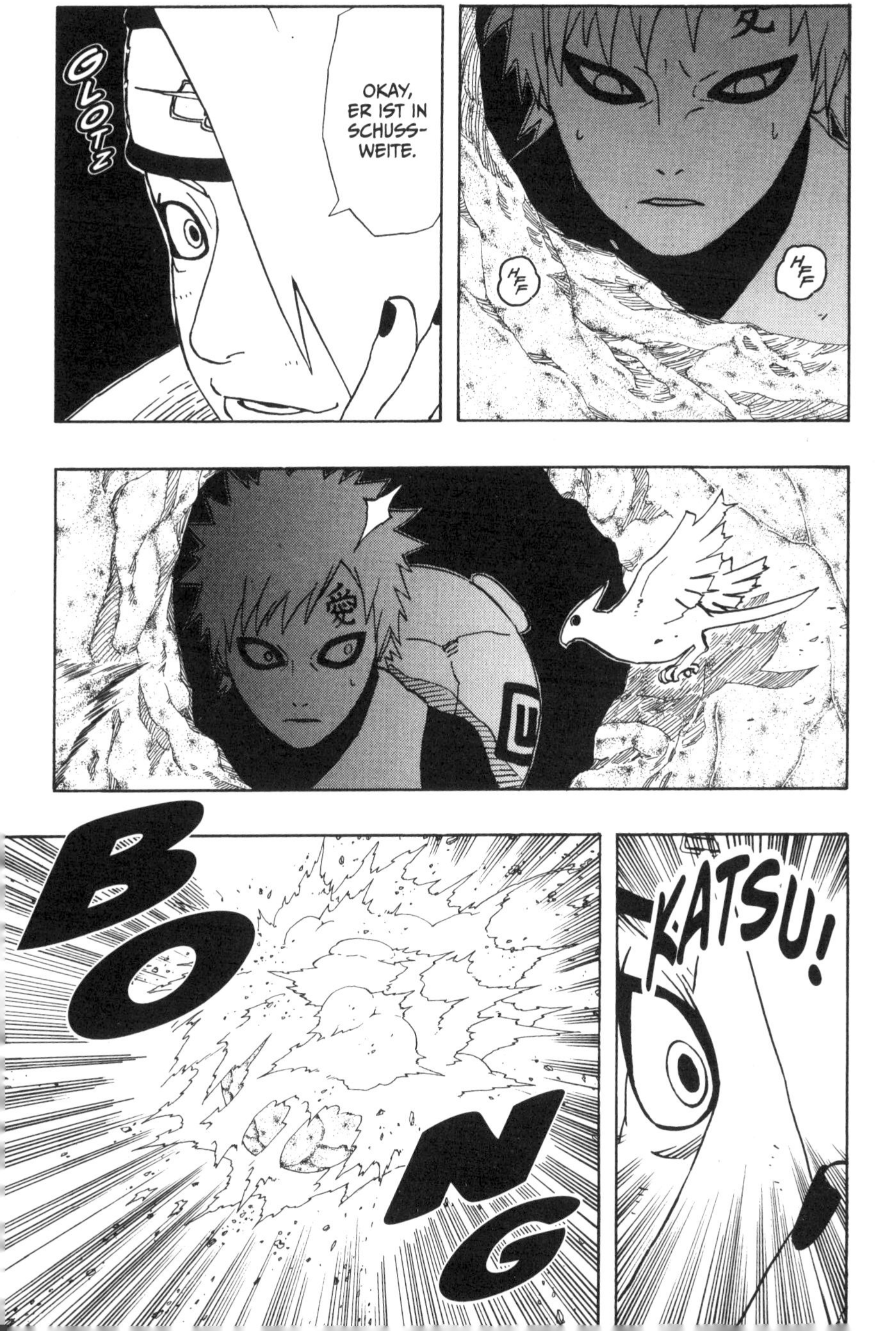

HFF
HFF
GLOTZ
OKAY, ER IST IN SCHUSS-WEITE.
KATSU!
BOONG

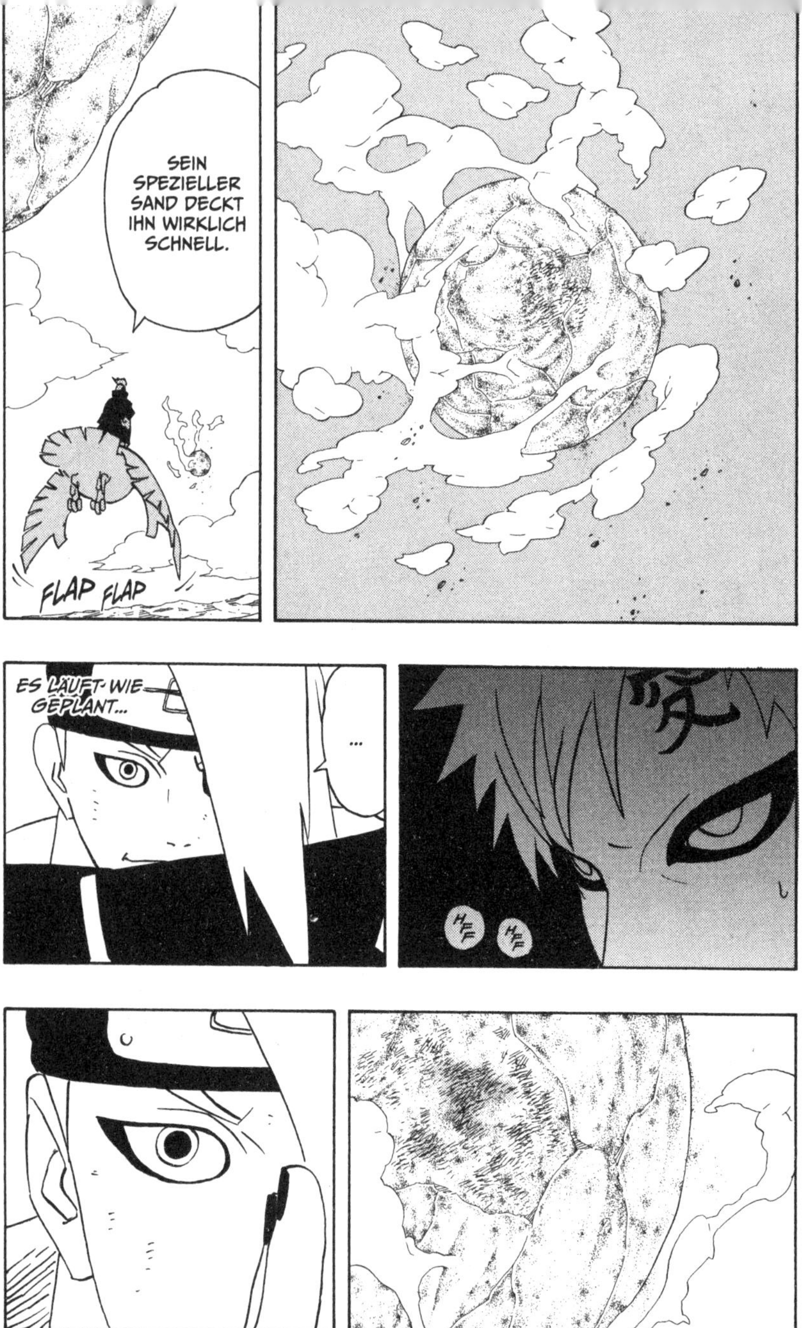

SEIN SPEZIELLER SAND DECKT IHN WIRKLICH SCHNELL.
FLAP FLAP
ES LÄUFT WIE GEPLANT...
...
HEF HEF

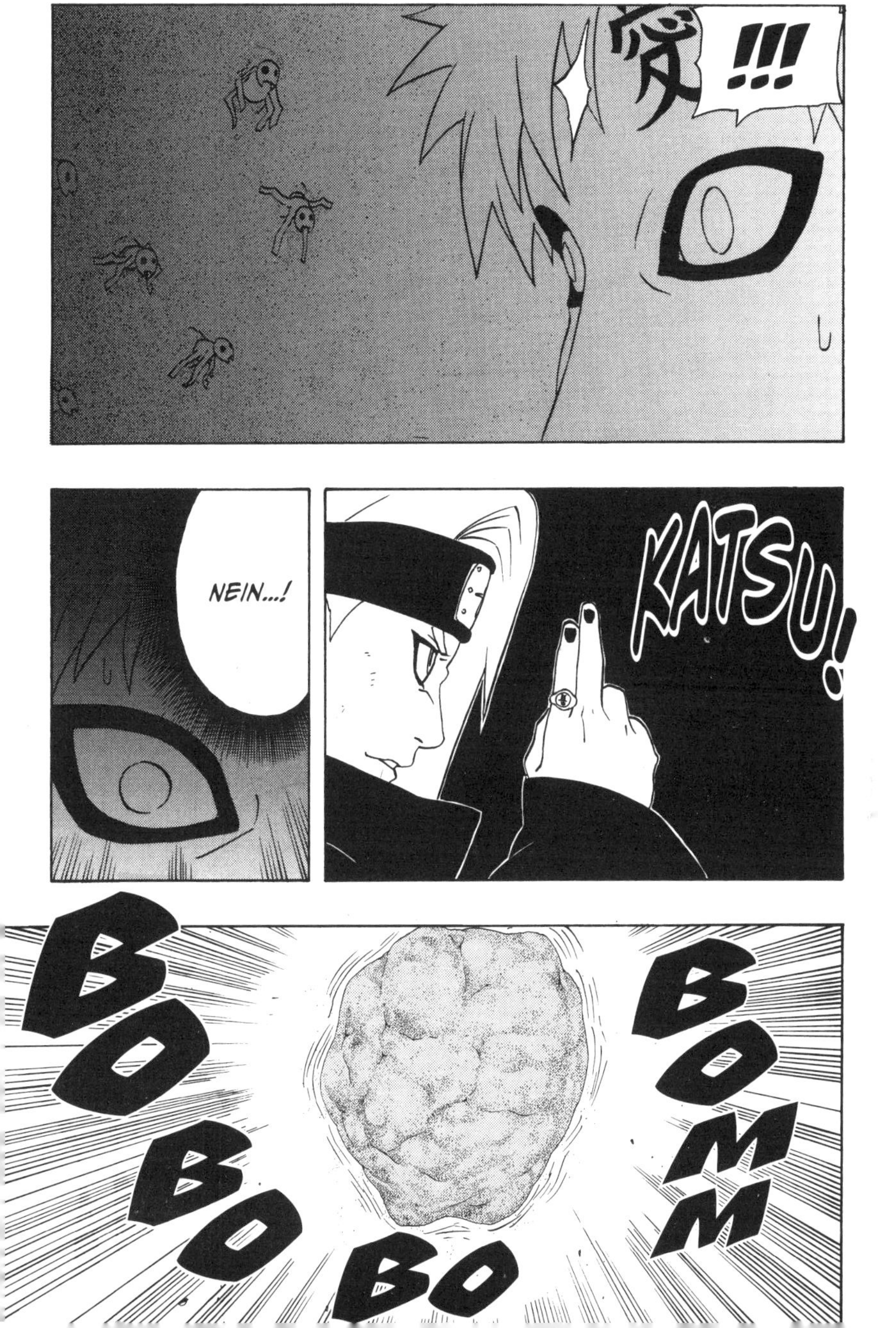
!!!
NEIN...!
KATSU!
BOBOBO
BOBO
BOMM

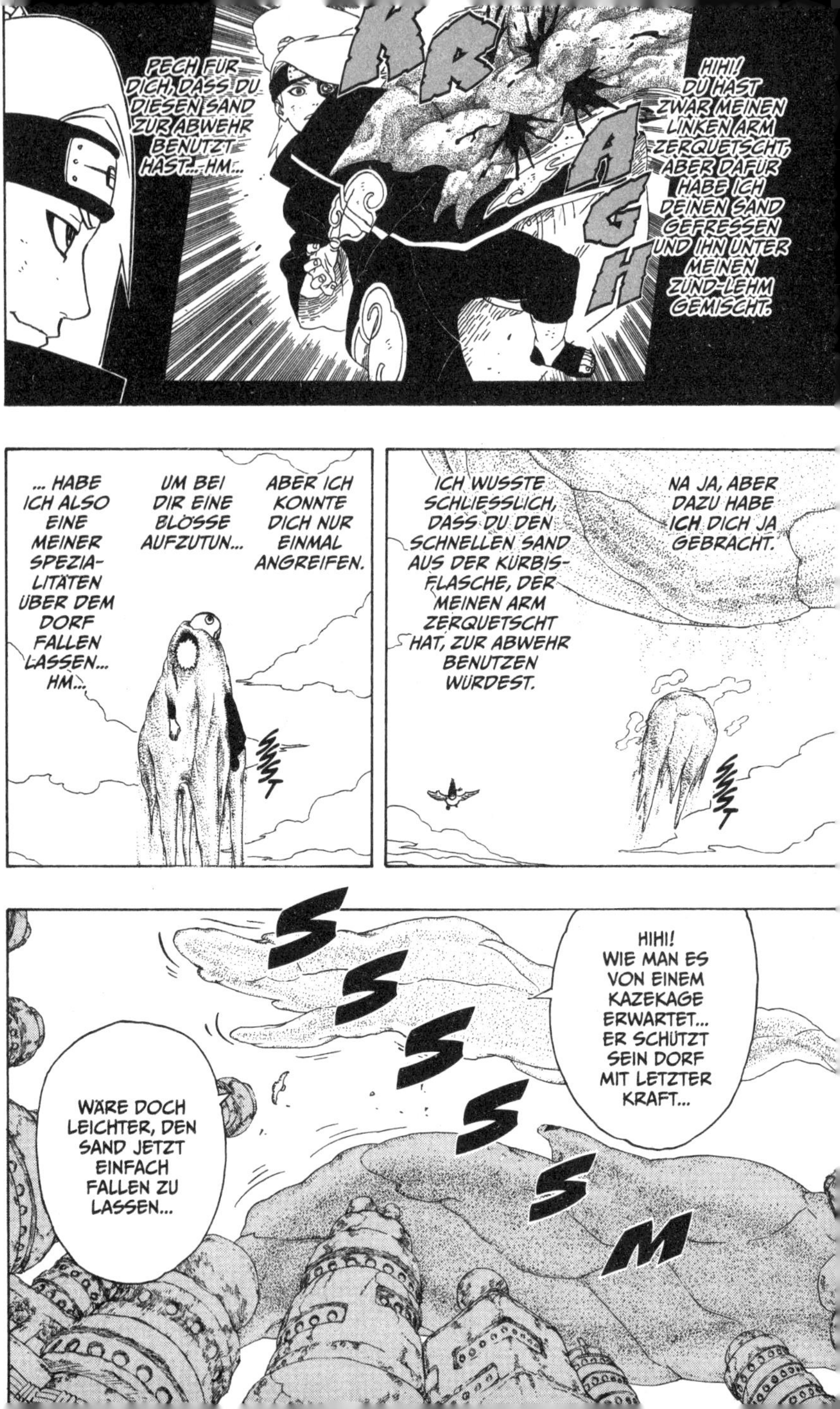
KRAGH
HIHI! DU HAST ZWAR MEINEN LINKEN ARM ZERQUETSCHT, ABER DAFÜR HABE ICH DEINEN SAND GEFRESSEN UND IHN UNTER MEINEN ZÜND-LEHM GEMISCHT.
PECH FÜR DICH, DASS DU DIESEN SAND ZUR ABWEHR BENUTZT HAST... HM...
NA JA, ABER DAZU HABE ICH DICH JA GEBRACHT.
ICH WUSSTE SCHLIESSLICH, DASS DU DEN SCHNELLEN SAND AUS DER KÜRBISFLASCHE, DER MEINEN ARM ZERQUETSCHT HAT, ZUR ABWEHR BENUTZEN WÜRDEST.
SSST
ABER ICH KONNTE DICH NUR EINMAL ANGREIFEN.
UM BEI DIR EINE BLÖSSE AUFZUTUN...
... HABE ICH ALSO EINE MEINER SPEZIALITÄTEN ÜBER DEM DORF FALLEN LASSEN... HM...
SSST
HIHI! WIE MAN ES VON EINEM KAZEKAGE ERWARTET... ER SCHÜTZT SEIN DORF MIT LETZTER KRAFT...
SSSSSM
WÄRE DOCH LEICHTER, DEN SAND JETZT EINFACH FALLEN ZU LASSEN...

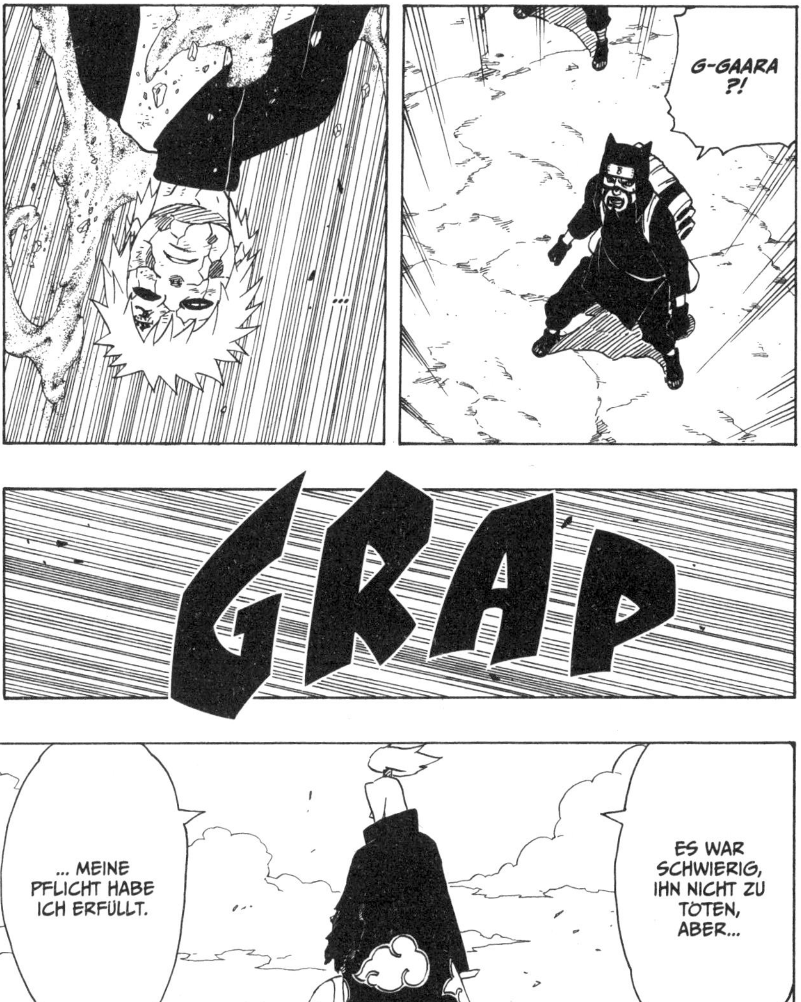
G-GAARA ?!
...
GRAP
ES WAR SCHWIERIG, IHN NICHT ZU TÖTEN, ABER...
... MEINE PFLICHT HABE ICH ERFÜLLT.

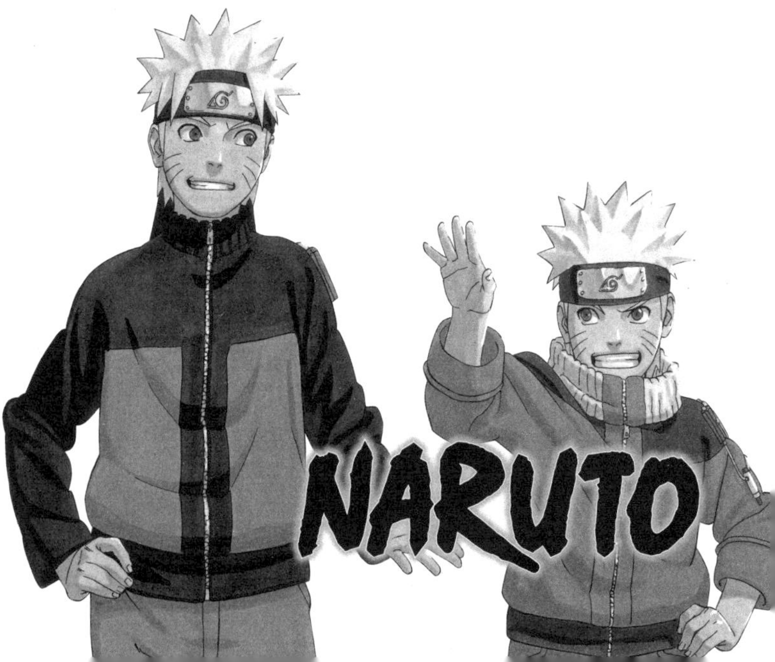
NARUTO

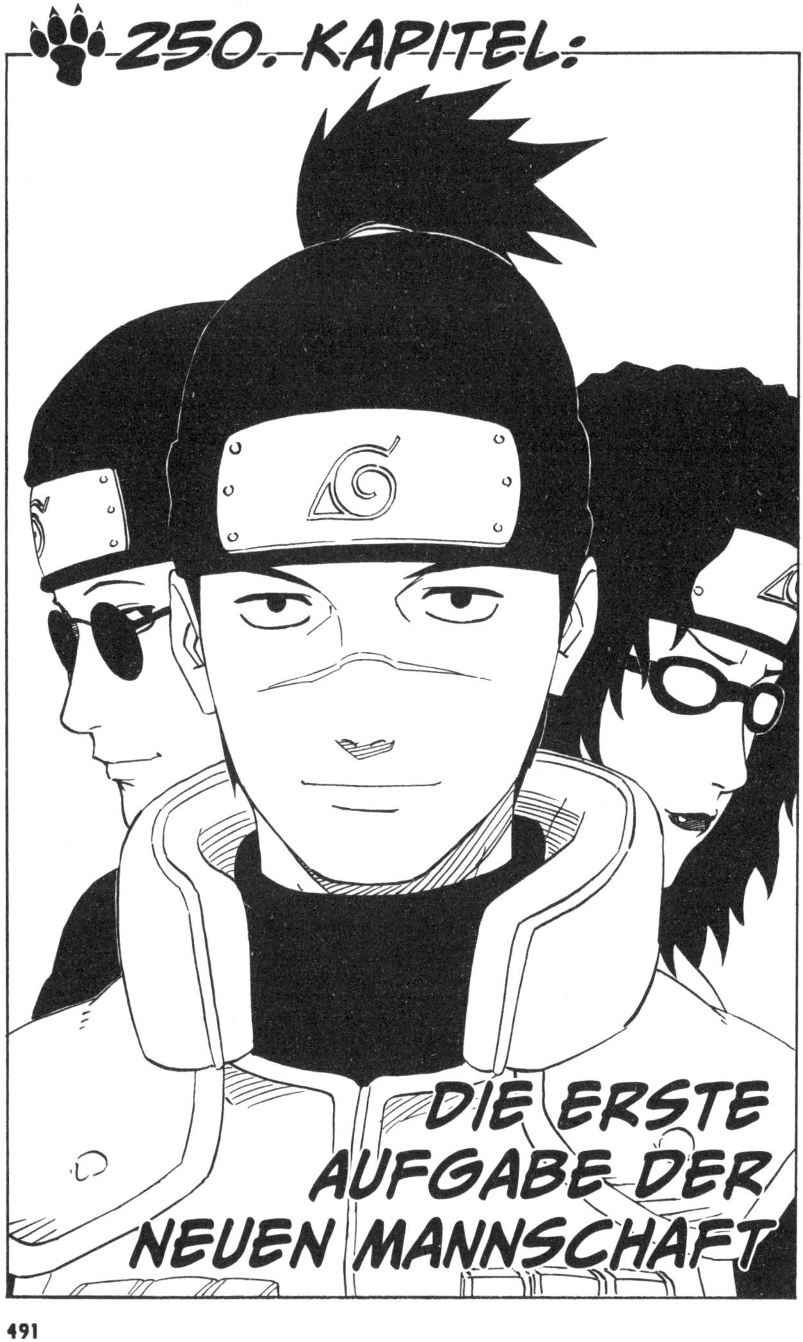
250. KAPITEL:
DIE ERSTE AUFGABE DER NEUEN MANNSCHAFT

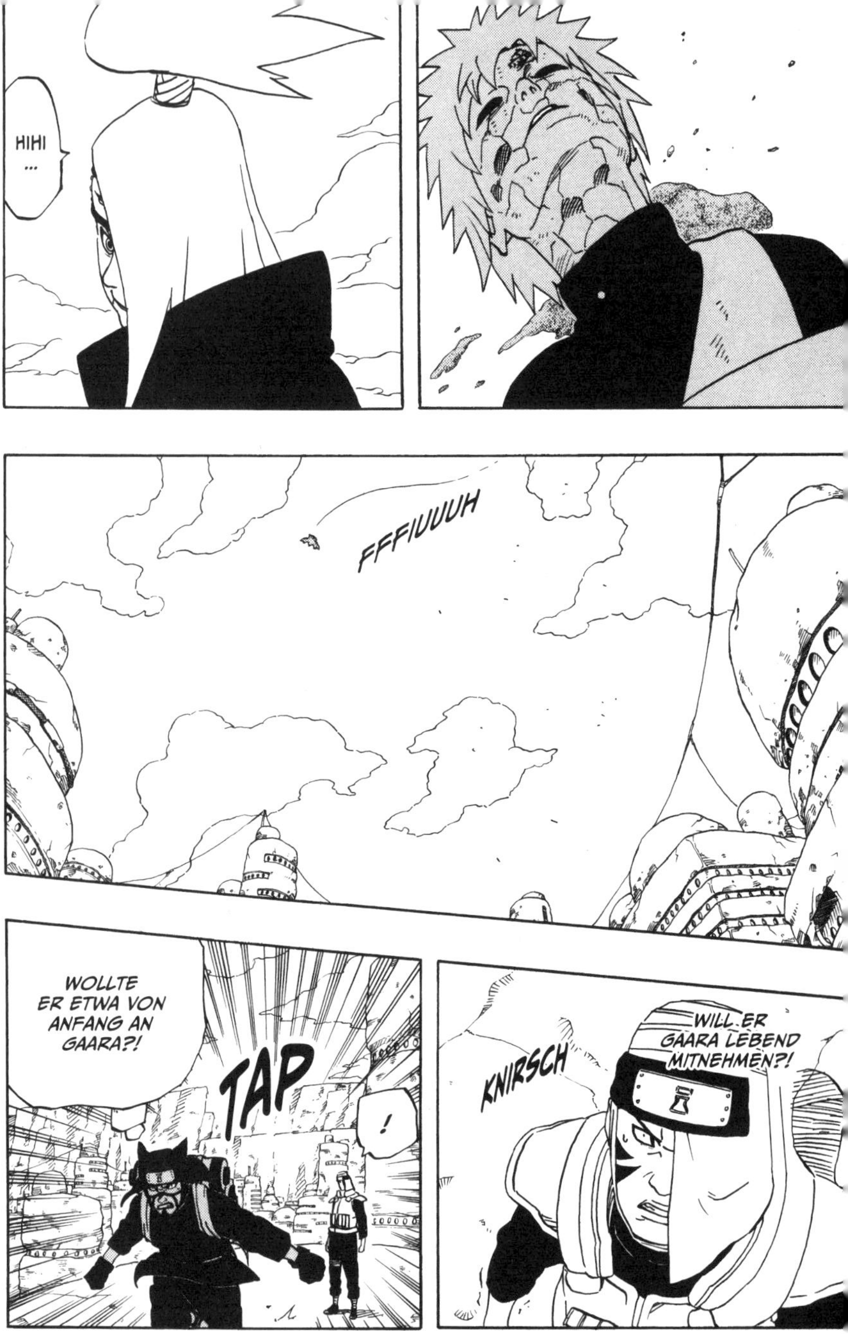
HIHI
...
FFFIUUUH
WOLLTE ER ETWA VON ANFANG AN GAARA?!
TAP
!
KNIRSCH
WILL ER GAARA LEBEND MITNEHMEN?!

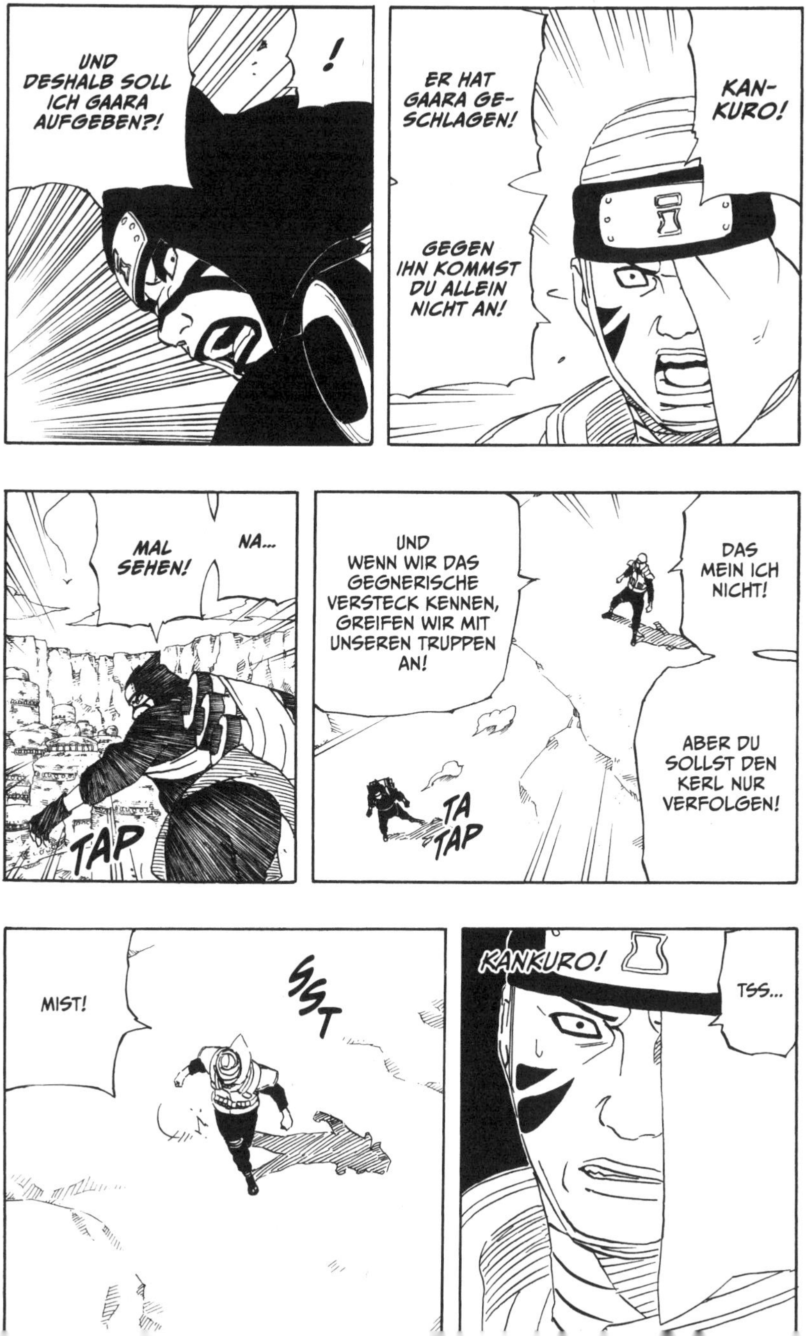
KAN-
KURO!
ER HAT
GAARA GE-
SCHLAGEN!
GEGEN
IHN KOMMST
DU ALLEIN
NICHT AN!
!
UND
DESHALB SOLL
ICH GAARA
AUFGEBEN?!
DAS
MEIN ICH
NICHT!
UND
WENN WIR DAS
GEGNERISCHE
VERSTECK KENNEN,
GREIFEN WIR MIT
UNSEREN TRUPPEN
AN!
ABER DU
SOLLST DEN
KERL NUR
VERFOLGEN!
TA
TAP
NA...
MAL
SEHEN!
TAP
KANKURO!
TSS...
SST
MIST!

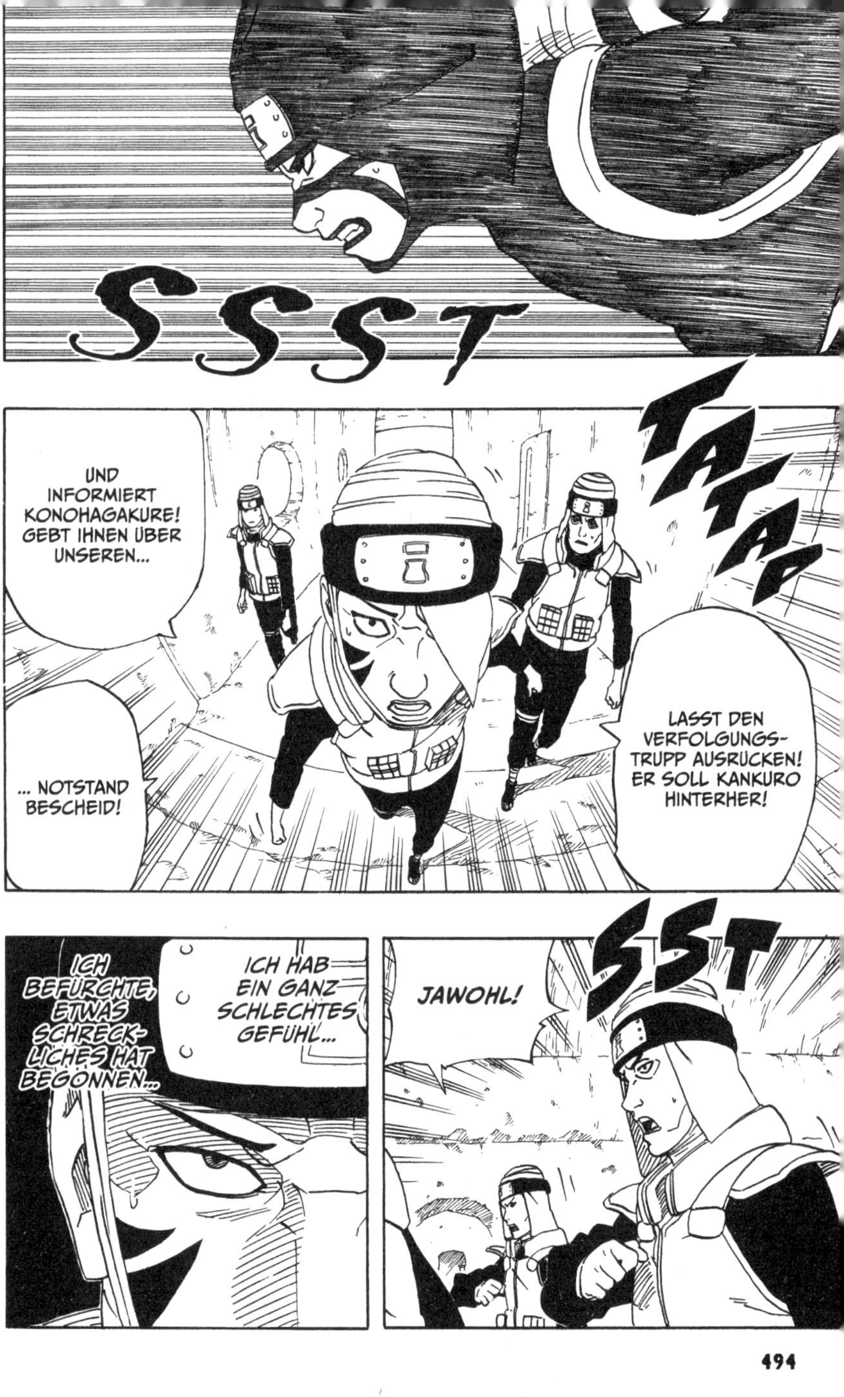
SSST
TATAP
LASST DEN VERFOLGUNGS-TRUPP AUSRÜCKEN! ER SOLL KANKURO HINTERHER!
UND INFORMIERT KONOHAGAKURE! GEBT IHNEN ÜBER UNSEREN...
... NOTSTAND BESCHEID!
SST
JAWOHL!
ICH HAB EIN GANZ SCHLECHTES GEFÜHL...
ICH BEFÜRCHTE, ETWAS SCHRECK-LICHES HAT BEGONNEN...

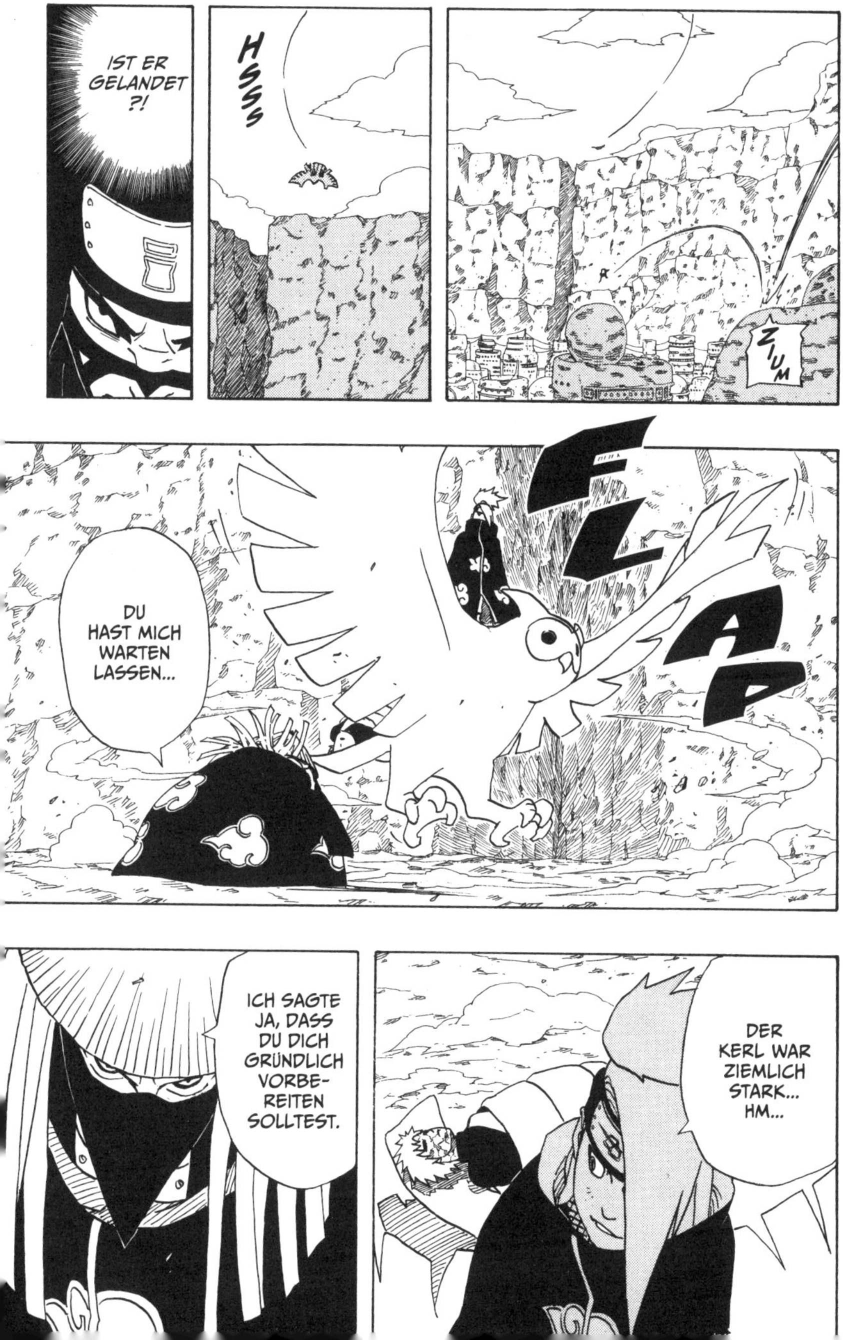
ZIUM
HSSS
IST ER GELANDET ?!
FLAP
DU HAST MICH WARTEN LASSEN...
DER KERL WAR ZIEMLICH STARK... HM...
ICH SAGTE JA, DASS DU DICH GRÜNDLICH VORBE-REITEN SOLLTEST.

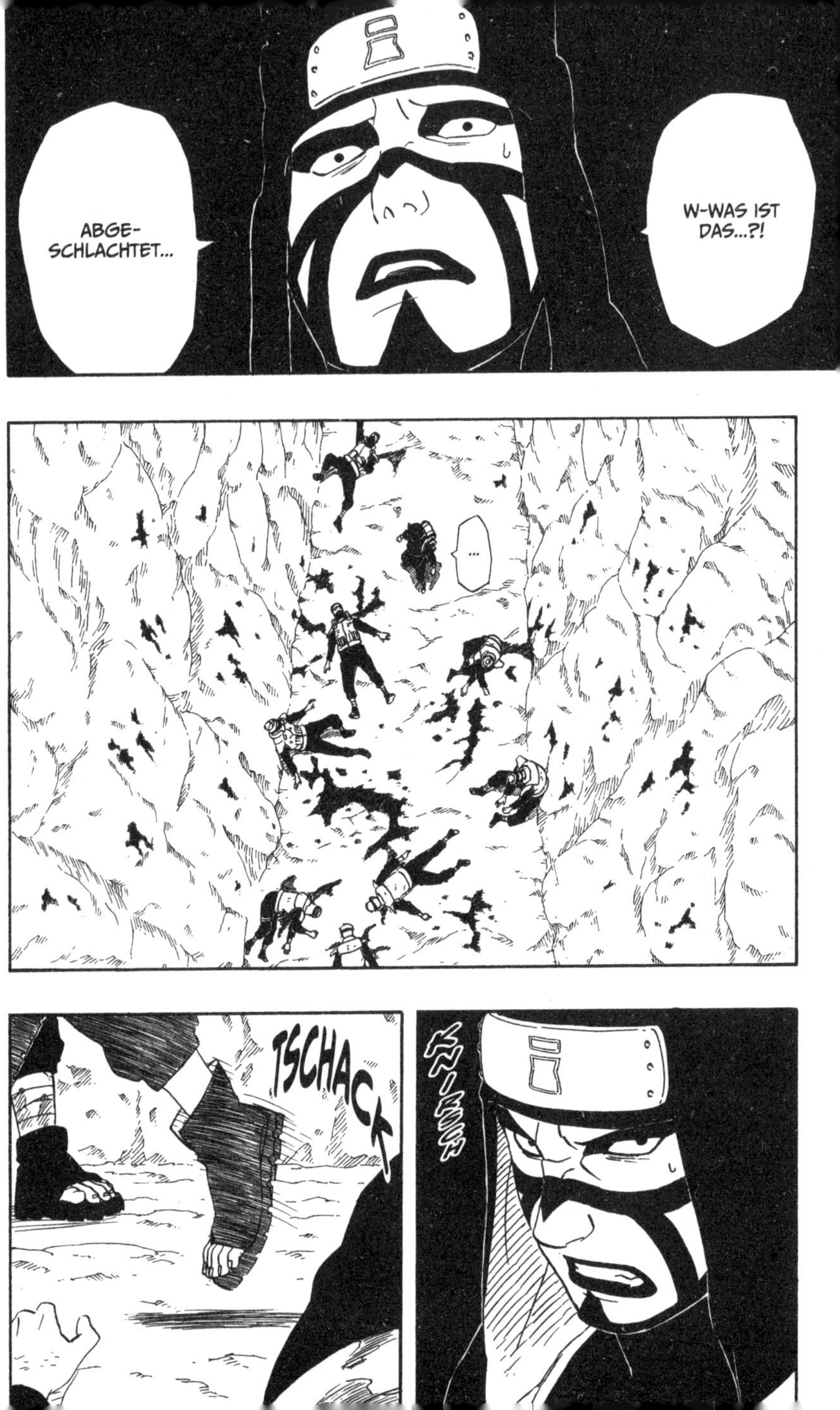
W-WAS IST DAS...?!
ABGE-SCHLACHTET...
...
KNIRSCH
TSCHACK

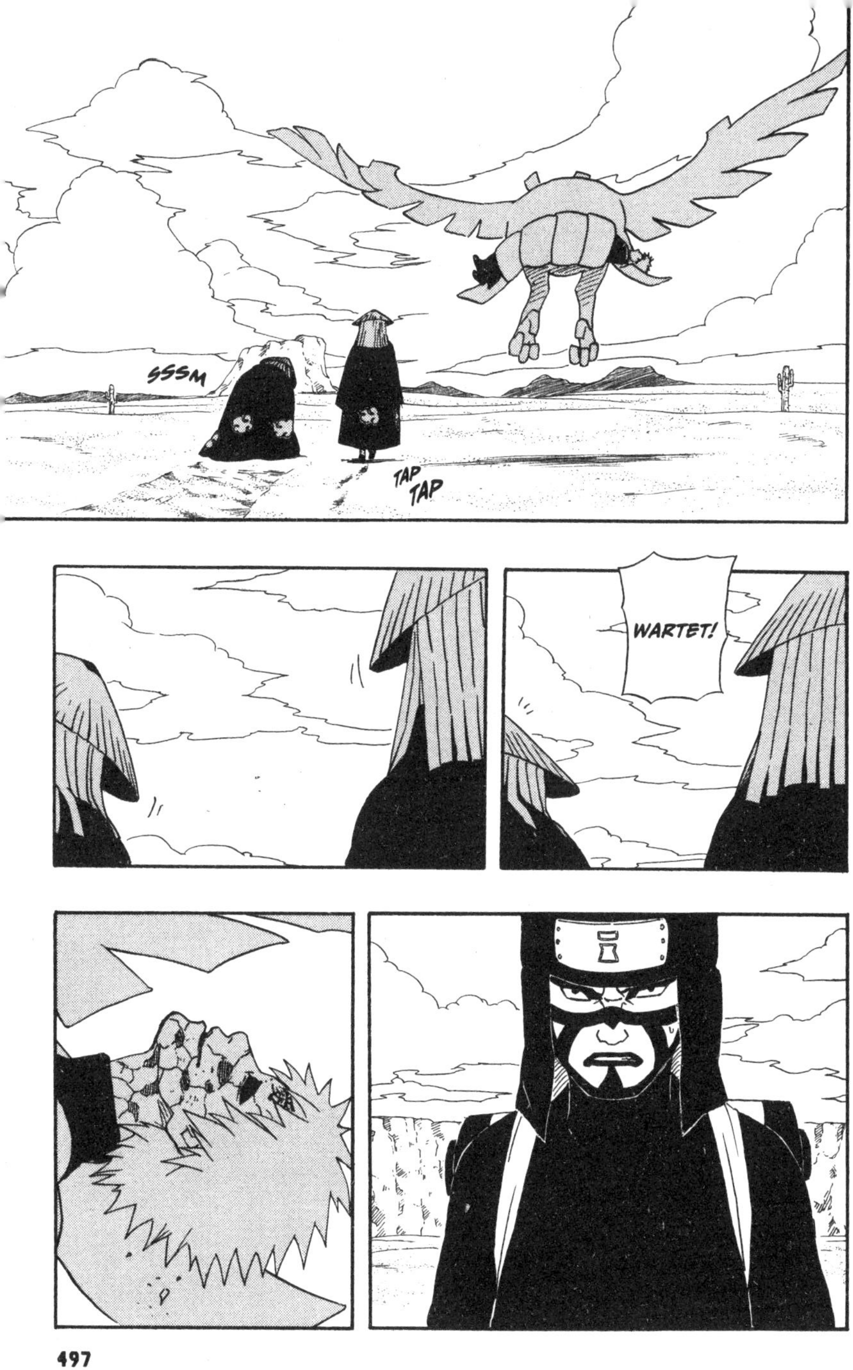
SSSM
TAP TAP
WARTET!

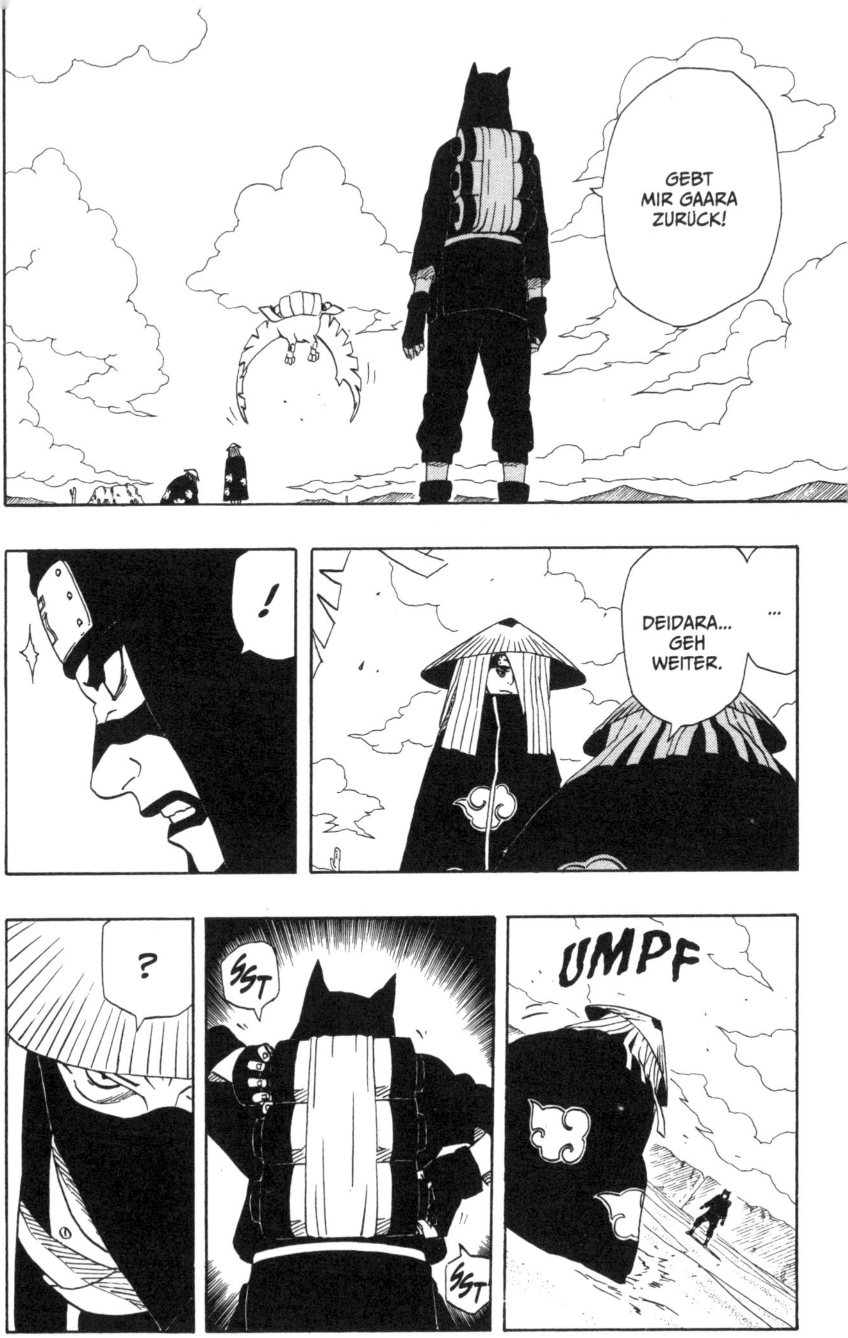
GEBT MIR GAARA ZURÜCK!
...
DEIDARA... GEH WEITER.
!
UMPF
SST
SST
?

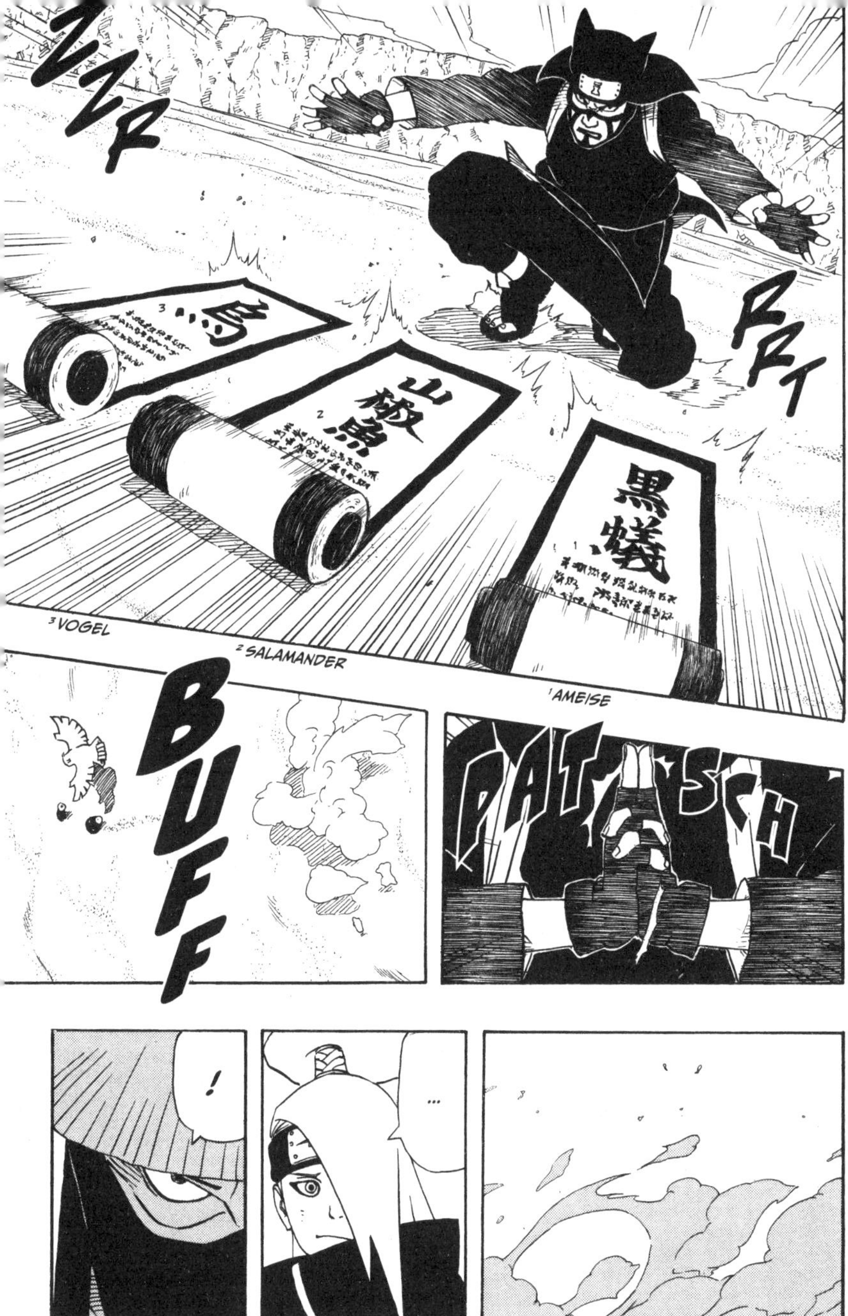

RRT
ZZZR
黒蟻
山椒魚
鳥
1 AMEISE
2 SALAMANDER
3 VOGEL
PATSCH
BUFF
...
!

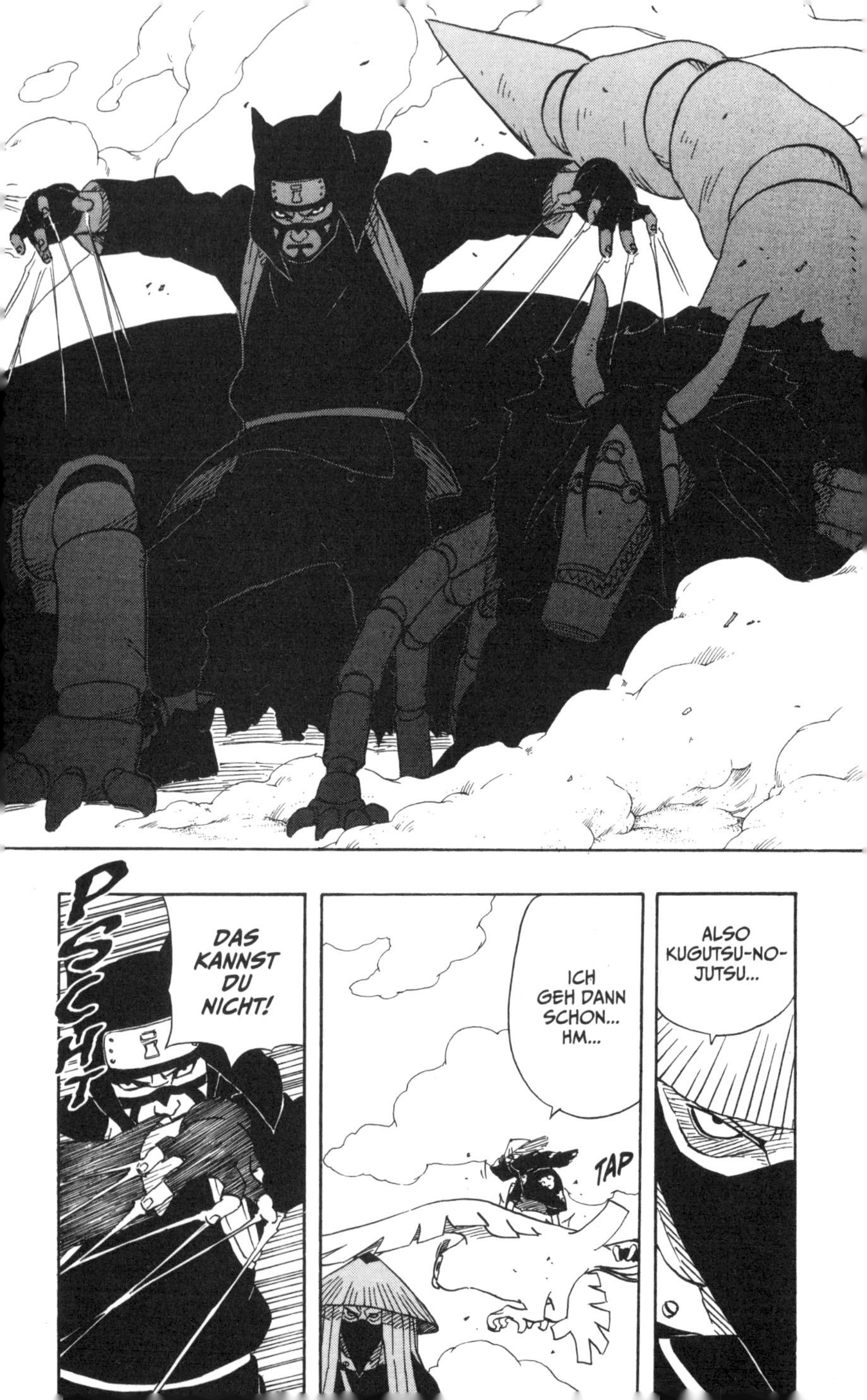
ALSO KUGUTSU-NO-JUTSU...
ICH GEH DANN SCHON... HM...
TAP
DAS KANNST DU NICHT!
PSCHH

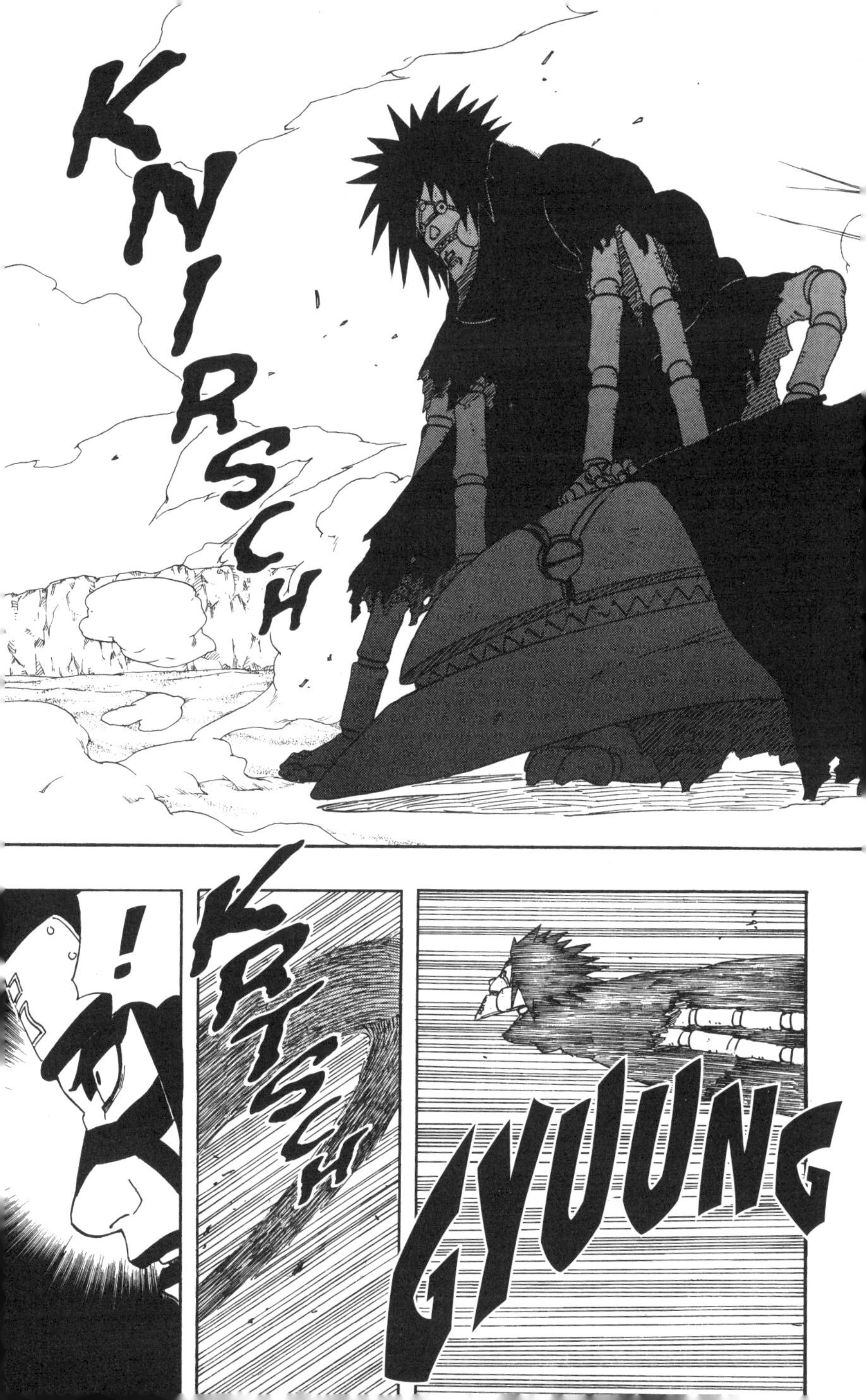

KNIRSCH
!
KRTSCH
GYUUNG

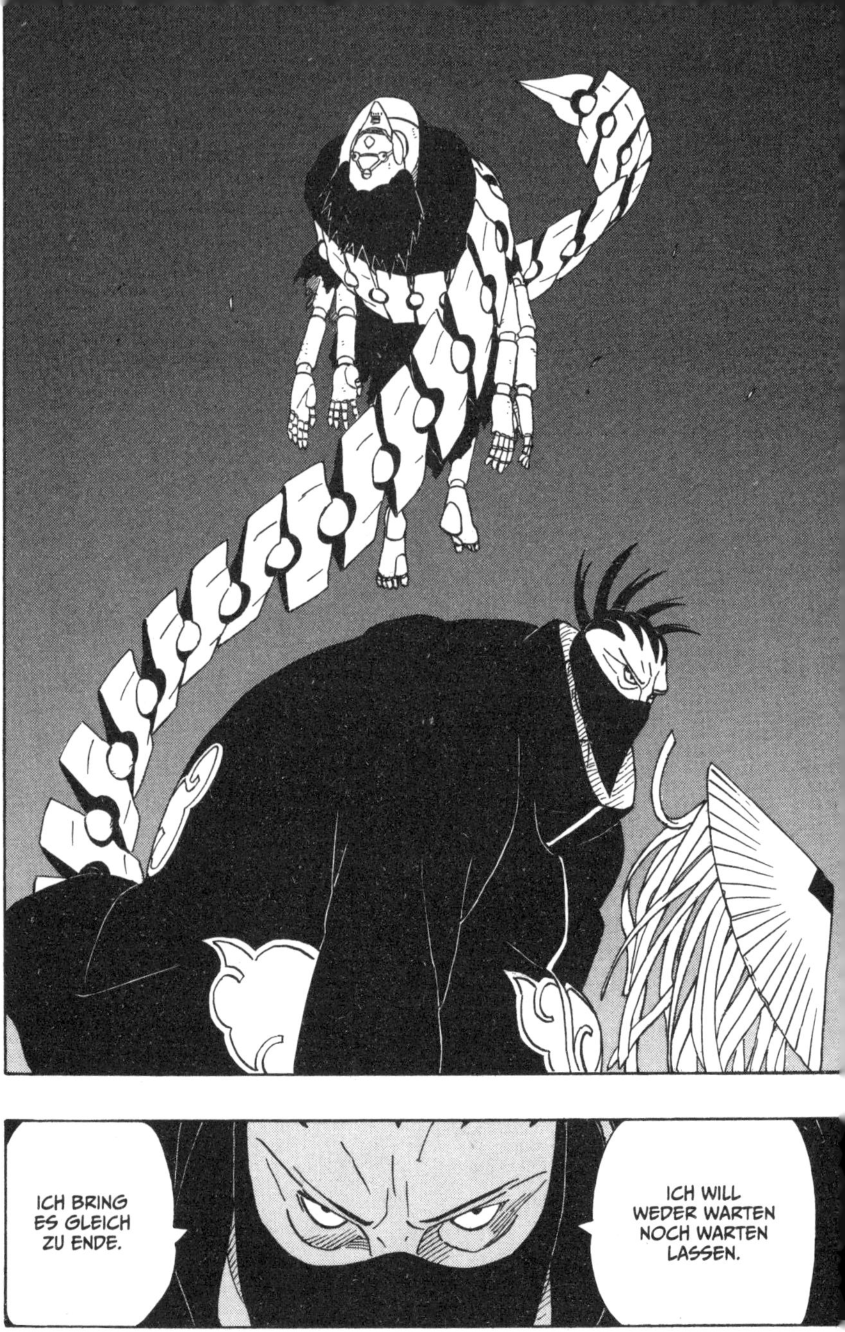
ICH WILL WEDER WARTEN NOCH WARTEN LASSEN.
ICH BRING ES GLEICH ZU ENDE.

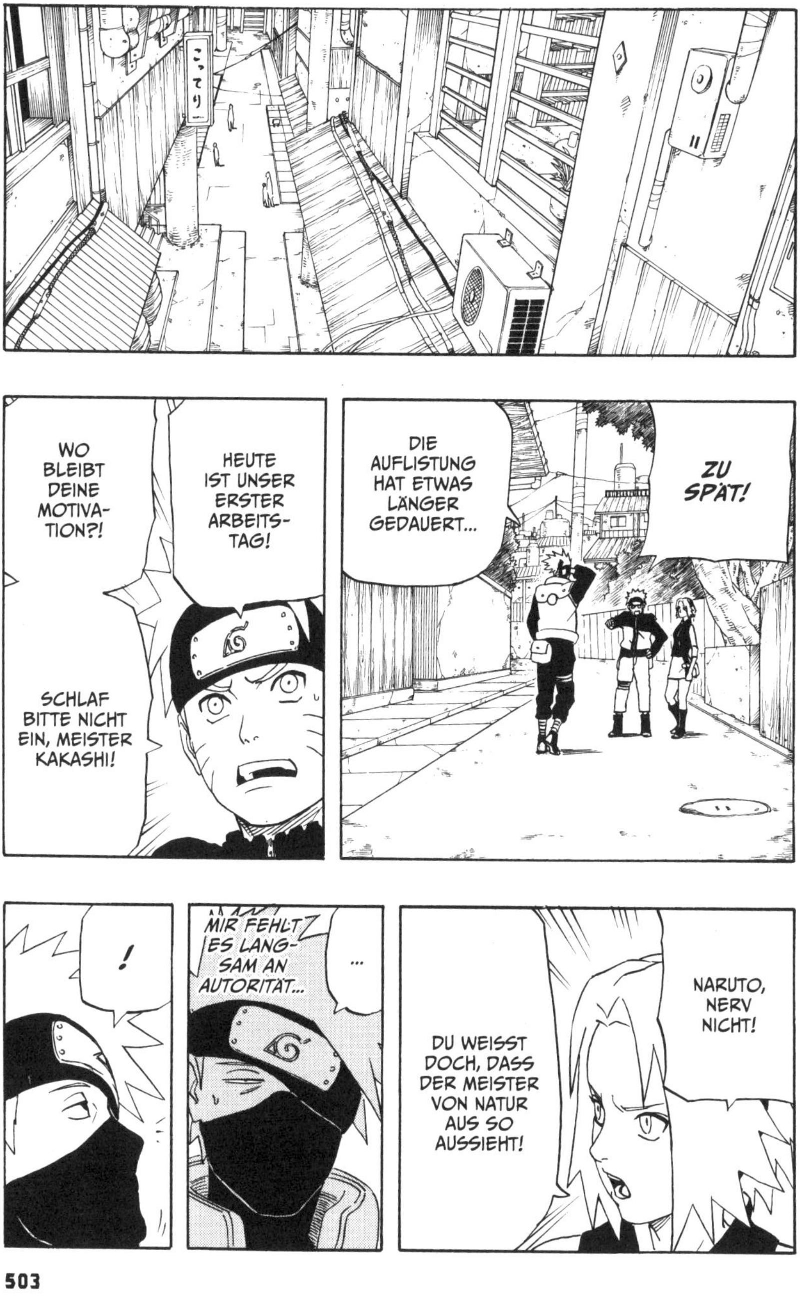
こってり
ZU SPÄT!
DIE AUFLISTUNG HAT ETWAS LÄNGER GEDAUERT...
HEUTE IST UNSER ERSTER ARBEITS-TAG!
WO BLEIBT DEINE MOTIVA-TION?!
SCHLAF BITTE NICHT EIN, MEISTER KAKASHI!
NARUTO, NERV NICHT!
DU WEISST DOCH, DASS DER MEISTER VON NATUR AUS SO AUSSIEHT!
...
MIR FEHLT ES LANG-SAM AN AUTORITÄT...
!

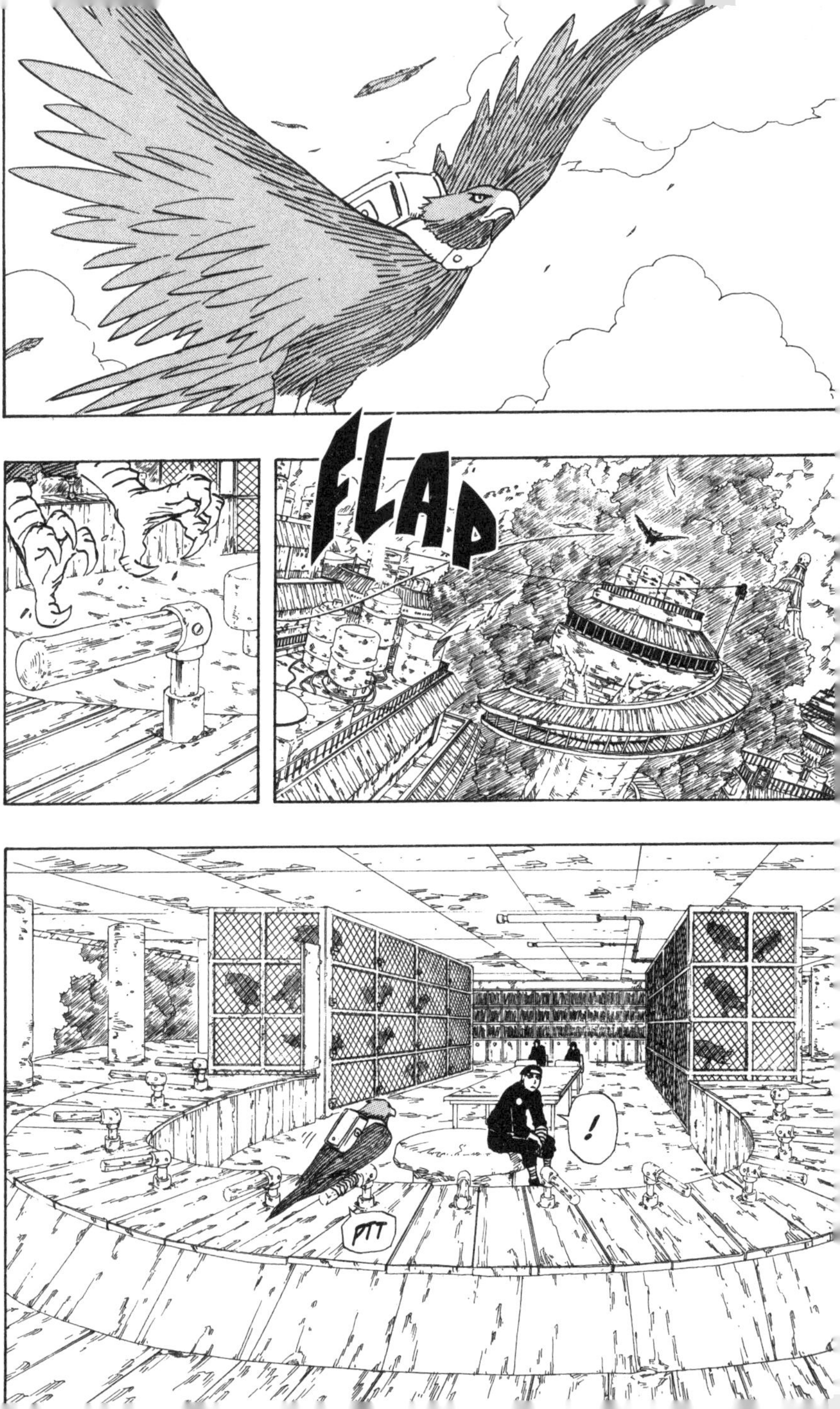
FLAP
!
PTT

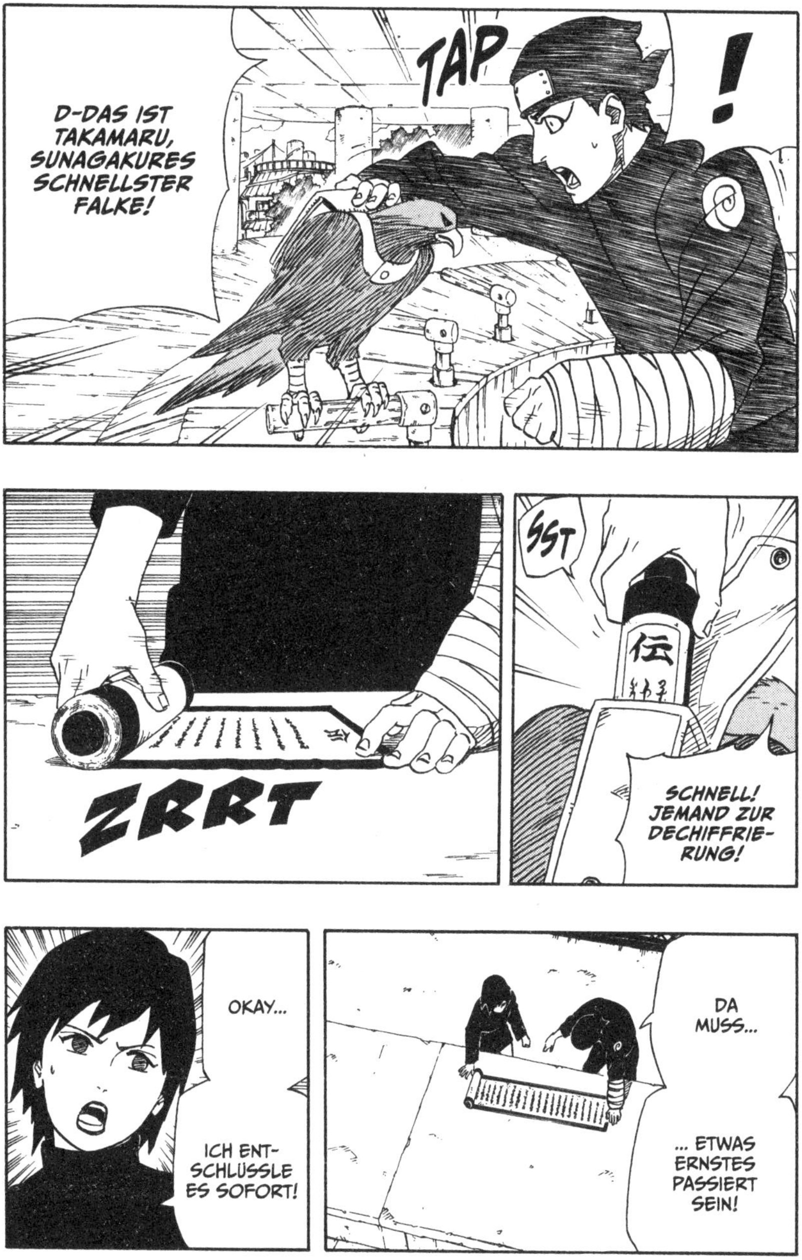
TAP
!
D-DAS IST TAKAMARU, SUNAGAKURES SCHNELLSTER FALKE!
SST
伝
SCHNELL! JEMAND ZUR DECHIFFRIE-RUNG!
ZRRT
DA MUSS...
... ETWAS ERNSTES PASSIERT SEIN!
OKAY...
ICH ENT-SCHLÜSSLE ES SOFORT!

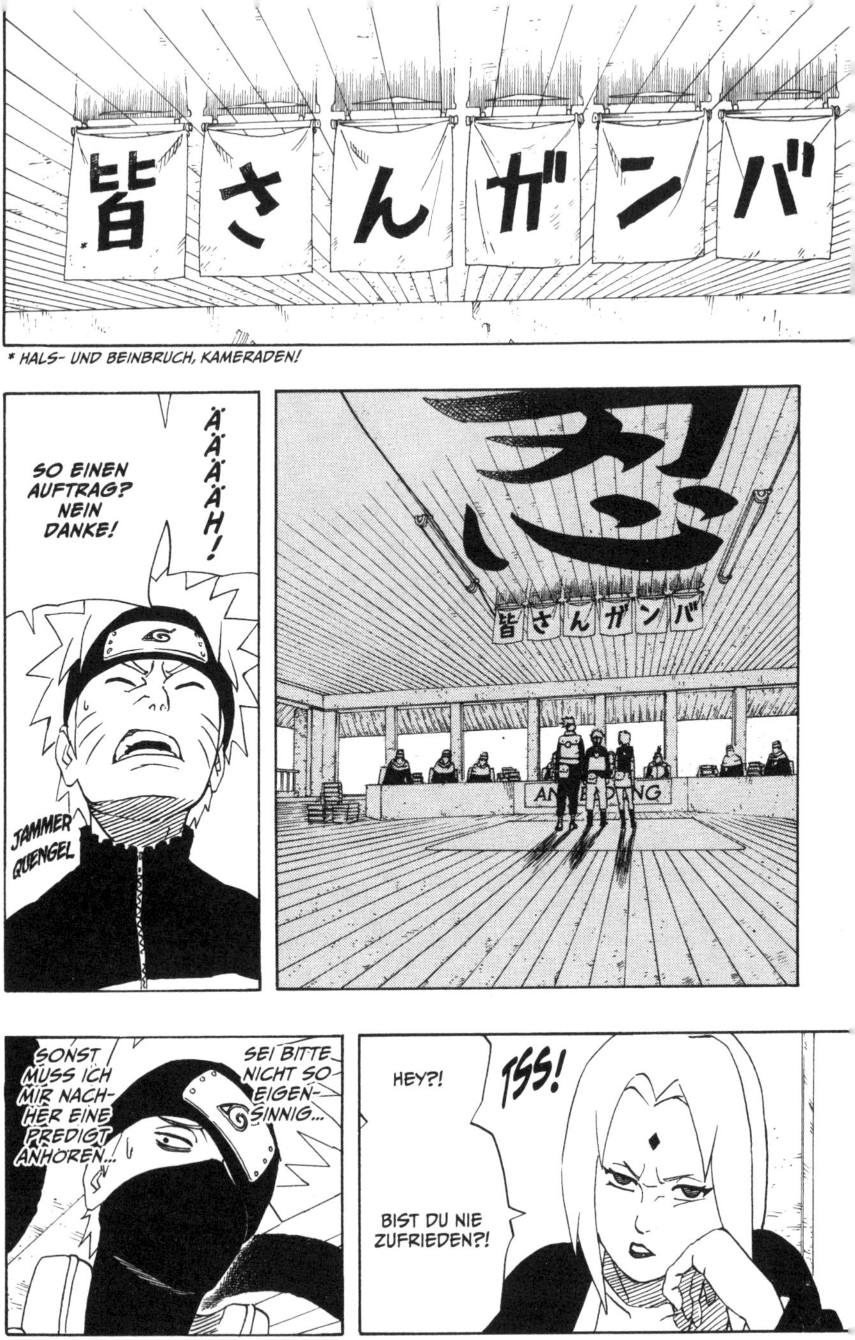

皆さんガンバ
* HALS- UND BEINBRUCH, KAMERADEN!
皆さんガンバ
ÄÄÄÄH!
SO EINEN AUFTRAG? NEIN DANKE!
JAMMER QUENGEL
HEY?!
TSS!
BIST DU NIE ZUFRIEDEN?!
SEI BITTE NICHT SO EIGEN-SINNIG...
SONST MUSS ICH MIR NACHHER EINE PREDIGT ANHÖREN...

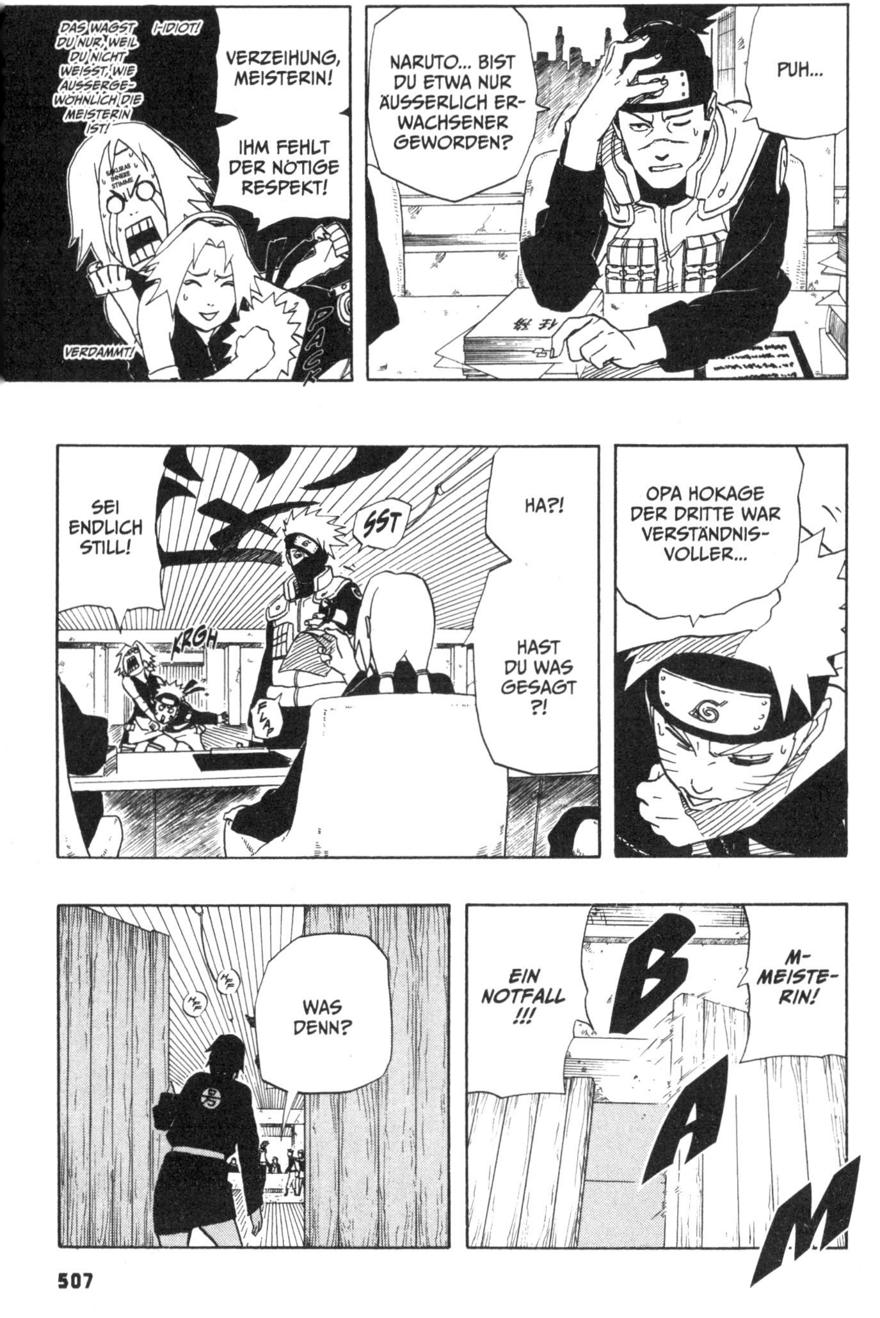
PUH...
NARUTO... BIST DU ETWA NUR ÄUSSERLICH ERWACHSENER GEWORDEN?
VERZEIHUNG, MEISTERIN!
IHM FEHLT DER NÖTIGE RESPEKT!
I-IDIOT!
DAS WAGST DU NUR, WEIL DU NICHT WEISST, WIE AUSSERGEWÖHNLICH DIE MEISTERIN IST!
SAKURAS INNERE STIMME
PACK
VERDAMMT!
OPA HOKAGE DER DRITTE WAR VERSTÄNDNISVOLLER...
HA?!
HAST DU WAS GESAGT ?!
SST
SEI ENDLICH STILL!
KRGH
FLAP
M-MEISTERIN!
EIN NOTFALL !!!
BAM
WAS DENN?

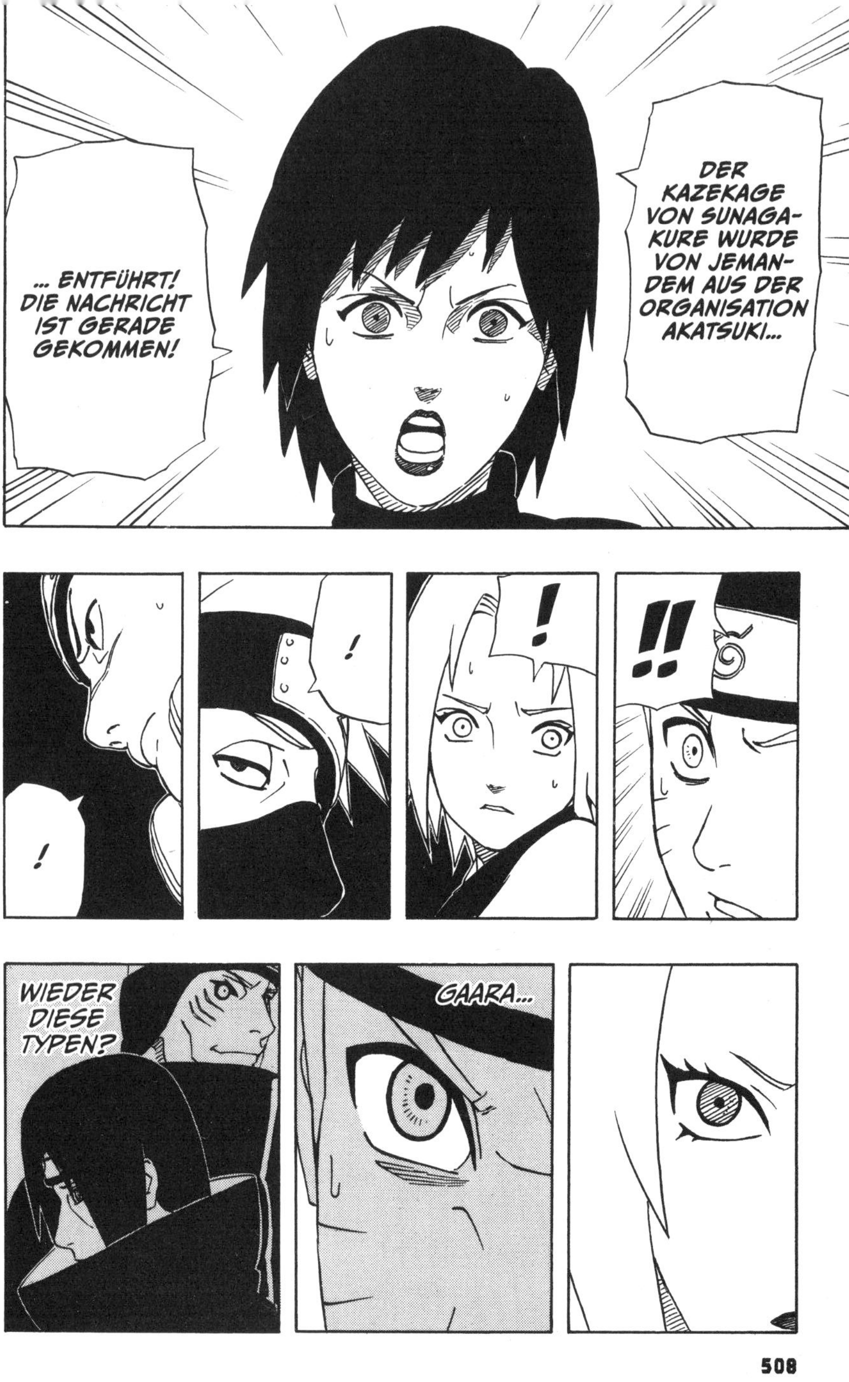
DER KAZEKAGE VON SUNAGA-KURE WURDE VON JEMAN-DEM AUS DER ORGANISATION AKATSUKI...
... ENTFÜHRT! DIE NACHRICHT IST GERADE GEKOMMEN!
!!
!
!
!
GAARA...
WIEDER DIESE TYPEN?

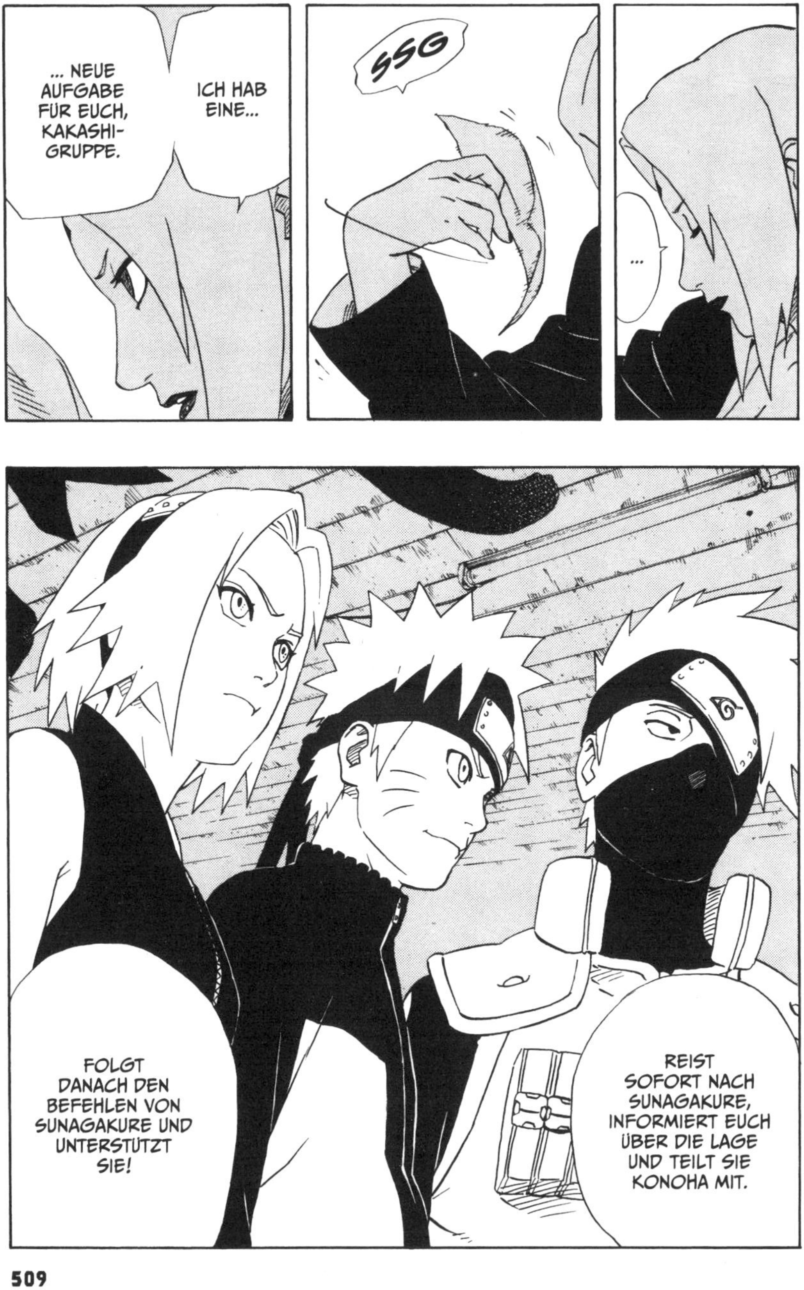
...
SSG
ICH HAB EINE...
... NEUE AUFGABE FÜR EUCH, KAKASHI-GRUPPE.
REIST SOFORT NACH SUNAGAKURE, INFORMIERT EUCH ÜBER DIE LAGE UND TEILT SIE KONOHA MIT.
FOLGT DANACH DEN BEFEHLEN VON SUNAGAKURE UND UNTERSTÜTZT SIE!

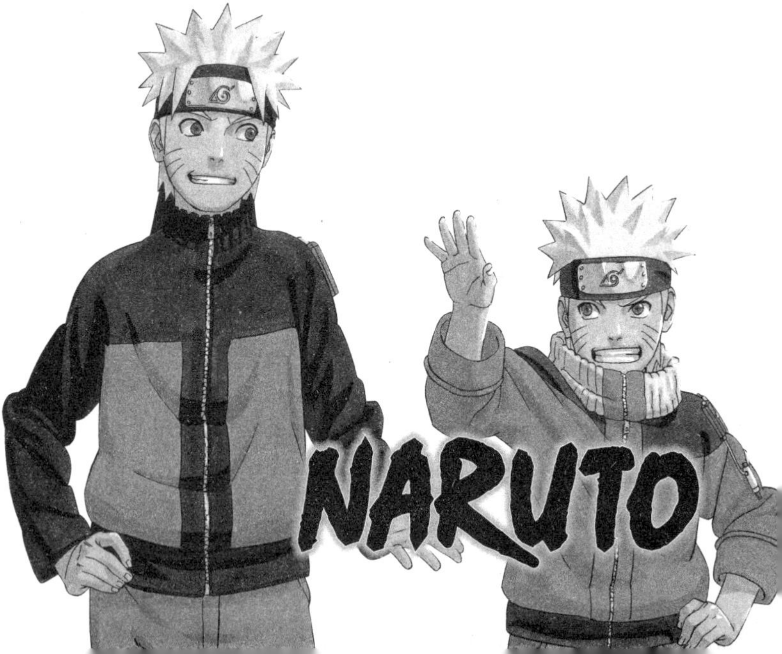
NARUTO